MINERVA
西洋史ライブラリー
⑪②

ミュンヘン会談への道

―ヒトラー対チェンバレン　外交対決30日の記録―

関　静雄著

ミネルヴァ書房

はしがき

「ローマ人は、遠く離れたところにある災厄を見て取ることができたので、いつもその治療法を見つけえた。彼らは、厄介な個所をめぐる戦争をただ単に避けんがために、それをそのまま放置しておくようなことは決してしなかった。そのわけは、彼らは、戦争は単にひとりでに立ち去ってくれるものではなく、だれか他の者に有利な形で先送りされるだけだということを、知っていたからである。それ故に、彼らは、ピリッポス王やアンティオコスとギリシアにおいて戦って、イタリアで彼らと戦わなければならなくならないようにしたのである。当時、彼らは、この二つの戦争を、避けようと思えば避けられたであろうに、そうはせずに、彼らは、そのときそこで戦うことを選んだのである。」ニッコロ・マキャヴェリ[1]

「政治的行為の最終的結果が、往々にして、いや決まって、当初の意図とひどく喰い違い、しばしば正反対なものになる、というのはまったく真実で、一切の歴史的根本的事実である。」マックス・ウェーバー[2]

(1) 執筆動機

来年二〇一八年九月は、「ミュンヘン会談」からちょうど八〇年である。結果的に第二次欧州大戦勃発の序曲となった、この歴史的な会談とそこに至る道程を、本書『ミュンヘン会談への道―ヒトラー対チェンバレン　外交対決三〇日の記録―』は取り扱っている。九部から成る本書の第Ⅰ部[3]と第Ⅱ部[4]を除いて、残りの七部のすべては、本書のために書き下ろした。

私は、これまで専ら日本外交史についての論文と本を書いてきた。それが突然還暦を超えた歳になって、なぜ欧州外交史に筆を染めるに至ったのか、その執筆動機については、第Ⅰ部の元となった論文「ミュンヘン：一九三八年九月（1）―ヒトラー・ヘンライン会談からモラヴスカ・オストラヴァ事件まで―」の抜刷を知人に配った際に、これに添付した挨拶状の中で触れているので、やや長くなるが、それをここに引用することにする。

「これまで日本外交史を専門にしてきました私が、年寄の冷や水の恐れも顧みず、六十有五にして初めて欧州外交史に手を染めましたのは、次のような理由からです。

去る二〇〇七年にミネルヴァ書房から拙著『ロンドン海軍条約成立史―昭和動乱の序曲―』を上梓した後、次の研究テーマを平沼内閣期の、いわゆる「防共協定強化問題」と定め、関係史料を読み始めていましたが、読み進めば読み進むほどに、この問題に関連する東亜の情勢は、同時進行中の欧州の情勢とは切り離せない、すなわち、欧州の情勢が分からなければ東亜の情勢も十分には分からない、すなわち、平沼内閣期の五相会議などでの外交論議も分からない、特に板垣陸相ら陸軍首脳陣、大島駐独大使や白鳥駐伊大使等外務省枢軸派の言動の背景が理解しにくい、という、そのような隔靴掻痒の感がつきまとい、従って、日本の文献だけに頼っていては、この研究テーマで納得がいくような論文も本も到底書けはしないということが分かってきました。

そこで、一念発起して、当時の欧州情勢を知るために英文の関係書籍を読み始めることにしました。ところが、多次元方程式のような複雑系の欧州の国際外交の「解」を求めることは、実に容易なことではない、片手間の作業では済ませられない、そんな作業では本当に「知った」ことにはならないということが、すぐさま分かり、「防共協定強化問題」の研究は遅滞せざるを得なくなりました。

研究面では、さらに悪いことに、二〇〇七年には学部長に選ばれ学部改組に取り組まざるを得なくなりまして、その後四年は、学内行政に追いまくられ、論文を書く時間的、精神的ゆとりがすっかりなくなってしまいました。

そしてようやく二〇一〇年四月になんとか新学部を発足させ、二〇一一年三月、あと一ヶ月でお役御免、いよいよ研究生活への復帰だと張り切っていた矢先、思いも寄らぬ食道癌のために、入院、手術、療養を強いられ、またもやさらに半年を棒に振らざるを得なくなってしまいました。

病の方は、幸い死に至らず、十月ころから念願の研究生活にも徐々に復帰して行くことができ、専ら大戦間の英独関係を中心とした欧州外交史関係の著作や外交文書を読み続けました。その過程で、平沼内閣の外交政策の研究はしばらく脇に置いておいて、まずはミュンヘン会談から第二次欧州大戦勃発までの欧州外交史に取り組もう、そして、第一に『ミュンヘン危機』を書き、次には『ミュンヘンからワルシャワへ』を書き、そして欧州情勢に関する知識を十分に蓄積した上で、再び我が研究の本籍地「日本」に帰ろう、「平沼」に帰ろうという、純専門分野的には、無茶とも無謀ともいえる大胆な決意を致しました。

もしもこの遠大な計画を奇跡的に達成することができ、もしも『第二次大戦前夜の欧州情勢と日本外交―平沼内閣の迷走―』というような拙著が店頭に並ぶとしたら、今から十五年はかかりそうです。つまり八十歳を越えそうで、ほぼ実現不可能かとは思いますが、道半ばにしての挫折を覚悟しながらも、今後もできるかぎりこの遠くに微かに見えるゴールに向って歩み続けて行きたいと思っていますので、よろしくご鞭撻、ご指導のほどをお願い致します。　平成二十六年二月八日」

以上のように『第二次大戦前夜の欧州情勢と日本外交』という遠いゴールを目指しての第一中間目標と想定していた『ミュンヘン危機』が、題名を変え今ようやく本書の形となって、これを世に問うことができるようになった次第である。

（2）「ミュンヘン九月危機」について

本書の副題名中の「外交対決三〇日の記録」の言う「三〇日」とは、ミュンヘン会談に至る最後の三〇日、すなわち、「ミュンヘン九月危機」と呼ばれる一九三八年九月のことである。そこでまずこの「ミュンヘン九月危機」についての解説から始めたい。E・H・カーの有名な著書『危機の二〇年』の副題名は、「一九一九年から一九三九年」である。一九一九年に第一次世界大戦を終結させたヴェルサイユ平和条約の調印から、一九三九年に第二次世界大戦を開始させたドイツのポーランド侵攻までのほぼ二〇年の「戦間期」は、一般に、「危機の時代」と捉えられている。そのうちの一九二〇年代は「相対的安定期」とも捉えられているが、世界恐慌を背景として、東亜で満州事変が起こった一九三一年、欧州でナチ・ドイツが誕生した一九三三年以降については、一致して「危機の一九三〇年代」として捉えられている。この一九三〇年代の危機をエスカレートさせていった画期的事件を、ナチ・ドイツの対外行動との関連で捉えて、それらを年代順に列記してみると、一九三三年の国際連盟・ジュネーヴ軍縮会議からの二重脱退、一九三五年の再軍備宣言、一九三六年のラインラント進駐、スペイン内戦介入、ベルリン＝ローマ枢軸結成、一九三八年のアンシュルス（独墺併合）、ズデーテン危機、一九三九年のチェコスロヴァキア解体、ダンチヒ危機、ポーランド侵攻となるであろう。

右記の事件中、アンシュルスが起こった一九三八年三月からミュンヘン協定が結ばれる同年九月までの六ヶ月の危機を、当時の人は、「ズデーテン危機」、あるいは「チェコスロヴァキア危機」と呼んでいた。それは、アンシュルス直後から、欧州社会では、ヒトラーの次の領土拡張の標的は、チェコスロヴァキアのズデーテン地方だ、と見られるようになったからである。そして、この危機は、ミュンヘン協定締結後には、「ミュンヘン危機（Munich Crisis）」とも呼ばれるようになる。このうち「ズデーテン危機」、「ミュンヘン危機」と呼ばれる危機は、「第二次アンシュルス」、すなわち、ズデーテン併合を認めた九月のミュンヘン協定によって終わりを告げるが、「チェコスロヴァキア危機」の方は、翌年三月の残部チェコスロヴァキアの解体まで、さらに六ヶ月続くことになる。

この「ミュンヘン危機」の間の五月に、ズデーテン問題を巡って、チェコスロヴァキア軍が部分動員を実施したことによって、「すわ戦争か?」というほど、一時的にその危機が目立って高まったので、これを特に「五月危機(May Crisis)」と言う。この「五月危機」の時には、ヒトラーが動かなかった、あるいは、動けなかったために、「即、戦争か?」の危機は、数日のうちに去った。しかしその後も「ズデーテン危機」自体は続き、ズデーテン問題の平和的解決のための、ズデーテン・ドイツ党とチェコスロヴァキア政府間の交渉(プラハ交渉)が続けられる。しかし、この交渉は七月の末には行き詰ってしまう。この行き詰りを打開せんと、イギリス政府は、窮余の策として、八月にランシマン卿を、表面上は政府と無関係な個人的な資格の仲介者として、プラハに派遣する。このランシマン「非公式」斡旋によって、プラハ交渉は、再開、継続することになる。ところが、八月末には、そのランシマンの斡旋も行き詰まってしまい、それと同時に、「秋期演習」に名を借りたドイツの動員同然の軍事措置の進行が明らかになってくる。そのため、暫く緩和されていたズデーテン危機が再び高まり始めるのである。

以後、九月七日のモラヴスカ・オストラヴァ事件、一二日のヒトラーのニュルンベルク演説、その直後からのズデーテン暴動と、危機はどんどん高まっていく。この危機を解消せんと一五日にベルヒテスガーデンで始まった英独首脳会談が、二二日、二三日のゴーデスベルク会談で行き詰まると、欧州社会は、「五月危機」以上の重大な危機に見舞われることになり、その危機は、ミュンヘン会談開催決定直前には、欧州戦争必至の様相を呈する。このため、この間の危機は、特に「九月危機(September Crisis)」と呼ばれている。

以上の解説からお分かりいただけるように、本書は、六ヶ月続いた「ミュンヘン危機」の中でも、九月になって一挙に戦争必至の危機にまで高まっていった「危機の三〇日」を叙述と考察の対象としている。

(3)「歴史の教訓」と「歴史感覚」の関係について

本書の副題名が言う「ヒトラー対チェンバレン」の「外交対決」についての解説に入る前に、本書の対象を、なぜ六ヶ月の「ミュンヘン危機」全体としないで、その内の最後の「三〇日」にすぎない「九月危機」に絞ったのか、その理由を説明しておく。

既に欧米には、「ミュンヘン危機」全体を扱った研究の成果は、量的にも質的にも私のような日本人研究者を圧倒せずにはおかない蓄積となって、枚挙に遑がないほど多数存在している。このような状況の中で、私が今「ミュンヘン危機」全体を扱った書物を著しても、それは屋上屋を架す結果に終わることは目に見えている。そこで、私は、何とか特色のある、意味のある著作をものにするには、どうすればよいかと考えた。そしてその末に、それは、「ミュンヘン危機」中で最も緊迫した国際外交が展開された「九月危機」に焦点を絞ることによって、類書に見られない「歴史の襞」にまで筆を及ぼすことだ、という結論に達した次第である。

「戦間期」、「ミュンヘン危機」という、より大きな歴史の流れを踏まえながらも、特に「ミュンヘン九月危機」の細部を観察、描写することから得られる利点は、著者と読者の「歴史感覚」の涵養に役立つ点にある。「歴史感覚」は、「歴史の教訓」と違う。両者の関係について考えてみよう。「歴史の教訓」の効用の限界については、ヘンリー・キッシンジャーは、「歴史から現在の時期に役立つものとして引き出しうる特定の教訓は、最小限のものである[5]」と言い、また、ロバート・サーヴィスは、「歴史が紛れなき教訓を与えてくれることはめったにない[6]」と言っている。ゴーロ・マンに至っては、「過去の誤りの繰り返しを避けて歴史から学ぼうとするときは、とかく新しい誤りに陥るものだ[7]」とまで言って、その陥穽に読者の注意を促しているほどである。確かに「歴史の教訓」の取り扱いは、要注意である。過去の失敗例や成功例から引き出した一つの教訓のみに依拠して、短絡的に現在と未来に対処しようとすれば、マンの言うように、人は別の失敗を犯すことがしばしばあるからである。

「歴史の教訓」について、なぜこのようなことが言えるのかというと、それは、個々の歴史環境というものは、人知でもＡＩでも計り知れないほどの無数の変数を、その構成要素の中に包含しているからである。すなわち、ある過去の歴史環境から引き出された「歴史の教訓」を、その環境から切り離して、一見すれば類似しているが実は異なる別の環境である現在のある事象に、普遍的な、絶対的な公式としてそのまま機械的に適用して事を誤る危険が、「歴史の教訓」には常に伏在しているからである。

しかし、だからといって、歴史から教訓を学ぶことは、「害あって益少なし」と、これを不要視する必要はない。キッシンジャーやサーヴィスやマンのような優れた歴史家が指摘してくれている、このような「歴史の教訓」の陥穽を避け、これを現在に生かすことができる途があるからである。単純に知識的な、公式めいた「歴史の教訓」を、一筋縄ではいかぬ複雑な性質を有する現在に生かす方法として不可欠なのは、無自覚的な「歴史感覚」の涵養である。この感覚を身に付けることによって、「歴史の教訓」を現在への万能の処方箋として誤用することが避けられ、この公式めいたものを、現在を見る一つの視角として、また、現在を考える一つのヒントとして、慎重に活用することが可能になるからである。

それではこの「歴史感覚」はどのようにすれば身に付くのか？　それには、軽便な歴史書、粗筋だけの概説書、教訓引き出しのための目的的な原因‐結果論に偏したものではだめである。原因と結果の間にある、一直線ではない多曲線からなる複雑な過程を重視して、これをつぶさに追跡して相当に詳しく描写、考察した、どっしりとした歴史書によるしかない。その感覚は、著者と読者が歴史の大きな流れをしっかり掴み取ると同時に、歴史の襞にまで踏み入ってその機微に触れることによって初めて、養われるものだ。このようにして知らず知らずのうちに涵養される「歴史感覚」こそが、私たちが生きている現在の諸事を判断する際に、ほとんど無自覚のうちに、生きてくるのである。

それにまた、「神は細部に宿る」という言葉もあるので、私も、本書では、「戦間期」そして「ミュンヘン危機」という、より大きな歴史の流れの中での「ミュンヘン九月危機」という細部に意識的に特別の注意を払い、その相当細かな描写を試みた。中でも特に各国政府間の外交交渉とヒトラーとチェンバレンの演説に関しては、単なる粗筋でなく、読者と共に「歴史」を追体験して、「歴史」を感じとれる程十分な細密描写を試みたつもりである。つまり、本書は、どちらかというと原因‐結果の分析から得られる「歴史の教訓」よりも、むしろ事件の過程の詳細な追跡から得られる「歴史感覚」の養成を重んじて書かれている。その結果、このような相当大部の著作となったわけだが、果して本書で描かれた細部に「神が宿っている」のかどうか、この点については、勿論、細部ならどんな細部にも神が宿るというわけでもないので、その存否の判定は、読者諸賢に委ねるよりほかない。それでも、もしも本書の通読が、読者諸賢の一つの貴重な歴史の追体験となり、「歴史感覚」の涵養のための一助ともなれば、筆者としての私にとって本望、幸甚である。

(4)「ヒトラーとチェンバレンの外交対決」について

次に本書の副題名と関連して、「ヒトラーとチェンバレンの外交対決」について解説する。本書のメイン・テーマについて言えば、それは、ズデーテン問題をめぐる「九月危機」中の英独外交関係を中心とした欧州国際関係の展開過程についての叙述と考察だが、その英独外交関係の展開過程の中でもハイライトと言うべき出来事は、チェンバレンとヒトラーの四度の直接対決である。すなわち、最初の九月一五日のベルヒテスガーデン会談、次に二二日と二三日のゴーデスベルク会談、そして、三度目の二九日から三〇日午前二時過ぎまでのミュンヘン会談と、最後の三〇日午前のヒトラーのアパートでの両雄の対談である。これに加えて、九月二六日と二七日に持たれた、チェンバレンの「代理人」ホーラス・ウィルソンとヒトラーのベルリン会談も、この過程中のもう一つの大きな山場となっている。これらに加えて、二人の外交対決で見逃せないのは、直接対決ではないが、二人の人間性、ヒトラーの場合は非人間性と言った方がよいかもしれないが、この人間性、非人間性と、彼らの思考様式、行動様式とを知る上で大きな手掛かりとなる三つの演説である。すなわち、ヒトラーの九月一二日のニュルンベルク演説と二六日のベルリン・シュポルトパラスト演説、そして、チェンバレンの二七日のBBC放送演説である。

これらの直接対決、準直接対決とそれぞれの演説において、両者が用いている交渉術と演説術は、実に対照的である。ヒトラーの場合、一見、憤怒と憎悪からくる興奮に駆られた衝動的な絶叫や咆哮と思える部分が随所に見られるのであるが、実はそれは、「恫喝」と「虚言」と「甘言」の三種の混合から成る、実に巧妙に計算され組み立てられた演出、演技なのである。これに対して、チェンバレンは、ヴェルサイユ「不平等」条約下のドイツ人に対する同情を示し、ほとんど駆け引きなくストレートに譲歩案を提示し、かつ、自己の平和への信念と真情とを吐露することによって、愚直なほど表裏なく実直に相手を正面から必死に説得しようとする。そこには、ヒトラーにない人間味が感じられると同時に、独り善がりな予断、推断、誤断が顕著に見られるのである。

それでは、このような対照的な交渉術、演説術を駆使して、二人がそれぞれに達成しようとしていた目的は、一体、何だったのか？　当然、二人の目的は異なり、対立していた。その対立する目的の達成争いは、特に九月一五日のベルヒテスガーデン会談からは、チェンバレンの「プランZ」とヒトラーの「緑作戦」の実現競争という形をとるようになる。「プランZ」とは、とりあえずは英独首脳直接交渉によって目前の武力衝突を避け、ズデーテン問題の平和的解決を成し遂げ、その解決を土台に、次に英独関係の改善からさらには永続的な欧州一般平和の確立へと進むことを目指した、チェンバレンの「平和」構想である。これに対して、「緑作戦」は、対致局地戦争によってズデーテン地方だけでなく一挙にチェコスロヴァキアの解体を狙ったヒトラーの「戦争」構想だが、この構想は、ヒトラーの究極的目的である中・東欧（ロシアを含む）に自給自足圏を確立するという彼の「生存圏」構想における中間的目標と位置づけられていた。

この異なる目的の実現競争には、もう一つの競争が随伴していた。それはヒトラーの「真の意図」をめぐる両者の攻防である。チェンバレンとしては、「プランZ」成功の前提条件が、ヒトラーがズデーテン地方の割譲だけで満足するということになっていたので、自分がヒトラーと直接会ってこの点に関する彼の「真の意図」を確かめようとした。これに対して、ヒトラーとしては、対致局地戦争のための「緑作戦」成功の前提条件が英仏からチェコスロヴァキアを分断し孤立させることであったので、そのために自己の「真の意図」を隠し、自分はズデーテン地方の割譲だけで満足すると偽って、チェンバレンを欺こうとした。この第二の競争にも注目していただきたい。読まれていくうちに、実に騙されやすいチェンバレンに天才的欺罔師ヒトラーという両者の対照的な人物像が浮かび上がってこよう。

（5）チェンバレンの「宥和・抑止混合政策」について

この「プランZ」の内容から分るように、チェンバレンの対独宥和政策と呼ばれるものは、チェコスロヴァキア国家内でのドイツ系少数民族が多数を占める地域であるズデーテン地方のみの割譲という「限定的な」譲歩によって、独裁者ヒトラーの「正当な」不満を宥め、そうすることによってまず戦争を回避し、然る後に平和を確立しようというものであった。しかし、その「宥和政策」がチェンバレン外交の基本的スタンスではあっても、それが即ちすべてであったというわけではない。チェンバレン外交の実態は、より正確に言えば、「宥和・抑止混合政策」と言うべきものであった。彼の対独外交には、実は最初から「曖昧な警告」という微弱ながらも抑止政策的な要素が含まれていた。その抑止政策的要素に関して、チェンバレンは、状況に押されての渋々ながらではあるが、次第々々にその比重を増していくことになる。同じくヒトラーの方も、状況に強いられての渋々ながらではあるが、土壇場で彼自身の最善策としての武力的解決、即ち「緑作戦」を諦めて、不本意な次善策としての外交的解決、即ち「ミュンヘン会談」を選ばざるをえなくなる。

このような「プランZ」対「緑作戦」という形で繰り広げられていくチェンバレンとヒトラーの外交対決が、チェンバレン個人にとっては、抑止政策への傾斜という達成手段の変更に不満は残ったかもしれないが、それでもどうにかこうにかズデーテン問題の平和的解決という目前の目的を達成しえたという意味で、何とか満足な形で「ミュンヘン」に辿り着く。これに対して、ヒトラーの方は、彼の当初の武力的解決という達成手段の点でも、またチェコスロヴァキア解体という達成目的の点でも、不満な形で「ミュンヘン」に甘んじざるをえなくなる。

では、何が渋るチェンバレンに次第に強めの抑止政策を取り入れさせていったのか？　何が渋るヒトラーに土壇場で最優先策を諦めさせて次善策を採用させたのか？　本書は、この点に特別の注意を払いながら、目的を異にしていたこの二人が、なぜ、どのようにして「ミュンヘン」に行き着くことになったのか、その「ミュンヘン会談への道」を詳しく追跡しつつ、彼らをそこに至らせた諸要因を併せて考察している。そして、この道程の追跡と要因の考察が、まさに本書の叙述全体を貫く基本線となっているので、読者諸賢にも、この点に留意しながら本書を読み進めていただければ、有難い。

なお、各部の冒頭に様々な著作からの抜粋を載せているが、この抜粋については、読者諸氏がその部を読み終えて次の部に進む前に、もう一度読み返していただきたい。こうお勧めするのは、その読み終えた部の内容を振り返ってその要点について再考してみる際に、この抜粋が、「歴史の教訓」とかというのではなくて、その要点の再考のための一つの重要な手がかり、一つの刺激的なヒントになるはずだと、愚考するからである。

（6）謝　辞

本書『ミュンヘン会談への道―ヒトラー対チェンバレン　外交対決三〇日の記録―』は、私の四冊目となる単著である。すべて、ミネルヴァ書房のお世話になった。これまでその編集を担当して下さったのは、一九九〇年の処女作『日本外交の基軸と展開』のときは、現社長の杉田啓三氏、二〇〇一年の第二作『大正外交』、二〇〇七年の第三作『ロンドン海軍条約成立史』のときは、いずれも梶谷修氏であった。そして今回の第四作目も、気心の知れた旧知の梶谷氏のお世話になった。また、校正に当っては中村理聖氏の助力を得た。年々学術出版に対する逆風が強まる嘆かわしい世の風潮の中、このような浩瀚な拙著が出版できたのは、杉田、梶谷両氏の格別のご厚意、ご配慮、ご英断のおかげであると、心より感謝申し上げる次第である。

また、先に述べたように、私の研究計画が、不意の病によって中断を余儀なくされたにもかかわらず、こうして今本書として結実したのも、その執筆に十分な命を与えられたおかげである。よって、まことに私事にわたって恐縮だが、この場を借りて、最上の医術と仁術を施して下さった土岐祐一郎、山崎誠両国手とその阪大病院医療チームの皆様に、改めて心から感謝の意を表したい。

本書は、私の闘病中に献身的な看護を続けてくれた妻の七衣に献げる。

二〇一七年、古希の年の七夕

蛍の棲む箕面粟生間谷にて

関　静雄

注

（1）Niccolo Machiavelli, *The Prince*, Translated by Robert M. Adams (W.W. Norton & Company, 1977), p.9.
（2）マックス・ウェーバー『職業としての政治』（岩波文庫、一九八〇年）、八一ページ。
（3）第Ⅰ部は次の論文に手を加えたものである。関静雄「ミュンヘン：一九三八年九月（1）―ヒトラー・ヘンライン会談からモラヴスカ・オストラヴァ事件まで―」『帝塚山法学』第二五号（二〇一三年一二月）、二七-一一四ページ。
（4）第Ⅱ部は次の論文に手を加えたものである。関静雄「ミュンヘン：一九三八年九月（2）―モラヴスカ・オストラヴァ事件後―」『帝塚山法学』第二七号（二〇一六年三月）、一-六九ページ。
（5）高坂正堯『古典外交の成熟と崩壊』（中央公論社、一九七八年）、三四六ページ。
（6）Robert Service, *Stalin: A Biography* (Pan Books, 2005), p. 604.
（7）ゴーロ・マン著／上原和夫訳『近代ドイツ史』２（みすず書房、一九七七年）、三〇四ページ。

ミュンヘン会談への道——ヒトラー対チェンバレン　外交対決三〇日の記録

目次

第Ⅵ部 英仏ロンドン協議 301

凡例

1．鉤括弧付の文章は、そのすべてが英語の原文を厳密に逐語訳した引用文というわけではない。そのような箇所も多いが、読みやすくするために、適宜、意訳、要約化、省略を行った部分もある。但し、そのすべてに一々その旨の表記はしなかった。それは、込み入った繁雑な表記が著しく読みやすさを損ねることを恐れたからである。ご理解を請う次第である。

2．鉤括弧内の傍線を付した部分は、英語の原文では斜字体の箇所である。また傍点は引用者である筆者が付加した。

3．丸括弧で閉じられた箇所のうち、サイズの小さい活字は筆者の注記で、標準サイズの活字は英語の原文に従った表記である。

4．国名の略語漢字として、英・独・仏・伊・米・日のほか、チェコスロヴァキアは致、スロヴァキアは斯、ポーランドは波、ハンガリーは洪、ルーマニアは羅、オーストリアは墺、オランダは蘭、ベルギーは白を使用した。

第Ⅰ部　モラヴスカ・オストラヴァ事件

「そもそも一国の内政状態は、決してそれだけで孤立した事実とみることはできない。内政上の規範と対外政策上の目標とが一致符合していることが、政治の重要な法則である。*」

（ヘルマン・ラウシュニング）

「政府の国内統治の性格は、その国際問題においてとるであろう所の態度を、最も適確に予示する。**」

（ジークムント・ノイマン）

第1章　ズデーテン危機

1　欧州の暗雲

（1）九月一日の欧州

一九三八年九月一日、ヨーゼフ・ゲッベルス独宣伝相は、日記に、ドイツ国内の空気について、

「陰鬱な空気が国内を覆っている。何が起ころうとしているのかと、みんなが待ち構えている。[1]」

と記し、同じ日、テオドール・コルト駐英ドイツ代理大使兼参事官は、その報告書にイギリス国内の空気について、

「イギリス国内は、断固たる決意を示す空気が色濃くなりつつあります。『チェンバレン首相がドイツとの問題の解決を望んでいるという、あれほど強い意思表示をしたのにもかかわらず、平和を維持できなかった場合には、あとは戦争もやむをえず』という思いが、国民の間に広まっています。この空気には、先の大戦が始まる直前の空気を髣髴とさせるものがあります。[2]」

と記している。

同日の『デーリー・エクスプレス』では、同紙の社主であるビーヴァーブルック卿自ら筆を執り、この暗雲は晴れるであろうと、次のように予想していた。

「欧州戦争はなかろう。なぜか？　それは、和戦の決定は一人の男、すなわち、ドイツの総統に握られているが、彼は、今、戦争を起こす責任をとる気はないからだ。[3]」

この晴れるという予報は、「一人の男」への信頼に依拠したものであったが、それがどれほど危うい予想であったか、このことにネヴィル・チェンバレン首相は気付いていた。この二日後に首相が妹に出した手紙には、「一人の男」について次のように書かれている。

「数億人の運命が一人の男に握られていると思うと、本当に身の毛がよだちます。しかもその男は半狂人なのです。[4]」

（2）難航するプラハ交渉

九月一日の欧州を覆っていた、この重苦しい暗雲の発生源は、言うまでもなく、ズデーテン問題であった。そもそもズデーテン問題が欧州国際外交の焦眉の問題となったのは、一九三八年三月の「アンシュルス」（独墺併合）直後からであった。[5]四月二八日のズデーテン・ドイツ党大会において、党首のコンラート・ヘンラインがズデーテン地方（チェコスロヴァキア共和国の、ドイツと旧

オーストリア国境に位置する馬蹄形の地域）の自治の要求を含む「カールスバート八ヶ条の要求」＝「カールスバート綱領」(6)を掲げて以来、この自治問題を最大の争点として、チェコスロヴァキアの首都プラハにおいて、エルンスト・クント国会議員ら党交渉代表団とチェコスロヴァキア政府との間で、交渉（プラハ交渉）が重ねられてきた。この間、大統領エドワルド・ベネシュは、ナチ・ドイツ帝国《ライヒ》の影響下にあるズデーテン・ドイツ人に自治を与えることは、すなわち、チェコスロヴァキア国家の独立を危うくするものだと見なして、他の点はともかくも、この一点に限っては断固認めないという対応方針を固持し続けた(7)。このため、七月末には、プラハ交渉は行き詰まりの様相を呈した。

（3）ランシマン「仲介」使節の派遣

このような心配な事態に直面したイギリス政府は、このままズデーテン問題がこじれて、ドイツの武力介入から独仏戦争となり、さらにイギリスもこれに巻込まれて、先の欧州大戦の二の舞となることを恐れた。そこでチェンバレン首相は、プラハ交渉の継続、進展を促すために、六八歳になる造船王にして元貿易相のウォルター・ランシマン卿を、現地プラハに使節として派遣することにした(8)。

チェコスロヴァキアが位置する中欧とポーランドが位置する東欧に対するイギリスの伝統的な政策は、この中・東欧地域には、イギリスの「利害」がないわけではないが、直接的な「死活的利益」はないので、そのような地域での戦争に巻込まれないようにしたい、そのために、平時においては中・東欧問題で抜き差しならぬコミットメントは避け、コミットメントの限界を西欧に置くというものであった(9)。この伝統的方針と今回のズデーテン問題への関与という外交行動とを、表向きだけでも両立させたいという意図から、チェンバレン内閣は、ランシマン使節をイギリス政府とは直接関係のない、個人的な性格のものと位置付けた。そして、その使命も両当事者間の「仲裁」を行うものではなく、単に現地において問題の「調査」を行い、それに基づいて両当事者の間を取り持つ「仲介」を行うことにとどまるものとした。議会で行ったチェンバレン首相のこの説明を、歴史家ジョン・W・ウィーラー－ベネットは辛辣にも、「議会がこれまで聞いたこともないような、顕著な誤魔化しの一例」と評している(10)。その「誤魔化し」は、「仲介者」のはずのランシマンが強圧的な「仲裁者」と変身する過程で暴露されていく。

（4）プラハ交渉の進展：「第三計画」

八月三日にプラハに到着したランシマンたちの努力によって、プラハ政府とズデーテン・ドイツ党代表団間の交渉は決裂を免れ、継続されることになった。だがしかし、再開された交渉においても、問題の核心である「自治」に関する両当事者間の深い溝は、容易に埋まらず、とうとう八月一七日に交渉は、行き詰まってしまった。このまま放置しておけば、これまでの仲介努力が水の泡となりそうな窮地に立たされたランシマンは、このとき、仲介者という一線を越えていると思われる、積極的な行動に乗り出した。すなわち、交渉停頓の原因はベネシュの頑迷さにあると見て、彼に対して自治問題での譲歩の必要性を懸命に説得した。その結果、とうとうベネシュも、八月二一日に、「第三計画」と呼ばれる新譲歩案をズデーテン側に提示した。この提案は、「カールスバート綱領」が要求する、ズデーテン地方の包括的な地域的自治まで認めるものではなかったが、国家の枠内で二〇のガウ（大管区）を作って、そのうち三つのガウだけをドイツ人の「自治区」とするという、限定的な自治承認案であった。それでも新案はそれまでのベネシュの強硬な態度からすると、相当思い切った譲歩案だと、クントらズデーテン・ドイツ党代表団も認め、このベネシュ「第三計画」を、交渉の適切な基礎と見なさざるをえなかった。

こうして、ランシマンの「仲裁」にも等しいような、必死の「仲介」努力が実って、八月二四日、二五日の両日に亘っての交渉も、順調に進んだ。その日、ベネシュはランシマンに対して、「八月三〇日にクント代表ともう一度会うことになっているが、その会談後には交渉の好調な進展ぶりを公表することができるだろう」と、楽観的な見通しを語っていた。

プラハでベネシュ大統領がこのような楽観的な見通しを抱き始めていた八月二四日、フランク・アシュトン－グァトキンは、プラハからロンドンに一時帰国していた。彼はランシマン使節の一員であったが、単なる一員でなかった。外交の素人ランシマン団長を助ける外交の玄人、外務省の経済局長であった。前日まで彼はプラハに在って、ランシマンの右腕として大車輪の活動を続けていた。そんな彼から希望の光に輝く現地交渉に関する報告を受けたとき、ハリファックス外相は、これなら九月五日にニュルンベルクで開催されるナチ党大会において、ヒトラーが、チェコスロヴァキア問題の武力解決に向けて後に引けなくなるような、衝動的な演説をする恐れもなくなったと、胸を撫で下ろしたのであった。

（5）プラハ交渉の行き詰まりとドイツ軍の動き

しかし、ハリファックスが安心するのは早すぎた。というのは、「第三計画」を一歩前進と評価して、これで妥結の道を選ぶかどうか、その最後の一言は、交渉団代表のクントのものでも、党首のヘンラインのものでもなかった、当然、その一言は、黒幕のアドルフ・ヒトラー総統から発せられることになっていたからである。その最後の審判者にズデーテン側がご意向につきお伺いを立てた後、八月二八日に次の交渉が持たれた。席上クント代表は、楽観的な気持ちで交渉に臨んでいたベネシュに対して、次のように、ヒトラーの審判を言い渡した。「第三計画」案では不十分だ、ヒトラー氏は「カールスバート八ヶ条の要求」の受諾以外に解決の道なしという考えだ、と。まさにこの一言は、ベネシュにとって脳天への一撃であった。万事休す。ニュルンベルクの党大会開催まで僅か九日しか残されていない。そんな時期に、プラハ交渉は再び行き詰まってしまい、ズデーテン危機は欧州社会に風雲急を告げるに至った。

更に不吉なことに、このプラハでの現地交渉の行き詰まりだけが、欧州の空模様の悪化原因ではなかった。このときハリファックス外相が強めていた不安のいま一つの源は、ドイツ軍の動向にあった。八月中のランシマン使節からのプラハ交渉に関する報告と同時並行的に、外相のもとには、気になるドイツ軍の動向に関する機密情報を含めた各種様々な情報も、続々と入ってきていた。

それらの軍事情報によると、八月初めから始っていたドイツ軍の動きが、八月一五日には恒例の「秋期演習」準備の名の下に一段と加速されて行き、八月末までには、その陸上部隊の動きは「部分的動員」と言えるほどまでに拡大した。もはや「秋期演習」というのは、そのためのカモフラージュにすぎないことが明瞭となった[11]。これに加えて、プラハ交渉が行き詰まった八月二八日には、ドイツ政府はイギリス政府に対して海軍の北海演習を実施すると通告して来たので、既にドイツ陸軍部隊の動向に関する報道によって悪化していたイギリス国民の対独感情は、更に悪化するに至った[12]。こうして八月末には、イギリス政府は、このようなドイツ側で拡大する一方の軍事的諸措置を、「この秋に必要なら武力によってチェコスロヴァキア問題を解決するという、ドイツ政府の決意を示す」ものと、解釈するに至った[13]。

　このように、チェコスロヴァキア問題でドイツが武力に訴える可能性も否定できないと見ていたイギリス政府だが、それでも依然、同政府にとって不明な点が残っていた。それは、この問題に関するドイツ側の「真の目的」は何か、ということであった。すなわち、ドイツがズデーテンの自治の獲得で満足するのか、それとも独立国家としてのチェコスロヴァキアの解体まで目指しているのか、その点がまだ判然としていなかったのである。

2　ヘンダーソン＝ワイツゼッカー会談

(1) イギリス政府の「両輪外交」方針

プラハの交渉とドイツの軍事的動向とに関する暗い情勢が、この調子で推移すれば、ニュルンベルク演説でヒトラーが、「民族自決」「プレビサイト」（住民投票）などと言い出すかもしれない。そうなれば、英仏は対独戦争への崖っぷちにまで押し詰められてしまうことになる。このような危機的な事態を避けるためには、イギリスとしては、何としても、チェコスロヴァキア政府とズデーテン・ドイツ党代表との間の合意を、急がなければならない。今や時間的余裕はほとんどない。ヒトラーのニュルンベルク演説まで、長くても二週間のタイムリミットである。この逼迫した状況の下で、イギリス政府としてやるべきことは、一方で、「頑迷」「頑愚」「強情」のベネシュに対して、「カールスバート綱領」を最大限度まで受諾するように、これまでにも増して強烈な圧力を加えると同時に、他方で、何をしでかすか分らないヒトラーに対しては、公然たる警告や威嚇というような、彼を興奮させ、刺激するやり方は極力避けて、新聞等には知られないような、目立たない非公式的なやり方で、「力の行使を控えるように、短気を起こさぬように」と、巧みに説諭しながら遠回しの警告を発しつつ、対致和戦に関する彼の「真の意図」を探ることであった[14]。

　現地に在ってドイツの雰囲気を肌で感じ取っているネヴィル・ヘンダーソン大使からの度々の強い意見具申の影響も受けていたチェンバレン＝ハリファックス・コンビには、この「両輪外交」こそが、一九三八年の秋に起こりそうな第二次欧州大戦をとりあえず回避する唯一の方途だと、思われた。そして、この対独非公式的説諭・警告と対致加圧とから成る「両輪外交」を進めるに当って、興奮しやすい独裁者ヒトラーを宥め賺して、その真意を探るという重大な役割を託されたのが、独裁者の扱いが巧いと見なされ、また、チェンバレン首相の信頼が厚く、首相・外相以上の「宥和派」だと見られていたヘンダーソン駐独大使と、それに、ズデーテン・ドイツ党中の「ハト派」として総統の穏和化に影響力を持つと目されていたヘンライン党首であった[15]。次に、この二人の動きを追っていくが、まず、八月三一日に持たれたヘンダーソン大使とエルンスト・ワイツゼッカー独外務次官との会談から見てみよう。

(2) ロンドンの印象とフランスの名誉

九月一日の朝、ヘンダーソン大使にワイツゼッカー次官から電話がかかってきた。

「リッベントロップ外相は今田舎の別荘に滞在中なのですが、もしよろしければ午後外相にお会いになりませんか? 外相は今夜総統のおられるベルヒテスガーデンへ発つことになっていますが、そこにはヘンライン氏も来ることになっています[16]。」

実は大使は、前夜、次官と会っていた[17]。その日、ロンドンからベルリンに帰任したばかりの大使は、早速、大使館で晩餐会を開き、そこに次官も招いた。その折、できるだけマスコミに勘付かれないように、晩餐会後に二人だけで密談のできる機会を作り、そこで大使は、「近く直接リッベントロップ外相に会って、ロンドンの印象を話してみたい」と、その希望を次官に伝えていたのであった。だから、当然、この朝の次官の誘いには喜んで応じた。大使は、ロンドン滞在中に得たイギリス政府とイギリス世論についての印象を、是非ともヨアヒム・フォン・リッベントロップ外相に伝えたいと思っていたのだが、その印象については前夜、次官にもおよそ次のように話していた。

「帰任早々、このように晩餐会の後という、世間には目立たぬ自然な形で次官とお話できる機会に恵まれ嬉しく思っています。ロンドン滞在中に私は政府の要人すべてと会って意見を交換してきました。また、閣議にも臨席できました。ですから、我が政府の考えは熟知できたのですが、私が帰任するに当って我が政府から『ドイツ政府に対して、もう一度警告を繰り返せ』などという訓令を受けはしませんでした。我が政府には無益な威嚇をする気などまったくないのです。

私がロンドン滞在中に最も強く印象付けられた驚くべき、また残念なことは、イギリス人の対独感情が益々厳しくなっていて、私が二ヶ月前に帰国したときの印象とはまるで様変りしていることでした。今やこの対独感情は、階層、政党の別なく、すべての国民に浸透しつつあるのです。」

このようにイギリス国民の対独感情の悪化を強調的に話した後、続けて大使は、仏致相互援助条約とフランスの名誉との関係と、そしてこれとの関連で、イギリスの対仏態度についても警告的に説明した。

「尤もイギリスではだれ一人として、チェコ人のために、あるいはズデーテン人のために戦いたいなどと願っているものはいませんが、それでも貴国が性急な行動に走るようなことがあれば、それは別問題となります。特にフランスがチェコスロヴァキアとの条約義務を履行せざるをえないはめともなれば、そうです。条約義務の履行ということは、フランスの名誉にかかわる問題ですので、イギリスといえども、フランスに対してその名誉に反する行動をとるようにと、求めるわけには参りません。だからこそ、チェコスロヴァキア政府からズデーテン側に道理ある提案があったときには、貴国がそれに反対しないことが、とても重要なことになってくるのです。」

(3) ヘンダーソンの「サクランボ理論」

ヘンダーソン大使は、続けて、更にチェコスロヴァキア提案に関するドイツ側の受け容れ方についても、硬軟取り混ぜた言い回しで、警告的説諭を試みた。

「このチェコ側からなされるべき提案についてですが、我が政府としては、ここ数日がズデーテン問題の平和的解決にとって非常に重要なときだ、と考えていますので、目下、あの信頼のおけぬベネシュに対して、『ズデーテン側に包括的提案をするように』と迫っているだけでなく、更に、後になって言い逃れのできぬように、彼にその約束を公表させるつもりでいます。ベネシュの立場は国内的に非常に困難なものですが、彼も目下大譲歩を考慮中なのです。ですからそのような提案があったときに、ヘンライン氏にとってそれが一〇〇%満足できるというようなものでなかったとしても、彼が即座にこれを拒絶しないようにしておかなければなりません。サクランボは丸ごと一口で呑み込むのじゃなく、二口で齧って食べるものです。

もしもヘンライン氏がそのような提案を受け容れなかったら、事態は重大化します。私自身は、貴国が力に訴えるという考えは割り引いて考えています。総統がそんな決定をするとは信じていません。従って、ロンドンでも、このような私の見解を、内閣にも伝えるよう努力致しました。しかしそれでも、中にはドイツは戦争する気だという意見の閣僚もいます。ですから、もしも力による解決となってしまった場合には、イギリスの空気は、前回の『五月危機』のときよりも、もっと威嚇的なものになると、懸念している次第です。」

こう言って、ヘンダーソン大使は、政府の「両輪外交」の方針に従った対独アプローチの試みを終えた。

(4)「五月危機」の概要

ヘンダーソン゠ワイツゼッカー会談の途中だが、ここで、右の「五月危機」とはどんなものであったのか、簡単に説明しておく。

ズデーテン地方では、五月二二日の地方選挙を前に、ドイツ系住民と警官隊との間で小競り合いが繰り返されていた。そのような張り詰めた状況下において、チェコスロヴァキア陸軍は、ドイツ軍が国境付近で活動中であるが、この動きは対致侵略準備である可能性があるという秘密情報を入手した。この報告を受けたチェコスロヴァキア政府は、五月二一日、イギリスはもちろん、同盟国フランスとも協議をせずに、独断で軍隊に一部動員令を下した。こうして独致間の緊張は一触即発の戦争の危機にまで一挙に高まった。これに慌てたイギリス政府は同日、ドイツ政府に対して、ドイツがチェコスロヴァキアに対して攻撃を加えれば、フランスは仏致相互援助条約上の義務を履行することになり、そうなれば、イギリスもその戦争の圏外にはいられない可能性があるという、強い警告を行った。もともとこのときにはドイツ側にチェコ攻撃の意図がなかったのか、それとも、その意図があったが、この対独警告が効いたのか、とにかく二三日には、ドイツ軍の国境付近への集中は見られなかった。

これがいわゆる「五月危機」の概要であるが、危機が去った後、西欧民主主義国側の新聞は、英仏の警告を前に、ヒトラーが引き下がったと、さかんにヒトラーの弱腰を侮辱的に書き立てた。これに怒り狂ったヒトラーは、二度と「五月危機」は繰り返させないと固く決意し、「五月二一日の屈辱」を雪がんがために対致攻撃準備（「緑作戦」）に一層の拍車をかけたと言われている。[18]

(5) ワイツゼッカーのリッベントロップ批判

再びヘンダーソン＝ワイツゼッカー会談に戻ると、大使の話に対して次官は、何らコメントすることなく、ただ、

「大使は外相との会見をお望みですか？　外相は今、田舎の別荘に居ますので、そこでなら、マスコミの注目を集めずに、会うことができると思います。」

と問いかけたので、大使は、

「今、次官にお話ししたようなことしか、外相にもお話しできませんが、是非直接お会いしてみたいと思っています。」

と面談希望を述べると、次官は、

「それでは、外相に都合をきいてみることに致しましょう。」

と応じてから、

「しかし、外相に、イギリスがいざとなったらどんな状況であっても行動を起こすということを確信させるのは、至難の業だと思いますよ。」

と、自分の上司の態度について、イギリスの大使への忠告として、批判めいたことを付け加えた。これに対して、大使は、

「もしそうなら、外相は大変、大変大きな過ちを犯していることになります。」

と、イギリス政府の最後の肚に関する、リッベントロップの誤った思い込みの危険性を強調して、この晩のワイツゼッカー次官との対話を終えた。

ドイツの外務次官がイギリスの大使との対話の最後に、わざわざ上司たる外相の対英観に関して、なぜこのような批判めいた発言をしたのか。それを知るために、次に、ワイツゼッカー次官のズデーテン問題をめぐる現状認識を見てみよう。

(6)「ドイツのヘンダーソン」・ワイツゼッカー

深刻化するズデーテン危機の対応策を審議するために、八月三〇日、チェンバレン首相は、急遽、臨時閣議を招集した。この閣議で、ズデーテン問題に関する対独基本方針について、「我が方の最後の態度に関しては、ドイツ側に推測させ続けておく」という既定の方針、すなわち、イギリスがズデーテン問題で参戦するかもしれないし、しないかもしれないという「曖昧な警告」の方針が再確認された。[19] チェコスロヴァキアに対するドイツによる武力行使があった場合、イギリスは対独宣戦を布告するという公然たる対独威嚇的警告は、一時的にヒトラーを凹ませても、それで終りということにはならない、ドイツの更なる軍備拡張を促すことは必至なので、結局、戦争誘発効果がある。従って、直截的な対独威嚇的警告はあまりにも危険すぎるので、今、このような新強硬方針を採用するよりも、これまでの方針を維持する方が、こ

の危険を避けうると同時に、武力行使に対する一定の抑止効果もあると、考えられたのである。[20]

「これまでの方針」と言ったように、このようなイギリス政府の対独基本方針は、三月二四日のチェンバレン首相の議会演説、「五月危機」の際のヘンダーソン大使からの対独警告、八月二七日のジョン・サイモン蔵相のレナーク演説などで、繰り返し言明されてきたので、ワイツゼッカーに対しては、イギリス政府が望んだところの抑止効果が見られた。すなわち、彼は、イギリスはいざとなれば本気になるということを信じていて、そのため、ズデーテン問題がズデーテン問題だけで終らないで、英独戦争にまで発展することを極端に恐れており、これを何としても回避しなければならない、と案じていた。

ワイツゼッカーは、ある意味で、「ドイツのヘンダーソン」であった。二人は共に、英独戦争の極端な恐怖からくる避戦論者であっただけでなく、ズデーテンラントは、武力によらなくても平和的手段でドイツのものにすることが可能だと考えていた。そして、二人は、その平和的解決のためには、イギリスが頑固なチェコスロヴァキアに圧力をかける必要があるという認識においても、一致していた。但し、一点だけ異なるところがあった。それは、ヘンダーソンがこれ以上強い対独警告は不要である、そのような警告はヒトラーの武力行使を抑止する効果があるどころか逆にそれを誘発する効果があると見なしたのに対して、ワイツゼッカーは、現在の「曖昧な」遠回しの対独警告だけでは、自分に対してはともかく、リッベントロップにもヒトラーにも十分な抑止効果がない、ヒトラーがズデーテン問題で武力行使に走らないようにするためには、今こそより強い、より明確な直截的対独警告が必要だ、と見なしていた点である。つまり、ヘンダーソンが英独戦争誘発効果を恐れていたところに、ワイツゼッカーは英独戦争抑止効果を期待していたのである。[21]

（7）ワイツゼッカーと異なるリッベントロップの対英観

ワイツゼッカーは、現在のイギリスの対独方針では、ズデーテン問題でドイツの武力行使を抑止する効果がないという、確実な証拠を有していた。実は八月一九日に、彼は、リッベントロップ外相から直接、ヒトラーの「真の意図」を知らされ、また、外相がイギリスの最後の態度を甘く見ていることを示す話を、聞かされていたのである。その日、外相がワイツゼッカー外務次官に対して、

「総統はチェコスロヴァキア問題の武力解決を固く決意されておられる。それは遅くとも一〇月中旬には実施される。他国はまず動くことはあるまいと、私は確信しているが、もし動いたとしても、我々はその挑戦を受けて立って、それらの国をやっつけることができる。」

と、自信たっぷりに言ったのに対して、次官は、外相の見方はまったく間違っている、という諫言を呈すると、外相は、

「君は私に対してのみ責任があり、私は総統に対してのみ責任があり、総統はドイツ国民に対してのみ責任があるのだ。」

と、分を弁え給えと言わんばかりに、次官をたしなめたあと、さらに押さえつけるように、

「総統は、これまでに過ちを犯されたことは一度もない。」

と断言した。[22]

ワイツゼッカーがヘンダーソンと会った一〇日余り前に、外相との間でこんなことがあったので、彼としては、もう一度上司に同じ諫言を繰り返すことが、非常に困難な状況にあったのである。このため、次官は、このような上司の妄信を意図的にイギリス大使に漏らすことによって、大使自身が外相に会ったときに大使の口から直接、外相の、この恐ろしく危険な謬見を正してもらいたかったのである。そうすることが英独間の平和を維持するには、極めて重要なことだということを、大使に示唆したかったのだと思われる。平たく短く言えば、自分から上司にもう一度諫言したいことを、その上司が怖くて直接繰り返すことができないものだから、代りにこれを間接的に第三者に明々白々な表現で言わせようとしたものと解される。この私の推論を裏付けてくれるものとして、ワイツゼッカーによってなされた別の試みがある。すなわち、次官によって九月五日にも、ヘンダーソンとは違った別のルートを通じて、このような英独戦争回避のための間接的アプローチが試みられているのである。これについては後述する。

3　ヘンダーソン＝リッベントロップ会談

(1)「フランスの名誉」対「ドイツの名誉」

リッベントロップ外相が所有する田舎の大別荘は、ゾンネンブルクにあった。そこはベルリンからおよそ八〇キロメートル東に位置する丘陵地帯で、その一角にある彼の別荘は、九ホールのゴルフコースを備えた広大なものであった。[23]

九月一日の午後、その別荘に出向いたヘンダーソンは、別荘の主人にも昨晩ワイツゼッカーに話したことと、ほぼ同じ事を話した。[24]上述したように、ヘンダーソンは、前夜次官から、外相にはイギリスの態度に関して容易に除去しえぬ思い込みがあると注意されていたので、この日、リッベントロップに対して、ズデーテン問題においてもフランス次第でイギリスも戦争に巻込まれる可能性のあることを、ことさらに強調して話した。これに対して、リッベントロップは、大使の言う「フランスの名誉」という点を問題にして、

「問題となるのは、フランスの名誉ではないでしょう。それは欧州の覇権を狙うフランスの野望ではありませんか。ですから、もし戦争となれば、ドイツ国民はすべからく、それはドイツに対する侵略と見なすでしょう。」

と、不快感を露わにした。

リッベントロップは、大使を含め特にイギリス人に対しては、いつもこんな調子で高慢な態度に出てくるので、大使も彼を嫌うこと甚だしかった。紳士の典型にして古典的な外交官の見本のような、イギリスの大使は、非紳士にして非外交官の典型のような、ドイツの外相のことを、「愚鈍なほどに虚栄心が強く、虚栄心の強さほどに愚鈍な奴」と毛嫌いしていた。しかし、それでも、この日は努めてそのような感情を抑えて、

「お言葉ですが、名誉に関しては、どの国であっても、自国の名誉かどうかを判断するのは、当の国だけです。私としては、閣下に対しては、事実を事実として述べることしかできないわけですから、閣下には、この点に深甚なる考慮を請う次第で

す。」

と、言い聞かせるように話した。

上のリッベントロップの発言は、ヘンダーソン報告によるものだが、外相自身の覚書では（なお、この覚書では、この会談の日にちを八月三一日としているが、これは明らかに彼の間違いである）、次のようなもっと厳しい、威嚇的、攻撃的とすら言える発言となっている。

「この問題で、フランスの名誉がどのようにかかっているというのでしょうか、私には理解できません。仏致同盟条約（仏致相互援助条約）はまったくもって不道徳なものです。なぜなら、それはあのヴェルサイユ条約のメンタリティーに基づき、フランスの覇権というまったく不当な要求の実現を企図するものだからです。それは、ズデーテン在住三五〇万人のドイツ人を抑圧するものだからです。[25]

フランスは、チェコスロヴァキアの挑発行為による戦争には関与する義務がないだけでなく、関与する正当な理由もないのです。それにもかかわらず、もしフランスが攻撃してくるならば、その責任は専らフランスの側にあります。なぜなら、その ときかかっているのは、『フランスの名誉』ではなく、専ら『ドイツの名誉』だけだからです。フランスによるいかなる攻撃も、それは侵略戦争となります。ドイツは、すべての事態に対する準備ができているので、それ相応の対応をとることになります。」

（2）ヒトラーの対致局地戦争化シナリオ

リッベントロップが言う「チェコスロヴァキアの挑発行為による戦争」とは、ヒトラーの対致局地戦争化のシナリオに従ったものである。そのシナリオによれば、チェコスロヴァキア政府によるズデーテン・ドイツ人に対する「迫害」「虐待」が耐え難いものになり、これが原因で同地方で「事件」「暴動」が勃発し、その「迫害」と「事件」が悪循環に陥り、緊張がエスカレートしていき、その結果として、ドイツ帝国は、ズデーテン地方の秩序を維持して同胞の生命・財産を保護するために、やむなく対致武力行使を決行せざるをえなくなるが、このような経緯で引き起こされる独致戦争は、チェコスロヴァキア政府による対独挑発行為が原因であるので、すなわち、ドイツからチェコスロヴァキアが「挑発によらざる武力攻撃」を受けたわけではないので、フランスに同盟条約の義務の履行という問題は発生しない、ということであった。[26]

ヒトラーの言い分はそうであったとしても、その正否の客観的判断基準は、第一に、「事件」が武力行使以外の解決法がないほど重大なものなのかということであり、第二に、第一点よりも重要な点だが、ドイツに武力解決もやむなしと判断させた「事件」が、果して誰の主導で引き起こされたのか、すなわち、誰が事件の真の挑発者なのか、真の責任者なのかということになる。特に第二点に関して、事件の真の挑発者が「トロイの木馬」ズデーテン・ドイツ党とその「黒幕」ナチ・ドイツであった場合、後者がその「事件」を口実として、また、ズデーテン地方という外国領土内の「秩序維持」やら「同胞保護」やらを名分として、軍事行動に出るとすれば、その地域に対して国際法上の主権を有する国、すなわちチェコスロヴァキアにとっては、これはドイツ側からの「挑発によらざる武力攻撃」、「侵略行為」である。よって、リッベントロップがヘンダーソンに対して示した、仏致相互援助条約履行義務に関する主観的解釈にもかかわらず、客観的事実として、フランスにとって、条約義務の履行問題が発生する可能性がある、すなわち、フランスにとって、「名誉」にかかわる問題となる可能性があり、従って、連鎖的にイギリスの対独参戦となる可能性もあったのである。

ヒトラーの「緑作戦」なるシナリオでは、このように、対致局地戦争によるズデーテン問題の「解決」が既定方針となっていたが、ヘンダーソンとの会談でリッベントロップは、勿論まだその ヒトラーの「真の意図」を明かすことなく秘匿して、同問題には、今後二、三の条件が満たされれば、まだ平和的解決の余地があることを、欺詐的に示唆した。

「ズデーテン問題については、これまでのベネシュ氏のとってきた態度に根本的な真の変化がなければ、解決は不可能です。中途半端な態度は有害無益です。そのような態度は既にドイツが持っているベネシュ氏への不信感を、更に増大させるだけです。ベネシュ氏からどのような案が出されて来ようと、それを信用することはなかなかできませんので、その提案が確実に実行されるという保証として、何らかの公平な審判委員会のようなものが必要かもしれません。」

(3) ヘンダーソンの「プレビサイト」容認論

このように、ヘンダーソン＝リッベントロップ会談は、絶望的であったとは言えないとしても、それほどうまく行ったとも思えなかった。しかし、ヘンダーソン自身が得た感触は違った。彼は、とりわけリッベントロップが「プレビサイト」ということを一度も持ち出さなかった、その一点に、大きな安堵を感じたようで、それに基づく希望的観測を、ハリファックス外相に、次のように報告している。

「全体として、リッベントロップ氏のチェコスロヴァキア問題への態度は、思っていたほど失望させられるものではありませんでした。昨晩、ワイツゼッカー氏からは、ズデーテン問題は『プレビサイト』による解決が望ましい、と聞かされていましたので、私は、ヒトラー氏がニュルンベルク党大会での演説で、そのような方針を打ち出す可能性があると感じていました。しかし、この日のリッベントロップ氏の口からは、『プレビサイト』という言葉は一切出てきませんでした。」

それでは、ヘンダーソンは、「プレビサイト」に反対かというと、そうではなかった。同じ報告書の中で、問題の「プレビサイト」に関して、彼は、私見として、条件付ながら、容認論を付言している。

「この点に関する私の考えですが、ベネシュ氏が他の選択を一切受け容れないということであれば、私は、プレビサイトに賛成したい気持ちになっています。」

ズデーテン地方の住民による投票で、その帰属先を決定するという「プレビサイト」方式については、イギリス政府は、できる限りこれを避けた形での平和的解決を望んでいた。というのは、もしズデーテンラントの少数ドイツ系民族にそれが許された場合、それが先例となり、他の地方の少数民族問題へ波及する恐れがあり、そして、その結果として、「民族自決主義」に関するヴェルサイユ条約の内在的矛盾が、相対的なフランスの弱体化とドイツの強大化という趨勢の中で、マグマのように地表に噴出してしまい、その結果、中・東欧が大混乱、無秩序に陥る恐れがあったからである。

だがこの時点では、ズデーテン・ドイツ党とドイツ政府の側では、まだヘンラインもヒトラーも（ヘンダーソンに対するワイツゼッカーの非公式発言を除けば）、正式には「プレビサイト」を言い出してはおらず、容認論者のヘンダーソン大使にしても、できればこれを避けたいが、ベネシュがなんとしてもイギリス政府の言うことを聞かないなら、そしてドイツ側がこれを持ち出したなら、平和的解決の切り札としてこれを容認することも致し方ないという、そのような条件付「プレビサイト」容認の立場に立っていたのである。但し、ヘンダーソンとしてもまだこの時点では、彼が容認する「プレビサイト」の対象となる争点は、彼の「サクランボ二口説」から推察して、差し当っては「アンシュルス」ではなく「自治」、すなわち「カールスバート要求」の認否であった。しかし、このころまでには既に彼は、最終的には平和的交渉による「アンシュルス」、すなわち、チェコスロヴァキア国家の部分的「解体」をも、「戦争回避」、「欧州平和」のためには致し方ないものとして、容認していた。[27] この「アンシュルス」容認論の根拠に関する、彼の「道義外交」論については、後述する。

（4）「対独警告」対「対英警告」

ゾンネンブルク会談でのヘンダーソンの主な狙いの一つは、ズデーテン問題に関するドイツ側の「真の意図」を、ドイツの外相を通じて、探ることであったが、もう一つは、イギリスの対独参戦の可能性に関する外相の認識の甘さを、改めさせることであった。前者については、ヘンダーソンはリッベントロップの欺詐戦術の罠に掛かってしまったようだが、さて、後者に関する大使の試みは、幾分かでも効を奏したであろうか。ヘンダーソンの報告によると、リッベントロップの英独関係についての話は、いつものようにとりとめのない、漫然たるものだったというが、リッベントロップ自身の覚書によると、ヘンダーソンが最近殊にイギリス国内の対独感情が悪化していると述べたことに対して、リッベントロップは、次のように、その原因はドイツではなくイギリスにあると強く反発している。

「総統は終始一貫貴国との合意を目指す政策をとり、貴国の権益を擁護する政策をとってきました。それにもかかわらず、大使が言われるように、ドイツに対するイギリス国内の空気が悪化しているとすれば、それは明らかに貴国の方にどこかおかしいところがあるからです。」

会談の終りにまた、ヘンダーソンが、フランスがチェコスロヴァキアとの同盟条約に署名しているという事実に触れて、

「我が方としては、この事態を変えるようなことは、何もできません。」

と、イギリス政府の対仏態度について念押しをしたのに対して、リッベントロップはこの警告じみた発言に強く反発して、

「もし独致戦争が起こったとしたら、それは偏にベネシュ氏のせいということができますので、私が貴国にお薦めできることは、フランス人に物の道理を分らせるようにしむけてもらいたいということだけです。間違っても、フランスの名誉などという、彼らの倒錯した観念のために、イギリス帝国の存在を危うくするようなことがないように、ということに尽きます。」と、相手のそれ以上に警告じみた、威嚇じみた忠告を返したのであった。

（5）「カーネーション男」の警告効果

このように、ヘンダーソンが強調的に実行したと、ハリファックス外相に報告した対独非公式警告も、リッベントロップの覚書からすると、リッベントロップには十分に通じていたかどうか、彼の誤った対英観を修正させえたかどうか、甚だ疑わしく思えてくる。

ヘンダーソンが対独警告役として適任であったかどうかは、相手次第であった。ワイツゼッカー相手なら通じた「曖昧な」警告も、リッベントロップやヒトラー相手のときにはまったく通じなかった。独裁者の扱い方が巧いということが一つの理由で、ドイツ大使に起用されたヘンダーソンだが、彼が公使として巧く扱って良好な関係を築き上げた独裁者とは、ユーゴスラヴィア国王の故アレグザンダーであった[28]。この小国の「普通の独裁者」に快く受け容れられたヘンダーソンという時代遅れになりつつある古典的な貴族的イギリス紳士と、その言動様式とが、彼とは氏も育ちも天と地ほど異なり、「プロパガンダの時代」の申し子のような、大国の「桁外れの独裁者」に通じるはずはなかった。

「外交官はすべからく紳士たるべし」ということを信条としていた大使が[29]、紳士的に、古典外交的に、独裁者をおだて上げるようなリップ・サーヴィスを駆使しながら、遠巻きに婉曲な警告を発し続けても、ごろつき、無頼漢の大親玉のようなドイツの独裁者から気にいられるどころか、その「女々しい軟弱な」大使への侮蔑心を、深めるばかりであった。先の大戦で「一級鉄十字章」を貰った元伍長は、いつもきちんとした身なりで、服の襟にはカーネーションの花が挿されている大使のことを、あの「カーネーションの男」と呼んで、見縊っていた[30]。なお、ヘンダーソンは、細長い蝙蝠傘をステッキのように手にして、襟には噂のカーネーションを付けている、イギリス紳士然たる自分の写真を、その回想録の巻頭に掲げている[31]。ヒトラーにこのように受け取られていた男から発せられる「曖昧な」対独警告が、嫌英、反英、侮英で凝り固まったリッベントロップに対しては言うまでもなく、「親英的」であったとされるヒトラーに対しても、どれほどの効果があったと言えようか、想像に難くはあるまい。

このことから見ても、会談中に、リッベントロップが「プレビサイト」に触れなかったことのみに注目して、この会談を前向きに評価しているヘンダーソン報告の結論部は片手落ちであり、リッベントロップの「対英観」と同程度にヘンダーソンの「対独観」も、独り善がりの危険な楽観論のように思えてくる。そして、このほとんどすべての点で対照的な二人に共通していたのは、それぞれの相手国に対する見当違いの危険な思い込みであったが、この思い込みに凝り固まった二人の外交家が、一九三九年九月一日にワルシャワへの道を進む魔王のための露払い的先導役を果したようにも思えてくる。

4　ヘンダーソンの「道義外交」

(1)「武力的変更」と「平和的変更」

ヘンダーソン大使は、ズデーテン地方の自治にとどまらずドイツへの統合まで是認していた。このように彼が考えたのは、「アンシュルス」は単に「避戦のためにやむなし」という消極的な判断からだけではなく、それはまた、「正義」と「道徳」に基礎付けられるべきイギリスの外交方針に合致するという積極的な評価からでもあった。そこで、本節ではズデーテン問題に関する彼の「道義外交」とはどんなものであったか、見ておこう。

一般的に国際社会における現状維持や国際秩序は、「条約の尊重」、「条約の拘束性」、「条約の不可侵性」、「条約神聖主義」と密接な関係を有し、大体において、このような条約観は、「現状維持国」の利益に合致している。そして、その現状や秩序は、たとえそこに道義的な欠陥があったとしても、それをある軍事大国化してきた「現状打破国」が既存の条約などを無視して、一方的に武力によってこれを変更することは、法的にも道義的にも原則的に許されない。もし、そのような一方的な実力行使、条約侵犯行為が許されれば、国際社会は、「現状打破国」と「現状維持国」の絶えざる武力闘争の修羅場と化し、無秩序、混沌に陥るからである。

しかし、道徳的な欠陥のある現状、正義に反する現状があるにもかかわらず、交渉等によるその現状の「平和的変更」が絶対に認められないという現実があれば、不正な現状を変更するための武力行使が起こることは避けられない。正義の実現のための、唯一のやむにやまれぬ行為という道義的な正当化が、可能になるからである。但し、道義的に非難しがたい武力行使であっても、そのような行為が常態化することになれば、国際社会はいわばホッブスの自然状態と化し、「現状打破国」、「現状維持国」の別なく、すべての国家、国民にとって、耐え難い悲惨な現実に直面することになる。このようなことが考えられるので、国際社会においては、現状の「武力的変更」を不必要なものにするために、「平和的変更」を実現可能なものにする努力が行われ続けている。これをE・H・カーの言葉で置き換えると、「国際政治における『平和的変更』の問題は、必要かつ望ましい変更を戦争なしでいかに実現するかである」[32]ということになる。

その「いかに」であるが、国際社会にも世界的統一権力というホッブス的リヴァイアサンが出現するにしても、それは遠い将来のことだとすれば、また、現時点での強制力を欠く国際司法裁判所的な司法的解決も決定的なものでないとすれば、紛争当事国たるその「現状打破国」と「現状維持国」の交渉による妥協的解決か、あるいは、強制力を有する国際会議を含めた、有無を言わせぬほど強力な第三者の裁定による解決か、ということになるが、目下進行中のズデーテン問題では、ズデーテン・ドイツ党＝ドイツとチェコスロヴァキアの両当事者による交渉と、相当強力な第三者である英仏の調停との、二つの要素の組み合わせによって、国際無秩序に繋がりかねない「武力的変更」を避けるための「平和的変更」の一つの試みが、なされていたわけである。

(2) ズデーテン問題と道義外交：ヴェルサイユ条約と民族自決主義

さて、モラリストでありパシフィストであるヘンダーソンは、このズデーテン問題に関して「道義」と「平和的変更」をどのように関係付けていたのであろうか。具体的に言うならば、ヴェルサイユ体制と呼ばれる国際秩序とズデーテンラントの現状、すなわち、ドイツ人が居住する同地方がスラヴ民族の支配的なチェコスロヴァキア共和国の一部に、居住民の多くの意に反して、編入されたままであるという現状との関連において、彼は、「道徳」「正義」とは何と考え、そして、これを実現する方法について、どのように考えていたのであろうか。

彼が言うには、ヴェルサイユ条約の基本的欠陥は、民族自決主義の恣意的な適用にある。すなわち、チェコスロヴァキア、ルーマニア、ユーゴスラヴィアの「小協商」三国やポーランドなどには「民族自決」を認めておきながら、一方ではズデーテン・ドイツ人の民族自決的要求を押さえ付けるという不公平な、正義に反する原理の適用にある[33]。この認識に立って、彼は、ズデーテン問題で大事なことは、イギリス外交が道義的に正しい道を履むことであると説く。すなわち、イギリス政府は決して反民族自決主義の立場に立つべきでない、もしイギリス政府がそのような過ちを犯せば、平和愛好精神が強く、道義を好むイギリス国民は、自国政府が道義的名分の疑わしいズデーテン地方の帰属をめぐる戦争に加わることを許さないであろう、よって、イギリス政府は、このズデーテン問題においてイギリス人の血を流す事態を招来するような、外交的過ちを絶対に犯してはならない、と主張し、そして、この信念に基づく主張を、自ら大使として実践していたのである[34]。

このような論理を、チェコスロヴァキアに適用したとき、チェコスロヴァキア側の譲歩による自治承認にとどまらず、国境変更さえも、それは正義に適う。この正義に適う譲歩に抵抗するチェコスロヴァキア側の頑迷な対応は、平和的変更を不可能にし、正義実現のための武力行使を正当化する理由を、ドイツ側に与えるものであるということになる。更には、このような危険きわまりない事態を避け、「平和的変更」を可能にするためには、イギリスはチェコスロヴァキアに強い圧力をかけてでも譲歩させるべきである、そして、そうすることが道義に適った外交行動であり、結局、それは、欧州の平和維持のためだけでなく、チェコ人の民族自決に基づいた「チェコ国家」の独立維持のためにもなるということになる。

これがヘンダーソンの「道義外交」であった。しかし、ここが大事なところであるが、この議論を正当化するには、次の前提が所与のものでなければならなかった。

(1)ヒトラーのドイツも他民族の民族自決を尊重すること、すなわち、この原理に基づいた現状変更で満足すること。

(2)民族自決原則の適用が小国の安全保障、自己保存を危うくすることのないような保証があること。

(2)については、既に国際連盟が満州事変とエチオピア戦争への対処を通じて国際社会での警察機能を果せないことが明白になっていたので、堅固な「小マジノ・ライン」とも称される要塞が張り巡らされていた、戦略的要衝たるズデーテンラントの割譲に見合う安全保障の仕組み、すなわち、残存チェコスロヴァキアの独立をナチ・ドイツの脅威から保護する、信頼できる仕組みを創り出しうることであった。ヘンダーソンは、(1)に関しては、ドイツの膨張主義は民族自決的要求にとどまる限定的なものと見ており、(2)に関しては、解体された「チェコ国」は、イギリスを含めた国際的保障によって、独立の維持は可能だと示唆していた[35]。結論を急ぐようだが、この(1)に関する誤認と、(2)に関する楽観とが、「道義外交」に基づいたヘンダーソンの対独宥和論の最大の欠陥であった。

(3) ヘンダーソンのナチ・ドイツ観

この二つの前提にかかわるヘンダーソンの甘い見方は、彼のナチ・ドイツ観と関係していた。彼は、何もナチ・ドイツのイデオロギー、国家体制を積極的に支持していたわけではないが、彼のドイツに対する態度は、「偏見」にとらわれないで、「客観的な」、「公平な」眼で、その悪いところだけでなく良いところも見るべきだというものであった。そんな彼は、このような公平な対独認識を基礎に英独関係の改善を図ることが、欧州平和に繋がるのであり、自分の大使としての使命も、まさにこのような態度で英独関係の改善に尽し、悲惨な戦争を二度と繰り返さないで欧州平和の維持に貢献することだという、崇高な信念の持ち主であった[36]。

彼がこのような「善意」の「平和主義者」であったことは間違いない。ところが、国際政治の現実の処理は一筋縄ではいかない。殊にヒトラーのような独裁者を、ナチ・ドイツのような独裁国を相手とした外交は、善意や独り善がりの信念だけでは、使命の成功よりも、ヘンダーソンの回顧録の書名である *Failure of a Mission* すなわち「使命の失敗」に終り、国民的、国際的大災害を招く。その「善意の人」であり、「信念の平和主義者」であるヘンダーソンが、悲劇的にも、その意図に反する結果を招くことに「貢献」したのである。

結論を先走った感があるが、ここで、彼のナチ・ドイツ観を示す例を挙げておこう。一九三七年六月、着任間もないヘンダーソン大使は、ナチ・ドイツの「過激派」と目されていたハインリッヒ・ヒムラーとアルフレート・ローゼンベルクも出席していた独英協会での会合で、一場の演説を試みた。

「イギリスでは夥しい人が、ナチ・ドイツ体制が何のために闘っているのか、これについて誤った観念を抱いています。今、ドイツにおいて進められている社会的な大実験に、もっと眼を向けるべきなのです。その機会があれば、イギリスがドイツ帝国政府にとって貴重な友人だと判明する可能性があるのです。」公の場でのこのような大使の演説は、当然、イギリス国内で悪い意味での大反響を引き起こした。下院では労働党の元外務大臣アーサー・ヘンダーソンが次のように糾問した。

「ドイツのナチ党がユダヤ人を迫害した、すべての政治的反対を抑圧した、自分たちに反対する者の多くを強制収容所に入れた、自由な労働組合主義を破壊したと、こう言えば、それは、ナチ党が何のために闘っているかについて、誤った観念だということになるのでしょうか？[37]」

ナチ・ドイツが成し遂げた失業対策、アウトバーン建設、「健全な」青少年運動などを「公平に」評価すれば、ヘンダーソン元外相が指摘するナチ・ドイツ体制の「悪いところ」は帳消しにされ、英独友好関係の基礎が見出されるのか？　ナチ・ドイツの場合、ある一部が悪いのではなく、ある一部だけが良かったと言うべきであるのに、一部に良いところがあるからといって、全体として「可」＝「普通の国」、あるいは「普通の国になりうる国」という評価を与えることができるのか？　ヘンダーソン大使は普通の常識人が常識で感じられるところを感じ取ることができず、まともな知識人が知見で見抜けるところを見抜けなかった。

（4）ヘンダーソンと『わが闘争』

ヘンダーソンはドイツへ大使として赴任するに当って、ドイツ語で『わが闘争』の完全版を読んだという。彼のその後の大使としての言動を見ていくと、彼は『わが闘争』に一体何を読んだのかという思いに駆られる。彼が読後に感じたものは、さほど教育を受けていないヒトラーがよくもこれほどの注目すべき本を書いたものだというだけなのか、それならば、余りにもお粗末な、余りにも浅薄な読後の感想と言わざるを得まい[38]。

ヒトラーの『わが闘争』は、熟読玩味しなくても、一読すれば明らかなように、公平な「民族自決主義」とは相容れない「生存圏」の樹立を最高目標としていた。この「生存圏」体制においては、アーリア人種のみに自決が許され、自治能力のない劣等な非アーリア系スラヴ民族は、優秀なアーリア系ゲルマン民族の奴隷的存在と位置付けられていた。『わが闘争』ほど、人種差別的、反民族自決主義的な色彩の濃厚な著作も少ない。これは、一々『わが闘争』から該当部分を引用するまでもなく、よく知られていることである。

ヒトラーがヴェルサイユ条約の不正義やら、正義としての民族自決主義やらを振りかざして、領土の併合を叫んだのは、「生存圏」という最高目標に到達する過程での中間目標の達成のために、自分自身はまったく信じていない、これらの「正義」の装いをこらしたイデオロギーを、便宜的に利用したにすぎない。『わが闘争』を読んで、これほど見やすいところを読み取れず、ドイツの膨張欲が限定的で、それは「チェコ」民族国家の独立維持と両立すると信じたのは、ヘンダーソンに書物を読解する知力が悲劇的に欠けていた証拠であろう。また、ヘンダーソンがベルリンに赴任する一九三七年四月には既に、ナチ・ドイツの非人道性、無法性、暴力的体質については、その権力奪取の過程からも、また権力奪取後の過程からもこれを読み取ることは、困難ではなかったはずである。それにもかかわらず、ナチ・ドイツをほとんど「普通の国」のように見なし、「普通の外交」「道義外交」の適用を説いて、英独「友人」関係の樹立を唱道したのは、ナチズムの本質を感じ取る直感力も、それを見抜く洞察力も欠けていた、と言わねばなるまい。

ヴェルサイユ体制下の国際社会における民族自決主義の不公平な適用に向けられた彼の道徳的批判精神は、同じ程度に、ナチズムのそのような「不道徳」に向けられることはなかった。道徳的な外交は、相手国のイデオロギーやその国内支配体制（レジーム）と切り離せるものではない。そのような要素との関連において、自国にとっての他国の「友敵」度が定められるのでなければ、その国の外交は、真の「道義外交」にはならない。自由主義・民主主義のイギリスを代表する大使であるにもかかわらず、ヘンダーソンは、浅慮にも、無イデオロギー的「道義外交」に拠ることによって、全体主義・専制主義のドイツに対してとる外交的、安全保障的距離感を誤ってしまった。そして、その「道義外交」は、ナチ・ドイツ体制の本質に関する的確な評価と切り離されたものであったがために、彼の意図に反して、これ以上にないという「不道徳」に力を貸すことになってしまった。

注

＊ ヘルマン・ラウシュニング著／菊森英夫・三島憲一訳『ニヒリズムの革命』（筑摩書房、一九七二年）、一九四ページ。

＊＊ ジークムント・ノイマン著／曽村保信訳『現代史―未来への道標―』上（岩波書店、一九七〇年）、一八ページ。

（1） Ian Kershaw, *Hitler 1936–45: Nemesis* (Penguin Books, 2001), p. 107.

（2） *Documents on German Foreign Policy, 1918–45, Series D, Volume II* (Her Majesty's Stationary Office, 1953), p. 678. 以下、*DGFP-II*と略して表記する。

（3） David Faber, *Munich, 1938: Appeasement and World War II* (Simon & Schuster, 2009), p. 234.

（4） Robert Self (ed.), *The Neville Chamberlain Diary Letters, Volume Four, The Downing Street Years, 1934–1940* (Ashgate, 2005), p. 342.

（5） アンシュルス後のズデーテン危機に関する経緯については、John W. Wheeler-Bennet, *Munich: Prologue To Tragedy* (The Viking Press, 1965), pp. 27ff. Faber, *Munich, 1938*, pp. 139ff. Kershaw, *Hitler 1936–45: Nemesis*, pp. 78ff. アラン・バロック著／大西尹明訳『アドルフ・ヒトラー』Ⅱ（みすず書房、一九五八年）、五三ページ以下等を参照せよ。

（6） 「カールスバート綱領」の「八ヶ条」については、Wheeler-Bennet, *Munich*, pp. 46-7, 赤松祐之『昭和十三年の国際情勢』（日本国際協会、一九三九年）、四四七ページを見よ。

（7） Zbynek Zeman with Antonin Klimek, *The Life of Edvard Benes 1884–1948* (Oxford University Press, 1997), pp. 119, 121; *Documents on British Foreign Policy, 1919–39, 3rd series, Volume II* (His Majesty's Stationary Office, 1950), p. 228. 以下、*DBFP-II*と略して表記する。

（8） 以下、ランシマン使節派遣から九月初めまでのプラハ交渉の概略は、主に九月二日のハリファックス外相からリンゼー駐米大使に宛てた訓令（*DBFP-II*, pp. 209–11）に拠ったが、上掲の注（5）にある著書等も参考にした。

（9） Wheeler-Bennet, *Munich*, p. 33; Anita Prazmowska, *Britain, Poland and the Eastern Front* (Cambridge University Press, 1939), pp. 3-6; Keith Feiling, *The Life of Neville Chamberlain* (Macmillan, 1946), p. 353.

（10） Wheeler-Bennet, *Munich*, pp. 74-5.

（11） Neville Chamberlain, *In Search of Peace* (G.P.Putnam's Sons, 1939), p. 181.

（12） *DBFP-II*, p. 204; Ian Colvin, *The Chamberlain Cabinet* (Victor Gollancz, 1971), pp. 138-40.

（13） *DBFP-II*, p. 210.

（14） *Ibid.*, pp. 210-1.

（15） Peter Neville, *Appeasing Hitler: The Diplomacy of Sir Nevile*

Henderson 1937-39 (Palgrave, 2000), pp. 21, 31; Faber, *Munich, 1938*, p. 215.

(16) *DBFP-II*, p. 205.

(17) 以下、八月二一日のヘンダーソン＝ワイツゼッカー会談については、*DBFP-II*, pp. 203-4 と *DGFP-II*, pp. 679-80 に依拠した。

(18) 「五月危機」については、以下の史料を参考にした。*Documents on British Foreign Policy, 1919-39, 3rd series, Volume I* (His Majesty's Stationary Office, 1949), pp. 331-2; Yvon Lacaze, *France and Munich: A Study of Decision Making in International Affairs* (Columbia University Press, 1955), pp. 83-9; Nevile Henderson, *Failure of a Mission–Berlin 1937-1939* (G. P. Putnam's Sons, 1940), pp. 136-43; Wesley K. Wark, *The Ultimate Enemy–British Intelligence and Nazi Germany, 1933-1939* (Cornel Paperbacks, 2010), pp. 103-4.

(19) Colvin, *The Chamberlain Cabinet*, p. 145.

(20) *Ibid.*, pp. 144-5; Neville, *Appeasing Hitler*, p. 86.

(21) Neville, *Appeasing Hitler*, p. 82.

(22) *DGFP-II*, p. 593.

(23) Michael Bloch, *Ribbentrop* (Abacus, 2003), p. 67.

(24) 以下、ヘンダーソン＝リッベントロップ会談については、*DBFP-II*, pp. 205-6 と *DGFP-II*, pp. 688-9 に拠った。

(25) チェコスロヴァキア共和国の人口一七〇〇万人の民族別構成は次の通りである。チェコ人七五〇万、ドイツ人三五〇万、スロヴァキア人二三〇万、マジャール（ハンガリー）人七二万、ルテニア人五二万、ポーランド人一〇万、ユダヤ人その他二七万。

以上のように、チェコスロヴァキア共和国は、チェコ人が半分にも満たない、多種の「少数民族」からなる「モザイク国家」であり、ズデーテン・ドイツ人は、ポーランドにおけるウクライナ人を除き、ヨーロッパにおける最大少数民族であった（読売新聞社編『昭和史の天皇』第二一巻［読売新聞社、一九七四年］、三四四ページ）。

(26) ワルター・ホーファー著／救仁郷繁訳『ナチス・ドキュメント―原資料による全体像―』（ペリカン社、一九八二年）、二七一-五ページ、Faber, *Munich, 1938*, p. 240. なお、一九二五年一二月調印の仏致相互援助条約中、武力援助義務を規定した第一項は、Wheeler-Bennet, *Munich*, p. 439 を見よ。

(27) Neville, *Appeasing Hitler*, p. 89.

(28) *Ibid.*, pp. 21, 170.

(29) *Ibid.*, p. 12.

(30) *Ibid.*, pp. 2, 61, 170.

(31) Henderson, *Failure of a Mission–Berlin 1937-1939* の巻頭ページ。

(32) Edward Hallett Carr, *The Twenty Years' Crisis, 1919-1939* (Harper Torch Books, 1964), p. 209.

(33) Henderson, *Failure of a Mission*, p. 92.

(34) *Ibid.*, p. 124; Neville, *Appeasing Hitler*, pp. 87, 89, 92.

(35) *DBFP-II*, p. 239.

(36) Henderson, *Failure of a Mission*, pp. viii-xi, 3, 12-3.

(37) Neville, *Appeasing Hitler*, p. 31.

(38) Henderson, *Failure of a Mission*, p. 4.

第2章　ヒトラー＝ヘンライン会談

1　ヒトラー＝ヘンライン「合意」

（1）ヒトラー宛「ランシマン・メッセージ」

九月一日、ズデーテン・ドイツ党代表コンラート・ヘンラインは、正午ごろ、ベルヒテスガーデンに到着した。午後から、ベルクホーフ山荘でヒトラー総統と二人だけで会って、ランシマンから託された二つのメッセージを手交すると、四九歳のヒトラーは、大衆の前では見せたことのないことだが、眼鏡をかけて、これを注意深く読んだ。読み終ってから、「これについては明日話し合おう」と言ったので、ヘンラインは直ぐに退室した。

ヘンラインがヒトラーに手交したヒトラー宛「ランシマン・メッセージ」とは、ランシマンの使いとして、アシュトン－グァトキンが、その前日にヘンラインに託したものであった。その第一通目の要旨は、ランシマンは目下ズデーテン問題の早期解決のために鋭意努力中である、彼は、ヒトラーも現在のプラハ交渉の継続を承認し、支持するものと信じている、というものである。第二通目の要旨は、ランシマンは、ズデーテン問題の解決によって、英独交渉の道が開かれ、英独間の懸案が解決される可能性が大きいと信じている、というものである。そして第一通目の「ズデーテン問題」に関連して、極秘事項として、現在の基礎で交渉が合意に達しなかった場合には、例えば九月一五日くらいまでには、ランシマン自身の案を両サイドに提起する用意がある、ということが明かされていた。[1] このランシマン案は、真の自治を要求する「カールスバート綱領」と限定的自治しか認めていない「第三計画」とを混合した「折衷案」と言ってもよいものであった。[2]

先にも見たように「仲介者」のはずのランシマンが、ベネシュに譲歩を「強要」するに近い形で「第三計画」を提案させ、その当初の使命を逸脱した感が既にあったが、その「第三計画」によっても交渉が成立しない場合に、この「第三計画」を超えた「仲裁案」と言うべき内容の「ランシマン案」の提起ともなれば、それは明確にランシマン使節の目的が単なる「仲介者」から実質的に「仲裁者」の役割を果す、というものに変質することになる。形式的には政府の代表ではないといっても、実質的にはそのような公式的性格を有するランシマン使節の使命の、このような変質は、ズデーテン問題でいよいよチェンバレン政府が、伝統的外交方針から離れて、中・東欧問題でそのコミットメントを深めつつあることを示していた。

(2) ランシマン・チームと「穏和派」ヘンラインの親密な関係

ヒトラー＝ヘンライン会談前にヘンラインに直接会って、ランシマン・メッセージを伝えたアシュトン－グァトキンは、ヘンダーソン大使同様、「カールスバート綱領丸呑み」不可避論者であり、強硬な対致加圧論者であった。彼はハリファックス外相に、次のような意見具申を行っている。

「私たちはヘンライン氏とこのような良好な関係を持っているので、このために我々としても徐々に『カールスバート八ヶ条の要求』をほぼ全面的に支持せざるをえなくなりつつありますが、私はこれは不可避のことだと思っています。なぜなら『八ヶ条』はそれ自体不合理ではありません、それに、これがおそらく唯一の平和への道だと考えられるからです。尤も、チェコ人は多分、『奴らはヒトラーを喜ばせるために俺たちを売ったんだ』と言うかもしれませんが。」

たとえ勝てる戦争であっても、「遠く離れた国」チェコスロヴァキアなどのために、同胞の血を流すのは真っ平だ、という大多数のイギリス人からしてみれば、チェコスロヴァキアを多少犠牲にして、あるいは大いに犠牲にしても、ヒトラーから平和を購いたい、というのが本音であった。そしてその犠牲の許容度がこの時点では、一応「カールスバート八ヶ条」であった。「第二のアンシュルス」にまで行かず、この程度で済めば儲け物だという気持ちであっただろう。だから、グァトキン同様、彼らもまた、チェコ人から恨み言を言われるのは覚悟の上だったと思われる。

このようにランシマンもグァトキンも、「第三計画」でだめだった場合でも、うまく行けば「ランシマン仲裁案」で、悪くても「カールスバート綱領」で鳧《けり》がつくと、そう読んでいた節が窺えるが、そのような彼らの読みは、ヘンラインの性格と影響力への、彼らの盲目的と言っていいほど大きな信頼感に基づいていた。ヘンラインをベルヒテスガーデンへ送り出したあと、グァトキンは、ヘンラインについて次のように述べている。

「ヘンラインは、和戦の責任に関して、彼個人にかかっている重みを、劇的にと言ってもいいほど強く意識しています。彼は英独友好こそが世界平和の唯一の真の基礎だと信じていると、私は確信しています。彼は英独両国を引き離すほどの絶対的重要性を持つ問題があるとは考えていません。彼は単純で正直な男ですが、ヒトラーに対しては、巧者がしくじるところで、却ってそんな彼が成功する可能性がある、と思われるのです。

彼はナチ・ドイツの業績に大変印象付けられているけれども、彼の運動をナチ・ライヒと同一化することは避けたいと願っています。迫害心は絶対的に否認しています。彼は今年のナチ党大会にはおそらく出席するでしょうが、それは、彼は自分が物事を穏和化する影響力を有する存在であると、信じているからです。[3]」

このようにランシマン・チームは、「穏和派」ヘンラインを高く買い、彼と親密な関係を築き上げていた。彼らは、そんな彼を通じてヒトラーに働きかけ、問題の解決に役立てようという行動方針に従っていたのだが、彼らは、そのヘンラインなる人物が、実はヒトラーの操る傀儡にすぎない存在であることを見抜いていないどころか、彼が独裁者ヒトラーに好ましい影響を与えうる、頼りがいのある人物だとまで信じていたのである。

（3）ヘンラインの交渉方針案

九月二日の朝、第二回ヒトラー＝ヘンライン会談が持たれた。その内容は、九月四日の朝、グァトキンがヘンラインから聴取したところによると、次のようなものであった。

「今回の会談にはリッベントロップ外相も同席したが、何も発言しなかった。ヒトラーは、その対応ぶりも穏やかで、友好的であり、健康状態もよさそうであった。ヒトラーは、ランシマンの第二メッセージにあった英独関係については、何も言わなかったが、ヘンラインがランシマン使節の働きぶりを賞めると、ヒトラーも、積極的にとは言えないが、特に反対もせず、ヘンラインの評価を受け容れた。」

その後、ヒトラーとヘンラインの間で、次のような会話が交わされた。

「ヘンライン君、君の政策はどんなものなのか、話してくれますか？」

「私は戦争を望んではいません。そうなれば、最初に最も大きな被害を受けるのは、我がズデーテン・ドイツ人だからです。」

「私も戦争はまったく望んでいません。」

まずこの「平和問答」があって、その後で、ヘンラインは、彼の具体的な政策案を、次のように説明した。

「私が選択できる政策には二つあります。一つは、チェコスロヴァキア国家という枠組み内での自治です。もう一つは、ドイツ帝国との統一を意味するプレビサイトです。どちらの場合でも、私は平和的なやり方でその結果を得たいと願っている次第です。」

このように、ヘンラインが、選択肢は「平和的な方法」による「自治」か「統一」かのどちらかだと述べたのに対して、ヒトラーもこの見解に満腔の同意を表した。そこでヘンラインが、続けて、

「私としては第一策、すなわち自治の方針でその結果を得たいと考えているのですが……。」

と、今後の交渉方針について提言を行うと、ヒトラーは、別に反対はしなかったが、

「チェコスロヴァキアとの交渉から、特にあのベネシュ氏との交渉から、本当に満足の行く結果が得られるのだろうかねえ。」

と、大きな疑問の意を漏らしたが、まずはヒトラーもランシマンの第一メッセージを受け容れ、ヘンラインの交渉方案に同意を与えたのであった。(4)

信頼できる「同志」ヘンラインから以上のような報告を受けたアシュトン＝グァトキンは、ヒトラー＝ヘンライン会談の結果に大満足であった。そして、九月四日の自分とヘンラインとの会談について、本省に次のような報告をしている。

「ヘンラインは大層快活な感じで、ベルヒテスガーデン訪問の結果に明らかに安心した様子でした。私は、彼が言ったことと同じくらい、彼のこの様子を重視しています。彼が私に、『チェコスロヴァキア当局には、このことについて、過度にバ

ラ色の説明を与えないようにして下さい。そんなことをすると、彼らを私の要求に抵抗するように勧める逆効果となりかねませんので』と言ったときには、特にその感を深くしました。ヘンライン氏はヒトラー氏の平和的意図をはっきりと確信している様子でした。[5]」

2 イギリス政府の反応

(1) ハリファックスのヘンダーソン宛訓令

ロンドンではハリファックス外相は、ヒトラー＝ヘンライン会談に関するグァトキン報告を、首を長くして待っていた。外相は、ウィンストン・チャーチルへの手紙の中で「差し当っては、ヘンラインがベルヒテスガーデンから持って帰って来る報告書に照らし合わせて、状況を再検討してみたいと考えています[6]」と書いているように、この会談結果を今後の対応策を決定する一大要素と見なしていた。その待望のグァトキン報告は、九月五日の朝、ハリファックス外相がシャルル・コルバン駐英フランス大使との対談中に入ってきた。早速、外相がこれを大使に読み上げると、大使は、「ドイツの現在の状況は、良い方向に向っているようですが、問題はこれが何に基づくかだと、私は思います」という感想を漏らした[7]。大使の「問題は何に基づくかだ」という指摘が、ヒトラー＝ヘンライン「合意」が一時的便法に出たものか、それとも、最終的な解決の意思の表れなのか、それが問題だ、というのであれば、すなわち、今後の展開はヒトラーの「真の意図」次第である、ということを意味するものであったならば、それは実に鋭い指摘であったと言えよう。

次の日の午後一時、ハリファックス外相は、ヘンダーソン大使に電話電報で、グァトキン報告の研究に基づいた対独方針を、訓令として次のように伝えた。

「貴下はもしかすると、ニュルンベルクでヒトラー氏と話す機会が生じるかも知れないので、その場合には次のような線で話されたい。

まず、貴下がベルリンに帰任した夜に、ワイツゼッカー氏に言われたことを、ヒトラー氏を怒らせないように、うまく話されたい。そして、ヒトラー＝ヘンライン会談については、貴下の方から次のように話してもかまいません。

『私のところに届いている会談の内容によると、そこで総統はまったく欧州戦争を望んでおられないことを明らかにされています。私はこの点に注目して満足している次第です。私としては、英独協力もこの英独共通の願望によって触発される可能性がきっとあるものと、考えている次第です。また、我が政府は、貴政府の協力を得て、当事者が交渉を通じてズデーテン・ドイツ人の正当な不満を早期に解消し、同時に、チェコスロヴァキア国家の統合性をも維持するという合意に漕ぎ着けることを、心から望んでいます。』

また貴下は、次のようなことをヒトラー氏に想起させてもよろしい。すなわち、『チェコスロヴァキア問題を友好的に解決することによって、英独関係全般に関する交渉が可能になるように思えるまさにこのときに、両国関係改善の機会を台無しにするようなことがあれば、実に遺憾なことだと思います』、と。」[8]

（2）対独宥和政策続行の問題点

このヘンダーソン宛ハリファックス外相訓令から言えることは、第一に、ハリファックスがグァトキン報告から、「ヒトラーの平和的意図」に関して、十分な確信を得たとまでは言えないとしても、ズデーテン問題の平和的解決の可能性が増したと評価したことである。第二に、このズデーテン問題の平和的解決を英独関係改善交渉への入り口とし、その改善達成を欧州一般平和の構築のための牢固な礎石とするという、従来からの対独宥和政策を続行することを、再確認したことである。そして第三に言えることは、続行を確認した宥和政策の当面の具体的方策としては、「カールスバート綱領」によってズデーテン問題が平和的に解決されれば、そのとき可能となる英独交渉において、イギリス政府はドイツ側に、旧ドイツ植民地返還問題などの懸案に関して、「寛大な」対独譲歩を行う用意のあることを示唆することによって、とりあえず現下のズデーテン問題でのドイツの武力行使を止めさせるという方針を定めたということである。

しかし、問題の核心は、果してヒトラーが「カールスバート綱領」で満足するのか、果してヒトラーが植民地問題の解決だけで満足するのか、であった。これを喩えて言うと、果してヒトラー相手に宥和策による平和的解決を求めることは、あたかも「木に縁りて魚を求める」ようなものでないのかどうか、ということであった。すなわち、ヒトラー・ヘンライン「合意」にもかかわらず、依然として残された最重要問題は、コルバンが示唆したように、ヒトラーの「真の意図」をより一層明確にすることであった。そして、まさにここに、チェンバレンの対独宥和政策の成否がかかっていたのである。

（3）ヘンダーソンの対致加圧提言

ハリファックス外相のヘンダーソン大使宛訓令に対して、同日午後二時、大使は次のような電話電報を送り返し、ズデーテン問題の解決のための対ヒトラー、対ベネシュ・アプローチに関する提言を行った。このとき、彼はヒトラー＝ヘンライン会談についてのグァトキン報告の詳細を知らされていなかったが、ヘンラインが会談結果に満足していること、そして、それを根拠にグァトキンが平和的解決に楽観的な見通しを持っていることを知らされていた。[9] この知識に基づいて彼は、ヒトラー＝ヘンライン会談を、

「ベルヒテスガーデンでどのようなことが話し合われたか詳らかではありませんが、ヘンライン氏が訪独結果に満足しているということは、ヒトラー氏が依然として平和的解決を求めている証拠として、勇気付けられるものです。」

と評価しながらも、ヒトラーの心理の正しい理解者だと自負する大使は、次のような懸念を付言する。

「しかしヒトラー氏には、自分の提案が即時に受け容れられなければ、これを撤回してしまうという習癖があります。」

この懸念から大使は、今なすべきことは、極力ベネシュに「カールスバート綱領」を即刻受け容れさせることだと進言し、そして、それがベネシュにとっても、やむをえないレッサー・イーヴルの選択だという彼の持論を展開する。

『カールスバート綱領』の即時丸呑みは、チェコスロヴァキア国家の統合性を危うくする可能性はありますが、それでもその方が、プレビサイトあるいは戦争の結果として（戦争の場合、たとえ勝ったとしても）ズデーテンを失うという確実性と比べると、まだましです。プレビサイトについては、戦争かプレビサイトかという段になると、我が政府も、私同様、プレビサイトを受け容れた方がよいというご方針だと推察しています。

私が今提言せざるをえないのは、以下のようなものです。すなわち、今やもう一刻の猶予も許されないので、世界平和のためだけでなく、チェコ人自身の達成可能な最終的独立のためにも、たとえベネシュ氏が言うようなヒトラーの『最後通牒』という性質のものあっても、この際イギリス政府、とりわけフランス政府は、チェコ政府に対して、これを受諾すべしという絶対的勧告を直ちに実行すべきときだ、というものです。本物の最後通牒が突き付けられる事態になれば、それが、すべての関係者にとって、とても呑み込めない劇烈なものになるのは、目に見えています。[10]」

このように「ヒトラーの平和的意図」を信じて疑わないヘンダーソン大使は、ハリファックス外相に、英仏政府は致政府に対して「絶対的勧告」という名の「強圧」を加えて、同政府に「カールスバート綱領」を呑ませるべしという対致加圧策の即行を提言したのである。

（4）ボネ仏外相の対英追随

ヘンダーソン大使によって、世界平和のためには、チェコスロヴァキアの同盟国であるフランスの対致加圧が不可欠だとされたが、当のフランスの対致態度は、どのようなものであっただろうか。この日、九月六日の午後、パリでジョルジュ・ボネ外相と対談中であったエリック・フィップス駐仏イギリス大使のところに、このヘンダーソン電報が届いた。早速、大使は、外相のためにその場で、この英仏共同即時対致加圧の勧めを読み上げた。ボネはこれに大体同感の意を表した後、英仏が「穏和派」のヘンラインを助けることも重要だという、彼自身の強い意向を示した。これに対して、フィップスは、そのヘンラインを助けるためにも、英仏が共同してベネシュに圧力をかけ続ける必要があることを強調して、対致共同加圧へのボネの同意を取り付けた。[11]

こうして、ヒトラー＝ヘンライン会談の結果、穏健な「ハト派」のヘンラインというイメージが英仏首脳間で益々強まり、同時に、その「ハト派」のヘンラインが、リッベントロップなどの「タカ派」以上に、ヒトラーへの影響力を保持していて、「中間派」のヒトラーを平和的解決に誘導することができそうだ、という期待感が高まった。その結果、今や「カールスバート綱領」を基礎にした平和的解決の唯一の障害、欧州戦争を引き起こす可能性のある唯一の原因は、ヒトラーの好戦性ではなくてベネシュの頑迷固陋にある、故に欧州戦争の回避、欧州平和の維持のためには、何としてもベネシュに対して英仏共同で最大限の圧力をかけて、「カールスバート綱領」を彼に呑み込ませることが最善の政策だ、ということになった。こうして、九月初めの欧州情勢は、一日に垂れ込めていた暗雲が五日のグァトキン報告によって晴れ始めたように思われたとき、英仏にとっての盟友は、「こってい牛」のベネシュではなく「猫っ被り」のヘンラインだという錯覚が起こりそうな、奇妙に捻れた様相を呈するに至ったのである。

このような「強情な」ベネシュ大統領とチェコ人というイメージに基づいて、彼らを「欧州平和の敵」視する風潮を外務省内に広めたのは、前駐プラハ公使（一九三〇〜三六年）のジョーゼフ・アディソンであった。アディソン前公使は、チェコスロヴァキアはヴェルサイユ条約によって中欧に産み落とされた生育不能の奇怪な雑種国家であり、ドイツに不公平な存在であると信じ、この信念を隠そうともしなかった。[12] 彼のこの悪名高い反チェコ・親ズデーテン・ドイツ的偏見は、外務省内に「アディソン・スクール」を形成するほどで、その影響下にあったのが、現プラハ公使のニュートンであり、プラハ派遣使節のランシマンであり、そして現ベルリン大使のヘンダーソンも、この一派に属していた。ヘンダーソンは、チェコ人とベネシュのことを、「チェコ人は頑愚な人種であるが、ベネシュはその中でも最たるものである」と評し、またベネシュを「小人物」であると低く評価していた。このような偏見と偏頗な「道義外交」が相俟って、ヘンダーソン大使の次のような強い建言となった。すなわち、イギリス政府は、民族自決原則の適用によってズデーテン問題を道義的、平和的に解決するためには、この「頑迷な小人物」に強い圧力を加えてでも、譲歩を引き出すべきだ、と。[13]

(5) ハリファックスの不安：「泥沼の中の盲人」

ヒトラー＝ヘンライン会談の内容に関する情報は、イギリス側には秘密情報源からも入っていたようだが、それもグァトキン情報を裏付けるようなものであったので、八月下旬には悲観に傾いていたハリファックス外相も、九月六日までには、事態はそれほど悪くはない、宥和政策を継続する望みは断たれていない、という一応の判断に到達していた。

しかし、その判断は確信に満ちたものではなかった。同日、ヘンダーソンに宛てた手紙の中で、彼は、依然として「暗所」が幾つかあると言い、ヒトラーの「真の意図」に関する一抹の不安を、次のような比喩を用いて言い表している。

「結局なんやかや言っても、とどのつまりは、人間っていうものは、泥沼の中の盲人のようなもので、次の泥濘は何処かに関して、岸からみんなてんでバラバラのことを叫んでいる、そんな中を、手探りで進んでいくしかないのです。[14]」

(6) ヘンダーソンお勧めのヒトラー取扱法

この日の晩、ヘンダーソン大使は、ニュルンベルクでのナチ党大会に臨席するために、ベルリンを発つことになっていたが、その前に彼は、アレグザンダー・カドガン外務次官に手紙を書いて、ヒトラー心理の洞察者として、戦争回避に繋がるヒトラーの扱い方を伝授していた。大使は、平和のためには、ヒトラーを公然と非難したり、警告を与えたり、威嚇したり、侮辱したりするよりも、「平和の使徒」としてとにかく彼をおだて上げ、いい気分にしてやることが一番だという彼の信念を、ここでは次のように表現している。

「ヒトラー氏がニュルンベルクで発表するメッセージを、世界中の人々が不安の中で固唾を呑んで待っていると言っても、過言ではありません。彼のメッセージが平和に繋がるものとなるか、はたまた戦争に繋がるものとなるかの確率は、私は五分五分だと見ていますが、私としては、平和の方に賭けたいと思っています。

もし私の見方が正しいとすれば、とにもかくにもイギリスの新聞には、ヒトラー氏を『平和の使徒』として持ち上げる記事を書かせることができればと、心から願っています。平和の手柄はできるだけ多くヒトラー氏にあげましょう。最後の決断は彼のものだからです。我が新聞各紙が彼を罵ることにこだわり続ければ、我々は大きな過ちを犯すことになります。彼の邪悪な取り巻きだけを非難して、ヒトラー氏に対してはあくまでも『良い子（グッド・ボーイ）』になれる機会を与えてやりましょう。我が目的を達成するためには、これが唯一の方針です。我々の満足感をえるためという理由だけで、彼を口汚く罵倒すれば、我々は目的達成の希望を捨てたことになります[15]」

これが、「変人」とも「半狂人」とも見られていた独裁者ヒトラーの心理をよく知ると自負する、ヘンダーソン大使お勧めの、ヒトラーの上手な取扱法であった。このような考えを信念としていた人物が、ズデーテン危機の際に、巧みな警告役を仰せつかっていたイギリスの駐独大使であったのである。

3　欺かれたイギリス

（1）コルト情報とベルンからの情報

その日、すなわち、九月六日の晩、ヒトラー取扱法についてのヘンダーソン書簡の受取人となっていたカドガン次官のところに、ハリファックスの一抹の不安の原因となっていた「暗所」に光を当てたかのような、極秘情報が入った。「カドガン日記」は、次のように記している。

「晩まで大体の状況は変らず。晩になって一変する。ホーラス・ウィルソンがやって来て、Herr X（この名前は今後もおそらく明かすことはできなかろう。この人の命がかかっているからだ）からの情報をもたらした。X氏はウィルソンに次のように言ったという。『私は国家への忠誠よりも良心を重んじることにして、お話しする次第ですが、ヒトラーは九月一九日か二〇日に進軍する決定を下しました』と[16]」

進軍日を九月一九日か二〇日としているのは、不正確だが、翌日、ハリファックス外相と密会したXは、九月一六日に動員開始、一〇月一日までにはチェコスロヴァキアを攻撃することになっていると、正確な情報を伝えていた[17]。このHerr Xは、なんとロンドン駐在のドイツ代理大使テオドール・コルトであった。このコルト情報は、リッベントロップ外相付官房長であった弟のエーリッヒから、兄のテオドールに伝えられたものであった。この日テオドールはダウニング街一〇番地の首相官邸の庭ゲートを通り抜けて、首相の懐刀ウィルソン顧問と秘密裡に会見して、このドイツ軍の最高機密情報を伝えたのであった[18]。

実は、前日、コルト情報とは別の信頼できる筋からも、ほぼ同じような情報が入っていた。この前日の情報の信憑性を、この日のコルト情報が強く裏付ける形になったので、カドガン次官は、その日記に、「晩になって一変する」という印象を記したわけである。その情報は、スイスのベルンに駐在するイギリス公使ジョージ・ウォーナーからの至急電報によって、九月五日の午後七時三〇分に外務省にもたらされた。それによると、たった今ベルンに着いたばかりの「ある重要な情報提供者」が、「あるベルリンの高官」から直接聞いたという話を、ウォーナー公使に伝えに来たのだが、その話とは、次のような驚くべき内容のものであった。

「ヒトラーは六週間中にチェコスロヴァキアを攻撃するという決定を下しました。これに反対する陸軍参謀総長のルードウィッヒ・フォン・ベックは、ヒトラーとの激論後、辞職しました。ヒトラーは、圧倒的な力でチェコスロヴァキアを攻撃すれば、英仏もあえて介入することはないと考えています。平和のための唯一の希望は、チェンバレン首相がヒトラーに親書を出して、『チェコスロヴァキアが攻撃されれば、イギリスは、使用可能なあらゆる武力でもって、チェコスロヴァキアを支援する』と警告することです[19]。」

このベルン情報を詳しく補完する手紙が、九月八日にジュネーヴから外務省に届いているので、便宜上、以下にその要点を紹介しておく。

(2) ジュネーヴからの情報(1):フォルスターの常軌を逸した話

九月八日の午後、翌日から開かれる国際連盟理事会に出席するために、ジュネーヴに滞在していたスクライン・スティーヴンソン英外務省参事官のところに、国際連盟ダンチヒ高等弁務官カール・ブルックハルトがやって来て、驚くべき話をしていった。スティーヴンソンは、その重要性に鑑みて、会談後に長文の報告書簡を認めて、その夜のうちに、これを携帯した特使をロンドンに急派した。九月五日のベルン情報にある「ある重要な情報提供者」であるブルックハルトは、スティーヴンソン報告によると、次のような話から始めた。

「それまで私を避けるようにしていたナチ党のダンチヒ地区指導者、アルベルト・フォルスターが、八月三一日急に会いたいと言ってきたので、久しぶりに会いに行ってみますと、彼は気分が異常に昂揚しているような様子でした。そんな彼が私に話したことは、とても精神状態が正常とは思えないような、非常に常軌を逸したものでした。彼はこう言いました。『ドイツは近いうちにチェコスロヴァキアを攻撃します。そうなると数時間でチェコスロヴァキアは壊滅します。フランスはおそらく戦わないでしょう。イギリスはどんな場合にも戦うことはありません。前の大戦と違って、今度、戦争を欲しているのは、我々なのです』と[20]。」

(3) ジュネーヴからの情報(2):ワイツゼッカーによる裏書き

ブルックハルトによると、こんな信じられないような話を、フォルスターから聞いた数日後、彼はベルリンに行き、「ある人」と会った。彼はスティーヴンソン参事官には「その人の名前は言いたくないので、伏せておきます」と断ったが、「その人」とは、スティーヴンソンも「私のこの手紙を読み終えたら、この人物が誰だかはっきりと想像がつくでしょう」と言っているように、事情通の者なら、そうと言われずとも知れたワイツゼッカー外務次官のことであった。すなわち、ベルン電報の「あるベルリンの高官」である。

九月五日にもたらされ、八日に補完されたワイツゼッカー情報も、九月六日にもたらされたコルト情報も、実は出所は同一であった。ドイツ外務省内には、ワイツゼッカー外務次官を中心とする小さな、いわば「隠れ抵抗派」のようなグループがあって、コルト兄弟はその中心的なメンバーであり、またワイツゼッカーは「公然抵抗家」のベック陸軍参謀総長とは常に連絡を取り合っているという関係にあった。そして、彼らは、ズデーテン危機が深まる中、協議した結果、ヒトラーに対致武力行使、すなわち、「緑作戦」の発動を中止させるためには、イギリスに「毅然たる態度」をとらせるにしくはなし、ということで、意見が一致した。そこで彼らは、ヒトラーの「真の意図」を暴露する情報をイギリスの中枢部に伝えるために、様々なルートを使うことにしたのである。このように、これらの情報は、ワイツゼッカーとエーリッヒ・コルトがリッベントロップやベックらから直接聞いた、非常に信憑性の高い情報であったわけである[21]。

それでは、ここでまた八日のジュネーヴ情報に戻ると、ブルックハルトは、「この人物」、すなわちワイツゼッカーに、フォルスターの話を伝えた後、次のように言った。

「私がフォルスターの話を聞き終ったときに、彼に、『私はそんなことは信じられません。そんな考えはヒトラー氏の考えではないことを、私は知っていますから』と言ってやりました。」

するとそのとき、ワイツゼッカーは、万歳でもするかのように両手を振り上げて、

「でも残念ながら、それはまさに総統の考えそのものなんですよ。」

と、フォルスターの常軌を逸したような話を、本当の話であると裏書きしてから、続けて、このドイツの外務次官も、コルト参事官同様、国家への忠誠よりも人間としての良心を優先させるという思いから、ヒトラーを取り巻く内幕情報を、外国人のブルックハルトに、次のように漏洩した。

「リッベントロップ氏とヒムラー氏の二人はグルになって、他の者を総統に近寄らせないように総統を完全に隔離状態に置いているのです。そうして二人が何をしているかと言えば、既に異常になっている総統の精神状態を、更に悪化させるようなことばかりなのです。例えば、まともな忠告者をシャットアウトしておいて、外国新聞から総統が苛立ちそうな批判だけを、特に総統を風刺した漫画などを見せるだけなのです。こうして、総統にイギリスやフランスなどは恐るるに足らずと、信じ込ませようとしているのです。ベック将軍は勇気を奮い起こして、辞表を懐に総統に真実を告げましたが、結局、その辞表を提出して受理されました。この話は、私が直接ベック将軍から聞いた話なのです[22]。」

(4) ジュネーヴからの情報(3)：ワイツゼッカーの対ヒトラー警告の勧め

信頼できる長年の知己から、このような驚くべき、恐るべき、

ナチ・ドイツ権力の最深奥部に関する秘話を聞かされたブルックハルトは、

「何かできるとしたら、どうしたらよいのでしょうか。」

と尋ねると、次官は、

「総統に真実を知らしめる唯一の方法は、チェンバレン首相が総統に親書を出して、『もしもドイツがチェコスロヴァキアを攻撃すれば、戦争となろうが、そうなれば、イギリスは不可避的にドイツの反対陣営に与せざるをえなくなる』と言うことです。これは緊急を要することですので、ニュルンベルク党大会が終る前に、総統のところへ届くようにしなければなりません。総統はイギリスに関してリッベントロップ外相のために致命的にミスリードされていますので、首相の親書以外に、真相を総統に悟らせる方法はありません。」

話者の真剣さに印象付けられたブルックハルトは、この後直ぐに自分の車に乗り込んで、ベルンまで一日九〇〇キロの距離を運転して、ウォーナー公使に事の次第を告げたのであった[23]。

ワイツゼッカーが話したベック陸軍参謀総長辞職の経緯は、ベックがヒトラーと直接対面してのことではなく、ブラウヒッチュ陸軍最高司令官を通してのことだという以外は、事実であることが確証されている。ヒトラーが、「五月危機」の後の復讐心に燃えた憤怒の中で、五月二八日、三〇日に「緑作戦」実施命令を出して以来、これに断固反対するベックとヒトラーは激しく対立し続けていたが、八月一八日、ベック総長はついにヒトラーに辞表を提出した。これに対して、ヒトラーはベックの辞職を容れたものの、これを秘密にし、ミュンヘン危機が去った一〇月一三日になって初めて公表した。ズデーテン問題に関するプラハ交渉が行き詰まって、欧州の上空に暗雲が発生していた九月一日には、ベックに代ってフランツ・ハルダー将軍が、新参謀総長の職に就いていた[24]。

（5）ヘンライン報告の罠

ここでまた、九月六日に戻ると、前日に入っていた明るいグァトキン報告か、その日になって入って来た暗いコルト秘密情報か、ヒトラーの「真の意図」は、平和か戦争かという、当時のイギリスの政策決定者としては、再び非常に悩ましい局面に戻ったが、後世の我々歴史家には、残された史料によって、また先行の研究者によって、次のような事実が明らかにされている。すなわち、グァトキンへのヘンライン報告はヒトラーの好戦的意図を隠し、英・致分断、仏・致分断のための偽装、欺罔工作にすぎなかった。

歴史家イアン・カーショーは、ドイツ軍の諜報機関であった「アップヴェール」に所属していたある将校の日記に依拠して、このヒトラー＝ヘンライン会談で、実は「ヒトラーはヘンラインに対して日にちは明らかにしてはいないが、今月中に行動すると暗示していた」ことを、明らかにしている。また、ヒトラーは、ヘンラインとの別れ際に、「平和の使徒」どころか「戦争に飢えている半狂人」の正体を露わにして、「この戦争は長く続かば続けだ、たとえ二年から八年続いてもかまわん」と告げた[25]。

このことから分るように、実はヘンラインは、ヒトラーが軍事的解決を決意していることを知りながら、グァトキンに対しては猫を被って、ヒトラーが会談においてヘンラインの平和的解決提言を全面的に支持したと信じ込ませようとした。そして、これにまんまと成功したのである。外交の玄人、グァトキンは、そのヘンラインによって仕掛けられた罠に、うかうかと嵌ってしまったのである。ヒトラーと打合せの上でと考えられる、この偽装されたヘンライン報告を、ヘンラインが話すその態度や雰囲気からして、真実の報告だと判断したグァトキンの報告に、チェンバレン政権は、全面的な信頼を置いたとは言えないけれども、相当大きなウェイトを置いて、宥和政策の継続を決定したのであった。

他方、ヒトラーはというと、ヘンラインには明かさなかった対致武力行使開始日（Xデー）を、彼との会談の翌日、すなわち九月三日に招集したベルヒテスガーデン軍事会議で検討していた。この会議に出席したのは総統兼首相、統帥権者兼軍務大臣としてのヒトラーの他に、国防軍最高司令部長官ヴィルヘルム・カイテル、陸軍最高司令官ワルター・フォン・ブラウヒッチュ、それに記録係としてのヒトラー付国防軍主席副官ルドルフ・シュムントの四人であった。この秘密軍事会議で決まったことは、対致攻撃作戦、すなわち「緑作戦」実施のために、攻撃部隊を九月二八日に国境まで二日の行進距離のところに前進させ、それから進撃開始の準備に入る。Xデーをいつにするかについては、陸軍最高司令官は、国防軍最高司令部に、九月二七日の正午までに知らせること、というものであった[26]。ヒトラーがヘンラインに「今月中に行動する」と言った通り、また大体コルト秘密情報通りに、九月に入って早々、ドイツ軍は対致武力行動開始の日に向けて、まさにカウントダウンに入ったのである。

九月三日のこの会議でのヒトラーにとって最大の課題は、後は予定の対致戦争をいかに局地化するかであった。すなわち、この軍事行動日程と合せた対英外交工作とズデーテン地方での対致謀略工作とを、いかに進めていくかであった。ここは、ブラフを得意とし、即興、臨機応変を十八番とするヒトラーの芸の見せ所であった。

注

（1）*Documents on British Foreign Policy, 1919-39, 3rd series, Volume II* (His Majesty's Stationary Office, 1950), pp. 200-1. 以下、*DBFP-II* と略して表記する。
（2）*Ibid.*, p. 192.
（3）*Ibid.*, p. 202.
（4）*Ibid.*, pp. 231, 659.
（5）*Ibid.*, pp. 232, 659-60.
（6）Winston S. Churchill, *The Second World War volume I: The Gathering Storm* (Mariner Books, 1985), p. 266.
（7）*DBFP-II*, pp. 247-8.
（8）*Ibid.*, pp. 249-50.
（9）*Ibid.*, p. 243.
（10）*Ibid.*, pp. 250-1
（11）*Ibid.*, p. 255.
（12）Peter Neville, "Nevile Henderson and Basil Newton Two British Envoys in the Czech Crisis in 1938," in Igor Lukes and Erick Goldstein (eds.), *The Munich Crisis, 1938: Prelude to World War II* (Frank Cass, 2006), p. 259.
（13）Peter Neville, *Appeasing Hitler: The Diplomacy of Sir Nevile Henderson 1937-39* (Palgrave, 2000), pp. 63, 80, 86.

(14) *DBFP-II*, p. 265.

(15) *Ibid.*, p. 257.

(16) David Dilks (ed.), *The Diaries of Sir Alexander Cadogan O.M. 1938–1945* (Cassell & Company LTD, 1971), p. 95.

(17) David Faber, *Munich, 1938: Appeasement and World War II* (Simon & Schuster, 2009), p. 238; William L. Shirer, *The Rise and Fall of the Third Reich* (Simon & Schuster, 2011), p. 382.

(18) Dilks (ed.), *The Diaries of Sir Alexander Cadogan*, p. 95; Faber, *Munich, 1938*, p. 237; J・ウィーラー・ベネット著／山口定訳『国防軍とヒトラー』Ⅱ（みすず書房、一九六一年）、三四ページ。

(19) *DBFP-II*, p. 242.

(20) *Ibid.*, pp. 689-92.

(21) ベネット『国防軍とヒトラー』Ⅱ、三二-五ページ。

(22) *DBFP-II*, pp. 689-92.

(23) *Ibid.*, pp. 689-92.

(24) John W. Wheeler-Bennet, *Munich: Prologue To Tragedy* (The Viking Press, 1965), p. 60; アラン・バロック著／大西尹明訳『アドルフ・ヒトラー』Ⅱ（みすず書房、一九五八年）、六七-八、七〇-一ページ。

(25) Ian Kershaw, *Hitler 1936–45: Nemesis* (Penguin Books, 2001), p. 109; Faber, *Munich, 1938*, p. 242.

(26) *Documents on German Foreing Policy, 1918–45, Series D, Volume II* (Her Majesty's Stationary Office, 1953), pp. 686-7.

第3章　ベネシュの「第四計画」

1　イギリスの対ベネシュ加圧

（1）ハリファックスのニュートン宛訓令

八月二八日にズデーテン側がヒトラーの指示により、ベネシュ「第三計画」を不十分だと拒絶して、プラハ交渉が行き詰まった翌日、ベネシュはこれを打開するための新案覚書をランシマンに提示したが、ランシマンには、このベネシュ覚書は「第三計画」からも後退したものと思え、彼は、ベネシュの対応に落胆、失望した。[1]これに対して、ハリファックスは、ドイツは今秋にも必要なら武力に訴えてでもチェコスロヴァキア問題を解決することを決意しているという情報を得ていたので、このベネシュの退嬰的態度に非常な危機感を抱いた。彼は、ヘンダーソン大使の見解に従って、武力解決か平和解決か、その方向に決定的影響を与えるのは、ニュルンベルクのナチ党大会で行われるヒトラー演説だと見ていた。このため、この演説を前にプラハ交渉がはっきりと進展していることを示しておかないと、ヒトラーがそこで何を言い出すか分からない、民族自決権に基づいた「地域包括的自治」や「プレビサイト」を要求するかもしれない、そうなると益々ベネシュが頑なになって、そのためにドイツによる武力解決の危険性が増すと、恐れていたのである。

このハリファックスの恐れを裏付けるような、ベネシュ大統領の公言がある。それは、ナチスが政権をとった三ヶ月後の、一九三三年四月の『タイムズ』に掲載されている。

「いかなる国も、その国境を修正することを、いかなる者によっても強制されることはできない。チェコスロヴァキアに対してこの修正を試みようとする者は、軍隊に物を言わせなければならなくなろう。[2]」

道義に関係なく既存の国境は断固「武力」で守る、「平和的変更」には応じない、変更したければ武力で「かかって来い」という態度は、ナチ・ドイツが軍事的に強大化した一九三八年の時点でも、チェコスロヴァキア国内では、左は親ソ派の共産主義者や右は反独的愛国主義の軍人たちによって、ベネシュよりも強固に堅持されていた。

そこでハリファックス外相は、八月三一日、ニュートン公使に、ベネシュに対してこのような態度の危険性につき注意を喚起し、この危険を防止する唯一の方法として、今のところはまだ「カールスバート綱領」を丸呑みせよとまでは言わないが、少なくとも

「第三計画」より後退していない、平和的解決を可能とする譲歩案を直ちに公表するように圧力をかけろ、という趣旨の訓令を発した[3]。このハリファックス外相の「第三計画」即時公表訓令を知らされたランシマンは、折り返し電話電信で、「今これを公表するのは有害無益だ」と反対した。その理由について、ランシマンから、ズデーテン側が既に「カールスバート綱領」に基づく要求をし始めている今、「第三計画」を今後の交渉の不動の基礎として公表するのは、ズデーテン側にもヒトラーにも悪影響しか与えないことが明白だ、と言ってきた[4]。

(2) ランシマンの対ベネシュ加圧

ハリファックス外相訓令の執行法について、ニュートン公使とランシマン使節が協議した結果、まずは形式的にはイギリス政府の正式な代表ではないランシマンが、ベネシュに会うことになった。九月一日朝、会見の場で、ランシマンは、彼が反対している「第三計画」即時公表の件以外は、訓令に従ってベネシュの注意を喚起して、さらに自己の裁量で、

「私としては、実質的に『カールスバート八ヶ条の要求』を満たさない案では、解決にならないのではないか、と思っています。」

とまで言った。そして、「仲介者」のはずの彼が「ランシマン仲裁案」のことまで持ち出し、

「明日の貴下とクント氏との会談で満足の行く進展がなければ、私の方から平和維持の最後のチャンスとして、私自身の計画案を両者に提起せざるをえなくなるでしょう。」

と付け加えた。

「カールスバート綱領」を受け容れれば、国内強硬世論の支持を失う恐れがあるベネシュとしては、当然、おいそれと「貴下の忠告に従います」とは言えなかったが、彼は、これがまったく不可能だとも言わなかった。このベネシュの態度を、ランシマンとニュートンは、「全体的には和解的で元気付けられるもの」と見なし、イギリス政府の代表としてのニュートン公使からの正式な訓令執行については、二人で協議した結果、翌日のベネシュ＝クント会談の結果待ちとして、差し当ってはこれを控えることにした[5]。

(3) ベネシュの抵抗とランシマンの冷厳

九月二日の朝から開かれたベネシュ＝クント会談[6]は、予想されていたことだが、不満足な結果に終った。ズデーテン側は、二〇のガウを設けそのうち三ガウをドイツ人自治区とするというベネシュの「第三計画」案を拒絶して、ドイツ人が居住する地域の包括的自治の要求を含む「カールスバート八ヶ条の要求」を基礎とした「対案」を正式に提出し、それに基づいた国家体制の再編を要求し、これは統一的主権国家の維持と両立するものだと主張した。これに対して、ベネシュは「カールスバート綱領」を受け容れることは実質的に「国家の破壊」を意味することだと見なして、その受容れを断固拒否したのであった。

イギリス側は、クントをズデーテン・ドイツ党内の「穏健派」の一人と見なしていただけでなく[7]、「カールスバートの要求」には道理があるという見方に傾いてもいたので[8]、そして何よりも、

ズデーテン問題で戦争に巻込まれることを恐れていたので、ベネシュ＝クント会談後に、ベネシュからその報告を受けたランシマンは、窮地に立たされているベネシュに対して、更に追い打ちをかけるかのように、「もしカールスバート綱領の受諾か戦争かの選択を迫られる事態に至った場合、イギリスの選択がどのようなものになるか、これに関して、私はいささかの幻想も抱いていません」と、冷厳にして非情な警告を発したのであった[9]。

(4) ニュートンの対ベネシュ加圧(1):大犠牲か小犠牲か

ベネシュ＝クント会談がイギリスにとって不満足な結果に終るや、ニュートン公使は、ランシマンからだけでなく、更に重ねて自分からも直接ベネシュに圧力をかけることにした。九月三日のニュートン＝ベネシュ会談の席上で、公使はこう切り出した。

「ランシマン卿が当地に到着して以来、これまでずっと私が閣下に謁見をお願いしてこなかったのは、閣下が卿と密接な関係を保ちながら、ズデーテン問題の解決のために多大な努力をされていることを知っていたからです。しかし、今、我が政府は極めて重大な危機が到来したと感じています。その我が政府の見解と態度に関して、今や、大統領閣下に一切誤解のないようにしておかなければならないときに立ち至った、と感じている次第です。」

前置きとして、このように時局の危機的な重大性を強調しながら、自分がイギリス政府の正式な見解を伝えるものだということを明確にしておいて、それから、「第三計画」の公表問題を除いた外相訓令について詳しく説明した。この説明を終えた後、更に公使は、訓令事項だけにとどまらず、これに加えて、「五月危機」の際にチェコスロヴァキア政府に伝えたことのあるイギリス政府の見解、すなわち、チェコスロヴァキアの不利な軍事的状況を再説して、これに関連して、大使の個人的見解として、次のような厳しい忠告を与えて、「アディソン・スクール」の優等生ぶりを発揮した。

「戦争となれば、どの国が貴国を援助することになるかならないかに関係なく、貴国の領土が戦場となり、最終的結果はどうなろうとも、国土は蹂躙され、長期間占領下に置かれることになります。そして、その最終的結果がたとえ貴国にとって好ましいものになったとしても、チェコスロヴァキア国家が現在のまま復活されるかどうかは、私には非常に疑わしく思われます。

ですから、結論として私の言いたいことは、今、大きな犠牲を受け容れるのが、そして必要なら相当大きな危険さえ、今すぐ受け容れるのが大事だということです。そうすることが、そうしない場合に想定される破滅的大災害に至る遥かに大きな危険を避けるためにも、貴国にとって極めて大事なことだということなのです[10]。」

(5) ニュートンの対ベネシュ加圧(2):「カールスバート綱領」を受諾せよ

このように、チェコスロヴァキアが戦争による大きな犠牲を避けるためにも、今こそ相対的に小さな犠牲を忍受することが、長い目で見たときには、チェコスロヴァキア自身のためになるのだという、大国の公使の忠告は、小国の大統領にはお為ごかしのように聞こえたであろうが、この大国の公使は、構わず続けて、次にズデーテン側の要求する「カールスバート綱領」に触れて、ここでもまた外相訓令を越えた、より厳しい見方を示した。

「私は、貴政府は直ちに留保なく最大限の譲歩をすべきだと考えています。そして、もしもカールスバート綱領を受け容れなければ、合意が不可能だということになった場合には、私としては、最大限の譲歩は同綱領の受諾、ということにならざるをえないと、そのように考えています。」

ズデーテン・ドイツ党の代言者かと聞き違えそうな、イギリス公使の見解を聞いたベネシュは、

「貴下の言われたことは、私の方でもよく考えてみますが、カールスバート綱領をそのまま受け容れるのは困難です。なぜかと申しますと、同案は具体的に何を意味しているか、何人といえどもそれを私にはっきりと告げることができない代物なのです、そのようなものを受け容れることは、事実上ブランク・チェック、つまり、金額未記入の小切手に署名することになるからです。」

と、その窮状を訴えたが、公使は、

「色々と難しいこともあるでしょう、それは私にも分っていますが、しかし、それらの困難を乗り越えるための時間は、これまでに数ヶ月もあったのです。大統領閣下の今のような態度では、交渉の進展はまったく絶望的だと言っているようなものです。」

と、その訴えを受け付けなかった。[11]

(6) ベネシュの抵抗とニュートンの強硬

困り切った様子のベネシュは、藁にもすがりつく思いで、彼としては最大限の譲歩、寛大に過ぎる譲歩と思われる「第三計画」に触れ、

「私の『第三計画』は、ズデーテン側に受け容れられてはいませんが、拒絶されてもいません。これは交渉の進展を示すものので、彼らが対案を出してきたことも、これを裏付けています。」

と何度も何度も繰り返して説明した。しかし、公使は、

「私の意見では、そのようなことは進展の証拠としては、取るに足りない微々たるもので、説得力を持ってはいません。」

と冷たく突き放した。更に続けて、公使が、

「閣下の任務を遥かにもっと困難にするようなことが、ニュルンベルクの演説で言われることになるかもしれないのですよ。」

と威迫すると、ベネシュは、

「国家が過度に圧迫されると、国内でトラブルが発生しかねませんが。」

と漏らした。すると、公使は、これを聞き逃さずに、

「そのようなことになれば、その国家は自殺行為を犯していることになるだけです。」

とぴしりと言い返した。取り付く島もないようなイギリス公使のつっけんどんな物言いに、大統領が、「それならこちらも」と言わんばかりに、

「私は無条件降伏せよと圧迫されているようですが、フラン

ス政府もヒトラーの『最後通牒』を受け容れるべきだと考えているのか、パリで問い合せてみたいと思います。」

と、「カールスバート綱領」をヒトラーの最後通牒とみなして、そのような最後通牒を同盟の絆で結ばれたフランスが許すわけはない、と言わんとしたが、これに対しても、公使は、木で鼻を括ったような言い方で、

「私の知っている限り、今のところ『最後通牒』というようなものは存在しません。もっとも近い将来に突き付けられる可能性はありますが。」

と突き放した。⑫

(7) ベネシュの懇願とニュートンの冷淡

ベネシュは、一寸した弱者の脅しのようなものを試みて反抗してみたが、この強硬姿勢の公使には一向に通じないことが分ると、最後には懇願するように、

「カールスバート綱領を受け容れたら、それは国家の解体を意味します。」

と、客観的にも正しい解釈と思われることを言うと、公使はこれにもまったく耳を貸さず、前日のランシマン発言にならって、

「カールスバートか戦争かということになれば、イギリスは確実に前者を選ぶことになりましょう。」

と冷たく言い放ち、甚だしく動揺の色を見せていた大統領に止めを刺した。⑬会談後、ニュートンとランシマンは、ベネシュの動揺ぶりを、両者二重の加圧が好ましい影響を与えた証拠だと、自己評価したのであった。⑭

このニュートン公使の訓令逸脱と言ってもいいほどの、峻烈な対ベネシュ加圧行為には、ハリファックス外相も少し驚いたようで、五日に来訪したコルバン大使から、

「ランシマン氏もニュートン氏も、チェコスロヴァキアへの圧力を不必要だと考えていたはずですのに、三日のニュートン氏からベネシュ大統領に対して、あのような明け透けな加圧となったのは、何か変化があったのでしょうか。」

と問われて、外相は、

「実は我々も、ニュートン＝ベネシュ会談に見られるようなプラハ（ランシマンとニュートン）の態度の変化には、やや戸惑っている次第です。」

と、当惑の色は隠さなかったものの、外相は、公使の逸脱気味の行為を否認しはしなかった。それどころか、直後のニュートン宛電報で、その発言を追認し、後援さえしている。⑮

2 ベネシュの捨身戦法

(1) ベネシュの悲歎とランシマンの憔悴

九月四日、ランシマンは、ベネシュに呼ばれて会いに行ったところ、ベネシュの口調から、ランシマンが前回言ったことを、ベネシュが正確に理解しているかどうか確かめたいということが、ありありと窺えたので、その持論を紛れのないようにもう一度きっぱりと繰り返してやったところ、ベネシュは悲しげに「さよなら」と告げた。会見を終えたランシマンは、ようやく今、さすがのベネシュもこの警告を彼の耳朶に響かせながら、前へと進む

ことになったのだ、という確かな手応えを感じていた。だが、この確かな感触を得たランシマンが愉快な達成感に浸っていた、というわけではなかった。チェコスロヴァキアが「カールスバート綱領」を受け容れるのは、民族自決という正義を実現することになるのだ、欧州平和の維持のためなのだ、いやそれだけでなく、チェコスロヴァキアの独立維持、自己保存のためでもあるのだと、自己の使命と行為をいかに正当化しようとも、独裁的大国の威嚇的な総統を宥め、満足させるために、民主的小国の実直な大統領に過酷な強圧を加えて犠牲を迫るという任務の遂行は、良心のある者にとっては、心身を極度に疲労させる不愉快な仕事であった。ベネシュが悲しげに「さよなら」と告げて終った会談について、ランシマンがハリファックスに報告した手紙は、次のような文で終っている。

「ズデーテン側は協定成立期限を九月三〇日と言い、ズデーテン・ドイツ党大会を一〇月一五日に開催する予定だと言っています。私はできうればそれよりもっと早く帰国したいと願っています。正直に言って、ほとんど憔悴しつつあるのです。しかしそれでも、今はまだ帰れません。憔悴と申しましたが、不眠症のため疲労困憊してしまっているのです。でも、寝場所を公使館に移しましたので、この変化がいい効果をもたらしてくれることを期待しているところです。[16]」

(2) 追い込まれたベネシュの次の一手

イギリスの「助言」を受諾するのか拒絶するのか、ランシマンとニュートンからの強烈過酷な圧迫によって、その岐路に追い込まれたベネシュが放った、次の一手は何であったか。実際に放たれた手を見る前に、仮定的に、彼に残されていた選択のギリギリの可能性について、考えてみよう。

イギリスの強要的助言の要点は、(1)まずは次の試みとして、チェコスロヴァキア側が「カールスバート綱領」を「最大限まで」受け容れる新案を提示することによって、問題の解決を図ってみて、(2)それでもだめなら、同綱領を「丸呑み」にすべし、という、二段階的なものであった。このような主張をする際に、イギリスが当然視していた前提があった。それは、チェコスロヴァキア側が「カールスバート綱領」を丸呑みにしさえすれば、十中八九、話はまとまる、すなわち、独致戦争が回避されて、チェコスロヴァキアの独立が保全される、というものであった。これに対して、ベネシュは、「カールスバート綱領」の丸呑みはチェコスロヴァキア国家の解体、独立の喪失に繋がると見ていた。この自説の正しさを信じて、彼があくまでもイギリスの圧力に抗して、その「助言」を撥ねつければ、これも十中八九と予想される結果は、ドイツ対チェコの一対一の決闘、すなわち、チェコの必敗、チェコの独立の完全喪失に終る単騎戦である。

が、しかし、このような極めて高い可能性が予想されるにもかかわらず、チェコスロヴァキアがあえてイギリスの「助言」を拒絶して、その結果、予想通りのドイツとの決闘に入った場合、それに続く展開として「対独単騎戦での必敗」以外に、もう一つの可能性も考えられる。即ち、相当強力な準備ができていて、士気も高いとされていたチェコスロヴァキア軍[17]が、結局負けるにしても、もしも緒戦でドイツ軍の出鼻を挫く奮闘振りを示し、相当期間持ち堪えた場合、そのような現実に直面してみて初めて、やむなくフランス政府も、憤激する世論に押されて対致武力援助に乗り出し、そして、イギリスもまたやむなく参戦するという、そのような連鎖反応が起こる可能性も、極々僅かであるにしても、ギリギリ残っているかもしれない。

ベネシュ大統領が、国内の一部に根強く存在する徹底抗戦論を容れて、果して、乾坤一擲、この僅かの可能性にかけて、一か八かの捨身技に出るのか？ イギリスの強圧によって「イエスかノーか」の二者択一の決断を迫られたベネシュの次の一手は何か？ ここに注目して、この日、ベネシュ＝ランシマン会談の後に開かれたベネシュ＝クント会談を見てみよう。

(3) ベネシュ＝クント会談：ベネシュの捨身技

イギリスの強圧に遭って、悲しみに打ちひしがれながらも、何か一大決心をした様子のベネシュが、その日ズデーテン側に放った次の一手は、拒絶とは真逆の捨身技であった。ベネシュの悲しげな様子から交渉の「前進」を確信していたランシマンさえ、まったく意表を突かれた形の、いわば一か八かの大博打であった。ランシマンとの会談の後、ベネシュは、ズデーテン・ドイツ党の交渉代表であるクントとウィルヘルム・セベコフスキーをフラジン宮殿に呼び出し、何の前置きの言葉もなく、直ちに彼らに対して、一枚の白紙を差し出して、

「さあどうぞ、あなた方の要求を全部ここに書いて下さい。前もって約束致しますが、それがどんなものであっても、私は即座にそれを全部承認しますから。」

と、「無条件降伏」と言えることを、さも「最後通牒」でも突き付けるかのように提示した。

不意打ちを食らった二人は、茫然自失、本気なのかとても信じられないという態で、頑迷不屈のはずであったベネシュの顔を見つめるばかりであった。このただ唖然としている相手方に、大統領は、勝ち誇ったかのように、さらに追い打ちをかけて、

「さあ、お書きなさい。私は本気なのです。書きなさい。」

と攻め立てた。それでも、クントとセベコフスキーは、ヒトラーの「真の意図」に反した交渉成立の責任者となることを恐れてか、突き出された白紙に自筆の証拠を残すことをためらい、落ち着かない様子で、ただもじもじと座ったままでいた。

このような二人の煮え切らない態度を見て、ベネシュはしびれを切らしたかのように、

「よろしい。あなた方が書かないのなら、私が書きます。」

と言い放ち、机の上の白紙を自分の手元に引き寄せて、クントに要求事項を口述させ、それを自らの万年筆で筆記しその写しに署名して、これをクントに手交した。この「カールスバートの要求」丸呑みの新案は、後にベネシュの「第四計画」と呼ばれるようになる。[18]

(4) ベネシュ＝クント会談の真相は？

この九月四日のフラジン宮殿での劇的過ぎて信じられないようなベネシュ＝クント会談について、これまで多くの研究者が触れているが、[19] いずれもその依拠するところは、ただ一つ、ウィーラー－ベネットの『ミュンヘン』である。そのベネットが依拠し

ている史料は、戦後間もない一九四五年一〇月六日の『デーリー・ヘラルド』紙に掲載された、G・E・R・ゲダイのベネシュとのインタビュー記事であるが、ベネットは、この記事の真実性について一九四六年七月自らベネシュに確かめたという。[20]但し、この会談直後のベネシュが、その内容についてイギリス側に、すなわち、ランシマンにもニュートンにも話した形跡はない。少なくとも、管見のかぎりでは、後の二人がこのような最重要情報についてイギリス外務省へ直ちに報告した文書は見当たらない。このようなことから、私は最初のうちは、戦後になってからのベネシュの証言だけでは、このような劇的に過ぎると思われる会談が本当にあったのかどうか、疑わしいと思っていた。しかし、色々と史料を読み進めていくうちに、会談の日時は九月四日の何時とは特定できないが、また会談内容の詳細までは確認できないけれども、おそらくこの日に、ベネシュからクントに対して「カールスバート綱領」を鵜呑みにする意思表示をした会談があったことは確かだ、という結論を得た。

　そのような結論に達した一つの証拠は、本章第3節で言及する、九月五日にチェコスロヴァキア政府が発表したコミュニケの中に、「ベネシュ大統領は最近ズデーテン・ドイツ代表と非公式会見を行った」という文言があることであり、[21]他は、九月六日の午後一一時にニュートンからハリファックスに宛てられた電文中の一文である。同電文は、「ホジャ内閣が、実質的にカールスバート綱領を鵜呑みにした新提案を、明日にもズデーテン側に出すことになった」ということを通知するものであったが、この電文中に、その新提案は、「ベネシュ大統領から出てきたもので、それは大統領が秘密裏にクントとセベコフスキーと話し合ったものである」という一文がある。[22]この二つの文書からして、ベネットが引用しているような劇的なやりとりが実際にあったかどうかは別として、おそらく九月四日と見なされるベネシュ＝クント会談で、ベネシュからいわゆる「第四計画」と呼ばれるようになる「カールスバート綱領丸呑み案」が非公式に提示されたことは間違いない。

(5) ベネシュ捨身戦法の狙い

　それでは、ベネシュがこのような捨身戦法をとった狙いは何か？　ベネシュ自身の証言がないので確実なことは言えないが、次のようなものと推測される。ベネシュがこのまま「第三計画」に固執すれば、プラハ交渉はヒトラーのニュルンベルク演説の前にほぼ確実に決裂する。そうなれば、ズデーテン側には民族の自決という錦の御旗があるので、世界の世論、特にイギリスの世論もフランスの世論もこぞって、交渉決裂の責任を固陋頑迷なベネシュのチェコスロヴァキアに負わせることは、目に見えている。そのような圧倒的な反チェコ・親ズデーテン・ドイツの世論が沸き立てば、もともとズデーテン地方のためにドイツと勝算のない戦争をしたくないというのが本心のダラディエ、ボネのフランス政府も、このような世論を後ろ盾にして、ベネシュに対して、交渉決裂責任ということを口実として、条約履行義務が発生しないと言い出すかもしれない。実際、ボネ外相は、九月二日、ヨハネス・フォン・ウェルツェック駐仏ドイツ大使に対して、「もしベネシュ氏がランシマン卿の裁定を受け容れようとしないならば、フランスはフランスのチェコスロヴァキアに対する誓約から免除されると見なすでしょう[23]」と、結局フランスはチェコスロヴァキアのためにドイツと戦うことはしないというドイツ側の読みを裏付けるようなことまで、言っていたのである。

フランスがこのように盟友チェコスロヴァキアを見捨てる態度をとった場合、イギリス政府も喜んでこのフランス政府の理屈とその態度に賛同する可能性は、ほぼ一〇〇％と言っていいほど高い。すなわち、ベネシュが「第三計画」に固執することは、ヒトラーの対致局地戦争化シナリオの中でベネシュ大統領に与えられた役割を、大統領自身が無意識的に忠実に演じることになり、それは、彼自らが、ヒトラーの欲求している対致局地戦争の大義名分を、ヒトラーに献上するに等しい結果となる。

このような世界から孤立した敗戦必至の戦争への瀬戸際まで追い込まれていたベネシュとしては、万が一の僥倖に恵まれる可能性に賭けて、イギリスの決然たる「助言」を拒絶することはできなかった。フランスに対して「アフター・ユー」という態度のソ連を除くと、英仏のみが頼りのベネシュとしては、プラハ交渉において既に「仲介者」から「仲裁者」へと変身し、ベネシュの目からすれば、ズデーテン・ドイツ党の「盟友」であるかのように、自分に苛酷極まる圧力をかけている英仏を、何としても自陣営に引き戻し、二度と離れられないようにそこに縛り付けておく絶対的必要があった。そのためには背に腹は替えられないという苦渋の選択として、ベネシュは、「国家の解体」「ブランク・チェックへの署名」に等しいとまで言っていた、「カールスバート綱領丸呑み」という勝負手を放ったのである。後は、ズデーテン側とヒトラーとがどう出てこようと、戦争となれば世界から孤立した戦争ではない、英仏だけでなくソ連をも同盟国として闘う、最終的に勝利の可能性の高い戦争となるという保証を、ベネシュは、国土の一部、それも軍事的にも経済的にも極めて重要な国土を犠牲にするという、清水の舞台から飛び降りるような一大決心をすることによって、ほぼ手中に収めたのである。

もともとベネシュは、ランシマン使節を受け容れるに際して、同使節の派遣がイギリスの伝統的な中・東欧政策から離れていく新たな出発点となり、これがより明確なイギリスの同地域への直接的関与の前兆であることを、期待していたのだが[24]、今ここに、「カールスバート綱領丸呑み」という、当初はまったく想定していなかった大きな犠牲を払うことによって、ベネシュのその希望が成就されようとしていたのである。

逆にイギリスの立場から観察すると、チェンバレン内閣は、ランシマン使節の派遣によって中・東欧に対する伝統的な非介入政策から離れて、介入政策に向い始めていたが、ここにきて、ベネシュの抱き込み心中のような戦術によって、一段とそのコミットメントを深めざるをえない状況に踏み込みつつあったのである。この伝統政策からの離脱は、翌年、チェンバレン首相が、チェコスロヴァキア解体後の三月三一日に、議会においてポーランドに対する援助を保証する声明を行うことによって、完結するのである。

(6) ヒトラーの対応如何？

今やヒトラー対ベネシュの決闘は、ベネシュの捨身戦法によって攻守所を変えた。ベネシュの「カールスバート綱領」丸呑みによって、最も意表を突かれたのはヒトラーとヘンラインであろう。二人は、最初からベネシュの「頑迷さ」に期待して、ズデーテン側の「道理ある」要求をベネシュに拒絶させることによって、英仏・致を分断するチェコスロヴァキア孤立化戦術をとることで一致していた。「独墺併合（アンシュルス）」二週間後の三月二八日に、二人は三時間にわたる会談を持って、アンシュルス後のズデーテン問題に関する対応方針について、綿密な打ち合わせを行っている。この結果として、ヒトラーがヘンラインに対して与えた訓令は、およそ次のようなものであった。

「ズデーテン・ドイツ党は、チェコスロヴァキア政府の受け容れがたいような要求をしなさい。貴方が今のところ事態を極端にまで進める意図がなく、四月二四日のカールスバートの党大会では単に自治を要求するに止めるということだが、今のところ、ドイツは自ら進んで介入するつもりはない。当分の間は、貴方自らが事件の成り行きに責任を持ちなさい。しかし、緊密な協力はなければなりません。」

これに対して、ヘンラインが、

「要するに、総統の言われたことは、我々は、決して我々が満足することがありえぬほどの要求を、たえず突き付けていく、ということですね。」

と纏めると、ヒトラーは、

「その通りです。」

と、応じた。そして、続けてヒトラーは、イギリス人の間で非常に評判のいい、この元体操教師のズデーテン・ドイツ党代表に、

「貴方はできるだけ早くまたロンドンに行きなさい。そして、貴方の影響力によって、イギリスの不介入を確実にするように努めなさい。」

と指示した[25]。

以来、このような方針の下で行動してきたので、二人としては、英仏からも「道理ある」と見られている「カールスバート綱領」を、ベネシュに受け容れられては困るのである。受諾された後すぐにまた、それだけでは満足できぬと、さらに加重された要求を鉄面皮に持ち出すのは、英仏・致分断の可能性における危険率を高めることになるからである。ところが、今、思わぬベネシュの捨身戦法によって、一挙に賭け金を局地戦争から対英仏戦争の可能性へと吊り上げられて、ヒトラーのシナリオに大きな狂いが生じてしまったのである。これまで、ヒトラーのニュルンベルク演説の前までに、というタイムリミットに追い立てられていたイギリスは、これで、この圧迫から解放され、今度は、九月末には対致武力行使を決意していたヒトラーの方が、そのタイムリミットに追い立てられながら、ベネシュの捨身の攻めへの応手を捻り出す必要に迫られたのである。

ヒトラーとしては、ヘンダーソンの「サクランボ理論」に倣い、ここはズデーテン地方の自治だけで一旦満足して矛を収め、次に、機会を見ながら、適当な口実をさがしながら、ズデーテン併合、チェコスロヴァキア解体と、段階的に歩を進めるべきか、あるいは、あくまでも交渉を決裂させるために、更に「合意」のための条件を強引に吊り上げて、「民族自決」なる正義の御旗を正面に振りかざしながら「プレビサイト」や「アンシュルス」を要求す

るか、そして、そうすることによって、思惑通りにベネシュの拒絶のために交渉が決裂した場合、英仏の対応はどうであろうか、それでも参戦しないのかどうか、そのようなことを考慮に入れつつ、時間に追われながら次の一手の模索に入った。他方、起死回生の捨身技で英仏の圧迫から解放されたベネシュとしては、今やヒトラーとズデーテン側の出方を待つばかりとなったのである。

3　九月六日のプラハとロンドン

(1) チェコスロヴァキアの曖昧な政府声明

九月五日にチェコスロヴァキア政府が発表したコミュニケが、ベネシュ＝クント会談を「非公式会見」と言っていたように、ここで提示されたベネシュの「第四計画」は、形式的にはベネシュ私案であった。これを正式な政府案とするためには、閣議の決定を経たものを、新たにズデーテン・ドイツ党側に正式に提示しなければならなかった。このため、九月五日にミラン・ホジャ首相は閣議を開催して、ベネシュ私案を政府の正式提案とする閣議決定を行った。この閣議決定案に関連して、この日の午後一二時三〇分、グァトキンからイギリス外務省に電話電報が入った。それによると、ホジャ首相は、明日の朝刊用に今晩「政府声明」を発表する予定だが、その声明は、チェコスロヴァキア政府は近くズデーテン側に「即時、真の自治」を与える旨の「新提案」を行うという大体の方針を、明らかにするものであった。この「新提案」の内容について、グァトキンは、はっきりしたことは分らないが、と断った上で、大体、「カールスバート綱領」と「第三計画」の中間的な混成案たる「ランシマン仲裁案」の線に沿ったものだと理解している、と報告した[26]。

九月六日の朝刊に掲載されたチェコスロヴァキア政府の「声明」は、交渉進展の可能性を示唆してはいたものの、それは一二日に予定されていたヒトラー演説に好影響を与えると期待できるほどのものではなかった。それは、閣議「決定案」を近くズデーテン側に提案するというだけで、その内容に関してはほとんど推測しがたいものであった。そこには、前日のグァトキン報告にあった「即時、真の自治」という言葉もなかったし、また、この「決定案」が「ランシマン仲裁案」に近いものなのか、それともそれを超えた「カールスバート綱領」に近いものなのか、この点に関しては、ベネシュ「第四計画」が極秘裡に提示された九月四日のベネシュ＝クント「非公式会談」の内容について何も知らない者にとっては、推測する手懸かりさえなかった。ここに「政府声明」の全文を掲げておく。

「チェコスロヴァキア政府は、ドイツ人問題解決の共通の基礎発見のため、去る八月一七日に行われたズデーテン・ドイツ党代表との会見後発表されたコミュニケの線に沿い、爾来少数民族問題に関する交渉を進めてきた。ベネシュ大統領は最近ズデーテン・ドイツ党代表と非公式会見を行ったが、右会見は以上の努力に貢献することが甚大であった。政府は五日の閣議でズデーテン・ドイツ党に対する決定案を審議したが、同案は近くズデーテン・ドイツ側に提示されるはずである[27]。」

（2）明るさを増したハリファックスの心境

ここで、この九月六日のハリファックス外相の心境はどのようなものであったか、これについて見てみよう。外相は、前日、プラハのグァトキンから、ズデーテン問題の平和的解決の可能性を大きくすると見られる二つの情報を入手していた。それらは既に見たように、一つはヒトラー＝ヘンライン会談に関する報告であり、他はチェコスロヴァキア政府の「新提案」決定に関する報告であった。外相は、九月五日のこの二つのグァトキン報告がもたらした明るい兆しが、この六日の朝の光によってさらにその明るさを増すものと期待していただろうが、プラハの朝刊紙掲載の「新提案」に関する「致政府声明」は、明暗いずれを増すとも判断しがたい曖昧なものであった。それでも、ハリファックスは前日に膨らみ始めた期待感を萎ませることなく持ち続けたようで、その期待感を、この日、ベルリンのヘンダーソンに宛てた手紙の中で、次のように言い表している。

「ベネシュ氏は新提案を公表するつもりだと表明していますが、私たちは目下その新提案を鶴首して待っているところです。私たちは何らかの解決を見つけたいものだと心から願っています。これに対して、ベネシュ氏からは何も前向きなことは望めない、などと言っている人たちもいますが、私たちはそのような人たちの予想が覆されることを、心から願っています。今、私は、貴下と共に、新提案がこの願いの正しさを裏付ける種類のものであると、信じている次第です。

ヒトラー＝ヘンライン会談に関する報告も入ってきましたが、それはそんなにひどいものではないという感じです。私たちのところには、他に幾つかの秘密情報も届いていますが、それらは大体、この見方を裏付けるようなものです。[28]」

（3）対ヒトラー警告演説の取り止め

ハリファックスは、このように、ヒトラー＝ヘンライン会談の結果とチェコスロヴァキア内閣の「新提案」決定とによって、ズデーテン問題の平和的解決の可能性が高まったという感触を得て、この日、一つの決心がついた。それは今一度ヒトラーに公然たる警告を与えるかどうかという問題に関するものであった。彼は、プラハ交渉が八月末に行き詰まったとき、ヒトラーが党大会で演説をする前に、今一度イギリスの態度をヒトラーに明瞭に伝えておくことが、その演説にいい影響を与えると考え、自分自身が外相として公の場で、「欧州は、道理を弁えぬチェコ人によっても、また略取的なドイツ人によっても、欧州の平和を乱されるのを許すつもりはない」という趣旨の演説をすることに、一旦、決めた。[29]しかし、これに対して、誰よりも独裁者ヒトラーの心理をよく知っていると自負していたヘンダーソン大使は、イギリス政府はこれまで何度かドイツに対して警告を発してきたのだから、ここでもう一度それを繰り返すのは、「ヒトラーの逆鱗」に触れ、危険であるばかりか、イギリスは「狼少年」だという印象を持たれるおそれもあると、外相による公然たる警告的演説に強く反対した。[30]

現場の空気を肌で感じている大使からこのように忠告されてみると、外相の決心もぐらつき、以来、「なすべきか、なさざるべきか」と動揺し続けていたが、九月五日に事態が好転したという判断に傾くと、上に引用したヘンダーソン宛書簡の続きに、演説取り止めの決心がついたことを、大使に次のように告げた。

「私は、公の場で演説するという考えをほとんど棄てました。公然たる演説は利益と同じくらい害悪をもたらすというのが、貴下の直観だと拝察しますが、私は、主にこの貴下の直観に基づいて、演説の取り止めを決めた次第です。今、私はこの変人の心理を取り違えないようにすることが重要だと、たえず自分に言い聞かせています[31]。」

以上、九月五日の二つのヴァトキン報告によって、ズデーテン問題の平和的解決の見通しが明るくなって、ハリファックス外相もようやく愁眉を開き楽観的な気分になりつつあったが、それは手放しの楽観ではなかった。彼は、依然として、いくつかの「暗所」の存在を意識し、若干の不安を払拭しきれないでいた。そんな外相の九月六日付ヘンダーソン宛書簡は、その後続けて、先に引用した「泥沼の中の盲人」の話によって、この時点での外相の明るい心境中の陰りの部分を語っていたのである。

(4) ランシマン＝ベネシュ、ランシマン＝ホジャ二会談

ハリファックスがヘンダーソン宛の手紙の中で、「私たちは目下その新提案を鶴首して待っているところです」と言った、その「新提案」のテキストは、この日の午後、ベネシュ大統領からランシマンに手交された。その日の大統領は、二日前にクントとセベコフスキーを前に示した「勝利者」のような興奮ぶりから醒め、いつものような冷静沈着なベネシュ博士に戻っていた。「新提案」の生みの親は、ランシマンに向って、閣議決定までに漕ぎ着けるのにいかに甚大な努力を要したかについて、縷々説明した後、あたかも預言者の如く、「新提案は無条件降伏にも等しいものです。何年か後には、イギリスもフランスも、この新提案のことをきっと悔いることになるでしょう」と、恨むように何度も繰り返したのであった[32]。

この日、ランシマンはホジャ首相とも会った。首相は、政府の「新提案」の扱いについて、冒頭、次のように述べた。

「私たちはズデーテン・ドイツ党側との正式交渉の再開を期して、この度、私がベネシュ大統領からクント氏との話し合いを引き継ぐことになりました。私は、内閣の全面的な支持を受けていますので、今晩か明日にでもクント氏と会って、ズデーテン側がこの新政府案を交渉の叩き台として受け容れるかどうか、訊いてみるつもりです。」

このように言ってから、首相は、

「同案をヒトラー氏の演説前に公表することの重要性については、私も十分に弁えています。」

と、付け加えた。

この日の二つの会談の後、ランシマンはハリファックスにホジャの発言と「新提案」の要旨とを報告して、結論として、本案を「カールスバート綱領を実行可能な形で、できる限り広汎に受け容れたもの」、「事実上真の自治政府を意味するもの」、すなわち、「地域を基礎とした自治的行政構想」だと纏め、更に、これを「非常に大きな前進」であり、チェコスロヴァキア側の「真剣な努力であり、成果が期待できる努力」であると高く評価した[33]。皮肉にも、この大朗報がハリファックスのもとに届くのは、「再

暗転」の日、すなわち、九月七日の朝のことであった。

ヒトラーの演説前に新提案、即ちいわゆる「第四計画」を公表することが重要なことは分っている、と言ったホジャ首相は、約束通り、その三日前に当る九月九日にその要旨を発表し、それを一〇日の『プラハ・プレス』に掲載した。その七項目中、特に注目に価する第一項、第二項、第七項をここに挙げておく。

(1)チェコスロヴァキアを各民族を中心とする自治区域に分ち、各区域にジューバと称する地方議会を設ける。

(2)但し、中央政府は外交、軍事、税制政策の統制権を保持する。

(7)憲兵は中央政府の統制下に置くが、各自治区域もそれぞれ直属の警官を置くことができる。[34]

注

(1) *Documents on British Foreign Policy, 1919-39, 3rd series, Volume II* (His Majesty's Stationary Office, 1950), p. 188. 以下、*DBFP-II* と略して表記する。

(2) Edward Hallett Carr, *The Twenty Years' Crisis, 1919-1939* (Harper Torch Books, 1964), p. 216.

(3) *DBFP-II*, pp. 195-6.

(4) *Ibid.*, p. 196.

(5) *Ibid.*, pp. 199, 207-8.

(6) *Ibid.*, pp. 215, 222-3; *Documents on German Foreign Policy, 1918-45, Series D, Volume II* (Her Majesty's Stationary Office, 1953), p. 698. 以下、*DGFP-II* として略す。

(7) *Ibid.*, p. 202.

(8) *Ibid.*, p. 200.

(9) *Ibid.*, p. 221.

(10) *Ibid.*, pp. 226-7.

(11) *Ibid.*, p. 227.

(12) *Ibid.*, pp. 227-8.

(13) *Ibid.*, p. 228.

(14) *Ibid.*, p. 248.

(15) *Ibid.*, p. 247.

(16) *Ibid.*, p. 249.

(17) *Ibid.*, p. 259; John W. Wheeler-Bennet, *Munich: Prologue To Tragedy* (The Viking Press, 1965), p. 29; G. E. R. Gedye, *Fallen Bastions: The Central European Tragedy* (Faber and Faber, 2009), pp. 371-3.

(18) Wheeler-Bennet, *Munich*, pp. 90-1.

(19) A.J.P. Taylor, *The Origins of the Second World War* (Penguin Books, 1963), p. 211; The Earl of Birkenhead, *Halifax, The Life of Lord Halifax* (Hamish Hamilton, 1965), pp. 390-1; David Faber, *Munich, 1938: Appeasement and World War II* (Simon & Schuster, 2009), pp. 242-3; Igor Lukes, *Czechoslovakia between Stalin and Hitler: The Diplomacy of Edvard Benes in the 1930s* (Oxford University Press, 1996), p. 187, その他。

(20) Wheeler-Bennet, *Munich*, p. 91.

(21) 赤松祐之『昭和十三年の国際情勢』(日本国際協会、一九三九年)、四六六ページ。

(22) *DBFP-II*, p. 254.

(23) *DBFP-II*, p. 216.

(24) Wheeler-Bennet, *Munich*, p. 81.

(25) *DGFP-II*, pp. 197-8.

(26) *DBFP-II*, p. 241.

(27) 赤松『昭和十三年の国際情勢』、四六六ページ。
(28) *DBFP-II*, p. 256.
(29) *Ibid.*, p. 205.
(30) *Ibid.*, pp. 214, 239.
(31) *Ibid.*, p. 256.
(32) *Ibid.*, p. 254.
(33) *Ibid.*, pp. 253-4.
(34) 赤松『昭和十三年の国際情勢』、四六七ページ、Wheeler-Bennet, *Munich*, p. 91.

第4章　ズデーテン危機の暗雲再び

1　モラヴスカ・オストラヴァ事件と『タイムズ』社説

(1) 事件の勃発と交渉の中断

九月七日朝、ホジャ首相はクント交渉代表に「新政府案」を手交して、次のような前向きな補足説明を行った。

「ヘンライン氏にとって、カールスバート八ヶ条の要求を確保することは、氏の威信にかかわる重要事だということを、私も十分に承知しています。自治行政に関する最終草案はまだ完成していませんが、今後の話し合いの中で、共和国内にドイツ人の適切な中央自治行政形態を見つけ出していきたいと考えています。」

これに対してクントは、新提案には何等のコメントもせずに、前日の朝刊に掲載された致政府声明に触れて、「本提案が私たちに提示される前に公表されたのは、遺憾なことです」と、抗議しただけであった。

午後、クントが持ち帰った政府新提案につき、ズデーテン・ドイツ党交渉団は、「穏健派」のクントではなく「強硬派」のフランクが主宰する検討会議を開いた。クントの法律顧問でドイツ国籍のキール博士も、「新案は理論的にカールスバート八ヶ条を受け容れている。その実現は実際上いかに遂行されるかにかかっている」という解釈であったので、会議の結論も、全会一致で新提案は公然と拒否できない、受諾せざるをえない、というものになった[1]。しかし、だからといって、それですんなり交渉再開とはならなかった。

これより前に、ズデーテン側は、九月四日にベネシュから「カールスバート綱領」丸呑みの用意があることを聞かされており、六日の朝刊からは、ベネシュ「第四計画」に基づく閣議決定がなされ、そして近くそれが自分たちに正式に提示されることを知っていたので、既に、強硬派のフランクの主導下、表の議論と裏の行動を別々のものとして、窮余の一策としての交渉遷延工作に着手することに決めていたのである。彼らは、ナチ党大会に出席するためにニュルンベルクに行っている党代表のヘンラインの意向も分らず、また一二日に大演説を行うことになっているヒトラーの意向も分らない状況なので、両者の意向、特に後者の意向が判明するまでは、交渉を中断しておくにしくはない、と考えたのである。このような方針の下で、今や交渉団の主導権を握ったと考えられる党内「強硬派」のフランク自身は、ホジャ＝クント会談が行われたその朝、ランシマンを訪問して、「モラヴスカ・オストラヴァ（ドイツ語読みでは、メーリシュ・オストラウ）事件のため交渉は中断せざるをえません」と通告していた[2]。

モラヴスカ・オストラヴァ事件は、この日の早朝に、ズデーテン地方のドイツ国境に近いモラヴスカとオストラヴァで起こった暴動であった。チェコ警察が武器密輸とスパイ活動の容疑でズデーテン・ドイツ人の寝込みを襲い、八〇数名を逮捕したのが、事件の発端であった。この事件を知ったドイツ人たちは抗議行動を開始し、警官隊と衝突し、事件は暴動化した。この報が入るや否や、ズデーテン・ドイツ党は、同胞の釈放交渉のためにと、五名の同党国会議員を現地に派遣した。議員たちが現地に到着すると、彼らと警察官との間で小競り合いが起こり、その内の一議員が警察官によってムチで打たれ、顔面及び膝に数ヶ所の傷を負ったというのであった。この報道を受けて、ズデーテン・ドイツ党は、プラハ交渉打切り声明を出した。

「我が党は本日モラヴスカ・オストラヴァで党所属議員に加えられた暴行事件に鑑み、政府との交渉を打ち切るのやむなきに至った。右事件は政府に事態を収拾する能力なく、最近の新提案の精神に則り交渉を遂行しえないことを暴露したものに他ならない[3]。」

(2) 事件の真相

先にベネシュがカールスバート綱領丸呑みという捨身技に出たことを知らされたとき、強硬派のフランクは、「なんてこった、奴らは俺たちの要求をぜんぶ呑み込みやがったぜ！」と、苦汁を飲まされたかのような声を発したと言われているが[4]、モラヴスカ・オストラヴァ事件の一週間後にベネシュが語ったところによると、そのフランクが、交渉中断を狙って事件を挑発したのだ、という[5]。そして、このベネシュ発言を裏付ける証拠がある。プラハに事件の報が入ったとき、イギリス公使館付武官も、現地に派遣されたズデーテン・ドイツ党議員たちの後を追うように、現地へ急派された。彼が持ち帰った「注意深い」調査の結果報告書によると、

(1)いわゆる「暴動」は、議員たちによって意図的に引き起こされたものである。
(2)議員は「殴打」されていない。
(3)殴打されたと言われているそのとき、その議員はチェコ人に暴行を加えていた。
(4)もしその議員が殴打されていたとしても、それは、彼自身の行動に見合った報い以下の、軽い応報であったと言えるだろう。

このような現地での真相は、プラハでは夜になってもまだ不明なままであった。そのような混乱した状況下で、モラヴスカ・オストラヴァ事件に関するホジャ＝クント会談が持たれた。

「我が党としては、事件が解決されるまで交渉に応じることはできません。」

「政府と致しましては、今日の午後既に、関係大臣が、事件の厳格な調査をして、有罪と判明した者は厳罰に処するようにという命令を出し、またその他必要な措置をとるようにという

指示を出しています。[6]」

このホジャ＝クント会談を以て、ズデーテン問題プラハ交渉は、モラヴスカ・オストラヴァ事件に関する政府による対応措置の結果待ちということになり、フランクの思惑通り、一旦中止となった。

(3)『タイムズ』社説の「ズデーテン分離の勧め」

ホジャ首相がクント代表に「第四計画」を提示した朝、そして、フランクがモラヴスカ・オストラヴァ事件を挑発してすぐにランシマンに交渉中断を告げた朝、その同じ朝の『ロンドン・タイムズ』に載った社説が、モラヴスカ・オストラヴァ事件に劣らぬほどの大センセーションを引き起こした。外国では「イギリス政府の声」として知られていた『タイムズ』[7]のこの社説の中で最も問題となった箇所は、同紙編集長ジョージ・ジェフリー・ドーソンによって加筆されたもので、「ズデーテン分離の勧め」という見出しを付けてもよさそうな、次のようなものであった。

「チェコスロヴァキアの周辺地域には、人種的に異なる住民が存在し、その住民は自分たちと人種的に結び付いている民族からなる国と隣接している。このような状態に鑑みて、チェコスロヴァキアを今よりももっと同質的な国家とするために、この周辺地域を分離しようという計画がある。ある方面で好意的に受け止められているこの計画を、頭から排除すべきなのかどうか、この点につきチェコスロヴァキア政府も熟慮してみる価値があるのではなかろうか。チェコスロヴァキアにとって、同質的な国家となる利益と、国境紛争地域たるズデーテン地方を失う明白な不利益とを比べてみると、おそらく利益の方が不利益を上回るのではないかと考えられるのである。[8]」

藪から棒の『タイムズ』社説に驚いたイギリス外務省は、この記事と、記事中の「ある方面」として誤解されそうな「政府」との関係を、躍起になって否定しようとした。まず正午に記者会見を開き、晩には正式に「政府声明」まで出し、「同社説の提案はいかなる点においても、イギリス政府の見解を代表するものではない[9]」と表明したのであるが、その疑惑解消効果は甚だ疑わしかった。

(4) 社説と政府の関係：拭いがたい疑惑

駐英ソ連大使だったイワン・マイスキーは、『タイムズ』の編集長ドーソンとチェンバレンの人的関係、イデオロギー的関係を次のように観察していた。彼は、ヘンリー・アスター夫人が主宰する「クリーブデン派」と呼ばれる政治サロンの常連としてチェンバレン、ハリファックス、ホーア、サイモン、ウッドなどの名を挙げた後、次のように言っている。

「特に重要な役を演じたのは『タイムズ』編集者のジェフリー・ドーソンで、この派のイデオロギー上の指導者といったところだった。このドーソンはナチスの独裁者に対する最も恥知らずの『宥和』を伝道して歩いた。このドーソンの影響力といったら、当時の歴代首相——マクドナルド、ボールドウィン、チェンバレンは、すべて『タイムズ』編集者に内閣人事を相談するほど強大だった。[10]」

この評価の当否は別として、このようなドーソン観を持っていたマイスキーであったので、九月七日の『タイムズ』社説について外務省が何を言おうと、ドーソンとイートン校以来の親友であるハリファックス外相が何を言おうと、彼らの言うことは一切信じなかった。彼は回想する。

「イギリス外務省はあわてて、この社説とは、同省は何の関係もないと言明したが、だれも信じなかった。この『タイムズ』社説の翌日、九月八日、ハリファックスに招かれたのを覚えている。いろいろな問題に触れた話の中で、イギリス政府は例の新聞主張とは無関係だと言ったが、私はこれを信じなかった。実際に私は、チェンバレンと、ドーソンとの親しい関係を知っていた。どうして、ハリファックスの保証を信じることができようか？」(11)

ロンドンに駐在していた外交官で、この社説の背後にチェンバレン政府の影を見たのは、マイスキー大使だけではなかった。これに最も驚愕したと思われるチェコスロヴァキア公使のヤン・マサリクは、外務省に出向いて、自分は『タイムズ』が政府とは政治的に独立した機関であることを知っているが、外国では非常に多くの人たちがそのようにはとらえていないので、直ちに関係否定声明を出すように求めた(12)。このマサリクの観察は、イギリスの元外交官であったハロルド・ニコルソンによって裏書きされている。ニコルソンは、この日の社説と関連した叙述の中で、「不当なことだが」と断り書きを挿入した上で、「海外では『タイムズ』紙は保守党の正式な機関紙と見なされていた」と記している(13)。

（5）宥和論者と反宥和論者の分割線

『タイムズ』の「ズデーテン分離論」について、コルト代理大使は、ドイツ外務省へ、「ズデーテン分離という考えは、世界戦争の脅威を防止するために、政府によって吹き込まれたものだ、というのが一般的な見方です」と報告し、更に、「信頼できる筋からの情報によると、この社説が外務省によって吹き込まれたものでないことは確かですが、しかし、首相の側近から届いた示唆に従ったものだという可能性はあります」と付け加えている(14)。もしコルトが得た情報が正しいとしたら、その「首相側近」とは、チェンバレンが非正規「外交顧問」として外務省よりも重用していた、「灰色の宰相」のようなホーラス・ウィルソン正規「経済顧問」であった可能性が高い。

その真偽はさて置き、ドーソンと政府の関係と同じくらい重要なのは、コルト報告中の、「ズデーテン分離論」と「世界戦争の脅威の防止」の関連付けである。重要というのは、ここに宥和論者と反宥和論者の分割線があるからである。この時点で両者を分け隔てた最重要点は、まさにズデーテン分離が、欧州平和への一歩か、それとも、欧州戦争への一歩か、という判断の相違にあった。前者は、平和的な手段という条件付でドイツによるズデーテンの「併合」を許容するという態度であった。というのは、彼らは、「自治」ではヒトラーの欲望を十分には充足させることはできない、「自治」では精々一時的な平和しか得られず将来に禍根を残す、しかしこれに対して、思い切って「併合」まで認容すれば、これでもってヒトラーの欲望も飽和する、だから、このようなチェコスロヴァキア問題の「アンシュルス」的解決方式は、欧州の持続的平和に繋がると、こういう見方をしていたからであった。これに対し、後者が対独譲歩はズデーテンの「自治」の承認を最大限度とすべきだという態度であった。というのは、彼らは、ドイツにズデーテンの「併合」まで許すことは、「隴を得て蜀を望む」という古言があるように、ヒトラーの欲望を更に肥大させ、同時に、彼に譲歩した英仏民主主義国に対する彼の軽侮心を増大させるだけで、次にくるのは、更にドイツの軍事戦略的優位を拡大するチェコスロヴァキア解体、東欧支配、そして、ついには民主主義国側に不利な態勢での第二次欧州戦争の勃発だ、という見方をしていたからであった。

保守党内の反宥和論者の代表格の一人であったアンソニー・イーデンは、その回顧録で『タイムズ』社説中のドーソン加筆部分を引用しながら、マイスキーのドーソン評にも近いような言い方で、一般的な宥和論の欠陥と宥和論者としてのドーソンの位置とを、次のように批評している。

「当時、ズデーテン問題を孤立したものと見なし続ける者が多くいたが、この近視眼的な群の中で、際立った存在が『タイムズ』のドーソン編集長だった。(15)」

ズデーテン問題を「孤立したもの」と見なすか、それとも、「欧州戦争と切り離せないもの」と見なすか、この可分・不可分説が宥和・反宥和両論の分かれ目だったが、イーデンと類似した反宥和的立場に立っていた当時の海軍大臣ダフ・クーパーは、回顧録で「問題の核心はこうだ」と、次のように指摘している。

「当時、思想の大混乱が起こっていた。それは、人々が『我々はチェコスロヴァキアのために戦うべきか否か?』と問うたことによって、引き起こされた。しかし、これが争点ではなかった。誰一人チェコスロヴァキアのために戦いたいなどとは思っていなかった。問題は――『我々はフランスが関与する欧州戦争の局外に立ち続けていられるのか否か?』――であった。私は、それは不可能事だと確信していた。(16)」

(6) ランシマンへの痛棒、ヒトラーへの助け舟

九月七日の『タイムズ』社説と政府との関係に関する疑惑は、上のような次第であったから、外務省躍起の否定声明にもかかわらず、その疑惑解消効果はなかった。そして、「ズデーテン問題の暗雲」をさらに険しくした、この社説は、このときまだプラハにおいてなんとか「カールスバート綱領」≒「第四計画」で交渉を纏めようと、奮闘努力の真っ最中であったランシマンへの、背後からの痛棒となった。同社説を「もう一つのアンシュルスの勧め」だと正しく受け止めた彼は、今後、二度と味方から足を掬われるようなことが起こらないようにとの願いを込めて、ハリファックス外相に対して、「この社説によって私たちの困難は加重されました。彼らにはこんな危険な思惑買い的な記事は控えるようにと警告を与えるのが、良いと思っています」と申し入れた。(17)

『タイムズ』社説によってランシマンと同程度に驚かされたであろうが、ランシマンとは逆に、敵から塩を送られて窮地から救われたという思いをしたのは、ヘンラインであり、フランクであり、そしてヒトラーであっただろう。この記事が彼らに与えた影響として考えられるのは、「カールスバート綱領」が丸呑みされた今、次の一手をどうすればいいのか困却していた彼らに、その

要求を加重するよう後押しする効果があったことである。[18] この時点ではヒトラーもヘンラインも、戦術上の考慮から一言も触れていなかった「ズデーテン併合」ということに、イギリス人、しかも内外の多くの者からチェンバレン首相のマウスピースと見なされていたドーソンが触れてくれたのだから、ベネシュの捨身技を食らって進退に窮していた彼らが、その助け舟にどれほど勇気づけられたか、想像に難くない。今や、「アンシュルス」と叫んで要求を吊り上げても、英仏参戦の危険をあまり恐れる必要がなくなったのである。このような思わぬ情勢の変転の中で、ヒトラーが『タイムズ』社説を渡りに舟とこれに飛び乗って、来る一二日の党大会の演説で「民族自決」やら「プレビサイト」やらの「大義名分」を高らかに振りかざして「ズデーテン併合」を狙い出すのではないか、益々その演説が世界の注目の的となった。

(7) リッベントロップへの幇助

このように『タイムズ』社説には、ヒトラーとヘンラインの側にその要求吊り上げ促進効果があったと考えられるが、もう一つ他に、より重大な効果があったと考えられる。それは、ヒトラーの対英イメージへの影響である。以前から彼は、イギリスの最終的な対独行動について、軟弱なチェンバレンのイギリス政府は、あれこれと強がりも言っているが、その本音は何としても対独戦争を回避したい一心なので、ドイツが対致戦争に打って出ても、結局、怯懦なイギリスには参戦する意志も力もあるまいという楽観を抱いていた。[19] このヒトラーの楽観的対英イメージを不動の確信にまで高めたいと努力していたのが、嫌英家、反英家にして、武断派の筆頭的存在でもある「文民」外務大臣リッベントロップであったと見られていたが、まさにドーソンは、主観的には「欧州平和」のためと信じてではあったが、客観的には、頼まれもしていないのに、軽率にもこのリッベントロップの役割を自ら買って出たような記事を公にしたのである。これは、良い動機が必ずしも良い結果をもたらすとは言えない、その一例である。

2 イギリス政府の対応如何?

(1) 密雲不雨の空模様

九月七日、欧州の空は、再び暗転した。この日のイタリア外相・チアーノの日記には、

「今日の朝刊の報道から、チェコスロヴァキア問題の前途も、プラハがドイツの要求を丸ごと、あるいはほとんど受け容れるようだということで、楽観できそうに思われたが、その後、ドイツからもっと懐疑的な報告が入ってきた。[20]」

とあり、次の日の日記には、

「モラヴスカ・オストラヴァ事件のおかげで、チェコスロヴァキア丸は再び遠い沖へ押し流されてしまった。」

とある。[21]

欧州上空の雲行きを怪しくしたのは、この事件のためだけではなかった。九月七日の『タイムズ』社説も一役買っていた。九月一二日付の『東京朝日新聞』が、「チェコ問題の暗雲」という見出しの下に次のように記している。

「ロンドン・タイムズ紙は七日付の社説でズデーテン地方分

離を示唆し、たまたま八日（ママ）モラヴスカにおけるズデーテン党員殴打事件発生して局面は俄然悪化した。[22]」

第Ⅰ部でこれまで見てきたように、八月二八日にズデーテン・ドイツ党側がベネシュ「第三計画」を一蹴したために、プラハ交渉が行き詰まり、欧州上空の雲行きが険しくなったが、イギリスのベネシュに対する過酷なまでの加圧が効を奏し、九月四日のベネシュ「第四計画」の非公式提示によって、再び晴れ間が見え始め、五日着のヒトラー＝ヘンライン「合意」に関するグァトキン報告と七日朝のホジャ首相による「第四計画」の正式提案とによって、事態ははっきりと再好転したかに見えた。が、好事魔多し、その瞬間、時を同じくして起こった、あるいは起こされたモラヴスカ・オストラヴァ事件と『タイムズ』紙に掲載された社説のために、事態は再び暗転し、欧州の上空は密雲不雨の模様を呈した。

（2）ボネ仏外相の対独警告の勧め

この密雲が転じて激しい弾雨となるのか、それとも雲散晴天となるのか、その行方を占う決定的材料を提供してくれると思われたのが、九月一二日に予定されているヒトラー演説である。しかし、イギリス政府としては、それを待って対応策を考えるようでは、遅きに失する恐れがある。そこで、残された僅か五日の間に、どんな手を打つべきか、非常に難しい決断を迫られていた。

その九月七日に、次の一手としてフランスの外相ボネがイギリス外務省に強く勧めてきたのが、対独警告であった。この日、ボネは、ホジャからクントへ「第四計画」の提示があったことを知ったが、まだ、モラヴスカ・オストラヴァ事件のためにプラハ交渉が中断したという知らせに接していなかった。そのような時点で、彼は、ハリファックスが好転したプラハでの交渉を観望することにして、ヒトラーを刺激する恐れもある対独警告外相演説を取り止めることにしたことを知り、この決定に対して、コルバン駐英大使を通じて、ハリファックスに次のような異論を伝えさせた。すなわち、今ベルリンではたとえドイツがチェコスロヴァキア問題で武力に訴えても、イギリスが動く心配はまったくないという幻想が強まっているが、特に致政府が懐柔的な提案を行ったあとには、このような幻想を一掃することが大事だ、そのためには、イギリス政府が今一度その立場をヒトラー自身に取り間違えようのない程明瞭にする、そのような警告を発するのがよい、と。[23]

（3）「弱い立場から」の宥和と「強い立場から」の宥和

チェンバレン以上に対独宥和的とも言えるボネ外相が、「カールスバート綱領」丸呑みという大きな譲歩をするときには、あわせて対独警告という強硬な態度を示すべきだと言うのは、決して外交政策的に矛盾したことではなかった。ヒトラーの「真の意図」が判断できかね、また、その具体的反映である「緑作戦」実施決定も外部の者にまったく知られていなかったこの段階において、宥和政策の実行が事態を好転させたように見受けられるこのときに、「変人」「半狂人」のヒトラーを逆上させるような警告を控えるのがよいとする、ハリファックスの考えにも確かに一理あるが、宥和政策の執行と対独警告の同時執行というボネの考えにも、一理あった。というのは、一般的に宥和政策を執行する場合、それが相手から恐怖心に駆られた「弱い立場から」の渋々の譲歩だととられると、それが執行者の意図に反して戦争を誘発するという逆効果となるおそれがあるので、できれば、そうではなくて、相手には、「強い立場から」の余裕を残しての譲歩、大局的見地からの寛大な譲歩だと思わせる必要があるからである。

（4）ヒトラー宛首相メッセージ草案の作成

宥和論者の筆頭格であるボネの、このときの立場はこれに近いのだが、反宥和論者の筆頭格であるチャーチルも、一九二一年の春、ダフ・クーパーに対して、当時の政府によるエジプト問題での宥和一辺倒の対応が失敗したことを、それみたことかと勝ち誇ったように指摘したあと、「譲歩というものは、相手を一度叩いておいて初めてできるものなのです」と言って、その成功例として南アフリカの場合を挙げている[24]。ただ、相手がエジプトなどの場合と違って、軍事強国ドイツを相手とする「ミュンヘン九月危機」の場合には、それほど単純明快にはいかない。十分な対独軍事的優位を確信できないでいるチェンバレン＝ハリファックス・コンビとしては、「譲歩」と「警告」の同時執行を不可欠とするボネの勧めについては、外交的効果の観点からだけでなく軍事的裏付けの観点からも、慎重な検討、熟慮を要した。そして、警告を発するにしても、どのような内容にし、どのような形で、どのようなタイミングで行うかも、検討、熟慮しなければならなかった。

そのようなイギリス側の事情をあまり斟酌していないようなボネは、その日の夕方にプラハ交渉が中断されたことを知って、早速、「これは一大事」とこれをイギリス側に伝えると同時に、単純明快に対独警告を発するようにと再び強く促した。このボネの督促に対し、カドガン外務次官らは、ドイツが兵を移動している可能性もあることを考慮して、とりあえず「チェンバレン首相のヒトラー宛メッセージ」草案を作成し、いつでも発出できる用意をした[25]。

このように、九月七日、プラハ交渉決裂の危機に直面したチェンバレン首相とハリファックス外相は、ワイツゼッカー独外務次官の秘密勧告とボネ外相の公式勧告とを容れた形の外務省作成の首相親書をヒトラーに直送するのか、あるいは、差し止められているハリファックス外相による公然たる対独警告演説を実施するのか、それとも、他に秘策が用意されているのか？　五日後の一二日に迫ったヒトラー演説の前にとられることになるイギリス側の対応措置については、第Ⅱ部において論考することにしよう。

注

（1）*Documents on German Foreign Policy, 1918–45, Series D, Volume II* (Her Majesty's Stationary Office, 1953), pp. 711–2. 以下、*DGFP–II* と略して表記する。
（2）*Ibid.*, p. 712.
（3）赤松祐之『昭和十三年の国際情勢』（日本国際協会、一九三九年）、四六九ページ、*Documents on British Foreign Policy, 1919–39, 3rd series, Volume II* (His Majesty's Stationary Office, 1950), p. 265: 以下、*DBFP–II* と略して表記する。*DGFP–II*, p. 712.
（4）The Earl of Birkenhead, *Halifax, The Life of Lord Halifax*

(Hamish Hamilton, 1965), p. 391.
(5) *DBFP-II*, p. 323.
(6) *Ibid.*, p. 265.
(7) Frank McDonough, *Neville Chamberlain, Appeasement and the British Road to War* (Manchester University Press, 1998), p. 116.
(8) *DGFP-II*, p. 722. 本社説へのドーソンの関わりについては、David Faber, *Munich, 1938: Appeasement and World War II* (Simon & Schuster, 2009), pp. 246-50.
(9) *DBFP-II*, p. 271; The Earl of Birkenhead, *Halifax*, p. 391.
(10) イワン・ミハイロビッチ・マイスキー著／木村晃三訳『三十年代』（みすず書房、一九六七年）、三四九ページ。
(11) 同右、三五七ページ。
(12) *DBFP-II*, p. 271.
(13) Harold Nicolson, *Why Britain is at War* (Penguin Books, 2010), p. 81.
(14) *DGFP-II*, pp. 722-3.
(15) Anthony Eden, *The Eden Memoirs, The Reckoning* (Cassel, 1965), p. 21.
(16) Alfred Duff Cooper, *Old Men Forget* (Century Publishing, 1986), pp. 224-5.
(17) *DBFP-II*, p. 271.
(18) Nicolson, *Why Britain is at War*, p. 81; The Earl of Birkenhead, *Halifax*, pp. 391-2.
(19) Faber, *Munich, 1938*, p. 163.
(20) Galeazzo Ciano, *Ciano's Diary 1937-1938*, translated by Andreas Mayor (Methuen & Co., 1952), p. 152.
(21) *Ibid.*, p. 153.
(22) 明治大正昭和新聞研究会編『新聞集成　昭和編年史　十三年度版』Ⅲ（新聞資料出版、一九九一年）、七一八-九ページ。
(23) *DBFP-II*, p. 262.
(24) Duff Cooper, *Old Men Forget*, p. 103.
(25) David Dilks (ed.), *The Diaries of Sir Alexander Cadogan O.M. 1938-1945* (Cassell & Company LTD, 1971), p. 95.

第Ⅱ部　モラヴスカ・オストラヴァ事件後

「ロシア人は、私たちを対独戦に巻込もうと、こっそりと狡猾にあらゆる事件の背後で糸を操っています。我が秘密情報員は、四六時中窓から外を眺めてばかりいるわけではありません。*」

ネヴィル・チェンバレン（一九三八年三月二〇日付妹宛チェンバレン書簡）

第5章　事件後のイギリスの対応

1　プラハ交渉再開・促進への努力

(1) 新状況によって迫られるイギリスの対応

第I部で見たように、一九三八年九月七日、チェコスロヴァキア政府は、ズデーテン・ドイツ党側の「カールスバート八ヶ条の要求」を実質的に受け容れた新提案、いわゆるベネシュ「第四計画」を、正式に同党側に提示した。脱線転覆寸前にあるかに見えたプラハ交渉も、この政府側の大決断によって、ようやく合意への軌道に乗るかと思われたその矢先に、モラヴスカ・オストラヴァ事件が起こった。この衝突事件のために、プラハ交渉は一旦停止となった。交渉がこのまま断絶してドイツの武力介入となるのか、それとも再開されて平和的解決へと向うのか？　その行方は、この衝突事件に対してチェコスロヴァキア政府側がどのような対応措置をとるのか、そして、その政府側の対応措置に対してズデーテン・ドイツ党側がどのような評価を行い、どのような判断を下すのかにかかっていた。

その結果を待っている間にも、戦争回避を至上目的とするイギリス政府としては、側面から、瀕死のプラハ交渉の蘇生のために何をすべきか、また交渉がこのまま断絶した場合に何をすべきか、という課題を、突き付けられていた。すなわち、イギリス政府がモラヴスカ・オストラヴァ事件によって第一番に迫られたのは、この二つの課題への対応策の形成であった。

これまた第I部で述べたように、同事件が起こった同じ朝に、『タイムズ』紙上にズデーテン分離を勧めるような社説も現れ、また同時に、イギリス政府には、ドイツ兵がチェコスロヴァキア国境へと移動している、という軍事機密情報も舞い込んでいた。まさにこの日九月七日の欧州情勢は、俄に風雲急を告げるに至ったのである。

このような憂慮すべき急転直下の新状況の下で、同日、フランスのボネ外相からは、イギリス政府に対して、ヒトラーの対致武力行使を抑止するために、是が非とも、九月一二日に予定されている、ニュルンベルク党大会におけるヒトラー演説の前に、チェンバレン首相はヒトラー総統宛に警告メッセージを送るべきだ、という強い要請が寄せられていた。ここにイギリス政府は、このような外交的、軍事的危機の到来との関連において、プラハ交渉中断への対応策とは別に、九月一二日のヒトラー演説を前にドイツに対して直接何をなすべきか、今一つ、その対応策の形成、決定を迫られていたのである。例えば、ボネ外相の勧告を容れて首相親書をヒトラーに送るのか、あるいは、一旦中止と決めていた対独警告外相演説を再考、実施するのか？　そして、このいずれの場合にしても、宥和的要素と抑止的要素を按配しつつ、その内容をどのようなものにするのか？　それとも、両策以外に他策があるのか？

以下、モラヴスカ・オストラヴァ事件と、『タイムズ』社説と、ドイツ軍の動きとが惹起した新たな危機的状況によって、チェンバレン内閣が迫られた対応策の形成・決定過程について、具体的に見ていくことにしよう。

(2) ヒトラー宛メッセージ案(1)：ランシマンの反対

モラヴスカ・オストラヴァ事件の起こった九月七日が過ぎて、八日が始ったばかりのころにはまだ、ハリファックス外相のもとには、プラハ交渉の行方に関して確定的な情報が入っていなかった。断絶した、いや継続の見込みだという、相反した情報が錯綜していた。そのため外相は、とりあえず、悪い方の場合を想定して、対応策を立て、午前一時二五分に、プラハのランシマン宛に次のような電報を打って、彼の意見を求めてみた。

「私としては、プラハ交渉が断絶した場合には、ヒトラー宛にメッセージを送る準備をしています。このようなメッセージは必要、有益でしょうか、貴見を電話でお伝え下されば幸甚です。」[1]

この諮問に対する返事を書くのに必要な情報を入手するために、まずランシマンはその日の午前一〇時三〇分、ベネシュ大統領に会見して、事件へのチェコスロヴァキア政府の対応について、その説明を求めた。これに対して、大統領から、「事件の決着のためにあらゆる必要な措置がとられつつあります。警察官の一人を直ちに降格処分と致しました」[2]という交渉再開に前向きな答えが返ってきた。このベネシュとの会見から、致政府が事態を速やかに収拾して交渉の早期再開に懸命かつ真摯な努力を傾注している、と確認しえたランシマンは、午後一時、電話でハリファックスに、「私どもには、お考えのようなメッセージは必要ともまた望ましいとも思われません。詳しくは続報をお読み下さい」[3]と、とりあえずヒトラー宛メッセージの送付は不要との結論のみを伝えた。

(3) ヒトラー宛メッセージ案(2)：グァトキンとヘンダーソンの反対

その後、チェコスロヴァキア政府は、更に事件関係の警察官及び自警隊員数名を免職するという厳しい処分に付し、これをズデーテン側に知らせたので、交渉再開の見込みは一層明るくなった。このような前途有望を告げる経過を踏まえて、プラハにおけるランシマンの右腕、アシュトン-グァトキンは、午後二時一五分、先のランシマンの結論の根拠を示す続報を打電して、ズデーテン・ドイツ党交渉代表のクントが彼に直話した、次のような再開見込みを告げた。

「事件処理に関する話合いが決着するには、明日九日までかかるでしょうが、それが終れば、その日か翌日一〇日かには、交渉再開の運びとなるでしょう。」[4]

ロンドンに、一〇日までには再開の見込みという、このグァトキン報告が届いたのに加えて、先のランシマン電話電報を読んだヘンダーソン駐独大使からも、九日の午前一一時三五分に電報が届いた。その結論は、演説前のヒトラーに余計な刺激を与えて彼を苛立たせたくないという思いの強い大使のこと故、十分に予想されたことだが、「私もまた、ヒトラー宛メッセージ案については、強く反対の意を表せざるをえません」というものであった。(5)

こうして、ヒトラー宛にメッセージを送るという、ボネ仏外相の勧告を容れた形に近い、イギリス政府のプラハ交渉断絶の場合の対応案については、プラハのランシマンからの反対に続いて、ニュルンベルクのヘンダーソンからの駄目押し的な反対もあり、また同時に、プラハ交渉再開の見込みもほぼ確定したと言えるほど大きく膨らんでいたこともあって、九月九日には、その実施は一旦見送りとなった。

(4)「第四計画」の評価と対応(1):首相声明案の作成へ

もし期待通りプラハ交渉が再開された場合、イギリス政府にはその交渉を促進するために、今一つ早急に検討、評価しておかなければならない課題があった。それは、致政府最新案(「第四計画」)そのものが果して交渉の基礎として妥当なものかどうか、という問題であった。イギリス政府が同案全文を入手したあと、これを精査検討してみて肯定的な結論に達した場合、同案を基礎としたプラハ交渉を再開、促進、妥結に至らしめるために、イギリス政府としては、何をすべきか、何をすることができるのか、これが今、予め考慮しておくべき問題となった。この緊急性を帯びた想定的対応策は、九月八日午後五時、チェンバレン首相、ハリファックス外相、サイモン蔵相、ウィルソン政府経済顧問、カドガン外務次官、ヴァンシタート政府外交顧問の六人が、一二日のヒトラー演説の前にイギリス政府は何をなすべきかという問題について鳩首協議したそのときに、併せて取り上げられた。席上、反宥和論者のヴァンシタートが対独警告を強く望んだのに対して、宥和論者のチェンバレンとカドガンは、それは有効な手でないと反対したために、ヴァンシタートは、「それでは代りに、首相が記者会見を開かれて、チェコスロヴァキア政府の新提案を是認する首相声明を出すことにしてはいかがでしょうか?」と代案を提起した。この「第四計画」支持首相声明という代案にも、カドガンとしては、首相声明がヒトラーとの「絶叫合戦」の引き金になりはしないかと、乗り気ではなかったけれども、会議は、一応このヴァンシタートのアイディアを採用して、プラハのランシマンにその承認を求めることにした。(6)

(5)「第四計画」の評価と対応(2):首相声明案の内容

そして、この首相プレス声明案についてランシマンに承認を求める電報は、午後九時三五分にニュートン駐致公使宛に発せられた。

「致政府の新提案については、精査検討の上、交渉の基礎たりうることが確認されれば、首相は記者会見を催して、以下のような声明を出すかもしれません。」

その緊急対応策としての首相プレス声明の草案要旨は、次のような特に問題のなさそうなものであった。

「致政府最新案については、英政府は、これを基礎とした平和的交渉による合意成立の可能性が高まった、と確信している。ランシマン卿自身も、英政府と同意見である、と言ってきている。また英政府は、世界世論も同意見だと確信している。」

ニュートン宛電報は続けて言う。

「このような声明が有益かどうかについて、貴下及びランシマン卿のご意見をお聞かせいただければ幸甚です。もしこのような声明を出す場合には、明晩にも決定して、ヒトラー演説に間に合うように、その前に発表する必要があると考えています。速答いただければ幸甚です。(7)」

本電報が示すように、イギリス政府は、ズデーテン分離を勧めた前日の『タイムズ』社説にもかかわらず、依然として、国家内自治を枠組みとしていた「カールスバート綱領」に近い「第四計画」でプラハ交渉を纏めることに、大きな期待をかけていたのである。

(6)「第四計画」の評価と対応(3):グァトキンの肯定的評価

首相プレス声明案に関するニュートン公使からの答申電報がロンドンに届くのは、九日の朝であるが、その間に、現地のグァトキンは、「第四計画」の全文を精査していた。この新提案が交渉の基礎になるかどうかに関する、彼の評価は、留保的ながらも十分に肯定的であった。

「新提案は、まだ明確化の必要なところが多く残ってはいますが、『カールスバート八ヶ条の要求』に近い案ですので、正式交渉再開の基礎には十分なりうるものです。この点については、ズデーテン・ドイツ党代表団もよく認識しているところです。ただ、難問は意図的に曖昧にしてある自治の部分です。(8)」

この肯定的評価電報を、午後六時三〇分に打った後、グァトキンは、ズデーテン・ドイツ党副党首で「強硬派」と目されていたフランクと晩餐を共にした。このとき、フランクは、モラヴスカ・オストラヴァ事件の解決条件とプラハ交渉の再開条件とをグァトキンに提示し、これをグァトキンがホジャ首相に伝えることを許可した。(9) このように、八日の夜までには、ズデーテン・ドイツ党側の、少なくとも表面的には意外に柔軟な、この対応姿勢から判断しても、交渉の早期再開の見通しは、更に明るさを増していたように見えた。

(7)「第四計画」の評価と対応(4):首相声明案への出先の反対

この二つの新要素、すなわち、現地プラハでの「第四計画」に対する肯定的評価と、事件処理・交渉再開協議に関する有望な進捗状況とを踏まえて、翌朝、すなわち九日の午前一〇時三〇分、ニュートン公使は、首相プレス声明案に関する外相の諮問に答える電話電報を本省に入れた。

「ランシマン卿は、そのような首相声明は助けとならないのではないか、却って交渉再開の妨げになるかもしれないと恐れています。また貴下も、致政府最新案が交渉の基礎としてズデーテン側に受け容れられた模様であることを、そしてまた交渉自体も断絶したのでなく、モラヴスカ・オストラヴァ事件の解決まで一時中断したにすぎないということを、お知りになることと存じます。ランシマン卿はまた、ニュルンベルクにおけるヒトラー氏の機先を制しようとする、このような我が政府のあからさまな試みは、抑止効果を発揮するよりもむしろ、却って彼を苛立たせる効果がある、いやそれどころか、彼を煽り立てる効果さえあるのではないかと、憂慮されています。なお、貴電を卿にお見せする前に、本使自身も卿と類似の見方に達しておりました[10]。」

この日の「カドガン日記」が、「プラハもベルリンも共に、プレス声明を出すことに強く反対してきた[11]」と書き留めているように、こうして、この首相プレス声明案問題でも、出先の対独宥和・対致加圧三人衆、ランシマン、ニュートン、ヘンダーソンは、まるで腫れ物を触るのを恐れるかのように、ニュルンベルク演説前のヒトラーを刺激することを極度に恐れて、この程度の政府案にさえ、一致して強く反対した。このため、良い意味でも悪い意味でも「聴く耳」を持つ、依然、宥和派寄りのハリファックス外相は、「出先三人衆」の意見を容れて、先のヒトラー宛メッセージ案同様、この首相プレス声明案についても、これを一旦お蔵入りにしたのであった。しかし、反宥和派のヴァンシタート顧問は勿論のこと、依然、宥和派寄りのハリファックス外相も、ヒトラー演説の前に何らかの方法で何らかの対独警告を実施しておきたいという気持ちを失ってはいなかった。

2 「プランZ」の準備

(1) 「プランZ」の誕生：チェンバレンとウィルソンの「運命の子」

プラハのニュートン公使から首相プレス声明反対電報がロンドンに届く前日の朝、すなわち九月八日の午前一一時、カドガン外務次官は、ハリファックス外相と共に首相官邸で開かれるごく少数者の会議に臨んだ。出席者は、両名とチェンバレン首相、サイモン蔵相、ウィルソン補佐官、合せて五名だけの小会議であった。席上、カドガンは初めて「プランZ」について聞かされた[12]。「プランZ」とは、すなわち、チェンバレン首相自らドイツに飛んで、差しでヒトラー総統と話し合うという計画である。その「Z」はゼロ・アワー（行動発起時刻）の「Z」である[13]。この奇抜にして大胆なアイディアが生まれたのは、八月二八日深夜、ダウニング街一〇番地の首相官邸において、首相と彼の最も信頼する相談相手であり、懐刀であるウィルソン補佐官との間で交わされた密談からであった[14]。

「プランZ」の誕生日、八月二八日がどんな日であったかは、前に述べたが、要するに、ズデーテン危機が欧州社会に風雲急を告げるに至った日であった。具体的には、その日は、ベネシュ「第三計画」をめぐるプラハ交渉が暗礁に乗り上げた日であり、ドイツ政府が北海での海軍演習の実施をイギリス政府に通告して来た日であり、イギリス政府が既にドイツ軍の秋期演習が「部分動員」同然の規模のものに拡大していたことを知っていた日であった。「プランZ」は、このような不吉な危機到来の日に、ある意味で、生まれるべくして生まれ、ほどなく成人して「ミュンヘン協定」を産むことになる「運命の子」であった。

(2) 近親者への誕生告知：ハリファックス、サイモン、ヘンダーソンへ

チェンバレンとウィルソンの間に生まれた「プランZ」のことが、ごく限られた近親者に告知されたのは、二日後の八月三〇日であった。八月三〇日がどんな日であったかは、これも先述したように、急に緊迫化したズデーテン問題に関する対独方針を審議するために、ダウニング街一〇番地で臨時閣議が開かれた日であり、そこには一時帰国中のヘンダーソン大使も臨席を求められ、その席上で、「我が方の最後の態度に関しては、ドイツ側に推測させ続けておく」という既定の方針、すなわち、三月二四日のチェンバレン首相の議会演説以来維持継続されていた「曖昧な警告」の方針が、再確認された日であった。

だが、実はこの方針は、当座の対応策第一弾と言うべきものであって、この日の閣議では明かされなかった新生児「プランZ」に取って代るべきものではなかった。その閣議決定の後も、依然として、チェンバレン首相は、「プランZ」はこれを温存しておき、他策が効を奏さず尽きてしまった危急に際すれば、これを最後の切り札として使う覚悟でいた。よって、この日の臨時閣議の終了後に、首相は、その「まさかの時」、「真実の時」の準備として、まずは「選ばれた人々」に対して第一段階の根回しを行った。すなわち、彼は、外交政策の決定においてウィルソン補佐官に次いで、彼にとって最も重要な、ごく少数の限られた人たち、すなわち、宥和論者のハリファックス外相とサイモン蔵相とヘンダーソン大使の三人だけに、この極秘計画を打ち明けたのであった。[15]

(3) 息を呑んだハリファックス

この秘密会合が終了した後で、ウィルソンは、計画の「電撃性」とそのための「漏洩厳禁」の重要性を強調した、次のような覚書を作成している。

「『プランZ』と称すべき一つの計画がある。これを知っている者、また知っていなければならぬ者は、首相、蔵相、外相、ヘンダーソン大使と私自身だけである。これはある一定の諸条件が整ったときにのみ初めて実施されることになる。本計画がもしも実施されることがあれば、その成功は、計画実施の不意打ち的電撃性に依存する。漏洩厳禁が決定的に重要である。[16]」

この驚くべき極秘計画を打ち明けられたハリファックス外相とヘンダーソン大使の反応について、チェンバレンは九月三日付の妹宛書簡に次のように記している。

「私たちに破滅的な大災害が降りかかってくると思われるときに、これを避ける方策を案出すべく、私は脳髄を振り絞り続けています。私が思いついた一策は、あまりにも奇抜かつ大胆なものなので、ハリファックスは思わず息を呑んだほどでした。しかし、ヘンダーソンの考えは、これによって土壇場で危局から救われるかもしれないというものでしたので、私は、この案を捨ててはいません。尤も、これを試みる必要のないことをいつも願ってはいるのですが……[17]。」

（4）「プランZ」の再浮上：「カノッサの屈辱」か？

八月三〇日の秘密会合の後、九月に入って間もなく、「アディソン・スクール」のヘンダーソン、ニュートン、ランシマン、アシュトン－グァトキンらの働きもあって、ベネシュ「第四計画」を基礎にプラハ交渉が纏りそうな兆しが出てきた。そのため、その凪の間、「プランZ」について話し合われることはなかった。ところが、九月七日になってモラヴスカ・オストラヴァ事件が起こり、例の『タイムズ』社説が掲載されて、欧州情勢の雲行きが再び怪しくなるに及んで、再び「プランZ」が取り上げられるべくして取り上げられることになる。その会議が先ほど触れた九月八日午前一一時の首相官邸秘密小会議である。席上、チェンバレンから初めて「プランZ」を明かされたカドガンは、これに賛成したが、「聴く耳」を持つハリファックスが、「ヴァンシタートも呼んだ方がいいのではないか」と言ったので、首相と外務次官とからはとかく疎んぜられがちな、政府首席外交顧問も、途中から協議に加わることになった。呼ばれてやって来た政府首席外交顧問は、政府内対独強硬派の筆頭格である彼らしく、「カノッサの屈辱」という言葉を使って、予想通り、「プランZ」に断乎反対の意見を述べ立てた[18]。

当時『ニューズ・クロニクル』のベルリン特派員で、対独強硬論者で、かつヴァンシタートへの情報提供者でもあったイアン・コルヴィンは、一九七一年に出した著書の中で、「カドガン日記」を引用して、「ヴァンシタートが話している間、チェンバレンはテーブルに肘をつき、両手で頭を抱え込んだまま一言も発しなかった」と、反論もできずに困り切ったような首相の様子を紹介している[19]。しかし、デイヴィッド・ディルクスが編集した「カドガン日記」には、この部分は見当たらない。その代りに、コルヴィンの引用にはない次の一節がある。

「ヴァン反対、カノッサ。私たちはヴァンと論争して彼を粉砕したと、私は思う[20]。」

ここに言うヴァンシタートを言い負かした「私たち」には、コルヴィンの引用文を信用すれば、チェンバレンが含まれないことになるが、ディルクス編の「日記」からすると、「私たち」には当然チェンバレンも含まれているような感じである。どちらが事実なのか？　遺憾ながら原物としての「カドガン日記」未見の筆者には、適切確実な説明を加える資格はないが、コルヴィンが「カドガン日記」から「引用」したという部分についていささか気になるのは、宥和論の実践的牽引車であったヘンダーソンを擁護する数少ない著書を、二〇〇〇年に出しているピーター・ネヴィルが、ヴァンシタートと緊密な関係にあったコルヴィンのことを、「彼の歴史家としての信用性は、今日まで疑問視されて来ている[21]」と批判していることである。

（5）「プランZ」実施のタイミングと予告の是非

「プランZ」が再浮上した九月八日、イギリス側でのすべての議論の前提になっていた命題は、モラヴスカ・オストラヴァ事件後とヒトラー演説前の、この間に、何をなすべきか、何をなさざるべきか、ということであった。この命題との関連で午後五時に再開された首相・側近小会議で、さらに「プランZ」について、検討が加えられた。席上、チェンバレンは、「プランZ」実施の

タイミングと対独事前通告の必要性について、

「私は、今ドイツにこれを予告することには反対です。この際、効果の怪しい対独警告などは行わずに、ただただニュルンベルクのヒトラー演説が終るまではじっと待機していて、それから必要とあらば自ら電撃的にドイツに飛び込んでいきたい。」

という趣旨のことを述べた。首相の、この警告無用論、「プランZ」予告無用論、演説後の電撃的実施論に対して、カドガンが、

「私としては、ヒトラーがニュルンベルクで取り返しの付かない深入り発言をしないように、我々ができることを何かやってみたいと考えています。」

と首相の「無為論」に異を唱えた。すると、ヴァンシタートも、「我が意を得たり」とばかりに、カドガンの「行為論」に賛成の意を表した後、続けて、

「私としては、この際、対独警告を実施すべきだと考えます。」

と付け足すと、行為論者ではあるが宥和論者でもあるカドガンは、これに対して、

「警告はあまり役に立たないという点では、総理と同意見ですが、ドイツ訪問については予告されるのがよかろうかと思います。」

と、ヴァンシタートの警告論に反対するとともに、チェンバレンの無為論にも反対し、対独訪問予告については、その必要を説いたのであった。

このとき、ヴァンシタートは、既述のように、ヒトラー宛対独警告メッセージの代案として、首相プレス声明案を提起し、会議は一応このヴァンシタート案を容れて、ランシマンの意見を徴してみることにしたのである。と同時に、「プランZ」に関しては、無通告を是とするか事前通告を是とするかについて、ニュルンベルクにいるヘンダーソン大使の意見を求めることになった(22)。

(6) ヘンダーソンへ伝書使急派

古希に近い老宰相が独裁者に会うために、当時はまだまだ当たり前の渡航手段ではなかった「飛行機」で「敵地」に乗り込むという発想自体、ハリファックスならずとも息を呑む大胆さであるが、今、これを予告なしで敢行したいと言い出したのだから、カドガンら側近たちは、殿御乱心とまではいかなくても、肝をつぶしたことであろう。訪問の成否がいかに電撃性とそれがもたらす劇的効果とにかかっていると考えたにせよ、それは大胆さを通り越した、信じられない無鉄砲さと思えたことであろう。そんな彼らが、ヘンダーソンの考えも聞いてみようと、俄に賛成しなかったのも当然のことであった。

そのヘンダーソンはベルリンを離れてニュルンベルクにいて、暗号解読器も持っておらず、また、電話は盗聴されることが確実であるので、小会議参集者たちは、伝書使を乗せた飛行機をニュルンベルクに急行させることにした。密書の作成を任されたウィルソンは、書中、首相の無通告電撃的訪独に対する大きな懸念を示し、これについて以下のようにヘンダーソンの意見を求めた。

「私たちはZについて再検討致しました。今のところ、決行のときが近づいているという見方に傾いています。しかし、みんなが抱いている大きな懸念の種が一つあります。それは、首

相が予告なくドイツに着いた場合、一体どうなるのだろう、総統は『外交的な風邪』をひいて、首相に会うことを拒まないだろうか、という懸念です。

そうなれば、大いに困ったことになるでしょう。当地ではあまり格好良くは映らないでしょう。首相自らの訪問という総統へ献げる栄誉は、果して会見拒絶という仕打ちを控えさせるほど十分に、彼の心をくすぐるものでしょうか？[23]」

(7) ヘンダーソンの時期尚早論

この密書を託された伝書使は、翌九日の午後二時にロンドンを発ち、午後八時一五分にニュルンベルク飛行場に着いた。還暦ほどの老伝書使は、着くや否や、「朝から何も食べていないので軽食を」と求めたほど疲れ切っていた[24]。密書に書かれていたウィルソンからの質問に対して、ヘンダーソンは、第一にその実施のタイミングについて、「時期尚早だ」と、およそ次のような助言を与えた。

「私の見るところでは、今はまだ首相訪問の時機ではありません。ニュルンベルクでのヒトラーとの会見など、不可能で問題外です。ヒトラーが一二日の演説で不愉快なことを言わないようにするために、私はできる限りのことをしました。既にリッベントロップ（外相）とも、ノイラート（前外相）とも、また、ゲーリンク（空相）とも、ゲッベルス（宣伝相）とも会って話をしました。私が今強く感じているのは、奥の手は今出してはいけないということです。それがのちに必要となる緊急事態が起こるかもしれませんが、今は、時期尚早の空振りに終る危険性があります[25]。」

チェンバレンに負けず劣らず自信家のヘンダーソンにすれば、大使としての自分がニュルンベルクでヒトラーに近い幹部連に最適の警告を十二分に行った今、ヒトラー演説を前にもう何もしなくてもよい、という気持ちであった。「プランZ」の実施を含め、ヒトラー演説前に「もう何もするな」という点では、今やヘンダーソンはチェンバレンの「無為論」に近い考えであったのである。

(8) ヘンダーソンの予告不可欠論

次にヘンダーソンは、ヒトラー演説後に「プランZ」を実施するにしても、無通告訪問は危険だと、無通告反対論をおよそ次のように述べた。

「ヒトラーとの事前の約束なしに、Zを決行することには、私は反対です。事前約束が可能かどうかは、月曜の演説次第ですが、我々が『五月危機』のときのような危険な対独警告を繰り返すようなことをしない限り、ヒトラーが交渉の扉をバタンと閉めてしまうことはないと、私は見ています。」

およそこのような助言を書き終えた後も、書き足りないと不安になったのであろうか、ヘンダーソンは、真夜中に加筆し始めた。神経過敏症の男が何かに取り憑かれたかのように、くどいほど長々と、事前協議なしの訪問は絶対にだめだ、やるなら必ず前もって約束をとりつけろ、と繰り返す。

「ヒトラーが仮病を使って総理と会うのを拒絶するというようなことは、大いに疑わしくまずありえないと思っていますが、それでも、彼がドイツの名誉のために止まることを許されないと見なすほどに、事態が進めば、拒絶の可能性もありえます。」外国から大英帝国の宰相が門前払いを食らう公然たる侮辱について、ウィルソンは、大事を大事視しないふりをすることで、自分の余裕を示したいがためか、ヘンダーソン宛密書の中で、「大いに困ったことになる」「あまり恰好良くない」という、比較的控え目な表現をしていたが、恰好をつける余裕などまったくない必死のヘンダーソンの表現は、もっとストレートで、正直であった。

「総理に対するこのような拒絶は、ほとんど我慢ならぬことですので、私は貴兄にはこのような危険は冒すべきではないと忠告しなければならない、と感じています。ヒトラーは、ニュルンベルクが終れば直ちに、ベルヒテスガーデンに行くことになると思われますが、事前に申し合せをすれば、まず彼から『ノー』という回答はなかろうと、私は確信しています。私は事前の打ち合わせなしで進むという考えにはまったく賛成しかねます。ヒトラーへの『栄誉』という側面に関しても、ヒトラーがドイツの名誉を満足させうるのは行動だけだと思うほど、その名誉が毀損されたと見なしたならば、そのような『栄誉』も、さほど彼の心に訴えることはなかろうかと、存じます。[26]」

「五月危機」の際の対独警告の繰り返しがもたらすであろう結果に対する恐怖に取り憑かれていたヘンダーソンは、翌朝の八時にまたも昨夜の手紙に向って、「ヒトラーの天才性は狂気と紙一重です」と書き加え始め、「第二の『五月二一日』は彼を断崖から突き落とすことになりましょう」との警告を繰り返し書き続けていた、その最中に、老伝書使がやって来たので、彼はこの三度にわたって書き綴ったウィルソン宛の長文書簡を、まだ書き足らぬという思いをにじませる、次の一文で締め括った。

「伝書使が只今来ましたので、ここで筆を擱かざるをえません。[27]」

＊注

(1) Robert Self (ed.), *The Neville Chamberlain Diary Letters, Volume Four, The Downing Street Years, 1934–1940* (Ashgate, 2005), p. 307.
(2) *Documents on British Foreign Policy, 1919–39, 3rd series, Volume II* (His Majesty's Stationary Office, 1950), p. 264. 以下、*DBFP-II* と略して表記する。
(3) *Ibid.*, p. 265.
(4) *Ibid.*, p. 264.
(5) *Ibid.*, p. 265; 赤松祐之『昭和十三年の国際情勢』(日本国際協会、一九三九年)、四七〇ページ。
(6) *Ibid.*, pp. 272–3.
(7) David Dilks (ed.), *The Diaries of Sir Alexander Cadogan O.M. 1938–1945* (Cassell & Company LTD, 1971), pp. 95–6.
(8) *DBFP-II*, p. 269.
(9) *Ibid.*, pp. 266–7.
(10) *Ibid.*, p. 671.
(11) *Ibid.*, p. 272.
(12) Dilks (ed.), *The Diaries of Sir Alexander Cadogan*, p. 96.
(13) *Ibid.*, p. 95.
(13) Robert Self (ed.), *The Neville Chamberlain Diary Letters, Volume Four, The Downing Street Years, 1934–1940* (Ashgate,

2005), pp. 307-8.
(14) *Ibid.*, p. 308; 坂井秀夫『近代イギリス政治外交史』IV（創文社、一九七七年）、一〇三ページ。
(15) David Faber, *Munich, 1938: Appeasement and World War II* (Simon & Schuster, 2009), pp. 272-3.
(16) *Ibid.*, p. 273.
(17) Self (ed.), *The Neville Chamberlain Diary Letters, Volume Four*, p. 342.
(18) Dilks (ed.), *The Diaries of Sir Alexander Cadogan*, p. 95.
(19) Ian Colvin, *The Chamberlain Cabinet* (Victor Gollancz, 1971), p. 147; 坂井『近代イギリス政治外交史』IV、一〇三ページ。
(20) Dilks (ed.), *The Diaries of Sir Alexander Cadogan*, p. 95.
(21) Peter Neville, *Appeasing Hitler: The Diplomacy of Sir Nevile Henderson 1937-39* (Palgrave, 2000), pp. 98-9.
(22) Dilks (ed.), *The Diaries of Sir Alexander Cadogan*, pp. 95-6.
(23) Faber, *Munich, 1938*, p. 274.
(24) *Documents on German Foreign Policy, 1918-45, Series D, Volume II* (Her Majesty's Stationary Office, 1953), pp. 773-4.
(25) *DBFP-II*, p. 647.
(26) *Ibid.*, p. 649.
(27) *Ibid.*, pp. 649-50.

第6章　ダラディエの対ソ期待感とソ連の対欧州政策

1　ダラディエ＝フィップス会談：強気のダラディエ

（1）より明確な対独警告の勧め

目をパリに転じると、九月八日午後、フィップス英大使は、ダラディエ首相を訪問し、三〇分ほど現状に関する首相の見解を質してみた。首相は、ヒトラーの現状認識を推測して、

「残念ながら、今のところ、彼は、ドイツがチェコスロヴァキアを攻撃しても、フランスが進撃してくることはない、イギリスも何もしてこないと、そう固く信じています。」

と述べた。そして対独警告と抑止効果の関係については、

「ドイツがチェコスロヴァキアを侵略すれば、それは全体戦争になるということを、ヒトラーに悟らせさえすれば、ヒトラーも武力攻撃は断念するでしょうが……。」[1]

と、これまでの曖昧な間接的警告で十分だとするヘンダーソン大使とは対照的に、ダラディエは、ヒトラーに対する場合には、より明確な対独警告があってこそ初めて、抑止効果が生まれるのだ、という見方を示した。

しかし、彼だけでなくチャーチルやイーデンやヴァンシタートらイギリスの反宥和論者も期待する、そのような対独抑止政策が、彼らの予想に反して、却ってヒトラーを刺激して、その対致武力行使を誘発する結果となった場合、対致条約義務を有するフランスの対応はどうなのか、この点が「巻込まれ」の危険を恐れるチェンバレンやハリファックスやカドガンらイギリスの宥和論者の最大の関心事であった。

（2）対独戦への決然たる覚悟

だが、この点についても、ダラディエは、決然と、

「もしもドイツ軍がチェコスロヴァキアの国境を越えれば、はっきりと申し上げておきますが、フランス人は一人残らず戦います。」[2]

と、その覚悟のほどを語った。

チェコスロヴァキアのことで、今すぐフランスが戦わねばならない理由は何か。首相は、それは仏致相互援助条約上の義務だ、とは言わずに、対露脅威論の主唱者であった山県有朋首相が一八九〇（明治二三）年に唱えた「主権線」・「利益線」説[3]、すなわち、東進南下の勢いを示す強大国ロシアの脅威から「主権線」＝日本

を守ろうとすれば、主権線と不可分の「利益線」＝朝鮮を守らなければならないという、山県説を髣髴させる、次のような対独脅威論を述べた。

「チェコスロヴァキア攻略の次に、途方もなく更に強力になったドイツがフランスに襲いかかってくるのは、時間の問題です。これは眼に見えています。ですから、我が国民がチェコスロヴァキア問題で今一人残らず戦う気でいるのは、何もチェコ人のためではない、自分たち自身の生き残りのためなのだということを、国民すべてがはっきりと自覚しているからなのです。[4]」

(3) フィップスの疑念(1):フランス陸軍の攻勢能力は？

出身地名にちなんだ「ヴォクリューズの猛牛」という雄々しい渾名を持つフランスの首相兼国防相の、このような強気の発言にじっと耳を傾けていたフィップス大使が、ここで眉に唾したかのような質問を挟んだ。

「実際に戦争となった場合、フランスはどんな行動をとることができるのでしょうか？　ただ空で集中的な航空戦が行われるだけで、陸ではマジノ・ラインとジークフリート・ラインを挟んでの両軍対峙の手詰まり状態となるのではないでしょうか？」

このようなフランス陸軍の攻勢能力に懐疑的な質問にたじろぐ猛牛ではなかった。あくまで強気に、

「いや、そんなことはありません。二、三日前、この問題でガムラン将軍と話し合ったのですが、将軍は、限定的な攻勢を連続的に企てることができると、確信しています。ジークフリート・ラインは、今のところマジノ・ラインとはまるで比べものになりません。これが本当に恐るべきものになるには、あと一年、いやもっとかかるのではないでしょうか。[5]」

と、モーリス・ガムラン陸軍参謀総長とマジノ・ラインに対する絶対的信頼とジークフリート・ラインの未完成とを挙げて、「戦うなら今」という自説の根拠を補強したのである。

(4) フィップスの疑念(2):フランス国内のストライキは？

それでもまだフィップスは、フランスの覚悟と成算を説く首相の自信に満ちた見方に、納得がいかなかったのか、あるいは、その見方を楽天的に過ぎると見たのか、はたまた、猛牛の強気の裏に潜む弱気を見抜いていたのか、第二の疑念を口にした。

「ところで、閣下は国内情勢をどう見ておられますか？　まだいくつかストライキが続いているようですが。」

強気一点張りの首相は、これも一蹴し、フランス世論の帰一、フランス国民の決死の覚悟を強調した。

「国内情勢はすばらしく良好だと言えます。現在のストライキは取るに足りないものです。国民は国際情勢が非常に危険な状態にあることを十分に認識しています。ドイツが我が国との国境に兵を動かしたのは、大きな過ちでした。チェコとの国境だけに止めていたなら、そうでもなかったでしょうが、今やフランス国民は、自分たちの生命が危険にさらされていると感じるようになっています。

ですから、彼らはみんな、どうせ死ぬのは一度だけなんだからと、あらゆる緊急事態への心の準備ができています。多くの予備兵が休暇から呼び戻されたのですが、彼らは陽気に、なにひとつ文句も言わずにマジノ・ラインへ向って行きましたよ。[6]」

(5) ソ連の空からの対致援助(1):噂

ガムラン参謀総長とマジノ・ラインとフランス国民への三重の信頼以外に、ダラディエ首相の対独戦に対する自信に満ちた、この強気の態度を支えていた大きなファクターの一つは、チェコスロヴァキア問題で対独戦争となった場合のソ連の空と陸からの対致武力援助、これに対する彼の大きな期待感であった。まずその空からの援助に対する期待感から見てみると、ダラディエはフィップスに対して、次のように楽天的な予測を披露している。

「ロシアはルーマニア国境に兵を集中させつつあります。赤軍の粛清も終りました。私の印象では、ソ連機はポーランドあるいはルーマニア上空を夜間に高度を上げて飛べば、両国政府とも、それを見ようとはしないでしょうし、また、その音を聞いても聞こえていないふりをするでしょう。[7]」

前段の「赤軍の粛清」の後遺症については、後に検討することにして、後段の彼の「印象」に関しては、ポーランドはともかく、ルーマニア上空云々には根拠があった。ソ連機がルーマニア上空をチェコスロヴァキアに向って飛行している、という噂が出始めたのは、一九三八年四月ごろからであった。この噂は、ズデーテン危機が高まりつつあった夏には、広く流布するようになっていたが、これは単なる噂ではなく、事実であった。ルーマニア政府は、自国領空をソ連の軍機が飛行するのを黙認していたのである。外相のニコライ・ペトレスク－コムネンは、戦後の回想録でこれを認めた上、次のようなことまで書き足している。

「これらの飛行機がエンジン・トラブルを起こし、ルーマニアに不時着せざるをえなかったとき、我々は、その修理を手伝い、飛行機を再びチェコスロヴァキアに向けて飛び立たせました。」

このようにして、ミュンヘン会談が終る九月末までに、空路チェコスロヴァキアに送り込まれたソ連機は、当時の荒っぽい推測の中には、数百機に上ったというものもある。[8] この大きな数字を裏付けるかのように、当時スターリンを支持していた親共・親ソ派のユダヤ系アメリカ人ジャーナリスト、ルイス・フィッシャーは、第二次欧州戦争が真っ最中の一九四一年に出版した著書の中に、仏ソ提携論者であったフランス空軍大臣ピエール・コーから直接聞いたという、次のような話を載せている。

「五月危機と九月危機の間に、ソ連政府はチェコスロヴァキアに三〇〇機の軍機を配送しました。これは、私がチェコスロヴァキア政府の高官から入手した情報です。[9]」

(6) ソ連の空からの対致援助(2):実態

もしこれが事実なら、「チェコスロヴァキアはソ連の飛行基地だ」というナチ・ドイツ側の宣伝もあながち根も葉もない嘘ではないということになるが、さて、果してその実態はどうであったか。実は、ミュンヘン危機とは無関係に、この危機が発生する以前の一九三七年に、ソ致間でソ連機売買契約が成立していた。その内容は、チェコスロヴァキアは、ソ連の快速軽爆撃機SB‐2を六一機購入、一六一機をチェコスロヴァキアの工場で製造するライセンスを得るというものであった。しかし、その実施は遅れに遅れて、一九三八年四月になって初めて、対致向けSB‐2の飛行納入が始った。列車でモスクワに向ったチェコスロヴァキア人飛行士が購入機に乗って、ルーマニア上空を通って母国への飛行を始めたのである。そして、これが直ぐに人々の噂に上り始めたわけである。

このようにして、九月末までには契約通り、それ以上でもそれ以下でもない丁度六一機のソ連製爆撃機が、チェコスロヴァキア側に納入された。すなわち、この納入は、ミュンヘン危機とは関係のない既存のビジネス契約の純粋な履行であって、ミュンヘン危機に際してソ連が空からの対致援助として行った数百の軍機の供与という噂や情報は、事実に尾ひれがついた虚構にすぎなかったのである。

しかも、この入手しえた六一機が「九月危機」に際して、対独戦にそのまま直ぐに使用できる軍事的有意味性を持っていたかというと、様々な障害があって、それは意味のある即戦力たりえなかった、これが事の真相であった。その障害とは、次のようなものであった。第一に、当時、チェコスロヴァキアには戦闘時に使用可能な飛行場は一二しかなかったが、そのうち、購入したSB‐2の使用に十分な長さを持つものは、僅か二、三に過ぎなかった。さらに、ソ・致空軍間の使用燃料やら装備やら部品やらに違いがあり、その上まだ、同機用パイロット訓練の際の言語上の困難もあったりなどしたのである。⑩

（7）ソ連の陸からの対致援助

実際のところ、ソ連の実行可能な、意味のある対致軍事援助があるとすれば、空からの援助よりも、それは何といっても、陸からの兵員・武器弾薬の輸送、投入であったと考えられるが、このソ連の陸からの対致武力援助について、九月八日、ウィリアム・ブリット駐仏米大使に語った「猛牛」の鼻息は荒かった。まずダラディエは、イギリスの大使には言わなかったことを、アメリカの大使に向って、次のように言い放った。

「昨晩、ドイツ代理大使を呼び、私の方から次のように言っておきました。『もしもドイツ兵が一歩でもチェコスロヴァキア国境を越えたならば、たとえイギリスやその他の国がいかなる行動をとろうと、それとは関係なく、フランス政府は、直ちに動員令を下し、ドイツを攻撃することになります。私はこのことを貴政府に明確にしておきたいと思っています』と。」

イギリス抜きでも仏致相互援助条約義務を断固履行すると豪語したダラディエは、次に、ソ連軍のルーマニア領土通過問題に関しても、ブリット大使の質問に対して、実に楽天的な見通しを示した。

「ドイツがチェコスロヴァキアを攻撃したとき、総理は、ソ連軍がルーマニアを通って進軍しようとすると、お思いですか？」

「その可能性は十分にあります。ルーマニアも抵抗と言えるような抵抗は少しもできないでしょう。」

「私の考えでは、ソ連がそのような行動に出たら、ルーマニアとポーランドの両国は即座に宣戦布告をすると思われますが……。」

ルーマニアとポーランドが反ソ軍事同盟を結んでいることを念頭に置いた、このブリット大使の指摘に対して、ダラディエは、

「その可能性はかなり高いでしょうな。」

と言って、声を挙げて笑ったが、その後続けて、その強気の楽観の下に潜む不安を暗示するかのように、

「世界は実際まったく正気じゃなくなっていますね。」

と付け足した。[11]

このようなイギリスの参戦の確実性というよりも、その不確実性にかかわる問題と、ソ連からの対致援助の実効性というよりもその無効性にかかわる問題とが、「笑い事」ではなく「真の現実」としてダラディエの眼前に立ち現れたとき、それでも彼が果して「ヴォクリューズの猛牛」であり続けることができるのか、その「真実の時」こそ、「強気のダラディエ」の角が「猛牛の角」か「蝸牛の角」かと問われるときであり、「楽天家ダラディエ」のまさに鼎の軽重が問われる時となろう。

2　ソ連のイデオロギー的外交戦略と「アフター・ユー」政策

(1)　ボネ、ブリット、ベネシュのソ連観

このようにダラディエが大いに期待していたソ連の陸からの対致武力援助の実態、実効性はどうだったのか、それが大問題なのだが、これを見る前に、ダラディエ首相と対蹠的に、ソ連の援助そのものに懐疑的であったボネ外相らのソ連観、特にソ連の外交戦略目標を共産主義的世界革命ととらえる彼らのソ連観を見ておく必要がある。そのような彼らのソ連観が、当然のことながら、彼ら自身の対ソ政策意見に反映され、延いては、フランスの対ソ政策にも、イギリスの対ソ政策にも大きな影響を与えることになるからである。

九月二日午後、ボネ外相はフィップス大使に、「ソ連には一つの願望があります。それは、全体戦争を引き起こして、その混乱に乗じて漁夫の利を得ようというものです」[12]と、その持論を語ったのに対して、大使が、その朝、アメリカのブリット大使が彼に語ったソ連観を外相に伝えると、外相はブリット大使と同意見であると応じた。

その朝、初代駐ソ米大使（一九三三〜三六年）としての経歴を有するブリットがフィップスに語ったソ連観とは、次のようなものであった。

「ソ連の本願は、欧州大火災を挑発して、思惑通りその大火災が起こった場合には、ソ連自身は、多分遠く離れたところから少しばかりの空爆をするだけで、それを越えた役割はほとんど何も果さないでしょう。そして、大火災が収まって、私たちがみんな灰燼に帰した後、彼らはその灰燼の中からフェニックスのように舞い上がり、世界革命をもたらそうというのが、彼らの魂胆なのです。」[13]

このようなイデオロギー的観点から形成された猜疑的な対ソ・イメージは、イワン・マイスキー駐英ソ連大使から「ソ連の最悪の敵の一人」[14]と見なされたボネ外相や、ブリット大使だけでなく、ソ連の同盟国チェコスロヴァキアの大統領ベネシュのものでも

あった。大統領は、オーストリアがナチ・ドイツに併合された半月後の一九三八年三月三〇日、すなわち、次のヒトラーの標的はチェコスロヴァキアだ、と見られていたころ、プラハの古城フラジンで非公式晩餐会を開き、集まった閣僚ら内輪の招待客を前に、対独強硬論を盛んに煽るソ連の意図を、次のように解き明かせてみせた。

「ソ連はイギリスやフランスと違って対独戦争を望んでいます。理由は簡単です。戦争が終われば、共産主義が今の何倍もの勢いで欧州に浸透することになるからです[15]。」

このようなソ連の、すなわちスターリンの願望を実現させたのが、第二次世界大戦を引き起こしたヒトラーであった。その戦争の「皮肉な結果」として、アラン・バロックが言うように、「東ヨーロッパとロシアにナチ帝国を樹立するというヒトラーの構想が裏返しになり、東ヨーロッパにソヴィエト帝国が誕生する」ことになり[16]、第一次世界大戦以来の歴史の激流に翻弄されてきたチェコスロヴァキア人民は、戦後まもなく、ヤン・マサリク外相の不可解な死とともにブルジョワジーから「解放」されるが、周知のように、その後長くソ連コミュニズムの「鉄鎖」に縛られることになるのである。

(2) ジュダーノフのプラハ秘密演説

上述のような猜疑的なソ連観は、フランスのボネ外相、アメリカのブリット大使、チェコスロヴァキアのベネシュ大統領だけでなく、イギリスのチェンバレン首相もこれを共有していたのであるが、彼らのその対ソ・イメージがあながち的外れのものではなかった、一つの証拠を紹介しておこう。その証拠からすると、それは、あながちブルジョワ民主主義国家の政治家、外交家らの被害妄想的イメージだとは言い切れないことが分る。その証拠とは、次のようなものである。すなわち、ボネ＝フィップス会談でこのようなソ連観が話題に上ったその半月ほど前の八月下旬、スターリンの側近、アンドレー・ジュダーノフが（側近と同姓同名の別人の可能性もあるが、ともかくコミンテルンを代表するその名のソ連人が）、モスクワからプラハに潜入した。この人物は、チェコスロヴァキア共産党中央委員会の秘密会合に出席して、コミンテルンの最新戦略について話した。この秘密会合には英仏の共産党からも代表者が送り込まれていた。そこでジュダーノフは、三時間にわたるその演説の結論として、共産主義革命に有利な現在の欧州情勢と今後のその方向性、及び、そこでのチェコスロヴァキア人民と同共産党の役割とについて、次のように教示した。

「プロレタリア革命の第二波という考えについて、真剣に受け止める必要があります。現在のチェコスロヴァキアの政治情勢は、この第二波の到来を加速させることのできる手段を、チェコスロヴァキア共産党に提供してくれています。チェコスロヴァキアに対するヒトラーの攻撃は、ファシスト統治の終りの始りとなるだけではありません。それはまた、この国の搾取的ブルジョワ体制の終りの始りともなるのです。チェコスロヴァキア人民は、最初は、赤軍と隊列を組んで第三帝国（ナチ・ドイツ）と戦うことになりますが、次には、チェコスロヴァキア共産党の指導の下で、この国のブルジョワジーから自己を解放することになるのです[17]。」

欧州共産化の発火点という観点からドイツの対致攻撃を歓迎する、ジュダーノフのこの結論は、まさに「ソ連はイギリスやフランスと違って対独戦争を望んでいます」という、「この国のブルジョワジー」の代表たるベネシュの観察の正しさを裏書きするものであった。

(3) ソ連の「アフター・ユー」政策(1):対独参戦に関する基本原則

英仏それぞれの対独宥和政策の牽引車であるチェンバレン首相とボネ外相から、このようなイデオロギー的な目で見られていて、実際にも、そのようなイデオロギー的な外交戦略目標を隠し持っていたと思われる節のあるソ連であったが、そのような共産主義国家ソ連の対独参戦に関する基本方針をここに纏めておくと、それは対日参戦に関するソ連の東亜政策のそれと酷似している。

パリでダラディエ首相が、ソ連からの対致援助への期待を一つの拠り所として、フィップス大使に大気炎を揚げていたその前日、すなわち、一九三八年九月七日、日本軍による武漢作戦が展開されていた東亜では、汪兆銘の右腕、周仏海国民党中央宣伝部副部長が日記に、「広済が昨晩陥落したとのこと、武漢もおそらく守り切れまい[18]」と記していたように、蔣介石の国民政府は、まさに存亡の危機にあった。その国民政府に対して、次の日の八日、ルガネツ・オレリスキー駐華ソ連大使は、本国政府の訓令に基づいて、ソ連の対日参戦に関して次の三条件中のどれか一つの条件を満たした場合に参戦すると説明した。

(1)日本がソ連を攻撃する場合。

(2)ソ連と共にイギリスあるいはアメリカが参戦する場合。

(3)国際連盟が太平洋の大国に日中戦争への参加を義務づけた場合[19]。

この条件は、言い換えれば、大苦境下にある友邦・中華民国のためといえども、ソ連から単独で対日戦争をしかけることはないと、暗に蔣介石の期待には応えられないことを示したものであり、中国問題でのソ連の対日参戦は、ソ連よりも先にイギリスかアメリカか国際連盟かが参戦を決定した場合に限る、ということを明示したものであった。このソ連の東亜における「アフター・ユー」政策と名付けてよさそうな基本方針は、欧州に適用してみると、盟邦・チェコスロヴァキアのためといえども、ソ連は単独では対独戦争をしかけない、ソ連がドイツと戦うのは、ドイツがソ連を攻撃して来た場合以外は、チェコスロヴァキア問題で、ソ連よりも先にフランスが対独参戦に踏み切った場合か、あるいは、国際連盟がドイツを侵略国と認定し、加盟国に対独武力制裁を義務付けた場合かであった。

(4) ソ連の「アフター・ユー」政策(2):対仏回答とボネの印象

それでは次に、「九月危機」到来後のソ連の対欧州政策の基本方針たる、この「アフター・ユー」政策の展開を、具体的に仏ソ外交ルートでのやり取りを通して、検証しておこう。ロンドンで臨時閣議が開かれた翌日の八月三一日、パリからボネ外相は、駐ソ仏代理大使ジャン・ペヤールを通じて、モスクワのマクシム・リトヴィノフ外務人民委員に対して、「いかなる条件の下で、プラハはソ連の軍事援助を当てにすることができるか？」と問い合わせた。欧州情勢急変直後のこの同盟国の外相からの質問に、外務人民委員は、独断即答の用意も勇気もなく、翌る九月一日、共産党中央委員会書記長のスターリンを訪問して、その指示を仰いだ。

「フランスからのこのような質問に関しましては、最近意見の交換を致しておりませんでしたので、私はどのような方針をとればよいのか、皆目分からない次第でございます。」

これに対するスターリンの応答記録は残っていないが、次の日にリトヴィノフがペヤールに対して行った回答は、このときのスターリンの指示に基づくものと見て間違いない。その回答要旨は、ペヤール報告によると、フランス自身がその仏致相互援助条約義務を遵守するという条件に基づいて、ソ連はソ致相互援助条約の義務を「可能なかぎりのあらゆる手段でもって」履行する、というもので、まさしく「アフター・ユー」政策そのものであった。しかも、「可能なかぎり」という意味深長な条件が付せられていた。[20] この回答は、赤軍のポーランド、ルーマニア領土通過問題にも触れているが、これについては後述する。

ソ連からの回答を得たボネは、九月六日、これをフィップス英大使に伝えた際に、この回答から得た印象を次のように洩らした。

「ソ連は、この問題に関してフランスなど他の国々が示す慎重な態度には、あまり理解を示しませんが、ソ連自身はそれらの国々よりもはるかに大きな用心深さを示しているように感じます。[21]」

「九月危機」への対応策としてのソ連の「アフター・ユー」政策に関連して、ソ連の他国に対する対独強硬行動の慫慂と、自国の実際行動に関する場合の慎重さとの対照性を指摘したような、このボネの発言には、歴史家アダム・ウラムがソ連外交の一般的特性として指摘した、次のような傾向を想起させるものがある。

「ソヴエト体制は、帝政ロシアをうわまわる〝イデオロギーと使命感の大風呂敷〟をひろげはするが、ソヴエトの運命を左右するような決定的なかかわりあいは、慎重にさけておるのである。[22]」

(5) ソ連の「アフター・ユー」政策(3)：ポチョムキン＝チルストン会見

ソ連の対致武力援助について、このように懐疑的な感想をボネ外相から聞かされたフィップス大使は、その二日後に、先に紹介したように、ダラディエ首相からは、外相とは対照的に、実に楽天的な見通しを聞かされた。対ソ観における「楽天的な」首相と「懐疑的な」外相の、このような足並みの乱れを目の当りに見せられた大使は、ハリファックス外相に、その感想を、「私の印象では、ダラディエ氏はボネ外相よりも、ソ連の効果的な援助に大きな期待をかけているようです」と伝えた。[23]

パリでダラディエがフィップスに楽天的な見通しを語っていた九月八日、モスクワでは、ウラディミール・ポチョムキン外務人民副委員は、スターリンお墨付きの、この「アフター・ユー」の方針に基づいて、駐ソ英大使アレタス・チルストンに対して、チェコスロヴァキア問題に関するソ連のフランスとの関係について、「ソ連政府としては、先にフランスが実際に交戦状態に入らなければ、条約上、介入する義務はないのです」と、これまで通りのソ連の立場を強調的に繰り返し、さらに、ジュネーヴで開催中の連盟理事会による制裁決議の見通しについては、「チェコスロヴァキアとドイツの紛争問題が連盟に提出される可能性は、まったくないように思われます」と、当時ほとんどの人が胸中に懐いていたと思われる観測を口にした[24]。

このポチョムキン発言からしても、「九月危機」が始って間もなく、現実にソ連の対独参戦条件を満たすことはなかなか容易でないという、そのような解釈が説得力を持ち始めていたことが分る。すなわち、客観的には、ソ連ファクターは、ダラディエ首相の楽天的なソ連観に不利に傾き始め、ボネ外相の懐疑を補強し始めていた。

注

（1）*Documents on British Foreign Policy, 1919-39, 3rd series, Volume II* (His Majesty's Stationary Office, 1950), p. 269. 以下、*DBFP-II* と略して表記する。

（2）*Ibid*., p. 269.

（3）大山梓編『山県有朋意見書』（原書房、一九六六年）、一九六-七ページ、広野好彦「山県有朋『山県有朋意見書』」（所収、関静雄編著『近代日本外交思想史入門』ミネルヴァ書房、一九九九年）、五四-五ページ。

（4）*DBFP-II*, p. 269.

（5）*Ibid*., p. 269.

（6）*Ibid*., p. 270.

（7）*Ibid*., p. 270.

（8）Hugh Ragsdale, *The Soviets, the Munich Crisis, and the Coming of World War II* (Cambridge University Press, 2008), pp. 83-6.

（9）Louis Fischer, *Men And Politics: An Autobiography* (Duell, Sloan And Pearce, 1941), pp. 555-6.

（10）Ragsdale, *The Soviets, the Munich Crisis, and the Coming of World War II*, p. 86; Igor Lukes, "Stalin and Czechoslovakia in 1938-39: An Autopsy of a Myth," in Igor Lukes and Erick Goldstein (eds.), *The Munich Crisis, 1938: Prelude to World War II* (Frank Cass, 2006), pp. 34-5.

（11）*Foreign Relations of the United States, Diplomatic Papers, 1938, Volume I, General* (United States Government Printing Office, 1955), pp. 581-3.

（12）*DBFP-II*, p. 220.

（13）*Ibid*., p. 219.

（14）イワン・ミハイロビッチ・マイスキー著／木村晃三訳『三十年代』（みすず書房、一九六七年）、三五七ページ。

（15）Igor Lukes, *Czechoslovakia between Stalin and Hitler: The Diplomacy of Edvard Benes in the 1930s* (Oxford University Press, 1996), p. 200.

（16）アラン・ブロック著／鈴木主税訳『ヒトラーとスターリン』第一巻（草思社、二〇〇三年）、一一ページ。

（17）Lukes, *Czechoslovakia between Stalin and Hitler*, pp. 198-9; Lukes, "Stalin and Czechoslovakia in 1938-39: An Autopsy of a Myth," pp. 39, 47.

（18）蔡徳金編／村田忠禧他訳『周仏海日記　一九三七-一九四五』（みすず書房、一九九二）、九七ページ。

（19）Jonathan Haslam, *The Soviet Union and the Threat from the East, 1933-41: Moscow, Tokyo, and the prelude to the Pacific War*

(University of Pittsburgh Press, 1992), p. 12; ボリス・スラヴィンスキー著／加藤幸廣訳『日ソ戦争への道　ノモンハンから千島占領まで』（共同通信社、一九九九年）、一六五ページ。

（20）Ragsdale, *The Soviets, the Munich Crisis, and the Coming of World War II*, p. 87.

（21）*DBFP-II*, p. 255.

（22）アダム・B・ウラム著／鈴木博信訳『膨脹と共存—ソヴエト外交史1—』（サイマル出版会、一九七八年）、一四ページ。

（23）*DBFP-II*, p. 270.

（24）*Ibid.*, p. 266.

第7章　赤軍のルーマニア領土通過問題

1　「九月危機」以前のソ連とルーマニア

(1)　一九三五年、ウォロシーロフの豪語

これほどハードルが高そうなソ連の対独参戦条件が乗り越えられたとしても、まだ次の難関が控えている。それは、果して本当に、陸路、赤軍がただ名ばかりの、ほんの形だけの援助ではなく、実のある効果的な援助を実行しうるのかどうか、という問題である。この点に関しても、ダラディエが肯定的であったのに対して、ボネは懐疑的であったが、果していずれが真相を穿った見方であったのか、ここで、その陸からのソ連の対致軍事援助の実現可能性と、実現した場合のその規模と効果について考察してみることにしよう。

一九三五年三月にドイツが再軍備宣言を行い、五月に仏ソ相互援助条約とソ致相互援助条約が相前後して締結された、その直後の六月九日、ベネシュ大統領は、モスクワを訪問してクリメント・ウォロシーロフ国防人民委員と対談した。ウォロシーロフ元帥は、ぐいぐいとウォッカを飲みながら気炎を揚げた。

「私たちは戦争は欲してはいません。しかし、私たちはそれを恐れてはいません。もし攻撃されれば、相手がだれであろうと、私たちは戦います、それも容赦なくやります。そして、その敵を八つ裂きにしてやります。ヒトラーなど怖くはありません。もし彼があなた方を襲えば、私たちは彼を攻撃します。あなた方がやられれば、ヒトラーは更に進んで、ルーマニアに攻撃をしかけることになるからです。」

酒も煙草もやらぬベネシュ博士は、差し出されたウォッカに口をつけずに、この怪気炎に耳を傾けていたが、ここで、その実現可能性についての疑問を挿んだ。

「我が国と貴国は隣国同士ではありませんが、閣下が仰られたことは、どのような方法で実行なさいますか？　我が軍とドイツ軍間の戦場に到達するために、ソ連軍は敢えて他国の領土を横断されるというのですか？」

これに対して、国防人民委員は、

「もちろんですとも、ソ連軍の通過に関して他国との間に合意が有ろうと無かろうと、私たちはそうするのが当然だと考えています。」

と、答えた。

「合意の有無」にかかわらずやるという、元帥のこの威勢のよ

さは、ウォッカのせいではないかと疑ったベネシュは、翌日、リトヴィノフ外務人民委員に会って確かめてみると、リトヴィノフは、「ウォロシーロフ国防人民委員が述べられたことは、ソ連政府の正式見解です」と保証した。(1)

(2) ポーランド・ルートかルーマニア・ルートか?

翌年の一九三六年、カミル・クロフタ致外相は、ソ連の国防委員と外務委員の一年前の約言を再確認したようである。プラハ駐在ヴィクトル・ド・ラクロワ仏公使は、四月一六日、本国政府に、クロフタ外相が次のように話してくれた、と報告をしている。

「モスクワは在プラハ公使館を通じて次のように断言致しました。すなわち、『チェコスロヴァキアに対する攻撃があった場合、ソ連軍は、ルーマニア政府の同意が有ろうと無かろうと、ルーマニアを横断して貴国の援助に駆けつけます』と。(2)」

ソ連と国境を接していないチェコスロヴァキアが対ドイツ戦の戦場となった場合、そこにソ連軍を投入するルートは、このド・ラクロワ報告に「ルーマニアを横断して」とあるように、そのルーマニアか、あるいはポーランドかであった。しかし、ポーランドにとって、チェコスロヴァキア救済のためのソ連軍に対して、自国領土の通過許可を与えるなどということは、まったく問題外であった。というのは、ロシア革命後の混乱に乗じて、ソ連から西ウクライナを強奪していたポーランドは、反共・反ソを国是としていたばかりでなく、今、チェコスロヴァキア危機に際して、もしドイツがズデーテン地方を獲得するようなことがあるならば、自分たちもこれに便乗してチェコスロヴァキアから失地テッシェンを奪回せんと、ハイエナのごとく眈々とその機会を窺っていたからである。実際、チェコスロヴァキア救援のためのソ連軍のポーランド領土通過について、ポーランド政府は、一九三八年九月一一日、ボネ仏外相に対して、その場合は「断乎抵抗する」と断言していたのである。(3)

このようなポーランドの断固たる拒絶的態度にもかかわらず、それでもなお、ウォロシーロフが豪語したように、もしもソ連がポーランド政府の「同意なく」その領土に赤軍を強行進入させたとすれば、ソ波戦争の勃発は免れなかったであろう。その場合、ソ連を対象とした攻守同盟をポーランドと結んでいるルーマニアのみならず、ドイツもソ連を共通の敵として対波援助に乗り出す可能性すらあった。例えば、一九三八年九月九日にゲーリンク独空相がヨゼフ・リプスキー駐独ポーランド大使に口頭で約束していることだが、勿論、ナチ・ドイツの指導者の約束は当てにはならぬものだけれども、一応、彼は、「貴国とソ連の間で戦いが起こったときには、ドイツは貴国を援助します(4)」と明言している。

「軍事小国」のルーマニアと違って「軍事中国」のポーランドに関しては、このようなことが可能性として十分に考えられたために、実際行動において臆病なくらい慎重なソ連自身も、この危険極まりないポーランド・ルートは選択肢から外していた。この点に関して、先に見た一九三八年九月二日のソ連の対仏回答に関する報告電報の中で、ペヤール代理大使は、ボネ外相に、「リトヴィノフはポーランドの善意を絶対的考慮外としている」と報告している。(5)

（3）分割不可能な羅・致両国の平和

となると、残りは一つ、「弱兵小国」ルーマニアを通るルートということになるが、ポーランドとは違って、ルーマニアは、チェコスロヴァキアとは三国小協商によって固く結ばれていた。三国小協商そのものは、第一次世界大戦後に旧オーストリア・ハンガリー帝国の解体によって独立国家となった、いわゆる「継承国家」と呼ばれるルーマニアとチェコスロヴァキア、そしてユーゴスラヴィアの三つの「現状維持国家」が、「現状打破国家」ハンガリーを対象として結んだ同盟条約であった。それ故に、条約対象国でないドイツがチェコスロヴァキアを攻撃しても、ルーマニアに条約上の参戦義務は生じないが、「産油国」ルーマニアの側では、ハンガリーよりも遥かに強大な「現状打破国」ナチ・ドイツによる盟邦チェコスロヴァキアの隷属化は、当然のことながら、自国の安危に直接かかわる恐ろしい脅威として意識されていた。ルーマニアは「非産油国」ナチ・ドイツの垂涎の的であったのである。

集団安全保障体制の「赤い説教師」リトヴィノフが、一九三四年のソ連の国際連盟加入以来、ジュネーヴの壇上から「平和は不可分である」と唱道していたように、ヴェルサイユ体制下の集団安全保障の信者ルーマニアには、なかんずく「羅・致両国の平和は分割できない」、「両国の運命は一蓮托生の関係にある」という、安全保障観が存在した。例えば、コムネン羅外相は、一九三八年九月一五日、ハーブランド・デ・ラ・ウェア英国璽尚書に、「もしドイツのためにチェコスロヴァキアが倒れたら、次はポーランドで、その次はルーマニアの番となるだろう[6]」という見方を示していたが、そもそもこのようなドミノ論風の見方は、コムネンの師父ティチュレスク元外相の教えであった。チェコスロヴァキアのベネシュとともに大戦後の国際連盟という新舞台の花形役者であったティチュレスクは、当然、ベネシュ同様、連盟による集団安全保障体制の熱烈な信奉者であり、熱心な親仏派であった[7]。

（4）一九三六年、ラインラント進駐の衝撃：ティチュレスク外相の対ソ接近策

しかし、ナチ・ドイツが誕生し、再軍備を宣言し、ファシスト・イタリアがエチオピア侵略戦争を始めて、国際連盟に依拠する集団安全保障体制の信用度が下落して行く中、一九三六年三月七日、ドイツ軍が白昼堂々非武装地帯ラインラントに進駐して、ヴェルサイユ条約のみならずロカルノ条約をも公然と侵犯した。このような看過すべからざる事態に直面しても、連盟は勿論、フランスもイギリスもこれを阻止する何ら有効な措置を打てずに、ヒトラーの傍若無人の違法行為を「自分の裏庭に戻っただけ[8]」との口実を設けて、ただ手を拱いて傍観しているという有様であった。このため、既に傾きつつあった連盟とフランスの権威が大きく揺らぎ、特に自国の安全をこの両者に委ねていた三小協商国の動揺は甚だしく、ルーマニアも、否が応でも、それまでの連盟・フランス一辺倒の安全保障政策の見直しを迫られるようになった。ルーマニアの外相ティチュレスクが、フランスの外相ピエール＝エティエンヌ・フランダン外相に投げかけた不信の言葉は、象徴的である。

「あなた方は三月七日に御自分を護れないで、それでいてど

うして私たちを侵略者から護ろうというのですか？」[9]

このような国際環境の激変に直面したティチュレスクは、大きく大黒柱が傾いた連盟とフランスの対独抑止力を補強するために、新しい支柱として新二国間同盟政策の樹立を急いだ。すなわち、盟友ベネシュがドイツの再軍備宣言直後の一九三五年五月に結んだソ致相互援助条約に倣い、ティチュレスクも、ドイツのラインラント進駐前から進めていた対ソ接近策に拍車をかけたのであった。ベネシュ同様決して親共親ソではなかったが、彼もまた、不本意ながらもベネシュ同様、勢力均衡、対独牽制抑止の観点から、この対ソ接近の道を選んだのである。ドイツのラインラント進駐三ヶ月後の一九三六年六月には、その努力が実り、ソ羅相互援助条約草案の完成に漕ぎ着けた。後は、九月の正式署名を待つばかりとなった。[10]

(5) ティチュレスク外相の失脚

ドイツの脅威の増大と並行的な、連盟とフランスの信用低下という、国際的な安全保障環境の変容への対応策として、補強的新二国間同盟政策が、ルーマニアにとっての唯一の外交的選択肢というわけではなかった。このような抑止力増強的な、ハードな軍事的対応法の外にも選択肢があった。すなわち、恐ろしいドイツを刺激するような、ソ連との同盟策は避けて選ばす、それよりも、増大したドイツの脅威を緩和する対独宥和的な、ソフトな非軍事的対応法を選択する途もあった。この一見両立不可能な、硬軟二つの対応法を両立させるのが名外交家の腕の見せ所とも言えるのだが、そのような微妙な外交的フィネスは、どちらかというと一本調子のティチュレスク外相の得意とするところでなく、ために、ドイツのラインラント進駐後のルーマニアの場合、国内においてこの二つの外交路線が融和しがたく真っ向から対立し、ルーマニア外交は運命的な岐路に立つことになった。

このとき、国内には、ベッサラビア領土問題で対立する共産主義国家ソ連に接近するよりも、模範とすべき強大国ナチ・ドイツに接近する道を行くべしと考える、親独的政治勢力が存在していた。ティチュレスク外相の対ソ接近策が同盟条約として実を結びそうになっていることに危機感を抱いた、彼ら反ソ親独派の右派勢力は、反共反ソという旗印の下にリベラル派及びナショナリスト派とともに、反ティチュレスク共同戦線を結成し、国王カロル二世を擁して、猛反撃に出た。「玉」を得た、このクーデター的反撃が功を奏し、ついに一九三六年八月、ティチュレスク外相は失脚、外相念願のソ羅相互援助条約は実を結ぶことなく頓死してしまった。[11]

(6) カロル二世独裁王政下のルーマニア外交

反ティチュレスク派に担がれたカロル国王は、今は亡きロシアのロマノフ王朝に非常な愛着を感じており、これを倒したロシア革命、ソ連共産主義を蛇蝎のごとく嫌っていた。このような激しい反ソ感情も与って、王自身、ティチュレスクとは反対に、ナチズム・ドイツの脅威よりコミュニズム・ソ連の脅威の方が危険だと見なしていた。彼はナチ・ドイツを称賛しながら怖がっていたが、共産ソ連に対しては、これを嫌悪しながら怖がっていたのである。[12] しかし、独墺併合前のこの時点では、「ミュンヘン危機」

もまだ先の話で、従って、赤軍の自国領土通過問題が現実問題として深刻に意識されていない理論的、仮定的問題であった。そのため、反共反ソ感情の強い国王もまだ、信用度は落ちたが依然ルーマニアの友邦国であったフランスのガムラン参謀総長に対しては、「戦争になった場合には、私は、ソ連軍がチェコスロヴァキアに到達するために我が国領土の北方を横断することを、許可するつもりです(13)」と語っていた。

しかし、その後、一九三八年三月にオーストリアがドイツによって併合され、チェコスロヴァキア問題がクローズ・アップされ、その二ヶ月後に「五月危機」が到来すると、赤軍のルーマニア領土通過問題が俄に現実味を帯び始めた。こうなると、これより前の二月に独裁王政に体制を変革していたカロル国王の態度にも、変化が生じ始めた。危機が去った三日後の五月二五日、カロルは、ダラディエ仏首相兼国防相に対して、「ルーマニアはチェコスロヴァキアに援助を与えるつもりですが、どのような援助にするのか、どれ程の援助にするのかは、未定です」と、いざとなったときに後に退ける抜け道的予防線を張ったような、微妙な言い方をするようになっていた(14)。この問題に関して、コムネン外相も軍部も、このころ依然として、国王よりも前向きの考えを持っていたが、しかし、もはやルーマニアの外交政策決定の実権は、外務官僚あがりの外相にも「弱兵」軍部にもなく、極めて反共反ソ感情の強い一般国民と政治勢力とに支えられた独裁的国王にあった。

（7）軍事弱小国ルーマニアのジレンマ

国境を接していないソ致両国の相互援助条約は、両国間の渡り廊下となるべきソ羅相互援助条約によって補完されなければ、いわば「仏を作って魂を入れず」、「画竜点睛を欠く」の結果になってしまいかねない。しかし、カロル王らルーマニア外交の舵取りたちには、集団安全保障のため、盟邦チェコスロヴァキアのため、延いてはそれが自分のためにもなるだろうとは分っていても、ソ羅条約によって赤軍の自国領土通過を認めた場合に、彼らが考慮に入れざるをえない危険や不安が次々と眼前に浮かんでくるのであった。

(1)ベッサラビア奪回を狙っているソ連が、赤軍をそのままルーマニアに居座らせないか。
(2)ルーマニアが独ソの戦場とならないか。
(3)対ソ同盟を結んでいる友邦ポーランドが、これを理由に同盟を破棄し、その結果、ルーマニアのソ連への抵抗力を減殺してしまわないか。
(4)ドイツがルーマニアの行為を敵対行為と見なして、攻撃してこないか。

恐ろしい軍事大国、軍事中国に囲繞された軍事小国ルーマニアの、この多重の悩みは、一九三八年九月に入ると、更に深まることになる。

2 「九月危機」到来の影響

(1) ルーマニアの二つの顔：ドイツ向けとチェコスロヴァキア向け

ルーマニアにとってのこのような危険や不安は、「九月危機」が始ると、「五月危機」のとき以上に真実味を増した。その結果、カロル独裁王政下のルーマニアにあって強まったのは、それはすべての国に対して一様に鮮明にすることはできなかったけれども、基本的には対ソ・対致協力への傾斜ではなくて対独宥和的傾向であった。

九月九日、去る四月、すなわち独墺併合（アンシュルス）一ヶ月後に、カロル王から対独宥和の使命を託されて、在ベルリン公使に新任されていたミルキア・ドジュヴァラは[15]、コムネン外相の訓令に従って、ワイツゼッカー独外務次官を訪ねて、ソ連軍のルーマニア領土通過問題に関する自国政府の態度を伝えた。

「貴国がチェコスロヴァキアに対して軍事行動をとるようになった場合でも、我が国と致しましては、ソ連の我が国領土への干渉を阻止するのが、第一の死活的利益だと考えています。この点に関しましては、我が国はポーランドと一体です。[16]」

自国にとっての大きな脅威であるドイツに対するルーマニアの物言いと、盟邦であるチェコスロヴァキアに対する物言いとでは、違いが見られるのも、この時期の軍事小国ルーマニアの悩ましい微妙な立場からすれば、当然のことである。九月三日、ズデネク・フィールリンガー駐ソ致公使が、チルストン駐ソ英大使に、「ソ羅間で、ソ連軍のルーマニア領土通過に関して、諒解が出来た可能性があります」と示唆したので、チルストンは、イオン・ポペスク－パスカーニ羅公使自身にこの点を確かめてみると、同公使は、「そんなことは問題外だ」と、チェコスロヴァキア公使の示唆を明確に否定したのであった。この致羅両公使の食い違いについて、チルストン大使自身は、本国政府に対して、「ソ連の効果的な介入を信じているように思える致公使の楽観に、私は与しない[17]」という判断を伝えていた。

(2) ルーマニアの最後の腹積もり

以上のように、ルーマニアとしては、ドミノ理論の立場から、盟邦チェコスロヴァキアを助けたい、そのためには、できることなら赤軍の領土通過も許したい、そうしたいのは山々だが、その際英仏の支援に確実に頼れるという保証がないかぎり、ソ連に許可を与えることは、ドイツが怖くて、ポーランドが怖くて、そしてソ連そのものも怖くて、したくてもできないことであった。そこで、ルーマニアがある程度安心して盟邦チェコスロヴァキアのためにできることはと言えば、それは、ドイツに対して言い訳可能な、ソ連の空からの対致援助を、「見ざる、聞かざる、言わざる」の三猿主義で黙認することくらいであったが、これに対して、見て見ぬふりのできない陸からの対致援助の許可の方は、頼るに頼れなさそうな軍事大国英仏のあやふやな態度を考慮すると、あまりにも危険すぎて、軍事小国ルーマニアの事前承認できるようなものではなかった。

結局、ルーマニアとしては、現状では右とも左とも明言できないが、もしも現実に英仏参加の欧州大戦となった場合には、やや安心して赤軍通過に同意を与えたであろう。その可能性は高いと思われるが、もしその期に及んでもなおドイツが怖くて同意を与えることができないということがあったとしても、その場合でも、少なくとも赤軍を通過させておいて、これを口先だけの形式的抗議で済ませるという、猿芝居を打つ可能性が高かった、と思われる。このようなルーマニアの最後の腹積もりを垣間見させてくれるのが、一九三八年四月のカロル王のブカレスト駐在致武官に対する発言である。ソ連の入手した情報によると、そのとき王は、致武官に対して、次のような保証を与えたという。

「赤軍のルーマニア横断となった場合には、私としては、国際連盟に抗議声明を出すだけに止めるつもりです。抗議はしても、依然ルーマニアはチェコスロヴァキアの側に止まることになります。[18]」

(3) ソ連の態度の変化

このように、赤軍の自国領土通過問題に対するルーマニアの態度は、「五月危機」が「九月危機」へと深化すると共に変化した。相手を見て物を言うようになり、最終的な態度を曖昧にし、全体として後ろ向きの印象を与えるようになっていた。これと並行して、一九三五、六年にはルーマニアの「同意の有無にかかわらず」武力援助に駆けつけると、盟邦チェコスロヴァキアに約束、豪語していたソ連の頼もしい態度にも、変化が見られるようになった。スターリンの指示を受けて、九月二日にリトヴィノフがペヤールに対して行った対仏回答の中での、この問題に関する両者のやり取りは、およそ次のようなものであった。

「後ろ向きのルーマニアの姿勢を前向きに変えさせるには、国際連盟の機関を通すのが一番いい方法だと思います。もし、例えば、連盟が、チェコスロヴァキアを侵略の犠牲者でありドイツを侵略者である、と決定したならば、おそらくこれによって、ソ連軍のルーマニア領土通過問題に関するルーマニアの行動も決まると思います。」

「しかし、正式決議に必要な連盟理事会での満場一致を得るのは難しいかもしれませんよ。」

「その点は、私の考えでは、過半数で十分だと思います。ルーマニアはおそらく理事会の投票における多数に与すると思います。[19]」

この対独戦誘発的な連盟理事会提訴案に関して、九月一一日、ジュネーヴでボネがリトヴィノフに対して、決議に時間がかかり過ぎ、チェコ救済に間に合わないだろう等々と、いくつもの疑問を並び立て、フランスとしてはこの案には乗りがたいことを示すと、リトヴィノフは、この問題にそれ以上の拘りを見せずに、ただ、「ソ連軍は、ルーマニア政府の同意なしには、その国境をチェコスロヴァキア救援のために越えることはないでしょう」と答えただけであった。

それでは、ソ連はそのルーマニアの同意を取り付ける努力をしたのか、この点について、翌日のリトヴィノフ＝コムネン会談を見てみよう。このとき、リトヴィノフは、両国間の様々な懸案を話題として取り上げたが、彼が唯一取り上げなかった問題は、肝心要の赤軍のルーマニア領土通過問題だった。ソ連の言い分は、この問題でルーマニアの同意を取り付けるのは、ルーマニアの同盟国フランスの仕事であって、自分たちの仕事ではない、というものであった[20]。このように、ルーマニアとフランスとから消極的な態度を見せられたソ連の態度は、無条件対致援助実施の方針から、「連盟を通してのルーマニアの同意」というフランスもイギリスも受け容れそうにもない条件付実施の方針へと変化したのであった。

（4）赤軍粛清とその後遺症

結局、ルーマニアがソ連に赤軍の領土通過を許可するかどうか、これに決定的な影響力を持っていたのはフランスとイギリスであった。そのフランス、イギリスとソ連の、「九月危機」を迎えての対独参戦に関する態度はというと、ソ連がフランス次第といい、フランスがイギリス次第というふうで、その大本のイギリスの対独宥和的宰相は、秘策「プランZ」一本槍に傾斜しつつあり、彼には、予めフランスに対独参戦保証を与える気も、チェコスロヴァキア問題を連盟の場に持ち出す気もまったくなかった。

ただ、今、歴史における「イフ」という純粋な仮定の問題として、もしも、九月上半期のこの時点で、イギリスが対仏事前保証を与えていたとしたら、そのときには、先に考察した所からしても、ルーマニアも赤軍通過を認めていた可能性が高かったと思われる。もしそうなっていたら、赤軍の対致援助はどれほどの軍事的な意味を持っていたであろうか。結論を先に言えば、ほとんど意味の無い、取るに足りぬ程度のものであったと思われる。

その理由の一つは、赤軍に対するスターリンの血の粛清から生じた重大な後遺症である。一九三七～三八年中に逮捕あるいは追放された将校の数は、三万四〇〇〇人、そのうち二万人以上が処刑された。中でもトップクラスの将軍の犠牲が目立った。五人いた元帥中三人が、四人いた陸軍司令官中三人が、そしてほとんどの師団長が処刑された。その内、最もよく知られているのは、一九三七年六月に銃殺刑に処せられたミハイル・トハチェフスキー元帥の場合である。元帥は、ドイツのスパイ容疑で逮捕され、身の毛もよだつ凄惨な殴打の後、血塗れの手で「自白」書に署名させられた。典型的なパラノイアの重症患者と言われるほど、ひどい妄想にとりつかれていたスターリンの血に飢えた冷酷な毒牙は、元帥一人にとどまらず、その家族にも向けられた。妻と兄弟二人は処刑され、姉妹四人のうち、一人は処刑、二人は収容所送りにされ、幼かった娘も一七歳になったときに、「社会的に危険な人物」として収容所送りとなった[21]。トハチェフスキー銃殺の一ヶ月後に、「ゲッベルス日記」によると、あのヒトラーが、この血の粛清を評して、「スターリンは脳病を患っているに違いない」と洩らしたという[22]。

一九三八年五月、駐ソ仏大使ロベール・クーロンドルから、「最近の粛清で欧州正面配備の赤軍将校の七〇％が銃殺された」という報告が入っていたのにもかかわらず[23]、九月のダラディエ首相は、先に見たように、「粛清は終った」と、その後遺症を軽く見ていたようだが、その後遺症は、一九三九年一一月三〇日に始ったソ連とフィンランドとの間の「冬戦争」によって、かなり重いものであったことが露呈されることになる。ちっぽけなフィンランド軍はソ連の大軍の攻勢には一溜りもなかろうと予想されていたのだが、赤軍はこの小軍の抵抗に大いにてこずり、これを屈服させるのに三ヶ月半もかかった。その間にソ連が派遣した兵数は一〇〇万に達し、その内、なんと二〇万人が戦死したのであった[24]。スターリンは、自ら行った赤軍大粛清の影響を棚に上げ、赤軍の体たらくに激怒して、ウォロシーロフ国防人民委員を無能と罵って解任し、その後釜にセミョーン・K・ティモシェンコを任命した。この新国防人民委員の下で漸く、粛清後遺症に悩んでいた赤軍の立て直しが進められることになるのである[25]。このことからも言えることは、歴史家ゲアハード・ワインバーグも、赤軍の能力について、「一九三八年の時点で重要なことは、赤軍には中欧へ兵力を投入する能力がなかったことであった[26]」と指摘しているように、血の大粛清が終ったばかりの一九三八年の赤軍は、守りには強かったであろうが、攻めには弱い軍隊であったということであろう。

(5) 貧弱なルーマニア・ルート(1):コムネンの告白とリトヴィノフの認識

もし赤軍の対致援助が行われていたとしても、それは軍事的にほとんど意味を持たなかったであろうという、もう一つの理由は、ポーランド・ルートに比べて、ルーマニア・ルートは欠陥だらけであったという事実である[27]。ルーマニアの鉄道、道路は貧弱で、兵の迅速な大量輸送の能力がないばかりか、道路と橋梁はソ連のタンクの重量に耐えられなかった。この点について、九月一五日、連盟開催中のジュネーヴでコムネン外相は、デ・ラ・ウェア国璽尚書に、次のように率直にその実態を明かしている。

「ソ連とルーマニアの間に明確な合意はありませんが、戦争となった場合、おそらく食糧のような補給品は、ルーマニア経由でチェコスロヴァキアに送られることになるでしょう、特に空路での輸送許可には困難はないと思います。しかし、兵員と軍需品をルーマニア北部経由で陸送するのには、地形的に非常に大きな困難が存在します。便利な鉄道は一本もありません。単線鉄道は一本ありますが、それもチェコスロヴァキアには約五〇〇マイルもの回り道となるルートなのです[28]。」

ルーマニア・ルートに関するこのような実態については、ソ連自身も知る所であった。コムネン＝デ・ラ・ウェア会談の翌日、リトヴィノフは友人のアメリカ人ジャーナリスト・フィッシャーに次のようにその認識を告げている。

「ポーランド人ほどルーマニア人はチェコ人に敵対的ではないので、おそらく我々を通過させるでしょうが、しかし、ルーマニアの鉄道は貧弱なのです。その橋梁も道路もまた貧弱ですので、我が軍の重量戦車がそこを通ろうとすれば、難儀するでしょう。それでも、空からの援助は可能でしょう[29]。」

(6) 貧弱なルーマニア・ルート(2):ウラムとケナンの裏付け

このコムネンの告白とリトヴィノフの認識が事実と合致していたことは、高名な二人のソ連史の専門家によって、裏付けられている。一人はアダム・ウラムである。その表現は強烈、印象的で、説得力がある。

「赤軍がルーマニアのおんぼろ道を踏み越え、おんぼろ鉄道に揺られて、東スロヴァキアの山岳地帯にやっとこさたどりついたところで、主戦場となるはずのボヘミア、モラヴィアは、さらにずっと西にへだたっているのである。ルーマニア経由で一個師団ていど派遣してもよい、とソヴエトは考えていたが、それはあくまで体裁を繕うためであり、ドイツ軍と対抗するための実戦部隊をルーマニア経由で送ろう、などとは、頭がおかしくならないかぎり、どんな軍事専門家も、本気で考えるきづかいはなかった。[30]」

他はジョージ・F・ケナンである。一九三八年九月二九日、すなわち、ミュンヘン会談の日に公使館書記官としてプラハに着任した若き日のケナン[31]に対して、プラハ駐在ドイツ武官は、「ルーマニアの鉄道網は旧式で曲がりくねっており、たとえルーマニア政府が通過の許可を与えたとしても、ソ連の一個師団をスロヴァキアに移動させるには、約三ヶ月を要したであろう」と話したのであるが、ケナンはその著書で、この実聞を「信頼すべき情報」と評価した上で、その意味合いを次のように記している。

「このような事情の意味するところは明らかだ。フランスが救援する場合には、ソ連もチェッコを救援する用意があると表明するのは、単なるジェスチャーにすぎないのであり、モスクワは何らの犠牲も払わないということなのだ。[32]」

両大家の結論は期せずして一致、両者共に、ルーマニア・ルートの貧弱を根拠に、ソ連の対致援助策は「体裁繕い」「ジェスチャー」にすぎなかったというのである。このように、ルーマニア経由のソ連の陸からの対致援助がほとんど何の物の役にも立たず、また、リトヴィノフが「可能」と言った、空からの援助も、先に述べた通り、その実態はほとんど無意味に近いものであった。以上のことから分るように、「九月危機」の当初、ソ連の対致援助に楽天的だった「強気の」ダラディエ首相兼国防相よりも、これに懐疑的であった「弱気の」ボネ外相の方が真相を穿った見方をしていたのである。

注

(1) Igor Lukes, *Czechoslovakia between Stalin and Hitler: The Diplomacy of Edvard Benes in the 1930s* (Oxford University Press, 1996), p. 54; Igor Lukes, "Stalin and Czechoslovakia in 1938-39: An Autopsy of a Myth," in Igor Lukes and Erick Goldstein (eds), *The Munich Crisis, 1938: Prelude to World War II* (Frank Cass, 2006), p. 38.
(2) Hugh Ragsdale, *The Soviets, the Munich Crisis, and the Coming of World War II* (Cambridge University Press, 2008), p. 58.
(3) *Documents on British Foreign Policy, 1919-39, 3rd series, Volume II* (His Majesty's Stationary Office, 1950), p. 294. 以下、*DBFP-II* と略して表記する。
(4) Waclaw Jedrzejewicz (ed.), *Diplomat in Berlin, 1933-1939: Papers and Memoirs of Jozef Lipski, Ambassador of Poland* (Columbia University Press, 1968), p. 395.
(5) Ragsdale, *The Soviets, the Munich Crisis, and the Coming of World War II*, p. 87.
(6) *DBFP-II*, p. 355.
(7) Ragsdale, *The Soviets, the Munich Crisis, and the Coming of World War II*, pp. 54-5.
(8) Joachim C. Fest, *Hitler*, translated by Richard and Clara Winston

(Penguin Books, 1982), p. 498; Anthony Eden, *The Eden Memoirs, Facing the Dictators* (Cassel, 1965), p. 346; Anthony Adamthwaite, *France and the Coming of the Second World War 1936–1939* (Frank Cass, 1977), p. 38.

(9) Zara Steiner, *The Triumph of the Dark: European International History 1933–1939* (Oxford University Press, 2013), p. 160

(10) Ragsdale, *The Soviets, the Munich Crisis, and the Coming of World War II*, pp. 61–2.

(11) *Ibid.*, pp. 62–3; Gerhard L. Weinberg, *Hitler's Foreign Policy 1933–1939–The Road to World War II* (Enigma Books, 2010), pp. 251–3.

(12) Weinberg, *Hitler's Foreign Policy 1933–1939*, p. 465.

(13) Ragsdale, *The Soviets, the Munich Crisis, and the Coming of World War II*, pp. 59–60.

(14) *Ibid.*, p. 60.

(15) Weinberg, *Hitler's Foreign Policy 1933–1939*, p. 464.

(16) *Documents on German Foreign Policy, 1918–45, Series D, Volume II* (Her Majesty's Stationary Office, 1953), p. 726.

(17) *DBFP-II*, pp. 229–30.

(18) Ragsdale, *The Soviets, the Munich Crisis, and the Coming of World War II*, p. 81.

(19) Winston S. Churchill, *The Second World War volume I: The Gathering Storm* (Mariner Books, 1985), pp. 263–4; イワン・ミハイロビッチ・マイスキー『三十年代』（みすず書房、一九六七年）、三五五ページ、Ragsdale, *The Soviets, the Munich Crisis, and the Coming of World War II*, p. 87.

(20) 角田順『ボールドウィン・チェイムバリンとヒトラー』（お茶の水書房、一九五八年）、三二九-三〇ページ、Ragsdale, *The Soviets, the Munich Crisis, and the Coming of World War II*, pp. 90–1.

(21) Ian Kershaw, *Fateful Choices: Ten Decisions that Changed the World, 1940–1941* (Penguin Books, 2008), pp. 246–7; Robert Service, *Stalin: A Biography* (Pan Books, 2005), p. 349; アラン・ブロック著／鈴木主税訳『ヒトラーとスターリン』第二巻（草思社、二〇〇三年）、二五一-二ページ。

(22) Ian Kershaw, *Hitler 1936–45: Nemesis* (Penguin Books, 2001), p. 44.

(23) *Foreign Relations of the United States, Diplomatic Papers, 1938, Volume I, General* (United States Government Printing Office, 1955), p. 502.

(24) Kershaw, *Fateful Choices*, p. 260.

(25) *Ibid.*, p. 264; Service, *Stalin*, p. 404; Laurence Rees, *World War Two: Behind Closed Doors: Stalin, the Nazis and the West* (BBC Books, 2008), p. 46.

(26) Gerhard L. Weinberg, "Reflections on Munich after 60 years," in Igor Lukes and Erick Goldstein (eds.), *The Munich Crisis, 1938: Prelude to World War II* (Frank Cass, 2006), p. 10.

(27) Telford Taylor, *Munich: The Price of Peace* (Hodder and Stoughton, 1979), p. 453.

(28) *DBFP-II*, p. 355.

(29) Louis Fischer, *Men And Politics: An Autobiography* (Duell, Sloan And Pearce, 1941), p. 561.

(30) アダム・B・ウラム著／鈴木博信訳『膨脹と共存―ソヴエト外交史1―』（サイマル出版会、一九七八年）、三〇三ページ。

(31) George F. Kennan, *From Prague after Munich, Diplomatic Papers 1938–1940* (Princeton University Press, 1968), p. v.

(32) ジョージ・F・ケナン著／尾上正男・竹内辰治監修・川端末人・

岡俊孝ほか訳『レーニン、スターリンと西方世界―現代国際政治の史的分析―』（未來社、一九九三年）、二三二ページ。

第8章　英首相・側近会議と独軍事作戦会議

1　英艦隊措置の決定

(1) イギリス内外の環境的要素

対致援助に関するソ連とルーマニアの態度という、重要だが脇道の考察にかなりの紙幅を費やしてしまったが、ここでまた、モラヴスカ・オストラヴァ事件後のイギリスの対応策という本筋の考察に戻ろう。九月九日、イギリスの外交政策決定過程の中枢を占める少数の人たちの会議、すなわち、首相・側近外交政策会議が、ダウニング街一〇番地にある首相官邸の一室において一日中開かれた。その結果、二つの重要な政策が決定された。艦隊措置の正式決定と新対独正式警告の決定とである。会議に集まったメンバーは、八日の午後の会議同様、チェンバレン首相、ハリファックス外相、サイモン蔵相の三相とカドガン次官、ウィルソン顧問、ヴァンシタート顧問の計六人であった。この外交政策会議がこの日の政策決定に際して考慮しなければならなかった、九月五日から八日までの主な内外の環境的要素を、ここに纏め上げておく。

五日　•ブルックハルトからの秘密情報（情報源はワイツゼッカー）：ヒトラーは六週間内に対致攻撃を行うと決定した、と。

•ニュルンベルク党大会開幕→ヒトラーの外交演説は一二日の予定。

六～七日　•コルトからの秘密情報：ヒトラーは一〇月一日までに対致攻撃を行うと決定した、と。

七日　•致政府、ズデーテン・ドイツ党に新提案（「第四計画」）を示す。

•ズデーテン分離示唆の『タイムズ』社説。

•モラヴスカ・オストラヴァ事件→プラハ交渉中断。

•内外圧の高まり：英国民の対独感情悪化、保守党内反宥和派と労働党の対独強硬論高揚／ボネ仏外相、英政府に対ヒトラー警告を要請。

八日　•致国境へ独兵移動との情報。

•プラハ交渉再開見込み膨らむも、未確定。

•「プランZ」再浮上。

•五日のブルックハルト＝ワイツゼッカー会談情報の詳報入る。

•ダラディエ＝フィップス会談：ダラディエ仏首相の強

気発言。

九日　・英首相・側近会議、ヒトラー演説の三日前。

（2）対応策を迫られるイギリス政府

イギリス政府が置かれていたこのような内外の状況の中、三日後に迫っているヒトラー演説において、もしやヒトラーが『タイムズ』の社説に影響されて、今やチェコスロヴァキア政府の新提案ではダメだ、ズデーテン地方の単なる「自治」ではなく、「プレビサイト」によるドイツ・ライヒとの「統一」でなければならないなどと、言い出したら、どうなるのだろうか？

「カールスバートの要求」をほぼ丸呑みという大決断によって、英仏を自陣営に離れがたいほどきつく縛り付けたと確信しているベネシュ大統領は、もしヒトラー演説がそうなれば、ほぼ確実にヒトラー提案を拒絶するであろう。そうなると、既に退路を断つ演説を行っていたことになるヒトラーは、不可避的に対致武力行使に打って出るであろう。そうなれば、九月八日の「ヴォクリューズの猛牛」の鼻息からして、フランスは、その言葉通り、自国自身の「名誉」と「安全」のために突進する可能性もなくはない。

このような経緯でイギリスが仏独戦争という現実に直面したとき、国内の反応はどうなるであろうか？　開戦あるいは非戦のいずれかに帰一するであろうか？　それとも、そうはならずに、国論は開戦、非戦の二派に分裂するのであろうか？　すなわち、フランスの安全は則ちイギリスの安全との権力政治的《パワー・ポリティックス》観点から、参戦もやむなしと主張する一派と、民族自決の原則に基づくプレビサイトを支持すべきであるという理念政治的観点から、非戦論を主張する一派とに。国論がそのいずれになったとしても、チェンバレン内閣にとっては、それは悪夢の現実化に他ならないであろう。このようなイギリス政府にとって最も好ましくない展開が予想される、戦慄すべき状況となっていた九月九日の今、昨日までは「プランZ」一点張りで行きたいので、ヒトラー演説までは余計なことは何もせず、ただ形勢観望しているのがよいのではないかという考えに傾いていたチェンバレン首相も、そうとばかりは言っていられなくなっていた。この日、イギリス政府は、内外情勢の圧力の高まりから、早急に何らかの対応策を決定する必要に迫られていたのである。

（3）イーデンの助言（1）：明白なる対ヒトラー警告

朝から晩まで一日中断続的に開かれたこの日の首相・側近会議の公式記録は存在せず[1]、僅かに「カドガン日記」に少し纏った断片的な記事があるのみで、それ以外は、『英国外交文書（*DBFP*）』『米国外交文書（*FRUS*）』等の史料に同会議への言及箇所が点在するだけである。このため、この会議の内容を再現するのは、甚だ困難であり、隔靴掻痒の感がある。このような事情からその内容を、残念ながら、審らかにしえない午前中の会議が終って、一旦昼食休憩に入ったとき、前外相アンソニー・イーデンが現外相ハリファックスを外務省に訪ねた。イーデンは前日まで家族と共にアイルランドに滞在していた。そこへ同憂の士ヴァンシタートから度々メッセージが届いた。チェコスロヴァキア危機が深刻化している、急遽帰京してハリファックス外相と面会して助言をして欲しい、というのである。政友のこの要請に応じて、イーデンは八日ロンドンに戻った。そして、外相への助言内容を予めノートに書き留めた上、九日の午後二時四五分、外務省にこのノートを携行してハリファックスと面会、これを外相に読み上げたのであった。イーデンが読み上げた助言の要旨は、「今一度対独警告を発することが重要だが、今度は直接これをヒトラーに届けるべきである」というものであった。そして、この対ヒトラー直接警告メッセージに含むべき要点として、次の三点が挙げられていた。

(1)致政府の最新案は、交渉の公平なる基礎となりうる。

(2)中欧で戦争が起これば、局地化される可能性はない。

(3)中欧での戦争にフランスが参戦すれば、イギリスもこれに「首までどっぷり」嵌り込んでしまうことになる。

このうち第三点が、八月三〇日の臨時閣議で再確認された既定の方針、すなわち、「推測させておく」方針、「曖昧な警告」の方針から離れた「明白な警告」の方針への転換を示していた。前外相がこのような「抑止論的」助言ノートを読み終ると、現外相からは、

「『頭のいい人の考えることは同じだ』とはよく言われることですが、私の考えもちょうどそのような計画に傾いているところでして、実際、首相とは、ある草案について話し合ってみようかと考えていたところですので、参考に貴方のノートをいただけませんか?」

と、イーデンの意を強くするような前向きの答えが返って来た。そこでイーデンは、その場でノートを別紙に筆写して、それを外相に手渡した。(2)

(4) イーデンの助言(2):艦船の集中

それからイーデンは、口頭で、更に二つの助言を付け加えた。

「この問題で大事なことは、一つは、野党とも相談することです。そして、もう一つは、我々が本気であることをドイツ政府に示すために、艦船の集中か、あるいは他の方法で、何らかの行動をとることです。」

そして、第二番目の助言、すなわち、「言葉」だけでなく「行動」という目に見える形での対独警告について、それが今必要不可欠だという理由を、彼は、次のように述べた。

「私は、ヒトラーがまだ我が方の本当の立場を理解していない危険があると思っています。我が政府の使う言葉はねじ曲げられたり、無視されたりしている可能性があります。しかし、我々が行動すれば、それはどんなものであっても、これは直ちにヒトラーに報告しなければならなくなります。」

この「行動」としての「艦船の集中」という対独抑止政策に関しては、外相からは、

「この点につきましては、既に内閣でも熟慮したのですが、意見の大勢はこれに反対ということでした。」

と、後ろ向きの答えしか返ってこなかったので、イーデンは、

「そうですか、それはとても残念なことです。」

と、失望の意を漏らさざるをえなかった。(3)

このような閣議の大勢を知ったからか、会談を終えた後、イーデンは、政府の姿勢に対する懸念を払拭しえず、前イーデン外相付秘書官・現ハリファックス外相付秘書官で、今もイーデンの熱心忠実な支持者であるオリヴァー・ハーヴェイに、次のような不

安な気持ちを漏らした。

「ハリファックスはとても落ち込んでいるような感じでしてね、どうも政府はまたしても逃げに出て、チェコの人たちをがっかりさせはしないか、それが私には心配なんだ[4]。」

(5) イーデンの助言(3):野党との協議

イーデンのもう一つの助言、すなわち、野党との協議に関しては、戦争の危機に際しての国論の帰一の最重要性に鑑みて、チェンバレン政権は、前外相の助言を待つまでもなく、その対応を迫られていた。この対応の必要性は、特に野党の労働党が、国民の対独感情の悪化を背景に、イーデンやチャーチルなど保守党内反宥和派に近い対独強硬論に急速に傾きつつあったから、なおさらそうであった。

一九三八年九月の労働党は、それまでの労働党とはまるで違っていた。戦後一貫して、世界平和への「双子の万能薬」として「軍縮」と「集団安全保障＝国際連盟」という「反戦・平和の旗」を掲げていた労働党は、ここにきてこの旗を降ろし、代りに、「軍拡」と「同盟＝英仏ソ同盟」という「勢力均衡の旗」を振り翳し、この新しい旗の下での「対独抑止政策」を採用するようにと、チェンバレン「対独宥和政策」内閣に強く迫るようになっていたのである[5]。例えば、九月八日、労働党の支持母体である労働組合会議(TUC)は、ブラックプールで開かれていた中央執行委員会において、次のような政府への勧告決議を上げた。

「イギリス政府は、チェコスロヴァキアに対するいかなる攻撃にも、仏ソ両政府と共同して抵抗するということを、ドイツ政府に疑問の余地なく知らしめるべし[6]。」

このような労働党・TUCの「フランスだけでなく、ソ連とも提携してドイツに当れ」という主張は、イデオロギー的立場の違うチャーチルやヴァンシタートも権力政治的観点から強調してやまない点であったので[7]、チェンバレン政権のドイツへの対応を「生温し」と攻撃する姿勢を示し始めた労働党と保守党反主流派のチャーチル派とが対独強硬論で提携し、この組合せに、同じく反主流派のイーデン派だけでなく、閣内の反宥和的傾向のあるダフ・クーパーら閣僚連までもが加わるようなことにでもなれば、チェンバレン政権としても、対議会策に苦しみ、まかり間違えば内閣分裂、内閣倒壊の恐れも視野に入れざるをえなくなっていた。言い換えれば、チェンバレン＝ハリファックスの対独宥和派コンビは、九月九日、政権維持の観点からも、反宥和派・反主流派のイーデン前外相の「対独抑止論的」助言をまったく無視するわけにはいかない状況に置かれていたのである。

(6) 艦隊措置の決定とダフ・クーパー海相の不満

このように、労働党系TUCの対政府勧告宣言、反主流派イーデンの助言、そして、フランスのボネ外相の要請とダラディエ首相の発言という、イギリス政府に対する内外からの圧力が一段と強まった九月九日の正午、ダフ・クーパー海相のところに、ロジャー・バックハウス軍令部総長がやって来て、「たった今、最新のシークレット・サーヴィス情報を知りました。それによりますと、ドイツは間違いなくチェコスロヴァキアに向けて兵力を移動中とのことです[8]」と告げた。この最新秘密軍事情報によって、ドイツの対致攻撃が切迫しているという各種既報の正しさが、益々疑いようがなくなった。そのような状況の中で、午後の首相・側近会議が開かれた。会議再開前にイーデンに対して、艦船の集中に関する閣議の消極的な態度を伝えていたハリファックスが、その午後の会議が六時半に夕食休憩に入った後、シャルル・コルバン駐英フランス大使と会見して、艦隊措置について次のように伝えている。

「艦隊に関するいくつかの措置をとることが、今晩、決定されました。この艦隊措置の発表がドイツ政府に対して好ましい影響を与えることを期待している次第です。[9]」

首相・側近会議が、考慮すべき情勢に急変があったとはいえ、主任大臣の海軍大臣のいない間に、それまでの内閣の態度を一転させて艦隊措置を決定した経緯は、次のような次第であった。正午にバックハウス軍令部総長から緊迫したドイツ軍の動静報告を受けた後、ダフ・クーパー海相は、後から考えれば迂闊なことに、私用のためにロンドンを離れてウェールズに出かけてしまっていた。[10]政治に命をかけて、その命を落とした浜口雄幸は、生前、「浜口に唯一の趣味道楽は政治だ」という世評に対して、「政治が趣味道楽であってたまるものか、およそ政治ほど真剣なものはない、命懸けでやるべきものである[11]」と反発するような、強固な信念の持ち主で、またそれを実践した政治家であったが、このような政治観とはまったく対蹠的に、大切さは政治も私事も等し並みという人生観を持つ、多趣味、多芸多才のクーパーにとって、政治外交的危機の高まりの中でも、私事を優先させる行動をとるのは珍しいことではなかった。このような彼の人生観を裏付ける、一証言を挙げておくと、「九月危機」が始ったばかりの四日、ハロルド・ニコルソン下院議員は、その日記に、チャーチルの盟友ボブ・ブースビー議員が、「ダフ・クーパーは、危機の瞬間にバルチック海へヨットに行くことによって、自己の価値を自ら落としめている」と嘆いた、と書いた後、続けて、自身も反宥和論者で、閣僚のクーパーに期待する所の大きいニコルソンは、「この点、私も賛成だ」と付記している。[12]

九月九日の午後、遠方のウェールズにあったクーパーの所に海軍省からかかってきた電話が言うには、

「大臣がロンドンを出発された直後に、チェンバレン首相が大臣に会いたいと言ってこられましたが、留守と告げられた首相は、代りにバックハウス軍令部総長と会われて、艦隊措置として『ステップ2』と『ステップ3』を実施し、併せて、この措置をすべて公表すると決められました。」

ということであった。この知らせを聞いたクーパーが、ついに首相の対独警告姿勢も「言葉」から「行動」へと少しは硬化したか、と喜んだかと思いきや、彼は自分がその決定の場に居合わせなかったことを悔やんだのであった。というのは、彼には、なぜ「ステップ1」も同時に実施しなかったのか、それが不可解で、物足りなく思えたからである。

この「ステップ」であるが、海軍当局が予定していた措置は五つの「ステップ」から成っていて、その内、「ステップ2」は掃海艇乗組総員配置であり、「ステップ3」は水雷敷設艇乗組総員配置であった。クーパーが実施の見送られたことを不可解とした「ステップ1」は、第七駆逐艦隊出動準備であった。ちなみに、

「ステップ4」は全艦隊乗組総員配置であり、「ステップ5」は総動員であった[13]。

宥和論者のチェンバレンがこの「ステップ1」の実施を見合わせたのは、それが「ステップ2」「ステップ3」よりもヒトラーを刺激する度合いがきついと、不安を感じたからであろう。そして、そのような対応に、反宥和論者のクーパーが物足りなく思ったとしても、この艦隊措置の決定によって、チェンバレン内閣の対独宥和政策に、控え目ではあったが、従来の「曖昧な警告」に新たな抑止政策的要素が加わったと見てよかろう。

2　新対独警告訓令の発出

(1) リッベントロップ宛対独警告の決定

艦隊措置を決定した午後の首相・側近会議は、対独警告についても仮決定を行った。七日のボネ仏外相からの要請電報に続く、この日の「ヒトラー宛直接警告メッセージを発せよ」というイーデン・ノートが、会議においてどのように扱われたかは分らないが、ジョーゼフ・ケネディ駐英アメリカ大使の国務省への報告からすると、それは一応取り上げられたことは取り上げられたようで、カドガン次官が、午後六時三〇分からの夕食休憩中に、それまでの会議の結果について、あるアメリカ大使館員に次のように話したという。

「私たちは、今日は一日中、ヒトラーに対して秘密裡に強い口頭警告を発すべきかどうか、またそうするとすれば、その内容をどのようなものにすべきかについて審議しました。私たちは、これまでヘンダーソンたちが提示したことはすべて、リッベントロップによって意図的にヒトラーに届かないようにされていることを、知っていますので、我が政府の見解が、正確にヒトラーの耳に届くことが最も大事なことだ、と考えているわけです。

チェンバレン首相の下には、国内からも国外からも、特にフランスからは強い要請が届いていますが、それは、ドイツがチェコスロヴァキア問題を武力によって解決しようとすれば重大な結果を招くということを、ヒトラーに誤解の余地を与えないように、明白な言葉でそのような警告を発すべきだ、というものなのです[14]。」

このケネディ報告にあるように、午後の会議で、イーデンお勧めの直接的対ヒトラー警告の是非も考慮されたと思われるが、結局、対独警告はヒトラー宛ではなくリッベントロップ宛に行われることになった。午後六時四〇分に、ベルリン大使館経由でニュルンベルクのヘンダーソン大使宛に発せられた予備的訓令は、次のように言う。

「貴下はリッベントロップ外相に次のように直ちに伝えよ。『私は、間もなく外相閣下宛のメッセージを受け取ることになっているので、明日これを私から外相閣下に直接手交したい』と[15]。」

(2) ハリファックス＝コルバン会談：プレビサイトの可否は欧州戦争に値するか？

夕食休憩中の午後七時三〇分、コルバン大使との会談で、ハリファックス外相はプレビサイト問題を取り上げている。モラヴスカ・オストラヴァ事件によるプラハ交渉の中断、『タイムズ』社説→勇み立つダラディエ……→ヒトラー演説でのプレビサイト要求……→致政府の拒絶、という連想の延長線上には、イギリスが最も怖れる独致戦争→仏独戦争→英独戦争の連鎖反応が見えていた。このような一触即発の危機的状況で、ハリファックスとしては、イギリスが第二次欧州戦争に巻込まれないようにするためには、一方で逆上しやすいヒトラーの暴走を抑えながら、他方で逸りがちなダラディエの猛進を抑える必要があった。そして案出された方策は、前者に対しては、対致武力行使は対英戦争に拡大することはほとんど不可避だと強調しながら、後者にはフランスの対独参戦となっても自動的にはイギリスの参戦とはならないということを、特にチェコスロヴァキアないしはフランスがプレビサイトを拒絶して開戦となった場合はそうだ、ということを示唆しておくものであった。このような対仏牽制、統御の観点から、取り急ぎイギリスの外相はフランスの大使に次のような警告を発した。

「ヒトラー氏がプレビサイトを要求した場合、世界のすべての国において圧倒的多数の意見は、ある人々が彼ら自身の未来を決めるための投票をしようとするときに、他の者がこれを阻止しようとして、そのために、自分たちがもう一度欧州戦争に乗り出すなんて、そんなことはまったく馬鹿げたことだということになるでしょう。そうなるのは、私はほぼ確実だと思っています。(16)」

このようにイギリス政府は、もしも今後プレビサイトという展開になった場合、それは欧州戦争に値しないという考え、すなわち、たとえそれでフランスが参戦しても、イギリスは参戦するとは限らないということを、外相の口を通して、このとき初めてフランス側にはっきりと伝えたのであった。

（3）ヘンダーソン宛正式訓令：「不可避」という新用語

このハリファックス＝コルバン会談が終ったあと、午後一〇時三〇分、駐ベルリン参事官に対して、次の電訓が発せられた。

「打ち合わせ通りの方法によって、直ちに大使に次のように伝えられたい。すなわち、『貴官は直ちに独国外務大臣に対して次のメーセージを読み上げ、その写し一通を彼に手交した上で、これを遅滞なくヒトラー氏に伝達されたし、と要請すべし』と。」

こうしてついに正式訓令打電の運びとなった新対独警告策は、ドイツの外相宛のイギリス政府の公式警告であったが、これを公然とは行わずに秘密裡に行い、その警告内容については、イギリス政府自身がまったく信用していないリッベントロップ外相を通じて、間接的にヒトラー総統に知らせるというものであった。その要旨は次の如くであった。

(1)これまで英政府は、致政府に必要な譲歩をするよう最大の圧力をかけてきた。その結果、致政府は最新案を提示した。これを基礎とした交渉による合意は、可能だ。

(2)もしも交渉に代えて実力に訴えることになれば、致政府からの援助要請となり、仏政府は条約義務上これに応じることになる。

(3)そうなれば、我が国も局外に立つことをえない全体戦争に拡大するのは、英政府には、「不可避」のことと思われる。[17]

ここには前掲のイーデン・ノートにあった要点が採り入れられていて、コルヴィンの指摘するように、メッセージの言葉遣いはこれまでよりも「強い調子」であった。イーデンの「首までどっぷり」という言葉こそ使われていないが、「不可避」という言葉は、これまでの対独警告中には見られなかった新用語であった。この点で、今回の決定は、八月三〇日の臨時閣議決定、すなわち、「推測させておく」方針の継続維持決定と比べると、一歩踏み込んだ「強い」新警告案と言えた。[18]だが、本メッセージは、これまでのものよりは「強い調子」とはいうものの、全体として「慎重な言い回し」で、かつ、情理を尽した適切な内容のものだと言えよう。ただ、この程度の秘密裡の「警告」でも、「対独警告恐怖症」、「五月危機恐怖症」と言えるほど神経過敏になっているヘンダーソン大使によって、どのように受け取られ、大使にどのような反応を引き起こすか、それが問題であった。

　本電報を、駐ベルリン大使館一等書記官アイヴォーン・カークパトリックは受け取るやいなや、ハリソン大使館員に、「このメッセージを携行してニュルンベルクの大使のもとに急げ」と命じた。命じられた若い伝書使は、すぐさまベルリン発の夜行列車に飛び乗って、一路ニュルンベルクへと急いだのであった。[19]

3　クントの独政府宛覚書

（1）致政府案拒絶は不可能

このころプラハにおける交渉再開をめぐる動き、政府側最新提案に対するズデーテン・ドイツ党側の対応はどうなっていたであろうか、以下、これを見てみることにしよう。九月八日、ズデーテン・ドイツ党プラハ交渉団代表クントと法律顧問のキールは、それぞれに、致政府の新提案によって創出された新政治状況について、これを評価した覚書をドイツ政府に提示すべく、プラハ駐在ドイツ代理公使アンドール・ヘンケにこれを託した。[20]この二つのドイツ政府宛覚書を、前者を主として後者を副として、纏めてみた。

(1)政府新提案は、「カールスバートの要求」をほぼ全面的に受け容れたものである。

(2)ベネシュの狙いは、致側が平和のためにここまで思い切った譲歩をしていることを、世界世論に示して、その支持を獲得することにある。

この評価に関連して、ヘンケから独政府への続報は次のように補足している。フランク副党首も、政府新提案を「カールスバート案」の九〇％を受け容れていると見なしている。モラヴスカ・オストラヴァ事件の解決後、ズデーテン・ドイツ党が同案を基礎とする交渉再開を拒絶することは、不可能である、と。クント＝キール評価に戻ると、

(3)ズデーテン側及び独側が、もし新提案を拒否すれば、ベネ

シュの術中に嵌ることになる、すなわち、英仏の対致支持を確実にし、また、致国民を現政府の下に団結させることになる。

(4)逆にこれを受諾すれば、致国家の大弱体化は確実となり、現政府は国民との関係に難儀し、内部分裂が深刻化する。よって、拒絶より受諾が好ましい。

(2) ベネシュの不実を世界に暴露せよ

クントの覚書が受諾勧告で終っていれば、交渉再開、合意成立の見通しは真に明るくなったと言えるのだが、覚書には、次に、そうとは言えない但し書きが付けられていた。そして、その但し書きの方がむしろ、クント覚書の眼目であった。

(1)英仏の圧力に一時的に屈せざるをえなかったベネシュの意図が、どこまで誠実なものか、明瞭ではない。本案が致の独への実質的な従属化を意味することを知っているベネシュは、後になってまた新たな詐術を弄するやもしれない。

(2)新提案の提示によってベネシュの今手にした有利な立場を切り崩すために、我々としては、「ベネシュという人物の不実を世界世論に暴露して、イギリスやフランスなどがこのような政治家のために武器をとる気は最早ない、というふうにしておくことが肝要である。」

このようにクントらが、致政府新提案に対して、ドイツ政府に薦めた対応策の狙いの第一は、同案によって分離不可能なほど強固に結合するおそれの出てきた英仏とチェコスロヴァキアの関係を、とにかく分断しておくことであった。

(3) プラハ交渉、九月一三日再開へ

このようなクントたちが推奨する対応策は、第一に、英仏の介入を排した局地戦争によるチェコスロヴァキアの強奪というヒトラーのシナリオに合致していたので、また、第二に、対致奇襲攻撃の準備も九月末にならないと完了しないという事情があったので、ヒトラーがこの対応策を当座の方策として採用する可能性は高かった。実際、第Ⅳ部で詳しく見ることになる九月一二日のヒトラー演説のメイン・テーマとなるのが、猛烈な毒気を含んだベネシュ攻撃であったということから見て、ヒトラーは、このクント推奨の対応策を採用したものと見てよかろう。

こうして、おそらくヒトラー総統の承認を得た上で、ズデーテン・ドイツ党は、九月九日が終るころまでには、対応策を正式に決定した。すなわち、モラヴスカ・オストラヴァ事件が解決したことを認め、これを踏まえて、党側から致政府に対して、九月一三日に政府側新提案を基礎とした交渉を再開するという回答を行うことに決めたのであった。この党側からの回答で、致政府側にとって気になる一点があったとすれば、それは、再開日が九月一〇日から、ヒトラー演説の翌日に当る九月一三日に延ばされたことであろう。これによって一二日のヒトラー演説が益々重要味を帯び、益々注目されることになったわけである。[21]

4 ニュルンベルク軍事作戦会議

(1) 九月九日夜のヒトラー演説

この夜、ヒトラーは政治指導者たちを前に短い演説をしている

が、それは、上述のようなロンドンでのイギリスの艦隊措置と新対独警告の動きを、彼の第六感が察知したのか、あたかも今まさに本国政府から対独警告正式訓令を受け取らんとしているヘンダーソン大使を恫喝するかのように、自分が世界の面前で脅迫に屈するようなことはないという決意を強調しつつ、眼下に集結している一四万人の指導者たちを、次のように鼓舞激励した。

「地平線に雲がかかっているこのようなときに、私がこの上もなく喜びとしていることは、何事にも怯むことなき、熱狂的な数百万の国家社会主義を信奉する護衛者たちに囲まれていることであります。そして、この護衛者たちの精神的指導者であるのが、まさに諸君たちなのであります。私は長年にわたってドイツ国内での権力闘争を続けてきましたが、その間ずっと、私は盲目的に諸君を信頼してきました。まさに今日もまったく同様に、ドイツと私は諸君に頼ることができると、確信している次第であります。

一五年間我々の運動の崩壊を期待していた者たちは皆、彼らは皆、間違っていたのであります。我々の運動は、艱難辛苦に遭うごとに、そこからさらに強くなっていったのであります。今日ドイツの弱体化を望んでいる者たちは皆、彼らは皆、再び同じ間違いを犯していることが明らかになるでありましょう[22]。」

(2) ハルダーの「緑作戦」実施計画説明

この政治指導者たちへの演説を終え、まだ昂揚した気分が覚めやらぬうちに、ヒトラー総統は、自ら招集した対致軍事作戦会議に出席するために、演説会場に近い「ホテル・ドイチャー・ホーフ」に赴いた。夜の一〇時から延々翌朝の三時半まで続いた会議は、相当に荒れた。その会議の模様を覗いてみよう。

対致奇襲作戦、すなわち、「緑作戦」の実施準備は、このころには、Xデーを九月三〇日として着々として進められていたが、陸軍参謀総長としてベックが辞任し、彼に代ってハルダーが就任した後も、ヒトラーと軍首脳との間の作戦上の溝は、依然として完全には埋まっていなかった。この齟齬を調整するため、ヒトラーは、この夜の軍事作戦会議を急遽開いた。出席者は、国防軍最高司令官・軍務大臣アドルフ・ヒトラー総統兼首相の他、ワルター・フォン・ブラウヒッチュ陸軍最高司令官、フランツ・ハルダー陸軍参謀総長、ウィルヘルム・カイテル国防軍最高司令部長官と、三人のヒトラー付副官、すなわち、ルドルフ・シュムント主席副官、ゲルハルト・エンゲル副官、ニコラウス・フォン・ベロー副官の面々であった。九月三日の軍事作戦会議と際立って異なる点は、九月一日に陸軍参謀総長に就任したばかりのハルダーが出席していたことである。そのハルダーが、参謀本部作成の「緑作戦」実施計画について、その目的は致軍をチェコ（ボヘミアーモラヴィア）地域において迅速に打破して決定的勝利を収めることであるが、この目的は「挟み撃ち（ピンサー・アタック）」作戦によって達成可能であるとして、その理由を縷々述べて、彼の説明を終えた[23]。

(3)「挟み撃ち」作戦とは

ハルダーが述べた、参謀本部作成の「挟み撃ち」作戦とは、一九三八年三月のアンシュルスの後、間もないころに、ヒトラーが中欧の地図を前に側近たちに、「どのようにしてチェコスロヴァキアを『やっとこ（ピンサー）』に捕捉するか」を示してみせたように、(24)アンシュルスによって可能となった対致軍事作戦である。すなわち、ドイツは、チェコスロヴァキアの南隣のオーストリアを併合することによって、チェコスロヴァキアの西半分（チェコ地域）を「やっとこ」で引き抜くことが可能になったのである。このアンシュルスによってチェコスロヴァキアが置かれた軍事的地理上の立場の変化を喩えて言えば、それ以前には、サンショウウオの形をした同国は、ヒトラーから「ドイツの心臓に突き付けられた匕首」と見られていたが、それ以後には、そのサンショウウオの頭部（チェコ＝ボヘミア－モラヴィア）が鰐のようなドイツの上顎と下顎の間に挟まれた恰好となったのである。(25)

　この地理的条件の変化を利用して立てられた「挟み撃ち」作戦は、そのチェコとスロヴァキアを繋いでいるやや太めの首の部分を、シレジア方面の北からの第二軍とウィーン方面の南からの第一二、一四両軍とが、やっとこで締め付けるようにしてオルミュツ、ブリュン方面に進み、ボヘミア－モラヴィアにある敵軍主力の退路を一気に断ち、これを袋の鼠として、同地方を八日間で占領してしまう電撃作戦であった。この作戦の「攻撃重点」を担うのは、北からの第二軍であった。西から首都プラハに東進する、ワルター・フォン・ライヘナウ将軍率いる第一〇軍は、南からの二軍よりも従属的な役割しか与えられていなかった。(26)

（4）ヒトラーの激昂

ハルダーの原案説明に対して、ヒトラーは、冷静さを失わずに、反論を加えて行った。

「作戦計画は希望的観測に基づいて立ててはいけません、敵が恐らくこう動くだろうと予想されるコースに基づいて作らなければなりません。間違いなく、敵は、東西の連絡線を切断されぬようにと、これまで努力して来たと思われます。特に我が第二軍に対して、北方の上シレジアの要塞を強化したと思われます。敵としては、なんとしてもここで踏み止まらなくてはなりません、なぜなら、そこが持ちこたえられなければ、他の前線は無意味となるからです。だからこそ、この方面に敵の最良の連隊と要塞があると予想されるわけです。

　これまでの経験から言って、我々は、部分的な成功しか収めないで行動を中止するというわけには、中々いかないのです。裂傷部分に次々に部隊が注ぎ込まれ、やがて『出血多量死』が始まります。そう、ヴェルダンです!!　これだけは絶対に避けねばなりません。」

と、参謀本部の計画を批判した。この批判の上に立って、アマチュア軍事戦略家の総統は、プロの将軍たちに機甲部隊や自動車化部隊の使用法を教示した。また、首都プラハ占領の政治的な象徴的意味合いを重視する彼は、その任務を担う彼お気に入りのライヘナウ将軍に対する参謀本部の意識的な冷遇を取り上げ、作戦の「攻撃重点」を第二軍から第一〇軍に移せなどと、原案の修正を求め続けた。(27)

　カイテルの回顧録によると、ハルダーの説明に対するヒトラーの反論が終ると、「イエス・マン」のカイテルが驚いたことに、ブラウヒッチュとハルダーが総統の反論に納得せず論争を続けたのであった。これに対して、ヒトラーも、我慢強く、二人の軍事専門家に対して軍事作戦に関する講義を長々と続けていたが、時刻も午前三時にもなりかけていたときに、ついに癇癪玉を破裂させた。「私の言う通りに作戦計画を修正して、自動車化部隊を第一〇軍のピルゼン突破攻撃の複合部隊として使用せよ」と、断固たる調子で命令し、「これで会議は終りだ。退室せよ」と、冷たく、不機嫌そうに言い放った。[28]

カイテルの部下で国防軍最高司令部作戦本部長であったアルフレート・ヨードルも、この作戦会議について、数日後に直接カイテルから聞いた話を、その日記に書き留めているが、その記述に依拠して、歴史家ウィーラー＝ベネットは、会議におけるブラウヒッチュとヒトラー間の激論ぶりを、次のように描写している。

「ブラウヒッチュは、ボヘミアとモラヴィアに進入するに当って直面する若干の本質的な障害を指摘した。そして、『もしイギリスとフランスが干渉してくる危険が少しでもあるのなら、この作戦は中止すべきです』と主張した。その結果は総統の憤激の爆発であり、『君は臆病だ』とか、『君は私を信頼していない』とかという非難の繰り返しであった。[29]」

(5) カイテルの追従

同席したエンゲル副官によると、ブラウヒッチュとハルダーが立ち去ったあと、カイテルは総統の見解にことごとく賛成する「馬鹿げた講釈」を始めた。ヒトラーもこれに煽られて、陸軍を「臆病者」「卑怯者」と罵った。[30] その直ぐ後であろう、カイテルは一二将軍の後を追って、長時間の激論で乾いた喉を潤すために、一緒にホテルのロビーに入った。そのとき、ブラウヒッチュが、

「新命令を直ちに文書化して、総統の要求を全部採り入れようじゃないか。」

と提案したのに対して、ハルダーもこれに従い、自ら草案を書き始めた。その間に、カイテルは、ブラウヒッチュに、

「争う前から負けると分っているのに、あなたはまた、どうして総統に戦いを挑んだりするのですか？」

と、尋ねたそうである。

カイテルがこのような質問をした理由は、やや弁解調に聞こえないでもないが、彼自身の言うところによれば、

「ヒトラーが一旦ある考えを思いついたら、この世で誰一人として、彼にこれを諦めさせることはできなかった。彼は、周りの助言者たちが認めようと認めまいと、いつも自分の思い通りにした。」

すなわち、ヒトラーはこうだと言い出したら何を言っても無駄だということを、自分は、ブラウヒッチュと違って、よく知っていたからだ、というのである。[31] このように「ラカイティル（おべっか使い）」ぶりを遺憾なく発揮して、ヒトラーのチェコスロヴァキア攻撃意見に対して、何等批判的な助言をも行わず、一から十までこれに無条件で賛成した、その国防軍最高司令部長官が、既にヒトラーが自殺し、ナチ・ドイツが降伏してしまっていた一九四六年のニュルンベルク裁判では、「準備期間を通じて我々は常に、チェコスロヴァキアの国境要塞に対する我々の攻撃の手段は不十分である、という意見であった。純粋に技術的な観点から見れば、我々はこれらの要塞線を突破する攻撃の手段を持ってい

なかった」と、一九三八年九月九日から一〇日の深夜には、ヒトラーの前でおくびにも出さなかった「反対論」「慎重論」を今になって初めて述べ、そうすることによって、彼が、ベック将軍とは正反対の「勇気」なき軍人、「信念」なき軍人であることを自ら証明したのであった。[32]

結局、「挟み撃ち」作戦の原案は、ヒトラーのお気に入りで、ナチスの思想にかぶれた将軍、ライヘナウの第一〇軍に、他軍から自動車化師団二個を融通させて、その役割を増すなど、総統による修正が加えられたが、[33]同作戦の基本となる「挟み撃ち」自体は、総統自身も「最も望ましい解決策であり、行われるべきもの」と認めていたので、[34]これは維持された。そして、Xデーを九月三〇日とする点も変らず、会議後もドイツ軍の対致攻撃準備は着々と進められて行った。

(6) ヒトラーの対英仏戦への覚悟：不動か未定か？

このように、ヒトラーは、対致戦争が局地戦争に止まれば、自ら修正した「緑作戦」実施計画によって短期に勝利を収めうるという自信を深めていたが、それでは、ヒトラーから「君は臆病だ」と罵られたブラウヒッチュが指摘した英仏参戦の場合について、彼自身はこの時点でどのように考えていたのであろうか？　Xデーを目前にして英仏の参戦もありうるという切羽詰まった事態となった場合、彼は果してそれでも冒険的に「緑作戦」を敢行するつもりであったのであろうか、それとも、土壇場で予定を変更して対英仏戦の危険を回避するつもりでいたのであろうか？

ニュルンベルク軍事作戦会議の前日、すなわち、九月八日の「ヨードル日記」は、「どうもヒトラーは、西欧列強が戦争の局外に留まるとは最早信じていないように見える。それにもかかわらず、彼は攻撃を行うつもりだ」と、ヒトラーの対英仏戦の覚悟は不動であると思えるように書き記していたが、この記事を引用したザーラ・スタイナーは、「しかし、最終決定の時が近づくにつれ、優柔不断の徴候もいくつか見られた。これはヒトラーの場合、珍しいことではない」と書き加えており、ヒトラーの最後の覚悟はまだ定まっていないようでもあった。[35]

次に、第Ⅲ部では、英艦隊措置に対するドイツの反応と、リッベントロップ宛対独警告執行訓令に対するヘンダーソン大使の反応と、そして、ヒトラー・ニュルンベルク演説前の英仏の動向とについて見ていくことにしよう。

注

(1) Ian Colvin, *The Chamberlain Cabinet* (Victor Gollancz, 1971), p. 148.

(2) Anthony Eden, *The Eden Memoirs, The Reckoning* (Cassel, 1965), pp. 21-2.

(3) *Ibid.*, pp. 21-2.

(4) John Harvey (ed.), *The Diplomatic Diaries of Oliver Harvey 1937-1940* (Collins, 1970), p. 172.

(5) John Ruggiero, *Neville Chamberlain and British Rearmament–Pride, Prejudice, and Politics* (Greenwood Press, 1999), p. 140.

(6) *Documents on British Foreign Policy, 1919-39, 3rd series, Volume II* (His Majesty's Stationary Office, 1950), p. 278. 以下、*DBFP-II* と略して表記する。Telford Taylor, *Munich: The Price of*

Peace (Hodder and Stoughton, 1979), p. 672; Yvon Lacaze, *France And Munich: A Study of Decision Making in International Affairs* (Columbia University Press, 1955), p. 117.

（7） Winston S. Churchill, *The Second World War volume I: The Gathering Storm* (Mariner Books, 1985), p. 282; Norman Rose, *Vansittart: Study of a Diplomat* (Heinemann, 1978), p. 229.

（8） John Julius Norwich (ed.), *The Duff Cooper Diaries: 1915-1951* (Phoenix, 2006), p. 257.

（9） *DBFP-II*, p. 276.

（10） Norwich (ed.), *The Duff Cooper Diaries*, p. 257.

（11） 池井優・波多野勝・黒沢文貴編『浜口雄幸 日記・随感録』（みすず書房、一九九一年）、四八五ページ。

（12） Nigel Nicolson (ed.) *The Harold Nicolson Diaries: 1917-1964* (Phoenix, 2005), p. 193.

（13） Norwich (ed.), *The Duff Cooper Diaries*, pp. 256-7.

（14） *Foreign Relations of the United States, Diplomatic Papers, 1938, Volume I, General* (United States Government Printing Office, 1955), p. 584.

（15） *DBFP-II*, p. 273.

（16） *Ibid.*, p. 276.

（17） *Ibid.*, pp. 277-8.

（18） Colvin, *The Chamberlain Cabinet*, p. 148.

（19） David Dilks (ed.), *The Diaries of Sir Alexander Cadogan O.M. 1938-1945* (Cassell & Company LTD, 1971), p. 96.

（20） *Documents on German Foreign Policy, 1918-45, Series D, Volume II* (Her Majesty's Stationary Office, 1953), pp. 714-9. 以下、*DGFP-II* と略して表記する。

（21） *Ibid.*, p. 724; *DBFP-II*, p. 671.

（22） Max Domarus, *Hitler, Speeches and Proclamations, 1932-1945, The Chronicle of Dictatorship, Volume II 1935-1938* (Dormus Verlag, 1992), p. 1148; *DBFP-II*, p. 279.

（23） *DGFP-II*, pp. 727-8.

（24） Albert Speer, *Inside the Third Reich*, translated by Richard and Clara Winston (Avon Books, 1971), p. 159.

（25） T. Taylor, *Munich*, pp. 376, 381.

（26） *Ibid.*, p. 722; *DGFP-II*, pp. 727-8.

（27） *DGFP-II*, pp. 728-31; T. Taylor, *Munich*, p. 722; ゲルハルト・エンゲル著・ヒルデガルト・フォン・コッツェ編／八木正三訳『第三帝国の中枢にて―総統付陸軍副官の日記―』（バジリコ、二〇〇八年）、七三-四ページ、アラン・バロック著／大西尹明訳『アドルフ・ヒトラー』Ⅱ（みすず書房、一九五八年）、七二ページ。

（28） Wilhelm Keitel, *The Memoir of Field Marshal Wilhelm Keitel: Chief of the German High Command, 1938-1945*, edited by Walter Gorlitz and translated by David Irving (Cooper Square Press, 2000), p. 69; エンゲル『第三帝国の中枢にて』、七三-四ページ、David Faber, *Munich, 1938: Appeasement and World War II* (Simon & Schuster, 2009), p. 260.

（29） J・ウィーラー・ベネット著／山口定訳『国防軍とヒトラー』Ⅱ（みすず書房、一九六一年）、三五ページ。

（30） エンゲル『第三帝国の中枢にて』、七三-四ページ。

（31） Keitel, *The Memoir of Field Marshal Wilhelm Keitel*, pp. 69-70.

（32） ベネット『国防軍とヒトラー』Ⅱ、三六ページ。

（33） T. Taylor, *Munich*, pp. 724-5.

（34） *DGFP-II*, p. 729.

（35） Zara Steiner, *The Triumph of the Dark: European International History 1933-1939* (Oxford University Press, 2013), pp. 583-4.

第Ⅲ部　ニュルンベルク演説前

「善人民を教うること七年、亦た以て戎（軍事）に即く（就く）べし。」
「教えざる民を以て戦う。是れ民を棄つと謂う。*」

孔子

第9章　英艦隊措置令とヘンダーソン大使宛訓令のその後

1　独海軍武官と英海軍省局長の会見

(1)『デーリー・メール』の誤報

英首相・側近会議が英艦隊措置と新対独警告発出を決めた九月九日、アメリカCBSの特派員としてジュネーヴにいたウィリアム・シャイラーは、この日の日記に、「ラジオは一日中、イギリスはチェコが侵略されれば戦うとドイツに通告したと言い続けている」と記し、更に「私は明日プラハに飛び、平和を保つにせよ、戦争になるにせよ、その報道に当る」と、ズデーテン問題のために、欧州が戦争か否かという緊迫した情勢に突入していることを伝えている(1)。

シャイラーが聞いた、このジュネーヴのラジオ放送の信憑性を裏付けるかのように、翌朝の英紙『デーリー・メール』は、特大の太字で

「英、今日、対独警告――チェコ攻撃されれば傍観せず――
　大使宛訓令打電」

という大見出しを掲げ、「この正式通牒は、ニュルンベルクにおいて数日中に、ヘンダーソン大使から直接ヒトラー氏に手交されよう」という解説を加えていた(2)。この記事を読んで、「これほど根拠のない有害行為もない」と驚愕したのが、チェンバレン首相であった。彼は直ちに、パリ、プラハ、ベルリンの各公館に記事の真実性を否定するよう命じた(3)。これと同時に、イギリス政府は公式声明を出した。

「この記事の内容は、真正なるものとは見なされない、これは英政府の権威にかけて断言しうるところである(4)。」

この朝、『デーリー・メール』のベルリン特派員ウォード・プライスからの電話で、上の同紙朝刊記事について知らされた、ニュルンベルクのヘンダーソン大使は、チェンバレン首相と劣らぬほど驚愕し、不安にかられた。その後、大使が、ワイツゼッカー外務次官との会見に出かけると、次官も非常に動転していた。しかし、そのときまでには、大使のもとに外務省からの記事否定電報が届いていたので、大使がこれを次官に伝えて、ようやく彼を安心させることができた(5)。

(2)ジーメンス駐英ドイツ海軍武官報告

九月一〇日、ワイツゼッカーらドイツ人が受けた衝撃は、この

朝の英紙に掲載されたもう一つの記事によって倍以上に増幅されていた。紙面には、「英、今日、対独警告の大使宛訓令発電」と並んで、「英海軍、艦隊措置実施」の見出しが並んでいたのである。後者は、前者と違って、昨夜の政府決定に基づく正真正銘の政府声明であって、誤報記事ではなかった。それは、ダフ・クーパー海相の「行動は言葉以上に物を言う」という考慮の下で、独裁者たちに対して示された「象徴的行為」なのであった[6]。この記事を読んだドイツ大使館付駐在海軍武官L・ジーメンスは、イギリス海軍省に直接真偽を質すことにした。同省に赴いた武官の応対に当ったのは、情報局長のJ・A・G・トゥループであった。

「イギリス艦隊動員ということが新聞に出ていますが、この報道は正しいのですか?」

「水雷掃海艇と水雷敷設艇に関しては、その通りです。」

「なぜこのような措置をとったのですか?」

「欧州情勢一般が緊張してきたためです。」

「イギリスはなんら脅威を受けていないのではありませんか? ドイツ海軍はこのような措置をとっていません。」

「中欧の情勢は不確実なものになっています。その結果として、イギリスは脅威を受けていると感じています。」

「イギリス海軍がとった措置はこれだけですか?」

「そうです。」

「では、我が海軍にイギリスの措置はこれだけだと報告してもよろしいか?」

「私は外交官ではありませんので、まず関係者に意見を聞いてみて、これ以上の情報を与えていいのかどうか、確かめてみなければなりません。しばらくお待ち下さい。」

一〇分後に、トゥループ局長は戻ってきた。

「我が海軍がこれまでにとった措置は、先ほど述べたものだけです。」

「それではなぜ、空母オークランドと第四駆逐艦隊が、予定通りスキャパ・フロー港に戻らずに、ポーランドに向っているのですか?」

「その理由は新聞に発表した通り、艦船の司令官たちも乗組員たちも、新しくその任務に就いた者たちですので、演習の必要があるからなのです。」

「この声明は公け向けのものにすぎないことは分かっています。貴官は、海軍将校として、もっと納得のいく情報を提供すべきではないでしょうか。」

「これまでこれ以上のいかなる動員もなされてはおりません。よって、これ以上の情報を提供することはできません。私としては、これらの措置は中欧情勢の結果だと繰り返すしかありません[7]。」

(3) トゥループ英海軍省情報局長報告

以上は、ジーメンス武官の本省への報告に基づく、彼とトゥループ局長の問答である。ジーメンスは冷静に質問を繰り出しているという感じだが、イギリス側の文書は違った印象を与える。トゥループ局長が、今回の艦隊措置は欧州情勢の緊張化のためであり、その措置の程度は非常に限定的なものだと説明している点は、ジーメンス報告と同じだが、同文書によると、局長は、ドイツがチェコスロヴァキアを攻撃したときのイギリス政府の立場を、三月二四日のチェンバレン首相の議会演説と八月二七日のサイモン蔵相のラナーク演説とで示された方針を引き合いに出して、説明し、

「我が国では知らぬ者がいないことでありますが、それは、もしも中欧で戦争が起これば、その戦争がどこまで拡大するのか、これについては誰にも分らないということです。」

と述べている。これに対して、ジーメンス武官は、

「我が国では誰もが、イギリスはいかなる場合にもドイツを敵として参戦するはずはない、と信じています。私自身に関する限りでは、今初めて、このようなイギリス参戦の可能性があることを知った次第です。」

と、その驚きの念を二度繰り返して言った。このトゥループ報告書は、このときの武官の印象について、「武官は、このような見込みにひどく動揺していた」と記している。[8]

イギリスのこれまでの「曖昧な警告」という「言葉」による示威は、確かに、ワイツゼッカーには、それだけでも十分な抑止的効果があった。しかし、ヒトラーにはどれほどの効果があったか不明である。リッベントロップには、まるっきり効果がなかった。だが、今回のイギリスの海軍措置という「行動」の第一弾は、これまでの繰り返されて来た「言葉」に真実味を帯びさせる効果があった。「行動は言葉以上に物を言う」というダフ・クーパー海相の読み筋通り、少なくともドイツ海軍に対しては、一定の効果があったと推定される。[9]だが、決定的な問題は、対致攻撃の決定権を独占している独裁者ヒトラーに対しても、今後、この一弾に加えて、イギリス側がさらに「より明確な警告」と「より強い行動」とを段階的に積み重ねていけば、すなわち、チェンバレン対独宥和・抑止混合政策における抑止的要素の比重を増加していけば、それらがボディー・ブローのような効き目を発揮し、彼の戦争行為を抑止することになるのか、それとも逆に、彼の猛反撃を誘発することになるのかであったが、この点に関しては、依然、不透明であった。

(4) ゲーリンクの「野蛮演説」とベネシュの「文明演説」

九月一〇日、ジュネーヴからプラハに着いたシャイラーの日記の出だしはこうである。

「プラハ　全ヨーロッパが、ニュルンベルクでのナチ党大会最終日の明後日に聞けるはずの、ヒトラーの最終的言葉を待っている。その間、今日二つの演説を聴いた。[10]」

この二つの演説とは、ゲーリンク空相の演説とベネシュ大統領の演説である。この夜、ニュルンベルクでゲーリンクは蛮声を張り上げた。

「我々にはとても我慢できないことがある。それは、あそこにいるほんのひとかけらにすぎない民族がだ、一体どこから来たのか誰にも分らないあの矮小民族がだ、高度な文明を持つ民族を執拗に妨害し抑圧し続けていることだ。しかし、責任を負うべきものは、これらのピグミーたちではないことを、我々はちゃんと知っている。モスクワとあの忌々しいユダヤ＝ボルシェヴィストの群が、その背後にいるのだ。[11]」

モスクワの傀儡、矮小民族、ピグミーと罵られたチェコ民族の

最高指導者ベネシュは、同夜、プラハでラジオを通して、ゲーリンクの蛮声とは対照的に、冷静な口調で自国民の理性に語りかけた。

「もし我々が平和裡に我々の多民族国家の問題を解決するならば、我が国は世界で最も素晴らしい、最上の統治を誇る、最も価値ある公正な国の一つとなるでありましょう。私は未来を危惧する故に語っているのではありません。私はオプティミストなのです。そして私のオプティミズムは今日、これまでのいつのときより強くなっています。我々は冷静さを失わず、楽観的になりましょう。そしてなによりも、信念と善意は山をも動かすということを、忘れないでいましょう。」

このベネシュ「文明演説」が、チェコ語だけでなくドイツ語でも行われたことからも分るように、ベネシュはチェコ人だけでなくズデーテン・ドイツ人にも語りかけたかったのであろう。ドイツ語を解するシャイラーは、このラジオ演説を聴き終った後、放送局のホールで大統領と出会った。その瞬間、大統領に、「しかし、あなたはヒトラーやゲーリンクというギャングを相手にしているんですよ！」と言ってやりたい衝動に駆られたが、この忠告を一国の大統領に対して発する勇気が出なかった。シャイラーが見た大統領の顔付きは、「私はオプティミストなのです」と言った人のものとも到底思われぬ、厳しいものであった[12]。

2　コルトの報告とヒトラーの暴力観

(1) ハリファックス外相、対独参戦を保証？

この日、コルト駐英ドイツ代理大使は、リッベントロップ外相宛に、前日のハリファックス＝コルバン会談についての報告電報を出し、その会談中にハリファックス外相がコルバン大使に対して、「民族自決の原則を擁護するイギリスとしては、プレビサイト阻止のために戦争はできません」と通告したことを伝えた[13]。こうして、コルト代理大使を通じてリッベントロップ外相にも、イギリス政府の最後に切るべき「隠し札」としてのプレビサイト容認論が、今、すなわち、ヒトラーのニュルンベルク演説の二日前に、ドイツ側に曝されてしまったのである。更にコルト報告によると、ハリファックス外相は、このプレビサイト容認発言だけでなく、「ドイツが対致武力行使に出た場合には、貴国は我が国の武力援助を当てにすることができます」と、俄に信じがたいことだが、イギリスの対独参戦をフランスに確約する発言までしているのである[14]。

ズデーテン問題が原因となる独仏戦争への、これまでのイギリスの対応方針は、ドイツ側にはその場合にはイギリスも「参戦するかもしれない」と言い、他方、フランス側には「参戦しないかもしれない」と言い、参戦の可能性に関する言い方、強調点の置き方を使い分けることによって、逸りがちな独・仏それぞれを牽制することを狙いとするものであった。すなわち、フランスには、フランスが参戦すればイギリスも必ず参戦するというような保証を与えないこと、それがイギリス政府の対仏基本方針であった。では、コルト報告は、この基本方針が転換されたことを示すものなのであろうか？　イギリス側の文書によって、実際のハリファックス発言を確かめてみよう。これによれば、ハリファックスはコルバンに対して次のように応答している。

「もしプレビサイトという状況になって、ベネシュがこれを拒んだとしたら、そのとき、イギリスとしては、参戦かどうかの立場は完全にはっきりしているとは言い切れないと思います。少なくとも、イギリスの世論については、混乱することは確かです。[15]」

この外相答弁から分るように、対独参戦にかかわるイギリスの対仏基本方針は転換されていない、維持されていたのである。コルト報告のこの部分は、E・M・ロバートソンも指摘している通り、「まったく不正確な主張」であったのである。[16]

(2) 暴力行使願望に取り憑かれていたヒトラー

この「不正確な」コルト報告が、もしリッベントロップを通じてヒトラーに伝えられて、何らかの効果があったとすれば、それは、プレビサイトは安全、武力行使は危険と、彼に思わせる効果であったと考えられる。是が非でも、ズデーテン問題の平和的解決を実現したいワイツゼッカーやコルトら「隠れ抵抗派」は、「平和的大ドイツ主義者」として、ヒトラーには武力を使わなくても望みのものが平和的に全部手に入るのに、なぜ武力を使う必要があるのかということを、訴えたかったであろう。そんなコルトが、リッベントロップを通じてヒトラーにその訴えの届くことを願って、わざとこの「不正確な」報告電報を打った、と見てよかろう。

だが、追々と分ってくることだが、政権獲得以来一心に鍛え上げてきた刀の試し切りをしたくてうずうずしていたヒトラーとしては、今度の獲物は何としても力で奪い取って、武威を四隣に誇示したかったのである。『わが闘争』において、既にヒトラーは、「剣」の鍛造・使用と「国土」回復との関係について、次のように言っている。

「抑圧されている国土は、烈しい抗議でもって、共通の国家のひざの中に戻って来るのではなく、戦闘力のある剣によって取り戻されるのだ。この剣を鍛造することが、一民族の国内政策上の指導の課題であり、鍛造作業を安全にし、戦友を探すのが外交政策指導の課題である。[17]」

このようにヒトラーが暴力行使願望に取り憑かれていたことについて、『わが闘争』を読んだというヘンダーソン大使にしては、遅きに失し過ぎているけれども、彼もまた、一九三九年九月に始ったドイツ軍のポーランド侵攻を目の当りにして、漸く気付かされることになる。すなわち、彼は、ドイツ軍のポーランド侵攻の翌月に書いた著書『使命の失敗』の中で、次のような見方を披瀝している。

「おもちゃを作れば、それを使って遊びたいという気持ちは抗しがたいものになる。ドイツ陸軍と空軍は超玩具である。ヒトラーは自分がどれほど恐るべき超玩具の製造者であるかを証明してみせる機会を見つける決意であった、その機会を見つけることができなければ、作り出す決意であった。彼は彼の作った新品の戦争マシーンを試してみたくてしかたがなかったのだ。[18]」

(3)「最初的手段」としての暴力

得られる結果以上にその手段に拘泥するのがヒトラーであり、武力の行使による目的物の獲得という、目的と手段の関係付けにこそ、ヒトラーのヒトラーたるゆえんがある。そうでないヒトラーはヒトラーでなくなる。そこの所がチェンバレンやワイツゼッカーのような合理的、実利的な思考法の人には、理解も想像もできない。これこそが、「現実主義者」としての自己イメージを「狂的夢想家」ヒトラーに投影して犯され続ける錯誤の淵源であり、彼らの懸命必死の真摯な努力も、空回りするゆえんであった。

ヒトラーの国際政治における戦争の位置付けは、一般的なそれとは異なっていた。彼にあっては、戦争という暴力は「最後的手段(ultima ratio)」ではなくて、「最初的手段」なのである。『わが闘争』の著者は、「暴力」と「成功」と「精神的確信」の関係についての狂的信念を、次の如く表現している。

「暴力を永久に一様に適用することにおいてのみ、成功のための第一前提がある。けれどもこの堅忍さは、いつもただ一定の精神的確信の結果である。[19]」

言うまでもなく、ヒトラーが言うところの、暴力の永久適用を正当化し可能にするものとしての「精神的確信」とは、ユダヤ人の伝染病的有害性、スラブ民族等の劣等性、アーリア人種、特にゲルマン民族の優秀性という人種主義的「確信」と、それに基づく、ドイツ人のための「生存圏」の必要性という膨張主義的「確信」であった。

3　ヘンダーソンの訓令反対論

(1) ヘンダーソン意見書の到着

さて、シャイラーの言う「ヒトラーやゲーリンクというギャング」を相手にしていたモラリストのヘンダーソン大使は、本国政府から対独正式警告執行訓令を受け取って、どのような反応を示したであろうか。九月一〇日午前八時三〇分、老伝書使がニュルンベルクから飛行機で飛び立つ前に、ヘンダーソンは、取り敢えずカドガン次官に電話を入れて、「飛行機で私の返事を送りますが、飛行機はケルンまでしか行きません」と伝えた。これを聞いたカドガンは、伝書使をケルンで拾うために、九時半に特別機を同地まで飛ばせることにした。[20]「カドガン日記」には書かれていないが、おそらく、そのときの電話で、ヘンダーソンは警告反対の意も伝えたものと思われる。そのことは、ヘンダーソンからの電話を知った後、ハリファックス外相がケネディ米大使と会見しているが、そのときの発言からそうだと裏付けられる。外相は、大使に対独警告訓令発出に至った経緯を説明した上で、訓令執行を一時見合わせている事情を、次のように述べた。

「ヘンダーソンからは電話で、訓令の執行に拘らないようにと、強く要請してきていますが、それはどのような見解からなのかは分っていません。だがとにかく、彼がドイツ政府の要人たちとニュルンベルクで会談したので、その結果報告を送るということです。ですから、我々がこの彼の報告を考慮するまでは、彼は訓令に基づいた行動はしないことになっています。その彼の返事は飛行機で今日の午後四時には届くことになっています。[21]」

このハリファックスの説明からすると、返事はすべて飛行機で午後四時に届いたように聞こえるが、『英国外交文書（*DBFP*）』に収められている文書から推定すれば、ヘンダーソン意見は二つのルートで本省に届けられた。すなわち、老伝書使の方は、「プランZ」時期尚早論の後に急いで少しだけ加筆された警告訓令反対論を含むウィルソン宛書簡[22]、これを飛行機でロンドンに持ち帰った。これとは別にハリファックス外相宛に書かれた訓令反対意見書は、若い大使館書記官がこれをベルリンに持ち帰った。後者のベルリン発「抜粋」電文は午後一時一〇分にロンドンに着き[23]、詳細電報の方は遅れて午後六時二〇分に着いている[24]。このように午後一時一〇分、四時、六時二〇分に分かれて届けられた、三つのヘンダーソン大使意見書[25]を審議するために、首相・側近会議は、その会議決定がヘンダーソン大使宛に発信される午後八時までの間に、断続的に開かれた、と思われる。

さて、この会議がどのような決定を下すであろうか？　これについては、この日の午前中のハリファックスとの会見を終えた後、ケネディ大使が、午後一時の国務省への報告電報において、イギリス政府既発の対独正式警告訓令の行方を、次のように予想している。

「今朝の私自身の観測では、ヘンダーソンの意見が非常に強いものであり、かつ、その議論が申し分のないものであるということでもない限り、外相も次官も、ドイツに対して強硬な通告を手交するという気持ちに傾いています[26]。」

（2）第一論点：未定の対致武力行使方針

上述のような経緯で、九月一〇日の午後、三度にわたって、対独正式警告訓令に対するヘンダーソン大使の反対意見書がロンドンに届き、これを首相・側近会議が熟議検討し、午後八時前には訓令執行中止の決定に至っている。以下、会議が審議の対象としたヘンダーソンの訓令執行反対意見を、四つの論点に絞って整理してみるが、その際、特に注意して検討してみたい点は、ケネディ大使が同訓令の行方を予想するに当って、それがそのまま執行される条件として挙げた二つの点、すなわち、第一に、ヘンダーソンの反対論が強い調子ものかという点と、第二に、その内容が説得力のあるものかという点である。

ヘンダーソン大使反対意見書の第一論点は、現時点においてヒトラーがチェコスロヴァキアに対してどのような行動をとろうとしているのか、というヒトラー観察に関するものである。これについての大使の確信的観察は、纏めて言えば、こうである。

「ヒトラーは、プラハ交渉で真の局地解決が得られなければ、自ら行動すると決めています。しかし、その行動がどのようなものか、また、それがいつ実施されるのか、この点に関しては、まだ決めていません。ヒトラーの側近中で最も率直なゲーリンクが、私に、『チェコスロヴァキアが極端な挑発をしなければ、ドイツから攻撃することはない』と請け合ってくれたように、ヒトラー自身も、今、武力に訴えることは考えていないと、私は確信しています。」

(3)第一論点に関する二つの疑問

このヘンダーソンの「確信」について、二つの疑問を付しておく。第一点は、「真の局地解決」とは何か、ということについてである。ヘンダーソンが、依然「カールスバート綱領」による局地解決の可能性はあると見ていたことは、ニュルンベルクでのゲッベルスと彼の会見からも分る。大使は、宣伝相に対して、月曜日の総統演説に次のような一節、すなわち、「私たちは、こうこう、こういう線で(例えば「カールスバート綱領」の線で)平和的解決を見出すことにおいて、イギリス政府と協力する用意が依然としてある、このような独英協力を強く望んでいる」という文句を挿入してみてはどうかと提案すると、宣伝相はこの提案を好意的に受け止め、「ご提案は総統にお伝えします」と請け合ってくれたという。

宣伝の天才ゲッベルスの保証がどこまで信用できるのか問題だが、とにかく、彼のこの保証に加えて、リッベントロップとの会見でも、この反英・嫌英で凝り固まった外相が大使に対して、いつものような激烈な攻撃的言辞を弄することもなく、「最新のベネシュ提案は研究中」と、平和的局地解決に前向きであることを臭わせていた。このこともあって、もともとチェコ人よりもドイツ人を信じる傾向にあるヘンダーソン大使は、「カールスバート綱領」に基づく「真の局地解決」を、と期待していたようである。もしそれが不可能なら、最悪でも、ズデーテン地方のみのドイツへの編入という線で「真の局地解決」となると見込んでいたようでもある。というのは、九月一一日付ハリファックス宛書簡で、大使は、「ゲーリンク氏はフランソワ‐ポンセ仏大使に、『結局、唯一の解決は、ズデーテン地方のドイツへの編入ということになるでしょう』と語った[27]」と報告しているが、ヒトラーから「あのカーネーションの男」と呼ばれていた大使は、意外にも、自身とはまったく対照的に粗野で悪趣味な、このゲーリンクというナチ政治家が大のお気に入りで、彼をヒトラー側近中の「穏健派」の代表格とみなし、かつ、最も信頼していたからである。

付言すべき第二の疑問点は、「挑発がなければ、今すぐにドイツの対致侵略はない」というヘンダーソンの確信的観察についてである。この確信は、九月三〇日を対致奇襲攻撃のゼロ・アワーと定めて、これを機に、ズデーテン地方のみならず、チェコ(ボヘミア‐モラヴィア)をも一挙に占領してしまうという「緑作戦」の実施を再確認した、あの九月九日夜のニュルンベルク軍事作戦会議の決定に反している。この決定は極秘のものでイギリス側に知られていなかったが、それ以前にイギリス側には、信頼できる複数の秘密情報筋から、ヒトラーが九月末の対致攻撃を決定したという報告が入っていたことは既に述べた。しかし、今、ヘンダーソンはこれらの情報を無視し、ゲーリンクやゲッベルスらドイツ要人によるズデーテン地方だけの平和的解決の保証の方に信頼を寄せたのである。ただし、大使への公平のために言っておくと、武力行使の可能性についての彼の言い分は、「自分としてはそれを信じないが、もし万が一、ヒトラーが既に武力行使を決めていたとしても」という仮定的な場合を、まったく考慮外に置いているわけではない、しかし、それを考慮した場合でも、警告反対の自分の結論は変わらない、すなわち、「正式警告がヒトラーのその決定を変えることはなかろう」というのが自分の確信するところだ、というものであった。

（4）第二論点：狂人ヒトラーの不安定な精神状態

上述のようにどちらかと言うと嫌致親独傾向にあるヘンダーソン大使は、チェコスロヴァキアの側から挑発がないかぎり、今すぐドイツの側から攻撃を始めることはない、と見ていた。それと同時に彼は、ニュルンベルクでワイツゼッカーから聞かされた観察を基に、「依然ヒトラーは、ドイツがチェコスロヴァキアに対して武力を行使しても、イギリスが動くことはない、と確信している」と見ていた。つまり、大使は、先に彼自身が八月三一日にワイツゼッカー次官と九月一日にリッベントロップ外相とに対して個人的に行った警告を含めて、イギリス政府がこれまで繰り返して来た曖昧な非公式的警告の効果が十分でなかったことを認めており、このヒトラーの誤った対英認識を何らかの方法で改めさせる必要を感じてもいたのである。その効果的な、適切な方法を考える際に、ヘンダーソンに言わせれば、必ず考慮しなければならないのが、ヒトラーの気質と現時点での彼の精神状態とである。これが彼の第二の論点であるが、この点についての彼の観察は、「ヒトラーの天才性は、狂気と紙一重の差もない。そんな彼は現在不安定な精神状態にあると思われる」というものであった。

（5）第三論点：対独「正式」警告の危険性

第三の論点は、この第二論点たるヘンダーソンによるヒトラーの精神状態に関する観察を前提にした、対独「正式」警告訓令の危険性についてである。大使は、今回のイギリス政府考案の対独正式通告を、「五月危機」のときの対独正式警告と同一視して、そのような警告の繰り返しは、前回とは逆に、戦争を抑止するよりもむしろ戦争を挑発することになると、その危険性を意見書の中でくどいほど何度も何度も繰り返し強調している。その全部でなく大体だけでも纏めて列挙すれば、次のようになる。

「第二の五月二一日はヒトラーの気を狂わせ、彼をより狂暴な行為へと駆り立てます。ヒトラーが五月二一日の繰り返しと見なすような重々しい警告は、我々が避けたいとしているまさにその行動に、彼を追い立ててしまいます。

『五月二一日の威嚇の繰返しほど致命的なものはない』とは、ワイツゼッカーが私に放った警告ですが、それは、私がニュルンベルクで会った要人すべての見方でもあるのです。ノイラートも、『五月二一日はラクダの背中への最後の一本の藁となろう』と言っています。

現在、大気が電気を孕んでいますので、冷静を保つことが一番大事です。五月二一日の二の舞は何としても避けねばなりません。」

この危険性が現実のものであることを裏付けるために、意見書において、ヘンダーソンは、ゲーリンク空軍大臣の「空軍は命令降下後一時間で出撃できる」という言葉を引用するなどして、ドイツの対致攻撃準備は完了している、「号令一下、陸軍・空軍等は出撃する用意はできている」という認識を示していたのである。

(6) 第四論点：ヘンダーソン「非公式」警告の十分性

ヘンダーソン大使は、現在イギリスが置かれている、以上のような状況を要約して、次のように言っている。

「もし私が言い足りなかったら、ヒトラーは我が国の立場に関して彼が犯していると思われる錯誤を持ったままということになりかねません。だがしかし、もし言い過ぎると、平和的解決の最後の望みを破壊してしまうかもしれません。」

それでは、言い足りなくてもダメ、言い過ぎてもダメという、こういう状況において、どのようにすれば、ヒトラーに、彼が武力解決を決行すればイギリスも傍観できなくなるということを、確信させることができるか？　ヘンダーソン大使反対意見書の第四論点が、その方策についてである。この点がイギリスにとっての最重要問題であることは、見やすいところであろう。そして、その適切な対応策は、抽象的には、ヒトラーを挑発せずに抑止する過不足なき警告であることも、分りやすいところである。しかし、それでは、具体的に、過不足なき有効、適切な警告とは何か、となると、かなり難しいことのように思われるのだが、自信家のヘンダーソンにとっては、これも容易なことであった。

ヒトラーに誤った対英認識を改めさせ、対致武力解決を思い止まらせ、そして、彼を平和的解決に誘導するのに必要かつ十分な、ヘンダーソン大使のとった具体的対応策とは、ニュルンベルクにおいてヒトラーを除くすべての有力な指導者たちに、大使から、今回の訓令に沿った非公式的な警告を発することであった。そして、それは、実際に、九月七日からニュルンベルクに来ていた大使が、既に精力的に執行してきたことであった。

「これらの人たち、すなわち、ゲーリンク、ゲッベルス、ノイラート、ワイツゼッカー、リッベントロップや、その他の人たちにも、私は既に貴下の訓令の線に沿った形で、一貫して話して置きました。今、我々が言い過ぎると、リンゴを積んだ荷車をひっくり返すだけの結果になりかねません。このように、我が国の立場については、私の方からからこれはと思われる重要人物には、昼の光のように明々白々にしておきました。私がこれ以上当地でできることは、もう何もありません。」

(7) 「不可避」という語を使ったか？

以下、上のヘンダーソン大使の対独正式警告反対意見論に含まれる問題点について、若干の考察を加えてみよう。去る八月三一日に大使がベルリンに帰任したときにワイツゼッカーに対して行った警告と、今回の警告訓令との間に見られる重要な相異点としては、非公式か公式かという形式的な、だがしかし、重大な意味のある形式的な差違以外に、用語上の違いもあった。既に見たように、前者では、「不可避」という言葉は使われなかったが、後者ではこの強い語が用いられていた。そこで、ニュルンベルクでのヘンダーソン大使の要人に対する警告は、果してこの強い言葉を使っていたのか、一応見ておく必要がある。ヘンダーソンの回顧録では、次のように「不可避」という言葉を使って警告したと言っている。

「フランスが仏致条約の義務から参戦した場合、イギリスもまた不可避的に引き込まれるであろう。」(28)

しかし、この回顧録だけでは、果して実際にヘンダーソンが要人連に訓令に沿った形でこの言葉を使ったのかどうか、確定はできない。ヘンダーソンの意見書では、先の引用文に見られるように、「貴下の訓令の線に沿った形で」と報告しているが、具体的に「不可避」という言葉を使用したかどうかについては、触れられていない。ただ、ニュルンベルク滞在中のヘンダーソン大使の世話役、監視役を務めたナチ親衛隊員のバウマンが残した報告書によると、要人ではないが、そのバウマンに対して、大使は九月八日に、「私の見るところでは、このような状況になると、イギリスが戦争外に留まっていることはまったく不可能です[29]」と言い、これまた、要人とは言い難いドイツ外務省の儀典長には、九月一〇日に、「フランスの名誉がかかっているときに、イギリスがどのようにして傍観したままでいられるのか、私には分かりません[30]」と、あくまでも「私」的見解としてではあるが、このように強い調子で言っている。このバウマン記録から、要人連に対しても、大使は、個人的見解という条件を付した上で、用語としては「不可避」そのものか、それ同然の言葉が使用された、と推定してよかろう。

4　英首相・側近会議の反応

（1）訓令執行中止の決定

以上のような、ヘンダーソン大使の「狂人ヒトラー」恐怖症と「五月二一日」恐怖症に由来しているように思える、極めて「強い調子」の反対意見書を受け取った首相・側近会議は、大使のこの忠告を容れて正式訓令の執行を中止することに決めた。この会議の模様を、「カドガン日記」は次のように記している。

「ヘンダーソンは警告に激しく反対していた。大臣たちは正式警告を手控えることに決めた。私は正しい決定だと思う。ヴァンは激怒した[31]。」

こうして午後八時、ついに訓令執行中止のヘンダーソン宛電報が打たれた。「カドガン日記」からも分るように、チェンバレンやハリファックスは、ヘンダーソンの反対を「激しい」もの、「強い調子」のものと受け止めた。中止訓電においては、「貴電中に見られる貴見の強い表現に鑑み」という文言が見られる。また、ヘンダーソンによる個人的警告が「不可避」という言葉を使った正式警告訓令に沿った内容のものであったかどうかについての、彼らの判断は、同電文中に、「当方は、貴方が実は既にリッベントロップ氏やその他の人々に対して、昨日の拙電によって貴方に訓令したことの実質を伝えた、ということを知りえた」とあるように、肯定的であった[32]。また、ハリファックスは、ケネディ大使への説明の中で、ヘンダーソンの忠告を評して「熟慮の忠告」と表現している[33]。このように、ヘンダーソンの反対意見は、チェンバレン、ハリファックスらには、「強い調子の忠告」であり、かつ、「説得力のある、申し分のない議論」と受け取られた。

（2）中央と出先の関係：チェンバレン政府とヘンダーソン大使の場合

翌朝、ハリファックスからヘンダーソンの反対意見を読み聞かされたケネディ大使は、「ヘンダーソン大使からそんなに強い感情が示されたのでしたら、閣下たちとしても、それでもなお、貴国の態度についてドイツ当局に警告するということで、更に無理押しをするという途はなかったでしょうね[34]」と、遺憾ながらそういう事情なら仕方がない、というような感想を洩らした。確かに、ケネディの感想は、常識的な感想であろう。一般論として言えば、現地に居て現地の事情、空気を最もよく知っていると見なされるべき出先の大使が、中央の方針に対してこの上もないほど強く反対してきた場合、それでもなお、本国政府があくまでも既定方針に固執し、再度、その執行を命じることはまったく不可能であるとは言えなくても、極めて困難なことであろう。権限的には進言却下も可能だが、現実的には本国政府の側に余程の信念、確信がなければ難しい。しかも、首相、外相がその大使と政策に関する基本的志向において極めて近く、そのために、大使を深く信頼している場合には、なおさらそうであろう。

それでは、この一般論的な出先と中央の関係を、今回のヘンダーソン大使とチェンバレン政府との場合に当てはめたときに、政府の態度は、現場の大使がここまで言うのだから仕方ない、という消極的なものであったのかというと、必ずしもそうとは言い切れない節がある。前段の一般論において、「本国政府の側に余程の信念、確信がなければ」と条件を付けておいたが、チェンバレン政府の場合、初めから不動の信念があったように見えず、政府には、執行訓令を出す前に既に、ヘンダーソンから反対があった場合には、それを進んで受け容れる下地があったように見える。例えば、外相付秘書官であったハーヴェイのこの日の日記は、チェンバレン政府の「強腰」は「腰砕け」に終るのではないかという、政府に対する不信感を、イーデン前外相の言を引用して、次のように記している。

「イーデンが言うには、現政府はいざ対決となったら、戦うことが可能であっても、戦うよりも逃げ出すであろう、ホーア－ラヴァル協定の二の舞を演じるであろうが、これをヒトラーは感じ取っているということだ。私はイーデンが正しいと感じる[35]。」

(3) ヘンダーソン忠告への政府の高感応性

このハーヴェイの疑念的予感を一概に否定しがたい性格を、チェンバレン政府は持っていたように思えるのであるが、そのような政府へ提示した、ヘンダーソンの反対理由の中でも、特に政府の既成観念と一致していて、政府が最も感応しやすかったと思われる点が二つある。一つは、狂人と紙一重の天才ヒトラーに、警告など突き付けたら、現在、異常心理の下にあると思われる彼が、逆上して何をするか分らない、というヘンダーソンの指摘である。この見方は、ハリファックス外相のヒトラー認識とも符合している。この日の朝、すなわち、まだヘンダーソンの反対意見書の一部をも受け取っていない時点で、ハリファックスとカドガンはケネディ大使に次のように言っている。

「私たちが正常な男を相手にしているのなら、何が起こるかについて何らかの予想はつくのですが、私たちが今相手にしているのは、狂人なのです[36]。」

他は、ヘンダーソン大使が、余計な刺激を与えない限り、ヒトラーが今すぐチェコスロヴァキアを攻撃することはない、と請け合い、更にまた、ノイラートの発言を引き合いに出して、「ノイラートは、月曜の演説でヒトラーが、自分の舟を燃やしたりすることはなかろうと信じています。私もそうだと信じています」と請け合っている点である。この保証の後続けて、先にも引用した箇所だが、チェンバレンとハリファックスに対して次のように警告する。

「今我々が言い過ぎると、リンゴを積んだ荷車をひっくり返すだけの結果になりかねません。[37]」

今、正式警告さえしなければ、今すぐチェコスロヴァキア侵攻ということもない、月曜日のヒトラー演説も大丈夫だという、ヘンダーソンのこの保証は、元々、「プランZ」最優先主義者であり、かつ、ヒトラー演説前に何もするなという無為論者でもあったチェンバレンには、特に、決定的な説得力を持っていたと思われる。「プランZ」を潰してしまいかねない正式警告は、取り止めるに躊躇すべきでないと感じたにちがいない。

（4）不問に付された最重要点：対ヒトラー効果の有無

このようにヘンダーソンの議論には、チェンバレンとハリファックスにとって、誘惑的な「説得力のある」論点が含まれていたためであろうか、首相・側近会議は、考慮に入れてしかるべき最も重要な点を不問に付したまま、訓令執行の中止を決定している。その最重要点とは、第一に、ヘンダーソンの要人への警告が果してヒトラーに伝えられるのか、という点と、第二に、大使の間接的非公式警告が正式警告に代るほど十分な効果、すなわち、イギリスがどんな場合も動くことはないというヒトラーの錯誤を改めさせる効果を持っているか、という点である。ヘンダーソン自身は、意見書の中で、この二点について直接触れてはいないが、彼の警告こそが過不足のない最適のもの、必要かつ十分なものだとしているところから、イギリスの正確な立場が要人から誤りなくヒトラーにも伝わり、その効果はあると見なしていたようである。しかしなお、このような見方には大きな疑問が残る。ヒトラー抜きの警告の効果に対して、歴史家ウィーラー＝ベネットは、発して当然すぎるほど当然な疑問を投げかけている。

「ヘンダーソンがニュルンベルクでゲーリンクやリッベントロップやゲッベルスやノイラートに、つまり、ヒトラー以外のありとあらゆる者たちに、途切れなく次々と警告を浴びせ続けたとて、果してそれはどんな効果があったであろうか？[38]」

ウィーラー＝ベネットのこの疑問を否定することは難しい。というのも、耳の痛いことは聞きたくない、耳の痛いことを言う者は切るというタイプの独裁者であるヒトラーと、彼の嫌がることは言わない、自分たちが聞かせたいことしか聞かせないようにする、というタイプの取り巻き要人連、この両者のことを考え合わせると、実際にヘンダーソンの警告がそのままヒトラーに伝えられたのか、甚だ疑問だからである。また、仮に伝えられたとしても、ヒトラーから侮蔑的に「あのカーネーションの男」と呼ばれている大使からの、このような間接的な、遠巻きの個人的警告が、ヒトラーに対して十分な効果を持ちえただろうか、逆に、ヒトラーは、自分に対して直接正式に物も言えないイギリス政府を見て、これをイギリス政府の弱腰の証拠だ、犬の遠吠えだ、と受け取りはしなかっただろうか、イギリスは動かないという自身の確信を強めただけに終りはしなかったであろうか？

（5）広がるチェンバレン政府への不信感

ウィーラー＝ベネットの発した疑問に対する、このような私の肯定的な推論を補強してくれる見方として、九月一〇日のハーヴェイ日記を挙げておこう。八月三〇日の臨時閣議に引き続き、再びこの日の首相・側近会議が対独正式警告の見送りを決めたことに、不安を感じたハーヴェイは、次のように記している。

「我々が戦争に加わる可能性のあることを、今回もまた、より明確に、ヒトラーに告げることをしなかった。我々がドイツの兵力集中について知っているということと、責任ある地位にあるドイツ人、就中、ヒトラーが、我々は決して動かないと信じているという報告が入り続けているということとを、考え合わせてみれば、今回もヒトラーに明確に通告しなかったことは、我々が非常に大きな危険を冒していることになるのだ[39]。」

このようにヘンダーソン「非公式」警告の対ヒトラー効果への疑問とチェンバレン政府の対応への不信感とを抱いた者は、ハーヴェイだけではなく、かなりの広がりを見せていた。イーデン、チャーチル、ヴァンシタート、野党の自由党員、労働党員もそうであった。尤も、これらの人たちが一つの政治勢力として団結してチェンバレンの対独政策に反対しているわけでなく、どちらかと言うとバラバラに批判的な声を挙げているに止まり、そのため、チェンバレンの宥和政策を覆すほどの影響力はまだなかったが、それでも、今後の政局の行方とも絡んで、徐々に徐々にではあるが、対独抑止論に立つ彼らの批判に、チェンバレン内閣の対独宥和外交も影響を受けていくことになるのである。

注

＊ 吉川幸次郎『論語』下（朝日新聞社、一九六六年）、一三八–九ページ。

（1）ウィリアム・シャイラー著／大久保和郎・大島かおり訳『ベルリン日記　一九三四–一九四〇』（筑摩書房、一九七七年）、一〇二–三ページ。

（2）David Faber, *Munich, 1938: Appeasement and World War II* (Simon & Schuster, 2009), pp. 260-1.

（3）Robert Self (ed.), *The Neville Chamberlain Diary Letters, Volume Four, The Downing Street Years, 1934-1940* (Ashgate, 2005), p. 344.

（4）*Documents on British Foreign Policy, 1919-39, 3rd series, Volume II* (His Majesty's Stationary Office, 1950), pp. 297-8. 以下、*DBFP-II*と略して表記する。

（5）*Ibid.*, p. 653.

（6）Stephen Roskill, *Naval Policy between Wars-II: The Period of Reluctant Rearmament 1930-1939* (Collins, 1976), p. 439.

（7）*Documents on German Foreign Policy, 1918-45, Series D, Volume II* (Her Majesty's Stationary Office, 1953), pp. 773-4. 以下、*DGFP-II*と略して表記する。

（8）*DBFP-II*, pp. 286-7.

（9）*Ibid.*, p. 295; John Harvey (ed.), *The Diplomatic Diaries of Oliver Harvey 1937-1940* (Collins, 1970), p. 175.

（10）シャイラー『ベルリン日記』、一〇四ページ。

（11）同右、同ページ、Igor Lukes, *Czechoslovakia between Stalin and Hitler: The Diplomacy of Edvard Benes in the 1930s* (Oxford University Press, 1996), p. 211.

（12）シャイラー『ベルリン日記』、一〇三–四ページ。

(13) *DGFP-II*, p. 732.
(14) *Ibid.*, p. 732.
(15) *DBFP-II*, p. 277.
(16) E. M. Robertson, *Hitler's Pre-War Policy and Military Plans* (Longmans, 1963), p. 139.
(17) アドルフ・ヒトラー著／平野一郎・将積茂訳『わが闘争』下（角川文庫、二〇一二年）、三〇一ページ。
(18) Nevile Henderson, *Failure of a Mission–Berlin 1937–1939* (G. P. Putnam's Sons, 1940), pp. 100, 112.
(19) ヒトラー『わが闘争』上、二三七ページ。
(20) David Dilks (ed.), *The Diaries of Sir Alexander Cadogan O.M. 1938–1945* (Cassell & Company LTD, 1971), p. 96; J. Harvey (ed.), *The Diplomatic Diaries of Oliver Harvey 1937–1940*, p. 173; Faber, *Munich, 1938*, p. 261.
(21) *DBFP-II*, p. 284; *Foreign Relations of the United States, Diplomatic Papers, 1938, Volume I, General* (United States Government Printing Office, 1955), p. 585. 以下、*FRUS-I* と略して表記する。
(22) *DBFP-II*, pp. 649–50.
(23) *Ibid.*, p. 280.
(24) *Ibid.*, pp. 283–4.
(25) この三点以外に、ヘンダーソンの九月一〇日付「ノート」が『英国外交文書』に収められている（*DBFP-II*, p. 650）。この「ノート」は、ヘンダーソンがニュルンベルクで会見した要人たちの発言と彼の印象を記したものであるが、ロンドンでのその日の会議までに届いたものであるかどうかは不明である。よって、本文では、以下、本文中に挙げた三文書を使ってヘンダーソン意見の論点を整理してみたが、その際、この「ノート」は参考とするに止めた。また、以下の本文中、この三文書に関わる部分の「注」は省略したので、上記の注(22)・(23)・(24)を参照していただきたい。
(26) *FRUS-I*, p. 586.
(27) *DBFP-II*, p. 646.
(28) Henderson, *Failure of a Mission*, p. 143.
(29) *DGFP-II*, p. 767.
(30) *Ibid.*, p. 775.
(31) Dilks (ed.), *The Diaries of Sir Alexander Cadogan*, p. 96.
(32) *DBFP-II*, p. 285.
(33) *Ibid.*, p. 295.
(34) *Ibid.*, p. 296.
(35) J. Harvey (ed.), *The Diplomatic Diaries of Oliver Harvey 1937–1940*, p. 175.
(36) *FRUS-I*, p. 585.
(37) *DBFP-II*, p. 280.
(38) John W. Wheeler-Bennet, *Munich: Prologue To Tragedy* (The Viking Press, 1965), p. 96.
(39) J. Harvey (ed.), *The Diplomatic Diaries of Oliver Harvey 1937–1940*, p. 174.

第10章　ボネ対英追随外交

1　アメリカの孤立主義

(1) ボネの対英意向探索

ここで目を英仏関係に転じて、しばらく、当時のフランスの外交政策、特にボネ外交を中心に、その特質と問題点を見ていくことにしよう。フランスの外交政策の決定に関して最も重要な意味を持つのは、チェコスロヴァキア問題で仏独戦争となった場合に、イギリスがどのような態度をとるかであった。このことを十二分に承知しているジョルジュ・ボネ仏外相は、九月一〇日、フィップス駐仏イギリス大使を通じて、この場合のイギリス政府の意向を今一度確かめんと、非公式的な形で探りを入れた。

「今日は、大使としての貴下ではなく友人としての貴下に、お尋ねしたいのですが、もしもドイツがチェコスロヴァキアを攻撃したときに、我が政府から貴政府に対して、『我々は進軍するつもりですが、あなた方も我々と共に進軍されますか？』とお尋ねした場合、貴政府はどのようにお答えになると、大使はお思いですか。[1]」

フィップスの答えは後で見ることにして、このころのボネのイギリス政府への働きかけがどのようなもので、それがどのような意図に基づいてなされていたのか、これを知るために、翌朝のボネ＝バトラー・ジュネーヴ会見を見ておこう。リチャード・A・バトラー英外務政務次官は、国際連盟の総会にイギリス代表として出席するためにジュネーヴに来ていたのである。この会見でボネは、中欧情勢について、次のような悲観的な認識を示した。すなわち、情勢はこれまで既に非常に深刻であったが、最近、九月七日の『タイムズ』の社説と、九日のルーズヴェルト声明と、一〇日の『デーリー・メール』記事に対するイギリス政府の否定声明とのために、益々険悪になったと言い、「現状は一九一四年の大戦前夜に似ている」とまで言った。続けてボネは、この中欧情勢悪化の主因がイギリス政府の曖昧な、軟弱な態度にあるかのように、

「私としては、貴政府には、もしもドイツがチェコスロヴァキアに対して強制的な行動をとるようなことがあれば、『イギリス政府は参戦する』という意図を明確に表現していただけるものと期待していたのですが……。[2]」

と、恨むがごとき不満を漏らしたのであった。

(2) ボネという人物：複雑な策士

ボネ外相のフィップス大使への質問を、翌日のバトラー政務次官との会談での外相の発言と照らし合わせてみると、その質問は、「共に進軍してもらいたい」というストレートな彼の意思表示のように聞こえる。しかし、そうとは言い切れないのが、ボネの物言いの特徴なのである。例えば、チェンバレン首相のボネ評を取り上げてみると、彼は、ダラディエ内閣が成立して間もない一九三八年四月二八、二九日に、ダラディエ新首相とボネ新外相とをロンドンに迎え、英仏首脳会談を持った。その二日後の五月一日に、チェンバレンが妹に宛てた書簡の中で、ダラディエとボネの人物評を試みている。どちらに対する採点も相当辛辣であったが、それはボネに対して、より厳しいものであった。

「ダラディエはショータン（前首相）ほど友好的ではないことが分ったのですが、それでも、彼は単純で率直な人のように思えます。尤も、おそらく評判ほどには強い人物ではなさそうですが。ボネについては、一九三二年以来知っているのですが、彼は利口ですが、野心家であり、策士です。フランス人は、これまでずっと、外相運にはあまり恵まれていません。[3]」

ダラディエは単純だが、ボネは複雑で、虚栄心の強い才子、野心家であり、策士であるという評価は、チェンバレンだけでなく、ブリット駐仏アメリカ大使やガムラン将軍などもそうである。これらと反対の好意的なボネ評もないわけではないが、どうもチェンバレンのボネ評は、当時の人々の間では、「定評」に近いものであったようである。[4]

対独宥和政策推進でのボネの盟友であった、従ってボネに対して非常に好意的であったアナトール・ド・モンジー公共事業大臣でさえ、外相の言動の複雑怪奇さについて、それはほとんど病癖のようなものだったと、次のように評している。

「ボネは、品格のある、正直な男ですが、真実の全体を話せないというほとんど身体的な無能力症にかかっていまして、いつも言い控えて、はっきりさせない部分があるものですから、彼の話を聞き終っても、彼が言ったことにどれほど真実があるのか、誰も分らないままなのです。[5]」

(3) ブリット大使のグラヴ岬演説

それでは、このように複雑な策士であり、肚の内を見せないような物言いをする習癖を持っていたと言われるボネ外相の、フィップス大使に対する九月一〇日の「進軍」質問の真意は、那《な》辺《へん》にあったのか、これを探り出すために、それより前の時期に遡って、彼の外交的言行を検証してみることにしよう。先のバトラーとの会見の中でボネは、中欧情勢悪化原因の一つとして「ルーズヴェルト声明」に言及していたが、その声明の内容と意味合いを知るための前提として、まずは、その五日前の九月四日に、ボルドーに近いグラヴ岬で行われたボネとブリットの演説から見てみよう。グラヴ岬は、一九一七年に第一次世界大戦に参加したアメリカの欧州派遣軍が、フランスに初上陸した地点であり、この日ここで、その記念碑除幕式が挙行されたのである。ボネ外相は、演説中、緊迫化している中欧情勢にも触れて、「我が国は、我が国が署名した諸条約は忠実に履行する所存であります」と誓言し、具体的にチェコスロヴァキアの名を挙げることはしなかったものの、ドイツを名指しにしなかったものの、一応は公の場において間接的に仏致相互援助条約義務履行の意志を示すことによって、ドイツにフランスの強い姿勢を悟らせようとしたのであった(6)。

また、この日の式典にアメリカ側の代表として参列していたブリット駐仏アメリカ大使の演説にも、間接的な対独警告と解釈されうる一節が含まれていた。

「米仏両国民は平和を熱望していますが、しかし、もし戦争がヨーロッパで再び起こるようなことがあった場合に、アメリカがその戦争に巻込まれることになるかならないか、これについては誰一人として予言できる者はいないのであります(7)。」

更に、式典後にボルドーで開かれた宴席でも、親仏家のブリットは、「米仏両国は、戦争のときも平和のときも、一体です」と列席のフランス人にエールを送ったと報じられた(8)。

(4) 九月九日の「ルーズヴェルト声明」

この式典と宴会でのブリット演説は、一部の新聞によってアメリカが孤立政策から介入政策に傾いた証拠だと見なされた。そして、その反響は大西洋を渡って、アメリカ国内の孤立主義の火に油を注ぎ、強い政府批判の炎を巻上がらせた。九月九日、ルーズヴェルト大統領にとっては、このような嫌な雰囲気に包まれたワシントンにおいて、大統領記者会見が行われた。席上、案の定、大統領は、ある記者から、誘導質問的に、

「外国では、アメリカが一種の『ストップ・ヒトラー』運動において欧州の民主主義国家と連携している、という解釈が広まっていますが、これについて大統領はどのようにお考えですか？」

と、コメントを求められた。これに対して、国内世論の動向に関しては、前年一〇月の「シカゴ隔離演説」に見られるように、しばしば観測気球を上げながらも、その判断と行動においては、常に臆病なほど慎重である大統領は、当然、ブリット演説の内容は実は自分が事前に承認したものである、などということはおくびにも出さず、きっぱりと、

「ブリット大使の演説は、民主主義国に対するアメリカの道徳的誓約というようなものではありません。そのような解釈は一〇〇％間違っています。」

と、断言したのであった。こうして、欧州民主主義国の政治家にとっては歯痒くも、アメリカの大統領は、「介入」というまだまだ遠い先にあるゴールを見据えながらも、またもや一歩進んで一歩下がったのであった(9)。

(5) リッベントロップとボネの対米観

米大統領の「一〇〇％否定」声明を聞かされた英仏側が、落胆失望したその分、この声明は、ヒトラーとリッベントロップにとっては歓迎されたと思われる。特に対英強硬一点張りの外相の強硬論を更に勢い付ける一因になったことであろう。ここで、その傲慢な外相のアメリカ軽視ぶりの一端を見ておこう。ヒトラーから「第二のビスマルク」と称されて高慢、横柄の絶頂にあったリッベントロップは、一九三八年一〇月の初め、訪独中のブルガリア国王ボリスに向って、

「アメリカが介入するなどと語るのは、馬鹿げたことです。日本がこわくて、そんなことができるものですか。」

と豪語していた。これに対して、王は、

「日本も、ロシアに入ったナポレオンのように、中国で泥沼闘争に落ち込んでしまっていますから、アメリカに睨みをきかすことなどはできますまい。」

と、外相のアメリカ軽視論に疑問を呈したが、外相は、

「アメリカのやれることは、高々金を送るくらいのものです。」

と、取り合わなかった[10]。

ここでまた、ルーズヴェルト声明とボネとの関係に戻り、それが彼に与えた衝撃度を測ってみよう。一九三七年一月から六月まで、ボネは、英語の話せない駐米大使として僅か六ヶ月のアメリカ体験をした[11]。以来、この元駐米大使は、自らアメリカ通を以て任じるようになった。そんな彼の対米観は、欧州問題におけるアメリカの役割は取るに足りないものである、アメリカの援助は当てにできない、また当てにすべきでない、というものであった。

この多分に欧州中心主義的な信念に基づく対米観を持論として、彼は、一九三八年の「九月危機」以前に何度も、「皆さん御承知のように、私は長い間ワシントンに滞在致しました。ですから、私は、アメリカ人というものは例外なく根っからの孤立主義者であることをよく知っているわけです」という趣旨のことを、公言して憚らなかった[12]。

(6) 「ルーズヴェルト声明」のボネへの衝撃度

このような対米観の持ち主であったから、実際、ボネがアメリカに期待するところは少なかったと思われるが、それでもどこか心の奥底で一縷の望みを懐いていた可能性もなかったわけではあるまい。このような観点から、先に見たブリットのグラヴ岬演説の他の部分を見てみると、それは、ボネのアメリカに対する微かにあったと思われる期待感を、かなり大きく膨らませてくれるものであった。演説の地グラヴ岬は、一七七七年、ラファイエットがアメリカ独立戦争を支援するために出航した地でもあったが[13]、この米仏両国民にとっての「新世界の英雄」ラファイエットを引き合いに出して、アメリカの大使が、

「ラファイエットはどのような軍旗の下で闘ったか、それは自由という軍旗であります、その軍旗はフランスとアメリカとその他いくつかの国の軍旗なのであります。」

と、米仏両国民が戦友として共通理念のために戦った長い歴史のあることを強調すると、これに応じて、フランスの外相は、

「一般によく言われていることですが、それは、両国が最も貴重な人類の遺産と見なしている原則を守るように要請されたときにはいつでも、フランスの武器とアメリカの武器が一つの軍旗の下に集められるということであります。一方の友は、他方の友が危険の渦中にあるとき、何が何でもその友の援助に駆けつけざるをえないということであります。」

と、フランスが現在の「九月危機」においてもまた、アメリカの援助を期待していることを強く示唆したのであった[14]。ところが、このボネの膨らみかけた期待感も、先に見た五日後の大統領によ

る完全否定声明で束の間の夢と萎んでしまったのである。もともとアメリカの援助を当てにしていなかったボネとはいえ、大統領の個人的な「代理」大使と広く見なされていたブリット大使の心強い演説を聞いたあとだけに、このアンティクライマックス的な結末は、大きな衝撃であったであろう。その衝撃度について、歴史家イヴォン・ラカーズは「ボネはパニックに襲われた」とまで言っている。(15)

2　仏空軍の劣悪な現状

(1) ヴュイーユマン仏空軍参謀総長の独空軍視察

ルーズヴェルト声明はボネ外相にとって大きな衝撃であったに違いないが、これよりも更に激しくボネを対独戦争の可能性に恐れ戦かせていたものがあった。それは、空軍力におけるフランスの無惨なほど劣悪な現状であった。自国空軍の対独劣勢については、ジョゼフ・ヴュイーユマン空軍参謀総長を初めとして、ボネ外相をも含めて多くのフランス人指導者の間で、かなり前から意識されていた。しかし、その劣勢が意識されていた程度よりも遥かに酷いことを、具体的にまざまざとフランス空軍首脳が思い知らされたのは、ランシマン斡旋が難航していた八月中旬のことであった。

ゲーリンク空相から訪独の招待を受けたヴュイーユマンは、時期が悪いと訪独反対の声も上がったけれども、ボネ外相の勧めもあって、八月一六日から二一日までの間ドイツを訪問した。ドイツ滞在中、ヴュイーユマンは、ゲーリンクからドイツ空軍についての誇張された自慢話も聞き、また、メッサーシュミットやハインケルなど軍用機製造工場をはじめ、その他の空軍関係施設も視察して廻った。この劇的に仕立てられた実地見学を終えたヴュイーユマンは、「演出家」ゲーリンクの思惑通り、大きな衝撃を受けていた。こうしてまったく自信を喪失してしまった仏空軍参謀総長は、離独前に会った自国の駐独大使フランソワ－ポンセに、「我が空軍はドイツ空軍の集中攻撃に遭えば二週間と持たない」と、絶望に近い悲痛な感想を漏らしたのであった。(16)

このように打ちひしがれて帰国した空軍参謀総長が、彼に訪独を勧めたボネ外相にもこの衝撃的な視察報告を行ったことは、間違いあるまいが、フランス国民はというと、自分たちの空軍がこのような目も当てられないような劣悪無惨な状態にあることを、一切知らされていなかった。このため、飛行機製造関連労働者は、ドイツで自分たちの空軍参謀総長が大衝撃を受けていたまさにそのとき、まったく他の市民同様に、例年通りの二五日間の有給ヴァカンスを楽しんでいる真っ最中であった。その結果、この月に製産された飛行機は、なんと僅か一三機に落ち込んでしまったのである。この数字の持つ衝撃的な意味合いは、次項以下を読み進んでいくうちに、より一層明らかになってくる。(17)

(2) リンドバーグの独空軍視察

ヴュイーユマン報告よりも更に衝撃的であったのは、リンドバーグ証言であった。チャールズ・リンドバーグ米空軍退役大佐は、言わずとも知れた、一九二七年五月に初の大西洋単独無着陸飛行に成功した、アメリカ人飛行士である。ミュンヘン危機の当時はまだ三五歳の若さながら、既に世界的な有名人であり、主要国の空軍の現状にも最も精通している「専門家」の一人と見なされていた。実は、彼は、軍用航空機の専門的知識は持ち合わせていなかった。それは、彼自身も認めていたところであった。それにもかかわらず彼が専門家と見なされ、彼のドイツ空軍評価が、英仏の政界のみならず軍部にも、多大な影響を与えたのは、彼には、他の者にはほとんど不可能な、貴重な体験があったからである。それは、彼の二度のドイツ空軍視察であった(18)。

その二度の体験は一九三六年七月と一九三七年一〇月の訪独の際のことであった。この世界的名士を利用してドイツ空軍の偉容を世界に誇示したいというゲーリンク空相らの思惑もあって、滞在中にリンドバーグは、至れり尽くせりの豪華な接待を受けただけでなく、ほとんどすべてのタイプのドイツ軍用機を見る機会を得た上に、ある機種の試乗体験をも勧められ、これに応じたのであった。そして、その結果、彼は、「演出家」ゲーリンクの期待通りに、ドイツ空軍の短期間での長足の発展、ナチ・ドイツの旺盛な精力と高い集中力、高水準の科学力等々に、目を見張らされることとなったのである。

このドイツ側の用意周到な計画に基づいた空軍実地見学を体験した後、この世界的名士である米空軍退役大佐は、あたかも自己に課せられた使命かのように、英米仏の軍人、政治家等々、各界の名士、有力者に、ドイツ空軍の凄さを説いて廻るようになった。ドイツの軍用機の性能、製造能力は、既にフランス空軍など問題にならない、将来はイギリスは確実に危うく、アメリカでさえもうかうかできぬ、ドイツ空軍恐るべし、との警鐘を乱打するアラーミストの役割を果し続けるようになったのである(19)。

(3) リンドバーグ＝シャンブル会談(1)：シャンブル空相の状況説明

一九三八年までには既に、独・英・仏・米各空軍の現状を最もよく知る空軍問題の専門家と見なされていたリンドバーグは、一九三八年八月後半には、ソ連をも訪問、加えて、「九月危機」が始ったその第一週には、危機の焦点となっていたチェコスロヴァキアをも訪問して、両国の空軍の現状を視察した。そして、九月八日には、ソ致両国の空軍に関する最新情報をも入手した権威として、空路プラハからパリに帰着した。予定では、そのままブルターニュにある自宅に帰ることになっていたが、その予定を狂わせる一通の招待状がパリに着いた彼を待ち受けていた。それは、知己のブリット大使からの晩餐への招待状であった。何彼に付けて大使を頼りにしていたダラディエ首相からの依頼を受けて、ブリット大使は、九月九日夜、パリ郊外の自邸にリンドバーグ夫妻と仏空軍大臣ギー・ラ・シャンブルとを招き、大佐から特にドイツ空軍の現状についての評価を大臣に話してもらおうという、そのような機会を設けることに協力したのである(20)。

同夜、ブリット邸で晩餐をとりながら、まずはシャンブルが、リンドバーグに対して、ドイツ空軍と比較してフランス空軍がどれほど絶望的な立場にあるかを、仏・独・英の航空機月産数を示しながら、次のように説明した。

「暗澹たる状況です。フランスはドイツに大きく引き離されています。もし追いつけるとしても、ここ数年は無理です。私たちの情報では、ドイツの航空機製造数は月産五〇〇から八〇〇機なのですが、我が方は僅か四五から五〇機にすぎません。イギリスは七〇機ほどです。これについての大佐のご見解は、どのようなものでしょうか?[21]」

上の数字中、ドイツ月産数の最大を八〇〇機と見積もっているのは、過大であり、実際は、四五〇から五〇〇機ほどであった。それにしても、独仏の航空機製造能力に雲泥の差のあったことに変りはない[22]。

「九月危機」が深刻化していたさなかの一夕に、フランスの空軍大臣がこのような悲観的な、絶望的な見方を外国人に打ち明けていたのであるが、そのころ、何も知らされていなかったフランスの飛行機製造関係労働者たちは、祖国がこのような切羽詰まった危機的状況にあったにもかかわらず、夏がくると、危機もどこ吹く風と恒例のヴァカンスに出かけ、その結果、先に示したように、八月の飛行機製産数はわずか一三機に落ち込んだのであった[23]。かくして、「九月危機」の間、フランス空軍力の対独劣勢は、これまで以上に惨憺たる様相を呈するに至ったのである。

（4）リンドバーグ=シャンブル会談（2）：リンドバーグの厳しい見解

自国の空軍が置かれていた無惨な状況をこのように自認する空軍大臣からの問い掛けに、既にドイツ空軍の凄さに圧倒されていたリンドバーグは、次のように応じた。

「ドイツや他のヨーロッパの国の飛行機製産数については、私には何とも言えませんが、全般的にドイツ空軍が優位であるという大臣の見方には、私も賛成です。と申しますのも、私の見るところでは、ドイツ空軍は他のヨーロッパ諸国の空軍力を全部集めたとしても、それよりも強力であると、結論付けざるをえないからです[24]。」

この俄に信じがたいような、驚くべき結論は、以前からの彼の持論であった。ハロルド・ニコルソン英下院議員によれば、「五月危機」のときに既に、リンドバーグは、ニコルソン議員に向って、「ドイツ空軍の優位は、英仏ソの空軍を合せた力の一〇倍です」と語っていたのである[25]。この評価は明らかに誇大である。一九三八年に独仏英三国それぞれが所有していた第一線軍用機数を比べてみると、ドイツは三一〇四機であったのに対して、フランスは半分以下の一四五四機であり、イギリスはほぼ半分くらいの一六〇六機であった。つまり、三二八〇機のソ連を除いた英仏二ヶ国の合計数だけでも、三〇六〇機と、ほぼドイツの三一〇四機と同数となるわけである[26]。単純に「第一線軍用機数」即「空軍力」とは言えなくても、この数字から見ても、「アラーミスト」リンドバーグの評価は、鬼面人を驚かすという、過度に大袈裟なものであったことが裏付けられよう。しかし、だからといって、フランス空軍がドイツ空軍に対して甚だしく劣悪な現状にあったという見方そのものは、否定されうるものではない。それは、この第一線機の実数比較からも、明らかなことであろう。

リンドバーグ自身が書き残しているリンドバーグ=シャンブル会談要録には、このような絶望的な状況下にあるフランス空軍の下では、陸軍の対独攻勢もまた絶望的である、という彼の見解が、記されている。

「フランスの空軍状況は絶望的である。ドイツに追いつけるにしても、ここ何年もの間は不可能だ。この事実をシャンブル氏は分っている。フランスは対空砲も不足しているし、また、パリの人たちはガスマスクの備えもない。なのに、フランス陸軍は、ドイツがチェコスロヴァキアを侵せば、旧西部戦線で攻勢に出る用意をしているようだが、これは自殺行為だ。[27]」

フランス陸軍の攻勢用意についてのリンドバーグの見方は、的を射ていない。確かに、当時のフランス参謀本部に「対独攻勢」の考えがなかったわけではない。しかし、それは「自殺行為」に至らない限度での「攻勢」であった。つまり、それは、盟邦チェコスロヴァキアを救済するために、旧西部戦線から独致戦線に向って進軍を試みるという、対独正面突破的「大攻勢」ではなく、独致戦線からドイツ軍をしてその兵力の一部を西部戦線に割かざるをえないようにして、精々チェコスロヴァキアの敗北を少しでも遅らせようとしただけの、対独牽制的「小攻勢」と言ってもよいような性質のものであった。しかも、その「小攻勢」実施にさえも、「もし可能ならば」、「都合のいいときに」という、後ろ向きを思わせる条件が付けられていたのである。[28]

(5) 遅すぎた仏財政・軍備政策の転換

リンドバーグとの会見によって、悲観から絶望へと落ち込んだシャンブル空相は、この不吉なリンドバーグ予想を閣議に報告した。[29]ドイツ空軍の攻撃に半月ももちそうにないフランス空軍、マジノ・ラインから跳び出て対独猛攻勢をかけられそうにもないフランス陸軍、このようなフランス軍の貧弱な現状がボネ外交を強く拘束する要因になっていたことは、否定できない。以下、フランス軍をこのような現状に陥れた諸要因を概観してみよう。

第一次世界大戦後のフランスは、世界有数の金保有国として、フランの価値を維持し続けてきたが、一九三四年に世界恐慌の影響を受け始め、一九三六年にはフランの切り下げに追い込まれた。[30]その直後の一九三七年一月、ブルム人民戦線内閣が倒れて、ショータン内閣が成立し、新蔵相としてボネが任命されたとき、フランスの財政は、国庫が空っぽという緊急非常事態に陥っていた。[31]蔵相たるボネとしては、当然のことながら、通貨危機、財政危機からの脱出を最優先課題としたのに対して、国防相たるダラディエは、前年三月のドイツ軍のラインラント進駐、七月以来のスペイン内戦の激化によって、国際関係の緊張が高まる中、これまた当然のことながら、独伊に対抗するための軍事費の増額を要求した。閣議の結果は、より緊急を要する施策は、軍備拡張ではなく財政緊縮の方だということになり、ボネ蔵相は、大幅な軍事費削減の大鉈を振るったのである。[32]

しかし、一九三八年三月になってドイツがオーストリアを併合し、次はチェコスロヴァキアか、という事態に直面すると、さすがにフランス政府も財政重視の軍事費削減策を持続するわけにはいかず、アンシュルスの直後に、とりあえずフランス軍のアキレス腱たる空軍の拡張計画を承認したのである。それはボネが蔵相を退いて九ヶ月経ってからのことであった。このように、アンシュルス・ショックにあって初めて、漸く財政・軍備政策の転換が行われたのであるが、そのときは最早手遅れ、このような泥縄式対応策は、一九三八年九月の「ミュンヘン」に間に合うものではなかった。それは、第一線軍用機についての次の数字を見れば、一目瞭然である。一九三七年には、後発のドイツが一二三三機であったのに対して、先発のフランスはそれを上回る一三八〇機であった。それが一年後の一九三八年には、先に見たように、ドイツの三一〇四機対フランスの一四五四機と、フランスは取り返しのつかない大逆転をドイツに許してしまったのである[33]。

3 対致・対英方針の転換点

(1) 新外相ボネの対致保証

もともと対独闘争心に欠けるボネであったが、今、ルーズヴェルト声明とリンドバーグ証言という強烈なワン・ツー・パンチを浴びて、戦意喪失、ノックダウン寸前だったと思われるが、しかし、アメリカの支持が絶望的なことよりも、また、フランス空軍がまったく頼りにならないことよりも、さらにボネにとって対独戦争の見込みを耐えがたいものにした決定的な要因があった。それは、イギリスのフランスへの対応ぶりであった。

ボネが外相として入閣したダラディエ内閣が成立したのは、独墺併合（アンシュルス）から約一ヶ月後の一九三八年四月一〇日、すなわち、既に次の「アンシュルス」はズデーテン地方だと、予想されていたころであった。このように、欧州国際社会の関心の焦点がチェコスロヴァキア危機に絞られようとしていた、まさにそのころに誕生したダラディエ新内閣、中でも新外相のボネは、前第二次ブルム内閣が仏ソ・仏致両相互援助条約に忠実であると見られていたのに比して、必ずしもそうでないのではないかと、疑いの目で見られていた。このため、新外相の初公務は、そのような見方を打ち消すために、四月一一日、シュテファン・オススキー駐仏チェコスロヴァキア公使を招いて、

「敵対的な新聞が行っている仏致相互援助条約廃棄キャンペーンによって広められている噂とは反対に、中欧に関する我が政府の立場は何らの変化もありません。外国人の中で、我が内閣の態度が前内閣と同じであることを知って驚いている人がいるとしたら、その人たちはフランスを知らないからです。政治家という名に価するフランスの政治家ならば、フランス外交の態度を決定しなければならない要因に目をつぶることなどできないのです。このことを、その人たちは十分に認識していないのです。」

と、請け合うことであった[34]。

ボネの物言いがいつもそうであると言われたように、この再保証発言もまたどこまで本気なのか見分けがつかない部分が残った。というのは、彼がここで「敵対的な新聞」というその新聞は、彼の影響力下にあったとされる半官紙の『ル・タン』紙であったが、その『ル・タン』紙が掲載した、ある国際法学者の仏致相互援助条約失効説こそが、ボネの言う「条約廃棄キャンペーン」の引き金になっていたからである。その学者の説は、仏致条約はロカルノ条約を前提として結ばれたものであるので、そのロカルノ条約がドイツによって破棄されてしまった今、仏致条約の効力も消失したというものであった。ボネがオススキーと会見したころ、この論説が各国に翻訳され、大きな物議を醸し出していたのである。チェコスロヴァキアと敵対的な関係にあるハンガリーの新聞など

は、「仏外相の新聞、チェコスロヴァキアを棄てる」という大見出しをつけて、報じたほどであった。[35]

（2）イギリスの曖昧な対仏態度

ボネ外相自身が『ル・タン』紙の仏致条約廃棄キャンペーンの影の存在ではなかったか、という疑念は残るが、新外相がチェコスロヴァキアに対して改めて条約遵守の保証を与えたことは、事実である。そしてこの対致保証を、新外相を含めフランス政府が実行する決意でいたとしても、それが実際に履行できるかどうかは、イギリスの態度次第であった。対独「軟派」に近いボネ外相は勿論のこと、「硬派」のポール・レイノー司法相やジョルジュ・マンデル植民地相でさえも、また、フランス空軍は勿論のこと、陸海軍でさえも、フランスは、現実問題として、イギリス抜きではチェコスロヴァキアのためにドイツと戦うことは不可能であるという考えにおいて、変りはなかった。[36]この認識から導き出される自然な結論は、ズデーテン危機に直面しているフランスの最重要緊急課題は、仏致条約上の義務によってフランスがどうしてもドイツと戦わざるをえない立場に追い込まれてしまう場合に備えて、イギリスから事前に「共に戦う」という確証を引き出しておく、ということになろう。この確証がなければ、フランスとしては、対独政策の根本方針が立たず、従って、そのままずるずると、条約不履行の汚名を忍んでの自国の「安全」か、それとも敗戦覚悟の条約遵守という「名誉」か、という、ボネたちが最も恐れている二者択一の窮地へと流される危険がある。このジレンマを避ける唯一の途こそ、イギリスの参戦保証であると、そのように考えたボネは、外相就任以来、この点に関するイギリスの真意を探り続けていたのであった。

ところが、肝心要のイギリスの対仏方針は、ボネ外相の試みを満足させる性質のものではなかった。ドイツの対致攻撃という事態となったときに、イギリスがどのような行動をとるかについては、先にも述べたように、ドイツに対しては「参戦するかもしれない」と思わせることによって、その対致武力行使を抑止しようという方針であったのに対して、仏・致に対しては「参戦しないかもしれない」と思わせることによって、両国の対独挑発的な強硬態度を抑制し、対独妥協的な外交行動へ導きたいという方針であった。このように、西欧でなく中欧に端を発するフランスの対独戦争に関しては、チェンバレン＝ハリファックス外交は、チェコスロヴァキアには勿論のこと、フランスにも、その対応について明確な保証を与えないで「憶測させておく」、それがイギリスの国益に適うと考え、この考えに基づいた対仏応接方針を既に定めていたのであった。[37]

（3）分岐点としての「五月危機」（1）：「強気の」ボネ

このようなイギリスの曖昧な対仏態度を、ボネ外相が思い知らされたのが、一九三八年の「五月危機」のときであった。その経緯と、それがボネの対致政策にどのような影響を及ぼしたかを、以下、見てみることにしよう。五月一九日夜から続々とドイツ兵がチェコスロヴァキア国境に集中しているという情報が入ってくる中、二一日午後、イギリス政府は対独正式警告訓令を決定、[38]夜七時、ヘンダーソン駐ベルリン大使は、この訓令をリッベントロップ外相に対して執行した[39]。丁度そのころパリでは、ボネ外相は、イギリス政府の対独警告については何も知らないまま、記者団に対して、次の声明を発表した。

「もしドイツがチェコスロヴァキアの国境を越えるようなことがあれば、それは自動的に戦争の開始となろう。フランスは条約上の誓約を尊重し、チェコスロヴァキアが侵略の犠牲になれば、最大限の援助を行う[40]。」

イギリス政府のように正式警告を直接ドイツ政府に突き付けることは避けたものの、それでも、ボネ外相は、四月一一日にオススキー公使に約束した通り、「条約遵守」「自動的参戦」という言葉を使って、イギリス政府に劣らぬほどの強い対独姿勢を示したのであった。

この「強気の」ボネがイギリスの対独正式警告のことを知ったのは、記者会見の後のことであった。フィップス大使との会見中に入ったロンドン大使館からの電話によって、彼はこのことを知らされたのである。外相は大使にイギリスの措置に満足の意を表し、加えて、自分も会見直前に記者団に対して強気の声明を発表したことを話した。フィップスは、この時の「強気の」ボネとの会見から引き出した印象を、ハリファックス外相に、「実際にドイツの侵略があれば、フランスはチェコスロヴァキア援助に向うことは確かだと思います」と知らせている[41]。

(4) 分岐点としての「五月危機」(2):「弱気の」ボネへ

翌日の午後、更にフィップスから、次のような電話電報が入った。

「ヘンダーソン大使がドイツ政府に与えるようにと訓令された警告は、フランスには実際よりも行き過ぎた形で伝わっています[42]。」

この直後のことである、ハリファックスが「強気の」ボネに冷水を浴びせたのは。

「チェコスロヴァキア問題の平和的解決に失敗した場合の、我が政府の態度についてですが、現時点において予見できうる限りの、その態度に関しましては、貴政府がいかなる幻想も抱かれないことが、この上もなく重要であります。」

という一節から始まるハリファックスの「五・二二 対仏警告」電報は、イギリスの発した「五・二一 対独警告」について、

「貴政府が、その警告に関して、記された文言によって正当化できる以上の、深読みをなされるならば、それは、非常な危険が伴うおそれがあります。」

と注意を喚起し、ボネが期待する英仏合同「進軍」については、

「もし仮にも貴政府が、ドイツの武力行使に対してチェコスロヴァキアを維持すべく我が政府も貴政府と共に合同軍事行動を直ちにとると、想定しておられるのであるならば、我々のこれまでの諸声明はそのような想定を保証するものではないということを、貴政府に警告しておくのは、ごく公正適切なことだと、考える次第であります。」

と、にべもなくその期待を打ち砕いたのであった[43]。

以上のように、ハリファックス外相は、既定の対独・対仏応接方針に基づいて、ドイツに対して、対致武力行使はイギリスの参戦となる可能性があると、強い警告を発すると同時に、フランス

に対しても、チェコスロヴァキア問題でのイギリスの対独参戦の可能性について「幻想を抱いてはいけない」と、これまた強い警告を発したのであった。このイギリス政府の対仏警告文を、フィップス大使がボネ外相にゆっくりと読み上げると、ボネは詳細なノートをとった。フィップスが読み終ったとき、ボネは何ら異論を挿むことなく、次のような決意を示しただけだった。

「もしもチェコスロヴァキアが本当に訳の分らない態度を示すなら、我が政府としても、致政府に対して、『フランスは条約の絆から解放されたと見なす』と宣言することになりかねません。我が政府が欲しているのは、誓約を破るか、それとももう一度世界大戦を始めるかという、恐ろしい選択に迫られることを避けること、それだけなのです。[44]」

このように、ボネがイギリスの対仏態度を明白に知らされた瞬間、もはや前夜の「強気の」ボネ、条約を遵守して開戦も辞さずという「表の」ボネは、一夜にしてどこかに消え去り、代って、誓約を破棄してでも対独戦回避を望むという「弱気の」ボネ、「裏の」ボネが、イギリス大使の眼前に現れ出たのである。

(5) 対独低姿勢・対致高姿勢の方針

「五月危機」からフランス人の多くが引き出した教訓は、五月二一日はヒトラーに教訓を与えた、将来同じようなことが起こっても、英仏が毅然たる態度を示せば、戦争は避けられる、というものであった。[45] ところが、ボネの「五月危機」から得た教訓は違った。疑いもなく、彼は、イギリスの「五・二一 対独警告」よりも「五・二二 対仏警告」によって強く印象付けられた。すなわち、彼が「五月危機」から引き出した教訓は、「真実の時」のイギリスの対応が不明なまま、フランスが先走って、先の「五・二二 記者声明」のように、単独でドイツに対して強い姿勢を示すのは危険極まりない、従って、「五月危機」後のフランス外交は、対独低姿勢、対致高姿勢で臨むことが肝要である、というものであった。[46]

そして、イギリスから釘を刺された三日後には、早速、ボネは、駐仏ドイツ大使ウェルツェックを呼び出し、この教訓に基づいた対独アプローチを試みた。まずボネは、「五月危機」の間中ドイツが常に冷静であったことに感謝の意を表し、ズデーテン問題は平和的手段で解決されるとの、彼の考えを述べた。これに対して、ウェルツェックは、

「チェコ人がこれほどまでに頑強な態度をとっている理由はただ一つ、それは彼らがフランスとの同盟につけ込んでいるからなのです。圧力をかけねばならないところはどこなんですか？ それはチェコスロヴァキアでしょう。もしもズデーテン・ドイツ人の要求が、貴政府の圧力によっても実現されなかった場合、その結果生じる戦争の責任は、貴国の上に降りかかることになるでしょうね。」

と、威嚇含みの警告を発した。これに対してボネは、この脅しに屈したかのように、

「もしチェコスロヴァキア政府が非妥協的な態度をとり続けるならば、我が政府は同政府に対して、『このような状況の下では、我々は現在の同盟条約義務の改変を提起せざるを得なくなる』と、通告することになりましょう。」

とまで言明したのである。四日前に聞いた対独警告的な外相声明とは対照的に、今、同じフランスの外相の口からこのように迎合的な回答がなされるのを聞いたドイツ大使は、満足げに、まるで先生が改悛した生徒を褒めるかのように、

「それは、私にはズデーテン問題を進捗させる適切な方法だと思えます。」[47]

と応じた。

(6) ボネの対致最後通牒類似通告

イギリスの「五・二一 対仏警告」にひるみ、ウェルツェックの「五・二五 対仏警告」にたじろいだボネ外相は、以後、対致条約故にイギリス抜きの対独戦争に引込まれることを極度に恐れるようになった。この恐怖心からボネは、何としても、条約義務履行の危険に直面することを回避するために、チェコスロヴァキア政府に対して、これまでの遠慮がちな間接的圧力というやり方を改めて、もっと強圧的に譲歩を迫る決意を固めたのであった。[48]

「五月危機」後も、プラハにおけるチェコスロヴァキア政府とズデーテン・ドイツ党との間の交渉は、何の進捗も見せなかった。この停滞にしびれをきらしたイギリス政府は、フランス政府の頭越しにランシマン卿を「斡旋人」としてプラハに派遣することを決めた。プラハ交渉の停滞については、そのころボネの方も、イギリス政府同様に、苛立ちを募らせていた。そして、その怒りが向けられた先は、あのウェルツェックの「圧力をかけねばならないところはどこなんですか？ それはチェコスロヴァキアでしょう」という指示に従ったかのように、強い敵対国ドイツではなくて、弱い同盟国チェコスロヴァキアであった。七月二〇日、ボネ外相は、オススキー公使を呼び出して、次のような赤裸々な「最後通牒類似」の通告を、同盟国の公使に突き付けたのであった。

「フランスはズデーテン問題で戦争をすることはありません。貴政府がお望みのように、確かに私たちは公には両国の団結を繰り返して言い続けはしますが、そのような団結声明を行うのは、それによって、貴政府が名誉ある平和的解決を求めることができるようになると、考えるからです。戦争が起これば、私たちが貴政府の側に立つというようなことは、いかなる状況下でも考えるべきではありません。貴政府は、我が国は、イギリス同様、戦争に加わることはないということを、肝に銘じておかなければなりません。[49]」

(7) 煉獄に喘ぐベネシュ大統領

次の日、オススキー報告に接して大きな衝撃を受けたベネシュ大統領は、直ちにヴィクトル・ド・ラクロワ駐致フランス公使を呼び出し、オススキー報告の一部を読み上げた上で、フランスの同盟離脱の可能性に何度も立ち返り立ち返りして、公使に向って、「これを本当のこととお思いですか？」と尋ねたのであった。[50]こうして、ランシマン派遣がイギリスの中・東欧不介入政策の「終りの始り」を告げたとき、時を同じくして、ボネの対致最後通牒類似通告がフランスの仏致同盟政策の「終りの始り」を告げたのである。

ベネシュとの会見後、フランス公使は、このときのチェコスロヴァキア大統領の印象について、次のように記している。

「オーストリア併合（アンシュルス）以来、いや、一九三六年三月七日のラインラント進駐以来と言ってもいいでしょうか、とにかくそれ以来、私は、ベネシュ氏が直面してきたあらゆる種類の困難によって苛まれているのを見ていますが、今日の午後初めて、彼の中に一種の精神的崩壊を見た気が致します(51)。」

ボネの対致最後通牒類似通告は、ラインラント以来のベネシュ大統領が味わってきた煉獄の苦しみの極ではあったが、これで彼の苦しみが終ったわけではなかった。直ぐ先に彼を待ち受けていたのは、苦悩を通じての天国の歓喜ではなく、もっともっと過酷な地獄の苦しみであった。

（8）一九三八年八月のボネ対英追随外交

八月中、ドイツの大動員の報が次々に入ってきても、フランスはイギリスの明確な支持なしには手も足も出せないという、特にボネ外相の信念に従って、ダラディエ内閣は対抗的な動員措置を控え続けた(52)。建前から言えば、チェコスロヴァキアの同盟国たるフランスとしては、ドイツに対して、チェコスロヴァキアの国家主権と矛盾しない範囲でのズデーテン地方の自治には賛成だが、武力の行使による、あるいは武力の威嚇による併合は勿論、国家主権を危うくする広範な自治には反対だと、譲歩の限界を明確にする警告を発すべきだった。しかし、そのようなことは一切せずに、イギリス主導のランシマン「斡旋」を全面的に支持しつつ、フランス政府自身は、イギリスの背後からその「斡旋」の成り行きをじっと見守り続けるだけであった。

ボネ外相の主導下、フランスがなぜこのような退嬰的な、「対英アフター・ユー」的な態度をとり続けたのか？　その一つの理由は、交渉が破裂してドイツの対致武力攻撃となった場合に、イギリスの参戦を確実にする最善の策は、それ以前の対独、対致交渉の主導権はイギリスに譲ることによって、イギリスを中欧政治の主役の一人として正面舞台に押し出しておいて、フランス自身は脇役に徹することだ、と考えたことであろう。もう一つ考えられることは、イギリス参戦の確証が得られぬまま、ドイツの対致攻撃が確実となって、その目前の戦争への巻込まれを回避するためには、同盟国をヒトラーに売り渡すしかないという切羽詰まった事態に陥った場合にも、フランスは自らの手を汚さず、主導者のイギリスに「ユダ」の役を担わせうる可能性が見込まれたことである。「複雑な策士」ボネの肚の内はともかく、八月中のボネ外交は対英追随外交に徹していたことは事実である。

注

（1）*Documents on British Foreign Policy, 1919-39, 3rd series, Volume II* (His Majesty's Stationary Office, 1950), p. 303. 以下、*DBFP-II* と略して表記する。

（2）*Ibid.*, p. 293.

（3）Robert Self (ed.), *The Neville Chamberlain Diary Letters, Volume Four, The Downing Street Years, 1934-1940* (Ashgate, 2005), p. 318.

（4）Alexander Werth, *France and Munich before and after the Surrender* (Harper and Brothers, 1939), p. 136; Anthony Adamthwaite, *France and the Coming of the Second World War 1936-1939* (Frank Cass, 1977), pp. 103, 177.

（5）Adamthwaite, *France and the Coming of the Second World War*

1936–1939, p. 143.

(6) *Ibid.*, p. 209; Werth, *France and Munich before and after the Surrender*, p. 236.

(7) Werth, *France and Munich before and after the Surrender*, p. 235; Jean-Baptiste Duroselle, translated by Catherine E. Dop and Robert L. Miller, *France and the Nazi Threat–The Collapse of French Diplomacy 1932–1939* (Enigma Books, 2004), p. 280.

(8) Adamthwaite, *France and the Coming of the Second World War 1936–1939*, p. 209.

(9) *DBFP-II*, p. 293; Duroselle, *France and the Nazi Threat*, p. 280; Telford Taylor, *Munich: The Price of Peace* (Hodder and Stoughton, 1979), pp. 525–6; Barbara Rearden Farnham, *Roosevelt and the Munich Crisis–A Study of Political Decision-Making* (Princeton University Press, 2000), p. 95.

(10) テオ・ゾンマー著／金森誠也訳『ナチスドイツと軍国日本―防共協定から三国同盟まで―』（時事通信社、一九六四年）、二〇七ページ。

(11) Adamthwaite, *France and the Coming of the Second World War 1936–1939*, p. 99.

(12) Werth, *France and Munich before and after the Surrender*, p. 212.

(13) Adamthwaite, *France and the Coming of the Second World War 1936–1939*, p. 209.

(14) T. Taylor, *Munich*, p. 525.

(15) Yvon Lacaze, *France and Munich: A Study of Decision Making in International Affairs* (Columbia University Press, 1955), p. 119.

(16) Duroselle, *France and the Nazi Threat*, pp. 278–9; T. Taylor, *Munich*, pp. 719–20.

(17) Werth, *France and Munich before and after the Surrender*, p. 208; Igor Lukes, *Czechoslovakia between Stalin and Hitler: The Diplomacy of Edvard Benes in the 1930s* (Oxford University Press, 1996), p. 176.

(18) Adamthwaite, *France and the Coming of the Second World War 1936–1939*, pp. 240–1.

(19) T. Taylor, *Munich*, pp. 757–62.

(20) *Ibid.*, p. 764; John W. Wheeler-Bennet, *Munich: Prologue To Tragedy* (The Viking Press, 1965), p. 99.

(21) T. Taylor, *Munich*, pp. 764–5; Wheeler-Bennet, *Munich*, p. 99.

(22) Adamthwaite, *France and the Coming of the Second World War 1936–1939*, p. 162.

(23) Lukes, *Czechoslovakia between Stalin and Hitler*, p. 176.

(24) T. Taylor, *Munich*, p. 765.

(25) Nigel Nicolson (ed.), *The Harold Nicolson Diaries: 1917–1964* (Phoenix, 2005), p. 188.

(26) Adamthwaite, *France and the Coming of the Second World War 1936–1939*, p. 162.

(27) *Ibid.*, p. 765.

(28) *Ibid.*, pp. 62, 87, 227–8, 232.

(29) T. Taylor, *Munich*, pp. 764–5; Wheeler-Bennet, *Munich*, p. 99.

(30) ジェイムズ・ジョル著／池田清訳『ヨーロッパ一〇〇年史』2（みすず書房、一九九三年）、一三三ページ。

(31) Adamthwaite, *France and the Coming of the Second World War 1936–1939*, p. 59.

(32) *Ibid.*, p. 27.

(33) *Ibid.*, p. 162.

(34) Werth, *France and Munich before and after the Surrender*, pp. 142–3.

(35) Adamthewaite, *France and the Coming of the Second World War 1936–1939*, p. 175.

(36) *Ibid.*, pp. 65, 85, 164, 335.

(37) *Ibid.*, pp. 65, 86; John Charmley, *Chamberlain and the Lost Peace* (Faber and Finds, 2009), p. 99.

(38) *Documents on British Foreign Policy, 1919–39, 3rd series, Volume I* (His Majesty's Stationary Office, 1949), pp. 331–2.

(39) *Ibid.*, p. 332.

(40) *Ibid.*, p. 340.

(41) *Ibid.*, p. 337.

(42) *Ibid.*, p. 343.

(43) *Ibid.*, pp. 346–7.

(44) *Ibid.*, p. 357.

(45) Werth, *France and Munich before and after the Surrender*, p. 155.

(46) Duroselle, *France and the Nazi Threat*, p. 276; Lacaze, *France and Munich*, p. 88.

(47) *Documents on German Foreign Policy, 1918–45, Series D, Volume II* (Her Majesty's Stationary Office, 1953), pp. 343–4.

(48) Lacaze, *France and Munich*, p. 89; Duroselle, *France and the Nazi Threat*, p. 272; Adamthewaite, *France and the Coming of the Second World War 1936–1939*, p. 194.

(49) Duroselle, *France and the Nazi Threat*, pp. 272–3; Adamthewaite, *France and the Coming of the Second World War 1936–1939*, pp. 197–9.

(50) Adamthewaite, *France and the Coming of the Second World War 1936–1939*, p. 199.

(51) *Ibid.*, p. 199.

(52) Werth, *France and Munich before and after the Surrender*, p. 218.

第11章　ボネ対独宥和外交

1　ボネ「進軍」質問とイギリスの対応

(1)「進軍」質問に潜む思惑

前章の冒頭におけるボネ外相のフィップス大使に対する九月一〇日の質問、「イギリスは共に進軍してくれるか?」という「進軍」質問の真意を探るために始めた遡行の旅が、随分と長いものになってしまったが、ここで再び九月一〇日に戻ろう。これまでの検証から分ったように、ボネは、この「進軍」質問の約二ヶ月前には、イギリス抜きの戦争はできない、しないという決意を固めていた。この決意を含めて、この遡行の長旅から知り得た事柄を考慮に入れて、改めて、ボネの「共に進軍してくれるか」という質問の意味合いを考えてみると、表面上は単純明快、単刀直入に聞こえるこの質問には、実はなかなか微妙、複雑な意味合いが含まれているようにも思える。何か裏があるように思えてくる。事実、どうも単純に「イエス」の答を求めて発せられた質問ではなかったようである。[1]

既にイギリスの消極的な態度を思い知らされていたボネとしては、ほとんどまったく「イエス」の回答は予想していなかったであろうが、万が一「イエス」ということであれば、それはそれで、イギリスの大陸政治への完全なる関与の確証となり、フランスの最も望むところであった。これによって、盟友を裏切らずに自国の安全を確保できる可能性が高まるからである。しかし、ボネが十中八九の確率として予期していたのは、イギリスの「五・二二対仏警告」からして「ノー」の回答であっただろうが、予想通りそういうことであれば、それはそれでボネ外交の一つの収穫であった。なぜなら、フランスとしては、これによって、まずはチェコスロヴァキアに対して更なる圧力をかけるための当座の弾薬を補給されたことになり、次に、なおそれでもチェコスロヴァキアの抵抗に遭って交渉破裂となった場合、フランスは条約義務不履行の恰好の口実を手にしていることになるからである。

ヒトラー演説が目前の九月一〇日の時点で、ボネが今一度イギリスから「ノー」の回答を引き出しておく狙いには、以上のような対外的な思惑のみならず、対内的な目的も存在した。当時、フランスの国内世論、議会、閣議の大勢は、ボネの対独宥和的避戦外交を支持していたが、それでも閣内には少数ながら侮りがたい影響力を持った「反ボネ派」が存在していた。このため、「硬軟」両派を擁するダラディエ内閣は、対独外交に関する不一致、断裂を露呈しかねない、脆く危うい状態にあった。その閣議が一二日午後、すなわち、夜のヒトラー演説の前に、開かれる予定であった。その閣議での一戦に備えて、対独「避戦」派のボネ外相としては、敵たるレイノー司法相、マンデル植民地担当相ら対独「好戦」派と闘うための弾薬補給をイギリスに求めていた、と考えられるのである。

（2）フィップスの対応とハリファックス

それでは、このような思惑含みのボネ質問に、フィップス大使はどのように対応したのであろうか？　先に見たチェンバレン首相の「策士ボネ」評からも推察できるように、イギリスの政治家、外交官は、おそらく、ボネという一癖のある人物の思考法とそこから発している言動に表裏あることを見抜いていたと思われる。特にフィップス大使は、これまでのボネ外相との直接の応接経験から、ボネという人物をよく見抜いていただけでなく、チェンバレン首相とハリファックス外相の対独・対仏・対致外交の方針をも、よく飲み込んでいた。九月一〇日のボネの「進軍」質問に対する、この熟練外交官の回答は、こうである。

「私の個人的な意見ですが、このような質問には前もって答えられないと思います。ドイツの侵略が具体的にどのようなものであるのか、その性質が明らかになっていないと無理だと思います。」

ボネが強調する「友人としての」、「非公式の」質問ではあっても、これに釣られて言質めいたものを与えると、それが「策士」ボネにどのように利用されるか分らない、そんなことは百も承知の大使は、こう、慎重にそつの無い応答をしたのである。この「私的」会談については、フィップスは、公電ではなく私書によって、ハリファックスに報告しているが、そこで、彼は、このボネの言動を、その裏を見透かしたかのように、次のように読み解いている。

「私の印象では、ボネ氏は、フランスが何とか仏致条約の義務を履行する羽目に陥らないで、今の行き詰まりから脱出できる出口を必死に求めているようでした。[2]」

このフィップス書簡を九月一一日の夜に読んだハリファックス外相は、一二日付の返書において、次のように、大使の回答ぶりを百点満点と評価した。

「フランス政府にとって、このような質問に対する簡潔明快な回答を得ることがどれほど重要であるかということは、当然、私にも分っています。しかし、貴下がボネに指摘されたように、しかも実に見事な言葉使いで指摘されていると思うのですが、その質問自体は、形式的には単純明快ですけれども、実際にそれが提起されることになるかもしれない具体的な状況から切り離すことはできません。そして、その状況は、この段階ではどうしても純仮定的なものたらざるをえないのです。従って、ボネ氏の質問に対して、今の段階で私の与えることのできる最大限の回答は、我が政府としてはフランスの安全が脅かされることは決して許さないだろうが、現在の予見不可能な状況での我が政府の将来行動の性格、あるいは、その行動がとられる時機については、正確な言明をなすことはできない、ということにならざるをえないように思います。[3]」

（3）ボネの満足度

このように、「九月危機」中に採用、維持したハリファックス外相、そしてチェンバレン首相の対仏スタンスは、現時点でもフランスの安全重視という原則論は言えるが、では将来どのように行動するかという具体論については、予め明確にすることはできない、具体論を言って、それが取り返しのつかない言質となり、自らが対外的に、また対内的に進退これ谷まるという苦境に立たされることを避けたい、故に、将来については拘束されない、余裕を残した対応が賢明だ、というものであった。

このイギリス政府の相変わらずの曖昧な対仏態度は、ボネ外相としては、対独強硬策への転換の可能性という観点からは物足りないものであった。しかし、当座の対致圧力強化と、いざというときの対致条約離脱という観点からは、今回のフィップスの回答は、ボネにとってもまずまず満足のできる内容であったと思われる。英仏間のこの問答ぶりを知ったチャーチルも、その回顧録において、次のように評している。

「もしボネ氏がこのときチェコ人を彼ら自身の運命に委ねる口実を探求していたとするならば、その探求はある程度の成功をおさめたと認めねばなるまい。(4)」

2　ボネ宥和外交のバックボーン

（1）ボネ避戦外交の支え：三面戦争の恐怖と「神聖なる利己主義」

こうして、アメリカの支持も、フランスの空軍も、ソ連の援助も、ポーランドの援助も、皆、まったく頼りにならず、その上イタリアの中立も当てにならない、就中、対独強硬外交への転換に不可欠なイギリスの援助も、不確実、不透明ということが、今はっきりと再確認された、そのようにボネには思えたので、彼は、現在の状況の下では、何が何でもズデーテン問題での対独戦争は回避するという決意を更に強く固めた。その強固な決意は、九月一一日、ジュネーヴでのバトラー英代表に対する訴え掛けに、窺い知ることができる。

「私の持っている情報では、イタリアは中立に止まっていないと思われます。このような状況では、フランスは三面戦争、すなわち、スペインとイタリアとドイツを相手とする戦争を予見しておかなければならないわけですが、このような三面戦争は、エッフェル塔から飛び降りるようなものです。はっきり申し上げておきますが、フランスはこのようなことをする気はまったくございません。(5)」

国家の名誉と威信のためには、清水の舞台から飛び降りてみなければならない場合もあるという判断とは逆に、ボネ外相は、このような国民的自殺行為に等しいと思われる三面戦争の回避のためとあらば、名誉も威信もかなぐり捨てて、ありとあらゆる手段を尽すという態度を、いよいよ強く固めるに至った。

彼にこのような態度を固めさせたのは、負け戦を恐れる気持ちからだけではなかった。それは、チェコスロヴァキアに対して条約破棄の脅しでも何でも使って、更なる譲歩を強要すれば、必敗の対独戦争はまだまだ避けうる余地が残されているという希望的観測からであり、また、この可能性があるかぎり、同盟国の犠牲の下に自国の平和を贖うのは、国際政治上の国家理性の観点から許される、という正当化理由からであった。ジョルジュ・ボネという政治家は、そういう「神聖なる利己主義」の信奉者であり[6]、この「理念」こそが、彼の対独宥和外交・対致強圧外交を支えていたバックボーンであった。

このように、同盟国を犠牲にするための「正当化理由」を見出すことに苦心したボネの対独宥和政策であったが、「宥和政策」を定義して、『マンチェスター・ガーディアン』は、「敵を買収するのに友を売る賢い計画」と言っているが[7]、この定義は、対致法的義務の拘束のないイギリスのチェンバレン以上に、チェコスロヴァキアを盟友とするフランスのボネの対独宥和外交に当てはまることが分ろう。

(2) フランス軍部の空軍軽視思想

このように見ていくと、ミュンヘンの「敗北」は、ひとえにボネの責任であるかのように聞こえるかもしれないが、そうではない。先に挙げたボネ外交の拘束要因以外にもまだいくつかの要因が存在したことも指摘しておかなければ、ボネにフェアーではなかろう。まず第一に、先に挙げた「劣悪なフランス空軍」についてであるが、そのような状態をもたらした原因の一つは、緊縮優先の蔵相としてのボネが、反戦平和主義の風潮の下、「大砲よりバター」、「大砲より揺り籠から墓場まで」を望む世論という強い追い風に乗って、軍事費大削減を断行したことである。しかし、それ以上に大きな原因として、そもそも軍部の中に空軍軽視の思想が強かったことを挙げねばなるまい。参謀本部は空軍を陸上兵力の付属物、アクセサリーくらいにしか考えていなかった。ガムラン参謀総長は、一九三八年の九月になってからも、まだ次のような考えを持ち続けていた。

「軍用機の役割は誇大視されがちである。開戦後数日も経つと、損耗数が甚だしくなるので、それ以後の軍用機は、陸上軍のアクセサリーとしての役割に、益々限定されることになろう。」

このような陸主空従思想の結果、乏しい軍事費の多くは、莫大な金を要する長大防壁マジノ・ラインの建設と、地中海の制海権掌握のための艦隊建設とに回されたのである。その結果は、一九三七年の軍事費中の空軍費の構成比率に現れている。その数字は、イギリスの五四%に対して、フランスは一九%であった[8]。

(3) 独仏の国力格差

対独空軍劣勢以外に、ボネ外交の拘束要因として、独仏の総合的国力の差が挙げられる。その格差は普仏戦争のあった一八七〇年前後から始まっている。一八四〇年代には独仏互角の三四〇〇万人程度であった両国の人口が、七〇年代には、ドイツの四一〇〇万人に対して、フランスが三五〇〇万人と差がつき始め、第一次世界大戦が始まる三年前の一九一一年には、大きな差がつく。フランスが三九五〇万人と小幅の伸びであったに対して、ドイツの人口は六五〇〇万人と急上昇したのである。歴史家ジェィムズ・ジョルは、この数字を挙げたあと、人口と国力との関係について、「しかもドイツにおけるこうした累進的な人口増加は、成長する工業的経済によって全面的に活用された」という説明を加え、更に、「ドイツがヨーロッパ大陸における指導的国家として、フランスにとって代った事実を、両国間の人口指数の比較ほど物語っているものはあるまい」と結論付けている。[9]

このような普仏戦争から第一次世界大戦前までの間に独仏間に生じた人口的、国力的格差は、第一次世界大戦でフランスが勝ちドイツが負けた後も、ますます広がる一方であった。フランスの人口が一九三〇年代の一〇年間に減少しているのに対して、ドイツの方は、ナチ政権が「生めよ、増やせよ」という奨励策をとる前から増え続けており、一九三八年の独墺併合（アンシュルス）後は、フランスの人口がほぼ横這いの四〇〇〇万人、それに対して、ドイツはその倍近くの七五〇〇万人に達していた。[10]

このように、出生率の低下による人口減少に伴う国力的な衰退期にあり、イデオロギー的に分裂した、平和主義国家「第三共和国」が、自然的・政策的・領土拡張的人口増加を伴う国力的な成長期にあり、独裁政治的に一致団結した、軍国主義国家「第三帝国」の国防軍に匹敵しうるほど、強力な大軍隊を建設することは、そもそも最早不可能であった。そして、この人口的・国力的な対独劣勢意識がマジノ・ライン依存症を引き起こす一因にもなっていたのである。

(4) 戦後フランスを風靡した平和主義

もし仮にだが、蔵相としてのボネが対独強硬外交の礎石としての軍備拡張政策をとりたかったとしても、それを甚だしく困難にしたと思われる国内事情が、財政の窮迫以外にもあった。それは、戦後のイギリス社会だけでなく、フランス社会をも風靡した「ネヴァー・アゲイン・シンドローム」とも呼ばれる「平和主義」の感情であった。先の大戦で一五〇万人もの戦死者を出したフランスでは、自然な現象として、「軍国主義」「愛国主義」は戦争の温床として忌避され、「平和主義」が抗しがたい勢いを得た。[11] そのような社会的風潮の中、職業としての軍人は不人気となり、給料も悪くなり、職場環境も劣悪となった。兵役期間も、戦争前には三年であったが、戦後になると、一九二三年に一年半となり、一九二八年には一年となった。その結果生じた政策と戦略の乖離を、A・J・P・テーラーは、次のように指摘する。

「以後、フランス陸軍は総動員しても『本土』防衛の力しかなかった。兵士の訓練と装備は純然たる防衛的なものであった。政策と戦略とは完全に分離していた。政治家は依然としてドイツに対する行動について語ったが、行動手段は存在しなかった。[12]」

その後、遥かに人口の多い隣国ドイツにおいて一九三三年にナチ・ドイツが誕生して、その年に国際連盟と軍縮会議からの二重脱退をしても、一九三五年にヒトラーが再軍備宣言を行い兵役二年制を布いても、それでも、フランスは一年制を改めず、一九二九年に着工していたマジノ・ラインに対する「信仰」を頼りに、一九三八年のミュンヘン危機を迎えることになるのである。[13]

(5)「ヤヌス」ボネ：一面「策士」・他面「平和主義者」

しかし、この平和主義の風潮は、軍部の軍備拡張論を拘束する大きな要因であったが、ボネ外交に関して正確に言えば、それは拘束要因ではなく、推進要因であった。ソルボンヌ大学卒のインテリであるボネは、目から鼻に抜ける秀才タイプであり、誠実さ、篤実さに欠け、権力欲が強く、策を弄する、いわゆる「政治屋」「策士」タイプだと誹謗中傷され、その対独宥和外交はしばしば「敗北主義」の烙印を押される。しかし、この批評がたとえ的を射ていたとしても、それは複雑なボネという人物の半面であった。双面神「ヤヌス」のようなボネの他面は、避戦平和を熱願しこの理念的目標を達成するためには、ありとあらゆる手段を執拗に駆使してやまないという意味での「策士」であり、その達成の方策として、一貫して宥和的「平和主義」外交を追求し続けた、良い意味でも悪い意味でも、「ぶれない」政治家、頑固一徹の信念の人でもある。

ヒトラーと同じ年の一八八九年に生まれた彼は、第一次世界大戦に従軍、身を以て戦争の残酷さ、悲惨さ、塹壕戦の過酷さを体験している。この体験から、ヒトラーとは対照的に、戦後のボネは、このような戦争は二度と繰り返してはならない、というフランス国民の大多数の自然な感情から沸き起こった戦後平和主義を代表する政治家として成長した。その過程において、政治家ボネは、フランス国内での愛国主義、軍国主義の復活を阻止するために全力を尽してきた[14]。その一環として、軍備拡張に反対して、蔵相として軍事費の大幅削減を実現させ、そして今、外相として、軍縮・平和を目的とした対独和解外交を、得意の術策を駆使して懸命に推進しようとしていたのである。

このように、フランスの戦後平和主義はボネ外交を拘束するものでなく、ボネ外交を後押ししてくれるものであった。それは、彼の「神聖なる利己主義」と共に、ボネ対独和解外交を支えるもう一つのバックボーンであったのである。故に、ボネなる政治家こそ、戦後フランスの平和主義の象徴的存在の一人であり、ボネなる外相こそ、国民的感情、国民的信条と一致した自らの信念に基づいた「世論外交」「平和外交」の推進者であった。

3　ボネ宥和外交の非現実性

(1) ボネのナチ・ドイツ観の甘さ

リアリスト・ビスマルクは、「政治は可能性の術である」と言った。それでは、ボネは、なぜ自国の軍備を一方的に縮減し、自国の脅威となっているナチ・ドイツを宥和することによって、恐ろしい戦争を回避し平和を維持することが「可能」であると考えたのだろうか？　それはボネを含めた多くのフランス人のナチ・ドイツ観、ヒトラー観の甘さに由来する。歴代フランス内閣は、ヒトラーのナチ政権が誕生しても、そのナチ・ドイツが軍縮会議から脱退しても、再軍備宣言をしても、ラインラントに進駐しても、オーストリアを併合しても、その度毎にナチ・ドイツとの和解は必要であり「可能」であると考えた。

フランスが単独の「力」でもってドイツを押さえ込める最後の機会は、一九三六年三月のラインラント進駐のときであった。その逸機の後は、軍事的劣勢の自覚故にそれだけ一層強くなった和解願望が、自己欺瞞的に和解「可能」幻想に変質していった。そして、一九三八年九月の「ミュンヘン」の「勝利」によって、その幻想が幻想でない、実現可能な願望であるというボネの確信が強められた。一時、不可避かとも思われた対独戦争が、その「勝利」によって回避され、その二ヶ月余り後の一九三八年一二月六日に、ボネ外相は、リッベントロップ外相をパリに招き、仏独「善隣平和友好」を謳い上げた「仏独宣言」に署名した。この仏独合意の成立が見込まれるようになっていた一ヶ月前の一一月七日、ボネはウェルツェック大使に、この合意が成れば、それは「我が生涯の夢の成就」となるだろう、と語っていたのである。[15]

このボネの言動が証明しているように、ボネの対独宥和政策の動機は、対独戦争の恐怖に由来していただけでなく、彼自身が本気で仏独和解それ自体を望み、かつ、その「夢」の実現はヒトラー相手でも「可能」だと信じていたことにあったのである。[16]

(2) 仏独和解の前提：同盟国チェコスロヴァキアの犠牲

ボネの願いは儚い束の間の夢に終るが、その間、ボネは、その願望の実現可能性を信じ続けたのであるが、ズデーテン危機に直面した外相としては、その実現可能性に二つの前提条件を付けていた。一つは、中欧問題にイギリスを抜き差しならぬほどどっぷりと深入りさせることであり、他は、チェコスロヴァキアを犠牲にすることであった。すなわち、ボネは、イギリスを巻込んで、ドイツを宥和するためにチェコスロヴァキアを生贄としてヒトラーに供すれば、ドイツの膨張欲は満たされ、当面の対独戦争は避けられ、その後うまく行けば、仏独和解、英独和解となり、最終的には安定的な欧州平和、「我々の時代の平和」の実現となる、と考えたのである。

このボネ避戦平和外交の正当化理由としては、ドイツの対致武力行使に対するに、フランスが武力行使を以てしても、独仏間の軍事力格差の現状からして、チェコスロヴァキアの救済は不可能である、という軍事的理由に加えて、更に強い理由があった。それは、民族自決の原則に反する「モザイク国家」、欧州平和の維持を危うくしている「頑迷国家」チェコスロヴァキアを犠牲にすれば、自国の平和は維持できるという自国益本位の理由である。[17]このような、他国、それも同盟国を犠牲にして贖う平和が、そもそも「平和」の名に価するのかどうかという、道徳的、倫理的問題については、マキャヴェリが言うように「目的は手段を聖化する」、すなわち、国家の場合は、自己保存のためなら他国の犠牲もやむなし、という理由から、今は仮に、誉められた話ではないけれども、緊急避難的行為として許されるということにしておいても、ボネの「神聖なる利己主義」なるものには、なお問題が残る。

(3) ヒトラーのフランス観(1)：生存圏思想との関連で

そのなお残る問題とは、リトヴィノフの「平和は分割不可能」という考えとは反対に、「平和は分割可能」、チェコスロヴァキアを犠牲にすればフランスの分割的平和は可能だと見る、ボネのいわば「一国平和主義的」想定そのものへの疑問である。その想定は、特にヒトラーの『わが闘争』を読んだことのある者にとっては、信じられないほどナイーヴなナチ・ドイツ観とヒトラー観に基づいた誤想でしかないように思えてこよう。

『わが闘争』の根幹を成している「思想」は、実践手段としての「暴力」と不可分一体となっていた、「生活圏（生存圏）」思想と「反ユダヤ」主義であろう。以下、この二つの根幹的「思想」

とのかかわりで、ヒトラーのフランス観を紹介しておく。まず、「生活圏」思想との関連では、一九二七年に出版された『わが闘争』下は、「国境は人間によって作られ、そして人間によって変えられる」という見出しの下で、「フランスとの対決はただ、ヨーロッパでのわが民族の生活圏を（東欧方面に）拡大するための背面援護をもたらすものである限り、意味をもちうるものであり、また実際にもつに違いない[18]」と言い、「フランスとの決定的対決」の見出しの下では、「ドイツはフランスを破滅させる手段によってしか、自民族を他のものに代って発展させてゆく可能性をもちえない[19]」と言っている。

(4) ヒトラーの生存圏思想とボネ外交

ヒトラーは一九二八年に『続・わが闘争』を書いているが、これは一九六一年まで出版されなかったので、ボネを含め当時の人の目に触れる機会はなかった。その中にも、内容的には上に紹介したものと変りはないが、もっと分りやすく端的な表現で、彼のフランス観が述べられている箇所があるので、これも参考までに引用しておく。

「われわれはわが民族の血を犠牲にするのを惜しみはしないが、それは国境をわずかに修正するためではない。わが民族の更なる拡張と食糧のための領土を獲得するためである。この目的のためにわれわれは東部を目指す。

イタリアにとっての地中海は、ドイツにとってはバルト海の東海岸である。わが帝国が発展する際の、いや、帝国統一を保持する際のドイツの宿敵はフランスである。同じくフランスはイタリアにとっても不倶戴天の敵である。[20]」

これらの引用文を見ただけでも、ヒトラーが西欧民主主義国からズデーテン、ダンチヒ、ポーランド回廊、メーメルを犠牲として供されたとしても、決してそれだけで彼の膨張欲が満たされるわけではなかったことが容易に分ろう。ましてや、チェコスロヴァキア一国だけの犠牲で贖われる自国の安全というボネ外交の一国平和主義が、暴力的生存圏思想に取り憑かれたヒトラー相手では、まったくの幻想であったことが分ろう。

このことを知っていた対独「超軟派」のピエール・フランダン元首相らは、中・東欧を丸ごと犠牲にすれば仏独平和共存は可能だ、という考えであったが、ヒトラーの生存圏思想からすれば、こちらの方がボネ構想よりも実現可能性が高かったとも言えそうだが、あながちそうとも言えない。それは、たとえフランダン構想が実現したとしても、中・東欧、あるいはそれに加えてロシアという広大な生存圏を建設した巨大なナチ・ドイツ帝国を前に、果してフランスが独立を維持しえたか、甚だ疑問だからである。

(5) ヒトラーのフランス観(2)：反ユダヤ主義との関連で

さて次に、反ユダヤ主義との関連で、ヒトラーのフランス観を見てみると、『わが闘争』下は、「フランスとユダヤ人の利害の一致」という見出しの下に、次のように言っている。

「今日フランスでは、以前にまして金融およびそれを支配しているユダヤ人の意図とショーヴィニズムの立場に立った国家主義的政策の願望との間に本質的な一致が見られる。しかしまさしくこの同一性の中には、ドイツにとって計り知ることのできぬ危険が横たわっている。まさにこの理由からして、フランスはつねにきわめて恐るべき敵なのである。この自己の中でますます黒人化しつつある民族は、ユダヤ人の世界支配の目標と結びつくことによって、ヨーロッパの白色人種の存続にとっては身に迫る危険を意味するものである。[21]」

『わが闘争』下が出版された一九二七年は、フランスがまだ欧州大陸最大の強国であり、イギリスでさえ、ドイツの大陸覇権よりもフランスのそれを恐れており、ドイツ贔屓の傾向さえ見られた時期であり、ヒトラーもまだ反仏的独英同盟の可能性を信じていた時期でもあった[22]。がしかし、そのような背景の下に書かれたことを考慮に入れても、それでもなお、ヒトラーのフランス敵視が恒久的な性質を有することを、そこに読み取ることは困難ではなかろう。

問題は、フランス人が、またボネが、『わが闘争』を読んだのかどうかである、あるいは、読んだ上でも、なおかつ仏独和解は可能事だと見なして、フランス国民がボネの対独宥和外交を支持したのかという点である。フランス国民一般に関しては、ドイツ語の読めるごく少数の者は別として、一九三八年夏、すなわち、ズデーテン危機が深刻化する頃まで、『わが闘争』を読む機会はなかった。その初めての機会でさえ、フランス語版は、完訳ではなく縮約であった。完訳版が出るのは第二次世界大戦が終ってからのことである[23]。

これが、フランス国民の大多数にヒトラーのドイツとの和解でさえ可能だという幻想を抱かせた一因であった。つまり、フランス人は『わが闘争』を読まずに、恐ろしい敵の本性を知らずに、ボネの対独宥和外交を支持し続けたのであった。

ボネ自身が『わが闘争』を読んでいたかどうかは、審らかにしないが、おそらく読んでいなかったという気がしてならない。ただ、読んでいたとしても、ナチ・ドイツとの和解は可能だと信じ続けて、対独宥和外交の最前線で空しく奮闘し続けた、ヘンダーソン駐独イギリス大使の例もあるので、何とも言えないが……。

（6）「フランスの悲劇」

ボネ外相が『わが闘争』を読んでいたか、読んでいなかったかは、分らないが、とにかく、外相が、同盟国チェコスロヴァキアを犠牲にすればという条件で、少なくとも自国の安全は得られる可能性があると、信じていたことは、事実である。この信念、思い込みから、「ボヘミアを制する者は欧州を制す」というビスマルクの言葉を知ってか知らずか、ボネは、チェコスロヴァキアのドイツへの喪失の軍事戦略的な意味を十分に考慮せずに、各種の兵器製造を誇ったスコダ工場も、堅固な要塞として知られた「小マジノ・ライン」も、士気旺盛な三四個師団も、すべてヒトラーにただ同然でくれてやったのであった。その結果、欧州の死命とは言わずとも、地政学的には少なくともポーランドの死命は制せられ、フランス自身の崩壊への道を開いたのであった。

それでは、ボネ対独宥和政策に代わる実現可能性のある有効な政策はあったのであろうか？　枯渇した財源、風靡する反戦平和主義、貧弱な空軍、マジノ・ライン依存症の陸軍、衰退する国力、深刻なイデオロギー的亀裂を抱える社会、外交・国防に関心の薄い、危機感に乏しい国民等々を考えると、即座に「ここに代替策あり」とは言い難い。

　それでもレイノー＝マンデル派はボネ外相の対独宥和政策に反対して、より強硬な対独外交を主張していたではないか、これは代替策たりえなかったのか、という反問は当然起こってこよう。しかし実は、彼らの対独強硬論の根拠は、ドイツの威嚇的言動はブラフである、虚仮威しである、という観察にあって、彼らにしても、一瞬たりとも、イギリスの明確な保証なしで対独強硬行動に出ることを考慮したことはなかったのである(24)。それでもまだ、もしボネらフランスの指導者に国民に対する真剣な啓蒙的努力があって、仮にそれが効を奏してある程度の軍備の充実が成っていたなら、一九三八年に「ミュンヘン」は避けられていたのではないか、という思いは残るであろう。しかしその場合でも、仏独間の国力、体制、動員力等の差を考えると、その軍備がフランス単独でボネ対独宥和外交に代る対独強硬外交をとりうるほど十分なものとなったとは思えない。

　故に、その場合でも、ボネ対独宥和外交の代替策たりうる対独強硬外交が可能かどうかの最終的な鍵を握っていたのは、イギリスであったという、その点に関しては、変りはなかったであろう。仏致同盟と連動する正式な仏英同盟が成立すれば、ポーランドも仏波軍事同盟の履行に傾くであろう、その結果、ソ連軍のルーマニア領土通過は勿論、ポーランド領土通過の可能性も出てこよう、そして、イタリアの中立はほぼ確実になったであろう。このような仏英同盟を核とする対独包囲網態勢が現出していれば、対独強硬外交による「ミュンヘン」の回避は可能であっただろう。しかし、肝心要のイギリスの態度は、既述の通りであったので、ズデーテン問題に関する仏英同盟は夢のまた夢であった。こう考えてくると、「ミュンヘン」から二年も経っていない一九四〇年六月のパリ陥落は、「ギリシア悲劇」ならぬ「フランスの悲劇」の運命的な結末のように思えて来る。

注

(1) John Charmley, *Chamberlain and the Lost Peace* (Faber and Finds, 2009), p. 99.
(2) *Documents on British Foreign Policy, 1919-39, 3rd series, Volume II* (His Majesty's Stationary Office, 1950), p. 303. 以下、*DBFP-II* と略して表記する。
(3) *Ibid.*, p. 303.
(4) Winston S. Churchill, *The Second World War volume I: The Gathering Storm* (Mariner Books, 1985), p. 267.
(5) *DBFP-II*, p.294.
(6) Jean-Baptiste Duroselle, translated by Catherine E. Dop and Robert L. Miller, *France and the Nazi Threat–The Collapse of French Diplomacy 1932-1939* (Enigma Books, 2004), p. 277.
(7) Hugh Ragsdale, *The Soviets, the Munich Crisis, and the Coming of World War II* (Cambridge University Express, 2008), p. 4.
(8) Anthony Adamthwaite, *France and the Coming of the Second World War 1936-1939* (Frank Cass, 1977), p. 162.
(9) ジェイムズ・ジョル著／池田清訳『ヨーロッパ一〇〇年史』2（みすず書房、一九九三年）、一二三ページ。
(10) ジョル『ヨーロッパ一〇〇年史』2、八五ページ。
(11) Zara Steiner, *The Triumph of the Dark: European International History 1933-1939* (Oxford University Press, 2013), pp. 2, 602.

(12) A.J.P. Taylor, *The Origins of the Second World War* (Penguin Books, 1963), p. 88.
(13) Adamthwaite, *France and the Coming of the Second World War 1936-1939*, p. 160.
(14) Alexander Werth, *France and Munich before and after the Surrender* (Harper and Brothers, 1939), p. 207.
(15) Adamthwaite, *France and the Coming of the Second World War 1936-1939*, p. 286.
(16) *Ibid.*, p. xiv.
(17) *Ibid.*, pp. 242-3.
(18) アドルフ・ヒトラー著／平野一郎・将積茂訳『わが闘争』下（角川文庫、二〇一二年）、三五六ページ。
(19) 同上、三五五ページ。
(20) アドルフ・ヒトラー著／平野一郎訳『続・わが闘争』（角川文庫、二〇〇四年）、三〇九ページ。
(21) ヒトラー『わが闘争』下、三一七ページ。
(22) A.J.P. Taylor, *The Origins of the Second World War*, p. 98.
(23) Adamthwaite, *France and the Coming of the Second World War 1936-1939*, pp. 283-4.
(24) *Ibid.*, pp. xiv, 355.

第12章　ニュルンベルク演説前の英仏の動向

1　対独追加措置をめぐる攻防

（1）見送られた艦隊追加措置

九月一一日の朝、ハリファックス外相は、ケネディ大使に、前日に発表された「ステップ2」「ステップ3」の艦隊措置について、「この措置自体は限定的なものですが、ドイツに対してかなりの効果があったことは確かなようです」と報告した後、続けて、今回控えた「ステップ1」、すなわち、第七駆逐艦隊出動準備について、「目下、追加的な海軍措置が可能かどうかを検討中なのですが、この点につきまして、まだ決定に至っていません。もし決まりましたら、今晩にでもお知らせ致します」と、「行動が言葉以上に物を言う」ことが立証されて、気をよくしたのか、更なる「行動」による示威の可能性に言及した[1]。

午後三時、イーデンがハリファックスに面談したときにも、外相は、艦隊措置について、

「目下の問題は、政府が更にもう少しやってみるべきかどうかです。」

と前向きの発言をした。これを聞いたイーデンは、

「それは、やるべきでしょう。挑発されざる侵略からフランスとベルギーを護るという我が国の保証と、フランスの対致条約義務との間に差異がありますので、我々としては、目に見える形の軍事行動を示す必要があるのです。と言いますのは、フランスを我々から切り離すことを、ヒトラーは常に狙っていますが、まさにそのナチの策略が最大限に利用しようとする突破口が、この差異にあるからです。」

と、艦隊措置の追加を強く勧めたのであった[2]。

その後開かれた閣議において、ハリファックスは艦隊追加措置案を試みに提起してみたが、閣議はこれを容れなかった。追加措置の決定の前に立ちはだかっていたのは、ヘンダーソンであった。ヒトラーを苛立たせることは何もしてはいけないという、前日、大使から発せられた「威嚇的」とも言える警告の効果は、この問題にも波及していたのである。ヴァンシタート前外務次官と何彼に付け張り合っていたカドガン現外務次官は、この日の首相・側近会議の決定へのヘンダーソン警告の波及効果について、次のように記している。

「決定は正しい。ヴァンは癲癇を起こしているが。昨日、ヘンダーソンの勧めに基づき、我々は、更なる警告は苛立たせ効

果がありそうなので、これを控えることにした。我々は海軍行動を発表した（これはかなりの矛盾だが）。この措置は大きな効果があった。これに追加する措置をとれば、苛立ちは増すであろう（もし苛立っていたらの話だが）。既にとった措置とこれからとるかもしれない追加措置との間の効果の差は、後者によって増す可能性のある苛立ちを超えるほど十分なものではない。[3]」

カドガンから癇癪を起こしていると記されていたヴァンシタート補佐官は、この日ハーヴェイ外相付秘書官に対して、「大臣連は、嘆かわしいほど弱気で優柔不断だ」と、実際、かんかんになっていた。[4]

（2）ヘンダーソン的思考のイーデン的思考に対する勝利

艦隊追加措置は行わずとの決定は、首相・外相・蔵相・内相の四巨頭への影響力という点において、イーデン的思考がヘンダーソン的思考に負けたことを意味する。「行動は言葉以上に物を言う」、すなわち、艦隊措置の追加は対独抑止力を増すとイーデンは考えるが、これに対して、これ以上の「言葉」による警告も「行動」による警告も、抑止効果よりも挑発効果を発揮するだけで危険極まりないと、ヘンダーソンは考える。そして、首相・側近会議のメンバー中、このヘンダーソン的思考を共有するのが首相であり、蔵相であり、内相であり、ウィルソン顧問、カドガン次官である。これに対して、イーデン的思考を共有するのは、ヴァンシタート顧問のみである。ハリファックス外相はイーデンの主張も理解でき、これを会議に伝えることはするが、最後には首相の判断に従うのを常としていた。このようにヘンダーソン大使は、ほぼ四巨頭の支持を常に期待でき、首相・外相への影響力争いでは、常にチャーチル、イーデン、ダフ・クーパー、ヴァンシタート等に勝てる有利な立場にあったのである。

そのうちの一人、ダフ・クーパーは、九月一二日、ロンドンに戻ってきて、首相・側近会議がヘンダーソンの「ほとんどヒステリカル」な忠告を容れて、対独正式訓令を撤回したことを知った。その日記に、海軍大臣は、「今、『政府』とは、首相、サイモン、ハリファックス、サム・ホーアの謂いである」と記し、自分たちの敗北を認めていた。[5]

（3）チャーチルの進言とその却下理由（1）：チェンバレンの信念とカニングの訓戒

四巨頭に容れられなかったのは、駆逐艦動員措置を勧めたヴァンシタートとイーデンとダフ・クーパーの三人だけではなかった。チャーチルもそうであった。九月一〇日、ヘンダーソン大使の忠告を容れて、対独正式警告執行訓令の撤回を決めた首相・側近会議を終え、四巨頭と三補佐官が閣議室を出ると、控え室にすごい形相をしたチャーチルが待ち構えていた。この後、チャーチルはチェンバレンと長時間話し合い、その夜には、ハリファックス外相にも電話を入れた。このとき、首相と外相に対して敢行した彼の直訴の趣旨は、「ヒトラーに、もしドイツがチェコスロヴァキアに足を踏み入れたら、我々は直ちに交戦状態に入るという、最後通牒を今すぐに出すべきです。これが地滑り的崩壊を止める最後のチャンスです」というものであったが、この彼の進言もまた却下された。[6]

このチャーチルの勇ましい進言をしりぞけたチェンバレンの言い分を、翌日、彼が妹に書いた書簡によって、見てみることにしよう。そこには、彼の宥和政策を支えていた「信念」「哲学」がよく現れている。チェンバレンは、この後もし戦争となったときには、自分がチャーチルらから非難されることになるのを承知で、彼の進言を容れなかったのだと、次のように言う。

「結局、事態がうまく行かずに、侵略が起こったときには、その責任はイギリス政府にある、あのとき、ヒトラーに対して、もし武力を行使すれば我々は直ちに宣戦布告するという勇気が政府にありさえすれば、ヒトラーを思い止まらせていたのに、と言う者が、ウィンストンを含めて、多く出てくることは、私も十分承知しています。」

では、なぜチャーチルの進言がチェンバレンによって却下されたのかというと、それは、戦争不可避と決まったわけではなく、まだまだ避戦・平和の可能性のある間は、開戦は先に自分の側で決めるのでなく、相手側にその決定を委ねるべきである、という彼の信念からであった。上の引用部に続けて、チェンバレンは言う。

「侵略という、そのような結果を実際に見る前に、その逆の結果となる（侵略はない）ということを証明することは不可能でしょうが、いかなる国も下そうと思えば下しうる最も死活的に重要な決定、すなわち、和戦に関する決定を、我々自身の手から別の国の統治者、それも狂気の人物の手に渡すことが、結果的に間違っていても、私としては、それで満足です。」

少しでも避戦の可能性がある限り、「最後通牒」などによって、こちらの方から外交交渉の扉を閉ざしてはならないというこの信念は、カニングの訓戒を知って強化されたと、更に続けて彼は言う。

「私のこの見解は、最近読んだ非常に興味深い本によって補強されました。その本は、カニングの外交政策に関するもので、著者のテンパリー教授（ハロルド・W・V・テンパリー、ケンブリッジ大学の歴史学の教授、著書に『カニングの外交政策』がある）が、非常に好意的な献呈の辞を付けて、私に贈ってくれたものです。その中で、カニングは、『脅しは、実行できなければ、決してかけてはいけない』、と何度も繰り返し主張しています。[7]」

（4）チャーチルの進言とその却下理由（2）：英軍部の軍事情勢評価

そして、今現在のイギリスの軍備は、まさに「脅しをかけても、実行できない」状況にある、そのことを一番よく知っているのは、イギリス軍部自身だと、チェンバレンは言う。

「我々の今の立場は、我が軍部の助言者たちが、強いられてもいないのに、我が方からの開戦を引受けて幸せに感じるというような、そのような立場ではないのです。[8]」

実際、イギリスの軍備については、陸海空軍部三総長会議（COS）の認識は、チェンバレンの記す通りであった。三総長会議の軍事情勢評価は、チェンバレン書簡が書かれた三日後の九月一四日に閣議に提出されているが、その内容は、その前に提出された三月二八日の「アンシュルス」報告書とほぼ同じであるので、[9]チェンバレンが書簡を書いていた時点で知り得ていた後者の要点を紹介しておく。

(1)ドイツ軍によるチェコスロヴァキア占領を阻止することは不可能である。

(2)ドイツに対して、対致攻撃を行えばイギリスは参戦すると警告すれば、ドイツはノックアウト・ブローを狙った対英戦に出てくる。

(3)イギリスの国論の不一致、軍備不足を知るドイツに対しては、最後通牒的警告には抑止効果はなく、それは戦争を誘発する。

(4)イギリスがノックアウト・ブローを凌いだとしても、長期戦となる。[10]

このような軍部の悲観的な認識を知って、チェンバレン首相は、必ずしも、対独戦になれば負けるから負け戦は止めよ、という論理からではなく、勝っても想像を絶する甚大な被害をもたらす長期持久戦となるが、チェコスロヴァキアにはそのような大戦争に値するほどのイギリスの死活的利益はない、という論理から、対独抑止政策の危険性を確信し、宥和政策の推進しかないことを「再確認」していたのであった。

(5) 宥和政策と軍事情勢評価とカニング訓戒の関係

「再確認」と書いたように、チェンバレン首相が、抑止政策の危険性を強調する軍部の「アンシュルス」報告書を受け取って初めて、抑止策を捨てて宥和策を採用した、というわけではない。彼は、この報告書が出る前から、抑止策でなく宥和策を既に採用し、これを推進する努力を続けていた。そんな彼にとって、彼の考えと一致する軍部のこの分析・評価は、自己の政策推進の大いなる補強材料、有難い援護射撃になった。というのは、これが、少数だが閣内にも存在した反宥和派の議論を封じ込める強力な武器として、利用できたからである。

だから、順序としては、この軍部の軍事情勢評価を基礎に、三月にチェンバレンが宥和政策を形成し、そして、九月になってから、カニングの訓戒によって、宥和政策に理論武装を施した、というのではなくて、首相となったチェンバレンは、三月以前から、その真摯な平和への願望と正統派の慎重な財政的考慮と英帝国の貿易的利益の保護と、そして何よりも、独裁者ヒトラーのナチ・ドイツとでも平和共存は可能である、という「信念」「哲学」とから、既に対独宥和政策を形成していたのである。そしてその既成の政策の正しさが、三月に「アンシュルス報告書」によって「再確認」され、九月になって「カニング訓戒」によって「再々確認」されたのであった。

九月一〇日にチャーチルから「対独最後通牒を発せよ」と迫られたときに、チェンバレンが動じなかったのは、いわば、チェンバレン藩の「宥和政策」城が、三総長会議という内堀と、カニング元外相という外堀で、二重に堅固に護られていたからである。

(6) チャーチルの進言とその却下理由(3):「プランZ」の温存

チェンバレンがチャーチルの進言をしりぞけた理由は、今のイギリスにとっては「ブラフ外交は危険である」という認識以外に、もう一つあった。それは、チャーチルの知らない、あの秘蔵の「プランZ」である。チェンバレンにしてみれば、このとっておきの計画を試す機会を、今、悪気はないが判断能力に欠けるチャーチルなんかが勧める「最後通牒」などで、壊されてたまるか、という思いがあった。そのことを、チェンバレンは妹に、「プランZ」の名称を使ってはいないが、次のように書いている。

「私には、私たちを批判している人たちには当然思いも寄らない、もう一つ別に考慮していることがあります。それはある計画で、その性質がどんなものかは、既にあなたも正しく推察していると思いますが。実行着手の時期はまだ来ていませんが、ヒトラーが予想もせぬ行動に出てこの計画を出し抜いてしまう可能性は常に存在しています。これは私たちの冒さなければならない危険の一つですが、もしこの計画が上手くいけば、現在の危機を遥かに超えて、まったく国際状況を一変できる機会となる可能性があります。ですから、それを試みるまでの間に、この計画の成功のチャンスを壊すことは、私としては、何もしたくないのです。[11]」

最後の切り札「プランZ」の成功の邪魔になる恐れのあることは何もしない、すべてをこれに賭け、その実行の機会がくるまでは、これを後生大事に温存しておく、そしてチャーチルの訴えも、イーデン、クーパー、ヴァンシタートの提案も、みなこれを却下するというのが、ヒトラーのニュルンベルク演説を前にしたチェンバレンの決意、基本方針であった。

2 チェンバレン首相のプレス声明

(1) 国内消費向けの「中間策」

上述のような固い決心でいたチェンバレンでさえ、国内にじわじわと広がる、政府の「宥和政策」偏重への不満を、完全に無視するわけにはいかなくなっていた。対独最後通牒は勿論、海軍追加措置も認めず、一旦決めていた対独正式警告さえ撤回して、そのまま何もしないでいるというわけにはいかなくなっていた。そこでヒトラー演説を前にして彼が採用した方策は、「プランZ」を台無しにするほど刺激的でなく、かつ、国内の不満派をある程度「宥和」できる、程々の強さで装われた、多分に国内消費向けの「中間策」であった。すなわち、九月一一日の夜に出される首相のプレス声明[12]が、それである。この「中間策」を採用するに先だって、チェンバレン首相は、前日に、野党の指導者、そしてチャーチル、イーデンとも会って、プレス声明への彼らの全面的支持を得ていたのである[13]。

チェンバレン首相自らが声明を発表する場に集められたのは、国内の記者に限られていた。外国の記者たちは別に集められ、首相声明と内容は変らないものであったが、外務省の役人から発表された[14]。このため、日本の『東京朝日』(九・一二付夕刊)には、声明は、首相声明としてではなく「政府スポークスマン声明」として、その要旨が「対独強硬声明」という見出しの下に掲載された[15]。ドイツでは、国民への影響を恐れてか、『東朝』のいう「対独強硬声明」は報じられなかった。

さて、記者団の前に現れたチェンバレンであるが、声明が演説前のヒトラーを刺激しすぎないようにとの配慮からであろうが、声明内容に入る前に、記者たちに、「今日のこの集まりは極秘のものです」と強調して、「一切何も公式のものとして引用しないようにして下さい」と注意した。

(2) やや厳しい表現の対独警告

このような臆病と思えるほど慎重な前置きの後、記者を通して「間接的」に行われた、「非公式的」な「首相」声明の中の対独警告的部分を取り出してみると、次の通りである。

まず首相は、致政府の最新提案、すなわち、ベネシュ「第四計画」を高く評価して、これを交渉継続の基礎にしてズデーテン問題の平和的解決が可能なことを強調した上で、ドイツによってとられるかもしれない暴力的解決の試みに対して、相当厳しい警告を発した。

「このような有望な交渉結果があるにも拘らず、今、より手荒な解決をよしとして、現在の交渉を放棄することを正当化する理由は、まったくありえないでしょう。実際、私の考えでは、平和的な方法によって、解決に向ってこれほど大きな進捗を遂げたのを見た後に、もしも武力行使が試みられるようなことがあれば、それはいかなるものであっても、世界中遍くすべての人たちから非難を招くことになると、思われます。」

そして、実際にドイツがチェコスロヴァキアを武力攻撃した場合の、イギリスの対応については、首相は、三月二四日に彼自身が行った議会声明の趣旨を、次のように、「フランスが条約上の義務から参戦することになった場合、他国の政府もこれに巻込まれないかもしれないと言うことはできません」と、二重否定文で繰り返し、その上で、続けて首相は、この議会声明の意味合いを次のように解説した。

「この声明からまったく明らかなことは、もしフランスの安全が脅かされる恐れのある戦争が起こった場合には、我が国も傍観できない可能性があると、我々が考えているということであります。」

このように、今回の首相声明も、イギリスの参戦の「確実性」ではなく「可能性」を言うに止め、ドイツに「推測させておく」という既定の方針をそのまま踏襲したのであった。

しかし、それでも今回のチェンバレンは、その後、やや厳しい対独警告を付け加えた。

「疑いもなく最も重要なことの一つは、このイギリス政府の見解に関してドイツ政府がいかなる幻想をも抱かないことです。もう一つは、ドイツが対致軍事作戦に乗り出しても、続いて最初にフランスの、その後に我が国の介入を招くというような危険などなく、安全無事に、その作戦を短期間に成功裏に終えることができると、そのようにドイツ政府は考えている可能性があると言われていますが、ドイツ政府はそのようなことを当てにしてはいけない、ということであります。」

以上のように、九月一一日のチェンバレン首相のプレス声明は、三月二四日の首相の議会声明、八月二八日のサイモン蔵相のラナーク演説の繰り返しであった。すなわち、五月二一日の直接的対独正式警告を避けた、間接的対独非公式警告の繰り返しであった。しかしながら、右に見たように、前のものと比べて、やや厳しい表現も含まれていた。

(3) コルト代理大使の報告:「イギリスは本気だ」

前日、駐英ドイツ海軍武官を驚かせた艦隊措置の発表の直後だけに、この日の「抑止政策的要素」を含んだ首相声明は、ドイツに対して、少しはボディー・ブロー的効き目があったかもしれない。少なくとも、ヒトラーの暴走を止めることに腐心していたコルト代理大使には、それ以上の効き目があった、あるいは、代理大使が効き目のあったふりをした。代理大使は、本国政府へ次のような警告を発している。

「この声明は、首相の承認を得て行われた非常に重要な公式声明です。イギリスの政策を明確に示すもので、その本気度は最早疑いようがありません。この二週間でイギリスの世論はまったく一変しました。このため、イギリス政府は、今日発表された政策を明日にでも実行できる立場にあるわけです[16]。」

このイギリス世論の変化の例として、コルトが挙げているのは、第Ⅱ部で紹介した九月八日の英労働組合会議(TUC)の対政府勧告決議であり、一一日の『オブザーヴァー』紙に掲載されたJ・L・ガーヴィンの記事に見られる、記者の豹変ぶりであった。この夏までガーヴィンほどチェコスロヴァキアに侮辱的で、ナチ・ドイツに常に好意的な記者もいなかった。ランシマンがプラハに着く前の七月二四日、ヒトラーは、ガーヴィンによって、チェコスロヴァキアの提案に道理ある修正策を追求している、と見なされていた。九月四日には、ガーヴィンは、ドイツの政策が「悪魔の理論」であるという説をきっぱりと否定して、

「ヒトラー氏は通俗的な劇に登場する、知能の足りないモンスターのような人非人である、と言われても、また、氏はチェコスロヴァキアに対して狂暴な猛攻撃を加えることによって、何もかも承知の上で不必要な世界戦争の到来を早めようというほどに、狂的であるか邪悪であるかのどちらかである、と言われても、私たちはそのようなことはまったく絶対に信じたことはない。」

と、ヒトラーを擁護した。

そして、その一週間後の九月一一日、ガーヴィン記者は豹変する。ベネシュの「捨身技」たる「第四計画」に大きな影響を受けた彼は、次のように、ドイツの対致武力攻撃に対する強い警告を発したのであった。

「我々は、ヒトラー氏自身は対致武力攻撃を目論んでいるなどとは、依然として信じてはいないが、今や状況がこのように変化したにもかかわらず、もしもこのような攻撃が行われるならば、それは、これまで世界史において犯された犯罪の内で、他に類例を見ない、群を抜いた最大の犯罪となるであろう[17]。」

このように、コルトは、TUCの決議、ガーヴィン記者の豹変、首相のプレス声明から、「イギリスは本気だ」と本国政府に対して警告電報を発したのであるが、これが、リッベントロップ外相経由で、演説前のヒトラー首相に伝えられたかどうかは、不明である。どちらかと言えば、それは好戦派の外相の手で握り潰された可能性が高い。

(4) ヘンダーソン大使とボネ外相の懸念

首相のプレス声明によって、「抑止派」のチャーチルやイーデンがやや「宥められた」ようだが、その分、「宥和派」のヘンダーソンは、これに批判的であった。大使は、声明が出たというニュースを聞いただけで、まだその詳しい内容を知らなかったにもかかわらず、急遽、ハリファックス外相に電報を送り、声明が演説前のヒトラーを刺激するのではないかと心配していた[18]。大使はよほど心配であったのであろう。一二日の朝、ベルリンに帰任したばかりのヒュー・ウィルソン米大使にも、次のような懸念を漏らしている。

「ニュルンベルクで私は、ヒトラーの側に近づける要人たちと話し合いましたが、そこから得られた印象では、ヒトラー氏は今夜の演説は比較的穏やかなものにしようと考えているようです。しかし、昨晩出されたチェンバレン首相の声明のために、ヒトラー氏がこのような方針を維持する気を失いはしないかと恐れています[19]。」

このように、ニュルンベルクからベルリンに帰ったヘンダーソン大使が、政府はヒトラーの演説前に余計なことをして、という苛立ちを示していたのに対して、パリのボネ外相の反応は、どうであっただろうか？ チェンバレン首相声明には、対内消費的な思惑のみならず、イギリス政府に「ヒトラーに強い警告を！」と乞い、「共に進軍を！」とまでせがむフランスを宥め賺すおしゃぶりにもなろうかという、幾分かは対外消費的な思惑も込められていたであろうから、チェンバレンとハリファックスにしてみれば、ボネなどはさぞかし「待ってました！」とばかりに、この「強硬声明」を歓迎するであろうと期待していたと思われる。ところが、ボネ外相は、歓迎どころか、その悪影響を恐れて、その衝撃を緩和、減殺せんと、直ちに対新聞工作の手を打ったのである。あるフランス紙の在ロンドン特派員は、次のような証言をしている。

「ボネは、部下に命じて、フランス紙の全外交問題特派員宛に『本件の記事は最小限の扱いに止められたし』と忠告する内容の電話電報を打たせたのです[20]。」

平和主義者の「策士」ボネが、なぜ対新聞工作をするほどまでチェンバレン首相声明の影響を恐れたのであろうか。それは、ヘンダーソンと違って、声明がヒトラーを刺激することよりもむしろ、国内の対独強硬派を勢い付けることを恐れたからであった。ボネ自身の手記によると、一三日になって彼は、フィップスに次のようにその懸念を吐露している。

「懸念されるのは、両国の世論が間違って軍備の優位を信じ込んでしまい、その結果、その世論が盲目的に両国政府を大惨事となりうる戦争へと駆り立てるようになりはしないか、ということです[21]。」

ボネのこの恐れを聞いたフィップスは、ハリファックスに、「ボネは、声明はフランス各方面の期待感を不当に高めるために計算されたものではないか、と疑っているような気さえします[22]」と、ボネの疑心暗鬼ぶりを伝えているが、ボネとすれば、「共に進軍する」という確かな保証を与えてくれないなら、中途半端な強硬姿勢を見せて、共産党やレイノーやマンデルやらの対独強硬派を煽るようなことはしないでくれ、甚だ遺憾だ、と言いたいところであったのであろう。

3　「プランZ」対「四国国際会議案」

（1）クーパー海相のヘンダーソン批判

チェンバレン首相のプレス声明があった一一日の夜が明けて、いよいよ、ヒトラーのニュルンベルク演説の日がやって来た。夜七時に予定されているその演説の前に、午前にイギリスで、午後にフランスで、それぞれ閣議が開かれている。まず、その模様を見ておくことにしよう。午前一一時に始ったイギリス閣議の冒頭、ハリファックス外相は、最近の出来事の概略を報告してから、次に、ヒトラーの現在の心境と精神状態とを推測して、次のように言った。

「もしヒトラー氏が攻撃すると決心していたとしたら、私たちが何をしても、おそらく彼を止めることはできないでしょう。私の見るところでは、彼は気が狂っている可能性があります、おそらくその可能性は高いものと思われます。」

ここから彼が導く結論は、狂人を挑発するのはよくないという、ヘンダーソン大使の忠告に従った、とにかく演説までは傍観無為の策が良いというものであった。

「賢明な方針は、ヒトラー氏の演説を待って、その上で、状況の再検討を行うことです。[23]」

外相報告を聞いて、真っ先に、特に首相・側近会議が対独正式警告を撤回したことに異議を唱えたのが、例によって、ダフ・クーパー海軍大臣であった。クーパー自身の日記によると、その発言は次のような歯に衣を着せぬ辛辣なものであった。

「私たちはすべての方面から同様の忠告を受けてきました。それは、すなわち、私たちが戦うということをドイツに明確にせよ、ということです。この忠告は、昨日、日曜日の新聞のほとんどすべてから、それから、野党からも、ウィンストンからも、フランス政府からも、アメリカ政府からも、そしてヴァティカンさえからも、入ってきています。かように圧倒的に重みのある意見によって支持されているこの忠告を、私たちは、一人の男の反論、すなわち、ヒステリカルなヘンダーソンの反論に基づいて、拒絶しているのです。[24]」

実際に閣議の席上で「ヒステリカルなヘンダーソン」とまで言ったのかどうか分らないが、閣議録では海相は、ネヴィル・ヘンダーソン大使の忠告だけに従って対ヒトラー警告を取り止めたことに懸念を表明し、「サー・ネヴィルの考えている解決法では、チェコスロヴァキア側の全面的降伏に終ると思われます」と言った、ということになっている。[25]

（2）海相に対するチェンバレン首相の反論

ある労働党議員から、「曲がった鼻と射抜くような黒い目を持った鷲」を思わせるような顔付き、と描写されたことがある首相は、[26]議論において、苛烈で容赦なく、特に議会において野党の労働党員に対したときは、相手の無知をせせら笑うような侮蔑的な表情を隠そうともせず、舌鋒鋭く、「論敵は完膚なきまでやっつけるべし」という態度であった。[27]あるとき、「秋霜烈日」のチェンバレンとは対照的な、「春風駘蕩」のボールドウィン首相

が、チェンバレン蔵相に対して、

「下院は紳士諸君の集まりなんだから、そこで話すときに、議員諸君を『ゴミ』扱いしちゃいかんよ。」

と忠告したのだが、満身これ圭角で被われているという感じの蔵相は、階級意識丸出しに、こう応じた。

「私が彼らをそのように扱うのは、少数の例外を除いて、彼らは皆知的レベルから見て『ゴミ』だからなのです。[28]」

この調子だから、当然の結果として、労働党は、「ブルジョワ」チェンバレンに対する憎悪を募らせ、彼を労働党の生涯の敵と見なすようになった。[29]

「議場の敵」労働党に対するのと同様に、閣議の場でも、自分の意見に対する異論、反論を好まぬ、「独裁者的」な首相は、「閣内の敵」クーパー海相のヘンダーソン批判にも、クーパー自身の表現を借りると、「かなり手厳しく」応じた。

「一人の男ではありません。一人の男が多くの他者と接触した結果です。彼は現場にいます。当然、彼はこのことについてはヴァティカンよりももっと多くのことを知っているはずです。それに加えて言っておきますと、本問題は、今回提起された行為を今後決して実行しないというような、そのような問題ではありません。ヒトラーの演説がまだ準備中であり、そのような行為が望む結果とは反対の結果を惹起して、ヒトラーを和解的な演説から粗暴な演説へ駆り立ててしまうおそれがあります。そのようなときだからそのような行為は差し控えるという、ただそれだけのことなのです。[30]」

（3）英閣議決定：「これ以上の警告は行わず」

ヒトラーに対する直接的警告の抑止効果を期待するクーパー海相と、挑発効果を懸念するチェンバレン首相と、どちらが正しいのか？　それは、首相自身も九月一一日付の妹宛書簡で認めていたように、数学的な証明は不可能である。よって、どちらの論が閣議決定となるかは、議論の正しさよりも、論者の地位、影響力によって決まる。ハリファックス現外相と元外相の二人、すなわち、サイモン現蔵相とホーア現内相の、三巨頭の確固たる支持を背景に、威厳と実績のある「独裁者的」な老宰相が持ち出した「現場の空気を最もよく知るのは駐独大使だ[31]」という理由付けは、ほとんど有無を言わせぬほどの力があった。それは若手大臣連を圧倒したようで、席上、彼らの総大将、クーパー海相の議論に助太刀を入れたのは、スタンレー商相を含めて僅か三人、それもクーパーの記すところでは、「かなり弱々しく」という有様であった。[32]こうして、ヒトラー演説がその日の夜に迫っていた午前中のイギリス閣議は、ヒトラーのドイツに対しては、これ以上の警告は与えないで、平和的解決を目指す、と決めただけで幕となった。

（4）仏閣議、纏らず

一方、フランスの閣議が開かれる前日、すなわち、九月一一日に、ソ連のリトヴィノフ外務人民委員が連盟で演説し、チェコスロヴァキア問題でのソ連の参戦問題については、連盟次第と、従来の「アフター・ユー」政策を繰り返し、[33]その後持たれた、ボネ＝リトヴィノフ＝コムネン仏ソ羅三外相会談で、コムネンは、ソ連軍のルーマニア領土通過問題について、連盟がチェコスロヴァキアを侵略の犠牲者と認めた場合に、これを許すと約束したが、彼もリトヴィノフも自ら連盟への提議を起こすとは言わずに、ボネにそうするように勧めるだけであった。このような情報を携えてパリに戻ったボネ外相は、次の日の午後に開かれた閣議に出席して、「ロシア人もルーマニア人も連盟の手続を責任逃れの隠れ蓑に利用しています」と報告したが、彼自身も、リトヴィノフ、コムネン同様、自国がイニシアティヴをとって連盟で行動を起こすことには、まったく興味を示さなかった。結局、閣議は、連盟提訴にも追加動員にも踏み切れず、次の行動方針について何の決定にも至らぬまま、幕となった(34)。

(5) 後ずさりし始めた「ヴォクリューズの猛牛」

フランスの閣議は纏らずに終ったが、対抗的動員を考慮していたダラディエ首相兼国防相は、閣議後、ガムランら三将軍を呼んで、ドイツがチェコスロヴァキアを武力攻撃した場合のフランス軍の対応について協議した。

「チェコスロヴァキアを助けるために、フランス軍は何をすることができますか?」

というダラディエの諮問に対する、三将軍の一致した答申は、「ラインとモーゼル間の限られた前線での攻勢です、これ以外の選択肢はございません」であり、ガムラン陸軍参謀総長の対独戦の見通しは、およそ次のような、あまりぱっとせぬものだった。

「最終的な勝利は連合国側のものとなりましょうが、緒戦でのフランスの攻勢は近代化されたソンムの戦いに似たものになるでしょう。最終的勝利は長期戦の後に得られるものですが、その間に、チェコスロヴァキアは多分敗北するでしょう。私は、緒戦でのソ連の援助はまったく当てにしていません。」

これを聞いたダラディエも、浮かぬ調子で、「フランスの都市への空爆も予期されますしね」と、付け加えたのであった。

第一次欧州大戦の「前線兵士」の一人であったダラディエにとって、あの恐ろしい長期塹壕戦「ソンム」の二の舞と聞いて縮み上がった。「ソンム」と聞いて、それで十分だった。最も聞きたくないことを、聞いてしまったのであろう、この協議を最後に以後、彼は「ミュンヘン」まで二度とガムラン将軍を煩わすことはなかった(35)。九月八日の「戦うなら今」と鼻息の荒かった「ヴォクリューズの猛牛」は、この日になって初めて軍部の弱気を知らされたかのように、意気消沈して、後ずさりし始めたのである。

(6) レジェの「四国国際会議案」

ズデーテン危機の平和的解決のための次の一手について、フランスの閣議は、連盟への提訴にも、対抗的動員にも踏み切れず、その他、何の決定にも至らずに終ったが、その前日、閣議決定とは別に、外務次官アレクシス・レジェによって、次の一手としての新手が試みられていた。後に「ミュンヘン会談」として結実することになる「英仏独伊四国国際会議案」の初登場である。この日、ジュネーヴに行って留守であったボネ外相に代って、レジェ外務次官はフィップス英大使に会って、個人的見解として同案について説明して、イギリスの意向を打診した。

「明日の演説で多分ヒトラーははっきりしたことは言わない

と予想されていますが、もし予想通りそのようになった場合に、その後できるだけ早く、英仏独伊四国会議招集案を公にすべきです、そうするのが平和のために絶対に必要だと考えます。

　ボネにはフランスの側からこのような会議の招集を提案する用意があると思いますが、ダラディエは多分国内の左派の強い反発を怖れると思われますので、ボネは、首相を説得できるかどうか、疑わしく思っている次第です。そこで、もしイギリス政府から本案が提起されれば、外相は、フランス政府もこれを受け容れるだろうと絶対的な確信を持っています。(36)」


このとき、勿論、フランスは、チェンバレンの秘策「プランZ」については、何も知らなかったが、意図せずしてここに、チェンバレン「英独首脳会談案」への対抗案の意味合いを持つ「四国国際会議案」という選択肢を、イギリス側に提起したことになったのである。

(7) ヘンダーソンとハリファックスの「四国国際会議案」

四国国際会議案については、イギリス側でもこれより以前から、ヘンダーソン大使が、繰り返し熱心にハリファックスに進言していたところであった。例えば、早くは、五月二一日に、「ズデーテン問題におけるムッソリーニの斡旋が、大いに価値あるかもしれません(37)」と言い、八月二日、ランシマン使節がプラハに着いて、「さあこれから斡旋だ」というときに、早くもヘンダーソンは、交渉行き詰りを想定して、

　「交渉がデッドロックに乗り上げたときには、ドイツの友人としてのイタリアが、フランスの友人としてのイギリスに対して、『英伊共同提案斡旋を申し出よう』と提案する、これが私の意味する四国会議です。これが最後の頼みとなると思います。(38)」

と、四国会議案を強く勧めていたのである。

　このように、「英仏独伊四国会議」を一つの選択肢として、既に考慮中であったハリファックスのところに、レジェの四国会議案が届いたのであるが、そのとき、外相の主な関心は、ズデーテン分離に関するプレビサイトの可能性に向けられていた。というのは、このころ彼は、若いころからの親友であるドーソン『タイムズ』編集長同様、プラハ交渉がどんな形で決着しようとも、それは長続きしない、ズデーテン地方の分離が戦争回避の唯一の希望である、と考えるようになっていたからであった。そこに届いたレジェの四国会議案は、そんな彼にとっては、プレビサイト実施のために便利な道具として使えるのではないか、と思われたのであった。

　こうして、レジェの「四国会議私案」に触発されて、この日、イギリスは、チェコスロヴァキアの頭越しに、チェコスロヴァキアの犠牲の上で、四大国間の取引によって「平和」を贖う協定、すなわち「ミュンヘン」に向って、大きな一歩を踏み出そうとしていた。九月一二日の「ハーヴェイ日記」には、「ハリファックスは、今日の午後はずうっと、彼の四国会議案を研究していた」と記されている。(39)

(8) 「プランZ」への不動の決意

だが、その「四国国際会議案」の実施に現実性が帯び始めるのは、

まだ先のことであり、最終決定権の保持者チェンバレン首相は、四国会議よりも何よりも「プランZ」のことで頭がいっぱいという精神状態にあり、このころ、その自案貫徹の意志をますます強くしていた。このため、彼によってレジェ私案がすぐさま受け容れられそうには、とても思えなかった。前々日一〇日のホーア内相との会見に、首相の自案への思い入れの強さを見てみよう。この日、イギリス王室の御用邸のあるバルモラルからロンドンに戻ったホーア内相は、直ちにダウニング街の首相官邸に向った。閣議室に入ると、そこには、独りチェンバレン首相が座っていた。浮かぬ顔で、首相は、

「状況はすこぶる危険なものになっています。」

と言って、内相に対して初めて「プランZ」を明かした。これに対してホーアは、

「失敗する恐れの高いやり方で、首相自らが介入するのは、大きな政治的リスクを冒すことになります。」

と、諫止しようとしたが、「乃公出でずんば蒼生を如何にせん」という自信、気概、責任感の強い首相の決意は、不動であった。自己保身優先の事なかれ主義を嫌い、陣頭指揮の積極的行動主義を好み、敢えてそれに伴う危険を冒す勇気の持ち主であったチェンバレンは、「忠臣」ホーアに対してこう答えた。

「戦争が起こったときに、それが起こる前に私がその戦争を避けるために、ありとあらゆる手立てを尽していなかったとしたら、私は決して自分を許すわけにはいかなくなります。」

その後、午後四時過ぎに開かれた首相・側近会議に、ホーア内相も初めて参加した。会議では、先に見たように、ニュルンベルクのヘンダーソン大使から届けられた、大使の対独正式警告訓令執行反対意見書を検討した。その後続けて、「プランZ」についても話し合われたが、ホーアも含めて全員一致で、同計画は認められ、正式に内閣の承認を求めるべきだということになった。その閣議は一二日の午前に開くことも決められたが、計画の「秘密性」と「電撃性」を重視する首相は、予定通り開かれた一二日の閣議でも「プランZ」の承認を求めることはしなかった。[40]

こうして、九月一二日、午前のイギリスの閣議も終り、午後のフランスの閣議も終り、後は夜七時に始るヒトラーのニュルンベルク演説を待つばかりとなった。世界注視のこの演説については、部を改めて見てみることにしよう。

注

（1） *Documents on British Foreign Policy, 1919-39, 3rd series, Volume II* (His Majesty's Stationary Office, 1950), pp. 295-6. 以下、*DBFP-II* と略して表記する。*Foreign Relations of the United States, Diplomatic Papers, 1938, Volume I, General* (United States Government Printing Office, 1955), p. 588. 以下、*FRUS-I* と略して表記する。

（2） Anthony Eden, *The Eden Memoirs, The Reckoning* (Cassel, 1965), pp. 22-3; John Harvey (ed.), *The Diplomatic Diaries of Oliver Harvey 1937-1940* (Collins, 1970), p. 176.

（3） David Dilks (ed.), *The Diaries of Sir Alexander Cadogan O.M. 1938-1945* (Cassell & Company LTD, 1971), p. 97.

（4） J. Harvey (ed.), *The Diplomatic Diaries of Oliver Harvey 1937-1940*, p. 176.

(5) John Julius Norwich (ed.), *The Duff Cooper Diaries: 1915–1951* (Phoenix, 2006), p. 258.

(6) David Faber, *Munich, 1938: Appeasement and World War II* (Simon & Schuster, 2009), p. 263; Winston S. Churchill, *The Second World War volume I: The Gathering Storm* (Mariner Books, 1985), p. 277; J. Harvey (ed.), *The Diplomatic Diaries of Oliver Harvey 1937–1940*, p. 175; Ian Colvin, *The Chamberlain Cabinet* (Victor Gollancz, 1971), p. 150.

(7) Robert Self (ed.), *The Neville Chamberlain Diary Letters, Volume Four, The Downing Street Years, 1934–1940* (Ashgate, 2005), p. 344.

(8) *Ibid*., p. 344.

(9) Wesley K. Wark, *The Ultimate Enemy–British Intelligence and Nazi Germany, 1933–1939* (Cornel Paperbacks, 2010), p. 208.

(10) *Ibid*., p. 205.

(11) Self (ed.), *The Neville Chamberlain Diary Letters, Volume Four*, p. 345.

(12) *DBFP–II*, pp. 680–2.

(13) *Ibid*., p. 298; Colvin, *The Chamberlain Cabinet*, p. 150; The Earl of Birkenhead, *Halifax, The Life of Lord Halifax* (Hamish Hamilton, 1965), p. 392.

(14) John W. Wheeler-Bennet, *Munich: Prologue To Tragedy* (The Viking Press, 1965), p. 97.

(15) 明治大正昭和新聞研究会編『新聞集成　昭和編年史　十三年度版』Ⅲ（新聞資料出版、一九九一年）、七二二ページ。

(16) *Documents on German Foreign Policy, 1918–45, Series D, Volume II* (Her Majesty's Stationary Office, 1953), p. 742.

(17) Franklin R. Gannon, *The British Press and Germany 1936–1939* (Oxford University Press, 1971), pp. 223–4.

(18) *DBFP–II*, p. 298.

(19) *FRUS–I*, p. 590.

(20) Yvon Lacaze, *France and Munich: A Study of Decision Making in International Affairs* (Columbia University Press, 1955), p. 120.

(21) Anthony Adamthwaite, *France and the Coming of the Second World War 1936–1939* (Frank Cass, 1977), p. 207.

(22) *DBFP–II*, p. 311.

(23) Faber, *Munich, 1938*, pp. 264–5; John Charmley, *Chamberlain and the Lost Peace* (Faber and Finds, 2009), p. 102; Peter Neville, *Appeasing Hitler: The Diplomacy of Sir Nevile Henderson 1937–39* (Palgrave, 2000), p. 103; Colvin, *The Chamberlain Cabinet*, p. 150.

(24) Norwich (ed.), *The Duff Cooper Diaries*, p. 258.

(25) Faber, *Munich, 1938*, pp. 264–5.

(26) Robert Self, *Neville Chamberlain–A Biography* (Ashgate, 2006), p. 7.

(27) Nick Smart, *Neville Chamberlain* (Routledge,2010), p. 122; Lord Home, *The Way the Wind Blows–An Autobiography* (Collins, 1976), p. 73.

(28) John Ruggiero, *Neville Chamberlain and British Rearmament–Pride, Prejudice, and Politics* (Greenwood Press, 1999), p. 16.

(29) Smart, *Neville Chamberlain*, p. 122; Lord Home, *The Way the Wind Blows*, p. 73.

(30) Norwich (ed.), *The Duff Cooper Diaries*, p. 258.

(31) Faber, *Munich, 1938*, p. 265.

(32) Norwich (ed.), *The Duff Cooper Diaries*, p. 258.

(33) *DBFP–II*, p. 323.

(34) Wheeler–Bennet, *Munich*, p. 100; Lacaze, *France and Munich*, p.

121.

（35） A.J.P. Taylor, *The Origins of the Second World War* (Penguin Books, 1963), p. 197; Lacaze, *France and Munich*, p. 122; Adamthwaite, *France and the Coming of the Second World War 1936-1939*, p. 232.

（36） *DBFP-II*, p. 292.

（37） *Documents on British Foreign Policy, 1919-39, 3rd series, Volume I* (His Majesty's Stationary Office, 1949), p. 239.

（38） *DBFP-II*, pp. 35-6.

（39） J. Harvey (ed.), *The Diplomatic Diaries of Oliver Harvey 1937-1940*, p. 176.

（40） Faber, *Munich, 1938*, p. 274; 坂井秀夫『近代イギリス政治外交史』Ⅳ（創文社、一九七七年）、一〇三ページ。

第Ⅳ部　ニュルンベルク演説

「アドルフ・ヒトラーが演壇に登る。空気を嗅ぎ、足もとをさぐり、雰囲気を感じとる。そして、にわかに言葉がほとばしり出る。それらの言葉は、矢のように標的を射る。ヒトラーは各人の心に秘められた生傷に触れ、無意識の部分を解放し、より奥深い願望をあばき、彼らの最も聞きたがっていることを口にする。」*

オットー・シュトラッサー

第13章　ヒトラー演説とその前後

1　演説直前の欧州各方面の様子

（1）チェンバレンとヘンダーソンの予想

「戦争・平和の十字路　鍵を握るヒ総統声明」

という大見出しを掲げたのは、九月一二日の『東京朝日新聞』の夕刊である。この大見出しの下に掲載された一一日発ロンドン特電は、現地時間一二日夜七時から始るニュルンベルク・ナチ党大会閉会式における、アドルフ・ヒトラー総統の演説について、次のように報じている。

「ロンドン各紙は、もう今となっては戦争か平和か、万事、ヒトラー総統の演説によって支配される、と結び、全欧州の視聴は、ニュルンベルクに集中している。(1)」

このように、ヒトラー演説前夜の欧州は、大戦終結後僅か二〇年にして「またもや大戦か」という、重苦しい、緊迫した空気に包まれていた。中でも、欧州大戦再来の引き金となるかもしれないズデーテン問題に、直接関係している国々、すなわち、イギリス、ドイツ、チェコスロヴァキア、フランスの緊張の度合いは、一段と高かった。以下、ヒトラー演説を目前にした、これらの国々の緊迫した様子を見てみよう。

まずイギリスだが、ここではヒトラー演説についてのチェンバレン首相の予想から見てみると、彼は、先にヘンダーソン駐独大使から寄せられていた自信たっぷりの楽観的予想によって、大きく影響されていた。ヒトラー演説の前日に妹宛に書かれた書簡の中で、首相は、大使の報告中にあったノイラート前独外相の言葉をそのまま借用して、「私自身の現在の感触では、ヒトラーが月曜日に彼の舟を焼いてしまうことはないと思います(2)」と記していた。すなわち、ヒトラーは背水の陣を布くことなく交渉の余地を残すであろうというのが、チェンバレン首相の予想であった。

このようなやや楽観的な予想を首相が抱くようになったことに、大きな影響を及ぼした当のヘンダーソン大使はというと、一一日夜に首相プレス声明を知らされるまでは、「ヒトラー氏は、今夜の演説は比較的穏やかなものにしようと、考えているようです」と楽観的であったのだが、首相声明という、大使にしてみれば、「余計な」対独警告がなされたことを知ってからは、「昨晩出された首相声明のために、ヒトラー氏がこのような方針を維持する気を失いはしないかと恐れている次第です」と、それまでの楽観的予想にやや不安を抱くようになっていた。[3]

(2) クーパーの予想

このように、ヒトラー演説に関する予想について、二人の宥和論者中、チェンバレンは楽観的、ヘンダーソンにはやや不安感が見られたが、彼も基本的には楽観的であった。それでは、閣僚中の反宥和論者の筆頭、ダフ・クーパー海相は、どうだったであろうか。彼の予想は、彼の一二日の日記の中に見ることができる。それによると、その日の閣議において海相は、首相と同様に、「私も、今夜のヒトラーの演説は和解的なものになると思っています」と予想している。しかし、両者の一致はここまでであり、二人の予想の根拠は、本質的に異なっていた。首相の方には、おそらくはヒトラーにも、ズデーテン問題をできるなら平和的に解決したいという意思が依然としてあるだろう、という期待感があった。これに対して海相は、今夜の演説でヒトラーが和解的な態度を示したとしたら、それはなにも平和的な意図などからではないと見ていた。閣議において、彼は次のような発言をしている。

「私たちが入手している、あらゆる情報の一致するところでは、ヒトラーの戦争計画の実施準備が完了するには、少なくともあと一〇日はかかるというものです。[4]」

この時点で、ドイツの「緑作戦」実施準備の完了に要する日数は、正確には一〇日の倍の約二〇日だが、その誤差は、ヒトラー演説の予想との関連では、大した問題ではない。それよりも、ヒトラーが和解的態度に出ると予想した根拠を、彼の平和的意図に求めていたチェンバレンやヘンダーソンと違って、クーパーが正しくも、ドイツ側の軍事作戦実施準備の未完了に求めていたことの方が、重要である。なぜなら、入手された情報の分析・評価に基づく理由付けにおけるこの違いから、演説後のイギリスの対応策についての両者の考えが異なって来るからである。

(3) 演説後の対応策：クーパー対チェンバレン

具体的には、その対応策として、ダフ・クーパー海相は、ヒトラーの演説が平和的意図からではなく、戦争計画遂行上の便宜的観点から行われると見ていたので、チェンバレン首相に対して、次のような抑止的措置を要望することになる。

「私の強く望んでいるところは、ヒトラーが和解的な演説をした後でも、私たちが、既に提案された線での何らかの行動が望ましいかどうかを、再考慮することです。[5]」

ここでクーパー海相が望んでいる「何らかの行動」とは、具体的には、抑止効果という点で言葉よりも物を言う「艦隊措置の追加」であった、と推定できる。というのは、クーパー同様反宥和論者でもあるハーヴェイ外相付秘書官は、この日の閣議での海相の、この要望に関して、その日記に次のように記しているからである。

「ダフ・クーパーは更なる海軍措置を強く迫ったが、これは、後で更に考慮してみるということで、棚上げにされてしまった。[6]」

他方、ヒトラーに平和的解決の意図があると見ていたチェンバレン首相も、月曜日のヒトラー演説で平和的解決の展望がはっきりと開けるとは見ていなかった。妹宛書簡で、「その後の事態がどのように進むかは、現在のところ不透明です[7]」という見方を示し、演説後に、彼の宥和政策の切り札とも言うべき「プランZ」の出番となる可能性が高いという、彼の認識を暗示していた。

以上のように、チェンバレン首相とダフ・クーパー海相は共に、九月一二日のヒトラー演説が和戦の行方に関して決定的な結果をもたらすことはない、と予想した。この点では一致していたが、演説後の対応策としては、首相の方は、海相の要求する艦隊追加措置という対独抑止政策ではなくて、ハリファックス外相、サイモン蔵相、ホーア内相の三巨頭から既に原則的な承認を得ていた「プランZ」という対独宥和政策を、機を見て実施する、という腹積もりであった。その彼は、実質的決定権をもって閣議に君臨する「独裁者的」宰相であったので、ヒトラー演説後のイギリスの対応も、たとえクーパー海相らの反対があったとしても、ほぼ首相の思い通りに進む確率は非常に高かった。

（4）ドイツ国内の厭戦気分と諦めムード

ナチ党大会が開かれているニュルンベルクに目を移すと、その大会場を建設し、「ヒトラーの建築家」として有名なアルベルト・シュペールと、ヒトラーの副官を長く務めてきたヴィルヘルム・ブリュックナー中尉の二人が、ニュルンベルク城の城壁に腰を下ろしている。彼らの眼前には、煙棚引く古都が九月の穏やかな日の光を浴びて広がっていた。かねがねヒトラーから戦争の決意を聞かされていた中尉が、落ち込んだ様子で、「このような平和な景色を見るのも、これが最後かもしれないね。おそらく間もなく戦争になるね」と洩らした[8]。ニュルンベルク城壁の二人の間に漂う厭戦気分は、ドイツ国民の多くも共有するものであった。

ヒトラー演説前日のドイツ世論の様子を、ジョージ・オジルヴィー＝フォーブス駐独イギリス大使館参事官は、次のように本省に報告している。

「ドイツ側の軍事措置の規模が拡大するにつれ、その動きは益々広く知れ渡りつつありますが、そのため、ドイツ世論の警戒心は非常に強まっています。ドイツがチェコスロヴァキアを攻撃すれば欧州戦争となるおそれがあるが、その場合、ドイツはおそらく負けるだろうという恐怖心が、一般に抱かれています。反戦感情は強いのですが、国民は、ナチ体制によってがんじがらめにされているので、無力です[9]。」

このような厭戦気分、反戦感情にもかかわらず、無力感に支配されている一般国民の間には、ヒトラーが戦争と言えば、それは避けられない運命として受け容れるしかないという諦めムードが、認められると、オジルヴィー＝フォーブスは、次のように言う。

「当地では、国民の間にチェコ人に対しても、あるいは西欧列強に対しても、何らの深い怨恨を抱いているという徴候は見られません。しかし、彼らは、屠殺場に連れていかれる羊たちのようにおとなしいので、もし戦争が起これば、進軍し、少なくとも暫くの間は、その義務を果すと思われます[10]。」

確かに、多くのドイツ国民が彼らのフューラーを熱烈に支持していたことは事実であるが、それは、大量の失業者に仕事を与えてくれたヒトラーを支持した、ということであり、また、戦争に訴えることなく、みじめな敗戦国ドイツを屈辱的なヴェルサイユ条約の軛から解放して、再び祖国を欧州での大国の地位に就けてくれたヒトラーを支持した、ということであって、決してそれは、もう一度英仏を相手の大戦争の危険をも冒そうとしているヒトラーを支持する、ということを意味するものではなかった。しかし、ナチ体制の下で五年半以上も経過した一九三八年九月となった今、反ヒトラー蹶起の陰謀計画を準備していた一部の軍人たちを除けば、[11]国民一般は「羊」のように無抵抗な群となってしまっていた。そのような国民が、自分たちの意に反する大戦争の危険さえ敢えて冒そうとしている独裁者の大博打を止めさせるには、もはや遅すぎたと言えようか。

(5) 緊張の高まるプラハとズデーテン地方

ドイツからチェコスロヴァキアの首都プラハに目を転じると、一〇日に現地入りしていたシャイラーCBS特派員は、一一日のプラハの様子を、その日の日記に、「ここではすべてが平穏だが、一触即発の緊張した空気が張りつめている」と記しているが、プラハにそのような空気を醸し出している主要な源の一つは、彼が挙げている、独致国境にドイツ兵二〇万人が集結しているという情報であり、[12]もう一つは、プラハ駐在ヘンケ独代理公使が本省に伝えている噂、即ち、明日の総統演説でプレビサイトが要求された場合に、致政府は緊急事態を宣言するだろうという噂であった。

表面は平穏だったプラハの様子とは違って、ズデーテン地方の九月一一日は「反抗の日曜日」となった。その日までやや小康状態を保っていたズデーテン地方であったが、ヒトラー演説を翌日に控えたこの日には、各地でデモが多発し、至るところで、「一民族、一国家、一総統」というスローガンが叫ばれ、デモ隊と警官隊との衝突で何人かの負傷者も出た。このように、一一日のズデーテン情勢は、明日のヒトラー演説次第ではいかなる非常事態に発展するか、予想しがたいほど不穏なものとなっていた。[13]

シャイラー特派員は、この日の日記を、「どこも明日のヒトラー演説待ちだ」と締め括っているが、[14]まさにその通り、この日、全欧州が固唾を呑んで明日のヒトラー演説を待っていた。

(6) 宥和派色の濃厚なフランス議会

不安な夜が明けてヒトラー演説の九月一二日の月曜がきて、ナチ党大会の閉会式まで後一時間となった午後六時、『マンチェスター・ガーディアン』のパリ特派員、アレグザンダー・ワースが、フランス議会の議員連の様子を取材するために、議会ロビーに行ってみると、そこでは、ある「パシフィスト」議員が大声でまくし立てていた。

「フランスは、チェコスロヴァキアのために取っておく余分な若者の命など、一つたりともありゃせん。」

そして自信たっぷりに、

「我々はマジノ・ラインの背後にいれば安心だ。」

と言い足した。続いて、別の「パシフィスト」議員が、自国空軍の頼りなさを、ボネ以上の対独宥和論者、仏独協調論者として有名であった元首相のピエール・フランダンを引き合いに出して、

「どうして戦争ができるって言えるんだ？　フランダンが言ってたじゃないか、なんとかまともと言える飛行機は、六〇〇機しかないって。」

と、鬼の首でもとったかのように言うと、また別の議員が、その

六〇〇という数字を大幅に下方修正して、

「六〇〇機だって！　フランダンは六〇〇機とは言っていなかったぞ。六〇機と言ってたんだ。」

と叫んだ。これで十分に、ヒトラー演説を前にしたフランス議会の宥和派色濃厚な空気を感じ取ることができたと、ワースは、議会ロビーを出て自宅に向った。帰着してラジオを点けると、ヒトラーが吼えまくっていた。そして、「ウォー、ウォー、ウォー」と総統に応える大聴衆の野獣のような大絶叫が聞こえてきた。⑮

2 演説の大要：ベネシュ批判・自決権要求・示威恫喝

(1) 全欧注視の演説始まる

九月一二日月曜日、午後七時に始まるナチ党大会閉会式の会場は、精鋭三万人のエリート党員で埋め尽くされていた。彼らは皆、ドイツ国民一般の厭戦気分とは対蹠的な好戦的熱気を、満身から発散していた。七時前、彼らが今や遅しと待ち構えていた総統が、大会堂の演壇に姿を現し、閉会式が始まった。そして、いよいよ七時二〇分、欧州全体が固唾を呑んで待っていた注目の総統演説が始まった。演説は、八時四〇分まで続く一時間二〇分の大獅子吼となった。⑯プラハでは、このヒトラー演説が始まる前には、街角には人っ子一人見られなくなった。市民たちはすべて、その演説中にもドイツ爆撃機による初空襲があるのではないかと怯えながら、ラジオの前に集まったのであるが、彼らの中には、ガスマスクを用意して、このラジオ放送を聴いた者もいたという。⑰

その一時間二〇分の間、ラジオを通じて流れ出てきたのは、神がかったフューラーの絶叫、怒声、三万人の狂気じみた「ジーク・ハイル、ジーク・ハイル、ジーク・ハイル……」の堂屋を打ち抜かんばかりの大音響、狂的な教祖によって引き起こされた集団ヒステリーのような異様な現場の雰囲気であった。⑱シャイラーも、他の特派員仲間たちと一緒にラジオで演説を聴いたが、ドイツ語を解する彼がその演説から感じ取ったものは、ヒトラーの「燃え上がる憎悪」、「込められた悪意」、「毒気の滴り」であり、それに感応する聴衆の「狂気すれすれの興奮」であった。⑲

(2) 敵性国家としての民主主義国家

残されているヒトラーのニュルンベルク演説記録から、⑳実際にその演説が引き起こした現場の異様な雰囲気を、後代の我々が、そのまま感じ取ることは難しいが、その記録によって、ヒトラーがこの大演説で、一体何を言ったのか、何を言わなかったのか？「民族自決を」と言ったのか？「プレビサイトを」と言ったのか？「併合を」と言ったのか？ベネシュ批判は？動員宣言は？最後通牒は？タイムリミットは？果して和戦の行方は？これらの疑問点に注意しつつ、以下、その演説内容をやや詳しく追ってゆくことにしよう。

ヒトラー演説は、いつもの「党物語」から始まった。ナチ党と敵対勢力との間の国内での権力闘争について、長々と振り返った後、総統は、過去における国内の敵と現在の国外の敵とを比較して、「今日の我々の敵は、世界観的に見れば、依然としてまさに過去の敵そのものなのであります」と結論付ける。過去の国内に存在した敵性「世界観」とは、具体的には、彼が言うには、一つはワイマール議会における「資本主義的民主主義」であり、他は「マルクス主義」であった。現在の国外に存在するそれは、「ナチ民族共同体国家」に戦いをしかけている「民主主義国家」と「ボルシェヴィキ」である。この後、その民主主義国家への誹謗が延々と続く。不道徳、不誠実、不正直、詐欺師、無節操等々、と。そして、このような、いわゆる民主主義国は、反ナチズムのためなら共産主義勢力とも手を結ぶと批判し、次のように言う。

「既に私たちは、ドイツ国内において、ユダヤ資本主義が共産主義的反資本主義をご都合主義的に解釈して、これと同盟を結んだのを目撃したではありませんか。現在、世界中でこれと同じことが行われているのです。ボルシェヴィキのモスクワは、資本主義的民主主義国が高く崇め奉る同盟国になっているのです!」

(3) 少数民族抑圧国家としてのチェコスロヴァキア

そして、演説は、次にいよいよ、そのメイン・テーマであるチェコスロヴァキア問題に入る。ヒトラーは、チェコスロヴァキア国家の総人口一七〇〇万人中、チェコ人が七五〇万人であったのに対して、少数諸民族の方が、三五〇万人のドイツ人を筆頭に、二三〇万人のスロヴァキア人、七二万人のマジャール人、一〇万人のルテニア人等を合わせて九五〇万人と、チェコ人を上回っていた点を突き、ヴェルサイユ製の「真の民主主義国家」なるものが、国内の多数派である「少数諸民族」を抑圧していると、ヴェルサイユ条約の不当性と結び付けた形で、「民主主義的民族国家」チェコスロヴァキアの民族自決主義の原則に反する「実態」を、次のように暴いてみせる。

「この国家は民主主義国なのです。すなわち、民主主義的な諸原則に基づいて創設されたのですが、その国民のうち過半数の人々は、誰からもその意見を求められることもないまま、ヴェルサイユでの恣意的な解釈によって創り出された構造物に、ただただ強制的に従属せしめられたのであります。真の民主主義国として、この国家は、直ちに人口の過半数を占める国民を抑圧し始め、彼らからその不可譲の権利を奪い取り始めたのです。」

(4) 自決権なきズデーテン・ドイツ人への援助

そして次にいよいよヒトラーは、その三五〇万人のドイツ系少数民族と結び付けて、演説中のキー・ワードの一つ、「自決権」を取り上げた。

「この三五〇万の人たちは、ウィルソン氏なる人物によって解釈された自決権という名の下に、彼らの自決権を奪われているのです。彼らは前例のないやり方で、今、抑圧され、辱められているのであります。」

それでは、自決権を奪われ、動物のように虐待されているとヒトラーの言う、この三五〇万人の同胞に対して、彼は何をしようと約束したのであろうか。これについては、彼は、この虐待を平然と見逃している世の「高名なる民主主義の代表者たち」に向って、次のように言い放つ。

「これらの責め苦にあっている者たちが、自ら正義も援助も見出すことができないのであれば、彼らは、この正義と援助の両方を、我々から受け取ることになりましょう。これらの人たちに加えられている不正義は、必ずや終らせなければなりません！」

このように、彼は、ズデーテン・ドイツ人に「正義」と「援助」を与えると明言したのであるが、その「正義」とは「第二次アンシュルス」なのか、その「援助」とは「武力援助」なのかという、肝心の点については、何も明らかにしないまま、彼は、民主主義国家英仏に対して切った啖呵に続けて、次のような丁寧な言い回しの威嚇文句を並べる。

「私は、本年二月二〇日の議会演説においても、『これら三五〇万のドイツ人にこれ以上の抑圧と迫害が加えられることに、我が国はもはや我慢するわけにはいかない』と指摘しておきました。今ここで、私の方からすべての外国の政治家の皆さんに懇願しておきたいことがあります。それは、この議会での私の宣言を、単なる空言と考えないでいただきたいということであります。」

(5)「威嚇演説」から「平和演説」へ、「平和演説」から「威嚇演説」へ

英仏に対して啖呵を切り、脅しをかけたかと思うと、一転して、次には、「戦争」ではなくて「平和」について語り始める。

「欧州平和のために、ナチ国家はこれまで多大の犠牲を払ってきました。我が国はいわゆる復讐心などまったく抱いたことはありませんでした。それどころかむしろ、そのような考えは、公的生活からも私的生活からも、残らず追放してしまったのです。」

と、ナチ・ドイツがいかに欧州平和のために貢献してきたかを強調して、その例として、ヒトラーは、アルザス・ロレーヌ放棄宣言と英独海軍協定の締結とを挙げる。アルザス・ロレーヌを自発的に放棄した理由について、彼は、恩着せがましく、次のように述べる。

「私たちは、欧州の永続的な平和に貢献したいという一心で、この主張を控えたのであります。私たちがこれを放棄したのは、私たちが、フランスとの絶え間ないこの諍いに、この際きっぱりと終止符を打ちたいと決意したからであります。」

英独海軍力比を一〇：三・五と定めた一九三五年の英独海軍協定についても、恩着せがましくドイツ側の自発的譲歩を強調し、ドイツ側の欧州平和のための犠牲的精神を自画自賛する。

「私たちは、もう一つの国に対しましても、再び武器をとることを強制されたくはないという希望の下に、私たちの力を自発的に制限致しました。このようなことになったのは、何も私たちにその国の三五％以上の船を造る能力がなかったからではありません。私たちが、欧州における緊張の最終的縮減とその状況の平和化とに貢献したいと願ったからこそ、こうなったのであります。」

この後ヒトラーは、独波不可侵条約の締結を挙げ、これも欧州平和の維持に多大なる貢献をなすものだと強調して、その「平和演説」の部分を締め括った。

この「平和演説」の後は、また「威嚇演説」に戻る。これが特

徴的なヒトラーのやり方である。常に相手を威嚇しながらでないと平和について語れない、これがヒトラーである。そのようなやり方は、無意識的な彼の本性の発露でもあり、意識的な自己目的達成のための常套手段でもあった。まずヒトラーは、ドイツがこれだけ欧州平和のために多大な犠牲を払っているのは、「自己否定と自己規律」という崇高な精神からである、それにもかかわらず、この精神がドイツの「弱さのしるし」だと誤解されている、と怒声を発する。そして、次に、特にイギリスとフランスの名を挙げて、両国を威嚇するように、今のナチ・ドイツは、先の大戦に敗れたときの弱いドイツと違って、強いのだぞ、軽く見るなよ、と警告を発する。

「忘れてもらってはいけないのは、人の払う犠牲には限度というものがあるということです。我がナチ・ドイツを、かのベートンマン‐ホルヴェークとヘルトリンクのドイツと間違ってもらっては困る、ということであります。」

(6) ベネシュと英仏への大袈裟なブラフ

このように、ナチ・ドイツを見縊るな、ナチ・ドイツは強いのだと、殊更にヒトラーが強調したのは、彼にとっては、あの忌まわしい「五月危機」を意識してのことであった。この屈辱的な「五月危機」によってヒトラーに植え付けられた深い怨念、復讐の念が、今、毒気の滴りのようなベネシュ批判となって現れ出る。その危機の真相について、ヒトラーは、次のように言う。すなわち、ズデーテン地方選挙を自己に有利にするためには、軍隊の威力を誇示することが一番だと考えたベネシュが、あの致軍動員という「野蛮な恫喝政策」を世界に対して正当化するために、「ドイツの軍隊がチェコスロヴァキアを侵略するために動員された」という虚偽を捏造したのだ、と。このようにベネシュの策謀を「暴露」しておいてから、ヒトラーは、続けて、「我が党員諸君！大国たるものが、このような卑劣な不意打ちを二度と許すことはできないことは、諸君には理解できるでありましょう」と、彼の決意を恫喝的に表明したのであった。

続けて、ヒトラーは、この威嚇がブラフでないことを証拠付けるために、彼が「五月危機」の一週間後の五月二八日にとったという「非常に難しい措置」なるものを披露している。この措置とは、演説中では明かされていないが、その日、ヒトラーが軍首脳に、「近い将来、軍事行動によってチェコスロヴァキアを粉砕することは、私の不動の決意である。即時その準備を整えねばならない」と指示した「新・緑作戦」のことである。[21] ニュルンベルク演説では、ヒトラーは、この「五月二八日の措置」として、第一に陸・空軍の強化命令を挙げ、第二に西部国境要塞建設命令を挙げている。この要塞は、「西壁」とも言われ、また、「ジークフリート・ライン」とも呼ばれることがあるが、この要塞を、この夜の演説においてヒトラーは、その建設責任者であるフリッツ・トート博士が成し遂げた「古今を通じて稀なる大偉業」と称賛した。そして、この不抜の要塞の凄さ、これを短期間で完成させる力のあるナチ・ドイツの凄さ、これを裏付けるために、数字好きのヒトラーは、次々と、聴く者の度肝を抜くような数字を挙げてゆく。建設労働者の数、「トート」機関二七万八〇〇〇人等、総計四六万二〇〇〇人、資材運搬貨車数、一日八〇〇〇車輌、砂利消費量、一日一〇万トン以上、と。そして、この要塞は冬までに全部完成するが、完成すれば、その防衛態勢は盤石となると、次のように自信たっぷりに説明する。

「これが完成しますと、その防衛力は、装甲板とコンクリートからなる一万七〇〇〇個以上の構造物から構成されることになります。この構造物から成る前線は、要塞化された三重線構造になっています。ある個所では、実際には四重線になっていまして、その奥行きは五〇キロメートルにもなります。そして、この前線の背後に、武装ドイツ国民が配置されることになるわけです。」

このように述べきたったドイツの軍備増強の数々は、根も葉もないまったくの嘘ではないが、これまた、軍事的プロパガンディストとしての彼一流の誇張された数字を混ぜ入れた、彼お得意の大袈裟なブラフであった[22]。

(7) 自決権を与えよ!

この常套手段たるブラフをベネシュと英仏にかけておいて、その直後に、ヒトラーは、ズデーテン・ドイツ人の叛乱を誘起させるような、扇動的言辞を吐く。

「私がこのような古今稀に見る努力をしてきましたのは、平和に貢献せんがためであります。しかしながら、いかなる状況の下でも、私は、チェコスロヴァキアにおいて我がドイツ人同胞が抑圧され続けているのを、遠くから静かに拱手傍観するつもりはないのであります。」

次に、演説は再びベネシュ批判と自決権に戻る。ヒトラーは、「ベネシュ氏は、人民を宥めるために雀の涙ほどのお情けを差し出すだけです」と、所謂ベネシュ「第四計画」を「雀の涙」として暗にこれを拒否して、続けて、「私たちドイツ人が要求するものは、他のすべての民族が所有しているところの権利、すなわち、自決権であります、空虚なる言葉ではありません」と、ズデーテン・ドイツ人のための「自決権」を要求した。しかし、その「自決権」の具体的内容は、「プレビサイト」による「アンシュルス」なのかどうかについては、まったく触れなかった。

そしてこの「自決権」の要求と絡めて、ここでまた、ヒトラーは、英仏に対する警告を繰り返し、ズデーテン・ドイツ人からは蹶起へのゴー・サインと受け取られても不思議ではない、檄を飛ばす。

「私は、外国人政治家たちが、ドイツのまさに心臓部に当たるこの地に、第二のパレスティナを創ることを断じて許しはしません。気の毒なアラブの人たちは、防衛力がなく、また、すべての人から見捨てられてしまいましたが、チェコスロヴァキアのドイツ人は、無防備でもなければ、また、見捨てられてもいないのです。人は皆、特にこの事実に注意を払うべきです。」

(8) 独・伊両帝国は強力無比だ!

民主主義を罵り、チェコスロヴァキア、ベネシュを謗り、ズデーテン・ドイツ人のための自決権を要求し、平和に触れながらも、ナチ・ドイツの武威を誇示して恫喝とブラフを撒き散らしてきた、一時間を超えるフューラーの大獅子吼の結論は、

「この数ヶ月の間、生意気にも、小国さえもがドイツに対し

て容赦できないような無礼千万な態度で応接してきたのであります。これは、この小国には、ドイツ・ライヒを単なる平和愛好的な新興国家としてしか見ていない証拠であります。」

という、「五月危機」以来の彼の復讐心の根深さを示す、恨み節で始まる。

この五月にイタリアを訪問して、同地に遺る歴史的建造物の数々を初めて実見し、深い感銘を受けて帰国した「歴史家」・「建築家」としてのヒトラーは、この日の演説では、ナチ・ドイツが、ファシスト・イタリア同様、「単なる平和愛好的な新興国家」ではなく、古い歴史に根ざす最強国であることを証明するために、現在のイタリアとドイツを、それぞれ「古代ローマ帝国」と「神聖ローマ帝国」の後裔と位置付ける。

「今日、ローマ帝国が再び息づいています。国家としてのドイツも、新しい現象ではありません。新世界が発見される五〇〇年以上も前に、巨大なゲルマニック・ドイツ・ライヒが地上に存立していたのです。このドイツ・ライヒは長い間休眠状態にありましたが、今や、ドイツ民族は目覚めました。そして、もう一度その頭上に千年の王冠を戴いているのです。」

ここでまた、威嚇である。

「新ローマン・イタリア帝国も新ゲルマニック・ドイツ帝国も、本当は、古代的な構造物なのです。誰も両帝国を愛する必要はありません。しかし、地上のいかなる強国にも、この両帝国を二度と抹殺させはしません。」

続いて、この狂熱的長広舌の結語が来る。それは、「ドイツ民族への神の御加護を！」であった。

「諸君は今や、再びドイツ人として誇らしく諸君の頭《こうべ》を高らかに上げている権利を持っているのです。いかなる異国人の意思にも二度と我々の頭を下げないようにするのが、私たち全員の義務なのであります。この義務に対して、私たちは固い誓いを立てようではありませんか、そして、私たちに神の御加護がありますように！」

この「神の加護」を祈る言葉で長大演説が終ると、「ジーク・ハイル！　ジーク・ハイル！……」の怒濤のような、耳をつんざくような大喚声が果しなく轟き続けた。(23)

(9) 演説の狙い：軍事的観点と政治的観点

もし当時に在ってニュルンベルク党大会の会場やラジオで一聞しただけであれば、この演説は、興奮に駆られたヒトラーの、感情まかせの怒りの爆発ではないか、と感じられたかもしれない。しかし、上のように記録に拠ってこれを大要に纏めてみれば、それは、決してそうではなくて、実は、明確な目的意識を持って行われた、ある意味、見事な天才的パフォーマンスであり、何を言うべきか、何を言わないでおくか、よく計算された弁論であることが分かる。すなわち、本演説は、「緑作戦」の成功という目的を達成するために、打たれた重要な布石であることが分かる。

「緑作戦」の目的は、単なるズデーテン問題の「解決」でなく、武力行使によるチェコ（ボヘミア－モラヴィア）の強奪であったが、この目的を、ヒトラーは、軍事的方策と政治的方策を並行的に行うことによって、達成しようしていた。軍事的方策とは、対致電撃戦争であり、その成功の前提は奇襲性にあり、その奇襲性を確実にする前提が隠密性であった。この隠密・奇襲の観点から、ドイツ軍は、夏以来、恒例の秋期演習を隠れ蓑に動員、集中を着々と進めていたが、九月一二日の演説の時点では、作戦実施準備完了にはまだ二週間余りの日数を必要としていた。このため、ヒトラーは、演説においては、戦争は語らず、動員宣言は行わず、最後通牒もタイムリミットも言わないで、和戦の行方を曖昧にしておくことによって、時間稼ぎを行ったのである。

政治的方策とは、一つは、対致戦争を対英仏戦争に拡大させない、言い換えれば、これを局地戦争化するために、イギリス及びフランスとチェコスロヴァキアとを分断、離間させる、つまり、チェコスロヴァキアを孤立させることであった。この離間策による局地戦争化の観点から、ヒトラー演説は、一方では、英仏がチェコスロヴァキア問題に介入しなければ、ドイツの自発的譲歩によって成立している欧州平和を今後とも続けて保証しようと、平和の「アメ」を差し出し、他方では、もし英仏が介入するならば、軍事大強国独伊両帝国を敵に回すことになろうと、威嚇の「ムチ」を見せびらかした。かつ、英仏の弱みを突くことに巧みなヒトラーは、英仏の良心の重荷となっていたヴェルサイユ条約とチェコスロヴァキアを結び付けることによって、また、英仏も反対できない金科玉条化していた「民族自決主義」をフルに利用して、その原理の蹂躙国としてベネシュのチェコスロヴァキアを弾劾することによって、軍事的のみならず道徳的、倫理的にも、英仏はチェコスロヴァキア問題に介入すべきではない、することはできない、と言わんとしたのである。

政治的方策の第二は、ズデーテン・ドイツ党を使ってズデーテン危機を継続させ、この危機を、対致軍事行動の準備が完了したときに、激化、爆発させて、同地方を内乱状態、無秩序状態に陥れることによって、これを軍事介入の口実とする策である。このズデーテン危機の利用の観点から、ヒトラーは、ズデーテン・ドイツ人に「正義」と「援助」の供与を約束して、また、暗に「第四計画」を拒否することによって、危機の継続化を図ったのであるが、同時に、軍事行動準備未完了のこの時点では、彼らを刺激しすぎて時期尚早の即時蹶起へと駆り立てぬように、意識的に「プレビサイト」とも「アンシュルス」とも、「武力」援助とも言わなかったのである。

3 演説直後の欧州各方面の反応

(1) 「これは戦争だ」・「これは宣戦に等しい」

次に、ヒトラー演説を聴き終った当時の人たちが、これにどのように反応し、これをどのように解釈したのか、見てみることにしよう。まずは「これは戦争だ」という絶望的な反応を示した例から。ドイツ外務省首席通訳官のパウル・シュミットが党大会中の仕事を終えてベルリンに戻ろうと、ニュルンベルク空港に着いたとき、空港の拡声器から流れていたのは、ヒトラーの演説であった。シュミットの回想録の言葉を借りれば、彼は、「この脅迫的な発言を耳にして」、ベルリンへと飛び立った。ベルリンでは、外務省の者もその他の彼の知人も、その多くは、「戦争勃発が間近に迫っている」と見ていた。彼らの狼狽ぶりを知っただけでなく、シュミットはまた、ヒトラーが総動員令を発すれば、軍部には即座に総統を逮捕する計画のあることを知った。このように、内乱への突入か、それとも戦争の勃発か、と思わせるような、九月一二日夜のベルリンの緊迫した様子を回顧したあと、シュミットは、「九月一三日、緊張は殆ど耐え難いまでに達した」と書き記した[24]。

イギリスでは、ラジオのないロバート・セシル卿は、近所のハロルド・マクミラン邸に行き、マクミラン夫妻と共に、ヒトラー演説を聴いた。創設以来の国際連盟の熱烈な支持者であり、前年にはノーベル平和賞を授与されていた、この七四歳の保守党貴族院議員は、ソファーに寝そべりながら演説を聴いていたが、演説が終ると、ゆっくりと身を起こして、三〇歳年下の保守党下院議員に、「これは戦争だ」と重々しく断言した[25]。

イタリアでは、ヒトラー演説を聴いたチアーノ外相は、その日の日記に、「彼、前例のないほど決然たる調子で戦争について話す。演説全体の雰囲気を作っているのは、この調子だ」と記し、ドゥーチェもこの演説を「深刻に受け止めている」と書き添えた[26]。

演説を聞いて戦争とまでは思わなかった者でも、それに近い衝撃を受けた者もいた。ハーヴェイ英外相付秘書官は、「演説は狂人のようだった、いや、むしろ、部族の者たちに長々と攻撃的な熱弁をふるっているアフリカの酋長のようであった」という印象を持ち[27]、『ニューズ・クロニクル』も、「狂人」の「野蛮演説」と言い、「思慮ある人々の背筋に戦慄を走らせるものである」と評した[28]。

パリでは、ワース記者が演説を聞き終って、アパルトマンを出ようとしたとき、子育て中のコンセルジェが彼に声を掛けて言った。

「あの男はどうかしたのですか？　きっとプッツンしているのでしょうね。あんな口のきき方ってありますか？　あの沢山の人たちは野蛮人に違いありませんわ。ギーもモニクも泣き出すものですから、ラジオを切らなきゃならなかったのですよ[29]。」

ニュルンベルクでは、ラジオでなく会場で直に演説を聞いたディルクゼン駐英大使も、直後の第一印象は、「ほとんど宣戦に等しいものであった」というものであったが、帰路、同僚のモルトケ駐波大使と話し合って初めて、二人の大使は、演説中に少なくとも「戦争」という取り返しのつかない言葉がなかったことを拠りどころに、「平和への扉がすっかり閉じられたわけではない」ということで意見が一致したのであった[30]。

(2) ロンドン・パリ・プラハ各特派員の曇の予報

和戦の行方を決定付けるかもしれないと予想されていたヒトラー演説を聴き終えた直後、直感的に「これは戦争だ」と断定した者、一瞬「これは戦争かもしれない」と不安になった者もいたが、そのような人でも、その後落ち着いて演説内容を検討してみれば、ディルクゼンがそうであったように、ひとまず戦争即発という危機は避けられたと、胸を撫で下ろすことができたと思われる。しかし、それでも同時に、これで平和とは到底思われず、この後一体どうなるのだろうかという不安は、残ったであろう。つまり、欧州の人々は、和戦の展望については、演説後も不透明な宙ぶらりんの状態に置かれたままであった。

演説をそれぞれロンドン、パリ、プラハで聴いた三人の記者による、欧州の空模様に関する予報に耳を傾けてみると、彼らは、異口同音に、これは嵐でもなく晴れでもない曇りのままだ言っていた。まずは、『東京朝日新聞』ロンドン特派員の報告、「ヒトラー総統の演説は直ちに欧州の事態を明瞭にする結果とはならず、なお将来に危惧は持ち越されたに過ぎぬものと見られる」[31]。次に、同紙パリ特派員の報告、「ヒ総統は今直ちに英仏と妥協する態度を示さず。また同時に英仏と決裂して事を荒立てるという態度をも示さず。戦争か平和かを明らかにする決定的態度をとらず。態度曖昧にしておいて、現在の外交交渉を進めつつ好機会を狙って目的を貫徹しようという、巧みな彼本来の政策である」[32]。

まさに言う通りだが、ヒトラーが好機会を狙って貫徹しようとしていた「目的」は何であったかが、大問題であった。このパリ特派員がこれを対致局地戦争によるボヘミアとモラヴィアの強奪と見ていたのならば、まさに正鵠を射たものであったが……。

最後にプラハのシャイラー特派員の日記、「かの〈偉大なる男〉が話した。戦争にはならない。少なくとも当座は。これがヒトラーが今夜ニュルンベルクでした演説に対するチェコスロヴァキアの最初の反応だ。戦争と平和が明らかに辛うじて危ないバランスを保っている今日のプラハは、一日中じとじとと肌を刺す冷たい雨が降って、暗く陰気だった」[33]。

(3) クロフタ致外相の晴の予報

シャイラーは、チェコスロヴァキアの最初の反応を、少なくとも当座は戦争にはならないというものだ、と捉えたが、確かに、翌日のプラハの新聞には、「演説は戦争への絶対的欲望を示さず」という見出しがあり、その他にも、「ヒトラー、威嚇的な言葉連発するも、明確な要求なし」、「演説、調子は極めて辛辣なるも、内容は慎重」[34]というような、シャイラーの見方を裏付ける見出しが見られた。このような新聞の見方は、クロフタ外相もまた共有するところであった。演説の翌日、外相は、ニュートン英公使に対して、「ある外国に向けられたヒトラーの語調は、これまで聞いたこともないようなものでしたが、しかし、演説には不可能な要求は何も含まれていませんでした」と、楽観的な感想を述べ、さらに、外相は続けて、今後の交渉継続の可能性についても、「前途に希望の持てるほど確かに、交渉の継続を認めているようでもありました」と、極めて楽観的な見方を披露していた[35]。プラハの新聞紙の見出しの中に、「アンシュルスにもプレビサイトにも触れず」とあるように[36]、クロフタ外相も、ヒトラーが演説で触れなかったこの点に特に着目して、プラハ交渉の前途にかくも楽観的になり得たのであろう。

(4) 「自決権の要求」は、即ち、プレビサイトか戦争か？

このように、チェコスロヴァキア官民は、ヒトラーが演説で言わなかったこと、すなわち、「プレビサイト」、「アンシュルス」、「最後通牒」、「動員」、「戦争」に触れなかったことに安堵し、そこからプラハ交渉の前途に一縷の希望の光を見たようであったが、しかし、この言わなかったことと、彼が強調して言ったことを、考え併せた人たちは、一抹の不安の影をも見たようであった。彼が演説で強く言ったこと、その一つは、「自決権」の要求であったが、シャイラー日記に次のような記述がある。

「ヒトラーはプラハに対して罵詈雑言や脅迫を投げつけはしたが、ズデーテン人をすぐに返せとは要求しなかった。国民投票すら要求していない。だが、ズデーテン人に自決権を認めよ、と断乎主張した[37]。」

シャイラーだけでなく他の人たちも、ヒトラーが自決権を要求したことに不安を感じていた。その不安は、彼の自決権の要求とは具体的にどう解釈されるのか、と考えてみたときに発生した。この要求について、『東京朝日』は、「人民投票示唆」の見出しを付けて、「ヒ総統の演説では人民投票という言葉は使用しなかったが、自決を強調した事はこの方向を指示した」という解釈記事を載せていた[38]。プラハの新聞は、「方向」というよりももっと直結的に、「総統が自決権と言ったときにはいつでも、それはプレビサイトを意味したと見ることができる」と解釈した[39]。

このプラハ紙の解釈は、ズデーテン・ドイツ党の解釈でもあった。ヒトラー演説が終るやいなや、早くも、同党支持者のデモ隊は、「住民投票をしろ！」と絶叫していたのである[40]。このヒトラー演説の自決権要求に触発されたズデーテン・ドイツ党のプレビサイト要求デモは、チェコスロヴァキア政府の楽観を吹き飛ばした。九月一三日『東京朝日』のロンドン特電は、この点に関する同政府の懸念について、

「チェコ政府が最も怖れている点は、ヒトラー独総統はその演説で人民投票を要求しなかったが、ズデーテン・ドイツ人が人民投票こそ彼らに与えられた天賦の権利であることを教えられた結果となった点である。」

と報じた。このように解釈した同特電は、加えて、致政府が押収したという文書に拠って、同党が、プレビサイトの要求が受け容れられない場合には、更に大規模なデモと政府攻撃を開始することを計画していると伝え、そして、その解釈とこの情報に基づいて、同特電は、次のような深刻な情勢認識を示した。

「ヒトラー総統の演説を契機とし、問題は人民投票か戦争か二筋途に向った、とチェッコ国内で観測し、事態は深刻化しつつある[41]。」

(5) 致政府の対英通知：「プレビサイト」反対

九月九日にクレジェッチ致陸軍参謀総長がベネシュ大統領に、「名誉の死」を覚悟した「断固たる決定」を求める意見書を提出したのに続き、一二日には、軍部に劣らぬほど強硬であったチェコ国民も、一〇〇万以上の署名を集めた極力抵抗を叫ぶ長文の宣言文を政府に提出した[42]。こうして今や大統領は、プレビサイト問題などで下手に譲歩すると、国民の支持する軍事クーデターの起こる可能性すら考慮しなくてはならないほど、極めて深刻な国内状況に直面していた。尤もベネシュ自身も、自ら捨身の一大決心で提案した「第四計画」を、最後の譲歩と考えていたであろうから、このようなドイツへのズデーテン地方の併合を確実にするような「プレビサイト」という対案は、絶対に認められないものであった。

そこで、このような経緯と国内情勢を優先的に考慮した致政府は、ヤン・マサリク駐英公使をして、イギリス外務省に、「ヒトラー総統演説中のズデーテン地方の自決ということから、たとい将来ズデーテン地方の人民投票が提案されることありとするも、

チェコ政府はこれに反対する」という覚書を手交せしめた[43]。

（6）「プレビサイト」に対する仏政府の態度

プラハだけでなくパリでもロンドンでも、ヒトラーの自決権要求はプレビサイトを意味するのではないか、と受け取られていた。パリ駐在のブロイアー独代理大使は、本国政府に、「総統が民族自決権に言及したことによって、当地では、総統がプレビサイトの実施を要求したものかどうか、不明であるとして、不安感が広まっています」と報告し[44]、ロンドンのハーヴェイ英外相付秘書官は、「自決への言及は明らかにプレビサイトの要求に近い」と見ていた[45]。このような状況からして、一三日にもしプラハ交渉が再開されたとしても、ズデーテン・ドイツ党側は、「カールスバート八ヶ条の要求」でなくて、新たに「プレビサイト」を要求してくる可能性が高くなっていた。もしそうなった場合、致政府があくまでもその要求を拒否するのかどうかは、英仏両政府の態度に左右されるところが大きかったであろうが、その英仏両政府のプレビサイトに対する態度はどうであろうか？　まず、フランス政府のとりそうな態度を、ワース記者の取材から推測してみよう。

ヒトラー演説後アパルトマンを出たワースは、閣議が開かれることになっていた陸軍省に向った。着いてみると、閣議はその夜のうちには開かれないことが分ったが、入り口付近には、他の記者たちも来集していて、政府の今後の対応に関して予想し合っていた。

「相当酷かったね、ヒトラーの演説、そう思わない？　戦争の臭いがするよ。」

「そうかなあ。奴らはプレビサイトを手に入れるつもりさ。それで決着だよ。」

「政府がそう言っているのかい。今日の午後にはそうは見えなかったけどね。」

「もちろん、政府はプレビサイトを受け容れるよ。」

「レイノーはどうなんだい？」

「馬鹿な。彼なんか問題じゃないよ[46]。」

この記者たちの予想は、既に見てきたボネ外相の態度を考慮すると、預言的であったと言えよう。丁度このころ、ブリット米大使と会っていたボネ外相自身、彼らの預言を裏付けるかのように、次のような話をしていた。

「私同様ダラディエ首相も、演説は予期していたほど危険なものではなかったと言っています。首相は、ヒトラーは交渉継続の扉を開けておいた、と感じています。明日、イギリス大使と会いますが、大使はおそらく、イギリス政府は、チェコスロヴァキアがプレビサイトの承認を拒絶した場合、同国を支持することはできないと考えていると、そのように言うと思います。この点に関しまして、我が政府はイギリス政府の方針に従うことになるでしょう[47]。」

（7）「プレビサイト」に対する英政府の態度

以上のように、プレビサイトをプラハは拒絶するが、パリは受け容れるだろうと見られていたが、さて、パリよりも大きな影響力を持つロンドンの態度は、どうであっただろうか。チェンバレン首相は、ヒトラー演説が終った五〇分後の午後九時半に首相・

側近会議を開いた。会議室の卓上にはヒトラー演説の翻訳コピーが置かれていた。出席者がそれから得た第一印象は、会議録によると、「ヒトラー氏は、のっぴきならない狂暴な演説はしなかった」というものであった。[48] だが、この安堵感によって、彼らの不安が払拭されたというわけではなかった。カドガン外務次官が会議終了後直ぐにその模様を、あるアメリカ大使館員を通じて、ケネディ米大使に知らせているが、その大使館員は、彼が次官から受けた印象を、大使に、「私の印象では、次官は、演説が既存の緊張の解除に何らかの点で貢献したとは、感じていないようでした」と報告している。[49]

このように当夜の首相・側近会議は、ヒトラー演説から「ひとまず安堵、先行き不安」というグレー・ゾーンに置かれたままだと感じた。そして、その不安の原因の一つがプレビサイト問題にあったことは確実であると思われるが、出席者たちは、今夜は結論を急がずに一晩寝てよく考えることにしよう、そして、事態がもっと明確になっていると思われる明日の午後三時に、会議を再開することにしようと決めただけで、一旦、散会した。[50] このため、プレビサイトに対するイギリス政府の態度の決定も、明日に持ち越しとなった。

(8) 九月一二日夜のズデーテン：暴動の発生

チェンバレン首相たちがヒトラー演説後の対応を考えながら眠りについたころ、ズデーテン地方では異変が生じつつあった。ヒトラー演説前に、ズデーテン・ドイツ党の党員たちは、党から、街の中心部で演説を聴くように命じられたのであるが、特にエガーやカールスバートの突撃隊員たちは、この指令を、ライフル、手榴弾、機関銃を街に持ち出す合図と受け取っていた。先述したように、ヒトラーは、ズデーテン地方の緊張を継続させておくために、その演説でズデーテン・ドイツ人に対する「正義と援助」を与えると約束して、彼らを大いに煽ったのであるが、しかし、彼自身としては、「緑作戦」の準備が未完であったので、この演説を蹶起の合図とするつもりはなかった。[51]

しかしながら、そのようなことを前もって知らされていなかった彼らは、興奮の絶頂でフューラーの演説を聴き終えるや否や、フューラーの意図を誤解して、自分たちが今起てば直ぐにもドイツ軍の戦車が国境を越えて応援に駆けつけてくれると信じた。そして、演説によって掻き立てられた激情に駆られて、土砂降りの雨をもものともせずに、ドイツ国歌を高唱しながら、一斉に街頭に繰り出した。演説終了直後にカールスバートに電話をしたシャイラーによると、同地では六〇〇〇人ほどのヘンライン支持者が、鉤十字の腕章をつけて街角をねり歩き、「チェコ人くたばれ、ユダヤ人くたばれ！　住民投票をしろ！」と叫んだが、警官隊との衝突はなかったという。しかし、その後、カールスバートとエガーでは、例の「一民族、一国家、一総統」と叫ぶデモ隊と警察隊との間に間歇的な衝突が発生した。

更に、夜も更けて一一時ごろになると、その衝突も段々と激しくなり、ドイツ人の叛徒によってチェコ人やユダヤ人の店は襲われ、街や村の通りは割れたガラスがまき散らされ、警察署も襲撃され、駅や郵便局や税関署を占領する試みも起きた。こうして、九月一二日から一三日にかけての夜の間、ズデーテン地方では、

暴動が広がっていった。(52)

注

* アラン・ブロック著／鈴木主税訳『対比列伝　ヒトラーとスターリン』第一巻（草思社、二〇〇三年）、二五二ページ。

（1）明治大正昭和新聞研究会編『新聞集成　昭和編年史　十三年度版』Ⅲ（新聞資料出版、一九九一年）、七二一ページ。なお、当時の夕刊の日付は翌日付けであったので、本文に引用の夕刊日付は九月一三日となっている。

（2）Robert Self (ed.), *The Neville Chamberlain Diary Letters, Volume Four, The Downing Street Years, 1934–1940* (Ashgate, 2005), p. 345.

（3）*Foreign Relations of the United States, Diplomatic Papers, 1938, Volume I, General* (United States Government Printing Office, 1955), p. 590. 以下、*FRUS-I* と略して表記する。

（4）John Julius Norwich (ed.), *The Duff Cooper Diaries: 1915–1951* (Phoenix, 2006), p. 258.

（5）*Ibid.*, p. 258.

（6）John Harvey (ed.), *The Diplomatic Diaries of Oliver Harvey 1937–1940* (Collins, 1970), p. 177.

（7）Self (ed.), *The Neville Chamberlain Diary Letters, Volume Four*, p. 345.

（8）Albert Speer, *Inside the Third Reich*, translated by Richard and Clara Winston (Avon Books, 1971), pp. 160–1.

（9）*Documents on British Foreign Policy, 1919–39, 3rd series, Volume II* (His Majesty's Stationary Office, 1950), p. 289. 以下、*DBFP-II* と略して表記する。

（10）*Ibid.*, p. 289.

（11）J・ウィーラー・ベネット著／山口定訳『国防軍とヒトラー』Ⅱ（みすず書房、一九六一年）、一三ページ以下、Telford Taylor, *Munich: The Price of Peace* (Hodder and Stoughton, 1979), pp. 716–9.

（12）ウィリアム・シャイラー著／大久保和郎・大島かおり訳『ベルリン日記　1934–1940』（筑摩書房、一九七七年）、一〇四ページ。

（13）*Documents on German Foreign Policy, 1918–45, Series D, Volume II* (Her Majesty's Stationary Office, 1953), p. 745. 以下、*DGFP-II* と略して表記する。

（14）シャイラー『ベルリン日記』、一〇四ページ。

（15）Alexander Werth, *France and Munich before and after the Surrender* (Harper and Brothers, 1939), p. 249.

（16）David Faber, *Munich, 1938: Appeasement and World War II* (Simon & Schuster, 2009), pp. 265, 268.

（17）シャイラー『ベルリン日記』、一〇五ページ；John W. Wheeler-Bennett, *Munich: Prologue To Tragedy* (The Viking Press, 1965), p. 93.

（18）Faber, *Munich, 1938*, p. 265.

（19）シャイラー『ベルリン日記』、一〇五ページ。

（20）以下のヒトラー演説は、Max Domarus, *Hitler, Speeches and proclamations, 1932–1945, The Chronicle of Dictatorship, Volume II 1935–1938* (Dormus Verlag, 1992), pp. 1150–61 から引用した。

（21）ワルター・ホーファー著／救仁郷繁訳『ナチス・ドキュメント―原資料による全体像―』（ぺりかん社、一九八二年）、二七五ページ。

（22）A. J. P. Taylor, *The War Lords* (Penguin Books, 1981), p. 45; Domarus, *Hitler, Speeches and proclamations, 1932–1945, Volume II 1935–1938*, p. 1158.

（23）Werth, *France and Munich before and after the Surrender*, p. 249.

(24) パウル・シュミット著／長野明訳『外交舞台の脇役（一九二三–一九四五）—ドイツ外務省首席通訳官の欧州政治家たちとの体験—』（日本国書刊行会、一九九八年）、四三三ページ。
(25) Faber, *Munich, 1938*, p. 267.
(26) Galeazzo Ciano, *Ciano's Diary 1937–1938*, translated by Andreas Mayor (Methuen & Co., 1952), p. 154.
(27) J. Harvey (ed.), *The Diplomatic Diaries of Oliver Harvey 1937–1940*, p. 179.
(28) Franklin R. Gannon, *The British Press and Germany 1936–1939* (Oxford University Press, 1971), p. 208.
(29) Werth, *France and Munich before and after the Surrender*, p. 250.
(30) ヘルバート・フォン・ディルクセン著／法眼晋作・中川進訳『モスクワ・東京・ロンドン』（読売新聞社、一九五三年）、二四五–六ページ。
(31) 明治大正昭和新聞研究会編『新聞集成　昭和編年史　十三年度版』Ⅲ、七三六ページ。
(32) 同右、七三七ページ。
(33) シャイラー『ベルリン日記』、一〇四–五ページ。
(34) *DGFP-II*, p. 753.
(35) *DBFP-II*, p. 319.
(36) *DGFP-II*, p. 753.
(37) シャイラー『ベルリン日記』、一〇四–五ページ。
(38) 明治大正昭和新聞研究会編『新聞集成　昭和編年史　十三年度版』Ⅲ、七三六ページ。
(39) *DGFP-II*, p. 753.
(40) シャイラー『ベルリン日記』、一〇四–五ページ。
(41) 明治大正昭和新聞研究会編『新聞集成　昭和編年史　十三年度版』Ⅲ、七三八ページ。
(42) Igor Lukes, *Czechoslovakia between Stalin and Hitler: The Diplomacy of Edvard Benes in the 1930s* (Oxford University Press, 1996), p. 215; 明治大正昭和新聞研究会編『新聞集成　昭和編年史　十三年度版』Ⅲ、七三六ページ。
(43) 同右、七三七ページ；J. Harvey (ed.), *The Diplomatic Diaries of Oliver Harvey 1937–1940*, p. 176.
(44) *DGFP-II*, pp. 755–6.
(45) J. Harvey (ed.), *The Diplomatic Diaries of Oliver Harvey 1937–1940*, p. 177.
(46) Werth, *France and Munich before and after the Surrender*, p. 250.
(47) *FRUS-I*, p. 592.
(48) Faber, *Munich, 1938*, pp. 267–8.
(49) *FRUS-I*, p. 591.
(50) David Dilks (ed.), *The Diaries of Sir Alexander Cadogan O.M. 1938–1945* (Cassell & Company LTD, 1971), p. 97.
(51) E. M. Robertson, *Hitler's Pre-War Policy and Military Plans* (Longmans, 1963), p. 137; Gerhard L. Weinberg, *Hitler's Foreign Policy 1933–1939 – The Road to World War II* (Enigma Books, 2010), p. 608.
(52) Faber, *Munich, 1938*, p. 268; シャイラー『ベルリン日記』一〇四–五ページ、明治大正昭和新聞研究会編『新聞集成　昭和編年史　十三年度版』Ⅲ、七三八ページ、*DBFP-II*, p. 319.

第14章　ヒトラー演説後のズデーテン情勢と英仏

1　フランスとイギリスの対応案

（1）九月一三日朝のズデーテン地方

九月一三日エガー発同盟特電が「極度の不安裡に一三日を迎えた」と伝えているように、ズデーテン地方の夜が明けると、各市町村のほとんどすべての公立建造物には鉤十字旗が掲げられ、街の至るところに突撃隊員が配置されていた。早朝、エガーの目抜き通りの市場で、チェコ人とドイツ人の間で大衝突が起こった。前夜エガーに入り、その夜を同地で過したレジナルド・サットン-プラット駐致英公使館付武官が、この衝突についてチェコ警察に聞いたところ、警察隊がある窓から発砲されたので、彼らも群集に向って撃ち返した、この衝突で一人の死者が出た、ということであった。エガーだけでなく各地で、叛乱は更に広がりつつあった。ある町では、小学校を襲撃しようとした暴徒と、これを止めようとした警察隊とが衝突した。この衝突で四人のチェコ人警察官が殺された。また、同僚支援のために送り込まれた二六人の警官が暴徒によって捕えられ、こっそりとドイツ領へ連れ去られたが、彼らはそのまま消息不明となった。(1)

このように、一三日の朝、ズデーテン地方の騒乱は、警察の手には負えないほど、拡大、激化した。その結果、チェコスロヴァキア政府は、この悪化した状況にどのように対応するべきか、極めて困難な立場に立たされた。騒乱を断固鎮圧するための強硬手段をとれば、テロリスティックな蛮行を犯していると国際的な非難を浴びるだろう、だからと言って、生温い中途半端な手段をとれば、暴動が内乱にまで拡大するおそれもある。もしそうなれば、ドイツ側からは、致政府には最早秩序維持能力がない、と決めつけられるだろう。そして、いずれの場合も、結果的に、ヒトラーに武力介入の口実を与えることになりかねない。同政府は、今、そのような悩ましいジレンマに陥ったのである。(2)

このような厳しい選択を迫られ、同時にまた、背後から闘志旺盛な軍部と世論の圧力下にあった致政府としては、叛乱を鎮圧しても放置しても、どのみちドイツ軍介入の危険を招くおそれがあるのなら、強硬措置に出る他なしと決断したのであろう。その決断は、午前九時に下された。現地警察の要請に応じて、軍から一部隊、戦車、装甲車を出動させたのである。軍隊出動後のエガーの状況を、サットン-プラット大佐は、「五輛の戦車と二輛の装甲車が街に入り、ほとんど空砲でしたが、乱射しました」と報告している。[3] この結果、更に死傷者の数が増加した。かくして、果して暴動は鎮圧されるのか、それとも、内乱へと拡大し、ついには、ドイツ軍の介入を招くのか、ズデーテン情勢は、九月一三日の午前、まったく予断を許さない、混沌とした様相を呈するに至った。

イギリス政府にズデーテン騒動についての第一報が入ったのは、午前一〇時三五分であった。そのニュートン公使電報によると、エガーとカールスバートで警官隊による発砲があり、軍隊に出動要請が出された、死者が六名、重傷者が二〇名出ている模様ということであった。[4] そして午前一一時四七分、続報が入った。エガーを含め二、三の地区で戒厳令が布かれている模様だ、予定されていたプラハ交渉の再開も極めて困難となっている、と告げていた。[5] この直後の正午には、戒厳令は他の地域でも布告され、総計一一の地域が戒厳令下に置かれることになり、ズデーテン地方の事態は険悪化の一途を辿っていた。[6]

(2) フランス閣議の紛糾(1):「抵抗派」の部分動員賛成論

このようなズデーテン情勢の険悪化が進む状況の下での、イギリス政府の対応を見る前に、ヒトラー演説後の対応策に関するフランス閣議の紛糾ぶりを見ておこう。この日、午前一〇時に始まったフランス閣議は、終日、断続的に開かれた。閣議は、ヒトラー演説の評価から始まり、次第にその焦点は、演説後のフランスの対応策として、即時部分動員をすべきかどうかに絞られてゆき、賛成の「抵抗派」大臣と反対の「宥和派」大臣間の深い亀裂が露わになった。前者はレイノー司法相、マンデル植民地相ら六名、後者はボネ外相、ショータン副首相ら四名で、首相兼国防相のダラディエを含め他の閣僚は、どちらとも決めかねているという状況で、両派の間で激論が交わされた。[7]「抵抗派」の議論は、整理して纏めてみれば、大体、以下のようになる。

「これ以上ドイツの要求を容れるべきではない。今や、チェコスロヴァキアのためにも、フランス自身のためにも、即時部分動員を実施することによって、これを安全のための必要な備えとすると同時に、ヒトラーへの明確な警告とすべきときである。

多分、フランスは未だ十分な戦争準備は整っていないだろう。しかし、ドイツ側も未だ再軍備は完成していない。イギリスとソ連は我が国を支援してくれるだろう。今、断乎たる立場をとれば、戦争は避けられるだろう。しかし、もしチェコスロヴァキアを見捨てることになれば、フランスの安全は全体的に脅かされることになる。[8]」

この「抵抗派」の議論の弱みの一つは、英ソの援助を頼みとする不確かな他力本願であったことであり、もう一つは、たとえ戦争になっても勝てるから部分動員の威嚇を掛けよ、というのではなく、ヒトラーの威嚇は単なるブラフであるので、これに対してこちらがコールを掛ければ、彼は降りるに決まっているのだから戦争にはならない、という不確かな希望的観測であったことである。すなわち、彼らの部分動員論は、チェンバレン首相が最も嫌うところの、コールされたときの準備なきブラフであった。

（3）フランス閣議の紛糾（2）：「宥和派」の部分動員反対論

このような「抵抗派」の弱みを突いた「宥和派」の議論を、整理して纏めてみれば、次のようになる。

「これ以上、ドイツの要求に抗うことは、無駄であり、狂気の沙汰である。我々が動員によって脅しをかけても、ヒトラーは、既にニュルンベルク演説によって引くに引けないほどその立場を明瞭にしてしまっているので、彼は威嚇に屈することなく、必ずや戦いを選ぶであろう。こうして、チェコスロヴァキアのために戦争となったとき、英ソの対応はどうであろうか？チェコスロヴァキアと同盟関係にないイギリスの支援は、期待できない。同盟関係にあるソ連は、戦う準備ができていない、たとえ、参戦したとしても、ルーマニアは赤軍の領土通過を許さないであろう。

我が陸軍が長駆ドイツ領経由でチェコスロヴァキアの救援に向おうとしても、ドイツの『西壁』（ジークフリート・ライン）に阻まれるであろう。このため、チェコスロヴァキアは、援軍の到達前にドイツ軍に蹂躙され屈服するであろう。また、空の戦いでは、最近のヴュイーユマン報告とリンドバーグ証言とから察して、フランス空軍の対独劣勢は明らかであり、戦争が始まるや否や、パリ、プラハ、ロンドンは空襲され廃虚と化する。救済しようのないチェコスロヴァキアのために、フランスがこのような戦争の危険を冒す価値は、どこにもない。[9]」

このように、自力本願も他力本願もありえないとする「宥和派」の議論は、軍事的な側面におけるフランス側の弱みとドイツ側の強みを強調、あるいは誇張さえしただけでなく、加えて、フランスの出生率の低さや、世論の決意の欠如等、ありとあらゆる論拠を挙げて、「抵抗派」の動員論に反対したのであった。[10]

（4）フランス閣議の紛糾（3）：ダラディエ首相の裁定

最初は総動員令に署名する用意があるとまで豪語していたダラディエであったが、「抵抗派」・「宥和派」両派の議論を聞いている内に、風に吹かれた鬼灯のように左右に揺れ動き始めた。そこで、彼は、閣議を一旦中断した後、陸軍の長老ウェーガン前参謀総長を呼んで、その意見を聴いてみることにした。前日ダラディエに対して、「長期戦となるが、それでも最終的な勝利は連合国側のものとなる」と断言したガムラン現参謀総長とは反対に、前総長は悲観的な見解を述べた。この会見によって決定的な影響を受けたダラディエは、「最初は猛牛の如く後は蝸牛の如し」のいつものパターンに従って、一部動員は延期するとの裁定を下した。[11] レイノー、マンデルらは抵抗したのであろう、そのとき、ダラディエは、マンデルに対して痛烈な非難の言葉を浴びせたようである。彼の信頼するブリット大使に、次のような打明け話をしている。

「私にフランス軍を動員するよう求めたマンデルと、私は相当議論をやりました。最後にマンデルに言ってやりました。そもそも、ヴェルサイユ条約を成立させることになるあの会議中に、君と君の友人のクレマンソーとビッグ・フォーの残りの者とが、犯罪的な過ちを犯したんじゃないか、ただ単にその過ちを糊塗するために、フランスの若者の全生命を犠牲にするつもりは、私にはありませんからね、と。[12]」

（5）ボネの対英提案：「ランシマン計画」の即時公表

午後一時、イギリス外務省に、パリのフィップス大使から、「レジェ外務次官から四国会議案への返答の督促があった」と告げる電話電報が入り、[13] その二五分後には、「たった今ボネ外相から電話があった」という続報が入った。その続報によると、外相は、ズデーテン情勢について、同地では数名の死者が出て、戒厳令が布かれていると告げた後、次のような緊急対応策をイギリス政府に請願した。

「このような情勢に鑑み、ランシマン卿が、両当事者間の相違に橋を架けるための計画を、今すぐにでも提案する用意がある、という声明を公表すること、これが今、最も急を要することです。」

ズデーテン暴動への反応として、頼みの綱イギリスにすがりつくように、このような必死の請願に出たボネは、この時点で既に、相当思い詰めていたようで、このとき、フィップスに、「和戦の全問題は、今や、何日かの問題でなく、僅か何分かの問題となっているかもしれません」と言うほど、その焦燥感を募らせていた。[14]

（6）ヘンダーソンの対応案（1）：「完全自治」承認策

ボネ外相提案の「ランシマン計画」については、彼がプレビサイトをも容認したのかどうか等、その内容は一切不明だが、とにかく外相から「ランシマン計画」なるものを、今すぐ公表すべきだと言ってきたのであったが、この提案があった直後の午後二時、今度はベルリンのヘンダーソン大使からも、ヒトラー演説後の対応策としての一提案が届いた。そこで、大使は、ヒトラー演説によって、事態は「五月危機」の当時に戻ったが、但し、一つだけ異なる点がある、それは、「もはや調査や議論の時間などない」ことであるという状況認識を示していたが、この認識の根拠となっていたのは、彼が、ヒトラー演説は、「タイムリミット」と「プレビサイト」こそ付してはないが、それは実質的な対致「最後通牒」だと見なしていた点にあった。そして、この「最後通牒」という切羽詰まった状況において、我々がドイツの武力行使を回避するには、もはや、ドイツにまったく信用のないベネシュの「言葉」などではなくて、致政府の「即座の行動」しかないと強調し、続けて、「もし致政府が満足を与えることができない、あるいは、与えようとしないならば、その結果は戦争となるでしょう」と「戦争」にまで言及して、その危機意識の深さを示した。[15]

そして大使は、今後の展開について次の三つの可能性を提示した。

(1)致が遅滞なく真正完全なる自治を承認し、即座にその実行に着手する。
(2)致がこれを拒絶あるいは延引する、あるいは、不測の事件が勃発する、そしてこれが原因となって、ドイツの対致侵略となり、続いて、全体戦争が起こる。
(3)ドイツの対致侵略が起こる、がしかし、イギリスは中立に止まり、その結果、イギリスはドイツ人から普く侮蔑され、ナチ体制に対抗する勢力からは、我々の臆病のために、憎まれることになる。

このような三つの可能性を提示したヘンダーソン大使が、政府に勧める対応策は、容易に推測できよう。というのも、一読して、第二、第三の可能性は、第一の可能性の実現努力以外に対応策のないことを、説得的に立証するために並置されたものと認められるからである。これを、ヘンダーソンは、次のように表現している。

「どれもこれも、気乗りのするものではありませんが、第一番目が、世界の、イギリスの、そしてチェコ人自身の最善の利益であることは疑いありません。[16]」

(7) ヘンダーソンの対応案(2)：対致加圧策

チェコ人の「最善の利益」を知っているのは、彼らチェコ人自身でなく、英国大使である自分であるという、いわば選民意識的な信念から導き出される結論は、この利益の実現を妨害する無知蒙昧なる者に対しては、自分が診立てた処方箋を強制的にでも飲ませてやらなければならない、なぜなら、結局はそれが、真の自己利益を自覚しえない、その頑愚なる者の自己利益となるからである、ということになる。そして、ヘンダーソン大使からこの頑愚なる妨害者と目されたのは、言うまでもなく、ベネシュ大統領その人である。大使は、そのベネシュがとるであろう態度を、次のように推測する。

「しかしながら、私が恐れていることは、恐ろしい運命がドアーを叩く土壇場に至っても、ベネシュ博士は、少しでも有利な条件を得ようと愚図り続けて、平和に不可欠な譲歩、すなわち、包括的な、思い切った、即座の譲歩をする気になれないのではないか、ということです。」

そこで、この欧州一般平和への妨害者たるベネシュの抵抗を排除する手段として、大使が勧めるのは、英仏両政府によるチェコ人の利益のために執行される、チェコスロヴァキア政府に対する強制、情け容赦なき加圧である。大使は、本国政府に、「最も苛烈な圧力が、我が政府とフランス政府によって、彼に対して加えられなければなりません」と勧め、その対致加圧策の執行に際しての具体的な脅し文句まで、ハリファックス外相に伝授して、「もしもチェコ人がランシマンの最後の言葉を受け容れる気がないというのなら、我々は、その結果がどうなろうと、それに責任を負うことをお断りします、と言えばよいのです」と言い、さらにイギリス国内の反宥和派の政府非難論まで想定して、これに対する反論方法を、当時、誰もがひれ伏す「葵の御紋」のような絶対的権威と化していた「民族自決の原則」を持ち出して、次のように教示する。

「もしも、いずれかの方面から、これはドイツの脅しへの屈辱的な降伏だ、と言われた場合に、これに対抗する正当化理由が必要だというのでしたら、それは、必ずや、私たちがこれまでも首尾一貫して自決の原則を忠実に支持してきた、という事実に、見出すことができます[17]。」

これまで見てきた彼の数々の進言電報にも、鬼気さえ感じられるほど強い使命感が認められたが、今回のこのひたむきの、至れり尽くせりの、苛烈とも言える建言ぶりにも、前電同様に、彼がベルリン大使に任命されたのは、世界平和の維持に貢献せよという特別の「神の思し召し」によるものだと信じて疑わない、彼の神憑り的な使命感を見て取ることができよう[18]。

（8）ヘンダーソン電報の英政府への影響力

以上のように、ヒトラー演説後の対応策としてヘンダーソン大使が勧めた案は、「完全自治案」ということであるから、それは致政府による「カールスバート綱領」丸呑みの即時実行に等しいと考えられる。すなわち、彼は、ヒトラー演説後も依然として、「アンシュルス」は避けうると考えていたようである。すなわち、彼は電報中で、ヒトラー演説からヒトラーの意図を、「ヒトラーは、ズデーテンに即座の自治が許与されなければ、進軍することを明らかにしました」と解しているが、これは明らかにヘンダーソンの誤解である。というのは、既に見たように、ヒトラー演説は、彼の要求するものを「自治」とは言わず、「自決」と言っていただけでなく、暗に「第四計画」、すなわち、「ほぼ完全な自治案」を「雀の涙」として拒否していたからである。また、ヘンダーソン電報は、チェンバレン首相の秘策「プランZ」にはまったく触れていなかった。

このような点を考慮すると、今回の彼の建言がチェンバレン首相らに対していかほどの影響力があったのか、疑わしいのであるが、それでも彼の「急いで行動を起こさないとドイツの侵略となりそうだ」という危機意識は、政府に相当大きな影響を与えたと思われる。というのは、この日の午前中に、ヘンダーソンのこの見方を裏付ける秘密情報が、入っていたからである。ダフ・クーパー海相の日記に、次の記事が見られる。

「今朝シークレット・サーヴィスから知らされたことだが、すべての在外ドイツ大・公使館は、『ヒトラーは九月二五日にチェコスロヴァキアに侵入するつもりだ』と告げられたということだ。[19]」

（9）英仏ソ三国合同対ヒトラー警告案と英艦隊動員案

ヒトラー演説後の対応策としては、ボネ外相の「ランシマン計画即時公表案」にしても、レジェ外務次官の「四国会議案」にしても、はたまた、ヘンダーソン大使の「完全自治での対致加圧案」にしても、これらはいずれも、対独宥和による戦争回避を目指した方案であったが、他方で、この時点でも、対独抑止による戦争回避を目指した提案もあった。一つは、ソ連との提携による対独強硬論を唱えて、チェンバレン保守党政府に批判的であった労働党系の『デーリー・ヘラルド』紙の、「英仏ソ三国合同対ヒトラー厳重警告案」であり、他は、ダラディエ内閣内のレイノー司法相に似た存在の、チェンバレン内閣内のダフ・クーパー海相の案、すなわち、「言葉」ではなく「行動」による対独警告としての「英艦隊動員案」であった。九月一四日の『ヘラルド』は言う。

「厳重な警告をヒトラーに与えるべきだ。労働党会議がブラックプールで決議を上げたように、ヒトラーは、チェコスロヴァキアを攻撃すれば、団結せる英仏ソの抵抗に遭うことを知るべきだ。[20]」

そして、九月一三日の「ダフ・クーパー日記」は言う。

「昨夜のヒトラーの演説は、将来に対して何らコミットするところはなかったが、しかし、その調子は荒々しく、紛糾を起こすよう計算されたものであった。私が今日到達した結論は、艦隊を動員するのが賢明な措置だというものである。私の感じでは、メッセージや言葉ですます時期は過ぎた。残された時間は無くなりつつある。戦争が避けられないのなら、我々にも戦う意志のあることを、ヒトラーとドイツ国民の両方に確信させるには、それを事実によって示す必要がある。」[21]

この日九月一三日には、午後三時に首相・側近会議が、そして午後六時には、クーパー海相ら軍部大臣も出席する首相・側近拡大会議が開かれるが、さてそこで、対独抑止政策としての「艦隊動員案」をめぐるクーパー、チェンバレン対決は見られるのであろうか？

2　英首相・側近会議：「プランZ」発動内定

(1) ホーアの条件付楽観、インスキップの悲観

午後三時の首相・側近会議開催の直前に、ホーア内相がケネディ大使と会見している。そこに、ヒトラー演説後のチェンバレンの対応を暗示する内相発言が見られる。大使が「昨夜のヒトラー演説に対するお考えはいかがですか？」と尋ねると、内相は、演説によって事態が好転したとは言えない、依然、問題は残ったままだ、という見方を示し、続けて、「チェンバレン、ハリファックス、サイモン、そして私の四人は、ズデーテン地方の騒動が本格的な難儀を発生させなければ、事態に、より多くの希望が持てるのではないか、と感じています」と楽観的な見解を示した。そして、この楽観に基づいた次の一手について、チェンバレンの年来の知友であるホーアは、「この嵐を切り抜けることができたら、私は、チェンバレンは永続的な基礎の上に何をなしうるかを検討すべく、ヒトラーと共に素早く行動するものと、信じています」と述べて、首相の平和構想、すなわち、機を見て「プランZ」を発動してズデーテン問題を解決し、それを跳躍台として英独了解、欧州一般平和を達成するという構想を仄めかした。このホーア発言からすると、九月一三日午後三時前というこの時点において、イギリス政府の最も大きな気懸りは、ズデーテン騒動の先行きにあり、その対応方針は、とりあえずは、このズデーテン情勢の様子を見ながら、「プランZ」発動の機を窺うという感じであった。[22]

このように、ホーア内相は条件付ながら、この段階での事態に「希望」を持っていたのに対して、インスキップ防衛調整相は、この日の日記に、午後三時頃の情勢として、「事態は、戦争へと音を立てて転がり落ち始めた」と極めて悲観的な見方を記し、このような暗い情勢判断の根拠になる動きとして、ドイツ兵の動きと、ドイツ及びズデーテン・ドイツ側の猛烈なプロパガンダ、そして、ホーア内相の最大の懸念材料でもあった「ズデーテン地方の乱闘」の三つを挙げていた。[23]

(2) 首相・側近会議の開催：「最も暗い瞬間」の接近の中で

一二日のヒトラー演説直後に開かれた首相・側近会議で、今後の対応策については、一晩寝てよく考え、事態がより明確になっているであろう一三日の午後三時に会議を再開しようということになっていたが、いよいよその三時がきた。この三時の首相・側近会議を見る前に、「より明確になっていた事態」とはどんなも

のであったか、これまで述べてきたところのことを、ここに一纏めにしておこう。

(1)ヒトラー演説は、話し合いによる解決の余地を残したが、「プレビサイト」は避けられそうにもないと解釈される。

(2)ズデーテン地方に騒乱が発生、拡大し、戒厳令が布かれており、プラハ交渉再開の見込みは薄く、いつ何時不測の事態が生じて、独軍の介入となるか分からない。

(3)独軍介入の切迫を裏付けるような秘密情報、九月二五日独軍対致侵入という最新情報が、この朝に入っていた。

(4)フランスからレジェより四国会議案についての再打診があり、ボネよりランシマン計画即時発表の要請があり、ベルリンのヘンダーソンより、致政府に圧力をかけて完全自治を即時承認させ、実行に着手させるべし、との強い勧告があった。

(5)ボネもヘンダーソンも、事態は一刻を争うものであるという認識で一致していた。

(6)ヒトラー演説後の対応案としては、その他にも、抑止政策的な「言葉」による対独警告、「行動」による対独警告も考えられたが、ダフ・クーパー海相は、「艦隊動員」という「行動」による対独警告しかないという結論に達していた。

まさに一三日午後三時の首相・側近会議が開かれるころには、「事態は戦争へと転がり始めていた」とインスキップが見ていたように、チェンバレンが「プランZ」発動の一条件としていた「見通しが最も暗くなった瞬間」が、まさに近づきつつあるように見えた。[24]

（3）ヴァンシタートのソ連排除反対論

午後三時、首相・側近会議が開かれた。集まった面々は、いつものように、四巨頭と三補佐官の七人である。最初にヒトラー演説を検討し、その後、四国会議案が取り上げられた。[25] 四国会議にソ連も加えるかどうか、それが問題であった。理論的には、チェコスロヴァキアと相互援助条約を結んでいる大国ソ連を含めるべきであった。また国内政治的にも、チャーチルや労働党の批判を封じ込めるためにも、そうするのが望ましかった。席上、ヴァンシタート外交顧問から、ソ連を参加させる必要性について、強い主張があったと思われる。というのは、彼はハリファックス外相に宛てた、この日付のミニットを残しており、そこで、ソ連を除外した場合に生じる危険を、次のように指摘していたからである。

「私たちがこうしているうちにも、刻一刻とより明瞭になっていることは、すべての国と、その国々の市民ひとりひとりの物理的存在を脅かしているのは、ロシアではなくてドイツだということです。これが事実である間は、私たちが必要とするようになるかもしれない天秤の分銅たりうる提携国を、地図上から抹殺しようとしているドイツの手助けをするのは、紛れもなく、許せない愚行です。ドイツがロシアを排除しようとしているのは、まさにこの理由のためなのです。

私たちがこのプロセスの開始に手を貸せば、今後どのような展開となるかは、かなり明瞭です。それは二段階の展開となりますが、第一段階では、ロシアは追放され、不機嫌な孤立に引き籠もります。第二段階では、ロシアはドイツによって浸透され、その後続いて、緊密なる独露関係というビスマルクの伝統的政策の到来ということになるでしょう。これが欧州にもたらす結果については、ここで詳述する必要もなく、明々白々です。[26]」

このようにヴァンシタートやチャーチルら「リアリスト」は、英仏民主主義国が、感情的かつイデオロギー的な嫌悪から、「半アジア的赤露」を欧州国際政治の舞台から追放すれば、反英仏的独ソ接近を招き、それは、勢力均衡上、英仏両国にとって大きな不利となると見ていたのである。

(4) 四国会議案、不採用

しかし、ヴァンシタートの提言がチェンバレン＝ハリファックス・コンビに採用される可能性は、この時点ではほとんどなかった。独ソ接近の可能性はあるにしても、それは非常に不確かな、まだ先の先の危険であるように見え、これに対して、ドイツのチェコスロヴァキア侵略の危険は、目前に見える相当確実性の高い危険であった。イギリスは、この将来の不確実な危険と目前のかなり確実な危険のどちらを優先的に考慮するかという、政策的ジレンマに立たされているように見えるが、政策的に漸進策を好み、イデオロギー的に反共色の濃いチェンバレンには、この点につき迷いはなかった。

首相は、遠い危険よりまずは近い危険からという観点から、独ソ接近のおそれということに重きを置かなかっただけでなく、彼はまた、近い危険を除去すれば、遠い危険も自然消失すると予想していた。すなわち、「プランZ」によってヒトラーを満足させれば、共産主義国家ソ連を除いた欧州四大国協調体制下の永続的平和が実現する、という展望を持っていた。そして、彼はその実現に強い自信を持っていたのである。[27]

この日の首相・側近会議において、ヴァンシタートとチェンバレンの間でこのような議論が闘わされたわけではないが、席上、ソ連の会議参加問題については、果してその実現可能性があるかどうかという観点から、検討が加えられた。そして、その結論は、「四国会議は、ソ連を除外したものでなければ、ドイツにとって、いかなる点においても魅力あるものとは、到底、考えられない」という否定的なものであった。それでは、ソ連の参加を認めそうにないヒトラーの意中を考慮して、英仏独三国会議とするのか、あるいは、ヒトラーがもっと受け容れやすいと思われる、イタリアを含めた四国会議とするのか、という難問が残るが、たとえこの難問が解決されたとしても、なおその後も、英仏事前協議、参加国間での議題に関する事前交渉等々、多国間会議の開催準備に要する時間は、相当なものだと考えられたであろう。しかも、このとき、事態は一刻を争うほど緊迫しているととらえられていたのであるから、四巨頭としては、このような不確実な要素を多く含む四国会議案に問題解決の望みを託す気にはなれなかったであろう。おそらくこれらの予想される数々の障害を考慮した結果、会議録の、「四国会議は、一般的にもいかなる利益がありそうにも思えなかった」という表記となったと思われる。[28]

(5) 「ランシマン計画」即時公表案、不採用

以上がまず四国会議案が没となった次第であるが、次に、ボネの「ランシマン計画」即時公表案はどうであっただろうか？　同

案の扱いについて会議録には記されていないが、四巨頭による検討はあったものと思われる。というのは、会議終了後の四時四〇分に、ハリファックスからランシマン宛に次のような電報が発せられているからである。

「現在の状況の下で、貴方が何らかの計画を提示すれば、それは、私には、貴方の見解が、現在の方針に基づいてこれ以上交渉を続けても、纏る見込みはまったくなくなったというものであると暗示しているようなものだ、と思えます。また、今そのような計画が提示されれば、ほぼ不可避的に『これはイギリスの計画である』というレッテルが貼られることになり、それが他の可能性を損なうおそれも多分にある、と思えます。「他の可能性」と言ったとき、その最も有力なものとして、ハリファックスの念頭には「プランZ」のことがあったに違いない。外相は文末に一応「貴見如何」とランシマンの意見を問うてはいるが、実質的にはこのとき、ボネの「ランシマン計画」即時公表案も「プランZ」に悪影響を与えるものとして、没とされたと見てよかろう[29]。

(6)「プランZ」、採用

この首相・側近会議において、ヒトラー演説後の問題の焦点として浮上した「プレビサイト」についても話し合われた。その際、いくつもの疑問点が挙げられた。実施対象地域の画定は？ チェコスロヴァキアは、イギリスによる何らかの保証なしに、これに同意するであろうか？ ヒトラーからこれを最大限の勝利として歓迎されるであろうか？ しかし、これら諸々の難点があるにもかかわらず、結局は、プレビサイトは「戦争よりまだまし」と見なされた[30]。このように、「四国会議案」が却下され、「ランシマン計画公表案」も却下され、ベネシュ「第四計画」にとどまらず「プレビサイト」の承認をも視野に入れた、対独早期交渉開始の方向に、会議の議論が煮詰まってきて、最重要議案である「プランZ」が取り上げられた。ただ残念ながら、会議録には議論の内容が書き残されていない。そこには議題の最後の二項目として、「(9)、『プランZ』。(10)、『プランZ』の公表。」と書かれているのみである[31]。しかし他の史料によると、この会議で「プランZ」は、一四日の閣議に提出してその承認を求め、一七日ごろに公表するということとなった。チェンバレンは、一九日の妹宛の書簡には、発動のタイミングとその内定について、次のように記している。

「二つのことが枢要でした。一つは、この計画の実行は、事態が真っ暗になったまさにそのときに着手するということであり、もう一つは、完全に人の意表をついて驚倒させることです。私はこの計画について水曜日（一四日）に閣議に打明けて、その承認を求めるつもりでした[32]。」

こうして、ヒトラー演説からズデーテン騒乱という流れの中で、九月一三日の午後三時過ぎの時点では、イギリスの対応策の照準は、ベネシュのチェコスロヴァキアではなく、その頭越しに、ヒトラーのドイツに定められることになり、イギリスの認容する宥和的対独譲歩の限界線は、「第四計画」、「カールスバート綱領」という「完全自治案」から「プレビサイト」によるズデーテン併合という「完全自決案」にまで拡げられる可能性が、まだ流動的であるとはいえ、相当に高まったのである。

3　午後のズデーテン情勢とボネ＝ダラディエ・コンビの動揺

（1）首相・側近拡大会議：クーパーの艦隊動員提案をめぐって

午後六時から、ダウニング街一〇番地の首相官邸では、いつもの七人に軍部三大臣と三軍参謀総長と防衛調整大臣を加えた、首相・側近拡大会議が開かれていた。果して、ヒトラー演説後の対応策の一案としての艦隊動員をめぐる、ダフ・クーパー海相とチェンバレン首相の対決が見られるか？　席上、海相は、予想通り、艦隊動員を提案した。

「私は艦隊の動員を提案せざるをえないと感じています。これは国家の安全保障上正当化できるものですが、私がこれを提案する第一の理由は、この点にあるのではなくて、それは、私は、ヒトラー及びドイツの心と想像力に影響を与えうる手段として、この艦隊措置の他に何もないと信じるからなのです。」

これに対して、ホーア＝ベリーシャ陸相が、その軍事力の示威に期待される抑止効果よりも、むしろ海相の予期していない挑発効果のあることを恐れて、「私は、そのような措置は意図された効果と反対の効果を持つと思います、すなわち、それはヒトラーを激昂させ、彼を極端な行動に駆り立ててしまうと思うのです」と異論を唱えたが、チェンバレン首相、ハリファックス外相を含め他に陸相に応ずる者は誰一人いなかったので、クーパーは自分の議論の結果にかなり手応えを感じた[33]。

チェンバレン首相は反対とは言わなかったものの、その胸中はどうであっただろうか？　既に「プランＺ」の発動を決意していた彼には、海相の提言を容れて艦隊動員を実施した後で、ヒトラーに「プランＺ」を提案しても、ヒトラーがこれに応ずるとは到底思えなかったであろう。このような懸念から、この場で、首相が「プランＺ」を打ち明け、海相に対して、「プランＺ」の成否を見るまで艦隊動員を棚上げするよう説得することも、可能であったであろう。しかし、「プランＺ」の秘密性に異常とも言えるほどの拘りを見せていた首相は、クーパー発言に対して反対とも言わなかったが、勿論、賛成とも言わず、賢明とも狡猾とも言える「君子は争わず」の対応をとり、「これについては、明日の閣議で話し合いましょう」と、決定の先送りの意向を示した。

これに対して、海相は、この朝、シークレット・サーヴィスから九月二五日にもドイツ軍の対致侵略があるという情報を得ていたので、首相よりも聴く耳を持つハリファックス外相に助けを求めるように、「そんなに長く待てる余裕がありますか？」と尋ねた。尋ねられた外相も、その秘密情報だけでなく、ヘンダーソンとボネの危機意識をも尊重すれば、対応措置は早ければ早いほどいいと考えられたであろうから、なかなか即答できずに、回答を躊躇い続けた。その末についに、「待てるでしょう」との判断を示した。これで艦隊動員についての議論は明日の閣議まで持ち越しと決まった[34]。

（2）ズデーテン・ドイツ党の最後通牒

ロンドンでの首相・側近拡大会議が始った午後六時に、チェコスロヴァキアでは重大な動きがあった。ズデーテン・ドイツ党側が、チェコスロヴァキア政府に対して、政治的な攻撃を仕掛けたのである。戒厳令下のズデーテン地方の先行きが依然不透明な中、午後四時、エガーで開かれた同党緊急幹部会議の決定に従って、午後六時、アッシュからフランク党首代理は、プラハのホジャ首相へ電話を掛け、時限付最後通牒を伝えた。それは、(1)警察官の引揚げ、(2)戒厳令の撤回、(3)兵隊の兵舎への退去、(4)ズデーテンの警察権を地方当局に移管、という四ヶ条の要求を突き付けて、「この要求を六時間内に全部承諾されない場合には、我が党は、今後の発展に対する責任を拒否し、民族問題に関する交渉を破棄する」と述べていた[35]。要するに、ズデーテン地方の治安維持の役目をズデーテン・ドイツ党に委任せよ、というに等しい要求を突き付けたと言えよう。こうして、九月一三日の夜は、プラハのみならずパリもロンドンも、このまま午前零時がくれば、その後いつ何時ドイツ軍の進撃が開始されてもおかしくないという、そのような重苦しい、緊迫した雰囲気の中で、更けていったのである[36]。

その夜のプラハの様子について、「シャイラー日記」は次のように言っている。

「今夕七時ごろわれわれは、ヘンラインが六時間の期限の最後通牒を政府にたたきつけたことを知った。外交官や特派員の集まっているアンバサダー・ホテルのロビーの今夜の緊張と混乱は、名状しがたいものだった。途方もなく錯綜した噂が運ばれてくる。ゲーリンクの爆撃機は夜一二時までに襲来するだろう。チェコが最後通牒を受諾しないかぎり、奴らはガス弾を使用するだろう。どうしたらガス・マスクが手に入るか？　ガス・マスクなど一つもないのに。そうなったら君はどうする？　ベネシュは最後通牒を受諾するだろう。受諾せざるをえまい！」[37]

また、ローマでは、ムッソリーニは、ベネシュが最後通牒を受諾するかどうかについて、民主主義国に関する彼の偏見的持論を根拠に、次のように予想していた。

「ベネシュは最後にはこれを受け容れるだろうよ。民主主義国というものは、苦い薬を飲み込むように作られているのだからね[38]。」

(3)　崩壊したボネ

まだパリにもロンドンにも最後通牒のニュースが入っていない午後六時一五分、ボネ外相は、フィップス大使を通じてイギリス政府に、ランシマンが彼の「計画」として「カールスバート八ヶ条の要求」を採用すれば、フランスは、チェコスロヴァキアにこれを「強制する」用意のあることを確約する、と言ってきた。このように、この時点でも、ボネは、まだ「カールスバート丸呑み＋対致加圧」方式で、ズデーテン問題の解決は可能だと信じていたが、九月七日『タイムズ』社説、九月一二日ヒトラー演説、九月一三日ズデーテン流血騒動の中でのデモ隊の「アンシュルス」要求の流れとなっている今となっては、最早、このような解決策は客観的に手遅れになっていた。尤も外相は、自案に拘りはなく、避戦のためならどんなチェコ人の犠牲でも受け容れる用意はできていた。そうであることを、フィップス大使は察知していて、この会見から得たボネの印象を、次のように伝えている。

「外相はすっかり腰砕けになってしまって、戦争を回避するためならどんな解決策でも受け容れようという気になっているように思えます。[39]」

午後七時一〇分、再びフィップスから電話電報があった。午後六時には腰砕けになっていたボネは、その後、ズデーテン・ドイツ党の最後通牒を知ったためかどうかは分らないが、何らかの更なる衝撃によって、更に大きく動揺していた。ボネはフィップスに次のように言った。

「フランスもイギリスも戦争の用意はできていないのですから、いかなる犠牲を払っても、平和は維持しなくてはなりません。今戦争になれば、フランスとイギリスの町は、消し去られてしまいますが、報復はほとんど、あるいは、まったくできないでしょう。平和は、いかなる犠牲を払っても、維持されなければなりません。」

このように「いかなる犠牲を払っても平和を！」と必死に訴えるボネから受けた印象を、フィップスは、「ボネ氏は大層気が動転しており、彼の崩壊は、私には非常に唐突かつ異常に思えます」と、「崩壊」という言葉を使って表現した。果して「崩壊」したのは外相だけでなく、あの強気のダラディエ首相もそうなのか、確かめてみる必要があると感じた大使は、このとき、ダラディエに会見を申し込み、その返事を待っているところであった。[40]

（4）別人になっていたダラディエ

フィップス大使がダラディエ首相と会見したのは、ズデーテン・ドイツ党の最後通牒の報がパリにも届いていたと思われる八時ごろであった。大使が、

「私が会見を申し出ましたのは、このような重大な事態において、閣下がどのようにお考えか、直接確かめたく思ったからです。」

と切り出すと、ダラディエは、これに対して、

「チェコスロヴァキアの流血事件を知って、私はとても不安でなりません。今や一刻一刻が貴重に感じられます。ヒトラーの演説は、交渉の扉を閉めたものではありませんでしたが、その結果起きている出来事は、非常な警戒心を掻き立てるものです。大火災を防止するためには、早急に行動を起こす必要があります。ランシマン卿の迅速な行動が望まれます。」

と、募る不安と焦燥を隠そうともしなかった。

前回会ったときに、「ドイツがチェコスロヴァキアを侵せば、フランスは最後の一人まで戦う」と豪語していた、あの強気のダラディエらしくないように思えた大使は、

「九月八日に閣下が私に言われた政策を、閣下は固持されますか？」

と単刀直入に問い質したところ、ダラディエは、

「もしドイツが武力行使に及べば、フランスもそうせざるをえないでしょう。」

と答えたが、その語気に、フィップスには、熱意が感じられなかった。ダラディエは、一応は、そう答えたものの、続けて、「しかしながら」と付け加え、

「チェコスロヴァキアにおける最近の流血事件の理非曲直に関して、私が確かなことを知る必要があることは、当然のこと

です。」

と、仏致相互援助条約義務の自動的履行については条件を付け、明らかに条約義務履行そのものにも、彼に躊躇いのあることを窺わせた。

ヒトラー演説後に悪化し続けるズデーテン暴動の報に、元々乏しかった闘志をすっかり喪失してしまった外相ほどではないにしても、一見戦意旺盛であった「ヴォクリューズの猛牛」も、今やその戦意を喪失してしまったように見受けられた。フィップスはそのダラディエの豹変ぶりを、次のようにハリファックスに伝えている。

「今日のダラディエ氏は、九月八日のダラディエ氏とはまったく別人でした。言葉の調子も内容も、本当に、非常に違っていました。[41]」

(5) ダラディエという人物：優柔不断

このように、危機に直面して豹変することを何度か繰り返したダラディエという政治家に対する人物評は、ほぼ一致している。ここでその内のいくつかを紹介しておこう。

アンソニー・イーデン：「ダラディエは善意の人だが、その容貌が思わせるほど意思堅固ではない。」

ザーラ・スタイナー：「ダラディエは思慮深いが、優柔不断な政治家である。」

A・J・P・テーラーは、ダラディエの行動パターンを、「最初は闘志満々、それから逡巡、最後は降伏」と言い表し、またチェンバレンとの違いを、「ダラディエは自己の信念に基づいて行動する用意はなかった。チェンバレンは自己の信念に基づいて行動する用意はあった」と評している。

テルフォード・テーラーがその大著でダラディエに割いた章の題名は、「エドワール・ダラディエ：不決断の人」である。ちなみに、チェンバレンに割かれた章は、「ネヴィル・チェンバレン：決断の人」である。[42]

注

(1) 明治大正昭和新聞研究会編『新聞集成　昭和編年史　十三年度版』Ⅲ（新聞資料出版、一九九一年）、七三八ページ、*Documents on British Foreign Policy, 1919-39, 3rd series, Volume II* (His Majesty's Stationary Office, 1950), p. 319. 以下、*DBFP-II* と略して表記する。David Faber, *Munich, 1938: Appeasement and World War II* (Simon & Schuster, 2009), pp. 268-9.

(2) *Foreign Relations of the United States, Diplomatic Papers, 1938, Volume I, General* (United States Government Printing Office, 1955), p. 593. 以下、*FRUS-I* と略して表記する。

(3) *DBFP-II*, p. 319.

(4) *Ibid.*, p. 304.

(5) *Ibid.*, p. 305.

(6) *Documents on German Foreign Policy, 1918-45, Series D, Volume II* (Her Majesty's Stationary Office, 1953), p. 751. 以下、*DGFP-II* と略して表記する。赤松祐之『昭和十三年の国際情勢』（日本国際協会、一九三九年）、四七〇ページ。

(7) Keith Feiling, *The Life of Neville Chamberlain* (Macmillan, 1946), p. 363; A.J.P. Taylor, *The Origins of the Second World War* (Penguin Books, 1963), p. 215.

(8) John W. Wheeler-Bennett, *Munich: Prologue To Tragedy* (The Viking Press, 1965), p. 102; Telford Taylor, *Munich: The Price of Peace* (Hodder and Stoughton, 1979), p. 529.

(9) Wheeler-Bennett, *Munich*, pp. 99-100, 102; Alexander Werth, *France and Munich before and after the Surrender* (Harper and Brothers, 1939), p. 220.

(10) Yvon Lacaze, *France and Munich: A Study of Decision Making in International Affairs* (Columbia University Press, 1955), p. 126.

(11) *Ibid.*, p. 126; 角田順『ボールドウィン・チェイムバリンとヒトラー』(お茶の水書房、一九五八年)、二三八ページ。

(12) *FRUS-I*, p. 601.

(13) *DBFP-II*, p. 305.

(14) *Ibid.*, p. 306.

(15) *Ibid.*, p. 306.

(16) *Ibid.*, p. 307.

(17) *Ibid.*, p. 307.

(18) Nevile Henderson, *Failure of a Mission–Berlin 1937–1939* (G. P. Putnam's Sons, 1940), p. 3.

(19) John Julius Norwich (ed.), *The Duff Cooper Diaries: 1915–1951* (Phoenix, 2006), p. 259.

(20) Franklin R. Gannon, *The British Press and Germany 1936–1939* (Oxford University Press, 1971), p. 216.

(21) Norwich (ed.), *The Duff Cooper Diaries*, p. 259.

(22) *FRUS-I*, p. 592.

(23) Faber, *Munich, 1938*, p. 278.

(24) Robert Self (ed.), *The Neville Chamberlain Diary Letters, Volume Four, The Downing Street Years, 1934–1940* (Ashgate, 2005), p. 345.

(25) Ian Colvin, *The Chamberlain Cabinet* (Victor Gollancz, 1971), pp. 151–2.

(26) Norman Rose, *Vansittart: Study of a Diplomat* (Heinemann, 1978), p. 229.

(27) ヒトラーとの話し合いで平和構想が実現できるという、チェンバレンの確信については、例えば、Zara Steiner, *The Triumph of the Dark: European International History 1933–1939* (Oxford University Press, 2013), p. 609 を見よ。

(28) Colvin, *The Chamberlain Cabinet*, p. 152.

(29) *DBFP-II*, p. 308.

(30) T. Taylor, *Munich: The Price of Peace* , p. 677.

(31) Colvin, *The Chamberlain Cabinet*, p. 151.

(32) Self (ed.), *The Neville Chamberlain Diary Letters, Volume Four*, pp. 345–6; *DBFP-II*, p. 314.

(33) Norwich (ed.), *The Duff Cooper Diaries*, p. 259.

(34) *Ibid.*, p. 259; Alfred Duff Cooper, *Old Men forget* (Century Publishing, 1986), p. 228.

(35) *DBFP-II*, pp. 313, 321; *DGFP-II*, p. 752; Faber, *Munich, 1938*, pp. 269–70; 読売新聞社編『昭和史の天皇』第二一巻(読売新聞社、一九七四年)、三五一ページ。

(36) John Harvey (ed.), *The Diplomatic Diaries of Oliver Harvey 1937–1940* (Collins, 1970), p. 178.

(37) ウィリアム・シャイラー著/大久保和郎・大島かおり訳『ベルリン日記　1934–1940』(筑摩書房、一九七七年)、一〇六ページ。

(38) Galeazzo Ciano, *Ciano's Diary 1937–1938*, translated by Andreas Mayor (Methuen & Co., 1952), p. 155.

(39) *DBFP-II*, p. 309.

(40) *Ibid.*, pp. 310–1.

(41) *Ibid.*, p. 312.

(42) Anthony Eden, *The Eden Memoirs, The Reckoning* (Cassel, 1965), p. 23; Steiner, *The Triumph of the Dark: European International History 1933–1939*, p. 609; A.J.P. Taylor, *The Origins of the Second World War*, pp. 215, 201; T. Taylor, *Munich: The Price of Peace*, pp. 504, 617.

第15章　ダラディエの「三国会議案」対チェンバレンの「プランZ」

1　「第四計画」・「完全自治案」の後退

(1) ダラディエの「三国会議案」：その提案理由

ダラディエが別人になっていたことを伝えた電報の末尾で、フィップスは、「ダラディエは、首相に電話をする、と言っていました」と知らせていた。[1] イギリス側では、これと同時に着いたフィップスの別電から、ダラディエがその電話で何を言ってくるのか、大体の予想がついた。それは、四国会議案というボネ＝レジェ案ではなくて、イタリア抜きの三国会議案だと想像がついた。この日の午前中に部分動員問題でも危機的に分裂したフランス内閣であったが、この国際会議問題についてさえ、今、首相と外相の対立を露呈したのである。[2] このころのダラディエ内閣の、このような混乱ぶりに呆れかえったイギリスは、フランスには「政府もない、飛行機もない、ガッツもない」というイメージを固めてゆき、[3] これが以後のチェンバレン内閣による「フランス・パッシング」の原因になった。

この「パッシング」については後に見ることにして、今はまたダラディエ「三国会議案」に戻ると、彼が四国会議よりもこの方を好ましく思った主な理由は、一つは内政的な考慮からであったと考えられる。それは仏伊関係と関連する対内考慮であった。このころの仏伊関係は最悪に近い状態にあった。エチオピア戦争の後遺症、続行中のスペイン内戦、独伊枢軸関係の強化、仏伊植民地問題等々で、両国は激しく対立していた。その対立は、ヒトラーが、一九三七年一一月五日の秘密軍事計画会議で、一九三八年の夏には、地中海問題で英仏対伊の戦争が勃発する可能性があると見ていたほど、激しいものであった。[4] チェコスロヴァキア問題を処理する国際会議に、このようなフランスの「宿敵」イタリアを招くが、「同盟国」チェコスロヴァキアを招かず、仏・致両国の「同盟国」ソ連も排除するという四国会議案には、当然、共産党や社会党ら人民戦線派など国内からの激しい反発が予想された。加えて、もう一つの理由として考えられるのは、外交的な懸念である。もし会議にイタリアを入れた場合、議題がチェコスロヴァキア問題に止まらず、仏伊間の植民地問題等にまで広がり、フランスが独伊共同の圧力によって、対伊譲歩を迫られる恐れもあった。

(2) チェンバレン、英仏首脳電話会談を忌避

しかし、イタリア抜きの英仏独三国会議の実現可能性は、どうなのか、ダラディエからこの案についての意見を訊かれたときに、フィップスは、「私にはこれはとても実現可能性があるようには思えません」と、率直な感想を述べているが、この指摘は、ヒトラーにとって不利な一対二となる三国会議についての、ごく常識的な判断に基づくものと言えよう。既にこの日の三時の首相・側近会議で、四国会議案さえ不採用と決め、今や「プランZ」で行くしかないと決意を固めていたチェンバレン首相にとっては、「猛牛」変じて「蝸牛」となったダラディエから掛ってくるという、このような電話は、甚だ迷惑なものと感じられたであろう。カドガンは日記に次のように記している。

「ダラディエが首相と電話で話したいと求めてきた。これは見込み絶無だ。私は、フィップスを通じてメッセージを送るようにしなければならない、と言った。[5]」

これがイギリス側の本音であろう。実際にはこうはあからさまに言えないので、イギリス側は、その断りの口実として、チェンバレンはフランス語が上手くなく、ダラディエは英語がまったくできないことを挙げ、これでは意思疎通は無理だから、フィップス経由でメッセージを送ってくれと言って、体よく厄介な首脳間電話対話を忌避したのであった。[6]

(3) ダラディエの第一案:「ランシマン計画」即時公表

ダラディエ・メッセージがロンドンに着いたのは、午後一〇時一〇分であった。それは、「事態は非常に急速に動いています。ほとんど今すぐにも統御外に逸脱してしまう危険があるほど、深刻な様相を呈しながら動いています」と危機意識を露わにして、次に、この危機一髪の状況においてなすべきことについて、「ドイツ軍のチェコスロヴァキアへの侵入は、なんとしても防がねばなりません」と言い、続けて、「もしそうしなければ、フランスは責務、すなわち、誓約の履行を自動的に迫られる事態に直面することになります」と、最もフランスが恐れるのは仏致相互援助条約の義務履行であることを示しており、このときダラディエも、ボネ同様、何が何でも条約義務から逃れたいという一心で、頼みのイギリスにすがろうとしていたことが分る。そして彼は、この最悪の事態を避ける方策として、次の二つの具体案を提示した。

(1)ランシマン計画を直ちに公表すること。

(2)三国会議を直ちにヒトラーに提案すること。

第一案については、ダラディエ自身、解決策として有効性にそれほど自信があったわけではなかったのであろう。彼は、この場合の次の手順として、「ランシマン卿は、卿の立ち会いの下で、両当事者を会同させることができますか?」と、チェンバレンとしてはなかなか「イエス」とは答えられそうにもない質問をして、続けて、これが無理を承知の、言わば「駄目元」的な試案にすぎないことを、自ら認めるかのように、「もしこの手順が十分でないようでしたら」と言って、本命の第二案を提示した。[7]

(4) リッベントロップの対伊工作:「完全自治案」の拒絶

そのダラディエ・メッセージの本命たる第二案を検討する前に、その第一案の「ランシマン計画」の実現可能性について、ここに、

独伊側の連動との関連で、もう一つの考察を加えておきたい。前述のように、ヒトラー演説をよく読めば、ダラディエとボネが「ランシマン計画」として想定していた「完全自治案」でのズデーテン問題の解決案は、今や「証文の出し後れ」として拒絶されるであろうと、推定できたのであるが、これを裏付けるドイツ側の動きが、ヒトラー演説直後にリッベントロップによって行われたイタリア工作に見ることができる。この日の「チアーノ日記」によると、リッベントロップは、アットリコ駐独伊大使に、イタリア政府が発行しているブレティンである『外交情報』に、次のような趣旨の論説を掲載して欲しい、と依頼した。

「『カールスバート八ヶ条』は今や古くなって使い物にはならない。自決の原則に基づいた根本的解決策のみが、チェコスロヴァキア危機に終止符を打つことができる。」

チアーノがこれをムッソリーニに伝えると、ドゥーチェは即諾し[8]、その夜の内に発行された『外交情報』に、次のような口述筆記論説を掲載した。

「かの有名なカールスバート要求項目を、ベネシュ氏が即時全面的に受諾していたならば、賢明であったであろうが、氏はそうしなかった。ヒトラー氏の演説後の環境においては、問題は自決権という具体的な局面に移行してしまった。今や可能な解決策は、二つに一つである。一つは、ズデーテン・ドイツ人に自らの運命を決する権利を承認することにある。他は、この権利を否認することにある。ズデーテン人にプラハから分離する可能性を与えるならば、それによって、正義の道、就中、平和の道が選ばれることになるのであるが、もう一方の解決策は、無秩序と戦争の道である。[9]」

この論説の狙いは、ヒトラーの「代理人」としてムッソリーニが、ベネシュよりもむしろチェンバレンとダラディエに対して、「分離か、さもなくば、戦争か」と脅しをかけることにあったことは、説明を要しないであろう。

(5)「完全自治案」拒絶とヒトラーの狙い所

但し、「分離」すなわち「アンシュルス」が平和への道、戦争回避の道とは言っても、ヒトラーにとっての避けたい「戦争」は対英仏戦争であり、欲しているのは対致局地戦争であったということは、本著でも再三言ってきたことであるが、この観点からすれば、ヒトラーがニュルンベルク演説とムッソリーニ論説とを通じて、今となっては「第四計画」は勿論、「カールスバート」でもだめであり、「アンシュルス」しか平和の道はないと示唆したその狙いは、もしもベネシュが「カールスバート」を丸呑みにしそうになれば、更に口実を設けて要求を吊上げ、これをベネシュに拒絶させ、彼を英仏から切り離し孤立させることにあった、と解されるのである。こうして、この後プラハ交渉が再開されたとしても、もはや交渉の争点は、「完全自治案」ではなく、「プレビサイト」による「アンシュルス」となることがほぼ確実視されるに至った。

ヒトラーとしては、このような状況下でベネシュが「民族自決」を嫌って交渉を拒否し、ズデーテン人を「迫害」「弾圧」してくれることを願っていた。というのは、そうなれば、彼の「緑作戦」の想定通りに、英仏の介入のない、チェコスロヴァキアのみとの局地戦争が可能となり、その結果として、彼の本来の目的たるボヘミアとモラヴィアを占領して、一挙にその支配下に収めることができるからである。そのような状況づくりの役割を担ったのが、ズデーテンでデモ隊に「一民族、一国家、一総統」、「住民投票をしろ！」と叫ばせていたヘンラインと、ローマで「分離か、さもなくば、戦争か」と叫んでいたムッソリーニであった。そして、このヒトラーの政治外交的工作がかなりの効を奏し、今やベネシュの捨身戦法であった「第四計画」も空振りに終り、再びチェコスロヴァキアは孤立の危機、頼りの英仏に見捨てられる国家存亡の危機に直面しつつあったのである。

2 「プランZ」即時発動の決定

（1）ダラディエ第二案：英仏独三国会議

このように、客観的に見て「完全自治案」としての「ランシマン計画」はドイツ側に受け容れられそうにもなかったのだが、三国会議を直ちにヒトラーに提案するというダラディエ・メッセージ第二案は、どうであっただろうか。これについて、同メッセージは、次のように説明している。

「ドイツはズデーテン人を代表し、フランスはチェコ人を代表し、イギリスはランシマン卿を代表します。狙いは、昨夜の演説でヒトラーが擁護した平和的解決の獲得ということですが、それが解決された後、その他の大国と共に、より一般的な問題を解決することを考慮してもよいかもしれません。」

先に述べたように、ダラディエは、フィップスから、イタリア抜きの三国会議をヒトラーが受け容れるはずはない、と指摘されていた。また、彼は国内の反伊親ソ勢力の反発を買わないための内政的配慮も必要としていた。そこで、彼としては、この二つの要素を考慮した結果として、まずは緊急を要するチェコスロヴァキア問題に限定したイタリア抜きの三国会議、その後で、その他の問題を対象とした四国会議、五国会議の可能性を示唆することによって、三国会議の実現可能性を高めようとしたのであろう。

しかし、このような苦肉の策で、ヒトラーがこれを受け容れる可能性が高まったであろうか、それよりも、まず、チェンバレンが「プランZ」に代えてこの案を採用する気になったであろうか、甚だ疑問と言うよりも、ほとんどあり得ないと言ったほうがよかろう。ダラディエ・メッセージは、最後に、「閣下は私のこの提案のどちらかに同意できますか、それとも、閣下の方で何か他の提案がございますか？」と、チェンバレンの意向を尋ねた[10]。

こうして、彼自身も本命とする三国会議案を含めて自案の実現可能性をほとんど信じていなかったと思われるので、最後に「優柔不断の人」ダラディエが「他策ありや」とチェンバレンに問うたのは、実質的に、自らは最終的決定をしないことを決定し、その最終的決定の下駄を「決断の人」チェンバレンに預けたと解されよう。

（2）「プランZ」即時発動の決定要因（1）：最後通牒発出の新情報

このダラディエ・メッセージがロンドンに着いたのは、午後一〇時に首相・側近会議が開かれて間もないときであった。会議の出席者は、その理由は分らないが、七人のメンバー中唯一の反宥和論者ヴァンシタート抜きの六人であった。午後一〇時というのは、ズデーテン・ドイツ党が発した最後通牒に関する新情報を、イギリス政府が入手した二、三時間後であり、その最後通牒が時限切れとなる二時間前であった。まさにこのときズデーテン危機は、もしこのまま午前零時までに致政府が最後通牒を受諾しなければ、その後ドイツ軍の侵攻がいつ始ってもおかしくないと予想される土壇場に突入していた。

議題となったのは、「プランZ」だけであった。具体的には、このような土壇場の局面を迎えても、なお、「プランZ」の発動時期は、午後三時からの会議で内定された通りでいいのか、すなわち、明日の閣議の承認を得た後、一七日ごろでいいのか、ということであったと思われる。会議の決定経緯の詳細は分ないが、結局、会議は、その発動時期を早めて、即時発動と決定し、午後一一時に、その旨のヘンダーソン宛訓令が発電された。急遽この決定に至らしめた直接要因としては、最後通牒の発出によるズデーテン情勢の急変と、それに会議の途中に入ってきたダラディエ・メッセージの二つが考えられるが、この二つの内のどちらが「プランZ」即時発動の決定により大きな影響を与えたのであろうか？　この決定の経緯について、ハリファックス外相は、翌日のフィップス宛電報では、次のように説明している。

「昨夜の状況は非常に急速に展開していましたので、私には、首相も前から念頭にあった計画で、私たちもその日も夜がくるまでにしばらくの間考慮し続けていたものなのですが、首相は今やこの計画を発動せざるをえないと感じておられると、思えた次第です。昨日の諸々の出来事のために、私たちはどうしても、もはや一刻の猶予もならないという結論を下さざるをえなくなりました[11]。」

外相の言う「諸々の出来事」「昨夜の状況の急速な展開」には、当然、最後通牒発出と三国会議提案の二つも含まれているのであろうが、いずれが決定の主因になったのかには触れていない。また、一九日に書かれたチェンバレン首相の妹宛書簡でも、「火曜日の夜、私はその瞬間が来た、この瞬間を逃せば手遅れになると思いました。そこで、私は、今後の運命を託した電報を打ったのです」[12]と、二つの要因のいずれが、決め手となったのか、明らかにしていない。だが、二八日の下院におけるチェンバレン首相の説明を見てみると、首相は、ここでは、次のようにズデーテン情勢をその決定理由として強調している。

「この日の晩までには事態は非常に危機的なものになっていまして、国境付近に集中されていましたドイツ軍が、ズデーテン地方で起こっている事件のこれ以上の拡大を阻止するために、今すぐにもチェコスロヴァキアに進入する危険がありました[13]。」

これからすると、ドイツ軍の攻撃予定についての既報に加えて、最後通牒発出という新情報を入手したことが、チェンバレンに「プランZ」即時発動を決断させた決定的要因と見なしてもよさそうだが、必ずそうとも言い切れない。というのは、その決定理由として、イギリスの首相が議会という公の場で、友好国の首相と外相が腰砕けになっていて、そのような二人から、そのときの緊急事態に間に合いそうにもない「三国会議」やら「四国会議」なる提案があったので、これに急遽対応する必要があって、このような決定に踏み切ったのだ、と言うわけにはいかないからである。

（3）「プランZ」即時発動の決定要因（2）：三国会議提案の入電

確かに、チェンバレンの発言からして、彼は、午後一〇時の会議を前に入ってきたズデーテン情勢の急な悪化という新情報によって、即時「プランZ」の発動に傾いていたと思われる。しかし、フランス要因も無視できない。それまでに入っていた「崩壊」したボネ、「別人」になったダラディエという情報に加え、この会議の途中に入ってきたダラディエ・メッセージが、チェンバレンの傾斜にいわば「駄目押し」的な力を加えた、と見てよかろう。すなわち、会議開催前に既にチェンバレンは、フィップス情報によって、フランスはいかなる犠牲を払ってもドイツの言いなりになることに決めたと思っており、そのようなフランスの早まった行為によって、取っておきの「プランZ」が台無しにされかねないと恐れていたのであるが、ダラディエ・メッセージは、このチェンバレンの恐れを更に強めたと考えられるのである。三国会議であれ、四国会議であれ、「政府もない、飛行機もない、ガッツもない」国の首相、「条約義務逃れ」のためならいかなる譲歩もすると決めているような首相を、そのような会議に同席させれば、彼は何の助けにもならないどころか足手まといになると、チェンバレンには思われたであろう[14]。

この夜の首相・側近会議に出席していたカドガン次官も、フランス要因を重視している。

「ダラディエのメッセージが届いたとき、それはボネほど完全な腑抜けというものではなかったが、ほとんど気骨のないものであった。ボネのメッセージは、ボネが少なくともパニックに陥りつつあることを示しており、そして、状況は統御外に滑り抜けつつあった。首相は『プランZ』に決めた[15]。」

以上のように見てくると、この二つの要因のうち、どちらが重くどちらが軽いとも言えず、二つは、分かちがたく絡まった形で、チェンバレンを「プランZ」即時発動の決断へと衝き動かしたのではないか。すなわち、第一に、最後通牒期限切れ後、「プランZ」札を切る間もなくいつ何時ドイツ軍の侵攻が始まるか分からない、第二に、これに加え、腑抜けのようになったフランスが、条約義務回避のために、いつ何時「プランZ」を台無しにしてしまいかねない早まった行為に出るか分からない、この二つの不測の事態の発生を恐れて、チェンバレンは、今こそ「プランZ」を発動すべきそのときだ、と決めたと思われる。

（4）ヒトラー宛チェンバレン親書

ヒトラー宛首相メッセージの作成について、「カドガン日記」には次のような記述がある。そこにはすべての点で陣頭指揮を好む宰相、チェンバレンの真骨頂の一端が窺われる。

「我々は、電文案を作成した、というよりは、実際には首相が作成した[16]。」

首相が自ら作成し、午後一一時にヘンダーソン大使宛に打電された歴史的文書は、次のような英文七行という簡単なものであった。

「危機的状況が深まりつつあることに鑑み、私は、平和的な解決を見出さんがために、貴殿と会見すべく直ちにそちらに出向くことを提案する次第です。飛行機にて訪問したく存じますが、明日、出発する用意がございます。私とお会いしていただける最も早い時間をお示しいただき、また、会談の場所をご提案下さい。至急御返事をいただければ有り難く存じます。ネヴィル・チェンバレン」[17]

先のダラディエ提案に対してハリファックスから、次のような曖昧な回答がフィップス宛に打電されたのは、「プランZ」発動後二時間近く経った、午前零時四〇分であった。

「首相は諸事件の進行の早さに鑑み、即座に行動する緊要性を十分に認識しています。首相は、貴殿から提案された二つの行動方針について熟慮しました結果、貴殿同様、いずれか一方、あるいは、両方とも、役に立つ可能性があるものと考えていますす。しかし、貴殿の提案に決する前に、首相は、今夜、ベルリンにおいて直接的行動の別の可能性を探っているところです。その可能性については、首相は、明日には貴殿にお知らせできるであろうと思っています。私たちは、それは、貴殿ご提案のより広範な方針に沿った形で、役立つものと思っている次第です。」[18]

この曖昧な回答の後に、回答中の「別の可能性」とは、ダラディエが提案した彼をも含めた三国会議ではなくて、彼を抜いた英独二国会談であることを知らされたとき、当然、ダラディエは不満そうであった。[19] しかし、ダラディエとは対照的に、フィップスからチェンバレン訪独を知らされたボネ外相は、イギリスによる「フランス・パッシング」を気に留める様子もなく、大喜びで、大使に感謝の意を表し、次のような、チェンバレンへの白紙委任に近い約束まで与えた。

「チェコスロヴァキアに関してチェンバレン氏が行われる提案が、どんなものであっても、私は、我が政府にそれを受け容れるように強く忠告すると、お約束することができます。その提案をチェコの人たちが受け容れようと受け容れまいと、それに関係なく、お約束できます。」[20]

3　ズデーテン騒乱の終息と仏致の不協和音

(1)　プラハ交渉断絶と騒乱鎮圧

ヒトラー宛チェンバレン親書がベルリンに打電されたころ、最後通牒の時間切れを目前にしたプラハでは、ベネシュ大統領臨席の下、臨時閣議が開かれていた。閣議は、ズデーテン・ドイツ党の四要求については、「政府は、憲法の規定するところに従い、人民一部のかかる通牒に対しては、何ら回答の義務を有しない」と黙殺することにした。但し、併せて、「政府は、ズデーテン党に対し代表をプラハに派遣し、直接交渉に当らしめるように要請する」という逆提案をすることに決定した。[21] 午前零時一五分、ホジャ首相は、ズデーテン・ドイツ党本部に電話を掛け、フランク副党首にこの閣議決定を通達した。フランクは、政府からの逆提案について、「まずヘンライン党首に相談しなければなりません」と即答しなかった。[22] ヘンラインから回答があったのは午前一時であった。党首は、対政府交渉の断絶を宣言し、ランシマン調停委員会の党側交渉委員の解任を通告した(23)。

こうして、八月以来のランシマン調停交渉の破綻が明らかになると同時に、致政府は、同盟国フランスと相談することなく、秘密部分動員令に踏み切った(24)。この動員はドイツの侵攻に備えたものであって、叛乱鎮圧のための追加措置ではなかった。というのは、そのころには、ズデーテン地方では街頭から暴徒はすっかり消え去り、鎮圧隊は、ドイツとの国境にある小さな町を除いて、ほぼ全地域を支配下に収めていたのである。こうして、騒乱は、あっけなくほぼ二四時間でほとんど止み、四八時間後には完全に終息した(25)。

次の日のズデーテン地方の様子を、「シャイラー日記」に見てみよう。彼は、夜、プラハから車を駆って、暴動地域一帯を一回りしてみた。その結果を、彼は、「戦闘はすっかり止んでいる。暴動は鎮圧されてしまった。ヒトラーが再び干渉しないかぎり危機はピークを越した」と記している。そして、ヒトラーに見捨てられた形のズデーテン・ドイツ人たちの困惑ぶりを、次のように描いている。

「今日私が話したズデーテン人たちは、すっかり途方にくれている。彼らはドイツ軍が月曜の夜、ヒトラーが演説した後に、進駐してくるものと期待していたのだが、ドイツ軍が来ないで、チェコ軍がやって来るのを見て、士気阻喪してしまった(26)。」

こうして四八時間以内に、すなわち、チェンバレンがベルヒテスガーデンに飛ぶことになる九月一五日の朝までには、ズデーテン地方は、交渉断絶と同時に動員された五〇万のチェコ兵の完全な支配下に、初めて置かれることになった。その結果、ヒトラー演説後のズデーテン・ドイツ党の早まった蹶起のために、ズデーテン地方には、奇襲・電撃性を命とする「緑作戦」にとって有利などころか、極めて不利な情勢が現出したのである(27)。このようなズデーテン暴動鎮圧後の軍事戦略的変化が、土壇場でヒトラーに対致武力発動を思い止まらせ、ミュンヘン協定を受け容れさせた一因になっていたかもしれないが、チェンバレンとボネが対独宥和政策を形成、展開して行った過程において、二人の頭の中には、このようなズデーテン地方の戦略的含意やチェコスロヴァキア軍の相当強靱な抵抗力などといった、軍事戦略的思考は存在していなかった(28)。

(2) 難関「小マジノ・ライン」

ズデーテン地方におけるチェコスロヴァキアの防備態勢中、特に「小マジノ・ライン」とも呼ばれる要塞の堅固さが、どれほどヒトラーにとって難関となっていたかを見ておこう。一九三七年プラハにユダヤ人カトリック教徒の子として生まれ、戦後、アメリカのクリントン政権の国務長官（在職期間、一九九七－二〇〇一年）になるマデレーン・オルブライトは、その著書『プラハの冬』で、彼女が一歳半のときに起こったズデーテン騒動の発端と結末について、「チェコスロヴァキアは、ヒトラーのジャブに対して、強烈なカウンター・パンチで応じた。そして、更なる準備が出来ていた」と書いているが、この「更なる準備」として、九月九日付のクレジェッチ陸軍参謀総長の大統領宛建言書から、次の部分を引用している。

「ドイツ兵の最初の失敗は、我が要塞に近づいたときに起こります。その士気を粉砕するには、これで十分です。ドイツ軍の人為的に膨らまされた力は、砕け散り、我が同盟軍の比較的楽な餌食となるでしょう。[29]」

要塞についての、この陸軍参謀総長の自信に溢れた発言は、ヒトラーにとっても、これを根拠なき強がり、法螺として一蹴することのできないものであった。それを裏付けるアルベルト・シュペールの証言がある。それによると、「ミュンヘン協定」成立後にズデーテン地方に進駐したドイツ軍は、その要塞を見て、予想以上の堅固さに驚く。

「致国境の要塞には驚嘆させられた。専門家が驚いたことには、試しに砲撃してみた結果、我が方の武器は通用しなかっただろうということが分かったのである。」

驚いたのはドイツ軍の専門家だけでなく、同地方の視察に出掛けたヒトラー自身もそうであった。ドイツに戻って、その印象を語った。

「要塞は目を見張るほど大規模で、非常に巧みに配置されており、地勢を最高に利用して梯子状に並べられていた。断乎防衛の意志があれば、要塞奪取は非常に難しかったであろう。非常に多くの人命の犠牲を要したであろう。今一つ確かなことがある、それは、チェコ人に二度と新しい防衛線の建設を許さないことだ。[30]」

(3) 致政府無断動員へのボネの憤慨

見てきたように、九月一四日の夜明け前には、チェコスロヴァキアは部分動員を実施し、旺盛な軍部・国民の士気と堅固な要塞と、そして同盟国の援助とを頼みとして、相当な自信を持って、最悪の事態、ドイツの侵攻に備えていたのだが、果して、頼みの同盟国フランスの対致態度はどうであっただろうか？

朝になって、ブリット大使と会談していたボネ外相のところに、ダラディエ首相から電話が掛ってきた。

「チェコスロヴァキアは、我が政府に無断で、ドイツとの国境地帯向けに自動車化師団数個に動員命令を下しました。これは極めて重大なことです。」

と、首相が告げると、外相は、

「ズデーテン人を冷静にさせドイツ人を挑発しないようにすることに、すべてがかかっているこのときに、また、ズデーテン人が、増加されたチェコ兵の撤退を要求しているこのときに、フランス政府と事前協議もなく、ズデーテン地域に数個の新師団を送り込むとは、けしからんことです。」

と、憤慨し、続けて、

「チェコ人はフランス人と適正な協働をしていないように感じられます。これまでも彼らは我々と適切に行動してこなかったことが多かったのですから、フランス人がチェコ人への義務を清算しても、十分に正当化されると思います。[31]」

と、致政府による事前協議なしの部分動員の実施を、ボネは、条約義務逃れの口実に利用できると感じていたのである。

さらに、ボネ外相は、ズデーテン騒動が収まったことについては、次のように、ドイツ側に好意的な見方をしていた。

「現在認められる一筋の光は、ベルリンから来ている報告が、ドイツ政府が昨日の出来事を冷静に受け止めていることを示している事実と、加えて、今朝、ズデーテン地域でさらなる事件が起こっていないという事実です。(32)」

騒動鎮静の原因をドイツの冷静さのおかげとするボネのこの分析・評価は、明らかに間違っている。真の理由は、既に見てきたように、一つには、致政府側の戒厳令を布いての大量の警察隊・軍隊による、迅速かつ断固たる対応、これが効果的であったことと、もう一つは、ドイツ側の「緑作戦」開始の未準備にあった。すなわち、ドイツ軍がズデーテン同胞の期待を裏切って救援に駆け付けなかったのは、「緑作戦」発動予定日が九月三〇日であったので、ヒトラーは、ズデーテンの乱が弾圧されそうなのを知りながらも、また、チェコ軍が秘密部分動員令を下したことを知りながらも、(33)ドイツ兵を国境越えに送り込みたくても送り込めなかったからである。このようにヒトラーには、九月末までは何が起こっても拱手傍観せざるをえなかった事情があったのである。

以上のように、ズデーテン騒乱鎮圧後の仏致両同盟国は、後者が無断秘密動員を実施すると、前者がこれを口実に条約義務逃れの準備をするという有様で、互いに足並みを揃えようという努力をしなかったばかりでなく、互いに逆方向に歩を進めつつあったのである。

（4）ヘンラインの「プレビサイト」要求

次に、ヘンラインがプラハ交渉断絶宣言を出した後の、ズデーテン・ドイツ党側の動きを追跡してみよう。そこで最も注目されるのは、プレビサイト問題に対する「穏和派」ヘンラインの態度である。一三日の夜、アシュトン-グァトキンは、交渉の再開を「穏和派」の筆頭ヘンラインに説得すべく、ズデーテン地方に向った。一四日の午前二時、エガーに着いた彼は、「過激派」のフランク副党首と会うことができたが、興奮しきっていたフランクからは、「まったく常識のかけらも、何の責任感も引き出される」とは思えなかったので、アッシュに向い、ようやく午前一一時に「頼みの綱」ヘンライン党首と会うことができた。(34)

「致政府は、我々の要求に応じなかったので、同政府に交渉断絶を通告しました。」

「私は、致政府に貴党の要求を受諾させることは、まだまだ可能だと信じています。」

「その場合でも、私としては、今や『カールスバート八ヶ条』を基礎とした交渉には入る気はありません。『プレビサイト』を要求することになるでしょう。ズデーテン・ドイツ人は祖国復帰を望んでいます。地球上のいかなる力も、ズデーテン・ドイツ人のこの目的を、阻止することはできません。(35)」

「プレビサイト」、ヘンラインの口から初めて飛び出したこの言葉によって、夜を徹してのグァトキンの最後の努力も、「穏和派」ヘンラインも今や「フランク化」していることを知っただけの、まったくの徒労に終った。

この後、致政府は、ズデーテン・ドイツ党を非合法化し、党首ヘンラインに逮捕状を出した。このため、ヘンラインもドイツへ逃亡した。ナチ政権の誕生、独墺併合（アンシュルス）という歴史の激流に乗って、一躍国際政治の舞台に踊り出た元体操教師は、ズデーテンの乱の終息とともに、その表舞台から姿を消した。一九四五年五月、かつての総統の傀儡も、ヒトラーが自殺した後を

追うように、チェコ・レジスタンス運動派に逮捕され、後に自殺した。(36)

(5) ボネの「プレビサイト」容認発言

九月一四日正午前ごろに、ズデーテン・ドイツ党党首が、アッシュで、イギリス外務省経済局長に対して、初めて「プレビサイト」を明言したのとほぼ同じころに、パリではフランスの外相が、ズデーテン・ドイツ党党首に和するかのように、駐仏イギリス大使に対して、「プレビサイト」についての考えを明らかにしていた。

「我が国は、戦争を回避するためには、いかなる解決をも受け容れるでしょう。私たちは、三五〇万人のズデーテン人がドイツと一緒になるのを妨げるために、一〇〇〇万人の命を犠牲にすることはできません。我が政府は、ズデーテン地方が自治的存在として止まることを望みますが、最後的には、また、ドイツの侵略を回避するためには、ズデーテン人の帰属問題に関するプレビサイトを認めることになるでしょう。」

一般に軍事同盟には、程度の差こそあれ、自国の欲しない戦争への巻込まれの危険性が内在しているが、外相就任当初から、この危険性に対する恐怖心から、同盟国チェコスロヴァキアをまるで敵対国であるかのように見ていたボネ外相は、先にはズデーテン騒動が拡大しなかったのは、致政府の難しい決断のおかげとは言わずに、ドイツの冷静さのおかげだと言ったり、同政府の無断動員を条約義務逃れの正当化事由になると言ったり、そして、今、プレビサイトを認めるつもりだと言い、プレビサイト受容れ準備と条約義務回避準備とに躍起になっていたのである。(37)

(6) ベネシュの「プレビサイト」拒絶反応と『わが闘争』読解

ズデーテン騒動が収まった後のプレビサイトに対する態度については、今、ヘンラインとボネの態度が明らかになったが、その素早い暴動鎮圧によって自信を強めていたであろうチェコスロヴァキアの態度はどうであっただろうか? 同国の決定に最大の影響力を有しているベネシュ大統領は、一四日午後、ニュートン公使に、「もしドイツ人地域がドイツとの『アンシュルス』ともなれば、ドイツは、我が国の独立的存在を、経済的、戦略的等々の面から破壊できるほど有利な立場に立つことになるでしょう。『プレビサイト』は国家の解体を意味し、内戦を意味するでしょう」と、「アンシュルス」と「プレビサイト」に対する彼の強い拒絶反応を示し、ニュートンとのこの会談中にも、「内戦となる」ということを一度ならず繰り返し、その内圧の強さを痛烈に感じていることを示した。(38)

「プレビサイト」=「アンシュルス」=「致国家の解体」という学者政治家ベネシュの等式は、ヒトラーの著書『わが闘争』を正しく読めなかったヘンダーソン大使とは違って、その正しい読解によって基礎付けられていた。この日のニュートンとの会談で、彼は、その信念に基づいて、次のようにヒトラーの欲望がズデーテン併合に止まらないことを、ベネシュ嫌いのニュートンに教え諭そうとしていた。

「ドイツは、社会的、政治的、経済的、軍事的体系において、今や非常にダイナミックに組織化されていますので、そのような組織が受動的な状態に止まるのは難しいのです。ヒトラーは他の者たちよりも賢いけれども、彼もまた汎ドイツ主義的目標に取り憑かれています。その目標とは、まず全ドイツ人を統合し、次に、そのドイツ人の膨張のための、より広い空間を獲得することです。これは、彼の著書に述べられているプログラムと一致しており、彼はこれまでも、他の面でも、この著作に密着した形で事を進めてきました。それ故に、我が国の存続は、脅かされているのです。[39]」

このように、ベネシュの正しいヒトラー認識と、そこから導き出された正しい結論とを、ニュートンは正確に書き留めることはできたが、その意味するところを正しく把握できてはいなかったと思われる。彼は、これまでも頑固なベネシュこそ欧州平和の第一の障害であるという信念の下、ベネシュに対して強烈な圧力をかけてきたが、その学者大統領から『わが闘争』読解「講義」を受けた後も、公使は、変らぬ信念の下でなお続けて、直向きに、さらに苛烈な圧力を大統領に加える役割を果すことになるのである。

（7）致国単独抵抗の可能性

ベネシュは、プレビサイト問題で、ニュートン駐致公使の同情と支援を得られそうになかったばかりか、親独嫌致のヘンダーソン駐独大使は勿論のこと、更には、ボネが「崩壊」した、ダラディエは「別人」になっていたと、フランスの弱腰に呆れかえっていたフィップス駐仏大使さえ、当てにはできなかった。一四日に、ブリット米大使から、ズデーテン・ドイツ党側の最後通牒を致政府が拒絶したと知らされたとき、フィップスは、言った。

「イギリス政府にとって明白になったことは、それは、現在の状況におけるトラブル・メーカーはベネシュだということです。[40]」

このように、今後の焦点となることがほぼ確実視されていたプレビサイト問題に関して、ベネシュは、フランスの支持を得ることも、イギリスの支持を得ることも、なかなか難しそうであったが、それでも、国家の存亡を賭けて、単独抵抗に出るであろうか？　今のベネシュの毅然たる姿勢からすると、その可能性も十分にあるわけだが、もしベネシュがそういう賭けに出た場合、一体、チェンバレン首相はどう対応するのだろうか？

注

（1）*Documents on British Foreign Policy, 1919-39, 3rd series, Volume II* (His Majesty's Stationary Office, 1950), p. 312. 以下、*DBFP-II* と略して表記する。

（2）*Ibid.*, p. 312.

（3）Hugh Ragsdale, *The Soviets, the Munich Crisis, and the Coming of World War II* (Cambridge University Press, 2008), p. 44.

（4）堀内直哉「一九三七年一一月五日の『総統官邸』における秘密会議―ヒトラー政権下の軍備問題をめぐって―」目白大学『人文学研究』第三号（二〇〇六年）、六二ページ。

（5）David Dilks (ed.), *The Diaries of Sir Alexander Cadogan O.M. 1938-1945* (Cassell & Company LTD, 1971), p. 98.

（6）*Foreign Relations of the United States, Diplomatic Papers, 1938,*

Volume I, General (United States Government Printing Office, 1955), pp. 594, 601. 以下、*FRUS-I* と略して表記する。

(7) *DBFP-II*, pp. 313-4.

(8) Galeazzo Ciano, *Ciano's Diary 1937-1938*, translated by Andreas Mayor (Methuen & Co., 1952); *FRUS-I*, p. 155.

(9) *DBFP-II*, pp. 315-6.

(10) *Ibid.*, pp. 313-4.

(11) *Ibid.*, pp. 323-4.

(12) Robert Self (ed.), *The Neville Chamberlain Diary Letters, Volume Four, The Downing Street Years, 1934-1940* (Ashgate, 2005), pp. 345-6.

(13) David Faber, *Munich, 1938: Appeasement and World War II* (Simon & Schuster, 2009), p. 278.

(14) A.J.P. Taylor, *The Origins of the Second World War* (Penguin Books, 1963), p. 216; John W. Wheeler-Bennett, *Munich: Prologue To Tragedy* (The Viking Press, 1965), p. 105.

(15) Dilks (ed.), *The Diaries of Sir Alexander Cadogan*, p. 98.

(16) *Ibid.*, p. 98.

(17) *DBFP-II*, p. 314.

(18) *Ibid.*, p. 318.

(19) *Ibid.*, p. 329.

(20) *Ibid.*, pp. 336-7.

(21) 赤松祐之『昭和十三年の国際情勢』(日本国際協会、一九三九年)、四七一ページ、明治大正昭和新聞研究会編『新聞集成　昭和編年史　十三年度版』Ⅲ(新聞資料出版、一九九一年)、七四二-三ページ。

(22) *DBFP-II*, p. 313.

(23) *Ibid.*, p. 320; 赤松『昭和十三年の国際情勢』、四七一ページ、読売新聞社編『昭和史の天皇』第二一巻(読売新聞社、一九七四年)、三五二ページ。

(24) E. M. Robertson, *Hitler's Pre-War Policy and Military Plans* (Longmans, 1963), p. 138; *Documents on German Foreign Policy, 1918-45, Series D, Volume II* (Her Majesty's Stationary Office, 1953), p. 757. 以下、*DGFP-II* と略して表記する。

(25) Faber, *Munich, 1938*, p. 269.

(26) ウィリアム・シャイラー著/大久保和郎・大島かおり訳『ベルリン日記　1934-1940』(筑摩書房、一九七七年)、一〇八ページ。

(27) Zara Steiner, *The Triumph of the Dark: European International History 1933-1939* (Oxford University Press, 2013), p. 593; Madeleine Albright, *Prague Winter–A Personal Story of Remembrance and War, 1937-1948* (Harper Perennial, 2012), p. 87.

(28) John Ruggiero, *Neville Chamberlain and British Rearmament–Pride, Prejudice, and Politics* (Greenwood Press, 1999), p. 139; Wesley K. Wark, *The Ultimate Enemy–British Intelligence and Nazi Germany, 1933-1939* (Cornel Paperbacks, 2010), pp. 99, 102.

(29) Albright, *Prague Winter*, p. 87

(30) Albert Speer, *Inside the Third Reich*, translated by Richard and Clara Winston (Avon Books, 1971), p. 161.

(31) *FRUS-I*, pp. 590, 595-6.

(32) *Ibid.*, p. 596.

(33) *DGFP-II*, p. 745, 757.

(34) Faber, *Munich, 1938*, p. 270.

(35) *DGFP-II*, p. 757; *DBFP-II*, pp. 333-4.

(36) Wheeler-Bennett, *Munich*, p. 93.

(37) *DBFP-II*, p. 323.

(38) *DBFP-II*, p. 332.

(39) *Ibid.*, p. 330.
(40) *FRUS-I*, p. 595.

第16章　「プランZ」の閣議承認と対独軍備状況

1　英閣議：「プランZ」と「プレビサイト」・「対致国際保障」問題

(1)「プランZ」のプレビサイト対応策は？

九月一三日夜の「プランZ」発動を知った瞬間にハーヴェイが危惧したのは、チェンバレンが、チェコスロヴァキアが単独抵抗に出た場合の対応策を考えた上で、ヒトラーとの会談を決断したのか、ということの点であった。午後一一時に記したという「ハーヴェイ日記」によると、彼は、政府と違ってイギリス世論の方は、覚醒著しく反独的になっていると見ていたが、それでも、彼は、その世論がプレビサイトでの対独戦争を支持するかという点については、上司のハリファックス外相と同様に、「もし、ズデーテン側か、あるいは、ヒトラーかによって、プレビサイトが強く要求されたら、イギリス世論にそれを戦争に値すると思わせることは、不可能であろう」と否定的に見て、「それにもかかわらず、チェコスロヴァキアが力で抵抗したとき、どのような状況になるかは、非常に不確かである。同盟国のフランスでさえも、プレビサイトを止めさせるために戦うのであろうか？」という疑問点から、「プランZ」を、「危険な賭けであり、十分に考え抜かれたものでない」と批判した。(1)

さて首相自身は、ヒトラーとの首脳会談でも取り上げられると予想されるプレビサイト問題に、どう対応するつもりであったのであろうか？　彼が「プランZ」について事後承認を求める一四日午前の閣議が注目されるゆえんである。

(2) チェンバレン、「プランZ」を明かす

九月一四日、チェンバレン親書へのヒトラーの返事がまだ届いていない、午前一一時から午後一時半までの二時間半、ダウニング街一〇番地で閣議が開かれた。閣議は、首相による「プランZ」に関する五〇分間の説明で始った。(2)　首相はまずヒトラー演説について、

「ヒトラーは、ニュルンベルクの演説で、取り返しのつかないことは、何も言わなかったが、しかし、演説には何ら勇気付けられるようなものは見られず、それどころか、不吉な文句がいくつか入っていました。」

と、ヒトラー演説後もなお危機的状況が継続しているという認識を示し、この状況の下で戦争を回避して平和を維持するために、

「プランZ」が必要であり、有効であることを語り続ける。その目的としての「平和維持」については、

「『プランZ』によって、土壇場のこの時期に平和維持の何らかのチャンスに恵まれることを希望している次第です。私たちは親チェコでもまた親ズデーテンのいずれでもありません。私たちのなすべき仕事は、平和を維持し、正義にかなった公平な解決を見つけることです。」

と述べ、この平和維持という目的を達成するための方策としての、ヒトラーとの直接会談の必要性と有効性については、もしヒトラーが対致進撃することを決めていたとしたら、この新案によって、その意図を翻すことになるかもしれない、というヘンダーソン大使の見解を紹介し、

「大使のこの見解には、私は励まされました。」

と述べ、さらに、

「人とは直接会って話し合えば、その方が手紙で書くよりも、もっと多くのことを言えるものです。」

という彼自身の見解を付け加えた。

(3) 無断発動についての釈明

次に、首相は、「プランZ」が既に発動されたことを打ち明け、この計画をこれまで閣議に知らせなかった理由を説明し、閣僚の理解を求めた。

「ヒトラー宛の電報は既に打ちました。全体閣議にかけないで、この行為に及んだわけですが、これも首相としての適切な義務を超えてはいないと、皆さんにはお受け取りいただきたいと思います。皆さんにこの計画についてもっと早くお話ししなかった点は、お詫びしなければなりませんが、この計画の命は意表を突くことにありますので、ぎりぎりまでこれについて触れるのを延ばした方がよいと、考えた次第です。」

続けて、チェンバレンは、閣議の事前承認なく、敢えて「この訪問を急遽繰り上げて行うことにした」理由については、昨夜、二つの急情報が入ったことを挙げる。この二情報とは、先に本論で述べたように、ズデーテン・ドイツ党が交渉断絶宣言するまでに至ったズデーテン暴動の急展開についての情報と、ボネ外相が「崩壊」し、ダラディエが「別人」になったという、フランスからのフィップス大使情報とであった。そして、チェンバレンの提案をヒトラーが受け容れ、首脳会談が実現した場合の結果について、チェンバレンは、自信たっぷりにその展望を語って見せた。

「ヒトラー氏には、彼が欧州に平和を構築し、その後イギリスとの友好関係を樹立することによって、名声を得る大きなチャンスがあることを告げ、このように彼に訴えかければ、正しい道が開かれることになります。」

このような自信の裏付けとなっていたのは、次のようなヒトラー観であった。これもこの閣議で披露されたものである。

「ヒトラー氏は国家の最高指導者と会うのが好きです。この私のイニシアティブが、ヒトラー氏特有のメンタリティーに訴えかけるところがあるのではないか、と期待している次第です。イギリスの首相がこのような前例のない挙に出るのは、彼の虚栄心をくすぐるのではないか、と期待している次第です。」

（4）閣議の事後承認

ハリファックス外相、サイモン蔵相、ホーア内相の三大臣を除いて、「プランＺ」なるものについて、首相からこの日初めて聞かされた閣僚たちは、皆、青天の霹靂に打たれたように、あっけに取られた。そして、この計画に対する賛否については、そのような彼らの気持ちを代弁する形で、ゼットランド印度担当相から、「これは、天才の閃きとして、すべての人にアッピールします」という全面的な賛成の意思表示があった。この日の閣議に艦隊動員を提案するつもりであったダフ・クーパー海相でさえ、首相の決断を尊重して、自分の提案を見送ることにした。ただ、彼は、その日記の中では、「我々は相談されたのではなく、告げられただけだ」と、不満を漏らしてはいるものの、「プランＺ」それ自体については、「承認は全員一致、かつ、熱烈支持」と記している。

　このように、危機一髪の状況下における平和維持のための緊急手段として、首相が単騎敵地に乗り込んで敵将と差しで話し合うという、豪胆なアイディアと決断は、閣僚全員の承認したところであったが、勿論、閣議は、この「プランＺ」に対する事後承諾だけでは終わらず、首脳会談に臨むイギリス側の方針についても、論議の対象とした。重要な論点は「プレビサイト」≠「アンシュルス」と「対致国際保障」であった。ハーヴェイがその日記で最も危惧していた点は、プレビサイトとそれへのチェコスロヴァキアの抵抗がもたらす結果であったように、閣議においても多くの閣僚が不安を抱き、その首脳会談への基本方針に関して、「全員一致」とはいかなかったのは、まさにこの点であった。

（5）チェンバレンのプレビサイト受諾決意

この日のチェンバレンには、もはやベネシュ「第四計画」や「カールスバート八ヶ条」で平和を維持するという考えはなかった。席上、これに触れることもなく、

「ヒトラーは演説ではプレビサイトを要求しませんでしたが、会談ではもしかするとプレビサイトを主張するかもしれません。」

と、首脳会談のテーマがプレビサイトになると予想していた。そしてプレビサイトとアンシュルスとの関係については、

「プレビサイトになれば、ほとんど確実に、ズデーテン地方のドイツへの割譲という結果になりましょう。」

という、ベネシュ同様の極めて当然な認識を示した。それでは、そのプレビサイトをヒトラーが持ち出してきた場合、イギリス側はどう対応するのか、この点について、首相は、

「その場合、もしこれが避けられないものであれば、私としては受け容れるつもりでいます。」

という決意を示した。その一つの理由として、彼が挙げたのが、本論でも既に触れたことのある、「民主主義国イギリスにとって、プレビサイト阻止は戦争に値するか？」という命題である。すなわち、民族自決主義という理念と国論帰一の可能性という現実とが、分かちがたく一体化している難問である。この点に関する首相の答は、見やすいところであろう。彼は次のように言う。

「我が国のような民主主義国が、ズデーテン・ドイツ人がどのような形態の政府を持ちたいのかを表明する機会を阻止するために、戦争をするなどということは、不可能なことです。」

もう一つの理由は、これも既にヘンダーソン大使の助言として触れた点であるが、ズデーテン地方のチェコスロヴァキアからの分離は、それはチェコスロヴァキア自身の平和のためでもあるのだという、自己中心的目的を正当化するために装われた利他的論理である。

「ズデーテン・ドイツ人がチェコスロヴァキアの一部である間は、同国がずっと平和でいられるものかどうか、私には疑問に思えます。武力によるか、あるいは、プレビサイトによるか、この内のどちらかによって、ズデーテン・ドイツ人がドイツに編入されるのは、ほとんど避けがたいことです。この二つの選択はどちらも嫌なものですが、どちらがまだましかについては、疑問の余地はありません。」

先に政府は、九月七日の『タイムズ』社説について、これは政府の見解ではないとわざわざ否定声明を出していたが、今、その政府の長が、その『タイムズ』社説の見解をそのまま採用したような見方を表明したのであるが、このとき、このような見方に対して、異論を唱える閣僚は誰もいなかった。彼らが健忘症にかかっていて、わずか一週間前のことを忘れてしまっていたわけではあるまい。このとき、このように閣僚間で第二のアンシュルスが当然視されていたという事実は、ヒトラー演説後に生じた状況の急激な変動が彼らの情勢判断にいかに大きな影響を与えていたかを示すものである、と見た方がよかろう。

(6) チェンバレンの対致国際保障案

チェンバレンの言うように、「プレビサイト」による「アンシュルス」となっても、必ず避戦平和となるという保証はまだない。チェコスロヴァキアの頭越しの英独首脳会談で、事がそのように決まったとしても、当然、予想されるのが、ハーヴェイも危惧していたチェコスロヴァキアの単独武力抵抗という事態である。首相も、そのような展開については、

「これをやり遂げるには、多大の困難を避けて通ることはできません。チェコ人は、自分たちの国境地帯を奪われるくらいなら、戦って死ぬ方がましだ、と考えるかもしれません。」

と、チェコ人の抵抗は「プランZ」に織込み済みのことであることを明らかにした。

英独首脳会談とその後の展開とその対応策について、チェンバレン首相が、これまでの対致政策のパターン通り、イギリスの政策決定↓「頑固な」チェコ人の抵抗↓英仏共同対致加圧という線でしか考えていなかったとしたら、ハーヴェイの言う以上に、「プランZ」は「危険な賭け」であり、「民主主義国」の大臣と国民の賛成を得ることは相当難しかったであろう。この点については、当然、四巨頭会議でも既に協議されたと思われるのだが、その四巨頭の一人であるサイモン蔵相は、対致加圧策に止まらない首相用意の新対応策案を引き出すべく、次のような質問を投げかけた。

「ズデーテン地方がドイツに割譲されたら、残りのチェコスロヴァキアはどうなりましょうか?」

これに対する首相の回答は、対致国際保障へのイギリスの参加であった。

「チェコスロヴァキアが防衛上の安全を失うことになる場合

には、不本意窮まりないことですが、イギリスは新たな責任を引き受けなければならなくなるかもしれません。すなわち、新チェコスロヴァキア国家の国境の保障に参加する可能性さえあるかもしれません。私としては、これを前向きに考える用意がありります。その保障の価値はその抑止効果にある、ということになりましょう。チェコスロヴァキアはフランスとソ連とドイツとイギリスに保障され、中立国家となりましょう。」

このような「ソ連」を含めた国際保障案で、ヒトラーの承諾が得られるかどうか甚だ疑問であったが、閣議ではこの点について何の議論もなされなかった。また、この首相提案は、平時に遠く離れた中・東欧にコミットしない、というイギリスの伝統的な外交政策の放棄を意味したもので、この大転換の是非について閣議で大論争となっても不思議ではないと思えるが、しかし驚いたことに、閣僚たちからは、この提案自体に対する反対はまったくなかった。彼らの疑問、不安は、ほとんどプレビサイト一点に集中した。このような彼らの意外とも思える反応から言えることは、このときイギリス外交は、七月末のランシマン・ミッションのプラハ派遣決定を不可逆点として、無意識のうちに、この伝統的政策の大転換という地点にまで、急速に押し流されてしまったということであろう。

(7) プレビサイトに関する不一致

この日の閣議の一大焦点となった「プレビサイト」に断乎反対したのは、ウィンタートン・ランカスター公領相、ヘイルシャム枢相、エリオット保健相であった。このうち、エリオットは、「我々が自らの自由意志では行うはずのないことなのに、それをするようにという外圧によって、今政府は、引き摺られつつあります」と、先にヴァンシタートが「プランZ」を「カノッサの屈辱」と見たように、その反対理由を、首相提案はドイツの圧力への屈服だと見なした。断乎反対はこの三人だけであったが、他の閣僚の中には、「圧力への屈服」という印象を避けるための体裁論として、プレビサイトの即時実施に反対し、猶予期間を置くように主張した者が多くいた。例えば、スタンレー商相は、

「プレビサイトは、受け容れるにしても、実施は先に引き延ばすべきです。プレビサイトを今受け容れるということは、ヒトラー氏が力によって要求しているものをすべて彼に与えてしまうことになり、それは全面的な降伏となってしまいます。

首相の計画が可能性のある唯一の案だということは私も認めますが、そのために私たちが全面的な降伏にまで至ってしまうということがないように、気をつけなければなりません。」

と主張した。中には、その実施までの猶予期間を五年とするのが理想的だ、と言う者もいたようであるが、さすがに多くの者はそのような案をヒトラーが呑むはずはないと見たのであろう、プレビサイト問題で分裂しそうな閣議を纏めるべく、ここでサイモンが、「プレビサイトということであれば、今すぐでなく、六ヶ月かそれより後にすべきだと思いますが」と、中間案を提案して、多くの者の賛成を得た。

(8) 首相・外相間の潜在的齟齬

このプレビサイト即時実施反対論に加えて、ヘイルシャム卿か

ら、多民族国家であるチェコスロヴァキアにおけるプレビサイト実施の承認の波及効果について、「他の少数民族もプレビサイトを要求したら、どうなりますか?」と、当然の懸念が示された。これに対して、チェンバレン首相は、愚問とばかりに、「私としては、そのような要求がなされるとは思っていません」と、素っ気なく答えただけであった。この首相の答えが、ただ単に議論封じを目的とした強弁であったとしたら、この対応は不誠実であり、もし首相が本当にそうだと信じてこう答えたのなら、彼の目は節穴だと言えよう。この問答を聞いていたハリファックス外相は、いくらなんでも首相の答弁は根拠のない言い過ぎだと思ったのであろう。このとき、口を挟んで、「プレビサイトという考えは伝染性があると、十分に考えられます」と、首相に注意を促したのであった。

これまで常に首相の決定に従いながらも、首相に批判的なイーデンやチャーチルたちの言い分にも、一定の理解を示していた外相は、柔軟な妥協家であると同時に、篤い宗教心と内省的誠実さと懐疑的精神の持ち主でもあった。そんな彼のこのときの発言は、首相との間に見解の齟齬が潜在していることを窺わせるものであり、その潜在的な齟齬が、何らかのより重大な問題で、いつ浮上、顕在化するかもしれないことを示唆していた。

(9) 蔵相の世辞と首相の謝辞

閣議が二時間半にもなろうかとしていたときに、「纏め役」のサイモン蔵相が、首相の意向に沿った形で、巧みに閣議の取り纏めに掛った。

「首相の素晴らしい提案を同僚が承認したわけですが、私は、首相もこの承認によってきっと深く感動しているにちがいない、と確信しています。皆さん、首相が提案された行動に、閣議が一致して承認したことを記録し、首相への信頼と信任を表明しようじゃありませんか。たとえ短い期間であるにしても、首相が我が国を留守にすることは悲しく嘆かわしいことですが、もし首相が名誉ある平和の種を持って帰ってこられれば、この二〇年で最も偉大な業績を挙げたと、万人の賞賛を受けることになりましょう。」

歯の浮くような、この蔵相のお世辞を受けて、最後に、首相から同僚へ謝辞が述べられた。それは、「乃公出でずんば」の責任感と気概と大胆さを有する、積極的行動派の政治家としてのチェンバレンらしい言葉であった。

「大災難に襲われる恐れのある今、私がこれを避ける努力をしなかったとしましたら、自分の良心への義務を果したことにはなりません。私は皆様が私の上に置かれた信頼に深く感銘しています。今ここで明確な限界線を設定することはできませんが、今日の皆様の御議論の観点から、私は最善を尽すことをお誓い致します。」

以上のように、九月一四日のイギリスの閣議は、首相がこれまでとった措置を追認し、閣議で示された一般的な方針の下で、ヒトラーと協議することを承認したが、それ以上に詳しい具体的訓令は作成されなかった。そのため、首相は大幅な自由裁量権を授与された形になったが、右の閣議での問答から分るように、プレビサイトの承認や特にプレビサイトの実施期とドイツ系少数民族以外のプレビサイト要求問題とに関しては、首相に白紙委任されなかった。すなわち、プレビサイトに関する明確な方針が示されないまま、閣議は、クーパー海相が日記に記しているように、「全体としては、奇妙に意見が一致した」という印象を残して終ったのである。

2 イギリスの対独軍備状況判断と宥和政策

(1) 三・二八－COS文書と九・一四－COS文書

以上のような、九月一四日のイギリス閣議における論議に、軍部の見解はどのような影響を与えていたのだろうか？ 三軍参謀総長会議（COS）から内閣に提出された報告書は、三月一三日のアンシュルスから九月一五日のチェンバレン訪独までの六ヶ月間に、二つだけである。すなわち、それは、アンシュルス後の三月二八日に提出された文書とヒトラー演説後の九月一四日に提出された文書である。この内三・二八文書については、第Ⅲ部第12章第1節で、九月一〇日の首相・側近会議が、一旦出した対独正式警告訓令を、ヘンダーソン大使の忠告を容れて、撤回することに決めた経緯を述べた際に、検討した。そのとき、掲げた報告要旨を、再掲しておく。

(1)独軍による致占領を阻止することは不可能である。

(2)もしも独が致を攻撃すれば、英は参戦する、と対独警告をすれば、独はノックアウト・ブローを狙った対英戦に出てくる。

(3)すなわち、英の国論の不一致、軍備不足を知る独に対しては、最後通牒的警告には抑止効果はなく、それは戦争を誘発する。

(4)英が独のノックアウト・ブローを凌いだとしても、その後、長期戦となる。[3]

その際、私は、チェンバレン首相が、本報告書をもとに、イギリスの軍備はまさに「ドイツに脅しをかけても、実行できない」状況にあると認識していた、と指摘しておいた。この状況認識は、九月一四日「プランZ」追認閣議時においても、まったく変ってはいなかった。

その状況認識の不変について見る前に、九・一四文書の作成・提出経緯を見ておくと、その発端は、対独正式警告訓令撤回について首相と海相が激論を交わした、九月一二日午前の閣議にあった。席上、ダフ・クーパー海相の仲間であるスタンレー商相は、チェンバレン首相に対して、軍部に次の二点について最新の評価報告書を提出させるように求めた。

(1)独が致を侵略した場合の、現在の英の軍事的準備状況。

(2)独が今年致を手に入れた場合の、来年の軍事状況。[4]

内閣の諮問を受けた三軍参謀総長会議は、大至急、上の(1)についての文書だけを作り上げ、九月一四日、これをCOS765文書「対独戦の場合の状況評価」として、インスキップ防衛調整大臣を通じて、内閣に提出した。この文書は、三月二八日の「アンシュルス」報告書と同様に、イギリス側の戦争準備不足を強調した上で、戦争の展開については、次のような予想を立てていた。

(1)独軍は、致を迅速に撃破する。

(2)仏軍は、ドイツの「ジークフリート・ライン」に対して効果的な攻勢に出ることはできない。

(3)連合国側は、対独空軍力の劣勢のために、空爆を実行できない。

(4)独空軍は、開戦当初、対致攻撃に参加するため、西側へのノックアウト・ブローを直ちに実施することはできない。

(5)将来の情勢ははっきりしないが、独空軍による対西側空爆となった場合、その脅威を軽く見てはいけない。[5]

(2) 両文書の悲観的類似性

このように、COS765文書は、ドイツの対英空爆は直ぐにではないが、遅かれ早かれ実施されると見ており、また、その空爆が「ノックアウト・ブロー」となるとは断定していないが、その「脅威」を「軽く」見てはいけない、と警告していた。しかし、実際には、「軽く」ではなく「重く」、「恐ろしいもの」と見られていたことは、この報告を受け取ったインスキップ防衛調整相が日記に記しているその印象の中に、見てとることができる。

「報告は三軍総長たちの見解を再肯定したものだ。すなわち、海からであれ、陸からであれ、空からであれ、英仏のかけることができる圧力によっては、ドイツがボヘミアを蹂躙してチェコスロヴァキアを決定的に打ち負かしてしまうことを、阻止することはできない。戦争は無限定戦争となるが、その戦争において、我々の方からは空爆を始めないが、早晩、我々は、二ヶ月間ずっと、一日おそらく五〇〇トンから六〇〇トンもの空爆を体験しなければならない。[6]」

このCOS765文書には、ウェズリー・K・ワークが言っているように、まったくそのどこにも、チェンバレンにその平和的解決を求める意図を見直させる軍事評価は含まれておらず、逆に、その意図を励ますものが多々含まれていた。[7] このような悲観的なCOS報告を、チェンバレン首相が九月一四日午前一一時に始った閣議に提出し、それが閣僚に影響を与えたとする研究者もいるが、[8]実は、本報告書が内閣に提出されたのは、その日の夜のことであった。すなわち、午前一一時からの閣議には、間に合わなかったのである。だから、この日の閣議をして、宥和政策としての「プランZ」を事後承認させ、不本意ながらも、「プレビサイト」による「アンシュルス」容認に傾かせた一要因としての軍部の見解は、三・二八-COS文書に示されたものであって、九・一四-COS文書ではなかった。[9] しかしながら、仮に九月一四日のCOS報告がその日の閣議に間に合っていたとしても、閣議の論議の結果には、まったく影響がなかったと言ってよい。それは、既に見た通り、この報告も、三月二八日の報告とほぼ同様の悲観的な内容だったからである。

(3) 軍部の描くワースト・ケース・シナリオ

それでは、九月一三日の首相・側近会議での「プランZ」発動の決定と九月一四日の閣議での「プランZ」承認の共通の基礎となっていた、軍部の見解としての三月二八日のCOS「アンシュルス」報告書は、重要政策決定の基礎として、果して信頼しうる、妥当なものであったのであろうか。これを検証するために、アンシュルス以前に少し遡って、イギリスの対独軍事諜報活動とそれに基づく軍部の軍事的評価について概観しておこう。

ワークは、イギリスの対独軍事諜報活動について、一九三六年秋から一九三八年のアンシュルス、ミュンヘンまでの時期を、

「盲目期」と名付けている。彼がこう名付けたのは、この期の特徴を、ナチ・ドイツの秘密主義・意図的偽装・雑多な情報源等が原因で、量はともかくも、質の高い正確な情報が決定的に不足していた点にあると、見なしたからである。このように、全体主義的独裁国家ドイツの軍事関連情報は秘密のヴェールに包まれていたので、イギリスの諜報機関も軍首脳部も、得体の知れないものに対する誇張された恐怖心から、安全に安全を期して、ドイツの軍備は最大限に、英仏致の軍備は最小限に評価するようになった。このような敵に対する過大評価と自国と友に対する過小評価の積み重ねの衝撃的な結果として、イギリスの軍部は、対独戦争に関して、均衡を失したワースト・ケース・シナリオを描くようになった。そして、この「弱気の大将」の「恐独病」は、文民にも国民一般にも伝染していって、チェンバレン首相らに、その宥和政策を正当化する強力な口実を提供するようになった[10]。

(4) 対爆撃機防御不可能信仰

このような高質な情報の不足から発生した暗澹たる対独戦争展開予測という、悲観的な軍事的評価傾向が最も顕著に現れたのは、空軍力の英独比較評価においてであった。特に爆撃機の評価においてであった。第一次世界大戦終結後には、軍事専門家の間では、爆撃機による空襲に対する防御は不可能であるという考えが、通説になっていて、やがてそれが政治家、一般国民の間でも固定観念化してゆく。この恐怖の感情が政策に与えた影響について、若き日のジョン・F・ケネディは、その著書『イギリスはなぜ眠っていたのか』の中で、次のように言っている。

「感情は事実よりも強く人を動かす。そして、今や、空からの死の恐怖という感情が、イギリス国民をとらえ始め、そして、それがミュンヘン危機中に圧倒的な影響力を持つことになるのであった[11]。」

このような空からの恐怖の固定観念化という現象を象徴する例として、よく取り上げられるのが、一九三二年一一月の議会におけるスタンレー・ボールドウィン枢相の発言である。

「一般市民の皆さんも、爆撃から自分の身を守れる力はこの世にまったく存在しないということを、悟られることは、結構なことだと、私は思っています。人が皆さんになんと言おうと、爆撃機は必ず突き抜けてくるのです。唯一の防御は攻撃にあります。その意味するところは、自分を救いたければ、敵よりも多くの無辜の女性と子供たちを殺さなければならない、ということです[12]。」

このように、「爆撃機は防ぎようがない」という考えが固定観念化すると、イギリス空軍は、「爆撃機の対独パリティーの保持による抑止力の維持」という政策目標の下で、防御的戦闘機よりも攻撃的爆撃機の製産充実を優先し、防空体制の構築・整備を後回しにし、ロンドンをはじめとする都市を無防備に近い状態に放置していたのである[13]。

(5) 「ノックアウト・ブロー」神話

この「恐怖の均衡」による抑止力維持の観点から、一九三四年に、イギリスは、欧州内「空軍一国水準」維持声明を出したが、三六年秋には、イギリス空軍は、新情報により、既にイギリスの第一線飛行機数が対独劣勢にあり、三九年初頭までにパリティーを達成することは無理だ、と判断するようになった。そして、三七年五月二八日にチェンバレン内閣が成立したその五ヶ月後の一〇月二七日には、更に悪いことには、空軍省から内閣に提出された報告書は、対独空軍パリティーの達成は早くても四一年になるという、極めて悲観的な見方を示した。(14)

主にこのような空軍対独大劣勢という評価に基づいて、軍部は政府に対して二つのライトモチーフを示唆し続けた。その一つは、対独戦争を挑発する危険性の高い対独抑止政策を、我が国が採用するには、その戦争準備があまりにも不十分である、という悲観論と、他は、中欧のチェコスロヴァキア問題で、我が国がドイツと戦争をするのは愚行である、という忠告であった。(15) このような軍部の見解もあって、チェンバレン首相は、対独空軍パリティーが達成されるまでは、何としても対独戦争は避けねばならないと、抑止政策反対、宥和政策推進の決意を更に強く固めるに至ったのである。(16)

そして、近い将来に対独空軍パリティーは不可能である、特に爆撃機は大劣勢にあるという、一九三六年秋の、この衝撃的な新評価は、既にあった対爆撃機防御不可能信仰から「ノックアウト・ブロー」神話を生み出す働きをしたのである。そして、このいわば「技術的空想」にしかすぎない「神話」が、対独軍備状況観にいわば「パラダイム変換」を引き起こし、政策に大きな影響を及ぼしてゆくのである。ミュンヘン危機が絶頂に近づいていた一九三八年九月になっても、空軍全体としてのこの態度には変化がなかった。勿論、空軍関係者の中には、空軍情報局がはじき出した対独空軍劣勢を示す数字を、信じられないとする「異端」もいた。例えば、九月一〇日、シリル・ニューアル空軍大将は、キングズレー・ウッド空相に、「青天の霹靂(不意の大量爆弾投下)」の可能性は、自分には信じられないと言ったが、多勢に無勢、「ノックアウト・ブロー」神話を崩すことはできなかった。(17)

(6)「ミュンヘン危機」間の政軍関係

このように、軍部は、不正確な情報とワースト・ケース想定分析手法に基づいた信頼するに足りない軍事評価を、政策決定者に提供し続けた。ドイツの第一線飛行機数、ドイツ爆撃機の能力(例えば、継続飛行距離、爆弾搭載能力)、対英空襲に割り当てられる爆撃機の割合、戦闘機の防御力、防空体制整備の防御効果、ドイツの空軍戦略等々に関する、イギリスの諜報機関と軍部の評価は不正確か、あるいは誤っていた。(18) このうち、ドイツの空軍戦略について更に言えば、イギリスは、自己の対爆撃機防御不可能信仰を他者にもそのまま投影して、その「ミラー・イメージ」でもって、頭からドイツは「ノックアウト・ブロー戦略」をとっていると仮定していた。しかし実際には、ヒトラーを含めてドイツ空軍は、イギリスほど爆撃機による戦略的爆撃の効果を高く評価していなかった。彼らは、むしろ空軍力を、ヒトラーが何よりも重視していた陸での「電撃戦」に、必要不可欠な手段、すなわち、地上兵への支援力として位置付けていたのである。(19)

それでは、このときの政軍関係を特徴付けてみる場合に、チェンバレン首相が、このような信頼できぬ軍部の見解でも専門家の意見であるとして尊重して、これに何の疑念も抱かず唯々諾々と盲従したと言っていいのであろうか。実は、そうとは言えないのである。彼が宥和政策を推進したのは、軍部の見解に従ったというよりも、独自に、その外交観、ドイツ観、イタリア観、軍備‐財政観、そして何よりもその平和主義の信念に基づいてのことであった。それ故に、彼は、自己の宥和政策に都合のよい、このような軍部の評価報告をそのまま疑うことなく受け容れることができたのであり、また、この報告を、閣内、閣外の対独強硬論者に対して、自己の政策の正当性を強化してくれる便利な武器として、使うこともできたのである。[20]

もう一つこの期の政軍関係の特徴について指摘しておくと、それは、チェンバレン首相をはじめとする政策決定者たちが、ミュンヘン危機までには、このような軍部の暗い悲観的な評価には馴染みきってしまっていて、これを当然視するようになっていたことである。[21] 先に触れたように、ミュンヘン危機がどんどん深刻化していった一九三八年三月から九月の六ヶ月間、内閣側は軍部に軍備状況の最新評価を求めず、軍部側も積極的に内閣に提言をすることがなかった。この政軍間協議の空白期の存在は、政府と軍部が宥和政策で完全に一致していたことを示しており、特に、その空白は、軍の意見は聞かずとも分かり切っているという、チェンバレン内閣の軍部への態度の反映であったと言えよう。

(7) 九月一四日の閣議におけるクーパー発言

九月一四日の閣議において、ダフ・クーパー海相は、提案予定であった対独抑止政策としての艦隊動員案を控えて、首相に対独宥和政策としての「プランZ」を試みるチャンスを与えることにしたが、依然として彼と首相の間に根本的な考えの違いが残っていたことは、この日の閣議での海相発言にも見てとれる。その発言は、彼の持論である二つの点に関するものである。一つは、対独戦になっても勝てるという予想であり、他は、対独戦は不可避であり、それは今か後かという時期の問題に過ぎない、という見方である。第一点については、ウィンタートン・ランカスター公領相の発言に対する、海相の反論に見ることができる。ウィンタートンは、イギリスがチェコスロヴァキアを見捨てたと非難されることになりかねないような政策をとる羽目になった原因について、次のように言った。

「私たちは、私たち自身が我が国の防衛を恥ずかしいほど軽んじてきたことによって、またドイツ空軍を恐れていることによって、このような政策に追い込まれている、ということに気付くべきです。」

このウィンタートン発言は、表面的には、これまでのチェンバレン内閣の軍備政策の過ちのツケが今廻って来たのだという、チェンバレン批判であり、軍拡スピードアップ論であるが、同時に、視点を変えてみると、この発言は、対独軍備不足と対独空軍恐怖の現状からして、今は、屈辱的であっても、このような宥和策をとるのもやむをえない、というチェンバレン支持論でもあり、多くの閣僚の感じていたことを代弁したものでもあった。

多数説に異論を唱えるディセンター気質の濃いクーパーには、このウィンタートンの議論は、納得がいかなかった。彼は、次のように、宥和政策の屈辱性を強調し、それが間違った根拠に基づいていることを指摘する。

「それは馬鹿げた話ではないですか。私たちは、ほとんどいかなる犠牲を払っても戦争を回避するという決意によって、この政策を採用しているのです。我が国の防衛を不当に軽んじてきたどころか、私は個人的には、もし戦争となっても、これに勝つ自信は十分に持っています。」

第二点については、先に紹介したチェンバレン首相の発言、すなわち、今や、「武力によるアンシュルス」か、「プレビサイトによるアンシュルス」か、選択肢は二つに一つだとした、首相発言への海相の反論である。海相は、

「問題の核心は、戦争かプレビサイトかではなくて、今すぐの戦争か後になってからの戦争かという選択なのです。」

と、不可避の対独戦争は後より今の方が有利だという、認識を示唆したのであった(22)。

(8) クーパー対チャットフィールド：英海軍の対独抑止力

実は、クーパーは、現時点では、対独戦争となる可能性よりも、艦隊動員措置等の「行動に物を言わせる」抑止政策によって、ヒトラーの対致武力行使を封じ込める可能性の方が高いと見ていた。ワークによれば、クーパーは、空軍による取るに足りない対独戦略爆撃よりも、海軍による封鎖の方がドイツに脅威を感じさせることができると、抑止力を発揮する武器は、イギリスの空軍ではなくて海軍であるという見方をしていた(23)。だから、彼が閣議で、戦争になっても勝つ自信があると言った意味は、万が一抑止効果がなく独致戦争から英独戦争となっても、圧倒的に優勢なイギリス海軍による封鎖戦略でもって対独戦争に勝つ、すなわち、長期持久戦を経て最終的に勝つということであったと、解される。

これに対して軍部は、当然、海軍力における対独優位を確信していたが、対独戦争は対伊・対日戦争に拡大する可能性が高いと見ており、本国海域と地中海とアジア・太平洋海域の三方面での同時海戦には、イギリスには対応力がないと恐れていた(24)。一九三八年九月七日まで海軍軍令部総長兼三軍参謀総長会議議長であったアルフレッド・チャットフィールドは、このような恐れから、チェコスロヴァキア問題との関連での対独方針について、海軍大臣とは正反対の考えを持っていた。すなわち、対独伊日同時海戦を恐れる彼は、帝国防衛のためには潜在敵国の数を減らすことが絶対に必要であると考え、この観点から、対独戦争に巻き込まれる恐れのある、イギリスのチェコスロヴァキアに対する保障に反対したどころか、ドイツの膨張が武力的であれ平和的であれ、それは東へ向けるようにするのがイギリスの国益に適っていると、中・東欧放棄論さえ主張したのである(25)。

(9) クーパー対イズメイ：致国喪失の軍事戦略的含意

閣議でのダフ・クーパーの「戦うなら今」という発言は、チェコスロヴァキアの軍事戦略的価値をどうとらえるかという問題、すなわち、今、同国をヒトラーのために失って、その後で対独戦争となった場合に、その喪失がどのような意味を持つのか、という問題と関連する。九月一二日の閣議で、スタンレーが、今の軍事状況だけでなく、ドイツが今年チェコスロヴァキアを手に入れた場合の、来年の軍事状況に関する軍部の見解を求めていたことは、前述の通りであるが、この諮問に対してCOSは、ただチェ

コスロヴァキアはドイツ軍のために短期間で失われるという見方を示しただけで、ズデーテン喪失の軍事戦略的含意にも、またチェコスロヴァキア全体の喪失の含意にも触れず、今それを喪失した場合の来年の戦争については、その予測を控えた。この回答の提出を抑えたのは、英帝国防衛委員会委員長のヘイスティングス・イズメイであった。その理由について、彼は、九月一六日、インスキップ防衛調整相に、次のように告げている。

「一九三九年の軍事情勢評価は、高度に仮定的な問題でありますので、この点に関しまして、私は、COSはチェコスロヴァキア危機のその日その日の展開に従って、自由に対処できるようにしておくのがよい、と考えます。」

これに、インスキップも同意した。そして、九月二〇日になってイズメイが私的に回付した個人的見解の結論は、ダフ・クーパーとは正反対に、「軍事的見地からすれば、戦うなら今ではなく、後でしょう」というものであった(26)。こういう軍部の方針もあって、チェコスロヴァキアがドイツの手に落ちた場合の対独長期戦争への影響、すなわち、チェコスロヴァキアの対独戦争における地政学的、軍事戦略的価値について、チェンバレンたちが「プランZ」の実施を決定したときに、真剣な考慮が払われたという形跡はない。

（10）双子の恐怖と致犠牲の正当化

海軍大臣から戦争に勝つ自信があると言われても、チェンバレン首相としては、その対独宥和という考えを変える気にはなれなかった。なぜなら、それは一つには、そもそもチェンバレンたちの宥和政策による絶対的避戦という考えは、負け戦はしないという論拠の上に立っているものではなく、予想されるノックアウト・ブローと長期持久戦争のもたらす、途方もない人的、物的被害への恐怖心に根ざしたものであったからである。また彼の宥和論の根底にあったのは、単にこの恐怖心だけでなく、国民感情への考慮もあった。すなわち、一般にイギリス人の間には、チェコスロヴァキア問題で対独戦の危険を冒すことは割に合わないという感情があった。国民の間では、九月になっていかに反独感情が高まっていたとはいえ、依然として、中・東欧には戦争を賭してまで守る死活的利益はない、という気持ちが根強く残っていた。そのような国民感情の存在にもかかわらず、今もし政府が対独強硬策に転じれば、国論の分裂は必至であった。ワークが言うように、「ノックアウト・ブロー」と「国論分裂」という双子の恐怖は、政府に抑止政策の受容れを尻込みさせるのに十分であった(27)。

また、宥和政策が前提としている、チェコスロヴァキアの犠牲によって戦争を回避するという点については、宥和論者からすれば、クーパーたちの指摘を待たずとも、屈辱的ではあるが、しかし、これは「大の虫を生かして小の虫を殺す」という論理で、正当化できるばかりか、どっちみちチェコ人は犠牲を払わざるをえないのが現実であるから、武力を伴う犠牲の方を避けるのが彼ら自身のためでもある、と言い張ることができるのである。加えて、ヘンダーソン大使がハリファックス外相に教授したように、宥和論者にとっては、ズデーテン分離という犠牲は、民族自決主義という正義の観点から正当化できる、意味のある「平和の代償」であった。

（11）抑止政策の内在的リスク

双子の恐怖、死活的利益の不在、民族自決主義ということを考慮に入れるだけでも、宥和論者としては、抑止政策を不採用とする理由として、十分過ぎるほどであったが、彼らにはもう一つ、抑止政策不採用の重要な論拠があった。それは抑止政策に内在するリスクである。すなわち、クーパーたちが、イギリスの海軍にこそ対独抑止力あり、と言っても、そもそも抑止効果の存在について確実に証明してみせることは、不可能であり、抑止政策には常に戦争挑発の危険が伴うのである。それ故に、慎重な外交を旨とする政府の場合、抑止的強硬外交の他に適当な政策がない、と見なさざるをえなくなったときになって初めて、これを採用するものである。

ミュンヘン危機のまっただ中にあっても、依然、抑止政策以外に他策ありと信じていたチェンバレンとしては、最後の一石までひっくり返して平和を見つけたいという気持ちであり、そう決意していた。そして、この平和を見つけるためには最後の一石までひっくり返して調べてみるという固い決意と、「乃公」が自ら調べれば必ず平和は見つかるという自信とが、チェンバレンにクーパー的抑止政策を拒否させ、宥和政策を推進させる原動力となっていたのである。更に、そのような彼の決意と自信の後押しをしてくれたのが、軍部が内閣に提出してきた見解であったのであるが、これに対して、クーパーら抑止論者には、チェンバレンのこの決意を覆せるだけの確たる証拠と論理がなかったのである。

以上、九月一四日のイギリスの閣議は、「プランZ」を事後承認したものの、核心的問題たる「プレビサイト」への対応方針に曖昧さを残したまま、幕を閉じたわけであるが、九月一五日に開かれる英独首脳会談では、この点に関して、ヒトラーがどのように出てくるのか、そして、チェンバレンがこれにどのように対応するのか、注目されるところであるが、そのベルヒテスガーデン会談については、次部で考察することにしたい。

注

（1） John Harvey (ed.), *The Diplomatic Diaries of Oliver Harvey 1937–1940* (Collins, 1970), pp. 178–9.

（2） 以下の閣議の模様は、次の史料に基づいて、著者が再構成した。David Faber, *Munich, 1938: Appeasement and World War II* (Simon & Schuster, 2009), pp. 280–2; Ian Colvin, *The Chamberlain Cabinet* (Victor Gollancz, 1971), pp. 152–4; Robert Self, *Neville Chamberlain–A Biography* (Ashgate, 2006), pp. 311–2; Telford Taylor, *Munich: The Price of Peace* (Hodder and Stoughton, 1979), pp. 735–7; John Julius Norwich (ed.), *The Duff Cooper Diaries: 1915–1951* (Phoenix, 2006), pp. 259–60; J. Harvey (ed.), *The Diplomatic Diaries of Oliver Harvey 1937–1940*, p. 180; R.A.C. Parker, *Chamberlain and Appeasement–British Policy and the Coming of the Second World War* (Palgrave, 1993), p. 161; Gerhard L. Weinberg, *Hitler's Foreign Policy 1933–1939–The Road to World War II* (Enigma Books, 2010), p. 612; John Ruggiero, *Neville Chamberlain and British Rearmament–Pride, Prejudice, and Politics* (Greenwood Press, 1999), p. 141.

（3） Wesley K. Wark, *The Ultimate Enemy–British Intelligence and Nazi Germany, 1933–1939* (Cornel Paperbacks, 2010), pp. 204–5.

（4） *Ibid.*, p. 206.

（5） *Ibid.*, p. 207.

(6) Faber, *Munich, 1938*, p. 283.

(7) Wark, *The Ultimate Enemy*, p. 207.

(8) Ruggiero, *Neville Chamberlain and British Rearmament*, p. 141.

(9) Faber, *Munich, 1938*, p. 283; Robert Self (ed.), *The Neville Chamberlain Diary Letters, Volume Four, The Downing Street Years, 1934–1940* (Ashgate, 2005); Self, *Neville Chamberlain*, pp. 311–2.

(10) Wark, *The Ultimate Enemy*, pp. 19–21, 231–2.

(11) John F. Kennedy, *Why England Slept*, reprinted in 1981 (Greenwood Press), p. 155.

(12) Wark, *The Ultimate Enemy*, pp. 27–28.

(13) Kennedy, *Why England Slept*, p. 37; Wark, *The Ultimate Enemy*, p. 58; T. Taylor, *Munich: The Price of Peace*, p. 645.

(14) Wark, *The Ultimate Enemy*, pp. 47, 61, 203.

(15) *Ibid.*, p. 232.

(16) Kennedy, *Why England Slept*, p. 157.

(17) Wark, *The Ultimate Enemy*, pp. 36, 67.

(18) *Ibid.*, p. 66; Kennedy, *Why England Slept*, pp. 189–90.

(19) Wark, *The Ultimate Enemy*, pp. 36, 68.

(20) *Ibid.*, pp. 235–6.

(21) *Ibid.*, p. 232.

(22) Norwich (ed.), *The Duff Cooper Diaries*, pp. 259–60.

(23) Wark, *The Ultimate Enemy*, p. 146.

(24) *Ibid.*, p. 143; Kennedy, *Why England Slept*, p. 185; T. Taylor, *Munich: The Price of Peace*, p. 631; Parker, *Chamberlain and Appeasement*, p. 137.

(25) Wark, *The Ultimate Enemy*, p. 144.

(26) *Ibid.*, pp. 207–8.

(27) *Ibid.*, p. 205.

第Ⅴ部　ベルヒテスガーデン会談

「外交は他の手段による戦争の延長、もしくはその準備行動と考えることができる。一九三四年から一九三九年にいたる第三帝国の外交戦術には、この無血勝利の手法が大幅に活用された。」*

ジークムント・ノイマン

第17章　会談前：チェンバレン訪独ニュースへの各国の反応

1　ヒトラーの応諾から公表へ

(1) ヘンダーソンからワイツゼッカー経由でリッベントロップへ

九月一三日午後一一時に発せられた「プランZ」発動電報を受けとったヘンダーソン大使は、翌朝九時、ウィルヘルムシュトラッセにあるドイツ外務省にワイツゼッカー外務次官を訪れた。そして、大使は、「このメッセージは、これ以外の方法では不可避になるかもしれないことを避けるために、いかにイギリス政府が努力するつもりであるかを示しています」と付言して、電報を手交した。これに対して、次官は、「私からミュンヘンにおられる外相に直接電話をして、このメッセージを知らせします。そして、外相には、直ちにベルヒテスガーデンにおられる総統にお伝えするように、依頼致します」と約束した[1]。

午前九時三〇分、ワイツゼッカーは、ミュンヘンのホテルに滞在中のリッベントロップに電話をした。その際、次官は、ヘンダーソンの付言を敷衍して、「欧州の大混乱を避けるべく、平和のために自ら直接乗り出す用意があるという、七〇歳にもなる老人からのこの申し出は、彼が大きな犠牲を払って最後の手段を尽すつもりでいることを示しています」と言い添えた[2]。ズデーテンの平和的獲得を願う次官のこの付言は、そこに彼のその熱願が込められているように聞こえる。すなわち、絶対的対英避戦論者であり、かつ、大ドイツ主義者でもある彼は、ヒトラーがチェンバレン提案に肯定的に対応することを強く願って、この言葉をリッベントロップに託したように思われる。

(2) リッベントロップからヒトラーへ

尤も、そのような熱願を共有していない「武闘派」リッベントロップが、これをヒトラーにどのように伝えたかは不明であるが、極端な反英主義者の彼も、さすがに、イギリス首相のドイツ首相宛公式メッセージを、自分の気にいらない内容だからといって、握り潰すわけにもいかず、ベルクホーフに急行した。外相が総統の山荘に着いたのは午前一一時ごろと思われる。外相から、明日にも六九歳の老首相が飛行機でドイツに乗り込んでくるという、降って湧いたような話を知らされたヒトラーは、「こりゃ、びっくり仰天だね！」と、その驚きの念を露わにしたという[3]。

政治活動の場では無頼漢のように暴力的に振る舞い、演説の場では狂人のように絶叫しまくるヒトラーであったが、不思議なことに、社交の場ではこの上もなくお行儀よく振る舞える、もう一人のヒトラーがいた。特にレディーに対してはジェントルマンとして魅力的に振る舞うことさえでき、またそうするのが彼の常であった。大英帝国の老宰相からの大胆な申し出を受けた瞬間、顔を出したのは後者の「ジェントルマン」ヒトラーの方であった。この申し出を断るという礼を失する対応は、まったく考えなかったようであった。それどころか、礼に適った迎え方をするには、どうしたらよいものかと頭を悩まし、無礼の化身のようなフォン・リッベントロップに、次のような案はどうかと問い掛けた。

「私には、チェンバレン首相のようなお歳の方を、はるばるここまで来させることはできない。私の方から、ロンドンに会いに行こうか、それが無理なら、お互いに海上に出て、私のヨット『グリレ』号で落ち合うことにしてはどうだろうか？」[4]しかし、ロンドン市民の独裁者への「歓迎ぶり」についての不安や、時間的猶予のなさなどが考慮されたのであろう、結局、どちらも不可能という結論に落着き、「ジェントルマン」ヒトラーとしては残念ながら、チェンバレン首相にははるばるベルヒテスガーデンまで御足労を願おうという結論となった。それでも、ある意味で「フェミニスト」のヒトラーは、チェンバレンには「よければ夫人同伴で」と申し出ることにして、彼としては精一杯の紳士ぶりを示そうとした。[5]

（3）ヒトラー応諾の報

その間、ベルリンで今や遅しとヒトラーの返事を待ち続けていたヘンダーソンは、午後一二時一五分、ついに辛抱しきれずに、ワイツゼッカーに電話を掛けて、「そちらにまだ何か新しい情報は入っていませんか？」と尋ねてみたところ、次官の返事は、「外相は少し前に総統のところへ向いましたので、今はもう総統はその報告を受けているはずです」ということであった。[6]そこで、もう少し待ってみることにした。しかし、それから一時間経っても、二時間経っても、ワイツゼッカーから一向に連絡が入ってこなかったので、午後二時三〇分、再び痺れを切らしたヘンダーソンは、ワイツゼッカーでは埒が明かぬと見たのか、あるいは、リッベントロップが信用できぬ故か、今度は、彼の頼みの綱ゲーリンクに電話をして、元帥に首相のメッセージについて話した上で、「このメッセージは午前九時半にリッベントロップ外相に伝えられたのですが、返事はまだありません。そこで貴方に御願いがあるのですが、ベルヒテスガーデンと接触して、速やかに返事がなされるよう、友人としてお話しいただけないでしょうか？」と頼んだ。「親友」からのこの依頼を、ゲーリンクは、「分かりました。すぐにそう致しましょう」と、二つ返事で引受けた。[7]

ゲーリンクがヒトラーに電話を入れる直前か直後かという、午後二時四〇分に、ワイツゼッカーのところにリッベントロップから、「総統は、当然、チェンバレン氏を喜んでお迎えするだろう」という電話が入った。[8]これをワイツゼッカーは、すぐさま、ヘンダーソンに知らせた。ヒトラーの返事は、次のようなものであった。

「私は、今月の一五日に英国総理大臣閣下に喜んでお会いする用意ができています。従いまして、ネヴィル・チェンバレン氏には、明日木曜日の午後、オーバーザルツブルクにお出ましいただければ幸甚に存じます。[9]」

このとき、ワイツゼッカーは口頭で夫人同伴の件も伝えたと思われる。後にチェンバレンは妹への手紙の中で、誇らしげに、満足げに、「ヒトラー氏は『チェンバレン夫人も御一緒に来られませんか』と言ってきたんだよ！」と書いている。[10]

待ちに待った朗報に接したヘンダーソンは、午後三時三〇分、カドガン次官に電話で、「ヒトラーはすべて首相の提案に従うということです」と知らせた。[11]

(4) 夫人も外相も同伴せず

この後、両政府間で、チェンバレン首相は明日の朝八時三〇分、飛行機でミュンヘンに向うことに決めた。首相が同伴者に選んだのは、アニー夫人でもなく、ハリファックス外相でもなく、勿論、ヴァンシタート政府外交顧問でもなく、彼一番のお気に入り、ウィルソン政府経済顧問とストラング外務省中欧局長であった。[12]

ヒトラーが奨めた夫人同伴をチェンバレンが辞退した理由は、夫人に関する次のようなことが考慮されたからと思われる。チェンバレン夫妻は、内向的と外向的、陰と陽、「両極は引き合う」の典型であった。妻アニーは、情緒的で、おしゃべりが大好きで、陽気で気まぐれであった。夫ネヴィルは、これ等の長所も短所も合せて全部好きであった。ところが、アニーの過剰なほどの陽気には、憂鬱症が潜んでいた。活発すぎるほど活発な行動によって疲れ過ぎた後、急に落ち込んで何日もふさぎ込んだまま寝込んでしまうことが、しばしばであった。夫人にそのような心身症的な傾向があっただけでなく、彼女自身、いわゆる現代的な「フェミニスト」ではなかった。彼女は、夫と政治活動を共にするために表に出るという、ヒラリー・クリントン的なタイプの女性ではなく、内助の功のために身を尽すという、広田弘毅夫人的なタイプの女性であった。[13]

また、チェンバレン首相が外相をこの世界注視の外交舞台に登場させなかったのは、一つには、イギリス側から英独関係の「壊し屋」と目されていたリッベントロップ外相外しのための口実を設ける必要があったからかもしれないが、もう一つの理由は、重要外交政策は自らの手で行う、外相には任せないという、首相就任以来の彼の強い意向があったからであろう。外されたハリファックス外相はさぞ不満であったろうと想像されるのだが、事実は、そうではなかったようである。首相主導外交に業を煮やし、憤然として辞表を叩き付けたイーデン前外相とは違って、恬淡とした性格の持ち主であり、また、チャーチル一家から「ホーリー・フォックス」というあだ名を奉られるほどの、狐狩り好きの聖人君子でもあったハリファックスにとっては、[14]自分自身も既に承認、支持している外交政策の遂行のために、首相が外相を同伴せずに自らドイツへ赴くというなら、それはそれで結構なことで、それは何も大ごとにして騒ぎ立てるような問題ではなかったのである。[15]

(5) チェンバレン訪独の公表

午後三時三〇分、ヘンダーソン大使からカドガン次官に「ヒトラー応諾」の知らせがあった後、ロンドンでは、まもなく重要な政府声明があるという噂が広まり、ダウニング街には多くの群衆が集まり始め、英独合同コミュニケが発表された午後九時には、その数は数千人にも達していた。そして、その夜、一般のイギリス国民は、そのコミュニケの内容が放送される九時四〇分のBBCニュースを聴こうと、ラジオの前に集まっていた。[16]

この日、ニコルソン議員は、日記に、「我々は崖に張り巡らされた柵の端っこに立っているような感じがする」と記しているが、彼がこのような不安感を抱いたのは、彼がこの日のニュースで、日本とイタリアがドイツを支持していることや、ソ連艦隊が動員されたことを知り、更に、ズデーテン・ドイツ党側が交渉を拒否し、最後通牒を突き付けていることを知ったからであった。そのような不安な気持ちを抑えられないでいた彼は、九時四〇分のニュースは恐くてとても聴く気にはなれず、自分の部屋に引き籠もっていた。そこへ、BBC放送が終わるや、彼の妻が飛び込んで来て、「首相は明日飛行機でベルヒテスガーデンに行くのですってよ」と叫んだ。妻からこれを聞いた瞬間、彼の心に湧き上がってきたのは、「大きな、大きな安堵感」であった。[17] これまで首相の宥和政策に批判的であった彼でさえ、このような気持ちであったのだから、他の多くのイギリス人の反応も「推して知るべし」であるが、以下、「チェンバレン首相明日電撃訪独」のビッグ・ニュースに対する、イギリス、ドイツ、フランス、チェコスロヴァキア各国の反応を見ていこう。

2 イギリスの反応

（1）驚嘆→安堵→歓喜→称賛

九月一五日の『デーリー・エクスプレス』は、老首相の大胆極まる電撃訪独について、次のような観察と評価を示した。

「驚嘆のあまり息を呑む音が世界中で鳴り響いた。憂色濃き各国の首都において、その後続いたのは、安堵という新感覚であった。我が国においても海外においても、ほぼ一致して、チェンバレンの大胆な行動に称賛の声が上がった。[18]」

このニュースを知った多くの市民の反応も、この新聞記事通りであった。最初は「驚嘆」であり、次にきたのは「安堵」であり、最後は「称賛」であったが、[19] ドイツ大使館のコルト参事官が本省に送った報告によると、「安堵」と「称賛」の間に「歓喜」があった。彼は、長い間続いていた深刻な憂愁と極度の緊張から突然解き放たれたときに、イギリス市民の間に噴出した歓喜の激情を、次のように描写している。

「チェンバレンの総統訪問が発表された昨晩、イギリス全国に起った雰囲気の急変はこれまで見たことがないようなものでした。ある状況の下では武器をとらねばなるまいと、深刻な決意をしていたイギリス国民は皆、その晩まで、その重大な決意によって引き起こされていた深い憂愁に沈んでいました。そして今、事態はまったく意外な展開を見せ、平和的解決の希望が出てきました。男も女も街頭で喜びのあまり泣いていたという新聞報道は、誇張されたものではありません。[20]」

国民同様イギリス各紙も、右は『タイムズ』から左は『デーリー・ヘラルド』まで皆こぞって、チェンバレン訪独を歓迎した。保守党系の『タイムズ』が、「総統曰く、心より歓迎、と」という見出しの下、「今回の首相の大胆な行動は、荒野の中での水のように、すべての人に安堵感と深い満足感をもたらし、首相の勇気と常識の証明となった。[21]」と褒めちぎったのは、当然のことであるが、これまでチェンバレンの宥和政策に反対していた、自由党系の『ニューズ・クロニクル』も労働党系の『デーリー・ヘラルド』も、首相への賛辞の筆を惜しまなかった。『ニューズ・クロニクル』は、「近代外交史上における、最も大胆かつ劇的な偉業の一つ」と最高の評価を献げ、『デーリー・ヘラルド』も、「幸運を祈る　チェンバレン！」という大見出しの下、「首相のとった大胆な行動方針は、恐ろしいほど間近に迫りつつあるように思えた戦争を食い止めんとする努力である。そのようなものとして、この方針は、党派に関係なく、至るところで必ずや共感を得るであろう」と、保守党の首相がとった、独裁者との首脳会談決着という行動方針を、全面的に支持した。このような新聞論調から推測できるように、チェンバレンの訪独に対する国民の支持率は非常に高く、世論調査では、会談は「平和のためによい」とする者が、七〇％に達した。[22]

(2) 同床「三」異夢

このように、国民の反応は、訪独は「平和のため」になるという目的的観点から、表面的には歓迎・称賛の一色であったが、一歩踏み込んで、彼らが、「平和のため」に、首相にはヒトラーに対して何を言ってもらいたいと期待していたのかという方策的観点を調べてみると、そこには同床異夢的な色彩、大きく分けて三つの色を見ることができた。第一色は、『タイムズ』が代表する、ズデーテン割譲による平和の維持という宥和政策色であり、第二色は、『ニューズ・クロニクル』と『デーリー・ヘラルド』が代表する、対独警告による平和の維持という抑止政策色である。そして、第三色として、国民の多くがこれに属するが、彼らは、政策的観点についてはあまり深く考えることなく、ただ漠然ととにかく両国のトップ同士の「話し合い」による「平和」の達成を期待していたと思われる。

三色中の第二色の対独警告による平和維持策について、もう少し詳しく見てみよう。この抑止政策論者は、第一次世界大戦勃発の原因の考察から引き出されていた教訓から、明白な対独警告こそ平和維持に効果があると信じていた。大戦から、人々は、二度と同じ過ちを犯さないために、真剣な反省を通して様々な教訓を引き出していた。その一つは、「軍拡は戦争を招く」というものであった。特に戦前の英独の海軍競争、露仏対独墺の陸軍競争が大戦の一大原因となったという反省から、戦後世界は軍縮の推進に努力し続けた。しかし、その最大の努力の表れとしてのジュネーヴ軍縮会議も、失敗に終わってしまった。それでもイギリスは、平和のためになおも一方的軍縮を続けたが、平和の光より戦争の影の方が強まっていったので、ついに反戦平和の民主主義国イギリスも、渋々ながらの小出しの軍拡を進め始めた。このように「民主主義国家」イギリスが軍拡を嫌い躊躇っていたその間に、「独裁主義国家」ナチ・ドイツは想像を絶するスピードで大々的な軍拡を推進し、気付いてみれば、一九三八年九月には、イギリスは、「軍拡は戦争、軍縮は平和」の公式が当てはまらない厳しすぎる現実、対独軍備の立遅れが明白な現実に直面してしまっていた。

もう一つの教訓は、「同盟は戦争を招く」というものであった。特に戦前の独墺伊三国同盟と英仏露三国協商の硬直した対立関係が局地紛争を自動的に全体戦争に導いたという反省から、英仏連合国側は、各国が同盟体制に依存しなくてすませうる新しい安全保障体制として、軍縮とワン・セットとなった集団安全保障体制を築く努力をした。そして、その結果出来たのが国際連盟であったが、一九三八年までには、その連盟による集団安全保障体制も、一九三一年の満州事変と一九三五年のエチオピア戦争によって、機能不全状態にあることを露呈してしまっていた。

(3) 第一次世界大戦の教訓:「曖昧な態度は戦争を招く」

第一次世界大戦から学び取った、この二つの教訓は、当時の人々の間では、一九三八年の国際政治の場においては、戦争回避、平和維持に役立たないことが立証された、と見なされるようになっていたが、その有効性がまだ試されていない教訓が一つ残されていた。それは「曖昧な態度は戦争を招く」という教訓であった。大戦を防げなかったことへの切実な反省から、次の一説が生まれた。すなわち、一九一四年の開戦前の危機的状況において、もしイギリスのアスキス首相とグレー外相が、カイザーのドイツに対して、「ドイツがフランスやベルギーを攻撃すれば、イギリスは断乎戦う」という明白な意志表示をしていれば、第一次世界大戦は防げたかもしれない、いや、防げたであろうという説が、それである。この説が頻繁に繰り返されるうちに、それは多くのイギリス人の間では確信にまで高められ、一九三八年九月には、現在は一九一四年の大戦前夜に似ているという観察が当然視されるに及んで、この「曖昧な態度は戦争誘発、明白な態度は戦争抑止」という教訓に基づいた政策の実施によって、同じ過ちを繰り返さないようにせよ、という声が大いに高まった[23]。

この教訓については、勿論、宥和論者のチェンバレン首相もハリファックス外相も承知していて、彼らでさえ何らかの対独警告の必要性を認め、その抑止的効果を期待してもいた。しかし、その反面、強大な戦争マシーンを手にした粗暴性のある半狂人ヒトラーに対しては、過度の警告は抑止的効果よりも戦争挑発効果があるという恐怖心から、彼らは、その警告の程度を「カーネーション男」を通じてのヒトラー側近のみへの、参戦に関する断定を避けた曖昧な非公式警告に止めていたのである。両相はこれが最適の宥和・抑止混合政策と見なしていたのであるが、当然、このような対応を微温的である、もっと毅然たる態度を示さなければ、抑止効果は発揮されないという批判論もあった。

(4)「明白な態度」表明への期待論

チェンバレン=ハリファックス外交の「曖昧な」宥和・抑止混合政策に対して最も過激な批判論を展開していたのは、言うまでもなく、チャーチルである。九月一五日の『デーリー・テレグラフ』紙は、「チェンバレン訪独」のビッグ・ニュースと同時に、チャーチルの寄稿論説を掲載していた。この論説の中で、チャーチルは、ドイツのいかなる対致攻撃にも断乎抵抗するという趣旨の対独「英仏ソ合同警告」を行うべしと主張し、その際の言葉使いについて、「最も直截的で明白な、あからさまでさえあるような言葉のみが、効果を発揮する」と、「明白な態度は戦争抑止」という教訓に基づいた主張をしただけでなく、更に過激に、イーデンさえ尻込みしそうな覚悟、すなわち、そのような赤裸々、不躾な警告を単なる抑止を期待したブラフとしてではなく、今や戦争の覚悟をもって行うべきときだと、次のように勧告する。

「使われる言葉には、心の底からまったく本気でそう言うのだという確信が、伴わなければならない。今やブラフのときではない。[24]」

また『マンチェスター・ガーディアン』が、チェンバレン訪独がまだ決まっていない九月一二日に、次のように言っているのも、この「明白な警告が戦争を抑止する」という第一次大戦の反省から得た教訓に基づいてのことである。

「イギリス政府がヒトラー自身に対して最も明白なる通告をなすことしか、効果的なものはないという時点に、我々は急速に近づきつつある。戦争となった場合に、もしあのときヒトラーに知らしめていれば、戦争にはならなかったのにとか、あるいは、ならなかったかもしれなかったのに、というようなことを、かりにもどこかで言われるような危険な過ちを、我々は断じて犯してはならない。」

このような基本的立場の『マンチェスター・ガーディアン』が、チェンバレンの訪独が決まったことを知った後、首相に対して期待したことは、言うまでもなく、ヒトラーに対するイギリスの「明白な態度」の表明による戦争の抑止、平和の維持であった。九月一五日の同紙は次のように、チェンバレン訪独に「条件付」歓迎を表明している。

「我々はチェンバレン首相のこのイニシアティブを歓迎する。ただ、それを、イギリスの断固たる意図をヒトラーに印象付けるために使われうる『大胆』な一手として、歓迎するのである。[25]」

労働党の「影の内閣」の外相であったヒュー・ダルトンも、同じ態度であった。彼は、『デーリー・ヘラルド』の記者に対して、

「チェンバレン首相は、私に、自分はドイツに行ってヒトラーに対して、『もしあなたがこれ以上侵略的な動きを続けるなら、私たちには戦う用意があります』と知らせるつもりだと、はっきりと言っておられました。」

と語って、チェンバレンを牽制しつつ激励していた。[26]

(5)『ニューズ・クロニクル』の民主主義不可分論：「死活的利益」の理念的解釈

自由党系の『ニューズ・クロニクル』がドイツに行くチェンバレンに期待するものは、『マンチェスター・ガーディアン』、ダルトン議員と同じであったが、[27]同紙の主張の拠り所は、極めて理念的、イデオロギー的色彩が濃厚であった。同紙は、「民主主義は不可分一体である」という信念と、「ドイツの狙いは、その膨張の通路からチェコスロヴァキアを除去することである」という確信とから、「譲歩の限界線」すなわち「第四計画」の線で、この中欧の民主主義国家を死守せよ、と主張したのであった。このよ

うに、同紙は「民主主義不可分」の立場から、「イギリス海峡の出入り口」同様に、「中欧の民主主義国」にも、また「民主主義」対「軍事独裁主義」の間で内戦が進行中の「スペイン共和国」においても、イギリスが戦争を賭してでも守るべき「死活的利益」が存在すると見て、政府に積極的介入政策を勧めた[28]。

しかし、これに対して、「イデオロギー的な」チェンバレンはというと、反共イデオロギー的色彩においては『ニューズ・クロニクル』より濃厚であるが、民主主義への思い入れは同紙に比較すればそこまで強くはなく、また、独裁国家に対する嫌悪の度合いもそうであった。そのため、チェンバレンは、英仏海峡、フランス、ベルギーと、自国から遠く離れた中欧に位置するチェコスロヴァキアとは同一視できない、すなわち、チェコスロヴァキアが民主主義国家であるにしても、イギリスの安全保障の観点からは、そこには軍事戦略的・地政学的な「死活的利益」は明確には存在しないと見なし、この見方から彼の対独宥和政策を導き出していたのである。

(6) 訪独反対派の懸念：ズデーテン献上

チェンバレンの訪独を「条件付」で歓迎した『ニューズ・クロニクル』であったが、当然、自分たちと首相との間の、理念的相違、政策的相違は意識していたであろうから、訪独を歓迎しつつも、果してチェンバレンがベルヒテスガーデンで自分たちの期待通りの行動をとってくれるのかどうかについては、疑念を拭いきれないでいた。この疑念から、九月一六日、同紙は、ベルヒテスガーデンでのチェンバレンの行動について、次のように釘を刺している。

「もし万が一にも、イギリス自身によって運ばれる大皿にズデーテン地方が盛りつけられて、これがヒトラー氏に供せられることがあれば、それは実に前代未聞のスキャンダルとなるであろう[29]。」

チェンバレンの訪独に賛成しなかった三〇％の国民の中で、最も明確に反対した、最も著名な政治家は、保守党の反主流派に属するチャーチルとイーデンであろうが、純粋抑止論者の両者がチェンバレン訪独に何の期待もせず、強く反対したのは、首相がヒトラーへの供物としてズデーテン地方を献上しに行くかもしれないという「疑念」からではなくて、献上しに行くのだという「確信」からであった。チェンバレン訪独を、チャーチルは、「これまでなされたことの中で、最も愚かなこと」と言い[30]、イーデンは、そのニュースを聞いたとき、「激怒した」という[31]。

(7) ヒトラーの予想とチェンバレンの方針

保守派の中では、『タイムズ』とチャーチルは、首相の訪独目的を、ズデーテンをヒトラーに献げに行くという見方で一致していた。しかし、前者がそれによって欧州平和の道が開ければよしと、これを全面的に支持したのに対し、後者は、それは結局、平和ではなくて戦争を招く屈辱的愚行であるとして反対した。他方、労働党系の『デーリー・ヘラルド』も自由党系の『ニューズ・クロニクル』も、一応は、チェンバレンは、先の大戦の教訓から戦争を抑止するために、ヒトラーにイギリスの態度を明白に伝えに行く、と解した。

それでは、当事者のヒトラーはチェンバレンが何しに来ると見ていたのか、そしてもう一人の当事者チェンバレン自身は何しに行くつもりであったのだろうか？　まずヒトラーだが、シャイラーによると、ヒトラーは、チェンバレン訪独前から英仏はチェコスロヴァキアのために介入することはないと見ていたが、この訪独はこの見方の正しさを更に裏付けるものだと感じた。(32) シャイラーはそのように言うのだが、ただ、この記述の典拠が記されていないので、ヒトラーが本当にそう感じたのかどうかは、確認できない。シャイラーの記述とは逆に、ヒトラーはチェンバレンが警告しに来るのではないかと思った、という資料がある。それは、ヨゼフ・リプスキー駐独ポーランド大使がヨゼフ・ベック外相に九月二〇日のヒトラーとの会見を報告した、当日付の極秘電報である。その中で、ヒトラーは、大使に対して、次のような打明け話をしている。

「私は、チェンバレンがベルヒテスガーデンに来るという提案を知ったとき、少々面食らいました。勿論、イギリスの首相を迎え入れないということなどは、私にはできないことでした。私は、チェンバレンはイギリスには戦う用意があるということを重々しく宣言しに来るのかと思いました。(33)」

では、チェンバレン自身は、どのような方針で首脳会談に臨もうとしていたのか。それは、「プランZ」が発動された翌日に出されたハリファックス外相のフィップス駐仏大使宛電報によって知ることができる。それによれば、二段構えで行く方針であった。すなわち、

(1)まず、ズデーテン問題で、ヒトラーに平和的解決の意図があるかどうか確かめる。

その結果、その意図がないと分れば、

(2)これまで行われた警告を、首相からヒトラーに直接強調的に繰り返す。

というものであった。(34) 果して、この方針に従って、実際に、会談において、どの程度、ヒトラーの「真の意図」が確かめられたのか、また、どのような形の警告がなされたのか、なされなかったのか、その会談の模様を見る前に、チェンバレン訪独のニュースに対する、ドイツ、フランスそしてチェコスロヴァキアの反応を見てみよう。

3　独・仏・致の反応

(1)　ドイツ：「平和の使者」・「サンタクロース」としてのチェンバレン

チェンバレン来独のニュースを知ったときの一般ドイツ人の反応は、イギリス人と同様、まず驚嘆、次に安堵、そして歓迎であった。この点につき、ヘンダーソン大使は、本省に、「昨夜、突然、爆弾のように投下された首相訪問という驚愕のニュースは、ドイツ国民によって大きな、大きな安堵感と満足感でもって迎えられました」と報告した。(35)

このニュースが報じられたときに、ベルリンのとある紳士クラブで食事をとっていた『タイムズ』のベルリン特派員は、「とれた重荷」という見出しの下で、彼らドイツ人の喜びぶりを、次のように伝えている。

「そのニュースがアナウンスされると、そこで食事をしていた人たち全員が立ち上がって、チェンバレン首相の健康のために乾杯した。」

ドイツ人にチェンバレンの訪独がこれほど喜ばれたのは、反戦とは言えなくても厭戦気分の濃厚であった一般市民が、何よりもまず、イギリスの首相を「平和の使者」と見なしたからであった。ベルリン特派員は、次のように言っている。

「ベルリンの人たちはチェンバレンの訪問は男らしい行為であり、これによって平和への最も明るい希望がもたらされたと思っている。[36]」

彼らが安堵し、歓喜した理由は、これだけではなかった。彼らはまた、イギリスの首相を、ヘンダーソン大使によれば、願いのクリスマス・プレゼントを届けてくれる「サンタクロース」として迎えようとしていた。

「彼らは、ズデーテン人がチェコスロヴァキア国家の一部として留まることは問題外だ、と確信するようになっています。そして、彼らは、チェンバレン氏はこれを基礎にした解決を図ってくれるものと、思い込んでいます。[37]」

このように、チェンバレン来訪と聞いて、ドイツ国民は、イギリス国民同様、驚嘆、安堵、歓迎という反応を示したのであるが、その訪独目的をイギリス人の多くが「対独警告による平和」のためと見ていたのに対して、ドイツ人の方は、より正確に、「対独宥和による平和」のためと見ていたのである。

（2）ワイツゼッカーの願望と期待

チェンバレン訪独を最も喜んだドイツ人の一人は、ワイツゼッカー外務次官であった。ドイツ人一般の、戦争せずにズデーテン地方を獲得したい、ズデーテン・ドイツ人の祖国復帰を実現したいという願いと、そしてこの願いを「サンタクロース」チェンバレンが成就してくれるという期待は、まさに次官の願望と期待そのものであったからである。次官は、首脳会談の前日、ベルリンからミュンヘンに向っている特別列車の中で、会談で通訳をすることになるシュミット外務省首席通訳官に向って、「精神をよく集中して下さい。明日、ベルヒテスガーデンで、戦争か平和か決まるのですから」と、叱咤激励した。[38]

ヒトラーが「緑作戦」を発動した瞬間に反ナチ・クーデターを起こす計画を進め、ワイツゼッカー次官とも緊密な連絡を取り合っていた将軍たちは、戦後になってから、「我々の計画は、西欧諸国から励まされることがなかったために、殊にチェンバレンがベルヒテスガーデンに飛来したために、挫折させられてしまった」と口惜しがっている。[39] 計画中止という事実はその通りであるが、チェンバレン訪独の報に、彼らが幻滅したかどうかは、また別問題である。ワイツゼッカーと同じ対英避戦の大ドイツ主義者であった彼らのこと、私には、彼らのこの戦後の証言には後付けの部分が含まれているのではないか、当時彼らは、同志のワイツゼッカー同様、チェンバレンの訪独を喜び、これにズデーテン併合の期待を寄せたのではないか、と思えてならない。

(3) フランス：「ボネの個人的勝利」は「フランスの国民的勝利」に非ず

ダラディエ首相は、先に見たように、フランスを排除した英独二国会談には内心不満であったが、そんな首相とは対照的に、ボネ外相の方は、これも既述したように、心の底からの大歓迎、大満足であった。その第一の理由は、言うまでもないことだが、チェンバレンの訪独によって、彼の最も大きな悩みの種、耐えがたい重荷であった対致条約義務の履行の恐れがなくなる見込みがついた、そのことであった。

彼には、これ以外にこれと劣らぬほど重要な第二の理由があった。彼は、外相就任以来、ズデーテン危機によって、中・東欧の安全保障に単独でコミットしているフランスの危うさを、嫌というほど痛感させられてきたわけだが、そんな彼にとって、イギリスを中・東欧の安全保障に巻込むことが絶対的目標となっていた。その彼が今チェンバレン訪独に大満足であったのは、彼のその目標が、これによって、ほぼ確実に達成されたと感じられたからであった。ブリット駐仏アメリカ大使が、チェンバレンの訪独は「ボネの個人的勝利」だと見たのは、この点に着目してのことであった。[40] 確かに、「プランZ」の発動は、イギリス外交の中・東欧関与への不可逆点と見ることができ、その意味で「ボネの個人的勝利」と評価することもできるが、しかし、結果論的になるが、それを「フランスの国民的勝利」と見ることはできなかった。中・東欧への関与という点においても、対独対抗的軍備の拡充という点においても、イギリスの遅きに失した政策転換は、一九四〇年六月の屈辱的な「フランスの敗北」を阻止することはできなかったからである。

(4) チェンバレン「神話」の誕生？

予想されたように、チェンバレン訪独に対するフランス国民の反応は、共産主義者とユダヤ人を例外に、大満足、大歓喜であった。ブリットは次のように国務省に報告している。

「チェンバレンのヒトラー訪問のニュースは、共産主義者や他のソ連の手先とユダヤ人の一部を除いては、すべての方面から、強い満足感と愉悦に近い安堵感とで以て迎えられています。[41]」

『マンチェスター・ガーディアン』のパリ特派員アレグザンダー・ワースは、仏紙『マタン』などが、フランスの母と子に代って、チェンバレンに感謝の意を示した、と記し、更に、前人民戦線内閣の首相であった社会党のレオン・ブルムさえ、チェンバレンの訪独決定を、「氏は、その平和への意志において、高貴な大胆さを示している」と、手放しに称賛したと伝えている。このようなフランス国民の反応を紹介したワースは、「この日、チェンバレン神話が生まれた」と記した。[42] 確かに、それは、フランス国民の間に誕生した「神話」であった。しかし、それは、ボネの「束の間の勝利」と同じような意味での「神話」であった。それは、六ヶ月後の「チェコスロヴァキア解体」、一年後の「ポーランド崩壊」によって、その「実体」が明らかになる「束の間の神話」にすぎなかったのである。

(5) チェコスロヴァキア：唖然→疑念→戦意

イギリス人とドイツ人とフランス人のチェンバレン訪独への反

応は、ほぼ同じように、驚嘆、安堵、歓喜、歓迎であったが、当然チェコ人の反応は異なった。最初の反応が驚嘆であったのは、彼らと変らなかったが、次に来たのは、不信感、疑念であった。

九月一四日、シャイラー記者が、プラハの例のホテル「アンバサダー」で夕食を終えた後、新聞の売子が、チェンバレン訪独を知らせるドイツ語の号外を抱えて、ロビーに入って来た。その場にいたチェコ人の反応を、シャイラーは次のように記している。

「チェコ人たちは唖然としている。裏切られるのではないかと彼らは疑っているが、彼らが正しいのではないかと私も心配だ。」

そのようなことを思いながら、シャイラーは、その売子が叫んでいる声に耳を傾けた。

「号外！　号外！　イギリス帝国の巨頭がヒトラーに物乞いに行くのが、これを読めばすっかり分かるよ！(43)」

当然、チェンバレンは「平和」の物乞いに行くのだが、チェコ人は、彼が手ぶらで行くはずはない、我等の「ズデーテン」を手土産に持って行くはずだと疑い、その場合は、断乎戦うという決意を更に強めた(44)。このようなチェコ人の一般的な見方を、『タイムズ』のプラハ特派員は、「平和にはよかろう、チェコスロヴァキアには悪かろう(45)」というものだ、とうまく纏めている。

(6) ベネシュの一縷の望みと、リトヴィノフとムッソリーニの予想

このような不信感と疑念から、多くのチェコ人は決死の抗戦意志を固めていたが、ベネシュ大統領は、その不信感を共有しながらも、一縷の望みは捨てていなかった。それは、勿論、チェンバレンがヒトラーを押さえ付けるという望みではなくて、ヒトラーがチェンバレンのその前で、その野卑な、攻撃的な正体を露わにし、そのために、さすがのチェンバレンも目が覚めるという期待であった(46)。

しかし、ベネシュがすがったこの一縷の望みは、藁よりもか弱く、クモの糸よりもか細く、すがり甲斐のないものであった。このことをよく見透していたのは、ソ連のリトヴィノフ外務人民委員であり、イタリアのムッソリーニ首相であった。九月一六日、リトヴィノフは、国際連盟の廊下で会ったフィッシャー記者に、「もう戦争はないよ。彼らはチェコスロヴァキアを売ったんだからね」と言って、その後、苦々しい軽蔑の笑みを浮かべながら、「私はチェンバレン兄弟のことはよく知っているんだよ」と付け足した(47)。リトヴィノフの「チェンバレン兄弟」観について、補足的な説明を加えておくと、ネヴィルの異母兄オースティン・チェンバレン元外相は、ロカルノ条約成立の立役者の一人であったが、この条約は、ソ連からは、英仏反共資本主義国家が中欧国家ドイツの膨張照準を西欧でなく東欧・ソ連に定めさせることを狙ったものと見られていたのである。

ムッソリーニはというと、一四日の晩、チェンバレン訪独のニュースを届けたチアーノ外相に向って、リトヴィノフと同じように、「もう戦争はないよ」と言い、続けて、「しかし、これでイギリスの威信も形無しだ」と断定した(48)。更に、ドゥーチェは、翌日、外務省官房長に向っては、もっとあからさまに、「ヒトラーはあの老いぼれに会ったとたん、自分が勝ったと分かるだろう。

ヒトラーは立ち止まらないだけでなく、ヴェルサイユ条約の条項の一つひとつを、国から国へとすべて壊したいと思っている。ヒトラーを敵に回すより、味方にしたほうがよい」と話した。(49)「蛇の道は蛇」というように、ドゥーチェは、フューラーの狙いを、チェンバレンと違って、正確に見抜いていた。しかし、彼の命取りともなる誤断は、ヒトラーが最終的にも「勝ち馬」となると信じてしまったことである。このため、彼は、目先の利益に目が眩んで、愚かなことに、英独競争関係におけるキャスティングボートを握れる立場を自ら捨てて、イタリアの運命のすべてをヒトラー一人に賭けてしまうことになるのである。このようにムッソリーニに、若いドイツの力を過大に評価させ、老いたイギリスの底力を見損なわせ、自らの死を招き寄せる一因となったのが、皮肉なことに、チェンバレン老宰相の「カノッサの屈辱」であった、と言えよう。

(7) 会談前夜のズデーテン

以上、チェンバレン訪独に対する関連各国における反応を概観してきたが、次に本章の最後に、首脳会談前夜のズデーテン地方の様子を見ておこう。その夜、エガーのズデーテン・ドイツ党の根拠地が、政府軍によって襲撃された。党首ヘンラインや副党首フランクたちは、既に国境を越えてドイツ領に逃亡していたが、その跡には、党首からズデーテン・ドイツ人に宛てられた檄文が残されていた。

「我々は自由なドイツ人として生きたい！　我々は我々の祖国において再び平和と仕事を欲する！　我々はライヒに戻ることを欲する！　神よ、我々と共にあれ、我々の正義の闘争と共にあれ！」(50)

しかし、社会民主党系の反ナチ・ズデーテン・ドイツ人だけでなく、これまで沈黙していた無関心派の人たちも、自分たちを捨てて逃亡したヘンラインらの指令に従おうとしなかったどころか、自分たちはチェコスロヴァキア国に忠誠を尽す、現国家を捨てようとは思わないと、その態度を鮮明にし始めたのである。(51)

(8) 英仏独三首相の「巴戦」から英独両首相の「決戦」へ

チェンバレンの「プランZ」がヒトラーから快諾を得たここまでは、事は彼の思い通りに進んだわけであるが、その結果は、それまで続けられてきたヒトラー＝ダラディエ＝チェンバレン三首相による巴戦において、一応、チェンバレンが勝ちを制したことを意味した。三者それぞれのゲーム・プランは、(1)対致局地戦争によるボヘミア－モラヴィア併合を目標とする「緑作戦」の実施、(2)ズデーテン問題の平和的解決、対致条約義務発生防止を目標とする「仏英独三国会議」の開催、そして、(3)ズデーテン問題の平和的解決、対独参戦の危険回避を目標とする英独首脳会談の開催、すなわち「プランZ」であったが、最後の「プランZ」の発動によって、ダラディエのゲーム・プランは粉砕され、続いて、ヒトラーが「プランZ」を受諾したことによって、「緑作戦」の実施手順は変更を余儀なくされた。

このように、チェンバレンは、巴戦の最終的勝利とは言えないけれども、一応、英独首脳会談開催という自己のゲーム・プランの実現に成功したわけである。後は、首脳会談の場で、チェコスロヴァキア問題の平和的解決を目指すチェンバレン、対、局地戦争による武力的解決を目指すヒトラーの決勝戦を待つばかりとなった。ヒトラーもチェンバレンもそれぞれ自分の方に勝目があるという自信を抱きながら、九月一五日の朝、チェンバレンはベルヒテスガーデンに向かい、ヒトラーはそこで彼の到着を待つことになる。

この日九月一四日、カドガン外務次官は、ヒトラー応諾の報が入ってからは、首相訪独準備のために大忙しであった。首相官邸とヘンダーソン大使の両方と打ち合せをするために、次官は、ダウニング街一〇番地と外務省内の自分の電話の間を走って行き来して、夜、心身とも疲れ切った状態で自宅に戻った。そのころには、多くのイギリス人は、明日からの前途に一抹の不安の影を見ながらも、強い一筋の光が射し始めたという思いで、ベッドに就いていたと思われるが、カドガンのこの日の日記は、そのような多くのイギリス人の不安と希望の思いを反映したかのような、次のような言葉で締め括られていた。

「秋咲きのクロッカスが地中から芽を出し始めている！ 私はこの花をもう一度見るのであろうか、これは何の予兆なのであろうか？」(52)

注

＊ ジークムント・ノイマン著／曽村保信訳『現代史―未来への道標―』上（岩波書店、一九七〇年）、一九ページ。

（1） *Documents on British Foreign Policy, 1919-39, 3rd series, Volume II* (His Majesty's Stationary Office, 1950), p. 325. 以下、*DBFP-II*と略して表記する。

（2） *Documents on German Foreign Policy, 1918-45, Series D, Volume II* (Her Majesty's Stationary Office, 1953), p. 763. 以下、*DGFP-II*と略して表記する。

（3） David Faber, *Munich, 1938: Appeasement and World War II* (Simon & Schuster, 2009), p. 283.

（4） *DGFP-II*, pp. 763-4; *DBFP-II*, p. 353; Robert Self (ed.), *The Neville Chamberlain Diary Letters, Volume Four, The Downing Street Years, 1934-1940* (Ashgate, 2005), p. 346.

（5） Nevile Henderson, *Failure of a Mission-Berlin 1937-1939* (G. P. Putnam's Sons, 1940), p. 151; Joachim C. Fest, *Hitler*, translated by Richard and Clara Winston (Penguin Books, 1982), p. 554.

（6） *DGFP-II*, p. 763.

（7） *DBFP-II*, p. 322.

（8） *DGFP-II*, pp. 763-4.

（9） *Ibid*., p. 754.

（10） Self (ed.), *The Neville Chamberlain Diary Letters, Volume Four*, p. 346.

（11） David Dilks (ed.), *The Diaries of Sir Alexander Cadogan O.M. 1938-1945* (Cassell & Company LTD, 1971), p. 98.

（12） *DBFP-II*, p. 325; John Harvey (ed.), *The Diplomatic Diaries of Oliver Harvey 1937-1940* (Collins, 1970), p. 179.

（13） Nick Smart, *Neville Chamberlain* (Routledge, 2010), pp. 47-9.

（14） Andrew Roberts, *'The Holy Fox'-A Biography of Lord Halifax* (Weidenfeld and Nicolson, 1991), p. 3.

（15） The Earl of Birkenhead, *Halifax, The Life of Lord Halifax* (Hamish Hamilton, 1965), p. 394.

（16） Faber, *Munich, 1938*, p. 282.

（17） Nigel Nicolson (ed.), *The Harold Nicolson Diaries: 1917–1964* (Phoenix, 2005), p. 194.
（18） Faber, *Munich, 1938*, p. 283.
（19） John W. Wheeler-Bennet, *Munich: Prologue To Tragedy* (The Viking Press, 1965), p. 106.
（20） *DGFP–II*, p. 785.
（21） Faber, *Munich, 1938*, p. 284; Franklin R. Gannon, *The British Press and Germany 1936–1939* (Oxford University Press, 1971), p. 184.
（22） Faber, *Munich, 1938*, pp. 283-4.
（23） Wheeler-Bennet, *Munich*, p. 107.
（24） Gannon, *The British Press and Germany 1936–1939* , p. 193.
（25） *Ibid.*, p. 201.
（26） Faber, *Munich, 1938*, p. 284.
（27） Gannon, *The British Press and Germany 1936–1939* , p. 209.
（28） *Ibid.*, p. 208.
（29） *Ibid.*, p. 210.
（30） J. Harvey (ed.), *The Diplomatic Diaries of Oliver Harvey 1937–1940*, p. 180.
（31） Faber, *Munich, 1938*, p. 285.
（32） William L. Shirer, *The Rise and Fall of the Third Reich* (Simon & Schuster, 2011), p. 385.
（33） Waclaw Jedrzejewicz (ed.), *Diplomat in Berlin, 1933–1939; Papers and Memoirs of Jozef Lipski, Ambassador of Poland* (Columbia University Press, 1968), p. 408.
（34） *DBFP–II*, p. 324.
（35） *Ibid.*, p. 334.
（36） Faber, *Munich, 1938*, p. 285.
（37） *DBFP–II*, p. 334.
（38） パウル・シュミット著／長野明訳『外交舞台の脇役（一九二三―一九四五）―ドイツ外務省首席通訳官の欧州政治家たちとの体験―』（日本国書刊行会、一九九八年）、四三三ページ。
（39） A.J.P. Taylor, *The Origins of the Second World War* (Penguin Books, 1963), p. 213.
（40） *Foreign Relations of the United States, Diplomatic Papers, 1938, Volume I, General* (United States Government Printing Office, 1955), p. 600. 以下、*FRUS–I* と略して表記する。
（41） *Ibid.*, p. 600.
（42） Alexander Werth, *France and Munich before and after the Surrender* (Harper and Brothers, 1939), p. 136.
（43） ウィリアム・シャイラー著／大久保和郎・大島かおり訳『ベルリン日記　一九三四―一九四〇』（筑摩書房、一九七七年）、一〇八ページ。
（44） *FRUS–I*, p. 606.
（45） Faber, *Munich, 1938*, p. 285.
（46） Igor Lukes, *Czechoslovakia between Stalin and Hitler: The Diplomacy of Edvard Benes in the 1930s* (Oxford University Press, 1996), p. 215.
（47） Louis Fischer, *Men And Politics: An Autobiography* (Duell, Sloan And Pearce, 1941), p. 561.
（48） Galeazzo Ciano, *Ciano's Diary 1937–1938*, translated by Andreas Mayor (Methuen & Co., 1952), p. 156.
（49） ニコラス・ファレル著／柴野均訳『ムッソリーニ』下（白水社、二〇一一年）、九一ページ。
（50） Faber, *Munich, 1938*, p. 271; *DGFP–II*, p. 802.
（51） A.J.P. Taylor, *The Origins of the Second World War*, p. 214.
（52） Dilks (ed.), *The Diaries of Sir Alexander Cadogan*, p. 98.

第18章　ヒトラーとチェンバレンの初対決

1　ロンドンからベルヒテスガーデンへ

(1) ヘストン空港発

九月一五日、午前七時四五分、チェンバレン首相は、ロンドン郊外にあるヘストン空港に向うべく官邸を出ると、そこには大勢の市民が集まっていた。首相は、彼らに向って晴れやかな表情で元気よく手を振りながら、車に乗り込んだ。八時二五分、空港に着くと、見送りに来ていた多くの関係者に迎えられた。その中には、ハリファックス外相夫妻、カドガン外務次官、コルト独代理大使、コルバン仏大使らがいた。そのような歓送ムード一色と見えた飛行場で、突然、どこからか、「荒野に呼ばわる者」が叫び声を挙げた。

「チェコスロヴァキアを支えろ！　ヒトラーに譲るな！」

この叫びが首相の耳に届いたかどうか分らなかったが、首相は、八時三〇分、BBCのマイクに向って、歴史的会談に飛び立つに当っての短いメッセージを国民に送った。

「これまでの私の政策は、常に平和を確実なものにすることでありました。総統は私の提案を即座に受け容れてくれました。これによって、私は、今回の訪問が成果なくはないという希望を強めている次第です。」

会談への期待が込められたこの言葉を残して、首相は随員のウィルソン、ストラングと共に、最新型双発機ロッキード・エレクトラに乗り込んだ。これが結果的に世界初の「シャトル外交」となる旅立ちであった。

首相には、一五年前にほんの短時間国内飛行をした経験はあったが、今回が初めての長距離飛行の旅であった。ヘストン空港からミュンヘン空港まで、四時間かかる予定であった。そこからヒトラーの山荘までは、列車と車で三時間の道のりであった。このようにして、六九歳の老首相にはかなり過酷かと思われる、七時間の長旅が始った。(1)

(2) ミュンヘン空港着

一行は、飛び立って間もなく、ロンドン上空から眼下に無数の家並みを見下ろしていたとき、飛行機が軽い降下を繰り返すのを何度か感じたが、後はほとんど順調な空の旅となった。ただ、ミュンヘン上空に差しかかったとき、飛行機は嵐に遭遇、雨雲に突入して視界不良の中、大海の小舟のように大きく揺れに揺れた。

この揺れに乗員が緊張する瞬間もあったが、どうにか無事、予定より三〇分ばかり早く、午後一二時三五分、ミュンヘン空港に着陸できた。トレード・マークの蝙蝠傘を持って空港に降り立った首相は、雨中、心配そうな顔付きをして待っていたヘンダーソン大使に歩み寄って、大使の心配を吹き飛ばすような晴れやかな表情で、大使と握手を交わし、「私は細身でもワイヤーのように頑強なんですよ」と、大使を大いに安心させた。続いて、大使が首相をリッベントロップ外相に紹介した際、首相は、外相にも、「途中所々悪天候に見舞われましたが、たいしたことはありませんでした」と、元気なところを見せた。

空港からチェンバレンは、リッベントロップとメルセデスに同乗して駅に向かった。駅まで八キロメートルの沿道には、雨にもかかわらず多くの市民が出ていて、彼らは、通り過ぎるイギリスの宰相に向って、ナチ式の敬礼である片腕を斜め真っ直ぐに突き出す姿勢で、「ハイル！　ハイル！」と声を張り上げ、熱烈歓迎の意を表した。自分たちを戦争から救ってくれる「平和の使者」としての大英帝国の宰相に向って、今こうして絶叫しているミュンヘン市民は、ちょうど一年前に枢軸国のドゥーチェを出迎えたが、そのときの彼らの熱狂ぶりも相当なもので、ムッソリーニをすっかり興奮、感激させたのであるが、通訳官シュミットには、市民はそのときよりも今回の方が「心から熱烈に歓迎している」ように見えた。その歓迎ぶりにチェンバレンは、当然、御機嫌であったが、隣に座っていた嫌英好伊家のリッベントロップは、始終、不機嫌であった。(2)

（3）ドイツ側が仕掛けた宣伝工作

一行は、午後一時、ミュンヘン駅で車からヒトラー差し向けの特別列車に乗り換え、ベルヒテスガーデン駅へ向かった。三時間の鉄道の旅の途中、食堂車でささやかな昼食代わりの宴会が催され、チェンバレンとリッベントロップは、向かい合わせで着座した。ドイツ市民の歓迎ぶりに加えて、少々お酒も入ったせいか、車中の老首相は、旅の疲れもなんのその、益々元気付き、意気軒昂であった。途中、このイギリスから来た「平和の使者」を乗せた特別列車を、「戦争の準備」のためにチェコスロヴァキアとの国境へと急ぐ軍用列車が追い越して行った。そこに乗っていた「真新しい軍服を着た兵士達と空中に突き出た大砲の砲身」が、シュミットの目に焼き付いた。(3)

チェンバレン一行がミュンヘン駅を出発した午後一時、ドイツのラジオ放送は、ヘンライン声明、すなわちエガーに残されていたあの檄文に書かれていたズデーテン・ドイツ党の祖国復帰希望声明を流し始めた。同時にこのころ、ヘンライン党首は、チェンバレンとの会談を目前に控えたヒトラー総統に要望書を提出した。

(1) 段階的解決策の第一歩として、プレビサイトなしのズデーテン地方即時割譲。

(2) 割譲地域へ一日以内に進出できる地点に、ドイツ兵を進駐させること。(4)

チャーチルは、ドイツの放送がヘンラインの祖国復帰声明を流し始めた点について、その狙いを、会談前のチェンバレンに対する宣伝工作と見なしている。

「チェンバレン氏がドイツに着いたときに初めて聞いた

ニュースが、この声明であった。これが、氏がヒトラーと会う前にこのことを氏に知らせておくという、ドイツ側の計画的な企てであったことは、疑いなかった。[5]」

(4) ベルヒテスガーデンの「グランド・ホテル」着

三時間の鉄道の旅が終る午後四時、一行がベルヒテスガーデン駅に着くと、またそこにも熱狂的な何千という群衆が詰めかけていて、「平和の使者」に歓迎の声を上げた。駅から一行は「グランド・ホテル」に向い、一旦、そこで三〇分ほど小憩をとった。[6]

そのころまでには、すなわち、半時間後に首脳会談が始るというころまでには、ヒトラーとゲッベルスという宣伝工作の天才コンビを擁するドイツ側から、信じやすく騙されやすいチェンバレン以下のイギリス側に、いくつかの新しい情報が、チャーチルが解釈したように、おそらく意図的に注入されていた。すなわち、ドイツ側は、(1)チェンバレンの到着に合せたかのように、ヘンラインの祖国復帰声明をラジオで流したり、(2)兵士と大砲を乗せた軍用列車に、覆いも被せずこれ見よがしに、チェンバレンの乗っている特別列車を追い越させたり、また、(3)ズデーテン地方の騒動はまだ収まっておらず、それどころか、チェコスロヴァキア政府によるドイツ人虐殺が今なお続いていて、ドイツ人の死者が三〇〇人も出ているという虚報を流していた。[7]

ヒトラーたちは、このような情報を流すことによって、ドイツ軍の対致攻撃準備は既に完了している中、致政府がこのような挑発行為を続けるならば、いつ何時ドイツ軍の進攻となるかもしれないという、そのような緊迫した不穏な空気を醸成していた。これに対して、チェンバレンたちは、ズデーテン・ドイツ人三〇〇人の死者とは誇大だと眉に唾しながらも、ドイツ側の醸し出した空気を吸わされたために、今や事態は一触即発の危機にあると信じ込んでしまい、首脳会談が本当に開かれるのかどうか、と不安に駆られさえした。ちなみに、九月一二日夜のヒトラー演説が引き金となって起こったズデーテン騒動での死者の数は、九月一五日現在、ドイツ人とチェコ人の双方を合せても、二八人にすぎなかった。[8]

(5) ドイツ側の術中に嵌ったチェンバレン

それはとにかく、訪独後、このような異様な空気に触れたチェンバレンは、会談に臨むにあたって、何が何でもとりあえずヒトラーに武力行使を思い止まらせるのが、会談で最優先すべきことだという、思い詰めた気持ちになっていた。そして、後日のイギリス議会において、首相は、この目的を達成できたことがベルヒテスガーデン会談の最大の成果だと言わんばかりに、誇らしげに次のような自己評価を披瀝している。

「ドイツ軍の侵入準備はすべて完了していましたので、私のドイツ訪問によってしか、その侵入を防げえなかったと思います。このことについては、今もまったく何の疑いも持ってはいません。[9]」

だが、実際には、ベルヒテスガーデン会談の時点では、「緑作戦」発動のXデーが二週間後であるという事実に何の変更もなかった。たとえドイツ側が、情勢の急変を見込んで、Xデーを早めることができるようにしておきたくても、技術的にそうすることができない事情が、ドイツ側にはあったのである。すなわち、この日九月一五日の早朝、ベルリンでカイテル国防軍最高司令部長官、ヨードル同作戦本部長、ハルダー陸軍参謀総長らは、総統がXデーの前倒しを望んだ場合に、何ができるかについて協議したが、その結論は、兵士の配置完了予定や作戦用鉄道運行予定等からして、Xデーの変更は不可能ということになった。このベルリン会議後、カイテルは、この結論を持って九時半過ぎベルヒテスガーデンに飛び、正午過ぎ、ヒトラーにこれを報告した。よって、ヒトラーは、二週間後でなければ対致侵攻は不可能だということを承知の上で、チェンバレンとの会談に臨んだのである。[10]

(6) 両首脳の初対面

さて、午後四時に「グランド・ホテル」に入ったチェンバレンは、ヒトラーとの会見のための身支度を調え、三〇分後にはホテルを出て、ヒトラー差し回しの車に乗り込んだ。車は、ババリアン・アルプスの頂に向って急な上り坂となっているアウトバーンを三〇分ほど走ると、ついに、最終目的地ヒトラーの別荘、ベルクホーフに着いた。チェンバレンは、車から降りて、今にも降りそうな暗い空を背景にしたベルクホーフの入り口から道路に下っている階段の上方を見上げると、そこにはカイテルら数人の側近を従えたアドルフ・ヒトラーが立っていた。総統が着ていたカーキー色の上着の片腕には、赤い腕章が巻かれていて、そこにはナチズムを象徴する黒い鉤十字が認められた。

総統付音楽隊が歓迎の音楽を奏でる中、チェンバレンは、ナチズムと渡り合うブルジョワ社会の象徴であるかのような蝙蝠傘を左腕に掛けて、右手に持った帽子を、階段を下りてくるヒトラーに向かって振りながら上ってゆき、両者はちょうど中段で出会い握手を交わした。ヒトラーの握手は、彼が好意を持っている人のためのとっておきの「ダブル・ハンドシェイク」であった。これが六九歳のチェンバレンと四九歳のヒトラーの初対面であった。

こうして、二人は握手をしながら簡単な挨拶を交わした後、階段を上って行き、建物の中へと消えていった。[11] チェンバレンはこの初対面のときのヒトラーの印象を、妹宛の手紙の中で、次のように言っている。

「彼の髪の毛は茶色でした。黒髪ではありませんでした。目は青く、表情はかなり愛想が良い方だと感じました。特に落ち着いているときはそうでした。でも、彼の容姿は、全体的に見て、まったく際立ったところがありません。彼を人混みの中で見分けることはとてもできないでしょう。彼は昔ペンキ塗りをしていましたが、きっとペンキ塗りと間違えてしまうでしょう。[12]」

帰国後の閣議の席でも、彼は、ヒトラーのことを、「これまで見たうちで最もありふれた子犬」にたとえているが、会談中にヒトラーなる人物が単なる「ペンキ塗り」でも「子犬」でもないことを思い知らされる。同じ閣議の席で、彼は、「この男のそのパワーに強く印象付けられないことは、不可能なことです」とも語っていたのである。[13] 彼をこのように印象付けたヒトラーの「パワー」については、このすぐ後に会談の内容を具体的に追跡する際に、すぐにも明らかになるであろう。

（7）大広間での茶話から別室での対談へ

そのヒトラーの「パワー」に気圧されそうになるチェンバレンを見る前に、山荘内に入って行った両者の、会談開始までの様子を見ておこう。中に入ったチェンバレンたちは、有名な大広間に通された。そこが有名なのは、部屋の片側一面に広がる大ピクチャー・ウィンドーのためであった。そこからは、荘厳雄大なババリアン・アルプスの山々が連なり、遠く彼方にはザルツブルクの街が見下ろせるのである。しかしこの日はあいにくの煙雨のために、チェンバレンたちはそのパノラマを愛でることはできなかった。

この大広間には一段高くなった所があって、そこにはお茶のための大きな円卓が置かれていた。下段の他の者たちとは離れて、その上段にヒトラーを挟んでチェンバレンと通訳のシュミットが座った。そのとき、チェンバレンが驚いたことに、彼の真後ろの壁には、イタリアの巨大なヌード画が掛けられていた。チェンバレンには、そこに座っている間のヒトラーは、大変シャイな人のように思えた。お茶を飲みながら、チェンバレンが軽いお喋りをしようと努めていた間も、ヒトラーの緊張がほぐれる様子は見えなかった。

「この部屋については、これまで何度も聞いたことがありましたが、私が想像していた以上にはるかに大きいものですね。」

「あなたの方こそ、イギリスで大きな部屋をいくつも持っているでしょう。」

「一度見に来てもらわなければなりませんね。」

「きっと非難の反対デモにあいますよ。」

「うーん、そうですね、いい機会を選ぶのが賢明かもしれません。」

と、チェンバレンが正直に答えると、ヒトラーは少し笑みをもらしたように見えた[14]。このような盛り上がらない会話を交わしてお茶が終ると、ヒトラーはぶっきらぼうに尋ねた。

「会談はどういう形式で進めますか？　一対一がよろしいですか、それとも、アドバイザーを同席させますか？　いずれにしても、シュミットは通訳として同席させる必要があります。彼は中立ですので、数として勘定には入れません。」

「総統のご都合がよろしければ、私は一対一の方がよいと思うのですが[15]。」

こうして、会談は真の首脳会談形式となったのだが、実は、この対談形式は、平和的解決の障害となると見なされていたリッベントロップ外相を同席させないために、ヘンダーソンとワイツゼッカーが相談し、ゲーリンクの支持をも得て、予めヒトラーから承認を得ていたものであった[16]。話がこう決まると、両首脳はシュミットだけを連れて二階に上がり、もっと多くのヌード画の飾ってある長い部屋を通りぬけて、総統の書斎に入った。この部屋は何の飾りもない実に殺風景な部屋で、時計さえなかった。あるのは小さなテーブル一つ、イス三つ、ソファー一つ、それだけだった。ここに三人が腰を掛けて、午後五時過ぎから三時間続くことになるベルヒテスガーデン会談が始った[17]。

2　会談の大要(1)：親善ムードから激突へ

(1)英独関係改善希望の相互表明

ベルヒテスガーデン英独首脳会談におけるヒトラーの話しぶりについて、通訳に当たったシュミットが、「ベネシュとチェコスロヴァキアに対する怒りを、時に制止することができず、その発言の時間など一向に気にかける様子もなかった」と回顧しているように、時にヒトラーは、対話というより一方的な長広舌に走ることもあったので、また、三時間にわたる長い会談記録を、ここにそのまま逐語的に翻訳して再録するわけにもいかないので、本論では、以下、その要所を分りやすい対話形式にアレンジして、やや詳しく提示することにした[18]。会談の冒頭、まずチェンバレンがその訪独目的を次のように述べた。

「私は、尊敬する総統と直接お会いして、率直な意見の交換を行うことによって、総統の態度を正確に知り、その正確な知識に基づいて、第一に、武力衝突の恐れのあるズデーテン危機を解消し、第二に、私の念願である英独関係の改善についても話したいと考えています。」

『わが闘争』で「英独同盟論」を唱えたこともあるヒトラーも、チェンバレンの挨拶に丁重な態度で応じた。

「私は若い日よりずっと英独協調主義者でした。遺憾であった先の戦争が終ってからも、この観点から、英独和解を自分の目標の一つとしてきました。近年、両国の人種的親近性が損なわれたと認めざるをえませんが、この会談を機会に、両国の関係を、私のこのような考えに沿った流れに戻すことができれば幸いだ、と考えています。」

(2)チェコスロヴァキア問題に入る

渡独に当って少なくとも二日は滞在して、好結果を携えて帰国したいと考えていたチェンバレンが、

「今日の会談では、相互理解を深めるために、一般状況について、それぞれの見解を述べ合うことにして、チェコスロヴァキア問題は、明日に回すということにしてはいかがでしょうか？」

と提案すると、これまで比較的平静に話していたヒトラーが、やや興奮の色を見せ、

「何よりもまず話し合われるべきことは、ズデーテン・ドイツ問題です。事態は刻一刻と危機に向かっているからです。また、この問題は今後の英独関係の発展に決定的な意味を持っているからです。最新の情報によると、ズデーテン・ドイツ人の間に三〇〇人の死者、何百人もの負傷者が出ていると言われています。このような事態においては、何らかの方法で、ごく短時間のうちに何らかの決着をつけねばなりません。」

この「何らかの方法で」という言葉が、ヒトラーの口から飛び出たこのとき、通訳をしていたシュミットはギクリとした。彼はこの言葉に潜んでいる危険性を知っていたからである。彼はその含意を次のように解説している。

「私の見るところでは、この表現は極めて危険な信号を意味していた。その意味するところは、ここでも、また後において

も、『他方の譲歩か、あるいは、進駐、力の行使、戦争による解決か』であった。」

このように、「三〇〇人の死者」と興奮気味に語るヒトラーを見つめながら、じっと注意深く耳を傾けていたチェンバレンは、顔色を変えることなく冷静に、「分かりました、続けて下さい」と、チェコスロヴァキア問題に入ることに同意した。

(3)「ドイツの目的は限定的」

チェンバレンの同意を受けて、ヒトラーは、チェコスロヴァキア問題に関するドイツの見解を明確にするのに必要な前提として、まずドイツの在外同胞統合目的に存する限定性について強調しながら、話を続ける。

「ドイツの目的は限定的なものです。イギリスの人たちは、食欲は食べるほどに増大すると考えておられるから、私のことを悪く言って、一つの目的を達したら、おそらくその後も、繰り返し新しい要求を持ち出すだろうと考えているようですが、しかし、そのような考えには、何の根拠もありません。ドイツが最終的な国境と見なしているところは、あらゆる政策と文献とから明白になっています。」

ヒトラーは、このように、彼の権力的膨張欲の「無限性」という真実に、まず自ら触れておいて、次にこれを否定して、相手の抱いている正しい疑念を取り除くという手法を用いた。そして、ドイツの目的の「無限定性」を「限定性」に、いわば黒を白に見せかけるために、持ち出した「政策と文献」とは、勿論、『わが闘争』ではなくて、「独波不可侵条約」、「英独海軍協定」、「対蘭・対白中立保障」、「アルザス・ロレーヌ放棄」等であった。

(4) 英独海軍協定をめぐる応酬

中でも、ヒトラーは、特に「英独海軍協定」を詳しく取り上げ、これをこれまでのイギリスの「対独警告」とからめて、威嚇的に協定破棄の可能性に言及する。

「英独海軍協定は、不戦の合意です。ですから、もし、これまでイギリスが言ってきたように、イギリスが、ある状況下では対独戦争も辞さずという態度をとり続けるならば、不戦の合意という協定の基礎は失われます。その場合、ドイツは協定を破棄しなければならなくなるでしょう。」

この威嚇に対して、チェンバレンは臆することなく敢然と立ち向かい、「警告」は「威嚇」と違い、戦争の回避に役立つという観点から、「警告的」反論を放つ。

「協定の基礎が不戦にあるという話は、理解できます。しかし、ドイツ側は威嚇と警告の区別をしていません。一九一四年以後、イギリスは、あのときイギリス側の意図を十分に明確にしなかったということで、非難されてきました。批判者たちは、あのときイギリスがもっとその意図を明確にしていたら、戦争は避けられていたのに、と言うのです。両国民が相戦うというところまできているときには、両者共に、そのような戦争のもたらす結果を予め十分に認識しておくべきです。これまでイギリスはこの仮定に基づいて行動してきたのです。まったく何ら脅しなど掛けてはいません、ただ警告を発しただけなのです。

今、総統がなされるべき仕事は、まさに、既に総統に知らされたこのような事実を基礎に、ご自分の決定を行うことなのです。イギリスは、警告を発したことで咎められる筋合いはございません、むしろそうしなければ、非難されていたと思われます。」

（5）対ヒトラー直接警告の効果

先にも述べたように、本会談に臨むに当たって、チェンバレンは、まずはヒトラーに平和の意図があるかどうか、即ち彼の「真の意図」を確かめてみて、平和の意図がないと分かれば、警告を発して帰国するという、二段構えの方針でいくことに決めていた。しかし、ヒトラーが海軍協定の破棄を持ち出して脅しを掛けてくるという、チェンバレンにとっては意外な会議の流れの中で、負けん気の強い彼は、このヒトラーの威嚇に対抗して、その予定を早めてヒトラーに対する直接警告を発したのである。これまでヘンダーソン大使の忠告に従って、半狂人ヒトラーを刺激しすぎる危険な策として、イギリス政府が避け続けてきた対独正式警告という抑止政策が、会談のこうした意外な展開から、今ここで、瓢箪から駒のように飛び出てきたのである。このイギリスの首相からドイツの首相に対する直接警告が、後にヒトラーが土壇場になってミュンヘン会談の開催を決意する一因になったと思われる。そしてこれこそが、ベルヒテスガーデン会談でのチェンバレンのお手柄であり、会談の一大成果である。チェンバレン首相がこの警告を発したこのときこそ、彼の「抑止政策」が効を奏し始めた瞬間であったと言ってもよかろう。ただし、その場で直ぐにその効果を認めて、この「警告的」反論に屈服するような、そんなヒトラーではなかった。

「ご議論にある程度まで付いていけますが、事態は最早不可逆点に達しており、今や、警告によって事の進行を変えることは不可能です。私のこの考えは変わりません。」

（6）ズデーテン問題では世界戦争も辞さず

ヒトラーはこう答えておいて、いよいよ本題であるズデーテン問題に入る。

「これまで在外同胞問題で、ドイツが明確に要求したのは、オーストリアとチェコスロヴァキアに住む一〇〇〇万のドイツ人の祖国復帰です。このうち、旧オーストリアのドイツ人七〇〇万の祖国復帰は実現しました。」

と言ったこの辺りで、ヒトラーは昂揚して来た。

「残るチェコスロヴァキアの三〇〇万人については、私は、いかなる犠牲を払ってもその祖国復帰を実現します。このためなら、私は、どんな戦争も覚悟します！　世界戦争の危険さえ辞すことは致しません！」

興奮して「世界戦争！」と叫ぶヒトラーに対して、チェンバレンは、それでも冷静に、訪独目的の一つであるヒトラーの「真の意図」を確認せんと、彼らしいストレートな質問を発する。

「それでは、チェコスロヴァキア問題は、三〇〇万人のズデーテン・ドイツ人の祖国復帰で終わりということになるのでしょうか？　イギリスでは、それがドイツの要求しているもののすべてなのか、あるいは、これを超えて、更にチェコスロヴァキア国家の解体を狙っているのではないか、という疑問が持たれているのです。」

勿論、このようなストレートな質問に対して「真の意図」を明かすヒトラーではない。嘘を平気で言い、かつ、「嘘が大きければ信じてもらえる一定の要素がつねに存在するという原則」を「全く正しい原則」と公言するヒトラーは[19]、欺されやすい「大衆」ならぬイギリスの首相に対しても、次のように平気で嘘をつく。

「私が求めているのはドイツ人種の一体化です。チェコ人など欲しくもありません。自分が欲しいのはズデーテン・ドイツ人だけです。ですから、今や残された問題はチェコスロヴァキア問題だけなのです。私は、この問題を何らかの方法で絶対に解決する決意です。」

このとき、外では雨が激しく降り、風が強く吹いていたが、それに刺激されたかのように、ますます興奮して来たヒトラーは、続けて、こう叫んだ。

「この問題は早急に解決します。私は今四九歳です。その時機は、私自身が選びます。もしもドイツがチェコスロヴァキア問題で世界戦争に巻込まれるようなことがあるとするならば、これに対処する任務を、私がもっと歳をとってから遂行しなければならないとか、あるいは、後継者にこれを任さなければならないとか、そういうようなことにならないように、私は、力が張り溢れている男盛りの今の内に、その危機の期間を通じて、我が国を自ら指導したいと願っているのです。もう一度言っておきますが、チェコスロヴァキア問題は何らかの方法で解決しなければなりません。ちっぽけな、二流国が強力な一〇〇〇年の歴史を持つドイツ帝国を劣等国かなにかのように扱うのを、私はこれ以上容赦はしないと、断乎たる決意を固めています。」

3　会談の大要(2)：破裂の危機から危機回避へ

(1) 残部チェコスロヴァキアの中立化

チェンバレンは、ヒトラーが「欲しいのはズデーテン・ドイツ人だけ」と言った点を取り上げて、その言質をとっておこうとした。

「ドイツの態度について、明確な、そして正直なご説明に感謝します。総統は人種的な理由から、残る三〇〇万のズデーテン・ドイツ人の祖国復帰は何としても実現しなければならない、しかし、その後はこれ以上の領土要求はない、と保証されましたね。」

言質をとられることを嫌うヒトラーは、チェンバレンの念押しには直接答えず、次のような問答となった。

「チェコスロヴァキアがドイツの側面で槍の穂先のような存在であり続けることはできません。」

「ズデーテン地方がドイツに復帰した場合でも、残部チェコスロヴァキアを依然として危険な穂先だと見るのですか?」

「そうです。チェコスロヴァキアが外国と同盟関係にあるかぎり危険な存在です。」

「チェコスロヴァキアがソ連との同盟関係を解消し、ベルギーのような中立国になった場合どうですか?」

ヒトラーの「真の意図」を探りに来たチェンバレンが、その意図を確かめられていない内から、自分の方の意図、すなわち、残部チェコスロヴァキア中立国化構想を明らかにしたのである。

(2) 割譲地域の線引き基準：八〇%か五〇%か？

チェンバレンは、この中立化構想に続けて、ヒトラーから問われもしていないのに、次々と自らの手の内を明かしていく。

「私は実際的な人間として、ズデーテン・ドイツ人のドイツ編入はどのようにすれば実際に成し遂げられるかという問題を、自分に課してきました。」

と、ズデーテン併合容認を示唆し、続けて、

「例えば、八〇%以上がドイツ系の地域をドイツに編入したとしても、かなり多くのドイツ系住民が取り残される地域が出てきますので、新国境の画定だけでなく住民移住も必要になってきます。」

と、八〇%という線引き基準にも触れ、何の交渉上の駆引きも試みることなく、一方的にどんどん手の内を曝していく。八〇%と聞いたヒトラーは、勿論承知するはずもなかった。

「私は、ドイツ人が過半数のところはすべてドイツへという考えです。少数者の交換などはその後の話です。」

と、要所に釘を刺しておいてから、彼の最優先目標である対致局地戦争の可能性を残しておくために、次のように付け足した。

「しかし、私は、このような線引き基準についての議論は、机上の空論に終ることを恐れます。と言いますのは、事態の展開が余りにも早すぎるからです。多くのドイツ人がその土地を追い立てられ、死者は既に三〇〇人に達しているのです。このような迫害を許しておくことはできません。私は素早く行動する決意です。」

帰国後、チェンバレンは、ケネディ大使に会って、「私は、到着後、ヒトラーが七二時間以内に進撃するつもりでいることは間違いない、と確信しました」と語っている[20]。

(3) ズデーテン休戦呼掛け案へのヒトラーの激憤

チェンバレンは、この今にも武力行使を始めそうなヒトラーの勢いに気圧されたかのようであった。彼は、今や、逸る暴れ馬が暴走する切っ掛けを摘み取っておくのが、何よりも優先すべきことだという思いに駆られたからであろう。その方法として、彼は、

「チェコスロヴァキアの両当事者がもっと冷静な雰囲気で話し合えるように、私たちは合同で、両者に呼び掛けるようにしてはどうでしょうか？」

と、提案した。この提案は、ズデーテン地方の現状からして、ヒトラーには絶対に受け容れられないものであった。というのは、彼は、このとき実際にはチェコスロヴァキア政府によって鎮圧されてしまっていたズデーテン・ドイツ党の叛乱を、「緑作戦」発動の日に合せて、何とか再燃させたいと企んでいたからである。そこでヒトラーは、興奮し切った口調で、様々な拒絶の口実を次々と捲し立てた。

「ズデーテン・ドイツ人たちは、チェコスロヴァキア政府の迫害の犠牲者なのです。その犠牲者である彼らの私への期待に反するような、そのような呼び掛けは私にはできません。ズデーテン地方のまったく無防備なドイツ系の村々に向けて、今も大砲が放たれている、その音が、ドイツ領に聞こえてきます。

国境付近の住民の緊張は高まっています。同時に今や、ドイツ側には、全師団が集中しています。空軍部隊も準備が完了しています。ドイツがこのような準備状態にあるにもかかわらず、エガーのようなドイツの町が攻撃されている間も、傍観していなければならないとしたら、その緊張は耐えがたいものになってしまいます。」

まだまだヒトラーの激憤は続くのだが、長くなるので後は省略する。

(4) チェンバレンの猛反撃、たじろぐヒトラー

このように、チェンバレン必死の共同呼び掛け案を潰さんとして、止めどない絶叫を続けていきそうなヒトラーに、さすがに冷静なチェンバレンも興奮し始め、ついにその苛立ちを抑えきれずに、「もう沢山だ」と言わんばかりに、決然として相手の連射砲の口を塞いだ。

「それほど言われるのなら、この提案は撤回します。それでは、総統は休戦を拒否して、チェコスロヴァキア問題では事を構えるという既定路線を突っ走ると決めておられるのですか?」

と詰問し、その後チェンバレンは、数秒間押し黙ってしまった。そして、再び口を開いて、

「もしそういうことなら、なんで貴下は私がここに来るのを受け容れられたのかと、私は自問せざるをえないのです。私は時間を浪費しに来たということになります。」

このような猛反撃に出たチェンバレンを見て、通訳のシュミットは、「ヒトラーが本当に戦争になっても良いと思っているなら、その機会は今そこにある」と息を呑み、緊張しながらこのチェンバレンの発言をドイツ語に訳すと、それまで憤然としていたヒトラーが、一瞬たじろいだように見えた。

ヒトラーは、チェンバレンのこの発言を聞いて、その態度、その表情を見て、攻守立場が変わったことを察知したのであろう。彼は、このような「喧嘩別れ」の形でチェンバレンに帰国されては、彼秘蔵の局地戦争計画は元も子もなくなり、これに代って、ドイツ側に十分な計画も準備もない対英仏戦争を招き寄せかねない、これは何としても避けねばならないと、瞬時に判断したのであろう。ヒトラーという政治家は、状況の変化に応じて意識的にも、本能的にも最高の演技のできる名優であった。彼は、戦略においては硬直していたが、その臨機応変な戦術的柔軟性によって、これまでも「成功」と「勝利」を重ねてきた稀有の戦術家であった。ベルヒテスガーデンのこのときはまだ、その柔軟性が失われておらず、また、その演技力も衰えを見せてはいなかった。

シュミットが翻訳を終えた瞬間、驚いたことに、総統はさっと身を引き、つい先ほどまで見せていたあの憤激を抑えて、別人のように極めて平静に、次のように応じた。

「結局平和がまだ可能かどうかということですが、この問題については、今日か明日か、これを取り上げてみる必要はあると、私は考えています。」

(5) ヒトラーのズデーテン割譲要求

相手の豹変に思いの外の手応えを感じたチェンバレンは、この

潮の流れの変り目をとらえて、すかさずここでまた休戦問題を持ち出した。

「人命にかかわる問題である場合、ありとあらゆる可能性をぎりぎりまで探求しなければなりません。そこで私は、一種の休戦を実現する提案を繰り返したいと思います。」

交渉破裂は避けたいが、休戦同意も避けたいヒトラーは、勿論、すなおにイエスとは言わず、ここでまた、戦術を転換して、既に目の前にぶら下がっていた獲物を確実に手中に収めておこうと、次のように、民族自決権に基づくズデーテン地方の割譲問題を取り上げて、チェンバレンの承認を迫った。

「チェコスロヴァキアの国家警察が撤退すれば、即座にズデーテン地方の平和は実現します。私たちが更に話し合いを続けて行くために、今重要なのは、イギリスが民族自決権に基づいて同地方の分離に合意する用意があるかどうかです。言っておきますが、民族自決権という考えは、私が発明したものではありません。一九一八年のヴェルサイユ条約の下でなされた変化の道徳的基礎として持ち出されたものなのです。このような線に沿った話し合いならば、更に続行することは可能ですが、しかし、まず首相がこの基礎、すなわち、自決権によるズデーテン地方の割譲を受け容れる用意がおありなのかどうか、この点について述べられる必要があると考えます。」

(6) チェンバレンの個人的見解表明と再会談の合意

既に受容れの腹積もりであったチェンバレンは、

「ようやく問題の核心に触れるに至ったことに満足していま す。」

と、機嫌良く応じて、

「ただ、自分は、イギリス政府全体に代って、絶対的な声明をする立場にはありません。更にまた、フランスとランシマン卿とも相談しなければなりません。」

と断りを入れながらも、その相談相手に関してチェコスロヴァキアともベネシュとも言わず、この点は完全に無視して、続けて、ヒトラーの質問に好意的な「個人的見解」を表明する。

「総統の動機を今お聞きして、全体の状況をより明確に知ることができました。私は、個人的には、ズデーテン地方分離の原則は承認すると言うことができますが、私のこの個人的な態度について閣議の承認を得る必要があります。そのため、今日の会談はここで打ち切って、私は、イギリスに戻りたいと思います。」

シュミットがヒトラーにこの会談の中断についての部分を通訳したとき、ヒトラーは幾分不安げに仰ぎ見た。シュミットが、続けて、チェンバレンの、

「私は、閣僚たちと相談し、その上で改めて貴下と会合することにしたいと思います。」

という言葉を訳すと、ヒトラーは、明らかにほっとした表情に変って、非常な上機嫌で次のように答えた。

「首相より私の方が遥かに若く、本来こちらから出向くべきだと考えますので、私としては、首相に二度目のドイツ旅行のご面倒をお掛けせずにすめば、嬉しく思いますが、しかし、私がイギリスに行けば、反独デモのために、状況を簡明にするこ

とにはならないで、むしろ複雑にすることになるのではないかと恐れる次第です。しかし、首相の旅路を幾分かでも短くするために、次回の会合は、ライン下流域のケルンかゴーデスベルクにしたい、と考えています。」

（7）次会談までの武力不行使：ヒトラーの条件付保証

これで空気は一転して和やかになった。そして、チェンバレンはこの機をとらえて、三たび、ズデーテン地方における休戦問題を持ち出して言った。

「次回の会談までの間に、状況がこれ以上に悪化しないようにすることは可能でしょうか？」

平和について語っても、必ずその後で威嚇を混ぜ込むというのが、ヒトラーの習性であるが、平和のための話し合いの継続を認めた後のこのときも、その習性が発揮される。

「勿論、そのような事態の悪化の危険はあります。もしそうなれば、ドイツが作り上げた強力な軍事マシーンが動き出すことにならざるをえないでしょう。このマシーンは一度動き出すと、最早止めることは不可能です。もし国境侵犯のような大事件が起こったら、その危険は極度に達するでしょう。」

こうドイツの軍事力の強大さを誇示しておいてから、恩着せがましく、勿体をつけながら転調する。

「しかし、次のように言えば、おそらくイギリスの新聞などからは、弱さと解される危険がありますが、たとえその危険があっても、私としては、完全に不可能な状況が起こらない限り、次の数日間、軍事マシーン発動命令を下さないつもりです。」

このように、次回会談までの間の武力不行使について、ヒトラーは政治的宣言の形は拒否したが、チェンバレンに対する個人的な条件付の保証を与えて、彼を一応安心させたのであった。この日は、珍しくもここに止まらず、ヒトラーは、更に、チェンバレン自身が言いそうなことを付け加えて、次のようなリップ・サーヴィスまでした。

「もしズデーテン地方のドイツへの併合が平和的手段で実現すれば、ドイツ人すべてが喜ぶことは明らかです。私は、これに関連して英独関係の改善がもたらされれば特に嬉しく思います。」

このようにして、途中、激突、破裂の危機はあったものの、第一回英独首脳会談は、最後には、双方、それほどの不満もなく、問題は平和的解決への希望を残して、次回に持ち越されることになったのである。

注

（1） David Faber, *Munich, 1938: Appeasement and World War II* (Simon & Schuster, 2009), pp. 285-6; Robert Self, *Neville Chamberlain–A Biography* (Ashgate, 2006), p. 312; David Dilks (ed.), *The Diaries of Sir Alexander Cadogan O.M. 1938–1945* (Cassell & Company LTD, 1971), p.98.

（2） Robert Self (ed.), *The Neville Chamberlain Diary Letters, Volume Four, The Downing Street Years, 1934–1940* (Ashgate, 2005), p. 346; 明治大正昭和新聞研究会編『新聞集成　昭和編年史　十三年度版』Ⅳ（新聞資料出版、一九九一年）、七五八ページ、Nevile Henderson, *Failure of a Mission–Berlin 1937–1939* (G. P. Putnam's

Sons, 1940), p. 152; パウル・シュミット著／長野明訳『外交舞台の脇役（一九二三－一九四五）－ドイツ外務省首席通訳官の欧州政治家たちとの体験－』（日本国書刊行会、一九九八年）、四三四ページ、Faber, *Munich, 1938*, pp. 285-7; John Harvey (ed.), *The Diplomatic Diaries of Oliver Harvey 1937-1940* (Collins, 1970), p. 183.

（3）シュミット『外交舞台の脇役（一九二三－一九四五）』、四三四ページ。

（4）*Documents on British Foreign Policy, 1919-39, 3rd series, Volume II* (His Majesty's Stationary Office, 1950), pp. 334-5. 以下、*DBFP-II* と略して表記する。Faber, *Munich, 1938*, p. 290.

（5）Winston S. Churchill, *The Second World War volume I: The Gathering Storm* (Mariner Books, 1985), pp. 269-70.

（6）明治大正昭和新聞研究会編『新聞集成　昭和編年史　十三年度版』Ⅲ（新聞資料出版、一九九一年）、七七二ページ、Self (ed.), *The Neville Chamberlain Diary Letters, Volume Four*, p. 346.

（7）Faber, *Munich, 1938*, p. 299.

（8）*Ibid.*, pp. 295-6.

（9）Neville Chamberlain, *In Search of Peace* (G.P.Putnam's Sons, 1939), p. 188.

（10）Telford Taylor, *Munich: The Price of Peace* (Hodder and Stoughton, 1979), p. 737.

（11）Faber, *Munich, 1938*, p. 288; シュミット『外交舞台の脇役（一九二三－一九四五）』、四三四ページ、明治大正昭和新聞研究会編『新聞集成　昭和編年史　十三年度版』Ⅲ、七七二ページ、Self, *Neville Chamberlain*, p. 312; Self (ed.), *The Neville Chamberlain Diary Letters, Volume Four*, pp. 346-7; ジェイムズ・ジョル著／池田清訳『ヨーロッパ一〇〇年史』２（みすず書房、一九九三年）、一七九ページ、Nick Smart, *Neville Chamberlain* (Routledge, 2010), p. 241.

（12）Self (ed.), *The Neville Chamberlain Diary Letters, Volume Four*, p. 346.

（13）Self, *Neville Chamberlain*, p. 312.

（14）Self (ed.), *The Neville Chamberlain Diary Letters, Volume Four*, p. 346.

（15）*Ibid.*, p. 347.

（16）シュミット『外交舞台の脇役（一九二三－一九四五）』、四三五ページ、Henderson, *Failure of a Mission*, pp. 153-4.

（17）Self (ed.), *The Neville Chamberlain Diary Letters, Volume Four*, p. 347.

（18）会談記録は、シュミット作成記録（*Documents on German Foreign Policy, 1918-45, Series D, Volume II* (Her Majesty's Stationary Office, 1953), pp. 786-7. 以下、*DGFP-II* と略して表記する。）と会談後のチェンバレンによる口述筆記（*DBFP-II*, pp. 338-41）がある。またチェンバレンが九月一八日英仏ロンドン会談冒頭で陳述したもの（*DBFP-II*, p. 374）、九月二八日の下院での説明（Chamberlain, *In Search of Peace*, pp. 187-8）、シュミットが戦後回顧したもの（シュミット『外交舞台の脇役（一九二三－一九四五）』、四三五－九ページ）もある。シュミットの作成記録とチェンバレン口述筆記との間に、会談の重要な部分についての表現の違いはあるが、趣旨における齟齬はない。本論で会談内容を叙述するにあたっては、正確さにおいてより信頼できる *DGFP-II* 収録のシュミット作成記録に主に依拠しながら、適宜その他の資料も補充的に利用した。各部に対応する資料ページを一々「注」として記すのは、煩雑極まるので、略したことを断っておきたい。

（19）アドルフ・ヒトラー著／平野一郎・将積茂訳『わが闘争』下（角川文庫、二〇一一年）、三〇〇ページ。

（20）*Foreign Relations of the United States, Diplomatic Papers, 1938*,

Volume I, General (United States Government Printing Office, 1955),
pp. 609–10.

第19章　会談後：両首脳の満足と前途の難関

1　会談終了後のヒトラーとチェンバレン

（1）大満足のヒトラー

会談を終えて、両首脳が階下へ行く途中、ヒトラーは、会談前よりもはるかにうちとけた様子で、

「ここの朝の景色は素晴らしいのですが、明日はいつ出発しなければいけないのですか？」

と尋ねた。チェンバレンが、

「人の命が失われているときですので、早く帰らなければなりません。」

と答えると、山荘の主人は、

「そうですか、それじゃ、この問題がすっかり片付いたら、きっとまたここへ来ていただかなくてはいけませんね。そのときには、山頂にある私の茶室にご案内しますから。」

と応じた。(1)

こうしてにこやかにチェンバレンを見送った後、ヒトラーはリッベントロップやワイツゼッカーを呼び寄せた。もてなしがうまく行ったときには、その後で、嬉しそうに自分の両手を握り合わせるのが彼の癖であったが、このときもこの仕草をしながら、

「うまくチェンバレンをズデーテン割譲のために一働きする気にさせることができました」と、上機嫌で話し始めた。そして、今後の展開について二つの可能性を予想する。一つは、チェコスロヴァキアがイギリス案を拒絶した場合である。次のように言う。

「私はプレビサイトを拒絶するつもりはありませんが、しかし、もしチェコスロヴァキアがこれを拒めば、ドイツ軍侵攻の道が開けるでしょう。」

二つ目は、受諾した場合である。

「もしチェコがズデーテン地方を譲るというなら、チェコの残部は、来春に何らかの方法で併合となるでしょう。」

そして、その予想される共通の結果について、

「どちらのシナリオでも、私には負けはありえません。そして、私が生きているうちに、念願の戦争ということになるでしょう。」

と語った。(2)

（2）二段階解体論に傾くヒトラー

会談前も会談後もヒトラーの不動の目的は、チェコスロヴァキ

アの解体であった。そして、彼が最善と見なしていた策は、会談前までは、対致局地戦争によってその目的を一挙に達成するという武力的解決策であり、他方、外交的手段によるズデーテンのみの併合という方策には、あまり乗り気ではなかった。しかし、会談後には、その目的達成手段と手順に関する彼の考えに、変化が見られた。リッベントロップやワイツゼッカーに対する、会談後の右のヒトラー発言は、戦後のワイツゼッカー回顧録に拠るものなので、どこまで正確なのか定めがたいが、今、仮にこれをこのまま信用すれば、ヒトラーは、ズデーテン併合から残部チェコスロヴァキア支配へという二段階解体論も可という方針に傾いた、と感じられる。ただ、ゲッベルスは、チェコスロヴァキアの単独抵抗の可能性はない、従って、とりあえずは対致戦争はないと見ていたのに対して、ヒトラーはその可能性はなきにしもあらずという考えであり、依然、対致局地戦争への期待を捨ててはいなかった(3)。

ヒトラーは、翌朝にも、カイテルら側近にも会談内容と今後の見通しについて話しているが、そこには、チェコスロヴァキア解体に関する武力的根本的解決と外交的暫定的解決という、二つの可能性についての彼の考えが、より明確に現れている。彼は彼らに、「私は、会談を終えた今も、プラハ進軍のつもりでいます」と述べはしたが、カイテルは、そのときヒトラーに初めて躊躇いの色を見たように思った。カイテルにはヒトラーが渋々認めたと感じられたとのことだが、総統は、チェンバレンとの会談を終えた今、一時的な譲歩もありうる情勢になったことを示唆して、次のような趣旨のことを漏らしたという。

「欧州一般情勢に照らし合せてみて、避けられない事態ということになれば、イギリスの提案で進むことになるでしょう(4)。」

この渋々の「譲歩」は、会談中にチェンバレンが毅然たる態度でヒトラーに対して警告を発した、その効果の表れだとも見てとれるが、それはともかく、ここでヒトラーに特徴的な政治スタイルの一つを取り上げてみると、それは、常に不動の究極的目標を見据えながらも、その達成方法、達成手順についての最後的決定は性急に下すことなく、しばらくは事件の展開をその流れに任せて、それを注意深く観察しながら好機の到来を待つというものか、あるいは、環境の変化によって何らかの決断を強いられる瞬間の到来を待つというものかである。このような慎重な臨機応変と賭博的な決断の組み合せが、ベルヒテスガーデン会談後にも採用されており、彼は、ズデーテン併合という外交的暫定的解決の容認に傾きながらも、まだまだ、彼の最優先策たる対致局地戦争の可能性を諦めておらず、予定通りに「緑作戦」発動準備を進めながら、対致戦争実現の機会を狙っていた。

(3) チェンバレンがヒトラーに残した「好」印象

翌日、ウィルソン顧問は、何人かのドイツ人から、首脳会談を通じてヒトラーがチェンバレンに対して抱いた印象を聞く機会があった(5)。リッベントロップを除いて、彼らは異口同音に、総統は好印象を持った、会談に大満足であった、と話した。ウィルソンがその朝一番に会ったのが、ヘーウェル外相付秘書官であったが、彼は、ヒトラーが首脳会談直後に招集した小会合に、リッベントロップ外相やワイツゼッカー外務次官と共に出席していた。その彼によると、ヒトラーは、「私は『ひとかどの人物』と話し合っているという感じがした」と、お世辞に非常に弱いとされるチェンバレンが聞けば、その自尊心をくすぐるような感想を漏らしたという。

朝食後、チェンバレン一行は、ベルヒテスガーデンのホテルからミュンヘン空港へ車で向かった。首相はリッベントロップ外相と同乗、ウィルソンはディルクゼン駐英大使と同乗、車中で二時間の話をする機会があった。話が弾んだのは、言うまでもなく、ウィルソンとディルクゼンの方であった。大使自身は前夜の小会合には呼ばれなかったが、そこに出席した人たちから聞いた話として、ウィルソンに色々と語って聞かせた。その中で注目される一点は、彼が、次のように、両首脳間の相互理解の成立ということに言及していることである。

「明らかに総統は首相に好印象を持ちました。総統は、首相が総統を理解し、総統の方も首相を正しく理解した、と感じたようです。」

その他の点でも、前夜の首脳会談は予想以上にうまくいったと語り続ける大使に対して、ウィルソンが今後の見通しについて、やや不安げに、イギリスはフランスに少してこずるかもしれないと示唆すると、大使は、前を走るチェンバレンを乗せた車を指さして、

「それは仕方ないでしょう。しかし、どのみち決定権はあの車にあるのです。」

と、二日後の英仏ロンドン協議を予言するようなことを言った。

途中でとった小憩中に、ワイツゼッカーは、ウィルソンに次のようなことを話して聞かせた。

「首相は総統にまったく正しい印象を与えました。総統は首相との会談に非常に満足しておられ、チェンバレン氏は商談のできる相手だと話されていました。」

（4）不機嫌なリッベントロップ

ミュンヘンに着いた一行は、そこで昼食をとった。ウィルソンの隣に座ったのは、リッベントロップであった。彼は始終不機嫌そうにしていた。ズデーテン地方における重大事件の防止の重要性が話題となったとき、ここぞとばかりにチェコスロヴァキア政府を非難するリッベントロップに対して、ウィルソンが、こちらで調べた結果、三〇〇人のドイツ人の死者については何の根拠もないことが分かりました、と言い返すと、これについてリッベントロップは何の受け答えもせず、まったく無視したのであった。後でウィルソンが知ったことだが、ベルヒテスガーデンからミュンヘンでの二時間の車中で、リッベントロップがチェンバレンに見せた態度も、まったく同じように不機嫌そのものであった。前夜の会談結果に希望が蘇えるのを感じて、ご機嫌であったディルクゼン大使とは対照的に、反英好戦家のリッベントロップ外相が見せたこの不機嫌は、その会談で、総統が外相の期待とは逆の方向に傾いたことを、外相が知ったせいであった、そう見て間違いはあるまい。

（5）三つ目の誤断：「ヒトラーは信頼できる男」

チェンバレンは、ウィルソンから聞いた話、すなわち、いかに

ヒトラーが自分に好印象を抱いて、いかに自分との会談に満足していたかという話を、妹への手紙の中で、満足げに、自慢げに書き連ねた後、その話から彼が導き出した結論を次のように記している。

「要するに、信頼を勝ち取るということが私の目的でしたが、これができたということです。彼の表情に険しさと容赦のなさを見たように思いましたが、それにもかかわらず、私の方でも、今、自分が話し合っているこの男は、約束をすれば、それを守る、そのような信頼のおける男だという印象を得ました。[6]」

このように、チェンバレンは、この「平気で嘘をつく男」を「約束を守る、信頼できる男」と信じたわけであるが、これは、ヒトラーとの初会談から彼が引き出した三つ目の誤断であった。他の二つは、既に触れたが繰り返すと、一つは、チェンバレンが、ヒトラーは既に対致攻撃準備を完了しており、今すぐにも進軍すると固く決意している、と信じたことであり、もう一つは、「世界制覇」とは言わなくても、「全欧州制覇」とさえ言わなくても、少なくとも「中・東欧制覇」を究極的目的としている領土的膨張主義者の目的を、チェンバレンは、「厳しく限定されたもの」、すなわち、ヒトラーの領土的欲求はズデーテン併合で完全に充足されると確信したことであった。[7]

(6) チェンバレンは『わが闘争』を読んでいたか？

チェンバレンの三つの誤断のうち、特にヒトラーの目的が「限定的」だ、ズデーテンが最後の彼の領土的要求だと、彼が信じたということを知ったとき、多くの読者には、チェンバレンは『わが闘争』を読んだことがないのか、という疑問が湧くであろう。この当然の疑問に答えてくれるかのように、ニコルソンは、次のように言っている。

「『わが闘争』のドイツ語のオリジナル版を読んで研究したイギリスの政治家が、ごく僅かしかいなかったのは、不幸なことであった。もし彼らが総統の初期の生活と著作を研究していたら、彼らは、自分たちは狂信的な男と対峙しており、その男の野望は限りないものなので、これをはっきりと捕捉することはできないということに、大事に至らないうちに気付いたであろう。[8]」

この回答で、ほとんど疑問は解けたようにも思えるが、ニコルソンの言う「ごく僅かのイギリスの政治家」の中にチェンバレンが含まれていなかったのかという疑問は、まだ残る。この点を詰めるために、今少し検証を加えてみよう。一九二五年から二六年にかけて発行された『わが闘争』は、ヒトラーが政権をとった一九三三年の秋に英訳版が出ているが、これは、ナチ・ドイツにとって、対欧米宣伝に不都合な部分を削除した不完全なもので、どちらかというと、ヒトラー理解に役立つよりもヒトラー誤解に役立つものであった。

その英訳完全版が出版されるのは、一九三九年三月の残部チェコスロヴァキア解体の後のことであるから、チェンバレンが一九三八年九月の「ミュンヘン危機」に対応していた時点では、彼は『わが闘争』の完全版を読んでいないことになる。しかし、内容についてはまったく知らなかったわけではない。というのは、一九三六年に、時のイーデン外相が閣僚に『わが闘争』の抜粋を配布して、チェンバレンもこれを読んでいるからである。[9]

(7) 経験主義者の陥穽

但し、既に見たように、ドイツ語のオリジナル版を読んだ者でも、ベネシュは正しく読んだが、ヘンダーソンはその核心的部分を読み損ねた。だから、政治家、外交家が『わが闘争』を読んだことがあるからと言って、その人がヒトラーを正しく理解し、それを基礎としたヒトラー観を形成し、それを政策形成に反映させることができるとは限らない。チェンバレンも、ミュンヘン危機の前にイーデン配布の相当な量の抜粋を読んでいたという事実はあるが、そこから正しいヒトラー像を形成するよりも、むしろ、ベルクホーフにおける三時間の面談の経験から、「信頼できる男」、「彼の目的は限定的」という誤ったヒトラー像を形成してしまった。この種の誤断は、一般に、自信過剰な経験主義者が嵌りやすい陥穽であるが、そのような経験主義者の一人であったチェンバレンが作り上げた、この誤ったヒトラー像が修正されるのには、ほとんど取り返しのつかないほどの、手ひどい真実の体験と遅ればせの真剣な読書とが必要であった。すなわち、一九三九年三月のドイツ軍のプラハ進駐と、その直後の英訳完全版『わが闘争』の閲読とを待たねばならなかった。[10]

ベルヒテスガーデン会談に臨むに当って、チェンバレンが準備していたものについて、A・J・P・テーラーは、「チェンバレンが出かけるに当ってしっかりと身につけていたのは、ドイツの民族的不満が充足されれば、ヒトラーも平和的になるだろうという確固たる信念にすぎなかった」と評しているが、[11] このテーラーの批評は、辛辣であるが、その妥当性を否定することは難しい。会談結果は、見たように、出発前のこの誤った信念の誤った再確認に終ったのであった。

2 帰国後のチェンバレン

(1) 帰国スピーチ

チェンバレンが、ウィルソンとストラングを従えて、ヘストン空港に降り立ったのは、九月一六日の夕方五時過ぎであった。ハリファックス外相らイギリスの閣僚たちに混じって、コルト駐英ドイツ代理大使も出迎えに来ていた。そのコルトが、首相に対面したときに、「うまくいったとお感じのことと存じます。少なくとも、首相はドイツ国民の心を征服されました」という世辞で迎えると、[12] 上機嫌の首相は、「ドイツの方々は、官民共に皆、非常に親切でした。私は素晴らしい時を過すことができました」と、心のこもった感謝の辞で応じた。

この後直ぐ、首相は、BBCのマイクに向って、国民へ帰国の挨拶を行った。

「私は予定よりも早く帰国致しましたが、ヒトラー氏との会談は率直かつ友好的なものでした。今、私には、二人はお互いに相手が何を考えているのかということを十分に理解し合えた、という満足感があります。」

と、二人の間に相互理解の成立したことを強調した後、次に首相は、今後の予定について、

「会談の内容については、まだ皆様方にはお話しできないこ

とは、ご理解いただけると思いますが、この後、私は同僚やランシマン卿と協議をすることにしています。そして、多分二、三日後には、ヒトラー氏ともう一度会うことになります。」

と告げ、次回の会談場所について、

「この話となったとき、ヒトラー氏は私に、『次は私の方から途中まで首相をお迎えに出向くつもりです』と申し出られました。」

と言うと、背後の群衆から歓声が上がった。首相が続けて、

「これは老人にもう一度こんな長旅をさせたくないということなんでしょう。」

と付け足すと、今度は歓声だけでなく、自然発生的な笑い声もどっと湧き上がった[13]。

(2) 首相・側近会談での帰国報告

空港での帰国挨拶を終えたチェンバレン首相は、首相・側近会議を開くために、官邸に直行した。官邸前でも三〇〇人ほどの市民の歓呼に迎えられた[14]。ランシマン卿も、この会議に参加するために、この日、プラハを飛び立っていたが、卿を送り出したプラハ市民の態度は、その日チェンバレンを歓迎したロンドン市民の反応とは対照的であった。その冷ややかな反応を、「シャイラー日記」は、次のように描写している。

「ランシマンはロンドンに発った。嫌われ、敬意も払われず、称えられもしないまま、そそくさと目立たずに帰っていった[15]。」

そのランシマンはまだ官邸に着いていなかったが、六時三〇分、会議が始った[16]。冒頭、チェンバレンは、会談結果と彼自身の考えについて、おおよそ次のように述べた。

「私は、ヒトラー氏に対して、私の個人的な意見として、民族自決の原則に反対はしないと、言いましたが、こう言うことによって、とりあえずはヒトラー氏を抑えることができたと思っています。今や、自決以外に事をうまく進める方法は何もありません、これは明白なことです。」

このように、自分の訪独の最大の成果が、自分の私案でもってヒトラーの即時武力行使を抑止しえたことだ、と自己評価した。そうすることによって、「カールスバート要求案」に関するヒトラーの考えを問い質す試みもせずに、いきなりズデーテン分離を認めたことを正当化したのであった。続けてチェンバレンは、民族自決の原則を承認すれば、その後に残る問題は、この原則の公正な実施方法だけとなるという認識を示した。

「今や、ズデーテン地方のドイツへの復帰は、それが秩序正しく行われるか、あるいは、無秩序に行われるかの問題にすぎないと、私は思います。」

ただ、彼には、ダフ・クーパー海相らの閣内批判派やフランス政府やランシマン卿やチェコスロヴァキア政府が、彼が個人的に承認したズデーテン地方の割譲という形での自決の原則を認めず、なおも「第四計画」ないしは「カールスバート案」を軸とする自治案でもって、自分に抵抗はしないかという一抹の不安があった。その不安の一端が、この身内の小会議でも吐露された。

「フランスはプレビサイトに反対することはないと思いますが、ランシマン卿が、単純明快に、プレビサイトが事を進めるべき唯一可能な途だ、という声明を出すことはできないもので

しょうか？」

（3）ランシマンの「混乱した報告」

ここまで会議が進んでいたとき、ランシマンが遅れて姿を見せたので、早速、チェンバレンは上記のような期待をもって、彼の見解を聴取することにした。その彼が語りだした解決案は、首相を戸惑わせる、次のようなものであった。⑴「カールスバート要求」の受諾、⑵ソ致相互援助条約の廃棄、⑶独致通商条約の締結。⑵と⑶の色付けはあっても、「自決」でなく「自治」に止まる⑴を含む、このランシマン私案は、ベルヒテスガーデン会談後の今となっては、ヘンラインとヒトラーだけでなく、チェンバレンにとっても受け容れられない案であった。このような期待外れのランシマン報告によって、困った立場に立たされた首相に助け舟を出したのは、ハリファックスであった。彼は、ランシマン案が現実味のないことを明らかにせんと、ランシマンに、「チェコ人とドイツ人は、いつまでも幸せに共生することができますか？」という質問を放った。これに対するランシマンの答えは、なんと、「できません」というものであった。この答えによって、彼は、無自覚にせよ、自ら自己の解決案が自己の現状認識と矛盾する、非現実的なものであることを認めたのである。

歴史家テルフォード・テーラーが、この会議でのランシマンの説明を「混乱した報告」と呼んだように、その解決案は、到底、熟慮の結果到達した確信的結論として、不退転の決意で提出されたものとは思えなかった。それ故に、この後のランシマンは、自分の準備していた報告書を廃棄して、無抵抗、無原則に、外務省の意のままに、チェンバレン＝ヒトラー・ベルヒテスガーデン「合意」を是認しただけの「ランシマン・レポート」をまとめることになる。これが後に発表されたとき、この「十日の菊」のごときレポートに、注目する者は誰もいなかった。これが、二ヶ月前にプラハの晴れ舞台に鳴り物入りで登場したランシマン・ミッションの成れの果てであった[17]。

（4）首脳会談への一般的評価：緊張は緩和された

首相・側近会議終了後、チェンバレンは、バッキンガム宮殿に出向き、一時間にわたって国王ジョージ六世に結果を奏上した。ここでも首相は彼の「最大の手柄」を誇らしげに語っている。

「総統は単にブラフをかけていたわけではございません。武力で以てこの問題の決着をつけると固く決心していました。私がドイツを訪問したことによって、チェコスロヴァキアへの侵入を遅らせることができたのでございます。一週間の休止期間を勝ち取ることができたと信じている次第でございます[18]」

チェンバレン自身の首脳会談評価は、このようなものであったが、それでは、一般の評価はどのようなものであったのか、これについていくつかの史料から推測してみよう[19]。ジュネーヴのバックネル米領事は、国務省に次のように報告している。

「当地多方面における反応は、チェコスロヴァキアは『売り飛ばされてしまった』という冷笑的な見方です。そして、その結果、緊張は大いに緩和されたものと感じられています。」

同様に、ロンドンのハーヴェイ外相付秘書官も、その日記に、「全体的印象はデタント」と評価し、また、ローマのチアーノ外相も、その日記に次のように記している。

「ヒトラー＝チェンバレン会談の解釈は、悲観、楽観様々なるも、一般的には、雰囲気は明るくなったという感じがある。近いうちに更なる話し合いが予定されている点は、前途有望と解釈されている。」

3　致政府と英「反宥和派」の抵抗度

(1) チェンバレンの心配の種：致の抵抗

ベルヒテスガーデンから帰国したチェンバレンの今後の方針は、民族自決の原則のチェコスロヴァキアへの適用としてのズデーテン地方の割譲という、彼がヒトラーに提示した「英首相私案」を閣議を通して「英政府案」として、その後、これをうまくフランス政府とチェコスロヴァキア政府に売り込むことであった。この方針を進めるに当たって前途に予想される難関のうち、ランシマンやクーパーやダラディエらの抵抗は、チェンバレンには、何とか乗り切れると思われたであろうが、彼の唯一の真の心配の種は、チェコスロヴァキアの抵抗であったであろう。同国がベネシュ大統領の下で軍民一丸となって、チェンバレン案に対して徹底抗戦の構えを見せるおそれが十二分にあったからである。

そこで、以下、ベルヒテスガーデン会談に関するチェコスロヴァキアの反応に対して九月一六日に行われたいくつかの解釈、予想と、この日のチェコスロヴァキア政府自身の動きとを見てみて、この時点でのチェコスロヴァキアの抵抗意志の本気度を測定してみよう。先に見たように、当時の一般的な評価は、会談によって緊張は緩和されたというものであったと推定してよかろうが、問題は、チェンバレンに「売り飛ばされた」、「裏切られた」と見なされ、「ハーヴェイ日記」に「可哀想なチェコ、可哀想なベネシュ！」と書かれていた、そのチェコスロヴァキアが、泣き寝入りとなるか、それとも、憤然と起ち上がるかどうかであった。この点について、先に一般的評価の検討の際に使ったのと同じ史料に拠って検討してみよう。

ジュネーヴのバックネルは、「唯一心配されているのは、チェコスロヴァキアが解体を受け容れずに抵抗するのかということです。もしそのようなことになれば、その闘争が全体戦争へ拡大する可能性も残ります」と、緊張緩和という光と同時に欧州戦争の可能性という影の残存することを報告しており、ローマのチアーノもまた、「ドゥーチェはベネシュの態度につき心配している」と記した後、しばらく時間が経った後に、「プラハからの報告は良くなっている。しかし、ベネシュ政府の非妥協的な態度は変っていない（午後八時三〇分記す）」と書き加えている。ロンドンのハーヴェイ外相付秘書官は、「プラハにクーデターが起こる可能性ありとの噂あり」と記し、現ホジャ政権が妥協的な態度を示した場合には、抗戦的軍事政権に取って代られる可能性を示唆した。

現地プラハの空気を肌で感じていた観察者の判断はどうであっただろうか？　この日ランシマンと共にプラハを発って、夕方ロンドンに帰着したアシュトン－グァトキンは、ハーヴェイに、「プレビサイトとなれば、チェコスロヴァキア軍は戦うであろう」という判断を示していた。また、シャイラー・プラハ特派員は、この夜のアメリカ国民向けの放送の中で、「チェコ人は自分らの国を解体し、千年にわたってボヘミアの守りとなっていた戦略上重要な山岳国境地帯を放棄することに、同意するだろうか？　私は、彼らは屈従しはしないだろうという感じがする」と、チェコ人の強い抵抗の意志を強調していた。[20]

（2）欧州戦争への可能性

このように、これらの観察者は、一致して、チェコスロヴァキアが抵抗する可能性は高い、と見ていたのであるが、中でもバックネル領事が触れていた欧州戦争勃発の可能性についてはどうであっただろうか。これについて、「チアーノ日記」は、駐ローマ仏代理大使ブロンデルが彼に語った、次のような悲観的な予想を載せている。

「私は一九一四年の日々のことを思い出します。そのころ、私は在ロンドン大使館にいましたが、その当時も、誰もセルビア人のために死にたいとは思っていませんでした。そのときの世界は現在よりももっと幸せで、また、平和が維持されると信じられる理由も非常に沢山ありました。」

ローマでブロンデルがこのような見通しを語っていたとき、ロンドンの首相・側近会議では、「チェコスロヴァキア人のために死にたいとは思っていない」多くのイギリス人の気持ちを代弁するかのように、チェンバレン首相は、「ズデーテン・ドイツ人の自決を阻止するために、イギリスが戦争することなど、考えられないことです」と、[21]その信念を繰り返していた。その首相が一年後、チェコ人よりもイギリスから更に遠く離れて住んでいるポーランド人のために、対独戦争に加わる決断をするのである。もちろん、それは「ポーランド人のために死にたい」と思ってのことではなく、集団的自衛権という考えに基づいての自衛戦争としての決断であったが。

一年後の第二次欧州戦争勃発のことはともかく、一九三八年九月一六日に戻ると、上に使用した史料から、この時点で当時の多くの人たちは、ベルヒテスガーデン会談によって平和への見通しが明るくなったという感触を持ちながらも、欧州平和の生贄としてフューラーの神殿に捧げられようとしているチェコスロヴァキアの最後の必死の抗いによって、欧州社会全体が再び恐ろしい大戦争へと引きずり込まれるのではないか、という不安もまた、捨てきれずにいたと、そう言ってよかろう。

（3）致政府の表の動き

以上、ベルヒテスガーデン会談後のチェコスロヴァキアの反応についての、外部観察者たちの予想を見てきたが、次に、この日のチェコスロヴァキア政府自身の表と裏の動きを見ておこう。まず表の動きとして、ルドルフ・ペチエニ致首相代理から公式政府声明が発表された。この声明は、次のように、領土割譲、就中、プレビサイトによる割譲には絶対反対、断固抵抗することを、強く明確に表明していた。

「致政府は、ズデーテン地方の帰属はいかなる形式にせよ、人民投票によって決する案には絶対に賛成しない。人民投票は戦争の近道に過ぎない。英独間にズデーテン問題解決につきいかなる諒解が成立するとも、致政府は国の領土分裂を絶対に許容しがたい。致国民は、自国の領土を分裂させるよりは、むしろ死を択ぶ固き決意を有し、人民投票が実施されれば、いかなる致政府といえども、即時崩壊せざるをえない。[22]」

この強硬な政府声明が、先に挙げた観察者たちの判断の主な根拠の一つになっていたに違いなく、また、彼らのその判断の正しさを裏付けるもののように思われるが、しかし、話はここで終らない。

(4) 致政府の裏の動き(1):ベネシュ＝ホジャ極秘譲歩案

表向きの強硬な政府声明の発表の裏では、同時に、微妙な意味合いを持つ動きが見られた。この日の夜九時半というから、ちょうどチェンバレン首相が、ベルヒテスガーデン会談について奏上するために、ジョージ六世の御前に伺候したころ、イギリス外務省に駐プラハ公使のニュートンから一通の電報が入った。それによると、ホジャ致首相がニュートンに対して、「今からお話ししたいことがありますが、前もってお願いしておきたいことは、私から聞いたということは伏せておいていただきたいということと、それから、これは私の独り言にすぎないということです」と断った上で、「独り言」を始めた。[23]その「独り言」は、首相の独断専行ではなくて、事前にベネシュ大統領と打ち合わせ済みであったことは、確かであった。というのは、この日、ベネシュ自身もド・ラクロワ仏公使に対して、極秘の事、非公式の事と強く断った上で、首相の「独り言」とほぼ類似の内容の内話をしているからである。大統領と首相が、それぞれ、フランスの公使とイギリスの公使に伝えた話の要点は、おおよそ次のようなものであった。

(1)ズデーテン問題の平和的解決の絶対的条件として、ヒトラーが「血」(ズデーテン・ドイツ人)だけでなく「土」(ズデーテンラント)をも要求するならば、チェコスロヴァキアは、同地方の一部、すなわち、エガーラントを含む三地域を割譲できるかもしれない。

(2)この割譲地域には、八〇万から一〇〇万人のドイツ系住民がいる。

(3)割譲地域と残留地域の間で、住民移住を許す。

このベネシュ＝ホジャ極秘譲歩私案が実現すれば、チェコスロヴァキアは、一部の領土を喪失する代償として、目前の対独戦が回避できるだけでなく、「獅子身中の虫」と言うべきズデーテン・ドイツ党系の住民を「駆除」でき、その結果、国家としてのイデオロギー的均質性と政治的安定性が高まる。それだけでなく、同案では、「小マジノ・ライン」と呼ばれる要塞地帯は手つかずでチェコ側に残されることになるので、軍事戦略的価値は損なわれることなく保持されることになるのである。[24]この譲歩案は、このようにチェコスロヴァキアにとっても相当大きな利点を有するものであったが、チェンバレンにとっても、マイナス材料ではなかった。同案は、これまでチェコ側が、「自治の原則」の範囲内ということを譲歩の限界として来た「第四計画」から、更に「自主的に」譲歩して、「自決の原則」に基づいた領土の割譲を認める用意のあることを示したものであり、今や、問題の性質が「原則の問題」から「程度の問題」へと変化したと見られるので、チェンバレンにとっては、一大難関に風穴があいたことを意味した。

このように、チェンバレンにとって、同案はマイナス材料ではないが、それではどれほどのプラス材料であるかは、この時点では不明であった。なぜなら、ヒトラーがベルヒテスガーデンにおいて割譲対象地域について五〇％以上という数字を明示した今、チェンバレンには、「強大な戦争マシーン」を手にした「半狂人」ヒトラーの激怒を覚悟して、このベネシュ譲歩私案を、次回の会談の場に叩き台として提出する「勇気」はなかった、と考えられるからである。しかし、チェンバレンがベネシュに後一押し、二押し圧力をかければ、更にベネシュがヒトラーの数字まで譲歩する可能性が、この譲歩案によって出てきたわけで、これ以後、問題の焦点は、チェコスロヴァキアが「原則の問題」でなくこの「程度の問題」で、国家・国民の生死をかけた単独抵抗を試みるか、それとも、更なる譲歩を重ねるかに絞られた、と言えよう。

（5）致政府の裏の動き（2）：ネカス密使パリ携行案

ベネシュ大統領は、ベネシュ＝ホジャ極秘譲歩案の提示と並行して、彼の信頼する閣僚で、社会民主党員ヤロミール・ネカスを密使として、パリに派遣した。ネカスの使命は、大統領から与えられた「覚書」の内容を、知人であるフランス社会党のレオン・ブルム前首相に伝え、これをブルムからダラディエ首相に伝えることであった。秘密漏洩を恐れる大統領は、この密使の派遣については、「非妥協派」と見られていたオススキー駐仏公使にも知らせず、また、「覚書」の最後には、「この覚書は廃棄されたし」という指示を付け加えるほど、徹底した秘密の下で遂行した。

このネカス携行案は、ベネシュ＝ホジャ極秘妥協案と、内容的にはほぼ同じであった。[25] 但し、ベネシュは、この「覚書」の中で本譲歩案の狙いを、ネカスのために次のように明かしている。(1)英仏頭越し外交の阻止、(2)ズデーテン全域譲渡案の阻止、(3)プレビサイトの阻止、(4)本妥協案を「英仏最後案」としてチェンバレンからヒトラーに提出。このネカス携行案は、捨て身の「第四計画」による英仏取り込み策に失敗したベネシュの、同様の狙いを持った苦肉の一策で、これは「第五計画」と呼ばれることもある、彼の「最後的」譲歩案であった。[26] 同案は、九月一七日にブルムからダラディエに伝えられ、そのダラディエは、翌一八日の朝、ロンドンに向うことになるのだが、[27] 同案は英仏協議でどのように扱われるのであろうか？ これについては、後回しにして、その前に一七日のイギリスの閣議を前にしたダフ・クーパー海相たち「反宥和派」の動きを見ておこう。

（6）「反宥和派」クーパーらの動きとハーヴェイの葛藤

九月一六日午後三時、まだイギリスにベルヒテスガーデン会談の内容についての情報がほとんど入っていなかったころ、閣内「反宥和派」のウィンタートン・ランカスター公領相が、明日の閣議を前に海軍省に同志ダフ・クーパー海相を訪れて、次のような決意を述べた。

「私は、どうも政府は弱腰になるのではないかと恐れているのですが、そんな政府と考えを異にするものは、辞職を賭して自分たちの見解を強く押し出すべきだと思っています。」

ウィンタートンと入れ違いに、今度は、同じく「反宥和派」のスタンレー商相がやってきて、譲歩可能な限界線について、「チェコスロヴァキアで将来プレビサイトを行うことは受け容れられても、今すぐというのは駄目です」と言い、続けて、クーパーに忠告するかのように、「首相は六時ごろロンドンに戻られる予定だから、我々はロンドンを離れてはいけません」と付け足した。しかし、これより前にリヴィングストンに行く約束をしていたクーパーは、スタンレーの忠告にもかかわらず、この約束を優先させて、六時五〇分の列車に乗ってロンドンを離れた。そして、その日の日記には、いかにもクーパーらしく、「そこでいいパーティーがあって、楽しい夜を過ごし、悩みは忘れた」と記されていた。(28)

午後六時ごろ、ハーヴェイ外相付秘書官は、初めて、ベルヒテスガーデン会談についてごく簡単な内容を聞かされた。それは、「ヒトラーは、今月末までにズデーテン地方をよこさないならば、戦争だ、残りのチェコはいらない、と言った」というものであった。これを聞いたときの気持ちについて、ハーヴェイは、「私の第一印象は、私たちは脅迫の下で無理矢理ヒトラーと取引させられるという嫌な感じであった」と、日記に記しているが、それではこの感情に任せて取引を拒否すべきだと、彼が考えたかというと、民族自決の原則には歯向えぬという理性的判断が働く。

「私たちがドイツ人をドイツ国外に置いたままにしておくために、戦争をすることなどほとんど予期しがたい。」

このような認識から、彼は、ヒトラーのやり方に不快感を抱きながらも、ズデーテン地方の割譲は致し方ないと認容する。そして、残る問題は、イギリスの面子が丸潰れにならないことだけだと考え、イギリスの面目を保つ二つの条件を示している。それは、第一に、プレビサイトはきちんとした国際的条件の下で行われることであり、第二に、残部チェコスロヴァキアに対する保障であった。(29)

(7) 明日の英閣議の三焦点

明日の閣議には「辞職を覚悟で」という話をしていたクーパーら「反宥和派」閣僚も、チェンバレンの宥和政策よりも強硬な対独政策の実施を主張してはいたものの、ズデーテン地方のために今すぐドイツと戦うというまでの覚悟はなかった。この点からして、明日の閣議における対立点となると予想される主問題は、もはやズデーテン地方の割譲の認否ではなくて、次の三つとなる可能性が高くなっていた。

(1)ズデーテン地方の割譲が、「秩序正しく」行われるか否か。

(2)残部致国の安全をどのような形で保障するか、すなわち、イギリス外交の大転換となる中欧の国への国際的安全保障にイギリス自身が参加するか否か。

(3)ハーヴェイの触れていない点であるが、致政府の意向をどこまで斟酌するか、すなわち、ベネシュらが抵抗したときでも、彼らに対して用いる手段は説得に止めるか、それとも、必要なら、何らかの強制的手段をもとるか否か。

このように、ヒトラーのやり口に関するその感情の違いはともかくも、チェンバレンとハーヴェイ、ひいては、チェンバレンとダフ・クーパーたちとの間の政策の違いは、著しく縮まっていた。すなわち、明日の閣議を前に、既に両者は、残る問題は割譲そのものではなくその履行方法であるという認識で、大きく接近していたのである。

（8）着々と進む「緑作戦」

ベルヒテスガーデン後のチェンバレンにとって、彼の政策遂行に立ちはだかる第一ハードルである明日の閣議を前に、ロンドンでこのような動きが進んでいる間にも、ヒトラーは「Xデー」に向けて「緑作戦」を着々と進行させていた。その推進状況の一端が、UP通信の欧州総監督ウェブ・ミラーによって目撃されていた。

「一六日、ベルヒテスガーデンからミュンヘンへ自動車をかる道すがら、余はズデーテン・ドイツ人がチェコ国境を越え自動車に家財を積み上げて避難してくるのを、幾度か目撃した。ミュンヘンを出てベルリンへ向かう途中では、武器を磨き立てた数隊の正規軍がチェコ国境へ向けて行軍しているのを見た。殊に予の眼を見張らせたのは、数十台の軍用自動車が飛行機とガソリンを積んで、これも国境へ向かって走り去ったことである。ミュンヘン郊外の飛行場には、少なくとも百台の軍用飛行機が翼を連ねて並んでいた。[30]」

注

（1）Robert Self (ed.), *The Neville Chamberlain Diary Letters, Volume Four, The Downing Street Years, 1934–1940* (Ashgate, 2005), p. 348.

（2）Gerhard L. Weinberg, *Hitler's Foreign Policy 1933–1939–The Road to World War II* (Enigma Books, 2010), p. 613; David Faber, *Munich, 1938: Appeasement and World War II* (Simon & Schuster, 2009), pp. 293-4.

（3）Ian Kershaw, *Hitler 1936–45: Nemesis* (Penguin Books, 2001), p. 112.

（4）*Ibid.*, pp. 111-2.

（5）本項と次項が依拠した資料は、ウィルソンが、九月一六日、ドイツ上空を飛んでいた機内で認めた手記（*Documents on British Foreign Policy, 1919–39, 3rd series, Volume II* [His Majesty's Stationary Office, 1950], pp. 351-4. 以下、*DBFP-II* と略して表記する。）を主とし、Self (ed.), *The Neville Chamberlain Diary Letters, Volume Four*, p. 348; *Foreign Relations of the United States, Diplomatic Papers, 1938, Volume I, General* (United States Government Printing Office, 1955), p. 609. 以下、*FRUS-I* と略して表記する。ヘルバート・フォン・ディルクセン著／法眼晋作・中川進訳『モスクワ・東京・ロンドン』（読売新聞社、一九五三年）、二四六ページ。

（6）Self (ed.), *The Neville Chamberlain Diary Letters, Volume Four*, p. 348.

（7）Telford Taylor, *Munich: The Price of Peace* (Hodder and Stoughton, 1979), p. 749.

（8）Harold Nicolson, *Why Britain is at War* (Penguin Books, 2010), p. 39.

（9）James J. Barnes and Patience P. Barnes, *Hitler's Mein Kampf in Britain and America–A Publishing History 1930–39* (Cambridge University Press, 2008), pp. 2, 18, 47-8.

（10）*Ibid.*, p. 48.

（11）A.J.P. Taylor, *The Origins of the Second World War* (Penguin Books, 1963), p. 217.

（12）Faber, *Munich, 1938*, p. 296.

（13）*Documents on German Foreign Policy, 1918–45, Series D, Volume II* (Her Majesty's Stationary Office, 1953), p. 829; Neville

Chamberlain, *In Search of Peace* (G.P. Putnam's Sons, 1939), p. 165.

(14) Faber, *Munich, 1938*, p. 297.

(15) ウィリアム・シャイラー著／大久保和郎・大島かおり訳『ベルリン日記　一九三四－一九四〇』（筑摩書房、一九七七年）、二〇ページ。

(16) 以下の首相・側近会議に関する記述は、David Dilks (ed.), *The Diaries of Sir Alexander Cadogan O. M. 1938–1945* (Cassell & Company LTD, 1971), p. 99; Faber, *Munich, 1938*, pp. 298–9; T. Taylor, *Munich*, pp. 747–8 に拠った。

(17) A.J.P. Taylor, *The Origins of the Second World War*, pp. 212, 218.

(18) Faber, *Munich, 1938*, pp. 298–9.

(19) *FRUS–I*, p. 606; John Harvey (ed.), *The Diplomatic Diaries of Oliver Harvey 1937–1940* (Collins, 1970), pp. 181–2; Galeazzo Ciano, *Ciano's Diary 1937–1938*, translated by Andreas Mayor (Methuen & Co., 1952), pp. 156–7.

(20) シャイラー『ベルリン日記』、一〇九－一〇ページ。

(21) T. Taylor, *Munich*, p. 747.

(22) 明治大正昭和新聞研究会編『新聞集成　昭和編年史　十三年度版』Ⅲ（新聞資料出版、一九九一年）、七八一ページ。

(23) *DBFP–II*, p. 358.

(24) *Ibid.*, p. 358; Yvon Lacaze, *France and Munich: A Study of Decision Making in International Affairs* (Columbia University Press, 1955), p. 130; Hugh Ragsdale, *The Soviets, the Munich Crisis, and the Coming of World War II* (Cambridge University Press, 2008), pp. 98–9.

(25) Lacaze, *France and Munich*, p. 131.

(26) Ragsdale, *The Soviets, the Munich Crisis, and the Coming of World War II*, pp. 99–100; Igor Lukes, *Czechoslovakia between Stalin and Hitler: The Diplomacy of Edvard Benes in the 1930s* (Oxford University Press, 1996), p. 221.

(27) Ragsdale, *The Soviets, the Munich Crisis, and the Coming of World War II*, p. 101; Lacaze, *France and Munich*, p. 133.

(28) Alfred Duff Cooper, *Old Men forget* (Century Publishing, 1986), p. 229.

(29) J. Harvey (ed.), *The Diplomatic Diaries of Oliver Harvey 1937–1940*, p. 182.

(30) 明治大正昭和新聞研究会編『新聞集成　昭和編年史　十三年度版』Ⅲ、七八三ページ。

第20章　英閣議：チェンバレン対クーパー

1　午前の閣議：首相説明に納得せず

（1）ランシマンの報告とチェンバレンの弁明

九月一七日午前一一時から始った三時間にわたる閣議(1)には、ランシマンも出席した。閣議はそのランシマンの報告から始った。それは、昨晩の首相・側近会議のときと同様、論旨の混乱したものであったが、最後に彼が達したという結論は、次のようなものであった。

「チェコスロヴァキアは、現在のような形では存続できません。何らかの措置がとられなければならないと思います。たとえそれがある周辺地域の切り離しにすぎないものにならざるをえないにしても、何らかの措置が必要でしょう。」

このように、ランシマンは、単純明快に民族自決の原則に基づいたズデーテン地方の割譲を勧告したわけではないが、昨晩の彼とは違って、ここで初めて、問題の解決のためには、ある程度の割地もやむをえないということを認めたのである。

これに続いて、チェンバレンから訪独結果について長い報告があった。先に紹介した、チェンバレンが得たヒトラーの印象が語られたのは、このときのことであった。すなわち、彼は、ヒトラーのことを「最もありふれた子犬」と言いながらも、「この男のパワーに印象付けられずにはいられなかった」とも語った。そして、ヒトラーの目的は「厳しく限定されたもの」と述べ、さらに、「ヒトラーは嘘でなく本当のことを言っている」と続けた。首相がこう言ったとき、当然とも言えようが、閣僚たちの中には、首相は本気なのか、我が耳を疑うという驚きと不安の表情を浮かべる者もいた。これに気付いたのか、首相は、彼らの疑念を取り除くべく、次のように弁明を始めた。

「私がドイツに行ったのは、絶体絶命の危機が迫っているという状況の中のことなのです。もし私がドイツに行っていなかったら、今ごろは戦争になっていたことでしょう。そのときの空気は、それほど電気を帯びたように緊迫していたのです。今は一刻の時間も無駄にしないことが重要です。私の得た情報からすると、ヒトラー氏は私に対してこの上もないほど好意的な印象を持たれたようです。これは極めて重要なことです。と言いますのは、今後の交渉の動向は、主に個人的な接触に依存しているからです。

ヒトラー氏のような人物を扱うのに、条件を付けて扱うことなど、とてもできない相談なのです。もし今、自決の原則が受け容れられれば、その後の細かな点については、ヒトラー氏を扱いかねて困るということにはならないと思います。」

チェンバレンという政治家は、勿論、長所も沢山あるのだが、この発言では、自信過剰で、お世辞に弱く、結論を急ぎ過ぎるという彼の短所の方が目立つ。すなわち、チェンバレンは、自分の大手柄として、自分の訪独によって目前に迫っていた戦争を回避したことと、会談を通じてヒトラーに好印象を与えて、それによって外交交渉による解決の道筋を付けえたこととを挙げ、そして、自決の原則によるズデーテン地方の割譲という彼が個人的にヒトラーに提示した案について、同僚たちに対して、今すぐこの場でとりあえず原則的な承認を与え、後は自分に任せるように、と求めたのであった。

(2) クーパーとインスキップの抱いた違和感

首相の懸命の説明であったが、閣僚たちに与えた印象は今一つであった。ダフ・クーパー海相が「奇妙に」感じたのは、首相がヒトラーとの会談を満足げに話していたことであった。海相は、その日記に、特に首相が彼らに「ヒトラー氏は周りの者に、チェンバレン氏は『ひとかどの人物』だと感じたよ、と語ったそうです」と話したときは、その満足げな様子がありありと感じられたと、記している。しかし、首相が話した会談内容の「紛れもない事実」は「ぞっとするもの」であったと感じていた彼は、「初めから終りまで、ヒトラーはいかなる点においても一歩たりとも譲る気配を示さなかったのだ」という印象を持った。すなわち、会談の実態は、喚き散らすヒトラーのパワーに首相が圧倒されて、言うべきことも言わないで一方的に譲歩してしまっただけだと感じたのであった。

もともと首相の宥和政策に敵対的なクーパーだけがそう感じたわけでなく、首相に対して超忠実であると見なされていたインスキップ防衛調整相さえ、その日記に、彼が首相の話から得た印象を「やや苦痛なもの」と記し、会談の実態について、「会談ではヒトラーが始終主導し続けたことは、明瞭だ。彼が首相を恐喝したというのが、実際のところだ」と、ヒトラーの脅しに屈したチェンバレンという見方を記していた。

(3) クーパーの審議継続提案、容れられる

首相が満足げに語った帰国報告に対して、幾人かの閣僚たちはこのような違和感を覚え、十分に納得がいかなかったので、彼らとしても、直ちに自決の原則の承認を求めているように思える首相に対して、異議なくその要請に応じるという気にはなれなかった。閣議のこのような雰囲気を代表するかのように、ダフ・クーパーが、明日のフランスとの協議を待たずに結論を急ぐことはよくないと、性急な首相に待ったをかける発言をした。

「フランス人は我々に対するイライラが昂じつつあるようです。首相がドイツへ発たれて以来、彼らにはまだ一言の話もなされていません。私が閣議に警告していた危険の一つが、今、現実になりつつあるように思えます。その危険とは、フランス人とのトラブルです。私たちは更に時間をかけて議論を重ねなければなりません。そして、フランス人に、我々は彼らと相談

もしないで仲間を裏切ったなどと言わせないようにするためにも、彼らと議論する前に何も決定しない方がよいと思います。」

　これに対して、他の閣僚たちももっともな提言だと同意したので、一時四〇分、閣議は昼食休憩に入り、午後三時再開ということになった。このように、チェンバレンが午前の会議だけで彼の個人的提案に対する閣議の承認をとれなかったことは、彼にとっての誤算であったかもしれないが、閣議中に自決の原則によるズデーテン地方の割譲そのものに反対する議論が一つも出なかったことは、彼を一安心させるものであったかもしれない。カドガン外務次官は、午前の閣議の結果を聞いて、その日記に、「悪すぎるということはなかったと解せられる」と書いているが、的を射た感想であろう。

2　午後の閣議（1）：クーパーの転調

（1）モーム＝クーパー論争（1）：「利益線」の範囲をめぐって

　午後三時、閣議[2]が始るとすぐに、四巨頭の一人であるサイモン蔵相は、他閣僚に対して、ベルヒテスガーデン会談でのヒトラーに対する首相の発言を承認するように求めた。この提案を支持したフレデリック・モーム大法官は、その根拠として、「我々が介入する場合には、その前に二つの条件が充足されていなければなりません」と、国際政治学者のような議論を展開し始めた。大法官によると、その二条件とは、(1)国益が直接影響を被っていることと、(2)圧倒的武力を保持していることであった。この二条件に照らして、彼は、本問題ではイギリスの利益は関係していないと見て介入政策に反対し、首相の対独交渉方針を支持したのであった。モームのこの議論は、特にその第二の条件は、チェンバレン首相が、「脅しは、実行できなければ、決してかけてはいけない」というカニングの訓戒から、対独宥和政策の正しさを自己確認していたように、首相の宥和論と非常に近いものであった。当然、大法官のこの発言は、「反宥和論者」のダフ・クーパー海相にとっては、「嘆かわしい」と感じられ、これに即座に反論せざるをえなかった。海相は、モームの言う介入のための第一条件としての「死活的利益」の存否について、次のように言う。すなわち、イギリスの国益は、欧州に覇権国が出現するのを阻止することにある。ナチ・ドイツは、これまでの欧州におけるいかなる覇権国よりも恐ろしい国である、そのナチ・ドイツにイギリスが抵抗することは、明らかにイギリスの国益にかなう、と。

　欧州における覇権国の出現を阻止するために、イギリスが大陸介入政策に踏み切る目安は、古くは低地諸国《ロー・カントリーズ》の中立が脅かされたときとされていた。山県有朋の用語を借りれば、イギリスは、自国の安全、すなわち、「主権線」の安全と切り離せない地域、すなわち、「利益線」を低地諸国と見なしていたのであるが、ロカルノ条約締結後は、この「利益線」をフランスにまで拡張した。この低地諸国とフランスを「利益線」と見なす点で、モームとクーパーに不一致はなかったが、今問題になってきたのは、更に「利益線」を拡張してチェコスロヴァキアをこれに含めるかどうかであった。モームが従来の立場に固執して死活的利益のない中欧への介入に反対したのに対して、クーパーは中欧のチェコスロヴァキアの安全を自国の安全と切り離せない地域と見るようになっていたのである。

「主権線」の定義は自明であるが、「利益線」は曖昧で、その線引きの場所は、人によって異なってくる。その具体的な線引きの際に、欠かすことのできない考慮は、自国にとって脅威となっている敵対国の性格である。すなわち、その国の政治的敵性度と軍事的脅威度（意図と能力）の二点を考慮して、「利益線」が画定されることになる。この点に関して、クーパーがナチ・ドイツの政治体制と軍事力とから、これまで欧州覇権を狙った国の中でも「一番恐ろしい国」と見たのに対して、モームの方はそうとは見ていなかった。このナチ・ドイツ観の違いが二人の「利益線」の範囲の違いに繋がり、中欧への介入政策への態度の違いに繋がっていたのであるが、ランシマン・ミッション派遣以来のイギリス外交自体の流れは、ミュンヘン後の残部チェコスロヴァキア独立の国際保障への参加、ポーランド等への保障付与と、クーパーの国際環境変容認識に沿った形で、「利益線」の拡張へと進んで行くことになる。

（2）モーム＝クーパー論争（2）：「圧倒的武力の保持」をめぐって

モームの言う介入のための第二条件としての「圧倒的武力の保持」について、クーパーは次のように言う。すなわち、イギリスがこれを保持していないことは事実である、今後とも保持できないであろう、しかし、だからと言って、我々がモームの「敗北主義の教理」に従えば、我々は金輪際介入できないことになる、それは我々が「終った」も同然ということとなる、と。彼のモーム批判はここで終っており、それでは、軍事的劣勢にもかかわらず、いかにすれば効果的な介入が可能になるのかという点には、彼は触れていない。しかしここで、この点との関連で、チャーチルやヴァンシタートらの考え方を、今一度見ておく。「介入の前に圧倒的軍事力の保持を」と言うモームなどは、やや大袈裟に言えば、一五〇％以上の対独軍事的有利がなければ、抵抗政策よりも宥和政策の方がよいと考えていたと言えよう。これに対して、チャーチルたちは、たとえイギリスが軍事的に対独一〇〇％未満の劣勢にあっても、すべての反独国家で「武力の輪」を形成することによって、すなわち、英仏致のみならずソ連などと連合して同盟の「合力」を形成することによって、ドイツの脅威に対抗すべきであると考えていた[3]。

「武力」の要素のみを考慮すれば、モームよりもチャーチルの考え方に多くの支持が集まりそうなものだが、まだこの時点では、後者の考えは、特にチェンバレン保守党政権内部で受け容れられそうにもなかった。というのは、抗争か宥和かの判断には、常に「武力」の要素だけでなく「イデオロギー」の要素が絡んでくるからである。政権内部では、「褐色」も恐いが「赤色」の方がもっと恐いという雰囲気が濃厚で、この閣議でもその雰囲気を反映する発言があった。インスキップは、クーパーのドイツ覇権阻止論を、この観点から、

「海軍大臣は一国による欧州支配について話されましたが、それは、イギリスはチェコスロヴァキアのためではなくて、ヒトラー氏を抑えるために戦うのだということなのでしょう。し

かし、その結果はどうなるでしょう、欧州の状況にいくつかの変化が起こる可能性があり、そして、その変化に満足するのは、モスクワと共産主義者以外の誰もいないという結果になる恐れがあります。」

と批判すると、ゼットランド印度担当相も、「戦争はロシアの運命を支配している者たちを利することになりましょう」と、インスキップの「欧州赤化恐怖論」に和したのであった。

このような恐怖の持ち主は、「宥和論者」だけに止まらなかった。クーパーの盟友の一人である「反宥和論者」スタンレー商相でさえ、六日前の九月一一日にニコルソンに対して、深い溜息をついて、「君もお分りだろうが、戦争になれば、勝っても負けても、我々が戦争に訴えてでも擁護しようとするものは、全部、終りを告げることになるのだ」と悲観的な見通しを漏らしていたが、「国民労働党」のニコルソンはその日記に、「保守党」のスタンレーの言う「我々」について、「これによって、彼が資本家階級を意味していることは明らかだ」という注釈を付している(4)。

このように、資本家階級に属するチェンバレンを対独宥和政策に固執させた大きな要因の一つとして、対独軍備の劣勢、戦争被害への恐怖、対独和解と欧州平和への期待と自信という要因以外に、ソ連ファクターとして、対独戦争は共産主義国家ソ連を利するのみという警戒心、恐怖心があったのである。

(3) チェンバレン＝クーパー対立の根源的理由：ナチ・ドイツ観の相異

モームの挙げた介入のための二条件への、クーパーの直接的反論は以上のようなものであったが、これで、彼の発言は終らず、続けて、次のようなナチ・ドイツ観を示す。

「降伏すれば永続的な平和がもたらされると思えるなら、私も降伏に賛成しますが、しかし、ナチズムがドイツを支配しているかぎり、欧州に平和が来るなどとは私には到底思えないのです。次に来る侵略行為は、今よりも私たちのはるかに抵抗しがたいものとなるおそれがあります。私たちを助けてくれる友は欧州で誰もいなくなるでしょう。また、今日、アメリカは私たちに同情してくれていますが、その同情さえ失うことになるでしょう。」

ここに、クーパーとチェンバレンの間に対独アプローチに関する見解の相異を発生させる根源的理由を、垣間見ることができる。チェンバレンの対独宥和政策の構造を、先に分析してみれば、それを支えているのは、ヒトラーの究極的目的は限定的なものである、すなわち、ヒトラーの要求は民族自決の原則の実現に止まり、ヒトラーはそれ以上のものは何も望んでいないという、チェンバレンの認識であり、これを彼はベルヒテスガーデンで再確認して来たのである。この認識、あるいは、誤認の根源となっているものは、ナチズムという全体主義的政治体制の敵性度と危険度とに対する、彼の甘い評価、過小評価であった。この根源的な二重の誤認から、彼は、対独宥和、すなわち、民族自決原則の枠内での限定的な対独譲歩は、平和に繋がるという見通しを立てることができたのである。

これに対して、クーパーのナチ・ドイツの政治体制への評価は、彼の発言に見られるように、チェンバレンの評価とは真逆であり、この根源的認識から、ヒトラーの究極的目的は、民族自決原則の実現に止まらず、それをはるかに超えた欧州覇権の掌握にあるという認識が派生し、更に、このヒトラーの究極的目的に関する認識から、論理必然的に、彼は、対独譲歩は平和ではなく、イギリスにとって、より困難な戦争へと繋がるだけだ、という見通しを立てることができたのである。

（4）有利な対独戦争は今か後か？

この見通しから直ちに、クーパー自身は「戦争はやるなら今だ」とまでは言っていないが、今やる方が有利なのか、後の方が有利なのか、という議論が、前日の九月一六日に、ニコルソンとヴィンセント・マッシー・カナダ高等弁務官の間で、交わされている。ニコルソンがマッシーに、「政府はヒトラーの要求に同意しそうだとお思いですか？」と尋ねると、マッシーは、「今、天然痘にかかるよりか、三年後の方がいいでしょ」と、対独宥和による永続的平和という観点からとは言えないにしても、対独宥和による戦争の先送りによって得られる有利性という、時間稼ぎ的観点から、対独譲歩を擁護したところ、対独強硬論者のニコルソンは、「そうかもしれませんが、今なら治るでしょうが、三年後なら、死んでしまうでしょうね」と、正反対の予想を述べたのである。(5)

当時のみならず、今日においても、時間稼ぎ的観点からの宥和政策の妥当性について、一九三八年九月の戦争の方が、一九三九年九月の戦争より、イギリスにとって有利だったのか、不利だったのか、という論争が続いているが、実際のところは、このような実力が伯仲した者同士のレヴェルの戦争については、変数があまりにも多すぎ、かつ、偶然に左右される部分が大きいので、「戦争はやってみなければ分らない」と言うしかないのではないかと思われる。国際政治学者レイモン・アロンは、クラウゼヴィッツの『戦争論』から「戦争は偶然の支配する領域だ」という言葉を引用して、「彼ほど戦争における偶然の働きを強調した合理主義的理論家もいない」と強調しているが、(6)このアロンが強調するクラウゼヴィッツの戦争観を、ニコルソン＝マッシー論争の判定に適用すれば、勝負なし引き分けということになろうか。

（5）クーパーの戦争先送り論

以上のように、午後の閣議でダフ・クーパー海相が展開したモーム批判論とナチ・ドイツ体制批判論は、かくも威勢のいい、激しいものであったので、これを聴いていた閣僚たちには、海軍大臣がこの調子の高い批判論から続いて引き出す結論は、勢い、ズデーテン割譲反対、すなわち、真っ向からチェンバレン首相の対独交渉方針案に強く反対するものとならざるをえまい、と思えたであろう。ところがさにあらず、次に彼が発した「しかしながら」で調子は一転する。

「しかしながら、これらの議論はすべて、ほとんど確実に戦争となると思われる強硬な立場を、今すぐにもとることを支持するものですが、そのような議論にもかかわらず、私は、もしかしたら避けられるかもしれない戦争を招くことになる恐ろしい責任というものを、強く感じてもいますので、戦争を先に延ばす価値はあると考えます。」

彼は、現在の英独間の軍事力の差は今後もますます開く一方だと見ていたので、その彼が、戦争の先送りによって期待したのは、勿論、時間稼ぎによる有利な状況での戦争ではない。それでは彼は戦争の先送りによって何を期待したのか？　彼は次のように言う。

「ドイツ国内に何らかの事件が起こって、ナチ体制が倒れるかもしれないという非常に淡い期待から、私は戦争を先に延ばす価値はあると考えます。」

しかし、実は、この彼の「非常に淡い期待」は、皮肉なことに、対独強硬論を控えて戦争を先送りにするという彼自身のこの結論によって、その実現可能性に封印が施されてしまったのである。というのは、先にも述べたように、反ナチ将軍連がクーデターを起こす必要不可欠な条件としていたのは、イギリスの対独強硬策がヒトラーを対致武力行使に走らせる状況の到来であった。すなわち、彼らは、そのような状況によって英独戦争の勃発が確実視されたときに、これにタイミングを合せて蹶起することにしていたからである。

(6) クーパーの条件付「プレビサイト」容認論

それはともかく、彼は、このような「淡い期待」から対独強硬論を自制したのだが、しかし、無条件で首相の割譲方針を認めたわけではなかった。それは「面子」の問題とかかわるものであった。彼は言う。

「しかし、私が受け容れられる用意のある屈辱には限度があります。」

そしてその「限度」と関連する「条件」として、彼は「公正」を言う。

「もしプレビサイトが国際管理の下で公正に実施されることに、ヒトラーが同意する気でいるならば、私たちもこれに同意できると思います。そして、チェコの人たちにもこれを受け容れるようにと主張することができると思います。しかし、今のところ、ヒトラーがそこまで歩み寄る用意があるという兆候は見えません。」

このようにクーパーの議論は、割譲断固反対を予想させる強い調子のものから、一転、条件付きとはいえほぼ割譲と同義のプレビサイトを原則的に容認するという結論となった。

このクーパーの転調には、主に二つの原因があったと思われる。一つは、モームの「圧倒的武力保持」論に対して、クーパーも対独劣勢を認めざるをえなかった時点で、既に、戦争を招く強硬論への躊躇いが伏在していたと見てよかろう。これが、彼がモームの議論を「敗北主義の教理」と決めつけながらも、今すぐ戦争を覚悟せよとまで言い切れなかった原因であろう。第二の原因は、クーパーもまた「時代の子」であった、ということである。つまり、戦間期という時代の持つ歴史的拘束から逃れられない運命を持った政治家の一人であった、ということである。すなわち、ヴェルサイユ「不平等」条約体制下で、特にイギリス人の間では、「民族自決主義」には反対できない、たとえヒトラーという独裁者が、覇権獲得への便宜的一時的方便として、それを持ち出しても、それに正面から反対できないという「空気」が醸成されていたのである。この「空気」に最も強く感染されていた代表的存在は、親独反致的「宥和派」のヘンダーソン大使であろうが、反独親致的「反宥和派」のダフ・クーパーでさえ、この「空気」の感染から免れることはできずに、他民族の自決の破壊を企図する覇権主義者ヒトラーのナチ・ドイツに対してでさえ、「プレビサイト」を原則的に承認せざるをえなかったのである。

(7) 自決原則適用の無条件承認か条件付承認か？

クーパーが転調した原因はともかく、その竜頭蛇尾的とも思える、意外な結論を聴いたインスキップは、「そういうことなら、海相の結論と首相の結論の間に何らかの本質的な相異があるのかどうか、どうも疑問ですね」という感想を漏らした。確かにクーパーの「公正なプレビサイト」は、一聞すれば、首相の「秩序正しい割譲」と変りはないように思えるので、インスキップにこのような疑問が浮かんだのは、不思議なことではなかった。しかし、クーパー発言によって、首相と海相の間の隔たりが完全に埋まったわけではなかった。その点を、海相発言に対する自己の立場を明確にした首相発言が明らかにしている。

「満足できる形でヒトラーを扱うには、私たちはまず無条件で自決の原則を受け容れなければなりません。条件についての話し合いはその後からでなければなりません。」

つまり、原則の条件付き承認を主張するクーパーに対して、チェンバレンは原則の無条件承認を主張したのであった。これを、交渉を進める順序、先後の問題に言い換えれば、イギリス側がヒトラーに対してまず「割譲」ないしは「プレビサイト」という原則を認めるか、それとも、まずその原則の「秩序正しい」ないしは「公正な」実施条件に関する保証を求めるかどうかという違いがあった。しかし、インスキップの発言からも分るように、このような交渉手順に関する両者の違いは、最早チェンバレンが最も恐れる閣議分裂の原因になるものとも思われなかったので、首相にとっても、海相発言はまずは一安心と感じられたのではなかろうか。

3 午後の閣議(2)：硬軟両論の衝突から首相の総括へ

(1) デ・ラ・ウェアの硬論対ヘイルシャムの軟論

閣内「反宥和派」の総大将視されていたクーパー海相の発言がこのようなものであったので、閣議の大勢は、ホーア内相、ウッド空相、ホーア－ベリーシャ陸相を含めて、午後の閣議の冒頭にサイモン蔵相からあった首相支持提案の承認に傾いた。それでも、国民労働党から入閣していたデ・ラ・ウェア国璽尚書は、首相に批判的な閣僚中の最強硬論を表明した。そんな彼でさえ民族自決の原則については原則的に承認していたのである。しかし、彼は、ドイツから脅されて即時プレビサイトを認めることは、「チェコ人に対して不公正であり、我々にとっては不名誉である」という理由から、クーパーも言い控えていた「戦争の覚悟」に言い及ぶ。

「ドイツが動員を解除するまで、いかなる譲歩もなすべきではありません。ドイツが応じられないというのであれば、私には、際限なく繰り返される最後通牒の脅しから世界を解放するために、戦争に向き合う覚悟があります。」

この「動員解除か、さもなくば戦争を」という最強硬論に対して、最軟弱論を唱えたのは、ヘイルシャム枢相であった。彼はモーム以上の敗北主義的論理で以てチェンバレン首相の政策を援護しようとした。

「ある一国が欧州の覇権を握るのは、確かに、イギリスの利益ではありませんが、しかし、今や、これは事実上起こってしまっているのであって、私としては、恥辱に屈するより致し方ないと考えます。」

不甲斐ないほど諦めのよい彼のこの極論は、彼の意図に反して、チェンバレン首相のための援護射撃にはならなかった。クーパーの「ナチ・ドイツの覇権に反対」、「受け容れられる恥辱に限度あり」という議論に挑みかかるかのような、ヘイルシャムの「既成事実としてナチ・ドイツの覇権を認めよ」、「恥辱に屈せよ」という発言は、「閣内反宥和派トリオ」のウィンタートン、スタンレー、クーパーの猛反撃を誘発した。

(2) 反宥和派三人衆の反ヘイルシャム論

先鋒ウィンタートンは、「このような議論を突き進めれば、ワイト島（英仏海峡に位置する英領土）の放棄さえ黙認することになりかねません」と異議を唱え、次鋒スタンレーも、「この問題はワイト島攻撃とほとんど同じです。すなわち、これは我々に対する直接的攻撃同然なのです」と先鋒に和し、更に一歩踏み込んで、「我が政府にとって、選択肢が降伏か戦争かのどちらかというのであれば、私たちは戦うべきであります」と、集団的自衛権に基づいて、デ・ラ・ウェア同様に「戦う覚悟」を示した。そして、大将のクーパーも、ヘイルシャムの「屈辱的な軟論」とデ・ラ・ウェアとスタンレーの「好戦的な硬論」に刺激されて、「私は、英仏協議の場でフランスに対しては、『我々は卑屈な降伏に同意するくらいなら、むしろ戦うつもりだ』ということを明らかにすべきだ、と思います」と、ついに「戦う覚悟」を表明したのであった。

このように閣内反宥和派の議論は、ヘイルシャムの超軟論に刺激されて、「卑屈な降伏か戦争か」という二者択一論に進んでいったのであるが、このような議論に対するチェンバレンの議論を見る前に、ハリファックス外相の議論を見ておこう。

(3) ハリファックスの戦争正当化理由の考察：「道義」と「自己利益」

錯綜する議論を整理して見せて、最後に結論として首相を支持するのが、自分の役割だと心得ているようなハリファックス外相は、まず論点の一つとなっていた「降伏か戦争か」という二者択一的議論に関して、「首相の提案の受容れに替わる選択肢が、戦争ということであれば、戦争の究極的な正当化は何でしょうか？」と、戦争の正当化理由について自問した。そして、彼は、クーパーたちが問題にした「国家の恥辱」や「国家の名誉」という言葉は使わずに、「道義」と「自己利益」という観点から自答を試みた。まずは戦争の正当化理由としての「道義」について、「ホーリー・フォックス」は、

「私は大きな道義のためなら戦うという考えを持っています。しかし、私たち道義という場合には、地理的境界はありません。しかし、私た

ちが今チェコスロヴァキアのための戦争に駆り立てられる衝動と、広東で行われている日本軍の一般市民への空爆のために、私たちが対日戦争へと駆り立てられる衝動とを比べてみますと、前者の衝動の方がより小さいのではないでしょうか？」

と、暗に、民族自決に基づくズデーテン割譲に反対するための対独戦争には、道義的根拠はないとして、これに反対した。

次に、「自己利益」の観点からは、ワイト島とチェコスロヴァキアとを同一視する議論に異議を唱え、「問題を自己利益の点から見ますと、チェコスロヴァキアへの攻撃と、そうですね、例えば、ワイト島への攻撃と比べてみますと、私は、両者は区別すべきだと思います」と、チェコスロヴァキアを「利益線」と見なして集団的自衛権を行使すべきだという議論に与しなかった。そしてこのような自問自答から、結論としては、彼は首相の割譲案を支持して、「ズデーテン地方の民族の移譲を、私たちは受け容れるべきです」と言い、更にもう一つ結論として、おそらく閣議決定を急ぐ首相への忠告としてであろうが、次のような注意を付け加えた。

「私たちは、フランスの方々から『ロンドンへ行ってみると、イギリス人たちは自分たちの間で決めた秘密事項を、我々に明かすだけだ、と決めていたことが分った』と言われることのないようにすることが、とても重要なことです。」

(4) 首相による閣議の総括

ここで、チェンバレン首相は、二時間を過ぎた午後の閣議の纏めに入った。午前の閣議と合せると五時間になんなんとする議論を通じて、いくつかの対立点が明らかになったが、首相は、閣僚たちのその長い議論の間にも、誰一人として民族自決の原則の適用そのものに反対する者がいなかった点を、捕らまえて、「皆さんが自決の原則を受け容れ、私の求めた支持を私に与えてくれましたことに、深く感謝致します」と、巧妙かつやや強引に、自分に都合のいい纏め方をした。続けて、首相は、デ・ラ・ウェア伯爵の硬論に触れて、

「話し合いの前に動員解除が必要だとする伯のご提案がもたらす唯一の結果は、ヒトラー氏が軍隊に対して直ちにチェコスロヴァキアに進撃せよとの命令を下すことになるでしょう。しかし、皆さん、現代の戦争は国民全体に影響を及ぼすものなのです。」

と、閣僚たちの注意を国民感情の大切さに向けさせ、その国民感情がデ・ラ・ウェアの好戦的議論と相容れないものであることを示さんとして、次のような話を披露した。

「この二、三日のうちに、私のところに全国から多くの手紙が届いていますが、それらは全国津々浦々の強い安堵感を示しています。また、のしかかっていた重荷が、少なくとも一時的に、取り除かれたことへの厚い感謝の念が溢れていることを示しています。そのうちの何通かでも、皆さんにもお見せできればと思っているほどです。」

また、「卑屈な降伏か戦争か」という点については、「自決の原則を受け容れることは、『卑屈な降伏』ではありません」と、自案を擁護し、その原則の「公正な」履行条件については、交渉開始の前提条件としてではなく、交渉を通じて「適切な」条件を確

保することを請け合って、次のように言った。

「当然、民族自決の原則を適用するための適切な条件は、交渉を通じて確保されなければなりませんが、しかし、私が交渉を再開するときに、私の超えてはならない厳格な限界線を定めて、私の手をきつく縛りすぎることのないようにお願い致します。」

(5) 残部チェコスロヴァキア国際保障構想

次に、首相は、それまでの議論の中では出てきていなかった、ズデーテン地方割譲後の残部チェコスロヴァキアへの保障問題を取り上げた。

「私もハリファックス外相も、遠い国へのそのようなコミットメントは好まないところなのですが、我が国も時がくればこの保障を与えざるをえなくなる可能性は大いにあります。明日のフランスの大臣との協議において、議題となる可能性があります。」

この発言は、残部チェコスロヴァキアを政府が正式に「利益線」として認定することを意味し、また、平時において中欧にコミットしないという従来のイギリスの外交方針の一大転換を意味した。この首相の発言に対して、実質的にこのような方針転換を求めていたクーパーやデ・ラ・ウェアたちから反対の声が上がらなかったのは理解できるところだが、対中欧不介入論者のモームやヘイルシャムたちも、自分たちの立論の礎石を破壊する首相提案であったにもかかわらず、彼らからも何の反論もなかった。

不本意としながらも、首相が自らここまで踏み込んだ構想を閣議の前に示した理由は、第一に、彼の割譲案にフランスとチェコスロヴァキアとを同意させるための交換物として、この保障を付与することが不可避だと見ていたからであろう。第二には、イギリス国民に対しても、政府がチェコスロヴァキアをドイツに自己利益のために売り飛ばしたのではないという良心的な外見を、この保障の付与によって与えることができる、と考えたからであろう。第三に考えられることは、チェンバレンは、たとえ保障を与えても、現実にその保障の履行を迫られる危険はこないだろうと高を括っていたと思われることである。というのは、彼は、ヒトラーが自分の目的は厳しく限定されたもので、残されたチェコ人のことには関心がないと言ったことを、額面通り受け取っていたからである。

(6) 実質的合意点と残された問題

こうして午後五時四〇分、午前、午後合わせて五時間にもわたった一七日のイギリスの閣議は終った。閣議は、フランスに既成事実を突き付けるような形は避けるようにというハリファックス外相の忠告に従って、正式な決定は何も行わなかった。しかし、実質的には次の三点で合意が成ったと見てよかろう。

(1)民族自決の原則に基づいたズデーテン地方のドイツへの割譲。

(2)但し、割譲の履行条件については、交渉を通じて、「公正な」、「適切な」、「秩序正しい」条件をヒトラーに認めさせること。

(3)残部チェコスロヴァキアへの保障付与。

このような閣議結果は、言うまでもなく、チェンバレン首相の満足するところであった。彼は、妹宛書簡の中で、次のように自慢している。

「土曜日、私たちは二度閣議を開き、それは五時間も続くことになりましたが、最後には、私たちはすべての批判者たちを打ち負かしました。彼らのうちの何人かは、予め示し合わせて反対しようと計画していたのです。[7]」

このようにチェンバレンが陰謀を企んでいたと見なした「何人か」とは、ダフ・クーパー海相、スタンレー商相、ウィンタートン・ランカスター公領相の反宥和派三人衆であろうが、そのうちのウィンタートンは閣議の前に、チェンバレン首相に手紙を出して、「プレビサイトがチェコスロヴァキアに強制されるようなことになれば、少なくとも三人の閣僚の辞任となるでしょう」と警告を発していた。この警告を発した方も発せられた方も、もしも、残部チェコスロヴァキア国際保障へのイギリスの参加を交換物として、ズデーテン割譲案にフランスの同意が得られたとしても、その後、チェコスロヴァキアの合意が得られなかった場合、どうするのか？　この点については、この日の閣議では取り上げられなかったが、その場合でも「強制」するのかどうか、「強制」した場合に三人が辞職するのかどうか？　九月一七日の閣議が終了した時点で、首相と三大臣の双方に、それぞれが重大な決断をしなければならないときの来る可能性が潜在していたのである。

(7) 首相と全国労働評議会代表との会見

五時間の閣議が終った後も、チェンバレンは、休む間もなく全国労働評議会の代表と会わねばならなかった。チェンバレンとハリファックスとウィルソンの三人は、テーブルを挟んで、労働党のヒュー・ダルトンとハーバート・モリソン、そして、労働組合会議のウォルター・シトリーンの三人と向い合った。会見は、チェンバレンにとって、不快な辛い一時間半となった。[8]ベルヒテスガーデン会談及び帰国後の閣議の結果に手応えを感じていた彼の満足感に、会見の冒頭からシトリーンは、冷水を浴びせかけた。

「あなたがヒトラーに会いに行かれたことで、イギリスの威信はひどく低下してしまいました。」

チェンバレンがベルヒテスガーデンの成果を詳しく話したのに対して、ダルトンは、チェンバレンがヒトラーの目的が限定的だと信じている「無知」を正そうと、

「これらがヒトラーの最後の要求だということは、ありそうにもないことです。私が確信するところでは、彼は、まずは中欧と東南欧州の全域を支配し、次は全欧州を、そしてその次には世界を支配するまで、進み続けるつもりでいます。」

勿論、これで自信家のチェンバレンが自己の確信を動揺させるはずもなく、こう言うダルトンに対しては、

「自惚れが強いと受け取られたくはないのですけれども、私はヒトラー氏に相当強い印象を与えたと信じています。彼はとにかく非常に並はずれた人物です。その言葉から想像するよりもかなりいい人です。無法者のような側面以外に、私の歳を気に懸けるような別の面もありますので、この面を育ててやってみる価値はあると思っている次第です。」

と自慢話をして返した。このような独りよがりのようにも聞こえる弁明、あるいは自慢話は、彼らにはまったく通じなかったようで、ダルトンは、首相の「無知さ」加減に吃驚して、その日の日

記に次のように記している。

「ヒトラーが首相に対して強烈な印象を与えたことは明らかだが、それは、一つには、彼が首相を脅しまくった結果であり、もう一つは、二言三言のお世辞と礼儀正しい言葉を投げかけたからである。」

これは、極めて厳しい見方のようだが、ベルヒテスガーデン会談と、それ以降のヒトラーとチェンバレンの二人を含めた幾人かの言行とを追跡してきた我々にとっては、真相に近い見方だと聞こえよう。このようにチェンバレンと労働評議会代表との話し合いは、各々の所信を述べ合っただけで、交わることのない平行線で終ってしまった。しかし、チェンバレンとしては、彼らのこのような態度は織り込み済みのことであり、既に大多数の国民と与党の支持を確保したと信じる彼自身の既定方針には、いささかの影響も与えなかった。

（8）対致合意取付見込：悲観的なヘンダーソン、楽観的なチェンバレン

この後も首相は、ケネディ大使とも会ってベルヒテスガーデン会談の報告をして、これで以て、ようやく六九歳の首相の長い一日が終り、後は明日のフランスの大臣たちとの協議を待つばかりとなった[9]。そのフランスから、明日、首尾よく彼のズデーテン割譲案への同意が得られたとしても、その後には更なる「難関」チェコスロヴァキアが控えていた。イギリス政府の平和への努力を台無しにするのは、ヒトラーではなくて、まさにベネシュの抵抗ではないかと、誰よりも憂慮し、恐れていたのは、ベルリンのヘンダーソン大使であった。この日の午前中に、大使は、本省に宛てた電報の中で、フランスとの合意が成立した後、チェコスロヴァキア政府の合意を取り付けるための具体的な方法を、ハリファックス外相に対して、次のように伝授していた。

「フランス政府がチェコスロヴァキア政府に対して、『貴政府がこの解決案を受け容れるよりもむしろ戦争に訴えるという決定をするなら、貴政府はフランスの支援に頼ることはできない』と明確に通知すること、これが絶対に必要なことだと考えます。」

しかし、「頑迷な」チェコ人に対しては、この威嚇を以てしてもうまくいくかどうか確信が持てずに、大使は、ヒトラーへの信頼感と対照的に、彼らへの不信感を露わにする。

「私は、ヒトラー氏がその目的物が戦争をせずに今にも我が手に入ろうとしているまさにこのときに、わざわざ自ら求めて厄介ごとを引き起こすほど愚かだと、信じる気にはなれません。ヒトラー氏は、首相にやむをえざる場合以外には極端な行動に出ないことを約束しましたが、私が主に今この瞬間に恐れていることは、チェコ人が絶望のあまり、ヒトラー氏から見てその約束の破棄を正当化できるほどの、暴力的行為に駆り立てられはしないかということです[10]。」

致政府の合意の取付けに、このような悲観的な見通しを抱いていたヘンダーソン大使に対して、チェンバレン首相の方はというと、非常に楽観的であった。ケネディ大使とのこの夜の会見で、大使から、「チェコの人たちはどうするとお考えですか？」と尋ねられたのに対して、首相は、「大口を叩くでしょうが、多分、

同意するでしょう」と答えていたのであった。[11]果して、「頑迷な」チェコ人がチェンバレンの思い通りの反応を見せるのかどうか、これが一七日の閣議を乗り切った首相にとっての、今後の最大の難関となっていたのであるが、明日一八日以降の予定は、順調にいけば、英仏ロンドン協議、英仏案の対致提示と致政府の同意回答、そして、二一日の第二回チェンバレン＝ヒトラー会談と進むことになっていた。次部では、この予定の実際の進行具合を追跡していくことになるのだが、その前に本部の締め括りとして、九月一七日のドイツとヒトラーの動向を見ておこう。

4　ドイツとヒトラーの動向

(1) ズデーテン自由兵団の組織

九月一二日のヒトラー演説が引き金となって暴発したズデーテンの乱は、一五日から一六日にかけてヘンラインらズデーテン・ドイツ党幹部のほとんどがドイツに逃亡して以後、完全に終息し、ズデーテン地方は初めて致軍の完全支配下に置かれた。そして、その平穏な状況は、この日一七日も続いていた。これは、ヒトラーが対致軍事介入の政治的口実を失ったことを意味したが、その二日前のベルヒテスガーデン会談によって、ヒトラーは、たとえ戦争ができなくてもズデーテン地方だけは丸ごと手に入る可能性を高めていた。しかし、だからと言って、彼が「緑作戦」という選択肢を完全に捨て去っていたわけではなかった。その一つの証拠に、彼は、一七日、壊滅状態にあったズデーテン・ドイツ党に代る道具として、亡命ズデーテン・ドイツ人からなる「ズデーテン自由兵団」の組織を命じた。名目的兵団長の地位にはヘンライン党首が就いたが、兵団の実質的な指揮官は、ヒトラーが直接兵団軍事顧問に任命した国防軍の一中佐であった。兵団の名目的な目的は、ズデーテン・ドイツ人の保護とズデーテン地方の平和の回復と公表されたが、実際の目的は、勿論、国境地帯でのテロ活動によって、同地方に再び不穏な状況を作り出すことであった。

こうして一九日までに、兵団員数は四万人に達し、その日、そのうちの一部がチェコ側のいくつかの公共施設に夜襲を掛けたために、駆け付けたチェコ軍隊と小競り合いとなった。結果は、自由兵団側が兵力にまさるチェコ軍に簡単に撃退され、ヒトラーは、反乱分子をズデーテン地方に浸透させる試みに、失敗した。ズデーテン地方での擾乱が、「緑作戦」実行のための絶対的必要条件とまでは言えないが、その実行をやりやすくする重要な要素ではあった。しかし、一九日現在、その要素を作り出す装置は、機能不全の状態に陥ったままであった。この機能が九月末までに回復されるかどうか、これも「緑作戦」決行に関するヒトラーの土壇場での決断に影響を与える一つの要素となっていたのである。[12]

(2) ヒトラー＝プライス会見(1)：チェンバレン首相への世辞

ズデーテン自由兵団の組織を命じたその日、ヒトラーは、ベルヒテスガーデンにおいて、『デーリー・メール』の記者ジョージ・ウォード・プライスとの独占会見に応じている。プライスは、これまでヒトラーを「誠実な平和の人」[13]として描いてきた、ナチスお気に入りのベルリン特派員で、ヒトラーは、彼の対英世論工作用のマウスピースのように、この記者を利用していた。このときの会見においても、その対英宣伝の目的のために、ヒトラーは三つの点について強調的に語った。会見冒頭に触れたその第一点は、イギリス国民の首相であるチェンバレンへのリップ・サーヴィス、つまり、「私はチェンバレン氏の誠実さと善意を確信しています[14]」という世辞である。この点については確かに、ヒトラーの言う通り、チェンバレンは誠実かつ善意の人であった。しかし、ヒトラーの場合、だからと言って、「じゃ自分も同じ態度で応接しよう」ということにはならない。それどころか逆に、「こいつは御しやすい、だましやすい奴だ、だましてやろう」ということになる。このような、「平気で嘘をつく人」ヒトラーの「真の意図」と、それを見抜けなかった「善意の人」チェンバレンの「人を見る目のなさ」が、彼の宥和政策の失敗と第二次欧州戦争の勃発にかかわる一大原因なのであるが、この点について、ニコルソンは、開戦間もないころに書いた『なぜイギリスは交戦中か』という著書の中で、読者をなるほどと肯かせるに足る実に洞察力に富んだ、チェンバレン対独外交批判を展開しているので、以下、少し長くなるが、これを紹介してみよう[15]。

(3) ニコルソンのチェンバレン対独外交批判

後で見ることになるが、「ミュンヘン協定」が成立した後、ダフ・クーパー海相はこれに抗議して辞職するが、その「ポスト・ミュンヘン」期のチェンバレンの態度を、ニコルソンは、「チェンバレン氏は、ただ単にこれまで以上に操舵輪をしっかりと握りしめ、自分の選んだ航路を進み続けるだけであった」と評しているが、このミュンヘンでの「成功」体験に基づく不動の方針が「ポスト・ミュンヘン」期でも功を奏するためには、不可欠の条件があった。しかし、その条件が存在していなかったと、ニコルソンは次のように言う。

「彼は十分成功していたかもしれなかった。もしも平均程度でもいいからせめてそれくらいの道理か善意かだけでも備えた人たちを相手にしていたのであれば、イギリス丸は彼の導きの下で祝福された平和島に着いたかもしれなかった。」

この指摘に続けて、彼は、このチェンバレンの失敗に終った試みについて、戦争となった今でもこれを評価する人たちの視点を、次のように紹介する。

「この実験はやってみる価値があったと、また、我が国は来るべき大試練に確固たる良心を以て立ち向う必要があったが、チェンバレン氏の微動だにせぬ目的の一貫性によって、我が国にそのような良心が与えられたのだと、そのように今でも感じている賢人も多い。」

「ぶれない政治家」チェンバレンの宥和政策がもたらした結果に対する、このような好意的な評価に対して、ニコルソンは、「それはそうかもしれない」と否定もせず、また肯定もしなかったが、彼は、チェンバレンの「意図」ではなく、その「判断力」を特に問題にして、そこから彼はチェンバレンの根本的な誤断を抉り出す。

「まともな人なら誰も、首相の意図の純粋さを疑うことはできない。唯一欠如していたのは、ナチ運動の本質への理解である。チェンバレン氏は、民族再興を扱っていると想像していたが、実は、世界革命、それも、ほとんど頭のおかしくなった狂信家によって指導されている世界革命を扱っていたのである。」

この誤断の淵源を、ニコルソンは、チェンバレン首相とウィルソン補佐官の生活様式に根差した思考・行動様式に見出す。すなわち、彼は、そこに、自己像を他者に投影して、これに基づいて行動する、上品かつ良心的な理想主義者の幻想を見出し、その幻想を、次のような比喩を使って描写している。

「チェンバレン氏とウィルソン氏は、一点の曇りもない信義心を持った二人の聖職者が初めてパブに入ったときのように、外交の世界に足を踏み入れたのであった。二人には、社交的な会合と乱暴者の集まりの違いが見えなかった。二人は、そこに集まっていた荒くれ者が、自分たちと同じ言葉を話さないことにも、また、自分たちの言葉を理解しないことにも、気付かなかった。二人は、彼らも自分たちと同じように上品で尊敬できる立派な人たちだ、と想像したのである。」

このように、ニコルソンは、善意の騙されやすい指導者が、悪意の大嘘つきを相手にして、その意図に反して致命的な大災害、大不幸を彼の率いる集団にもたらす危険を、イギリスの読者に示したのであったが、このとき既に交戦国となっていたイギリスは、翌年、あの「ブリテン島の戦い」の大試練に立ち向かわねばならないことになるのである。

(4) ヒトラー＝プライス会見(2)：波・洪系少数民族問題への言及

本道のヒトラー＝プライス会見から脇道に逸れてしまったが、ここで再び本道に戻り、ヒトラーが会見で強調した第二点目について見てみよう。冒頭のチェンバレンへのリップ・サーヴィスが終り、次に、チェコスロヴァキア問題に移ると、ヒトラーは、ガラリと調子を変え、凄味のある声で、ニュルンベルク演説同様、チェコ人に対する罵詈雑言を吐き散らし、チェコ人を平和を妨げている悪役に仕立て上げていく、これはいつものことである。しかし、今回、他の場合と異なって注目すべき点は、ドイツ系のみならず、ポーランド系、ハンガリー系両少数民族にも言及したことであった。

「数百万人のドイツ人に対する、この非道なチェコ人の暴政は、止まなければならぬ。止ませてみせる。知的に劣った一握りのチェコ人をして、ドイツ人、ポーランド人、ハンガリー人のような一千年の文化的背景を有する人種に属する少数民族を支配させるのは、愚劣と無知の業というものだ。」と、ヒトラーは憤慨し、そして、「もし我々が進軍しなければならないのなら、奴らも一巻の終りだぞ」と凄んだのであった[16]。

このころヒトラーは、ポーランド系、ハンガリー系少数民族問題を先鋭化させることが、自己目的の達成に有利に作用すると見て、この観点から、直接にポーランド、ハンガリー両政府に対して扇動的に働きかけていただけでなく[17]、イタリアのムッソリーニをも動員しようとしていた。一八日にトリエステでチェコスロヴァキア問題に関する演説を行う予定であったムッソリーニが、演説に盛り込む内容についてヒトラーの注文を伺ったところ、この日一七日に、ヒトラーは、リッベントロップを通じてムッソリーニに、「今日唯一可能な解決案は、すべての少数民族をチェコスロヴァキア国家との結合から解放することだ」という趣旨のことを盛り込むように、と要望したのであった。[18] この独・伊の動きと歩調を合せるかのように、波・洪両政府も、この日、イギリス政府に対して、ズデーテン・ドイツ人との同一待遇を要望する旨の通告を行っていた。[19] こうして、ヒトラーは、ベルヒテスガーデン会談では、チェンバレンに対して残りのチェコスロヴァキアにはまったく関心がないと言いながら、次回の会談に向けて、ポーランド系、ハンガリー系少数民族問題の焦点化を目論んで着々と布石を打っていたのである。

(5) ヒトラー・プライス会見(3)：英国民への空約束

ヒトラーの第三強調点は、ズデーテン地方以外への無関心、すなわち、その目的の限定性であった。

「もしチェコ人が時機を失しないでズデーテン人に必要な譲歩を行うなら、彼らは、彼ら自身の問題については好きなようにやっていけるのだ。また、ドイツには、東南欧州への膨張欲などまったくない、と申し上げておく。[20]」

この発言の狙いは、もう明らかであろう。ベルヒテスガーデンでチェンバレンに与えたのと同じ保証を、今、イギリス国民に向って発信することによって、ヒトラーは、イギリス国民の間に対独参戦反対の空気を醸成しておこう、と狙ったのである。すなわち、彼は、このような虚言と空約束という彼の常套手段によって、イギリス国民の懸念を払拭して、対致局地戦争化を可能にするための地ならしを試みたのである。

(6) 局地戦争化の可能性の低減(1)：「奇襲性」と「電撃性」の毀損

このような、ヒトラーによる対致局地戦争化のための条件整備の試みにもかかわらず、その実現可能性は低減しつつあった。「緑作戦」の命は、敵国と潜在的敵国の不意を突く「奇襲性」と、潜在的敵国に介入の暇を与えず、瞬く間に敵国を武力制圧する「電撃性」とにあった。しかし、その「奇襲性」は大きく損なわれていた。すなわち、この日までには、ドイツの動員、対致戦争準備行動は公然の秘密と化しており、その出撃準備は、既に完了している、あるいは、遅くとも九月中には完了する、と見られていた。そのため、「電撃性」も損なわれた可能性が高くなっていた。すなわち、この日までには、ドイツの対致武力行使に対するチェコスロヴァキア軍の警戒心も非常な高まりを見せ、ズデーテン地方における対独迎撃態勢も相当進捗し、更にまた、既に述べたように、ズデーテン・ドイツ党解体のために政治工作が困難になっており、新設の自由兵団の有効性も不明であるという、ヒトラーにとっては、実に不利な有様になっていた。

チェコスロヴァキア軍によるズデーテン地方の完全支配、その戦闘準備の完成、そしてその士気の高さについては、一七日にパリからプラハに入り、ズデーテン地方を視察した『東京朝日』の渡辺紳一郎特派員は、その視察記事を、次のように締め括っている。

「要するにズデーテン地方は目下完全にチェコ軍に制圧されてしまっている。逃げたズデーテン党幹部が国外から煽動するだけでは動かれぬ。チェコ軍は既に戦闘準備成り、ドイツ兵に一泡吹かせんとの決意を見せている。夕闇迫るボヘミアの高原は闃《げき》として声なきも、折々の民家より夥しい炊煙上るを見る。けだし大部隊の集結を意味するのだ。[21]」

このような奇襲・電撃作戦についての、ヒトラーにとって不利な状況の報告は、直接彼のところにも届いていたはずである。プラハ駐在のドイツ武官から本国政府に、この日の午後、次のような電報が発せられていた。

「チェコスロヴァキアの軍事的措置は総動員に達していますが、表面上はそれほど明白ではありません。全予備師団の戦略的集中と編成は、九月二〇日までには完了されるはずです。スロヴァキアから西に向って部隊が移動し始めている事実は、信頼すべき情報源によって確認されました。[22]」

（7）局地戦争化の可能性の低減（2）：英仏・致分断の困難化

このように、局地戦争化のための軍事的条件である「奇襲性」と「電撃性」が相当損なわれていたのであるが、その政治的条件もまた、ヒトラーに不利になっていた。既に見たように、軍事介入の政治的口実となるズデーテン地方での擾乱の惹起が難しくなっていただけでなく、英仏とチェコスロヴァキアの分断という政治的条件の充足も、相当難しくなっていた。すなわち、ベルヒテスガーデン会談において、チェンバレンからこれ以上の譲歩は不可能と見られる妥協案、ズデーテン割譲案の提示があったが、ヒトラーとしては、次回の会談で、同案の受容れだけでは不十分だと、新たに条件を加重することによって、あくまでも「緑作戦」の実現を目指して突き進むことは、極めて困難になっていた。この段階になって、ベルヒテスガーデン案を蹴れば、局地戦争化を見込めなくなっていたのである。この点について、一七日、コルト駐英ドイツ代理大使は、チェンバレン政権に近く、最軟派の世論を代表すると見られていた『タイムズ』をも含んだイギリス紙全体の論調を、次のように本国政府に伝えている。

「イギリスの全新聞紙、特に『タイムズ』は、現時点においてドイツが武力を行使すれば、それはいかなるものであっても、平和的解決へのすべての努力を破壊してしまうことになろうと、強調しています。[23]」

今や、イギリス案をチェコスロヴァキアが蹴ったときのみ、ヒトラー念願の局地戦争の道が開けるという状況であったから、九月一七日のこの時点では、ヒトラーの局地戦争化の実現、英仏・致分断の成否は、実に皮肉なことに、ベネシュ大統領の頑張りいかんに大きく依存していた。逆に言えば、そのベネシュがチェンバレン案で折れ合えば、ヒトラーも一時的にしろ「緑作戦」を諦めざるをえない状況になっていたのである。ただ、ポーランドとハンガリーの今後の出方で多少の変化はあるかもしれないが、かくもヒトラーの局地戦争化のシナリオを狂わせたのは、「プランZ」に象徴されるチェンバレン宥和外交の効果であった、と言えよう。ヒトラーにとってこのような「プランZ」以後の想定外の事態の進行のために、目下、和戦の方針に関しては、彼は、かなり「和」の方に傾いたかに見えるのであるが、それでも依然として、「戦」の可能性を排除せず、和戦両様の構えで事を進めていた、と言ってよかろう。

注

（1）以下、午前の閣議の記述は、David Faber, *Munich, 1938: Appeasement and World War II* (Simon & Schuster, 2009), pp. 301-03; Telford Taylor, *Munich: The Price of Peace* (Hodder and Stoughton, 1979), pp. 748-50; Ian Colvin, *The Chamberlain Cabinet* (Victor Gollancz, 1971), pp. 154-6; John Julius Norwich (ed.), *The Duff Cooper Diaries: 1915-1951* (Phoenix, 2006), p. 260; David Dilks (ed.), *The Diaries of Sir Alexander Cadogan O. M. 1938-1945* (Cassell & Company LTD, 1971), p. 99 に拠った。

（2）以下、午後の閣議の記述は、Faber, *Munich, 1938*, pp. 301-03; T. Taylor, *Munich*, pp. 750-52; Colvin, *The Chamberlain Cabinet*, pp. 156-9; Norwich (ed.), *The Duff Cooper Diaries*, p. 260 に拠った。

（3）John Harvey (ed.), *The Diplomatic Diaries of Oliver Harvey 1937-1940* (Collins, 1970), p. 185.

（4）Nigel Nicolson（ed.), *The Harold Nicolson Diaries: 1917-1964* (Phoenix, 2005), p. 194.

（5）Faber, *Munich, 1938*, p. 301.

（6）Raymond Aron, translated by Richard Howard and Annette Baker Fox, *Peace and War-A Theory of International Relations* (Praeger Publishers, 1970), p. 53.

（7）Robert Self (ed.), *The Neville Chamberlain Diary Letters, Volume Four, The Downing Street Years, 1934-1940* (Ashgate, 2005), p. 348.

（8）この会見の記述は、Faber, *Munich, 1938*, p. 304; T. Taylor, *Munich*, p. 752; J. Harvey (ed.), *The Diplomatic Diaries of Oliver Harvey 1937-1940*, p. 184 に拠った。

（9）*Foreign Relations of the United States, Diplomatic Papers, 1938, Volume I, General* (United States Government Printing Office, 1955), pp. 609-12. 以下、*FRUS-I* と略して表記する。

（10）*Documents on British Foreign Policy, 1919-39, 3rd series, Volume II* (His Majesty's Stationary Office, 1950), p. 359. 以下、*DBFP-II* と略して表記する。

（11）*FRUS-I*, p. 611.

（12）Faber, *Munich, 1938*, p. 316; Nevile Henderson, *Failure of a Mission-Berlin 1937-1939* (G. P. Putnam's Sons, 1940), p. 155; Gerhard L. Weinberg, *Hitler's Foreign Policy 1933-1939-The Road to World War II* (Enigma Books, 2010), p. 614; T. Taylor, *Munich*, pp. 745-6; *Documents on German Foreign Policy, 1918-45, Series D, Volume II* (Her Majesty's Stationary Office, 1953), p. 836. 以下、*DGFP-II* と略して表記する。Hubert Ripka, *Munich Before and After* (Howard Fertig, 1969), p. 118.

（13）Frank McDonough, *Neville Chamberlain, Appeasement and the British Road to War* (Manchester University Press, 1998), p. 120.

（14）T. Taylor, *Munich*, p. 746; Faber, *Munich, 1938*, pp. 314-5.

（15）次の二項のニコルソンのチェンバレン批判の記述は、Harold Nicolson, *Why Britain is at War* (Penguin Books, 2010), pp. 105-6 に拠った。

（16）Faber, *Munich, 1938*, pp. 314-5; T. Taylor, *Munich*, p. 746.

（17）Waclaw Jedrzejewicz (ed.), *Diplomat in Berlin, 1933-1939: Papers and Memoirs of Jozef Lipski, Ambassador of Poland* (Columbia University Press, 1968), pp. 401-2; *DGFP-II*, pp. 401-2.

（18）Galeazzo Ciano, *Ciano's Diary 1937-1938*, translated by Andreas Mayor (Methuen & Co., 1952), p. 157; *DGFP-II*, pp. 806, 820.

（19）J. Harvey (ed.), *The Diplomatic Diaries of Oliver Harvey 1937-1940*, p. 182; *DBFP-II*, p. 382.

（20）T. Taylor, *Munich*, p. 746.

(21) 明治大正昭和新聞研究会編『新聞集成　昭和編年史　十三年度版』Ⅲ（新聞資料出版、一九九一年）、七八五ページ。
(22) *DGFP-II*, p. 824.
(23) *Ibid.*, p. 829.

第Ⅵ部　英仏ロンドン協議

「イギリスとフランスが、イスカリオテのユダと同じ裏切りの血に塗れた両手を洗っている間に、ヒトラーはチェコスロヴァキアを破壊するであろう。*」

フランクリン・ルーズヴェルト（ベルヒテスガーデン会談の翌日、英仏ロンドン協議の二日前の一九三八年九月一六日付ルーズヴェルト書簡）

第21章　午前の協議：ダラディエの抵抗

1　民族自決と仏致相互援助条約をめぐる押し問答

(1) 致政府の総動員実施希望

ベルヒテスガーデン会談後の対応策を相談、決定するために、九月一八日に開かれた英仏ロンドン協議[1]は、午前一一時から途中三回の休憩を挟んで翌日の午前零時一五分まで続けられた。イギリス側からはチェンバレン首相、ハリファックス外相、サイモン蔵相、ホーア内相の四巨頭とヴァンシタート外交顧問、ウィルソン経済顧問、カドガン外務次官ら、計一〇人が出席した。これに対してフランス側は、ダラディエ首相、ボネ外相、コルバン駐英大使、レジェ外務次官ら、計八人であったが、発言したのはほとんどが両首相であった。

午前の会議は、チェンバレンの歓迎の挨拶とダラディエの謝辞とから始まり、その交換が終わると、チェンバレンは、本題であるベルヒテスガーデン会談の結果報告を行う前に、プラハから早朝に入った新情報を披露した。

「ドイツの攻撃が切迫しているという最新情報を入手したチェコスロヴァキア政府は、自分たちも総動員を進めねばならないと決めたそうです。しかし、同政府は、ロンドンで英仏協議が進行中であることを考慮して、英仏両政府の見解を知るまでは、総動員の開始を控えるとのことです。この通知に対して、今日中に何らかの回答をなす必要があると思いますが、その回答は、私がフランス側にヒトラー氏との会談結果をご報告してからでもよい、と考えています。」

このドイツの対致攻撃の切迫を告げるプラハ情報は、チェンバレン自身がベルヒテスガーデンで与えられた印象の正しさを裏付けるものであった。彼がその情報を英仏協議の冒頭に持ち出した一つの狙いは、このようにドイツの対致攻撃が切迫している現況の下では、対応策の決定のために英仏に与えられた時間的猶予はほとんどないということを、フランス側に印象付け、これを速やかな妥協への圧力とすることにあったと見てよかろう。

(2) 先決問題としての自決原則の承認

このような狙いを持つ前置きに続けて、チェンバレンは、フランス側に、ベルヒテスガーデン会談について時間をかけて詳しく話したのであるが、そこでも、ドイツの対致攻撃の切迫性が強調され、その話の最後に、彼が会談から得られた印象について、

「私たちは、ヒトラー氏が欧州全体に及ぶ大災害を引き起こす力を持っていると、そう認めざるをえません。ヒトラー氏はその軍事マシーンを今すぐ始動させるつもりはないという保証を与えました。私たちは、今何をなすべきかを決めるためのごく短い時間を、この保証によって与えられたわけです。」

と述べ、その決定の方向性について、

「この日の英仏協議での先決問題は、私たちがズデーテン・ドイツ人のための自決権を受け容れるという基礎に立って、ヒトラー氏との交渉を再開すると、そのように彼に言う用意が私たちにあるかどうかです。」

と、フランス側に先決問題として自決原則承認問題を提示した。そして彼は続けて、この問題に関する決定がもたらす結果について、明暗二通りの見通しを付け足した。すなわち、(1)英仏が自決の原則を認めた場合には、「ドイツには、この原則を秩序正しい形で実施する方法について、話し合う用意があるだろう」という明るい見通しを示し、(2)もし英仏がこれを認めなかった場合には、「私たちは、ヒトラー氏の返答は進軍命令の降下だ、と予期しなければなりません」と、フランス側を脅かすような暗い見通しを示したのであった。このように、チェンバレンは、戦争か平和かは、ひとえに「自決の原則」を承認するかどうかにかかっているという二者択一的な問題提起の仕方をして、しかも、(1)の場合がチェンバレンお薦めの筋書であり、(2)の戦争となった場合に、フランスが最も知りたかったであろうその戦争への、イギリスの去就にはまったく触れなかった。

このような問題の提起の仕方自体から、チェンバレンがダラディエに(1)の解決法を「押し付けたい」と思っていたことは、想像しやすいところであるが、しかし、イギリス側としては、自分たちの結論を既成事実としてフランス側に「押し付けた」のではなく、その結論は、両者の「協議」を通して到達したものであるという形にしたかった。すなわち、そうすることによって、実質的にはイギリスが単独で下した決定の責任を、形式的には英仏共同責任とすることができ、それが、チェンバレンにとっては、自己の対内的立場の強化の上でも、また、予想される対致加圧の場合の備えとしても、好都合であった。そういう思惑があったので、チェンバレンは、明らかに「押し付け」同然の説明、問題提起をしながらも、発言の締め括りとしては、フランス側に、「今しなければならない決定に関するフランス側の見解を、お聞かせいただければ有難いです」と、その意見を求めたのであった。

(3) 明答を避けるダラディエ

これに対して、まずダラディエは、ヒトラーの目的が限定的であるという見方に関して、次のように、強い不信感を表明する。

「ゲーリンク元帥がハリファックス卿に対して、ズデーテン地方の併合については考えてもいない、と請け合ったことを思い出していただきたい。これはそんなに前の話ではないのです。それから多くの月日が経ってもいないのに、今やドイツはまさにその併合を目論んでおり、おそらくその他にもまた、多くの目的を抱いているのです。」

ヒトラーの真の目的について、こうは言ったものの、今やズデーテン地方の併合問題が少なくとも当面の平和か戦争かを決める争点となっており、それが一刻の猶予をも許さないほどの緊迫性を帯びているという現実を、ダラディエも無視することはできなかった。そこで、彼は次のように続ける。

「しかしながら、私も、現在の状況においては、過去のことをとやかく言っても仕方がないことは分っています。私も今や明確なる決定のときであるということには同感です。」

しかし、フランスの首相としては、同盟国の領土喪失を意味するだけでなく、チェコスロヴァキア国家の解体への起爆剤となるおそれも秘めた「民族自決原則」の同国への適用を、尤もな理由も恰好な口実もなく、フランスの側から直ちに承認することは、条約義務を負うフランスの面子、名誉、威信からしても、到底できないことであった。

そのため、ダラディエは、そのような理由、口実をイギリスの方から提供してもらう、あるいは、イギリスからもぎ取る必要を強く感じていたであろうから、そう簡単にはチェンバレンの筋書通りに動こうとはしなかった。すなわち、彼は、「明確な決定」が今下されねばならない現実は認めはしたが、その決定に関する自身の具体的な意見は明らかにしなかった。そして、そうしなかった理由として、彼は、フランス側は今初めて知らされ、何の考慮時間もなかった事実と提案とに向き合わされているのに対して、イギリス政府の方はこの点について考慮するより多くの機会があった、ということを挙げて、

「このような状況の下では、私としては、我が政府よりもむしろ貴政府が今問題となっているこの提案に関する見解を示されるのが、筋のように思われます。」

と、自コートに打ち込まれたボールを相手方コートにそのまま、「お先にどうぞ」と打ち返したのであった。

(4)「問題悪化責任はベネシュにある」と言うチェンバレン

このダラディエの発言に対して、チェンバレンは、まずドイツの要求がズデーテン併合に拡大した原因について、その非はドイツではなくてベネシュにあるのだと、ダラディエと異なる見解を示す。すなわち、

「ランシマン卿が帰国後示された見方では、ベネシュ博士は始終ぐずぐずしており、受け容れられるのに必要な提案を出し遅れ、それが出されたときには、受け容れられる可能性のあったときは過ぎ去ってしまっていた、という有様でした。状況が確実に悪化していったのは、ベネシュ博士が、事態の進行の先をいくということをしないで、いつもその後を追うだけだった、そのせいなのです。」

と、ランシマンの見解を示してから、彼自身もズデーテン「併合」に至らない解決を不可能にしたのは、ベネシュの遷延戦術のせいだという、その見方に与する。

「私たちがドイツの要求に変化があったことを考える際に、ランシマン卿のこの観察に留意するのが有益だと思います。ダラディエ首相が指摘された通り、ドイツの指導者たちは、ズデーテン併合の意図はない、と言っておりました。もしベネシュ博士がもっと速やかに行動していれば、そのような基礎での合意に達する可能性はあったかもしれません。」

(5) ランシマンの威を借るチェンバレン

ドイツの要求拡大について、ドイツを非難したダラディエに対して、チェンバレンはドイツを擁護しベネシュを非難した後、続けて、実は自分たちが帰国後のランシマンに強いた「ランシマン報告」なるものをフルに利用して、今やズデーテン地方への民族自決原則の適用以外に平和的解決法はありえないことを、再び強調する。

「ランシマン卿は、先週の様々な出来事の後では、チェコ人とズデーテン人の間を調停するいかなる案も功を奏する見込みはまったくないという見解を、明確に示されました。今や卿は、残された唯一可能な解決策は、自決原則の受容れを基礎とした何らかの案であるという確信的見解を持つに至られました。卿は、ズデーテン人が再び一つの国家内でチェコ人と共に働くようになることは考えられない、と言っておられます。」

このように「ランシマンの威を借りて」、チェンバレンは、自決原則の受容れに関する自己の見解を、次のように再び強調的に提示する。

「それ故に、私は、まず問題とすべき論点は、ごく単純明快であると考えます。すなわち、それは自決の原則を受け容れるか否かの問題です。」

(6) 自決原則承認と仏致相互援助条約義務の関係

このように民族自決原則の承認こそが先決問題だという自己の見解を述べはするが、チェンバレンは、あからさまにフランスにこれを受け容れよとは言わずに、その見解を聞くという形式に拘り続ける。これに拘る理由として、彼は、次のようにフランスの対致条約義務の存在に触れる。

「この先決問題に関しては、フランス政府は我々と異なる立場にあります。と言いますのは、貴政府は条約義務に拘束されているのに対して、私たちはそうではないからです。このことがあるが故に、私には、ヒトラー氏との会談後の今となっては、平和的な交渉を進めうる唯一の条件としか言いようのないものに対して、貴政府は、その条約義務に鑑みて、抵抗せざるをえないと感じられるのかどうか、この点につきお話しいただくのがよいと思われるのです。」

このように、チェンバレンは、ダラディエから「お先にどうぞ」と打ち返されたボールを、ここでまた「そちらこそお先に」と打ち返し、協議は、何よりも対独戦争を恐れる両者間の「チェコを売る」ための責任のなすりつけ合いというような様相を呈してきたのである。おそらく相手の意図を察知していたであろうダラディエは、まだまだ、チェンバレンの差し出す罠を避けるかのように、曖昧な応答を繰り返していく。問われた自決原則の承認と条約義務との関係についても、彼は、次のように明答を避けた。

「条約義務の有無に関してはご指摘の通りですが、その義務があるがためにフランスは、今問題となっているような提案に直面したとき、貴国よりもはるかにデリケートな立場にあるということも認められなければなりません。友人である同盟国に片脚の切断、いや実際にはおそらく両脚の切断に同意せよ、と提案することは、極めてデリケートな問題なのです。それ故に我が政府の立場は非常に難しく苦しいものなのです。」

チェコスロヴァキアの領土を保全する義務のある条約を結んでいるフランスが、ドイツの武力行使の威嚇の下で、チェコ人の意に反する領土切断を無理強いする行為は、条約違反、少なくとも条約の精神に反することは明らかである。しかしながら、今もしダラディエがイギリスに対して、国家の名誉と威信にかかわる条約義務に忠実に、同盟国の領土割譲、国家解体に繋がる自決原則の承認は条約義務に反する、という見解を明らかにしたとすれば、彼は自国の安全に致命傷を与えるおそれがある。なぜなら、ナチ・ドイツがここまで強大化してしまった今、フランスにとって、仏英友好関係は自国の安全保障の要石となっていた、それにもかかわらず、今ここで、フランスの首相が、神聖なる条約の遵守という名誉と威信を優先させて、イギリスの首相が平和のための唯一の条件とまで言って強く受容れを迫っている自決原則承認提案を、正面から拒絶すれば、それは自らこの要石を破壊することになりかねないからである。名誉が大事か、生命が大事か、どちらも大事としか言いようのないフランスが置かれているジレンマを考えれば、誰がフランスの首相であっても、今のダラディエのように、「デリケートな問題だ」、「苦しい立場にある」としか答えようがなかったであろう。ただ、このフランスの「苦しい立場」を察して、チェンバレンがダラディエにこれ以上原則問題に関する「踏み絵」を迫ることを止めて、これをバイパスできる便法を工夫してくれるかどうか、それはまだこの時点では不透明であった。

（7）自決原則の危険な波及力

ダラディエは、このように自決原則の承認と仏致相互援助条約義務との関係に関する明答を避けつつ、チェンバレンに対しては、その原則の承認に潜む大きな危険を指摘することによって、「踏み絵」を迫る彼に再考を促そうとした。

「もし私たちが今そんなにも広汎な形で自決の原則を認めるようなことがあれば、この武器はヒトラー氏の都合のいいすべてのところに適用されることになります。それ故に、このような手順は私には非常に危険に思えます。」

と言っておいてから、ダラディエは、ヒトラーが都合よく民族自決の原則を適用する具体的な地域を列挙する。チェコスロヴァキア国内では、まずズデーテン地方、次に、波・洪少数民族居住地域、それから、スロヴァキア地方、こうしてチェコスロヴァキアが解体した次の段階には、ルーマニアのトランシルヴァニア、ポーランド回廊、フランスのアルザス、と。このように、「民族自決の原則」の恐ろしい潜在的波及力を示した上で、その行き着く先は第二次欧州戦争でしかない、と警告する。

「ご提案を受け容れて起こりうる結果といえば、欧州の政治生活における全般的な緊張を増すこと以外にありえません。チェコスロヴァキアにおける平和を確立するどころか、私たちは、更なる闘争へのドアーを開け、ついには欧州戦争へのドアーを開けてしまうことになるだけでしょう。」

（8）ズデーテン限定適用論

このように、原則論として民族自決の原則を承認することは、その「一般的な適用」という「パンドラの箱」を開けることだという、ダラディエの預言的な警告に対して、チェンバレンは、実際論として自決原則の「限定的な適用」は可能だという立場から、ダラディエの預言は過慮に過ぎないと言わんばかりに、次のように答えた。

「私の得た感じを言えば、ヒトラー氏が一般的な適用を可能にするような広汎な自決原則を私たちに受け容れてもらいたいと思っているとは思えません。それどころか、ヒトラー氏は、ズデーテン問題にしか関心はないことを強調していました。ですから、私たちが自決の承認を、このズデーテン・ドイツ人問題だけに限定して、これを実際的な方法で扱えば、私としては、ドイツ側からいかなる大きな故障も起こることはないと見ているわけです。」

ヒトラーを信用するチェンバレンは、このように楽観的に、「心配しすぎないように、大丈夫だから」と、ダラディエを、安心させようと努めたが、ヒトラーを信用していないが故に悲観的になっているダラディエは、納得がいかない様子で、

「ヒトラー氏は言ったのでしょう。いったんズデーテン人がプレビサイトで自決権を行使する機会を与えられたら、チェコスロヴァキア国内の他の少数民族も同様の権利を主張することになるだろう、と。このことからも、一旦この原則が認められたら、他のケースへの適用は防ぐことができなくなることは明白です。だからこそ、ヒトラー氏はこの原則をチェコスロヴァキア解体の武器と見なしているのです。」

と、食い下がった。これに対して、チェンバレンは、ヒトラーが波・洪少数民族に言及したことを認めたものの、それでも、

「しかし、ヒトラー氏は、自分自身は他の少数民族には関心はないと、はっきりと言われました。」

と答えて、その楽観的なヒトラー観に基づいた楽観的な見通しを崩そうとはしなかった。

(9) 代案を迫るチェンバレン、反発するダラディエ

このように両者の議論の歯車が噛み合わないまま、再び、ダラディエは、チェンバレンの自決原則承認提案について、フランス側に考慮時間がなかったことを挙げて、「イギリス政府はこの原則を受け容れるべきだとお考えなのか、お聞きしたい」と問い質した。これに対して、チェンバレンは、英独首脳会談後もドイツは軍事的準備を緩めるどころか更に推進しているという最新の秘密情報を、フランス側に提示して、「このような状況に鑑みて、私としては、ダラディエ氏にお聞きしなければならないと感じるのは、我が方の提案に代るご提案をお持ちなのかどうか、ということです」と切り返した。

チェンバレンのこのような待機戦術に業を煮やしたダラディエは、フランスの条約義務問題、すなわちフランスの名誉と威信の問題に立ち返り、虚勢とも見える見得を切る。

「首相は代替案を示せとのことですが、フランス政府は既にその立場を明確に示しました。何と言おうととどのつまりは、我が政府は条約義務に拘束されているのです。どのような法解釈がなされようとも、あらゆる名誉と道義において、フランスには自ら行った誓約を無効と見なす権利はございません。自分

は、フランスは同盟国を見捨てることなどできない、と考えております。この点に関しては、私はフランス政府とフランス国民の見解を表明しているのです。」

このように興奮気味に反発するダラディエを、傍から冷ややかに観察していたカドガン次官は、日記に次のように記している。

「私たちは、ダラディエが、注意深く感情の高ぶりを調整しながらも、なお震える声で、フランスの名誉と義務について話すのを聞かねばならなかった。(2)」

(10) ダラディエの転調

強気に出てそれで猪突猛進するかというと、そうでないのが「ヴォクリューズの猛牛」の性格であり、このときも語を「しかし」と次いで、「私たちがロンドンに来たのは、平和的な解決策を見つける努力をするためです」と転調し、すぐにまた「しかしながら」と逆転する。

「ドイツの真の狙いは、チェコスロヴァキアの解体であり、東進による汎ゲルマン主義の実現なのです。チェコスロヴァキアの次に犠牲となる国は、ルーマニアです。その結果、非常に短期間のうちに、ドイツは東南欧州の小麦と石油の支配者となるでしょう。そうなると、一年以内にそのドイツが身を翻して英仏に向って来る可能性が出てきます。そのときには、英仏は、現在よりも更にもっと困難な状況で、ドイツを迎えねばならなくなるでしょう。」

このように、歴史の教師上がりで、国防相を兼任する首相は、的確な情勢判断と見通しとから、イギリスの提案に潜む危険性を再強調しておいて、続けて、この危険を回避する別案があれば、それで妥協する用意があるという態度を明らかにする。

「だからこそ、私は、チェコスロヴァキアと欧州の平和に、これほどの危険をもたらすプレビサイトではなく、それ以外の何らかの解決を探し求めている次第なのです。そして、これを見つけるためならば、私も、できる限りズデーテン・ドイツ人に有利な形でヒトラー氏の要求に応じる気でいるのです。」

こう「別案があれば」と言ったものの、ダラディエは、その別案の具体的な内容を自分の方から提示することはなく、

「そこで私としては、私たちよりも考慮する機会の多かった貴政府が、どんな結論に到達されたのか、これについてまず先にお聞きしたいのです。」

と、またもやチェンバレンにその見解を求めたのであった。

こうして、なお英仏ロンドン協議は、「お先にどうぞ」合戦、「押し問答」、「堂々巡り」の流れから抜け出せないように見えたが、それでも、ダラディエの発言を注意深く検討してみると、問題がやや煮詰まってきたという感じがしないでもない。すなわち、彼は、プレビサイトを避け、自決原則の承認をバイパスして、それ以外の方法で、できるだけヒトラーの要求に応じる用意がある、と言っているのだが、この発言は、その具体的内容こそ明らかにしてはいないものの、あの「ネカス携行案」を念頭に置いたものであり、独致間の合意によるズデーテン地方の一部に限定した直接移譲方式を認める用意のあることを示唆していた。この限定的直接移譲については、チェンバレン自身も、その腹積もりであったと思われるので、チェンバレンがこのダラディエ発言の示唆す

る内容を察して、彼の方からその腹案を開示するのかどうか、そしてその場合でも、絶対的先決問題として、なお自決原則の承認に拘り続けるのかどうか、大いに注目されるところであった。

2　破綻の危機

(1) ハリファックス発言：「将来の危険より現在の危険」

ところが、そのチェンバレンが答える前に、この日初めてハリファックス外相が口を開いた。彼は、自決原則の承認と仏致相互援助条約の義務の関係について、フランスに条約義務があるからこそダラディエの意向、判断をまず聞く必要があると述べた後、ダラディエが指摘したプレビサイトと民族自決原則承認に含まれる危険性について、次のように理解を示した。

「私も、ダラディエ首相の疑念を共有しています。自決権の一般原則の承認に含まれる落とし穴に十分気付いています。プレビサイトに含まれる困難と危険も認識しています。この問題が欧州の将来に全般的な反響をもたらすおそれがあり、その反響に関して、閣下が抱かれている不安をも共有しています。ヒトラー氏がドイツの更なる強大化を目指す将来計画を抱いている可能性は、大いにあります。」

このように、ハリファックスは、「将来」の危険性については、ダラディエとほとんど同じ認識であることを強調しながら、その後に、「他方」と語を次いで、「私たちは、今現れている状況に含まれている現実を、実際的側面から直視しなければなりません」と、フランス人たちの目を「将来」の危険性から「現在」の危険性に向けさせる。そして彼が指摘したその「現実」とは、(1)致国の効果的防衛は不可能なこと、(2)致問題は全体戦争に拡大するおそれのあること、(3)英仏が対独戦に勝ったとしても、平和会議で致国境の旧状復帰はありえないこと、という彼の持論であった。この「厳しい現実」にフランス人の目を向けさせた後、続けてハリファックス外相は、

「我が政府は、貴政府同様、厳然たる事実を直視しなければなりません。私たちは、貴政府と共に欧州を破壊と大災害から救う何らかの手段を考案することに、関心を持っているのですが、今や私たちは、交渉再開を可能にするこの唯一の条件を考慮する用意があるかどうかを、決定しなければならないときだと、私は信じています。」

と、またもやフランス側に、「対独交渉再開の唯一の条件」としての「自決原則の承認」に関して、事実上、「交渉再開か戦争か」、「イエスかノーか」とその回答を迫ったのであった。

一般に、現実に大きな危険の切迫した状況の下では、このような「とりあえずは目前の危険を、その後のことはそのときのことに」という「マドル・スルー」的議論は、その危機的な現場をあずかる、冒険家的ではない慎重な責任者の間では、相当な説得力があり、全体的な議論もその方向に流れていって、それが結局において最終的結論となりがちであることは、否定できないところであろう。

(2) 再び自決原則承認を迫るチェンバレン

最終的結論についてはともかく、上述のように、ハリファック

ス外相が、欧州の将来への危険はあるが、ともかくまず、ドイツの対致武力行使という現在の差し迫った危険を、なんとか切り抜ける（マドル・スルーする）必要があり、そのためには、今や自決原則を承認する以外に方法はない、と言い、その前提の下に、ダラディエに対して、「イエスかノーか」と迫ったのであるが、外相のこの圧迫的な質問に続いて、チェンバレン首相は、つい先ほど、自分の方からダラディエに「代案はおありか？」と聞いたことも忘れて、

「ヒトラー氏との会談結果から、私は、いかなるものであれ、対案を出すのはまったく何の役にも立たないと、確信しています。そのようなときはもはや過ぎてしまいました。」

と言い放ち、腹にあるはずの「ズデーテン限定直接割譲方式」を持ち出さずに、断定的に、

「交渉は、自決の原則を実現する手段を考慮するということを基礎にしなければ、再開の見込みはありません。」

と言い放ち、「自決原則の承認が先決問題だ」という会議冒頭の問題提起から一歩たりとも譲ろうとはしなかった。このように彼が自決原則承認問題でダラディエに「イエスかノーか」と迫ったのは、外相と同様であったが、その圧迫がここで終らずに駄目を押さなければ気が済まないのが、婉曲を好む外相にはない首相の苛烈な性癖であった。

「私たちにこの基礎を受け容れる意志がなければ、それは戦争を意味します。この点については、お間違いなきよう願います。」

このように、チェンバレンは、ベルヒテスガーデンでヒトラーから「ディクテート」された条件を、そのままロンドンでダラディエに「ディクテート」し、戦争を避けたければ、この条件をプラハでベネシュに「ディクテート」するのが、条約義務を負うフランスの義務だと、有無を言わせぬ態度で、ダラディエに厳しく迫ったのであった。

(3) 猛反発するダラディエ

このチェンバレンの威嚇的な駄目押しは、「猛牛」に赤い布を見せるようなものであった。猛牛は、チェンバレンの物言いに対して、

「チェンバレン首相は、もしフランス政府が条約義務をそんなに厳密に解釈して、首相とヒトラー氏との会談結果に耳を傾けることを拒むなら、私たちは欧州戦争に直面するだろう、と示唆されました。しかし、問題はそれほど単純ではありません。」

と、強く反発し、続けて、

「と言いますのは、私たちがドイツの要求をすべて承認して、その最後通牒を受け容れるようなことがあれば、私たちは非常に重大な先例を作ってしまうことになり、そのうち、更なるドイツの要求が出てきて、そのときドイツは、私たちはまた譲歩するものと、決めてかかってくることになるからです。」

と、ヒトラーの要求を「最後通牒」と見なしていることを明らかにして、議論の焦点を再びヒトラーの真の目的は限定的か否かへと移動させた。興奮した「猛牛」は、ここに止まらず、更に突進して、

「私たちがロンドンに来たのは、チェコスロヴァキアの存在を破壊することなく、平和を維持するために何ができるかを見つけるためなのですが、今、思い起こされることは、英仏両政府が、そんなにも前のことではないときに、チェコスロヴァキアの統一を維持するという原則で意見が一致したことです。」と、ズデーテン問題の平和的解決のための英仏合意枠組みを「自治」から「自決」へと、その舌の根も乾かぬうちに拡大したイギリス政府の「変節」を詰ったのであった。

（4）後ずさりしながらも見得を切る「猛牛」

しかし、いかに感情が高ぶり興奮しても、その感情が爆発する寸前に本能的に後ずさりするのが、「ヴォクリューズの猛牛」であった。このときもまた彼は、「しかしながら」と言って、後ずさりした。

「しかしながら、今となっては、私たちは最近の出来事をも考慮に入れなければならないことは、私もよく分っています。それ故に、問題は、フランスが条約義務の結果として戦争に入らざるをえなくなることを防ぐ、何らかの手段を見つけ、同時に、チェコスロヴァキアを維持して、同国の、できる限り多くの部分を救うことです。

もしあなた方が、この問題を、『プレビサイトという形で自決権を認めよ』というドイツの要求に対して、『イエスかノーか』で答えよ、という単純な問題だ、と見なしておられるならば、そのような問題の提起の仕方は、私は間違っていると思います。」

つまり、ダラディエは、自決原則の承認以外の、特にプレビサイト以外の「何らかの手段」という前提で、「同国の、できる限り多くの部分を救う」と言うことによって、間接的にではあるが、暗に「ズデーテン地方の少なくとも一部の割譲」を容認し、割譲後の残部チェコスロヴァキアの維持のための「救済手段」の絶対的必要性を示唆し、暗にこの点についてのイギリスの保障を求めたのである。しかし、彼の興奮はまだ完全に冷め切ったわけではなく、チェンバレンの物言いに挑発された形のその発言を、再び次のような見得によって、締めくくった。

「チェコスロヴァキアは過ちを犯したかもしれません、でも大国で過ちを犯さなかったものがありますか？　たとえ過ちを犯した国であっても、その国には、フランスは同盟国として強く結ばれているのです。その同盟国を、フランスは、罪を犯すことなくして見捨てることはできないのです。」

（5）対致救済手段への言及

ダラディエ発言の反発と見得の部分は別にして、後ずさりの部分によって、英仏ロンドン協議の議論はここに、自決原則承認問題をバイパスして、ズデーテン地方の一部に限定した直接移譲と残部チェコスロヴァキアの国際保障へのイギリスの参加という、黙示的フランス案にまで煮詰まってきたのである。しかし、問題は、ダラディエがこれを明示的に提案する前に、チェンバレンがこれを察して、自らの腹案を打ち明けるかどうかであったが、このとき、彼は、「猛牛」へのこれ以上の刺激を危険と見たのか、激しい反論は控えて、簡単に次のように答えただけであった。

「はっきりさせておきたいことは、私はこの原則承認問題を第一段階としてしか考えていないということです。ですから、もし私たちがこれを受け容れると回答して、交渉を再開する用意があるのであれば、次の段階で、チェコスロヴァキアについて私たちにできる救済手段との関連で、多くの問題が出てくることになると思います。」

このようにチェンバレンは、残部チェコスロヴァキア救済問題、すなわち、その国際保障へのイギリスの参加問題については、それとなく前向きの姿勢を示しつつも、「限定的直接割譲方式」という自己の腹案も明かさず、また、会議冒頭以来の自決原則承認を先決とする自己の立場も、頑として変えなかったのである。これに対してダラディエも、英仏ロンドン協議における最大の獲得目標であったイギリスの国際保障参加について手応えを感じたのか、それ以上の反論は控えて、ただ、「昼食休憩中に、ボネ氏以下ロンドンにいる同僚たちと相談したい」と、短く応じただけであった。

こうして、理と情でもって諄々と説得するというタイプでなく、相手を高飛車にねじ伏せにかかるタイプのチェンバレンと、最後には折れるにしても最初は強気の自己主張をしてみないと気が済まないタイプのダラディエとの間の討論は、やや売り言葉に買い言葉的なやり取りとなり、チェンバレンが、次の日の閣議の席上で、「昼食前に最暗黒のときが来た」と振り返ったように(3)、終いには殺気を帯びさえした。ただ、最後の最後に対致国際保障へのイギリス参加の可能性という一筋の微光が見えたようでもあったが、それでも全体的には暗い殺気を孕んだまま、午前の英仏ロンドン協議は、午後一時二五分、停会となった。

注

＊ William Carr, *Poland to Pearl Harbor: The Making of the Second World War* (Edward Arnold, 1985), p. 53.

(1) 以下、午前の英仏協議については、*Documents on British Foreign Policy, 1919-39, 3rd series, Volume II* (His Majesty's Stationary Office, 1950), pp. 373-87.

(2) David Dilks (ed.), *The Diaries of Sir Alexander Cadogan O.M. 1938-1945* (Cassell & Company LTD, 1971), p. 100.

(3) David Faber, *Munich, 1938: Appeasement and World War II* (Simon & Schuster, 2009), p. 305.

第22章　午後の協議：ダラディエの後ずさり

1　昼食会と協議の再開

（1）昼食会：行き詰まり打開の曙光

外交交渉は、正式会議で行き詰まった場合、往々にして非公式対話の場で打開の道が開かれる。英仏ロンドン協議の場合もそうであった。英仏両首脳らが共にした昼食会の場で、ダラディエ首相の方から、ズデーテン割譲問題について、こう切り出した。

「一般的な自決原則の承認ということになれば、深刻極まりない反対に遭うことになると思いますが、そうでなくて、ズデーテン・ドイツ人の場合に特定した領土の割譲ということであれば、私はベネシュ氏の同意を得ることも可能だと思います[1]。」

昼食前の興奮が冷めて再び地に足が着いたかのように、フランスの首相がこの日初めて口にした、この「ズデーテン限定直接移譲」という具体的解決案である。しかし、これが無条件のものとイギリス側に誤解されることがないように、抜け目のないボネ外相は、首相発言を次のように補足した。

「これを実現する際の一大難関は、チェコスロヴァキアに対する何らかの形の国際保障に、私どもと共に、イギリスも参加される用意があるかどうかです[2]。」

こうして、今ここにフランス側から、イギリスの対致国際保障参加を交換条件とするズデーテン限定直接移譲案が、出てきたのである。フランス側が持ち出した、この非公式解決案は、先にも少し触れた「ネカス携行案」、すなわち、ベネシュがネカスに託したいわゆる「ベネシュ第五計画」に基づくものであったと推定される[3]。すなわち、仏非公式案は、軍事戦略的見地から小マジノ・ラインを除外した、部分的ズデーテン割譲案であり、従って、これを含むことを絶対的条件としているヒトラー案とは相容れないものであったと思われる。このことを考慮すれば、ベルヒテスガーデン会談で示されていたドイツ系住民五〇％以上の地域の併合というヒトラー案に対して、何ら異論を唱えなかったチェンバレンとしては、このフランス案に対してそのまま賛成とは言えなかったであろう。しかし、ここに、彼が最暗黒に射す曙光を見た可能性は大いにある。なぜなら、イギリス側は、平時から中・東欧の安全保障にイギリスを正式に関与させることが、以前からのフランス側の最大の望みであり、それが英仏ロンドン協議での最大の獲得目標であることを、見越していたであろうから、チェンバレンも、今フランス側から持ち出してきた対致国際保障へのイギリスの参加問題を梃としてうまく使えば、フランス側を「ベネシュ＝ダラディエ案」の線から「ヒトラー＝チェンバレン案」の線にまで引きずり降ろすことも可能だと見たと思われるからである。

おそらくこのようなイギリス側の考慮があって、昼食会での合意は、フランス案については、別室でイギリス側がこれを前向きに検討したみた上で、午後三時半に再開される本協議に臨むというものであったと思われる。というのは、昼食終了後に、イギリス側はただちに首相・側近会議を開き、フランスのこの非公式提案を検討協議しているからである。

(2) 昼食会後の英側協議：対応方針の決定

英仏昼食会終了後の首相と側近による協議の結果、イギリス側は、次のような対応方針を決めて、再開本協議に臨むことにした。

(1) ズデーテンの直接移譲方式に異議はない。

(2) ヒトラーのドイツ系住民五〇％以上の地域併合案に異議はない。

(3) 残部致国への国際保障にイギリスも参加する。

但し、次の二条件が満たされなければならない。

①致政府が、既存の軍事同盟条約を解消して中立国となることを受け容れること。

②致政府が、和戦の問題に関しては英政府の忠告を受け容れること。

最後にハリファックス外相が、「このような提案をチェコの人たちは受け容れるだろうか？」と、最も困難な、しかし避けて通れない問いを発し、続けてこの問いに、ヘンダーソン大使から伝授されていた威嚇的加圧方針に倣った形で、「もしベネシュ博士が私たちの思いのままにならない場合には、私たちは彼とは手を切ると、相当露骨に告げるべきです[4]」と自答した。

以上のような昼食休憩中の重大な動きがあって、三時三〇分再開の本協議の主要問題は、午前の協議中チェンバレンによって先決問題とされていた、自決原則承認問題では最早なくなり、これに代って、「ヒトラー＝チェンバレン案」と「ベネシュ＝ダラディエ案」をめぐる割譲区域の線引きと、その交換物としての、イギリスの対致国際保障参加とをいかに関係付けるかという問題と、これに関する英仏合意が成った場合に、ベネシュにその合意案をいかに呑ませるかという問題、この二つとなると予想された。

(3) 再開協議の滑り出し(1)：致総動員問題への対応措置

午前の会議の冒頭で、チェンバレンが、ドイツの対致攻撃切迫情報に鑑み、チェコスロヴァキア政府に総動員着手の意向のあることを伝えて、これに今日中に回答する必要があると述べたことは、先に見た通りであるが、再開された午後の協議の冒頭で[5]、ダラディエは、フランス政府に対してオススキー駐仏チェコスロヴァキア公使から総動員に関する同旨の問い合わせがあったので、慎重かつ節度ある行動をとるようにと忠告した、と報告し、イギリス側に対して、公平の見地からドイツにも同様の措置をとるべきだ、と提案した。これに対して、チェンバレンは、次のように応じた。

「イギリス政府からドイツ政府に対して、『致政府が、我が政府に対して、同政府は、ドイツから急襲される恐れがあるので、動員を考慮せざるをえないと告げ、これに関して我が方の助言を求めてきた。これに対して、我が政府は彼らに、ヒトラー氏から受けた信頼すべき保証に鑑み、対話がまだ継続している間に、動員はしないようにと忠告した』と言うことはできます。」

このチェンバレン案にダラディエが同意したので、この後イギリス政府は、チェコスロヴァキア政府に動員を控えるように忠告すると同時に、ドイツ政府に対して、上の趣旨の通告を行った⑹。このような一見公平な措置は、ドイツに有利に、チェコスロヴァキアに不利に働く。というのは、英仏の通告を受けて、チェコスロヴァキアが総動員を控えても、ドイツは、これを無視して一方的に対致攻撃準備を推進し続けることは、目に見えているからである。また、実際にその後の展開はそうなった。

(4) 再開協議の滑り出し(2)：ズデーテン限定直接移譲方式での部分的合意

再開英仏協議会は、次に、いよいよ本題である⑴ズデーテン割譲問題、⑵対致国際保障問題、⑶対致説得問題へと入っていく。まずダラディエが、プレビサイトには断固反対する立場に変りのないことを表明したのに対して、チェンバレンは、これに理解を示した上で、プレビサイトによらぬ領土割譲法に関して、ダラディエに次のように誘導的な問い掛けを行った。

「ドイツに対して何らかの領土割譲がなければならないことは、はっきりしていますが、しかし、私たちがチェコスロヴァキアに領土を割譲するように提案するのに、同政府自身に国境変更の必要を認める用意がなければ、非常な困難を来すことになるでしょう。それ故に、私たちとしては、一般的な自決原則は、結局チェコスロヴァキア全体の解体に繋がるかもしれませんので、この原則には一切触れないで、今のズデーテン割譲問題のみに限った、何らかの解決策を考案することはできないものでしょうか？」

ここに正式に、チェンバレンは、午前からの協議を行き詰まらせた最大の原因である、先決問題としての民族自決原則承認論への拘りを捨てて、暗にズデーテン限定直接移譲方式の採用を奨めたのである。このチェンバレンの誘導に対して、ダラディエは、ベネシュの「第五計画」＝「ネカス携行案」に沿った形で、次のように応じた。

「私も、何らかの形でズデーテン地域の一部を割譲することは可能だと思いますが、但し、チェコスロヴァキア政府との事前協議が必要不可欠であり、その際に、いかなる解決策であっても、それを外部から同政府に押し付けることは、絶対に避けなければなりません。このような条件の下で、英仏両政府が大いに努力すれば、チェコスロヴァキア政府を説得することも不可能ではないと考えます。」

このようにダラディエは、「押し付け」なしの対致事前協議の必要という条件付きで、ズデーテン地域の「部分的」割譲は可能だと、チェンバレンの意図する「全体的」ズデーテン直接移譲案に、部分的に賛成したのだが、その条件たる「押し付けなしの事前協議」については、「友好的な圧力」は許され、頑固なチェコスロヴァキア政府の同意を得るには、そのような圧力が必要であるという見方をも、明らかにした。

以上は、昼食会での話し合いのおさらい、すなわち、自決原則の承認を先決問題とはしないで、ズデーテン限定直接移譲の方針でいくという非公式合意の公式確認の意味合いのあるやり取りであった。この確認が済んだ今、次に英仏協議は、いよいよ未合意点である割譲地域の範囲とイギリスの対致保障参加の問題に入っていく。

2 再開協議の焦点：国境線引き問題と対致国際保障問題

(1) 小マジノ・ラインと国際保障の関係

チェコスロヴァキアの同意を得やすくする条件として、対致「友好的圧力」に加えて、ダラディエは、対致国際保障と要塞の取り扱いとについて触れ、次のように言う。

「私たちが、チェコスロヴァキア政府に対して、こんなに大きな犠牲を求めることになれば、彼らは当然、その代りに保障を求めるでしょう。この点に関して、次のことを考慮に入れることが非常に重要です。すなわち、領土を割譲すれば、チェコスロヴァキアは、軍事防衛上、非常に危険に晒された状態に置かれることになります。チェコスロヴァキアの主要な要塞は、たまたまズデーテン地域に含まれていまして、これらの領域のいかなる割譲も、同国の防衛体系を破壊してしまうことになります。」

こうダラディエは、このような「考慮」が重要だとは言うが、それでは具体的にどうせよというのか、これについては、いつものように彼は、何も言わない。そのため、彼が、ベネシュの希望に沿った形で、割譲地域から小マジノ・ライン地帯を除け、と言っているのか、それとも、イギリスが保障に参加すれば、その放棄も可能になる、と言っているのか、曖昧、不明であった。この不明点に関して、チェンバレンは、ダラディエに問い質すことはせずに、イギリスの保障参加の可能性をちらつかせながら、自分の方から新国境線引き案についての自己の立場を明確にしていく。

「チェコスロヴァキア政府が、何らかの保障付で領土割譲の原則を受け容れる気になった場合には、当然、彼らは、割譲地域がどの程度の規模になるのか、と尋ねてくるでしょう。この割譲規模の決定基準に関して、ヒトラー氏は、私が提案したドイツ系住民が八〇％以上を占める地域に対して、それでは不十分だとはっきりと言いました。彼の考えは五〇％以上の地域だということは明瞭です。その結果がどうなるか、それが分る地図を、フランス政府はお持ちでしょう。」

と、ヒトラー案が地理的に小マジノ・ラインを含む地域であることを指摘しておいて、次に、そのようなヒトラーと相対することになる交渉者としての自分の立場から、チェンバレンは、ヒトラー案とベネシュ案との関係について、

「私がヒトラー氏との次の会見の場に戻ったときに、ベネシュ博士がある限定的地域の割譲は認めてはいたが、ヒトラー氏の方はそれよりも遥かに大きな地域を考えているというよう

な、そのような立場に私が立たされることがないようにすることと、これは極めて重要なことです。もしそうなると、交渉は完全に行き詰まってしまいます。」

と述べて、ダラディエ案が依拠しているようにも見える「ベネシュ案」などまったく論外であるという考えを示した。

(2) チェンバレンの「ヒトラー案」擁護論

そして、このようなチェンバレンの線引き論の当然の帰結として、彼は、「ヒトラー案」すなわち今や「チェンバレン案」となっていた「五〇%以上案」の丸呑みしかないという明確な意思表示を行う。

「割譲問題を迅速に解決するためには、今はとにかく実施指導原則について決めて、その後の実施上の困難については、国際委員会でこれを調整するということにするのが、一番だと思います。ヒトラー氏は、いかなる地域であっても過半数のドイツ系住民の存在ということが、その地域に自決権を実現する指導原則だと考えていることを、明らかにしているわけですから、私としては、私たちが、ベネシュ博士にどのようなことを伝えるにしても、そのときには必ず、割譲地域を画定する一般的方針は、ズデーテン・ドイツ人が過半数を占める地域を基礎として定められなければならないと警告すべきだと、考えます。」

ヒトラーのような凶器を持った半狂人を相手にする交渉担当者としては、相手の言うことを丸呑みにして、それで以て何とか刃傷沙汰だけは避けたいという気持ちに駆られがちになるのは、分らないでもない。しかし、国家を代表した外交交渉者としては、少しでも自国に有利な落としどころを求めて、粘りに粘るというタフさが、有能な交渉家の条件の一つである。対独宥和外交を推進する際の交渉家としてのチェンバレンは、この条件を欠いていたと言わざるをえまい。

但し、彼にも言い分があった。すなわち、彼に言わせれば、チェコスロヴァキアが払う犠牲の大小などは、彼の目指す欧州平和の維持に比べれば、些事だということになろう。何が何でも平和を維持したいという一心の彼には、チェコスロヴァキアの要塞がヒトラーの手中に落ちれば、事実上、同国がドイツの衛星国となる、そして次にはこれを足掛かりにドイツが中・東欧の覇者へと成り上がり、その結果、英仏は戦略的により不利な欧州戦争を招くことになる、というダラディエらの警鐘は、杞人の憂いとしか聞こえなかった。

政治家として、確固たる使命感と強い指導力を兼ね備えたチェンバレンは、その過剰な自信から、今ここで英仏致側がヒトラー案を丸呑みにしさえすれば、それを限度にナチ・ドイツも必ずや欲求飽和国家、現状維持国家となり、その結果として、安定的、永続的な欧州平和の道が開けるのだという、楽観的展望に嵌り込んでしまっていたのである。

(3) 英の対致国際保障参加問題へ

チェンバレン提案に潜むこのような危うさに、ダラディエは十分に気付いていたであろうが、彼も自国の軍事力、特に空軍力の脆弱性を十分に認識していたために、この案に対して、明確な反対の意思表示をすることができなかった。このためにチェンバレ

ンは、

「もしベネシュ博士が私たちの警告を受け容れたら、博士が後になって不服を言う根拠はなくなります。しかし、それでもまだ、残部チェコスロヴァキア国家の安全という問題が残ります。」

と、フランス側が自分の案を暗黙のうちに受け容れたという前提で、次の問題、すなわち、ズデーテン割譲後のチェコスロヴァキアの安全保障問題に進んで、独り舞台を続けていくことができた。

「残部チェコスロヴァキアについては、貴政府は、これは侵略に対する何らかの国際保障の対象となると、お考えのことと思います。そのような保障に、我が政府も他国と共に参加する用意があるのかどうか、この点について、貴政府は知りたく思われていると理解していますが、いかがでしょうか。」

と、いよいよとっておきのカード、対致国際保障へのイギリスの参加という切り札をちらつかせた。これは「五〇％以上案」の丸呑みと交換的な、イギリス側の一大譲歩だと、明言はしていないものの、これまでの議論の流れから、言わずと知れた形で、フランス側にその意向を問うたのである。

(4) 英参加条件としての致中立国化案

このチェンバレンの誘いに、ダラディエは飛びついた。

「おっしゃる通り、それは、我が政府の最もお聞きしたい点です。私たちがチェコスロヴァキア政府に残りの領土に対する何らかの国際保障を約束できなければ、彼らに領土の割譲に同意するよう圧力をかけることは、ほとんど不可能になってしまいます。」

しかし、チェンバレンの方は、「それではそう致しましょう」と直ぐには乗ってはこず、

「イギリスの立場から言えば、新しい保障をすることは、危険を孕んだ重大な新たな一歩を踏み出すことになります。それはイギリス政府にとって大きな重荷となり、深刻な悩みの種になります。」

と、勿体を付け、重荷となる地理的・軍事的理由を挙げて、次のように言う。

「と言いますのは、チェコスロヴァキアは遠く離れており、我が政府がそのような保障をいかにすれば履行することができるのか、その方法を見つけるのは容易なことではないからです。わが国にはチェコスロヴァキアまで進軍できるような陸軍はまったくありません、また、同国は空軍を送るには遠すぎます。」

そして、このイギリスによる実質的な対致軍事支援の不可能性を前提に、チェンバレンは、

「よって、イギリスが国際保障に参加する価値は、純粋に抑止的な意味に止まることになるでしょう。」

と言った。こう断りを入れておくことによって、彼は、対独戦争への巻込まれの危険を予め避けるための布石を打つと共に、

「それでも、これは我が政府にとって非常に重い決定となります。」

と、更に勿体を付け続け、「純粋な抑止的意味に止まる」という断りに加えて、保障参加にもう一つの条件を付ける。

「私は保障参加に同意する可能性を排除したくはありませんが、我が政府は保障の性質を制限する条件を付与することを希望すると思われます。そこで私は、特にソ致関係を念頭に貴政府にお尋ねするのですが、それは、貴政府には、チェコスロヴァキアがベルギーのような中立国となるように、現在の条約を改めるお考えがあるのかどうか、ということです。」

このチェンバレンの国際保障付中立国化方式案に対しても、ダラディエは、即座に、「いいやり方だ」と同意した。

(5) 英参加に関するボネ見解(1):仏側譲歩の交換物

五〇％以上の地域割譲案に関しても、またイギリスの保障参加案に関しても、まだ仏英いずれからも明確な最終的意思表示はなかったが、このチェンバレンの質問とダラディエの同意回答で決着を見たも同然であった。しかし、対致国際保障へのイギリスの参加を、英仏ロンドン協議会での最大獲得目標としていたボネは、九仞の功を一簣に欠くことがあってはならじと、ここで彼は、「保障問題はフランス国民にとって死活的な問題でありますので、私から少し付け足して言いたいことがあります」と、ほぼゴールに近づいたかに見える両首相の対話に割って入った。そして第一に、イギリスの保障参加は、チェンバレンが示唆するような、イギリス側の一方的譲歩ではなくて、それはフランス側の大譲歩に不可欠な交換物であると、次のように主張する。

「ズデーテンをドイツに割譲することに同意し、かつ、現在の仏致・ソ致両相互援助条約に代えるにチェコスロヴァキアの中立化をもってすることに同意するということは、私たちが非常に大きな譲歩をしているということになります。フランスの世論がこのような犠牲を受け容れる気になるとしたら、それは、その代りに、貴国がチェコスロヴァキアの中立を保障する場合に限られます。」

(6) 英参加に関するボネ見解(2):道徳的価値と対致圧力手段

第二にボネは、保障参加が決してイギリスの「重荷」にならないことを説得するために、イギリスの参加にフランス側が期待するのは、「軍事的」価値でなく「道徳的」価値であることを明らかにする。

「チェンバレン首相の英致間の距離についてのご議論は、私には本当に決定的なものだとは思われません。と言いますのは、この保障の主な価値は道徳的なものだと思われるからです。」

もしこの場にベネシュ大統領も居て、彼が、友好国イギリスの首相がイギリスの保障は「純粋な抑止的意味を越えない」と言い、また同盟国フランスの外相が「軍事的」同盟に代えるに「道徳的」保障で十分だと言うのを、聞いていたとしたら、それは一大衝撃を越えた、死刑判決のように聞こえたことであろう。このようにボネは、自国とイギリスの「平和」のために、友を敵に売り渡すような秘密合意を示唆した後、第三に、イギリスの参加が対致「圧力」手段として必要不可欠のものであることを、次のように強調する。

「私たちはまた、今、チェコスロヴァキアに対して非常に大きな犠牲を求めようとしているのですが、特に英仏両国からの明確な保障という見返りがあって初めて、チェコスロヴァキアにこのような犠牲を求めることができるのだと、私は思います。」

そして最後に、ボネは、イギリスの保障参加について、駄目押し的に、

「ですから、私たちフランスの代表団は、この問題について貴政府から非常に積極的かつ明確な声明を得たいと、格別のお願いをする次第です。」

と、チェンバレンに明答を迫ったのであった。

(7) 結論なきまま停会へ

ボネ外相がイギリスの保障参加に関して駄目を押すと、今度はハリファックス外相も、対致保障による対独戦争巻込まれの危険の回避に関して、駄目を押さんとして、先のチェンバレンが出した参加条件としての「中立化」に、更にもう一つの条件を付け加えた。

「イギリスの保障の必要性に関するフランス側のご議論に説得力のあることは、私も十分に認めるところですが、貴政府の方でも、本問に関する我が方の困難を理解しておられると思います。首相もかつて議会で表明しましたように、我が国の政策についての指揮監督を他国の手に委ねることは、まったくできないことなのです。それ故に、私としては、我々がこのような保障を考慮するとすれば、チェコスロヴァキア政府からは、和戦に関する問題においては、我が政府の忠告を容れる、もし容れない場合は、我が政府は自動的にその保障から免除されるという、何らかの約束を得たいと考えています。このような条件の下で、私も、そのような保障参加の可能性を除外しないという首相のご意見に、同意致します。」

このように英仏外相がそれぞれ駄目を押し合った後、チェンバレン首相は、明答を迫ったボネに対して、

「ボネ外相が述べられたように、フランス代表団は、イギリスの保障参加に関して、何らかの明確な理解を手にして帰国されたいことでしょう。」

と、フランス側の希望に理解を示しつつ、

「ただこの問題は我が政府にとっても非常に重大な問題ですので、私はここで停会にして同僚と相談してみることに致します。」

と、即座に明答を与えることは避けた。

3 停会中の動きと深夜の協議

(1) 英作成のベネシュ宛英仏共同提案

午後五時から七時三〇分の停会中に、イギリス側は、チェンバレン首相による対致国際保障参加の決断に基づいて、ベネシュ宛英仏共同提案を作成した。その要点は次の通りである。[7]

(1)英仏両政府の代表は、協議の結果、ズデーテン地方のドイツへの割譲なくして、欧州平和の維持と致国の死活的利益の安全は、効果的に確保されえない、という結論に達せざるをえなかった。

(2)貴下は、プレビサイトよりも直接譲渡を好むであろう。
(3)ドイツ人が五〇パーセント以上居住する地域の移譲となろう。必要なら、国境線調整のための致代表を含む国際団体の設置となろう。
(4)選択権に基づく住民交換が行われよう。
(5)致国の現軍事条約の解消を条件として、英政府は、挑発によらざる侵略に対する新国境の国際保障に参加する用意がある。
(6)英首相は、遅くとも二一日にはヒトラー氏との会談を再開しなければならない。よって、我々は、貴下に最速の回答を求める。

このイギリス作成のベネシュ宛英仏共同提案を、イギリスの本音をあからさまに盛り込んだ形で、言い換えてみれば、次のようなものになろう。

「貴下は、ヒトラー氏の要求通り、ズデーテン地方全部をドイツに譲渡し、かつ、ヒトラー氏が『ドイツに突き付けられている槍の穂先』と感じているソ致相互援助条約等の軍事同盟条約をすべて破棄せよ、そして、中立国となれ。そうすれば、引き換えに、イギリスは、純抑止的・道徳的意味しか持たない対致国際保障に参加してやろう。貴下がこの恩恵的提案を受け容れることは、英仏の平和のため、欧州一般の平和のため以上に、何よりも貴国自身の身のためなのだ。」

(2)「純抑止的」・「道徳的」保障の拘束力

このような内容を持つイギリス製の英仏共同提案の苛酷な本質は、作成に与ったカドガン次官自身が、その日記で、「かなり厳しいものだ、降伏せよとベネシュ氏に告げるものだ！」と認めている通りである。それでも、この提案は、ベネシュにとって最も苛酷な点、すなわち、イギリスの保障が「純抑止的」、「道徳的」なものにすぎないということにも、また、ハリファックスが付加した、和戦に関する問題ではチェコスロヴァキアはイギリスの助言を容れること、という条件にも触れていない。その理由は、おそらく、今これに触れるのは得策ではない、なぜなら、これに触れれば、その提案をベネシュにとって益々受け容れがたいものにして、問題をこじらせるだけである、よって、この点については、そのような事態となったら、なったそのときに、強圧的にそのような形で処理することができようと、ここでもまた、イギリス的「マドル・スルー」思考が適用されたからであろう。

但し、チェンバレンは、イギリスが対独戦争に巻込まれることを避けるために、この保障を「純抑止的」、「道徳的」なものに止めるものと意図したとしても、現実にヒトラーがこの保障を踏みにじったときには、イギリスとしては何もしないわけにはいかないであろう。というのは、イギリスに、たとえ法的義務とまでは言えなくても、道徳的義務がある場合に、イギリスが自己に対するドイツの公然たる侮辱行為を許せば、その名誉も威信も修復不可能なほど深刻な損傷を受けることとなる。すなわち、それは、イギリスが大国の地位を自ら放棄することを意味し、チェンバレン政府が、いかに宥和主義的、平和主義的であっても、「大英帝国の政府」としてできない選択であった。

（3）英の保障参加の意図せぬ結果

このようなイギリスの保障参加が持つ意味合いについて、A・J・P・テーラーは、次のように解釈している。

「この保障は、履行を迫られることはないという確信に満ちた希望の下で、与えられた。また、僅かに残るフランスの最後の躊躇いを、単になくしてやるだけの目的のために、差し出されたのである。しかし、ダラディエは、自ら意識していた以上にうまくやっていた。すなわち、彼はイギリスをヒトラーの東進反対にコミットさせたのである。そのコミットメントは、半年後に身から出た錆となってイギリスの身に降りかかってくる。一九三八年九月一八日夜七時三〇分頃、ダラディエは、イギリスを第二次世界大戦に巻込む決定的な一押しを、遅くなったけれども、ついにイギリスに与えることができたのである(8)。」

「七時三〇分頃」とは英仏ロンドン協議再開の時刻である。このような意味合いにおいて、本提案は、フランス側にとっては、「フランスの悲劇」の中での「一時的な」成果であり、イギリス側にとっては、中・東欧の安全保障問題への不可逆点的な深入りに近い、政策の一大転換点であったと言えよう。実際、イギリスは、一九三八年八月のランシマン使節の派遣以来、相次ぐ思わぬ事件に押し流されて、次第々々に好まぬままに、伝統的な中・東欧不介入策の岸から離れて、今、九月の対致「道徳的」保障に一時的に漂着したが、安心する間もなく、その後すぐにまた、対致コミットメントのほぼ必然的結果として、半年後の一九三九年三月の対波「軍事的」保障へと漂流し始め、そして、ついに、一九三九年九月、「避戦平和」のチェンバレン政府の下でイギリスは、「マドル・スルー」に失敗して、その目標と願望とは逆に、第二次欧州大戦に突入することになる。

戦争を避けようとした懸命な努力が、時に、その善良な意図と真摯な努力とは逆に、避けたかった戦争を招く。後世の者は、浅薄な後知恵だけで、この善意と努力を批判することはできない。しかし、自ら責任をとることのない「歴史の女神」は、彼ら政治家の結果責任を問い続ける。これも歴史の皮肉の一つである。

（4）ダラディエの決断と煩悶

夜七時三〇分に始った、この日三回目の協議は、チェンバレンがベネシュ宛英仏共同提議草案をフランス側に提出、フランス側がこれを夕食休憩中に検討するということで、一五分で終った(9)。フランス側の検討会議は、在英フランス大使館で行われた。ダラディエ首相が受容れやむなしの決断をしたのに従って、フランス代表団は、イギリス作成案をほぼそのまま受諾することに決定し、夕食の席に向った。同席した大使館書記官によると、一同は、その席に着く前にダラディエの長い独白を聴かされることになった。

「えー、皆さん。ちっともね、私は、晴々とした気持ちにはなれないのですよ。皆さんは、私以外の皆さんはですね、どうお考えなのか、私には分かりません。しかし、私はね、私はもう一度言いますが、晴々とした気持ちにはなれないのですよ。だって、結局は、疑いもない事実なのですよ、チェコの人たち、彼らがね、私たちの盟友だってことは。私たちは彼らと誓い合っているのですよ、それなのに、その誓いに対して、私がたった今やったことはと言えば、その誓いを守らないということなんです。そうなんです、皆さんは好きなようにとってくれていいのですが、私はフランスの署名を大切に守ることをしなかったのです。これはよくないことです。」

こう嘆きながら、続けて、彼が、

「でも、私は、ヒトラーはブラフをかけているかもしれないと見て、その危険を冒すことはできない。だって、フランスは戦えないのですから。」

と、自分に言い聞かせるように、自己弁護すると、ボネは、「でも、これしか他にやりようがなかったのですから」と、首相を励まし慰めようとしたのであったが、それでも、ダラディエは、自分たちがその同盟国に対してとった振る舞いを引き合いに出して、英仏の保障についても、「この保障の価値も疑わしいものだ」と、正しい疑問を投げかけ、その後も、煩悶し続けたが、その場にいた者は皆、首相が既に屈服していたことを知っていた。しかし、誰もその点つき首相に対して非難がましいことは口にしなかった、という。(10)

しかし、チェンバレン＝ダラディエ外交は、戦後になってチャーチルから、英仏ロンドン協議当時のチェコスロヴァキアに対する仕打ちについて、「強欲な叔父によって森に捨てられた赤子たちも、これほどひどい扱いを受けはしなかった」と、厳しく非難されることになるのである。(11)

(5) 仏閣議承認問題

午後一〇時三〇分から始った夕食後の協議(12)は、まずダラディエ首相から、英案受諾表明があった。予想通りの回答を聞いたチェンバレン首相は、

「それでは、今、ご承認いただいた草案を、今晩、在プラハ英仏両公使に打電できるでしょうか?」

と、事を更に急ごうとしたが、ダラディエは、

「それはできないと思います。本案は、フランスの条約の改変を含む、政策の重要な転換となるものですから、閣僚中のあるものは、同意しないかもしれません。また、私たち代表団は、重要な決定をするためというよりは、むしろ話を聞くためにロンドンに来たのです。ですから、私としては、閣議の承認を得る必要があると考えているわけです。その承認は明日の朝早くに得られると思います。」

と、閣議の承認の必要性を理由に、チェンバレンの誘いには応じなかった。それでも逸るチェンバレンは、諦めようとはせずに、早く行動することの重要性を強調して、

「事態は緊急性を帯びています。残された時間は刻々となくなりつつあります。遅延は極めて危険です。ヒトラーとの再会談を二一日より先延ばしにせざるをえなくなれば、私たちは非常に大きな危険を冒していることになります。私たち代表団の大臣は、同僚に相談なく決定致しました。私は、率直に申し上げますと、パリでの遅延を恐れています。フランスの最終的な回答の内容について、何らかの疑問でもあるのかどうか知りたく思います。」

と食い下がったので、ダラディエも、時間に間に合うようにできると、焦るチェンバレンを安心させんとして、

「私は、閣議では『イエスかノーか』明確な決定をするよう

強く主張することを、お約束します。草案の修正を議論することはないでしょう。ですから、私は、明日の正午ごろまでには、首相に回答をお届けできると思っています。」

と約束をした。

(6) 再び「猛牛」と化したダラディエ

ダラディエからこの約束を得て、チェンバレンも、フランス閣議の承認は避けて通れない、致し方ないと諦めたようであったが、まだ、フランス側の遅延以上にチェンバレンが恐れていたものが残っていた。それは提案に対するベネシュの態度と、ベネシュに対するフランスの態度であった。そこで、チェンバレンは、この点に関して、ダラディエの考えをやや遠まわしに尋ねた。

「それでは、最後にもう一つ質問したいのですが、もしベネシュ博士が私たちの提案に『ノー』と答えた場合、どのような立場をとることになりましょうか?」

この執拗なチェンバレンの食い下がりに反発したかのように、ダラディエは、またもや強気の「猛牛」に変身した。

「そのような回答はありえないと思いますが、もしベネシュ博士が拒絶回答をするならば、博士は戦争ということを覚悟しているということになります。もしそのような事態となれば、その問題は閣議で検討しなければならなくなるでしょう。そこまでいくと、本提案は失敗に終ったということになり、仏致相互援助条約は効力を発揮することになります。」

この突き放したような、突っ張った回答には、チェンバレンもびっくりしたことであろう。ここまで順調であった深夜の対話が、大詰めのここに来て水泡に帰する恐れが出てきたのである。

(7) 一瀉千里に終結へ

このようにダラディエが強気に出てきたのに対して、チェンバレンは、これを宥めるのではなくて、自分の方もこれに強く反発して、相手の弱点を突く、チェンバレン流の鋭い反問に出た。

「首相は、ベネシュ氏が私たちの忠告を拒絶してしまった後は、フランスを確実に、そして多分我が国をも、戦争に巻込むことになる決定を、ベネシュ氏に任せてよいと、お考えなのでしょうか?」

頼みの綱たるイギリスの首相から、「対独戦の覚悟はおありか?」と、こう露骨に強く切り込まると、再び弱気にもどるのが、「猛牛」ダラディエのいつもの対応パターンである。

「英仏両政府の解決案を、チェコスロヴァキア政府が必ず受け容れるようにするには、ベネシュ氏に対しては、最強の圧力が加えられなければならないでしょう。」

チェンバレンが遠まわしの問い掛けで、ダラディエから引き出したかったのは、この「最強の圧力」という一言であったと思われる。午前の会議の冒頭で、「押し付け」は駄目だと言っていたダラディエは、次には「友好的圧力」は可と言うようになり、今やついに、「最強の圧力」とまで言うに至ったのである。対致「説得」法で難なく思い通りの発言を引き出せたチェンバレンも、一転、鷹揚に、

「この点を取り上げる必要があると思っていましたが、これ以上この話を詰めたいとは思ってはいません。ただ、現実にこ

ういう事態が起こらないことを願うばかりです。」

と、満足げに応じた。後は意気投合、一瀉千里に話が進む。ダラディエが、

「この和戦の問題に関する決定を、ベネシュに任せ難いように思われます。」

と、チェンバレンに和し、チェンバレンが、

「このような会話は極秘にしておくのが、極めて大事だと思いますが。」

と言うと、ダラディエは、

「まったく同感です。」

と返した。

こうして朝一一時から断続的に続けられた英仏ロンドン協議は、午前〇時一五分に、チェンバレンの、「この協議で合意に到達できて、非常に嬉しく思います」という満足の意の表明と、ダラディエの、「私も首相に感謝致します」という謝意の表明でもって、幕を閉じた。

閉会後しばらくして、フランス側の小修正を容れた最終合意案が出来上がったので、いつでも同案をベネシュ大統領に手交できる準備を整えておくために、ハリファックス外相は、午前二時四五分、ボネ外相は在英大使館から午前三時一五分、それぞれプラハのニュートン公使とド・ラクロワ公使に同案を打電した[13]。これで英仏関係者にとっての長い一日がようやく終った。その関係者の一人であるカドガン次官の日記は、

「テクストをニュートンに打電、執行は電話で知らせるまで待て、と付言して。何という一日!」

で終っている[14]。

(8) ムッソリーニのトリエステ演説とホジャのプラハ演説

この日、ムッソリーニは、トリエステで演説を行い、ドイツとの打ち合わせ通り、チェコスロヴァキア内の少数民族に対するプレビサイトの実施の必要を強調して、波・洪少数民族の要求を支持し、同時に、万一チェコスロヴァキアの少数民族問題で紛争が起こり、その局地化が不可能となった場合には、イタリアのとるべき態度は既に決定していると言明し、ドイツを支持した[15]。

このドゥーチェの演説を、その日記で「冷静なる大演説」と持ち上げたチアーノ外相は、英仏ロンドン協議について、「英仏の紛れなき撤退となった模様。今日のニュースで唯一の負の要素は、ホジャの演説だ[16]」と記していたが、そのホジャ致首相がこの日全世界に向けて行ったラジオ演説の要旨は、

「プレビサイトは受け容れられない。それはなんの解決にもなりえない。政府と軍民は一致団結している。圧力が大きくなればなるほど、この団結はより強固になる。闘うことができない者は、平和を夢見ることはできない[17]。」

という、プレビサイトへの強い抵抗の意志を示したものであった。ホジャが演説で示したこの抵抗の意志について、チアーノは、「ロンドンとパリが彼らを見捨てたら、いつまで続こうか?」と、疑問を呈していたが、演説を終えたホジャ首相を放送会館で見かけたシャイラー記者は、チアーノの疑問に答えるかのように、「ここ数日の緊張を明らかに彼は示していた。強い言い方をしていてもぐらつきかけているのではないかと、私は思う。」と、日

記に記した[18]。果して、記者の予感は的中するであろうか？

（9）進むドイツの対致侵攻準備

英仏ロンドン協議の進行とは関係なく、この日もヒトラーは、対致侵攻の準備を進めていた。午後一時にロンドンに着いたヘンダーソン大使の報告は、その準備完了は一週間後と告げていた。

「私の手元にある証拠によると、ブレスラウ（チェコ国境の北側）、ホーフ（チェコ国境の西側）二方面だけでなく、ウィーン北方方面（チェコ国境の南側）にも、兵力のかなりの集中が見られます。諸準備は一週間後にピークに達するといういくつかの兆候があります。昨日ゲーリンク元帥は私に、空軍は、命令下達一時間後には、直ちに出動する準備ができていると、確言していました[19]。」

また、午後二時に着いたニュートン公使電は、クロフタ致外相情報として、「ドイツの攻撃準備は、おそらく九月二二日か二三日には完了するでしょう」と伝えていた[20]。

イギリス側に相次いで入ってきたこの二情報の信憑性を裏付けるかのように、この日、ドイツ陸軍は、英仏致を威嚇するかのように、三装甲師団を含む三六個師団（約四〇万人）からなる五軍団を、対致攻撃のために配備することを公表した[21]。

注

（1） Gerhard L. Weinberg, *Hitler's Foreign Policy 1933–1939–The Road to World War II* (Enigma Books, 2010), p. 621.

（2） David Faber, *Munich, 1938: Appeasement and World War II* (Simon & Schuster, 2009), p. 305.

（3） Hugh Ragsdale, *The Soviets, the Munich Crisis, and the Coming of World War II* (Cambridge University Press, 2008), p. 101; Yvon Lacaze, *France and Munich: A Study of Decision Making in International Affairs* (Columbia University Press, 1955), p. 133.

（4） Faber, *Munich, 1938*, p. 306.

（5） 以下、午後の再開協議については、*Documents on British Foreign Policy, 1919-39, 3rd series, Volume II* (His Majesty's Stationary Office, 1950), pp. 387-97. 以下、*DBFP-II* と略して表記する。

（6） *Ibid.*, pp. 372-3.

（7） *Ibid.*, pp. 404-6.

（8） A.J.P. Taylor, *The Origins of the Second World War* (Penguin Books, 1963), p. 220.

（9） *DBFP-II*, pp. 373-87, 397.

（10） Zara Steiner, *The Triumph of the Dark: European International History 1933–1939* (Oxford University Press, 2013), p. 612.

（11） Winston S. Churchill, *The Second World War volume I: The Gathering Storm* (Mariner Books, 1985), p. 271.

（12） 以下、深夜の協議については、*DBFP-II*, p. 397-9.

（13） *Ibid.*, p. 404; Faber, *Munich, 1938*, p. 306; Lacaze, *France and Munich*, p. 138.

（14） David Dilks (ed.), *The Diaries of Sir Alexander Cadogan O.M. 1938–1945* (Cassell & Company LTD, 1971), pp. 100–1.

（15） 読売新聞社編『昭和史の天皇』第二一巻（読売新聞社、一九七四年）、三七八ページ。

（16） Galeazzo Ciano, *Ciano's Diary 1937–1938*, translated by Andreas Mayor (Methuen & Co., 1952), p. 158.

（17） *DBFP-II*, pp. 402-3; Hubert Ripka, *Munich Before and After*

(Howard Fertig, 1969), pp. 53-5; ウィリアム・シャイラー著／大久保和郎・大島かおり訳『ベルリン日記　一九三四-一九四〇』（筑摩書房、一九七七年）、一一〇ページ。
(18) シャイラー『ベルリン日記』、一一〇ページ。
(19) *DBFP-II*, p. 370.
(20) *Ibid.*, p. 372.
(21) アラン・バロック著／大西尹明訳『アドルフ・ヒトラー』Ⅱ（みすず書房、一九五八年）、七六ページ。

第23章　英仏合同対致強圧とヒトラーの対外工作

1　英仏共同提案の対致手交

(1) 英閣議(1)：対致国際保障参加をめぐって

英仏ロンドン協議に関するイギリスの閣議は、九月一九日の午前一一時に開かれた。チェンバレン首相からの報告が終ると、閣僚たちの議論は、対致国際保障問題に集中した。ダフ・クーパー海相の「嫌悪の対象」たるモーム大法官と、それに海相が「大の臆病者」と見るヘイルシャム枢相の、二人の「伝統派」が、対独戦への巻込まれの懸念から、平時における中・東欧への不介入という伝統的外交政策の大転換に反対したのは、予想されたことであった。しかし、彼らだけでなく、ホーア－ベリーシャ陸相からも、二人の観点とは異なった、保障の実現可能性という観点から、大きな疑問が呈せられた(1)。

「ズデーテン地方を失ったチェコスロヴァキアは、経済的には不安定な国となり、戦略的には脆弱な国となるでしょう。そのような国がどうすれば生き残れるのか、見当がつきません。この保障は何の解決策にもなっておらず、ただ凶日を先送りにしただけのものにすぎません。」

この当然の疑問に対して、ハリファックス外相が、

「私も、この保障にはかなりの不安を感じていますが、しかし、もしフランスとの合意に達するのが遅れていたら、事態は破滅的なものになったと思われるのです。」

と、この保障が、フランスから早急に合意を引き出すための不可欠条件であったことを強調すると、これに加えて、チェンバレン首相は、二人の「伝統派」に対しては、

「この保障によって、私たちがチェコスロヴァキアの現国境の維持を約束したと見るのは、正しくありません。これは単に、挑発されざる侵略に関するものにすぎません。」

と、保障範囲の限定性を指摘して、その懸念を和らげようとした。すなわち、首相は、保障内容は、ポーランド系やハンガリー系の少数民族地域に関する「交渉による国境の変更」は認めるものとなっているので、戦争への巻込まれの危険はさほど大きくないと、言わんとしたのである。さらに、首相は、陸相の実現可能性の観点からの疑問に対しては、

「私も、保障を履行することの困難性については、よく分っていますが、実際には、この保障の主な価値は抑止効果にあると思われるのです(2)。」

と、正直に、彼自身は、この保障が、実際に戦争となった場合に、イギリスが闘うという意味合いのものではなく、「純抑止的」なものと見なしていることを、打ち明けたのである。

(2) 英閣議(2):英仏共同提案の承認

ここで、いつものように首相の側から助太刀を入れたのは、「お追従大臣」サイモン蔵相である。

「フランスの大臣たちがここに着いたときは、憂いに沈んでいるように見えましたが、彼らは、首相に元気と勇気を取り戻してもらって、帰国の途につきましたよ。(3)」

この蔵相発言とは反対の証言がある。すなわち、この閣議が開かれる前に、ダラディエ、ボネ以下のフランス代表団を見送ったハーヴェイ外相付秘書官は、「彼らは惨めそうであった」と、その日記に記していたのである。(4) そのようなことは知らずに、これまでの閣議の議論を聞いていたクーパー海相も、友好国フランスとの協調を重視する立場から、次のように、英仏合意案に賛成の意を表した。

「昨日、合意されたことを、今になって取り下げることなどとてもできるものではありません。フランスの大臣たちは、まさにこの瞬間、彼らの同僚たちにこの提案についての賛成を迫っているのです。今になって、彼らが、この提案は取り止めとなったと言われたら、彼らはどんな感情を抱くか、想像はつこうというものです。(5)」

このように閣内反宥和派の「総大将」さえ、賛成に回った結果、英仏共同提案は、閣議の総意によって、承認された。国際保障の虚構的実態を見抜いたホーア-ベリーシャ陸相も、最後に賛成した理由を、その日記に次のように記している。

「大部分の者は、提案内容に嫌悪感を抱きながらも、結局、時間的要因のために他の選択肢がないように思えた。私たちとフランス人は一致していなければならない。(6)」

(3) 仏閣議:英仏共同提案の承認

ロンドンでイギリスの閣議が始った午前一一時、パリでもフランスの閣議が始った。一九三六年からその日まで連続五代内閣での国防大臣という経歴を有しているダラディエ首相兼国防相は、まずフランス軍、特に空軍の劣弱を指摘し、これを考慮すれば、対独戦にはイギリスの援助が絶対不可欠であることを強調した。そして、彼は、ロンドン協議の場で、そのイギリスに明確なコミットメントをする気のないことを知ったと、そのことを大きな理由に挙げて、ベネシュ宛英仏共同提案を受け容れる以外に選択肢はないと、閣議に同案の承認を求めた。この首相兼国防相の軍備現状認識を、シャンブル空相が、最新のヴュイーユマン空軍参謀総長の報告によって裏付け、さらに、ボネ外相が、ソ連の援助は頼りにならないことを付け足すと、閣議は、「抵抗派」も含めて「全員一致」で、首相提案を承認した。(7) しかし、それは、「上辺だけの全員一致」であった。

というのは、「抵抗派」のマンデル植民地相が、「この英仏合意案は、チェコスロヴァキア政府がこれを受け容れて初めて、有効だと見てよいでしょうか?」と、確かめたのに対して、ダラディエ首相は、次のように答えているからである。

「本案につきましては、チェコスロヴァキア政府の同意を得てからしか、ヒトラー氏にこれを提示することはありませんし、また、チェコスロヴァキア政府に対しては圧力をかけるようなことは致しません。」

前夜、チェンバレンに対して対致「最強の圧力」を約束した首相が、今、こう答えたのである。明らかに、この答弁は、「嘘も方便」式の、まったく守る気のない、その場逃れの安請け合いであった。さらにこの首相答弁は、ベネシュが拒絶した場合の仏致相互援助条約の有効性の有無についても、曖昧であったので、ボネやシャンブルら「宥和派」は、拒絶の場合は、フランスは条約義務から解放されると解したのに対して、マンデルやレイノー司法相ら「抵抗派」は、フランスは条約義務に依然として縛られているると見なしたのである[8]。

このような曖昧さは残ったが、ともかくもダラディエは、一つのハードルを乗り越えて、一二時過ぎには、閣議を終えることができた。

(4) ボネ外相のオススキー公使への「助言」

閣議後、一二時三〇分、ボネ外相は、オススキー致公使を外務省に招致して、英仏共同案を説明した。ボネの記録によると、その際、彼は、フランスの外相として自分が、これまで仏致団結を宣言してきたのは、英仏が共に欲していない戦争を見据えてのことでなく、チェコスロヴァキア政府が平和的妥協に到達できるようにするためであったと、これを公使に思い起こさせ、公使に本案を直ちに本国政府に伝達するように「懇請」し、これを受諾するように「助言」した。しかしながら、オススキーの証言では、ボネは、受諾を「助言」した際に、はるかに強い言葉使いで、

「貴国が英仏案を受け容れずに、独致戦争に至った場合、イギリス政府は、フランスと連帯することはないでしょう。」

と言った。これに対して、オススキーが、

「我が国がこの提案を受け容れなければ、仏致同盟は無効になると言われるのであれば、これは、一つの決定がまさに押し付けられている、ということになります。」

と、激しく抗議すると、ボネは、終ったばかりの閣議の了解を、平然と犯して、

「そういう立場です。」

と、「押し付け」を認めたという。

愕然たる思いで公使が外務省を出たとき、そこには記者たちが彼を待ち構えていた。同盟国に裏切られた思いの公使に、今できることは、彼ら記者連に、涙を浮かべて、

「皆さん、今ここに、死刑を宣告された人がいます。その人は言い分を聞かれずに判決を言い渡されたのです。」

と、訴えることだけであった[9]。

(5) ボネ、ブリットの幻想を破る

この後、ボネはブリット米大使と会見した。親仏家の大使は、この日の正午に本省に送っていた電報の中で、ドイツがチェコスロヴァキアに進撃した場合、フランスがどんな決定をするか、それは今憶測しても仕方がないことだ、と言いながらも、

「しかし、フランスには今でもジャコバン精神とその背後に

あるジャンヌ・ダルク精神が多量に残っているので、私はフランスは水火も厭わず進軍すると感じています。[10]」と予想していたが、午後のボネとの会見によって、この予想が幻想にすぎないことを知らされる。

午後の会見でボネは、大使に対して、ベネシュ宛英仏共同提案について説明し、これを先ほどプラハに打電したと告げた。

「ベネシュが拒んだら、フランスはどうするのですか？」

「フランスの立場はイギリスと同じで、積極的にフランスがチェコスロヴァキアを支持して進軍することはありません。」

「ダラディエ首相は外相よりも戦う気でいると思いますが。」

「とんでもありません、首相もまったく同じ意見です。」

「でも、チェコ軍がドイツ軍にやられていくのを、フランス国民が黙って見ているとは、私には想像できませんが。」

「私には、それは十分に想像できることです。フランス国民は平和しか望んでいません。少なくともその八〇％は、いかなる条件でもチェコスロヴァキアのために戦争することに、反対しています。」

「もしベネシュが拒んだら、どうなりますか？」

「彼は拒むことはできません。私たちは、ベネシュが、七〇〇万のチェコ人による三五〇万のドイツ人の支配を維持するために、四〇〇〇万人のフランス人を死地に追いやるようなことを、許すわけにはいきません。彼もこのことは承知していま す。[11]」

フランスの世論は、実際、ボネの言う通りであった。国民は、左右両翼のごく一部を除いて、チェコ人を犠牲にして戦争を避けるという、ボネ「平和」外交を支持しており、英仏共同提案に対しては、フランス紙のほとんどは賛意を表明していたのであった。[12]

（6）英仏両公使＝ベネシュ会見（1）：ベネシュの抵抗

本国政府からの訓令執行命令を受けたニュートン、ド・ラクロワ両公使が揃って、ベネシュ大統領を訪れたのは、午後二時であった。手交された通告文書を読むベネシュの顔色は、見る見るうちに赤くなった。「ネカス携行案」とは程遠い「英仏共同提案」を読み終ったベネシュは、

「我が国にこれほど深く関係する問題が議論されていた間に、我が政府は何の相談にも与らなかったのですから、私は何もお答えすることはないと考えます。」

と、不快感を露わにした。このような抵抗の姿勢を示した大統領に対して、ニュートンは、

「ヒトラー氏は、チェンバレン首相との会談で、直ちにズデーテン地方併合による解決を得るためには、世界戦争の危険も辞さず、と言っています。」

と警告を発し、続けて、

「次の英独首脳会談は二一日に予定されています。これを遅らせることは危険です。是非とも今日か明日中に回答していただきたく存じます。」

と、期限付きで回答を強く迫った。感情を自制しようと努めながらも、いかにも苦々しげに、ベネシュは、

「私は、チェコ政府は見捨てられつつあると感じます。」

と、抗議の言葉を発して、ニュートンの強迫に屈しようとはしな

かった。[13]

(7) 英仏両公使＝ベネシュ会見(2)：ニュートンの説得

抵抗の姿勢を崩さぬベネシュに対して、ニュートンは、

「しかし、少なくとも、大統領は、我が政府から新たに重要な保障の申し出を受けておられるのですよ。」

と指摘すると、ニュートンには、ベネシュがどのような態度をとるべきか自分自身と格闘しているように見えたので、大使は、彼自身もベネシュの置かれている苦しい立場を理解しているということを示しつつ、

「私はチェコ人が勇敢なことを知っています。戦争によって引き起こされる困苦と犠牲は、チェコ人にとっては、そんなに重要なことではないと思います。しかし、最初の瞬間的反応の後に、チェコ人にとって重視されるべきこと、そして私はそれが重視されることを願っているのですが、それは、祖国の将来です。

　この点から、私には、選択は二つに一つしかない、と思われます。一つは、一九一八年に獲得されたものをすべて失うことよりも、更に悪い事態です。もう一つは、イギリスの保障の下での、チェコ人とスロヴァキア人自身の独立と、それに、それぞれが過半数を占める地域における、ほぼすべての既得物の保持です。」

と、国際保障へのイギリスの参加を実際以上に高く売りつけるべく、説得にこれ努めた。ベネシュは、注意を集中してこれを聴いていたが、既存の同盟条約に代る新規の国際保障については、

「私が既に持っている保障は、無価値だと証明されました。私の確信するところですが、今回提案された解決案は決して最終的な解決とはならないだろう、と思います。」

と、ニュートンの説明に尤もな疑問を呈し、加えて、英仏が彼に受容れを迫る解決案との関連で、ドイツの「真の意図」についても、

「この解決案は、ドイツの最終的支配に向けての一段階に他ならず、ドイツの欲望を更に膨らますものだ、と確信しています。」

と、彼の正しい持論を述べたのであった。こうして、午後二時四五分、ド・ラクロワが後で「苦痛極まる会見」と言った英仏両公使と致大統領の会見は、結論を得ないまま、英仏側が明日中に回答を求めるということで、終わった。

その回答予想について、ベネシュの抵抗姿勢にもかかわらず、ニュートンは、ある程度手応えを感じたようで、本国政府に、

「ベネシュ氏は拒絶するよりも受諾しそうです。彼が国民に対して受諾を正当化するのを助けてくれる理由があれば、彼は、それがどんな理由であっても、それをきっと受け容れると思われます。」

と報告したのであった。[14] ベテラン外交官のこの直観は、果して当っていたであろうか？

(8) ベネシュ、対策会議を招集

英仏公使との会見が終った後、ベネシュは、対応策を協議するために、閣僚と政党領袖をフラジン宮殿に招集することにした。

同時に、秘書官を呼び寄せ、会議資料として、英仏共同提案をチェコ語に翻訳しておくように命じた。秘書官は、女性タイピストにチェコ語訳を読み上げ始めると、彼女の目からタイピング用紙に涙が落ちるのに気付いた。こうして出来上がった翻訳資料を、秘書が大統領室に持って行くと、そこでは既に対策会議が始っていた。[15] 参集者は、英仏案の予想以上の苛酷さに大きな衝撃を受け、誰一人として提案受諾の声を挙げるものはいなかった。ただ、これを拒否した場合、どうなるのかについては、軍部の意見を聴いてみる必要がある、ということになって、軍の重鎮ヤン・シロヴィと陸軍参謀総長ルドヴィク・クレジェッチの二将軍を呼び寄せた。その両将軍の意見は、「フランスの援助が確実でなければ、我が軍がドイツ軍と戦うことは、極めて危険である」というものであった。

陸軍最強硬派の参謀総長の意見でさえ、こうだったのだから、英仏案を全面的に拒否してしまえないことは、ほとんど決定的になった、と言ってよさそうだが、それでも会議は、大統領が最後の決定を下す前に、「同盟国」ソ連の意向を聴取してみることにした。[16] ベネシュが政治的にも軍事的にも少しも信頼していないソ連という国、この期に及んで、まだその国の意見を、彼らが確かめようとしたのは、もしもソ連から、上辺だけであっても、何らかの肯定的な回答があれば、これを梃に「同盟国」フランスに再考を促すことができる、と期待したからかもしれない。いずれにせよ、ベネシュ自身は、対ソ打診に大きな期待をかけていたよりか、いわゆる「駄目元」という気持ちでもって、ソ連の意向を探ろうとしたと思われる。

（9）ソ連公使とベネシュの会見

午後七時、ベネシュは、セルゲイ・アレクサンドロフスキー公使を呼んで、ソ連政府の意向を尋ねた。公使によると、ベネシュの質問は二点であった。

(1)フランスが条約義務を履行すれば、対独戦でソ連もチェコスロヴァキアを援助するか?

(2)対独戦となった場合、連盟参加国としてソ連は、連盟規約に基づいてチェコスロヴァキアを援助するか?

ベネシュの質問が本当にこの二点であったとしたら、二点共に、ソ連が「イエス」と答えるに決まっているから、ベネシュは、ただ単にこれまでソ連政府が繰り返してきた公約を再確認しようとしたにすぎない、ということになる。しかし、ベネシュの回想録によると、彼が尋ねたかったのは、「もしフランスが条約義務の履行を拒絶した場合」のことであった。「その場合、ソ連の態度はどうなるか?」ということであった、という。

公使と大統領のどちらが正しいのかはとにかく、アレクサンドロフスキー公使は、本国政府の意向を聞くために、ベネシュ大統領の質問をメモに取り、午後八時ごろ、大統領室を退出した。部屋を出たときに出会った大統領秘書官に向って、公使は、「貴政府は毅然たる態度を維持すべきです」と励ました。公使のこの忠告を、秘書官が大統領に伝えると、ベネシュは、「相手にしちゃいかん」というふうに、片腕を左右に振りながら、

「私には分っているんだから。当然、ロシア人は腹に一物もってやっているんだ。我々を対独戦に入らせたら、彼らは、我々がのたうち回っているのを、ただ見ているだけだろうよ。」

と、ソ連に対する不信感、猜疑心を露わにしたのであった。[17]

(10) 英独首脳会談予定：九月二二日、ゴーデスベルク

この夜、後はベネシュの返事を待つばかりとなったチェンバレンは、妹宛に長文の手紙を書いていた。そこには、自画自賛調に、ベルヒテスガーデン会談後に内外各層から感謝と称賛の声と贈り物が続々届いていることが、記されている。

「あなたは、想像できますか？　私のところには、階級を問わずありとあらゆる種類の人たちから素晴らしい手紙が届いているのですよ。私たちの部屋という部屋は、さながら花々で覆われた東屋です。贈り物は次から次へと雨のごとく降り注ぎ込んできます。オランダ人の称賛者からは、金時計さえ送られてきました。釣り道具屋からは釣り竿ですよ。」

チェンバレンは、釣り、特にマス釣りが大好きであった。その評判故の釣り竿であった。手紙は続く。英仏ロンドン協議で合意が成り、英仏共同提案をプラハに送った、と。そして、今後の見通しについては、

「これを書いている今、まだ、チェコ人から回答は届いてはいませんが、彼らは、恨み辛みを並べながらも、受諾することになるでしょう。それを示す幾つかの兆候があります。ヒトラーとは水曜日に会うという暫定的合意に達しました。[18]」

と、非常に楽観的であった。

首脳会談の日取りについて、この日、イギリス側から九月二一日を提案すると、ヒトラーから受諾回答と共に、ゴーデスベルクを会談場所とする提案があった。これに対して、午後四時四五分、チェンバレンは、「できるだけ早く、ゴーデスベルクに到着するようにする」と応じたのであった。[19]

(11) 安眠のチェンバレンと不眠のベネシュ

夜も更けたので、チェンバレンは、長文の手紙を切り上げにかかる。

「もう一二時半になりました、寝なくてはいけません。これからまだ何日もの不安な日々が待っていますが、最も苦しい不安は過ぎ去りました。というのも、自分自身を咎めるところがないどころか、今のところ、すべて私が望んだ通りに進んでいると感じられるからです。幸い、体調もとてもよく、驚くほど、疲れを感じていません。」

ここで「ネヴィル」と書いておきながら、もう一筆「追伸」を加えずにはいられなかった。

「あるドイツ情報によると、私はドイツ一の人気者だそうです！『彼は私たちを戦争から救いに来てくれたんだ』とね。[20]」

こうして、この夜、老宰相チェンバレンは、有頂天にも近い、満ち足りた、昂揚した気分で、安眠の寝に就いたのであった。

ハーヴェイは、この日の日記の纏めとして、

「今やすべてはベネシュが受け容れるかどうかにかかっている、そして受け容れた場合、彼がそれをやり遂げることができるかどうかにかかっている。[21]」

と書いたように、すべてがベネシュにかかっていた。当のベネシュは、当てにもならぬソ連政府の回答を待ちながら、明日中には、苦渋の決断を下さねばならなかった。この夜から、チェコス

ロヴァキアの大統領にとっては、イギリスの首相とは逆に、苦しく、不安な、眠れぬ夜が続く。

明日二〇日、ベネシュが、ニュートンとチェンバレンの読み筋通り、「泣き寝入り」したとしても、二一日のゴーデスベルクで、ヒトラーが、チェンバレンの思い込み通り、それで矛を収めるかどうかは、まだ分らなかった。しかし、とりあえずは、次に、明日のベネシュの決断如何を見てみなければならない。

2　致の第一次回答と英仏の対致強圧訓令

(1) 仲裁裁判か受諾かで迷う致政府

九月二〇日、フィップス英大使がブリット米大使と昼食をとっていたところへ、ボネ仏外相から電話が入った。外相は、非常に興奮した声で、フィップスに次のように言った。

「たった今、オススキー公使から、チェコスロヴァキア政府は、仲裁裁判所に提訴するか、それとも、英仏案を受諾するか、まだ決めかねているということでしたので、直ちにド・ラクロワ公使に訓令を出しました。」

ボネがド・ラクロワに、ベネシュに伝えよと命じた電報の正確な内容は、次のようなものであった。

「仲裁裁判所への提訴は非常に危険です。取り返しのつかない過ちを犯すことになります。イギリスをこの問題から手を引かせることとなり、対独交渉を阻害し、ヒトラーの自己裁定に道を開くことになるからです。」

フィップスへの電話では、この内容の要旨として、ボネは、「それは愚行であり、戦争を意味する」と伝えた。これに続けてボネは、

「大使からニュートン公使に電話をされて、直ちにチェコスロヴァキア政府に今一度申し入れをするようにと、お話していただけないでしょうか。」

と頼んだ。このボネの依頼に対して、フィップスは、

「我が政府の立場はどんなものか、私にはよく分っていますので、政府には相談せずに、直ちにプラハに電話致します。」

と即答した。[22]

こうして、この後すぐ、ボネ主導の在プラハ英仏両公使による対致加圧が実行されたのだが、ボネの回顧録では、「九月一九日の午後から二〇日の夜八時まで、英仏両公使から圧力が行使されることは、一切なかった」ということになっている。[23]

(2) 回答遅延、英独首脳会談延期

午後になっても、チェコスロヴァキア政府には、ソ連からの回答はなく、あったのは英仏からの仲裁裁判は駄目だという圧力だけであった。残り時間と英仏の圧力とによって、絶対的窮地に追い込まれた対策会議には、悲壮感が漂っていた。午後四時五分、プラハからヘンケ独代理公使がドイツ外務省に送った電報は、受諾の噂、会議の模様、市民の憤激を、次のように伝えている。

「当地消息筋から、致政府は英仏案の受諾を決定したという報告が出回っています。閣議に出席していた一人が、我が公使館員に内密に、閣議は劇的なものだった、閣僚の何人かは涙ながらに退室していった、と知らせてきました。市民の間には激

しい反仏感情が広がっています。既にフランス国籍の者たちと喧嘩沙汰が起こっています[24]。」

果して、ベネシュは受諾の決断を下したのであろうか？　英仏側にもたらされなかった。正式回答は、夜の七時三〇分がきても、英仏側にもたらされなかった。イギリス側では、最早明日の英独首脳会談には間に合わないと焦りを募らせていたところに、リッベントロップの方から、会談を二二日に延期しようと提案してきたので、チェンバレンは、これ幸いと、この提案を受け容れた[25]。

（3）仲裁裁判案の回答

英独首脳会談の延期が決まった一五分後、すなわち、七時四五分に、ようやく、チェコスロヴァキア政府の回答があった。クロフタ外相からニュートン公使に示された回答は、プラハの消息筋で噂されていた受諾ではなく、英仏両公使から駄目と予め釘を刺されていた仲裁裁判案であった。しかし、英仏案に関しては、その回答書は、明確に拒絶してはおらず、英仏両政府の「再考」を請うとして、英仏との話合いの余地を残していると解釈できるものとなっていた。この点を明瞭にするために、クロフタは、回答書についての口頭説明の終りに、

「ドアーは開かれたままです。お望みなら、大統領は、明日更なる説明をする用意があります。」

と付け加えた。これに対して、まだ英独首脳会談の延期を知らなかったニュートンは、

「この期に及んで、拒絶したり言い逃れをしたりすれば、美しい貴国の破壊を招くことになりますよ。早急に満足できる回答をなされることが、極めて重要です。チェンバレン首相は明日の飛行機でドイツに行くことになっているのですよ。その首相が、貴政府から満足できる回答を得られないまま、出発することにでもなれば、貴国は大打撃を被ることになるのですよ。」

と警告した。このチェンバレンの明日出発ということが、クロフタに、殊の外強い印象を与えたように思えたので、ニュートンは、嵩に懸かって、

「ド・ラクロワ公使が、今日の午後、私の支持も得て、ベネシュ大統領に対して、仲裁裁判は愚行であり、戦争を意味する、だからイギリス案の受諾が唯一可能な選択肢だ、と忠告したことを思い出していただきたい。」

と攻め立てたが、しかし、クロフタは、かなり苦しそうに、

「我が政府はとても、我が国の解体に繋がる提案を、それもわずか四八時間の予告でなされたそんな提案を受け容れるわけにはいきません。」

と繰り返すばかりであった。これを聴いたニュートンは、「彼は最悪の事態に至っても致し方なし、と諦めているようだ」と感じた[26]。

（4）ようやく届いたソ連の「回答」

ソ連の対致回答は、スターリンの「だんまり戦術」で遅れに遅れていたが、ベネシュは、これを、クロフタ＝ニュートン会見が終った二〇分後の午後八時二〇分になって、ようやく知ることを得た。彼がその意向を知ったのは、アレクサンドロフスキー公使を通じてのソ連政府の「正式回答」からではなくて、ズデネク・

フィールリンガー駐ソ致公使の本国政府への報告からであった。ソ連政府がフィールリンガー公使に伝えたその意向は、これまで通りのもので、ベネシュ大統領の「フランス抜きの場合」についての質問には、何も答えていなかった。すなわち、それは、ソ連が単独でチェコスロヴァキアを援助する意志のないことを示したも同然のもので、ベネシュの「ソ連は信用できない」という信念を裏書きするものにすぎなかった。ベネシュがこの「非公式回答」を知った時、なぜかアレクサンドロフスキー公使の所在は不明であった。(27)

(5) 受諾の「口実」作り?:ホジャからド・ラクロワとニュートンへ

チェコスロヴァキア政府が仲裁裁判案の第一次回答を提示した直後の午後八時過ぎ、ホジャ首相は、ド・ラクロワ公使を招致して、問うた。

「我が国は貴国の援助を当てにすることができますか、それとも、できませんか?」

「明確な訓令は受けていませんが、我が国の支援はないものと、確信しています。」

「それなら、ベネシュ大統領には直ちにその旨を通知されてしかるべきです。」

「正式の訓令を受けていませんので、それはどうも。」

「それなら、私としては、最も明白に表現された訓令を要求せざるをえません。と言いますのも、我が政府と我が軍が貴国の態度がどんなものになるのかを知ることが、極めて重要だからです。」

「承知しました。政府に請訓致します。」

この問答は一九三八年一〇月に仏紙に掲載されたもので、一九四一年、ホジャによって追認されている。ところが、奇妙なことに、ド・ラクロワのボネ宛電報では、ホジャが対致援助に関するフランス政府の態度を単に尋ねたというのではなく、フランス政府が援助しないと明言してくれれば、英仏案受諾の「口実」となると、ホジャの方から援助拒絶回答を要請しているのである。その電報によると、ホジャは次のように言ったという。

「私が今夜にでも大統領に謁見して、『ズデーテン問題で独致戦争となっても、フランスは我が国を援助しない』と言えば、大統領はこの陳述を考慮することになり、私が首相として直ちに閣議を招集することになります。すべての閣僚を含め我が国の指導者たちは、英仏案を受け容れるためには、このような口実を必要としています。これが平和を救う唯一の方法であると信じています。私は、できれば真夜中以前に、いずれにせよ今夜のうちには、すべてが終ることを望んでいます。私は、イギリス首相にも同じことを伝えます。(28)」

イギリス首相には、ホジャは、ニュートン公使を通じて、これを伝えた。そのニュートン電報は、ロンドンには予想外の仲裁裁判案回答が届き、パリにはホジャからの「要請」を伝える「ド・ラクロワ電報」が着いた一時間後の、午後一〇時四五分にロンドンに着いている。公使は次のように言っている。

「格別上質な情報源からの情報によって、私は、今日クロフタ外相から手交された回答は最終的なものでないと信じていい十分な理由がある、と思います。しかしながら、現政府を構成している者の多くは、英仏案の受容れは必要だと分かっているのですが、あまりにも深くコミットしてしまっていますので、圧力なしには受容れは不可能な状態にあります。そのため、解決案は政府に対して押し付けられなければなりません。もし私が水曜日にベネシュ大統領に一種の最後通牒を差し出すことができれば、彼と彼の政府は、不可抗力には屈服できると感じるでしょう。ド・ラクロワ公使も同旨の電報をパリに打つと理解しています。(29)」

「格別上質な情報源」とはホジャ首相であることは間違いなかろう。ここに、ニュートン公使は、ハリファックス外相に対して、英仏共同提案受諾のためのベネシュ用処方箋として、「一種の最後通牒」という劇薬の投与を勧めたのである。

(6) ボネの対致強圧訓令

ホジャの追認した仏紙掲載の「ホジャ＝ド・ラクロワ問答」と「ド・ラクロワ電報」との間にある、齟齬の原因が何であるかは別にして、(30) とにかく、ボネにとって、ド・ラクロワ電報は勿怪の幸いであったことは間違いない。外相は、一八日の閣議で、マンデルらから、チェコスロヴァキア政府の事前同意を得る際に、圧力をかけてはならないと、釘をさされていただけでなく、閣議は、チェコスロヴァキア政府が受諾しなかった場合、仏致相互援助条約を依然有効と見るのかどうかの解釈についても、曖昧にしたまま終っていた。しかし、ボネの対致圧力外交の足枷となっていた、この二つの障害が、今、このド・ラクロワ電報のお陰で、取り除かれたのである。これで、フランスがチェコスロヴァキアに対して、英仏案を呑まなければ仏致条約は無効だと、「最強の圧力」をかけても、マンデルやレイノーに対しては、向こうからそうするように頼まれたのだ、と言えば済み、まさにこの電報は、彼らの反論を封じ込める格好の武器を、ボネに用意してくれたわけである。

電報を読み終ったボネは、喜び勇んで、直ちにダラディエ首相に電話をかけ、チェコスロヴァキア政府の「要請」に沿った形の電訓案について協議をし、その同意を得た上で、ランブイエ宮殿に電話をして、ルブラン大統領の承諾を得た。そして、閣議に諮ることなく、そのまま二一日零時半、ボネは、ド・ラクロワに電話をかけ、ベネシュに次のように告げよと命じた。

「貴政府が英仏案を拒否した場合、そのためにドイツが武力に訴えても、その責任は貴政府がとることになります。そして貴政府は、英仏間の連結を破壊し、フランスからのいかなる実際的に意味のある援助をも不可能にすることになります。貴政府は、フランスが撤退することを正当化できることから生じる諸々の結果を、理解しなければなりません。(31)」

こうして、ド・ラクロワ電報を入手したことによって、ボネは、ダラディエがロンドンでチェンバレンに約束した対致「最強の圧力」を「正当に」実行する口実を得たのである。

(7) ハリファックスの対致強圧訓令

イギリス政府は、何としても今夜中にベネシュに英仏案を呑ませることを固く決意したかのように、午後一一時のラジオで、英独首脳会談は、明日九月二二日の午後三時にゴーデスベルクで行われる、というコミュニケを発表した[32]。先に触れた、その一五分前に届いていたニュートン電報は、「一種の最後通牒」として、次のような内容を勧めていた。

「致政府が、留保なく、また、これ以上の遅滞なく、英仏提案を受け容れなければ、英政府は、以後、貴国の運命にいかなる関心も持つことはないだろう[33]。」

このニュートン電を受けて、午後一一時からチェンバレン首相は、ハリファックス外相、カドガン外務次官、ウィルソン経済顧問の三人と、対致回答案について鳩首協議し始めた。この協議にはヴァンシタート外交顧問は呼ばれなかった。この真夜中の協議の結果、カドガンの言う「あわれなチェコ人をきつく締め上げる回答案」が出来上がった[34]。そして、それは、午前一時二〇分、ニュートン公使に通達された。その要点は次の通りである。

「もし貴政府がご回答（仲裁裁判所提訴案）に固執されれば、その公表と同時に、即、ドイツの侵入となるでしょう。私たちの見解では、今なお英仏共同案がドイツの即時攻撃を避ける唯一のチャンスです。私たちは、貴政府には、私たちがまったく責任をとることが出来ない事態を引き起こす前に、至急、真剣な考慮をされることを請う次第です。

私たちは、仲裁裁判所提訴案がドイツ政府によって受け容れられるとは、一瞬たりとも信じたことはありません。もしご再考の際にも貴政府が私たちの忠告を拒絶せざるをえないと感じられるのであれば、その場合には、貴政府が、その後生じるおそれのある事態に対処するのに、ご自分たちが適当だと思われるどんな行動をとられるのも、それは、勿論、ご自由です。」

と、このように、チェンバレン＝ハリファックス外交は、先にヘンダーソン大使が、そして今ニュートン公使が、強く勧めた脅迫的警告案を採用する形で、対致強圧訓令を発したのである。そしてハリファックスは、この真夜中の訓令の末尾に、「本電受け取り次第、時間にかまうことなく、直ちに行動されたし」と書き加えていた[35]。

3　ヒトラーの対斯・対洪・対波工作

（1）独外務省の「二段階解決方式」対ヒトラーの「一挙武力解決方式」

これまで述べてきたように、ベルヒテスガーデン会談の結果に満足していたチェンバレンは、「ヒトラー案」にも等しい「英仏共同案」をダラディエに呑ませた後、次にこれをベネシュに呑ませようと対致工作を進めていた。しかしそのとき、ヒトラーはというと、ほぼ手中に収めていた「ズデーテン併合」だけでは満足せず、更に要求加重の可能性を求めて、対スロヴァキア、対ポーランド、対ハンガリー工作を進めていた。

九月一九日にドイツ外務省政務局は、残部チェコスロヴァキア問題への対応方針案を作成しているが、その要旨は次の通りである。

(1)残部致の「併合」は、民族自決の原則に基づくズデーテン問題解決要求と矛盾するので、「当座は」選択肢外とする。

(2)独は、波と洪の要求を支持するが、このために、ズデーテン・ドイツ問題の解決を遅らせるべきではない。

(3) よって、対英交渉では、「一時的に」両問題を区別するよう努める。[36]

この政務局案は、とりあえずは、民族自決の原則を利用してズデーテン地方を手中に収め、その残りは、時機を見計らい適当な口実を設けて、「衛星国化」するか、あるいは、「併合」するかを決定するという「二段階解決方式」であった。

一方、チキン・レースが得意なヒトラーとしては、このような政務局案も一つの選択肢として念頭に置きながらも、これとは別に本命の「緑作戦」という車もぎりぎりまで走らせ続ける決意でいた。つまり、彼は、ベルヒテスガーデン会談後も、ベネシュがドイツの要求を丸呑みにする「危険」を防止し、一挙に「チェコ(ボヘミア－モラヴィア)」を武力併合してしまうのに役立ちそうな方策について、あれこれと思いめぐらせていた。そして彼が得た第一策は、先に述べたように、逃亡ズデーテン・ドイツ人に「自由兵団」を組織させ、ズデーテン地方で再び騒擾を起こさせて、これを口実に「緑作戦」を実施する策であった。しかし、この試みは、強力なチェコ軍のために、あっけない失敗に終わった。

第二策は、ポーランドとハンガリーを扇動して、チェコスロヴァキア政府に対して即時領土割譲を要求させ、同時に、スロヴァキア人を扇動して自治を要求させるものであった。こうすることによって、本策には、チェコスロヴァキア国家の解体を促進すると同時に、場合によっては、次のチェンバレンとの会談において、ヒトラーから、ズデーテン併合要求に加えて、新たにこれらの「民族自決の原則」に基づいた要求を持ち出して、チェンバレンにこれを呑ませた上で、ベネシュにこれを拒絶させる、そうなれば、独致局地戦争もまた可能になるという、そのような胸算であった。すなわち、ヒトラーは、来るゴーデスベルク会談では、チェンバレンの欲する「平和的解決」を、新たな口実を設けて回避して、自分の欲する安全な「武力的解決」を実現せんと目論んでいたのである。[37]

(2) 対スロヴァキア工作：「自治」の要求

第一策は失敗に終わったが、第二策はどうであっただろうか？まずは、対スロヴァキア工作から見てみよう。九月一九日、ドイツ外務省は、在プラハ公使館のヘンケ代理公使へ打電して、ヘンライン・ズデーテン・ドイツ党々首からの要請であるとして、同党のクント議員に次のように告げよ、と命じた。

「貴殿は、遅滞なく、スロヴァキア人と接触して、明日中に自治を要求するよう彼らを説得すべし。[38]」

翌朝、訓令を執行したヘンケは、本省に結果を報告した。その報告によると、クント議員の話では、スロヴァキア人民党は、今日二〇日にその自治要求のコミュニケを発表した。それは非常に生温い宣言であった。それは、流血や暴力による少数民族問題の解決を非難し、チェコ人とスロヴァキア人の友好関係を維持して、対外的にも対内的にもチェコスロヴァキア国家を強化することを謳っていた。[39]

なぜヘンラインもヒトラーも満足しそうにない、このような生温い宣言になったのであろうか？　それを知るには、スロヴァキア人が置かれた微妙な立場を知る必要がある。チェコ人に対して常に風下に立たされて来たスロヴァキア人の心情としては、「チェコのくびき」[40]からの解放が民族的な悲願であった。しかし、現実問題としては、彼らには、彼らの旧宗主であり、現在の最大の脅威であるハンガリー人のことを考慮に入れる必要があった。領土的修正主義国家ハンガリーは、スロヴァキア南部周縁の同胞居住地域の併合だけでなく、あわよくばスロヴァキア全域を、少なくともウクライナ人居住地域であるルテニア（別名、カルパト－ウクライナ）を「回復」したいと願っていたのである。そして、この失地回復の野心を支持していたのが、ポーランドであった。ポーランドの野望は、ハンガリーの失地回復によって波洪共通国境を実現して、ハンガリーとの軍事戦略的関係を強化することであった。ポーランドは、特にベック外相は、その実現こそ、ソ連とドイツに挟まれた自国がこの両大国に対抗可能な「第三の大国」の地位を獲得する必要条件だ、と信じていたのである。[41]

　このようなハンガリーの野心と、これを支持するポーランドの野望とを見抜いていたスロヴァキア人は、自己の安全を保つには、「嫌な」チェコ人との共同戦線を維持していくしかないということを、十分に弁えていたのである。その帰結が、スロヴァキア人民党の九月二〇日の、ヒトラーにとっては非常に不満足な、生温い「自治」要求宣言だったのである。当然、クントは、スロヴァキア人民党に「もっと先鋭に自治を要求すべし」と忠告したが、ヘンケの報告書は、クントの悲観的な判断を次のように伝えている。

　「おそらくスロヴァキア人民党は政府との緊密な関係を望んでいるので、クントは、彼の努力の結果については、懐疑的です。」

　更に同報告書は、同党の強硬な自治論者であるカロル・シドル議員は、現在のところまったく影響力を持っていない、ということも付け加えていた。[42]

（3）対ハンガリー工作（1）：ヒトラーの対洪要求

　ヒトラーは、「緑作戦」の軍事的準備を着々と進捗させていたが、その政治工作の方は、躓きの連続であった。ニュルンベルク演説後のズデーテン・ドイツ党の時期尚早の蹶起は、チェコ軍に鎮圧され、同地方は同軍の駐留下で平穏化した。さらに「自由兵団」による巻返しは失敗に帰し、今、対スロヴァキア工作も功を奏する見込みのないことが、明らかになった。それでは、残る対ポーランド、対ハンガリー工作はどうであっただろうか？

　まずはハンガリーから見てみると、ヒトラーは、これより先、「九月危機」の直前に、ハンガリーの摂政ミクロス・ホルティ提督を呼んで、直接彼に、

　「ハンガリーにお願いすることは何もありませんが、ただ食卓につきたいものは、せめて台所で手伝いぐらいはしておくものです。[43]」

と、チェコスロヴァキア侵略の従犯となるよう教唆したのであるが、領土欲は旺盛だが対英仏戦争に巻込まれることを極度に恐れてもいたハンガリーは、ヒトラーの誘いに対して煮えきらぬ態度をとった。

　そこでヒトラーは、九月二〇日、今度はベラ・イムレディ首相とカルマン・ド・カーニャ外相の二人をベルヒテスガーデンに呼

び出し、ハンガリーに旗幟鮮明にせよ、と再度圧力をかけることにした。彼は、二人に対して、まず、ハンガリーの煮え切らぬ態度を咎めてから、チェコスロヴァキア問題解決についての自己の決意を、

「私は、世界戦争の危険を冒してでも、チェコスロヴァキア問題を解決する決意でいます。」

と述べておいて、次に、ハンガリーに決意を促した。

「ドイツは全ドイツ人地域を要求します。イギリスもフランスも介入することはないと確信しています。今が、貴国が私たちと行動を共にする最後のチャンスになります。と言いますのも、もし貴国が今参加しないということであれば、私は、貴国のために口添えできる立場ではなくなるからです。」

そして、もう一度、彼は、

「私の意見では、最善はチェコスロヴァキアを破壊することです。結局は、欧州の心臓部にこの空母の存在を許しておくことは、まったくありえないことです。」

と、彼自身の強い決意を示した上で、ハンガリーに対して、(1)プレビサイトを要求せよ、(2)新国境の保障に加わるな、という二つの要求を提示した。[44]

(4) 対ハンガリー工作(2):本音を漏らすヒトラー

イムレディから、この二要求の答えを聞く前に、ヒトラーは、ハンガリーの即断即決を迫るかのように、「遅くとも、チェコスロヴァキア問題は、私の手によって、三週間で片付けます」と、付け加えた。このように迫られたイムレディ首相は、当惑気味に、

「私たちは、本問題の解決スピードがかくも速まっていることに、驚いていました。我が国では解決には一、二年はかかるだろうと、考えられていました。」

と、述べてから、プレビサイト要求については、

「在致ハンガリー系少数民族は、既にプレビサイトを要求しましたが、今は我が政府が直接この問題を取り扱うことに致します。」

と前向きの回答をした。しかし、軍事的なかかわり合いについては、慎重に、

「我が国は、直ちに軍事行動の準備に取りかかることに致しますが、しかし、これを完了させるのに、タイムリミットが一四日間では、十分ではありません。また、隣国ユーゴスラヴィアの出方も心配です。」

と、予防線を張った。

ここで、ヒトラーは、問題解決の時が目前に迫っていることを強調して、次のように「危険」という言葉を使って、その本音と見られる彼の見解と今後の見通しとを示す。

「私は、チェンバレン氏には、情け容赦のない率直さで以て、我が要求を突き付けるつもりでいます。私の意見では、軍隊を動かすことが、唯一満足な結果をもたらすことになる、と思うのですが、しかし、チェコ人がすべての要求に屈従してしまう危険が、あるのです。[45]」

(5) 対ハンガリー工作(3):当てにならないハンガリー

ここで、イムレディは、プレビサイト問題に続いて対致国際保

障参加問題についても、ヒトラーの要求を容れて、

「我が国は、我が国の要求がすべて満たされてからでなければ、新チェコスロヴァキア国境の保障に加わらないことに致します。」

と約束した。これに対して、ヒトラーも、ドイツもそうすると約束した上で、今一度、武力解決を望む彼の本音と、その実現戦術を漏らす。

「私は、ゴーデスベルクでは最もあからさまなリアリズムで以て、我が要求を突き付けることに致します。もしも、その結果として、チェコスロヴァキアで騒動が起これば、そのときには、私は軍事作戦を開始致します。しかしながら、この軍事行動の口実がチェコ人によって与えられれば、常にその方が好ましいことでありますが……[46]。」

以上のように、ハンガリーは、プレビサイト要求と対致国際保障不参加というヒトラーの二要求を容れたが、しかし、軍事行動についてのイムレディの言い訳がましい発言から、ハンガリーがドイツの対致攻撃に参加しないこと、ましてや対英仏戦争に参加しないことは、ほぼ明らかであった。すなわち、ヒトラーは、この対ハンガリー工作では、対致軍事キャンペーンとなった場合、ハンガリーは動かない、ハンガリーは当てにできないということを思い知らされたのである。

(6) ハンガリーより強硬なポーランド

ハンガリーとは違って、チェコスロヴァキア少数民族問題に関するポーランドの態度は、はるかに積極的で、強硬であった。特にベルヒテスガーデン会談後、ポーランドは、英独間でズデーテン問題の解決に限定した取引が行われるのではないか、自分たちはバスに乗り遅れ、おいてけぼりを食うのではないか、という焦りを感じるようになった。そのため、同政府は、英仏独致、関係各国政府に対して、テッシェン居住ポーランド人に対するズデーテン・ドイツ人との同一待遇を強く要求する通知書を送り付け、それと同時に、国内においても、新聞、デモを通じて、テッシェン割譲要求運動を活発化させていた。

九月二〇日に、駐波ドイツ大使モルトケは、本省宛に、「致問題でますます活発化する波の態度」という題名の報告文を送っているが、それによると、ポーランド政府は、九月一九日には、政府機関紙を通じて、「地球上のいかなる国も、テッシェンと母国との統合を妨げることはできない」という声明を発した。この要求が単なる「言葉」だけに終るものでなく、その実現のためには、「行動」に出る意志のあることを示すために、同政府は、波致国境に兵員を配置しさえした。そして、この軍事的措置が単なる「ブラフ」でないことを示すかのように、二〇日のワルシャワの夕刊紙は、政府の命令に従って、「必要なら、武力によってテッシェンを解放する」という記事を掲載したのであった[47]。

(7) 対ポーランド工作(1):中くらいの満足

ヒトラーは、イムレディとの不満の残る会談の後、午後四時から、続けてポーランド大使ヨゼフ・リプスキーと意見交換を行った。大使は、ベックの訓令に従って、テッシェン割譲要求を堅持、貫徹するという、ポーランド側の強固な意志を伝えると共に、

「我々の利益が認められなければ、この点に関しましては、我々は武力に訴えることも辞さないつもりです」と断言した。(48)

ヒトラーは、このリプスキーの発言を頼もしく、好ましく思ったにちがいない。なぜなら、ポーランドの武力行動をも含む積極的な対致行動は、彼の「緑作戦」に有利に働くだけでなく、チェコスロヴァキアの解体を助長すると、期待できるからである。しかし、ヒトラーの満足は、完全な満足ではない、中くらいの満足であった。というのは、ポーランドが対致軍事行動を起こす大前提の一つは、英仏が介入しないこと、もう一つは、ドイツが先に行動を起こすことであったからである。言い換えれば、対英仏戦となった場合、ヒトラーはポーランドから何の援助も期待できないことは明らかであったからである。

「ハイエナ」は、「ライオン」より先に獲物を襲わない、その後にぴったりとついていって、そのおこぼれに与るだけである。実際、ベック外相は、「五月危機」の直後、ジュルジュスツ・ルカシェウィッツ駐仏ポーランド大使に、欧州戦争となった場合のポーランドの身の処し方について、次のように伝えている。

「事態の根本に対するその想定（仏は致を救援せずとの想定）が事実によって否認されたことが判明するに至るならば、ポーランドの政策を二四時間以内に徹底的に訂正するを要するであろう。ドイツに対する真の欧州戦争の場合にあっては、たとえ間接的にもせよ、我々はドイツの側に身を置きえぬであろう。(49)」

（8）対ポーランド工作（2）：ヒトラー、「二段階解決方式」へ傾斜か？

ベック外相が示していた、ポーランドがドイツ側に立って英仏と戦うことはないという方針は、「九月危機」中も、また「ミュンヘン」後も変らなかった。このように、対英仏戦争となった場合において、ハンガリーはもちろん、ポーランドも当てにできない現況の下では、口ではチェコスロヴァキア問題の解決のためには、「世界戦争」の危険を冒しても、と言っているヒトラーといえども、現実にその危険を冒すことは、なかなか難しかった。故に、九月二〇日のヒトラーは、なお「緑作戦」車を走らせ続けつつも、政治工作の方が次々と躓きつつある状況を目の当たりにしていたために、車のブレーキに足をかけつつあったように思われる。というのは、彼は、リプスキーとの会談の途中、「緑作戦」による「一挙武力解決方式」よりも、外務省政務局案の「二段階解決方式」に傾きつつあるかに思える発言をしているからである。すなわち、彼は、平和的解決か武力的解決かについて、ここでもなお、その希望としては、

「軍事力によるズデーテン占領の方が、より完全で、より明確な解決となります。」

と言いながらも、その後続けて、その現実の見通しとしては、

「もしも私の主張が認められれば、たとえ致問題の残りが未解決のままであったとしても、私としては、国民の手前、これを受け容れないわけにはいかないと思います。」

と漏らしていたのである。(50)

もちろん、この発言には、ポーランドやハンガリーが「台所で

の手伝い」もしないのなら、見切り発車、おいてけぼりにします よ、という警告の意味も含まれているのであろうが……。

注

(1) John Julius Norwich (ed.), *The Duff Cooper Diaries: 1915–1951* (Phoenix, 2006), p. 261.

(2) Telford Taylor, *Munich: The Price of Peace* (Hodder and Stoughton, 1979), p. 783; David Faber, *Munich, 1938: Appeasement and World War II* (Simon & Schuster, 2009), pp. 307–8; Robert Self, *Neville Chamberlain–A Biography* (Ashgate, 2006), p. 315.

(3) T. Taylor, *Munich*, p. 784.

(4) John Harvey (ed.), *The Diplomatic Diaries of Oliver Harvey 1937–1940* (Collins, 1970), p. 186.

(5) Norwich (ed.), *The Duff Cooper Diaries*, p. 262.

(6) Self, *Neville Chamberlain*, p. 315.

(7) Yvon Lacaze, *France and Munich: A Study of Decision Making in International Affairs* (Columbia University Press, 1955), p. 139; Faber, *Munich, 1938*, p. 307; Anthony Adamthwaite, *France and the Coming of the Second World War 1936–1939* (Frank Cass, 1977), p. 239; Jean-Baptiste Duroselle, *France and the Nazi Threat–The Collapse of French Diplomacy 1932–1939*, translated by Catherine E. Dop and Robert L. Miller (Enigma Books, 2004), p. 285.

(8) Lacaze, *France and Munich*, p. 139; Faber, *Munich, 1938*, p. 307.

(9) Adamthwaite, *France and the Coming of the Second World War 1936–1939*, p. 215; John W. Wheeler-Bennet, *Munich: Prologue To Tragedy* (The Viking Press, 1965), p. 116.

(10) *Foreign Relations of the United States, Diplomatic Papers, 1938, Volume I, General* (United States Government Printing Office, 1955), pp. 615–7. 以下、*FRUS-I* と略して表記する。

(11) *Ibid.*, pp. 620–1.

(12) Alexander Werth, *France and Munich before and after the Surrender* (Harper and Brothers, 1939), pp. 260, 264.

(13) *Documents on British Foreign Policy, 1919–39, 3rd series, Volume II* (His Majesty's Stationary Office, 1950), pp. 416–7. 以下、*DBFP-II* と略して表記する。Adamthwaite, *France and the Coming of the Second World War 1936–1939*, p. 215.

(14) *Ibid.*, pp. 416–7; *Ibid.*, p. 215.

(15) Igor Lukes, *Czechoslovakia between Stalin and Hitler: The Diplomacy of Edvard Benes in the 1930s* (Oxford University Press, 1996), p. 222.

(16) Faber, *Munich, 1938*, p. 319; T. Taylor, *Munich*, pp. 785–6; Hubert Ripka, *Munich Before and After* (Howard Fertig, 1969), p. 71; Wheeler-Bennet, *Munich*, p. 120.

(17) Lukes, *Czechoslovakia between Stalin and Hitler*, pp. 223–4; Zara Steiner, *The Triumph of the Dark: European International History 1933–1939* (Oxford University Press, 2013), p. 613.

(18) Robert Self (ed.), *The Neville Chamberlain Diary Letters, Volume Four, The Downing Street Years, 1934–1940* (Ashgate, 2005), pp. 348–9; Keith Feiling, *The Life of Neville Chamberlain* (Macmillan, 1946), p. 363.

(19) *DBFP-II*, pp. 506–11; *Documents on German Foreign Policy, 1918–45, Series D, Volume II* (Her Majesty's Stationary Office, 1953), p. 834. 以下、*DGFP-II* と略して表記する。

(20) Self (ed.), *The Neville Chamberlain Diary Letters, Volume Four*, pp. 348–9.

(21) J. Harvey (ed.), *The Diplomatic Diaries of Oliver Harvey 1937–1940*, p. 187.

(22) *DBFP–II*, pp. 419–20; *FRUS–I*, p. 627; Adamthwaite, *France and the Coming of the Second World War 1936–1939*, p. 216; Lacaze, *France and Munich*, p. 142.

(23) Adamthwaite, *France and the Coming of the Second World War 1936–1939*, p. 216.

(24) *DGFP–II*, pp. 851–2.

(25) *DBFP–II*, p. 421.

(26) *Ibid.*, pp. 426–7.

(27) Lukes, *Czechoslovakia between Stalin and Hitler*, pp. 217, 223–4.

(28) Wheeler–Bennet, *Munich*, pp. 121–2; Duroselle, *France and the Nazi Threat*, p. 286.

(29) *DBFP–II*, p. 425.

(30) Lacaze, *France and Munich*, pp. 144–5; Wheeler–Bennet, *Munich*, p. 122.

(31) *Ibid.*, p. 145.

(32) *DBFP–II*, p. 422.

(33) *Ibid.*, p. 425.

(34) David Dilks (ed.), *The Diaries of Sir Alexander Cadogan O.M. 1938–1945* (Cassell & Company LTD, 1971), p. 102.

(35) *DBFP–II*, pp. 437–8.

(36) *DGFP–II*, pp. 844–6.

(37) Gerhard L. Weinberg, *Hitler's Foreign Policy 1933-1939–The Road to World War II* (Enigma Books, 2010), pp. 614–7.

(38) *DGFP–II*, p. 841.

(39) *Ibid.*, p. 852.

(40) George F. Kennan, *From Prague After Munich, Diplomatic Papers 1938–1940* (Princeton University Press, 1968), p. 244.

(41) ベック外交の詳細については、関静雄「ミュンヘン後の独波関係―一九三九年一月のヒトラー・ベック会談まで―」『帝塚山法学』第二四号（二〇一三年）を参照せよ。

(42) *DGFP–II*, pp. 852–3.

(43) アラン・バロック著／大西尹明訳『アドルフ・ヒトラー』Ⅱ（みすず書房、一九五八年）、六九ページ。

(44) *DGFP–II*, pp. 863–4.

(45) *Ibid.*, pp. 863–4.

(46) *Ibid.*, pp. 863–4.

(47) *Ibid.*, pp. 849–50.

(48) Waclaw Jedrzejewicz (ed.), *Diplomat in Berlin, 1933–1939; Papers and Memoirs of Jozef Lipski, Ambassador of Poland* (Columbia University Press, 1968), pp. 408–12.

(49) 角田順『ボールドウィン・チェイムバリンとヒトラー』（お茶の水書房、一九五八年）、二三八ページ。

(50) Jedrzejewicz (ed.), *Diplomat in Berlin, 1933–1939*, pp. 408–12.

第24章　ベネシュの対英仏「無条件降伏」

1　致政府の正式回答

(1) 真夜中の対致「最後通牒類似」通告

日も改まり二一日の午前一時になっていたプラハのフラジン宮殿では、不眠不休の日が続いていたベネシュ大統領が、ようやくベッドに就いたところであった。ところが、眠りに落ちて一時間も経ったか経たないかのうちに、真夜中の訪問者によって、叩き起こされた。寝起きのベネシュには、山高帽に正装をした「死神」に見えたかもしれない、二人の来訪者は、恐怖に近いほどの悲しげな様子で、努めて主人と目を合わせぬようにしながら、部屋に入って来た。午前二時一五分、まず、「人情の人」ド・ラクロワ仏公使が、「死刑判決」のような本国からの訓令を読み上げた。公使は、初めの部分を涙ながらに問え問え読んでいたが、徐々に落ち着きを取り戻し、最後には、冷徹な低い声に変った。その間、「非人情の人」ニュートン英公使は、冷然として、床をじっと見つめていた。[1] ド・ラクロワが終ると、続いて、ニュートン公使が同じほど冷酷な訓令を読み上げた。これらを、ベネシュはすべて書き取ったあと、チェコスロヴァキアの民族分布地図を持ち出して、英仏案によるズデーテン割譲の困難さと危険性について縷々説明した。[2]

「イギリスもフランスも、自らが何をなされているのか、お分りになっていません。このような政策が行われれば、チェコスロヴァキアと中欧全体に重大な結果をもたらすことになります。その結果は恐ろしいものになります。」

これを聞いたド・ラクロワはまた泣き出した。[3] かまわずベネシュは、更に続けて、国内的な危機についても、

「国内の混乱も予想しなければなりませんが、政府がこれをどの程度コントロールできるか、私には分りません。」

と指摘した。このような大統領の懸命な訴えに対して、二人の公使は、まったく何ら前向きの反応を示さなかったので、彼も致し方なく、

「この通告は一種の最後通牒ととってよろしいか。」

と尋ねると、二人は、これを肯定して、

「最後通牒の性格を持つものです。」

と答えた。この無情な通告に対して、ベネシュは、最後に、

「既に政府の者たちが宮殿に集まっています。彼らと相談しなければなりませんので、即答はできませんが、昼ごろまでに

は、回答をお届け致します。」と答えざるをえなかった。[4]

（2）致対策会議、まもなく受諾か？

午前三時四五分にベネシュとの会見を終えたニュートン公使は、本省宛の報告電報の最後に、「私たちの印象では、受諾回答となると思われます」と、楽観的な予想を記したが、その通り、午前六時三〇分に、ニュートンがホジャ首相付秘書官から知らされた、首相からの公使宛「私的予備情報」は、「致政府は、英仏政府の提案を受け容れました。正式回答は、可及的速やかに届けられるでしょう」[5]というものであった。この私的メッセージがニュートンに届けられたとき、チェコスロヴァキア側は、まだ対策会議中であった。このメッセージ内容からすると、午前六時から始った会議は、早くも受容れに傾いたかに思えるが、とにかく、その会議の模様を見てみよう。

大統領によってこの会議に招集されたものは、閣僚、各党党首、シロヴィ、クレジェッチ両将軍であった。冒頭、ベネシュが英仏両公使からの「最後通牒類似」通告について話すと、彼らは大いに憤慨し、断然拒絶して戦い抜こう、と息巻いた。しかし、更に話を続けていくうちに、いくつかの疑問が持ち上がった。そのうち、最終的決定を左右する最大のものは、文官連が二将軍に発した、「我々は、同盟国なしで戦えますか、戦えませんか？」という質問であった。この質問に対して、二将軍は、考慮すべきこととして、ドイツの準備状況、オーストリア併合、敵対的なハンガリーとポーランド、そして、今明らかにされた英仏の態度とを挙げ、次のような見方を示した。

「軍事的見地からしまして、私たちの能力だけでは、防衛は難しく、短期間しか持ちません。精々、三週間ほどです。私たちとしては、ドイツとの単独戦をお勧めすることはできません。」

これによって、対策会議は、「受諾やむなし」に傾き、午前八時一五分、一旦休会とし、その間に、念のために、ソ連の意向を打診してみることにした。[6]同時にベネシュは、ド・ラクロワ公使を呼び、受諾の回答草案を読み聞かせた。これによって、正式回答もまもなく行われるものと見られた。[7]

（3）致回答の遅延（1）：ソ連の回答をめぐって

午前一〇時になって、ベネシュ大統領からド・ラクロワ公使に電話が入った。それは、公使が鶴首して待っていた、受諾の正式回答ではなく、「政党の指導者たちと、揉め事が生じました」という、正式回答遅延の断りであった。驚いた公使が、「この期に及んでのいかなる遅滞も、極めて重大な結果を招くことになりますよ」と警告を発し、「大統領の全権威でもって、障害を乗り越えて下さい」と懇願すると、大統領は、「そうすることをお約束しますが、私は全権を有しているわけではありません」と、ド・ラクロワには不安の残る約束をしただけであった。[8]

八時三〇分と一〇時の間にどのような「揉め事」があったのであろうか？　それは、一つはソ連に関することであり、他は、フランスに関することであったと、推測される。ソ連のリトヴィノフ外務人民委員は、このとき連盟総会に出席中であったが、ジュネーヴから駐プラハ公使を通じて、ベネシュに、個人的メッセージとして、「独致戦争となった場合、我が政府は、英仏の態度にかかわらず、連盟の決議があれば、致側に立ちます」と伝えた。これに対して、ベネシュが、「それでは遅すぎます」と言うと、公使は、モスクワの意見を訊いてみると言った。そして、公使が持ち帰って来たソ連政府の回答は、次のような「前向きの」ものであった。

「ソ連政府は、ドイツを侵略者と認定する連盟の決議を待つことなく、連盟が致政府の提訴を取り上げたとの知らせを受け次第、貴国を支援することになります。」

このソ連政府の「前向き」の回答は、致政府対策会議の混乱を招いただけであった。会議に列席していた右派のホジャ首相以下、内相、防衛相ら農民党員はすべて、ソ連一国だけと組むことには大反対で、中には、「もし政府が赤軍の援助を受け容れると決めたなら、我々は国境をドイツのために開く」とまで言う者もいた。このような「赤色旗」よりも「鉤十字旗」の方がまだましだという農民党ら右派の反対だけでなく、軍部もまた消極的であった。この対策会議の席で、二将軍は、「ソ連が実際の軍事行動によって何をしてくれるのか、不明です。モスクワは、私たちに、この種の精確な情報を何一つ提供してくれていません」と、具体的な援助内容の不明を強調することによって、ソ連の援助の有効性への疑念を示した。これに加えて、反共主義者ベネシュの根深い対ソ猜疑心もあり、チェコスロヴァキア政府が、ソ連のこの「前向き」の回答のみを頼りに、英仏共同案を拒絶する可能性は、ほとんどゼロであった。(9)

(4) 致回答の遅延(2):パリ情報をめぐって

致政府対策会議が紛糾して対英仏正式回答を遅らせたのは、ソ連問題よりもフランス問題であった。英仏共同案に強く反対していたチャーチルは、九月二〇日パリに飛び、二日間、マンデルやレイノーら反宥和派の政治家たちを叱咤激励した。ニュートンに言わせると、「有力国会議員の二人は、当地でオススキー氏やフランスの政治家たちに良からぬ忠告をして回っている」ということであった。その結果、ベネシュのところには、オススキー公使やマンデル周辺などパリから、「いまだ望みなきにしもあらず」、「回答は急ぐ要なし」、「強く粘り続けよ」、「仏閣議内に異論あり」、「修正の可能性あり」等の情報が入り、大統領もこれに一縷の望みをかけ、午前一〇時、ド・ラクロワ公使に対して、八時間前の真夜中の口頭通告を文書による正式通牒とするように求め、「政党の指導者との揉め事」に名を借りて、時間稼ぎに出たのであった。

これに対して、ボネ外相は、速やかな受諾回答を得るためには、「政党の指導者」に手こずるベネシュを、内政的窮地から救出してやる必要がある、そのためには、口頭通告の文書化もやむなし、と決断した。その訓令を受けたド・ラクロワは、ニュートンと共に、午後一二時半、ベネシュを往訪して、同文書を手交し、再度、速やかな回答を迫った。(10)

(5) 仏閣議:ボネの勝利

フランスが文書による正式通牒を提出した今、ベネシュの最後の決断は、フランス閣議の行方如何、すなわち、閣議でマンデル、レイノーが勝ちを制するか、それとも、ダラディエ、ボネが勝ちを制するかにかかっていた。そして、その勝負の分かれ目となる最大のポイントは、ベネシュに対して英仏両政府から「強制」の事実が有ったか無かったかであった。閣議では、この点に関して、レイノーやマンデルらから、外相は自分たちとの閣議の席での約束を破った、と激しいボネ非難の声が上がった。このとき、ボネは、彼らに前日の「ド・ラクロワ電報」を差し出した。それは、すなわち、ホジャがド・ラクロワに対して、英仏案受容れのための口実として、チェコスロヴァキアの指導者は、フランスの対致援助はないというフランス政府からの言明を必要としていると言った、という例の「要請」電報である。これに加えて、ボネは、今朝のド・ラクロワからの電話を都合よく解釈して、ベネシュが英仏案受諾のために口頭通告の文書化を求めてきたので、これを与えてやったと報告して、これらを根拠に次のように述べた。

「ベネシュ、ホジャの両氏は、ズデーテン地方を失うことは仕方ないと諦めているのです。しかし、チェコ国民の多くが、フランスの支援があると信じ続けている間は、彼ら指導者としても、自分たちの、より健全な判断に基づいた行動をとることは、まったく不可能なのです。それ故に、友情がとるべき正しき途は、私たちがチェコスロヴァキア国民のフランスへの信頼を壊してやることによって、チェコスロヴァキア政府の手持ち札を強化してやることなのです。」[11]

このように、外相として情報を独占しているボネは、閣議には自分に都合の良い情報だけを提供して、都合の悪い情報は隠匿しておくことができたので、確たる情報のない徒手空拳のレイノーやマンデル等は、外相の詭弁に翻弄され煙に巻かれ、なんだか変だと薄々感じつつも、反論する術がまったくなかったのである。

こうして結局、フランスの閣議は、情報操作と詭弁に巧みな対独宥和的平和主義者ボネの勝利に終わった。この日、プラハの対策会議で「私たちは卑劣な裏切りに遭った」と何度も繰り返していたベネシュは、パリの閣議で「友を裏切るのが真の友情だ」と説くボネによって、その最後の頼みの綱も断たれてしまったのである。[12]

(6) ベネシュ、無条件受諾回答決定

パリのオススキー公使らからの「良からぬ忠告」によって、チェコスロヴァキアの正式回答が遅れていることを、ニュートン電報によって知らされたハリファックス外相は、午後三時過ぎ、カドガン次官に命じて、マサリク駐英公使に電話をかけさせ、回答を督促する圧迫的なベネシュ宛メッセージを伝えさせた。これに対して、マサリク公使は、メッセージを直ちに送ると約束すると同時に、

「先ほど電話でベネシュ大統領と話していたのですが、大統領の話ですと、目下回答を作成中で、午後四時までには手交でき、それは、英仏案の全面受諾となろう、ということでした。」と、付け加えた。[13] そして四時三〇分になって、マサリクよりカドガンに連絡が入った。

「今、回答草案の作成が完了したと聞きました。ニュートン氏を呼び出しているところです。内容は無条件受諾です。」[14]

午後五時、プラハでクロフタ外相から、ニュートン、ド・ラクロワ両公使に、無条件受諾回答書が手交された。そこには、「過

度に性急な圧力の下で」、「悲痛なる思いで以て」受諾するという文字が綴られていた。これが、大国の友に裏切られた小国の大統領にできた、最後の精一杯の抵抗であった[15]。

翌日、『大阪朝日』は、二一日発ロンドン特電の見出を、黒地に白抜きで「英仏合作の『チェッコ葬送曲』」として掲げ、パリ特電の見出しを、「仏、慚愧の色　友邦見捨て威信墜つ」とし、ブルム前首相の「我々は安堵と慚愧とを同時に感ずる」というコメントを紹介していた[16]。「チェコ葬送曲」の作成に加担してきたカドガン次官もまた、「安堵」だけでなく同時に「慚愧」をも感じていたようである。その日記に曰く。

「臆病者であるには、どんなに多量の勇気を必要とすることか![17]」

(7) チェンバレン外交批判：チャーチルとイーデン

この日の「カドガン日記」は、また、「目下、当地と米国にて『チェコ裏切り』非難プレス・キャンペーンが繰り広げられている」と記しているが、そのキャンペーンを推進していた中心人物の一人が、この夜、パリからロンドンに帰って来たチャーチルであった。彼は、早速、記者団に、次のように、チェンバレンの対致強圧・対独弱腰外交を批判し、英仏共同案のもたらす危険性を指摘する声明を発表した。

「英仏からの圧力の下での致国の分割は、ナチの武力による威嚇への西欧民主主義国の完全降伏に等しい。このような崩壊は、英仏両国のどちらにも、平和も安全ももたらしはしない。それどころか、これによって、両国はこれまで以上に脆弱かつ危険な状況に置かれることになる。致国の単なる中立化は、ドイツ軍二五師団の解放を意味し、それは、西部戦線の脅威となる。脅威にさらされるのは、致国だけでない。すべての国の自由と民主主義もまたそうである。小国一つを狼に投げ与えることによって安全が得られる、と信じることは、致命的な錯覚である[18]。」

この日イーデン前外相も、彼の選挙区で、チェンバレン宥和外交批判の声を挙げていた。

「世上には往々国際間の紛争は、武力に訴えず、ある程度まで解消させることができるし、そうすれば欧州大国の希望は大いに満たされ、危険を回避しうる、というような所論をなす者もいます。しかし、このような希望は、その根底に誤りがあり、正当な議論と認めることはできません。現在のように譲歩に譲歩を重ねていますと、ついに大規模な混乱に至るほかはないという考えが、今や広く漸次有力となりつつあります。イギリス国民は、その立場を明確にする必要のあることを知り、その機を逃さないようにすることを希望しているのであります[19]。」

(8) チェンバレン外交擁護：ケネディとリンドバーグ

チェンバレンの電撃的訪独の発表を聞いたとき、それまでチェンバレン宥和外交に批判的であった人たちも、首相がヒトラーに対して直接強い警告を発しに行くものと期待して、その訪独を熱烈に支持した。ところが、豈は図らんや、首相が帰国土産に持ち帰ったものはと言えば、「ヒトラー案」＝「屈辱的全面降伏案」であった。このような失望を味わわされた多くの国民の間にも、チャーチルやイーデン同様の、憤慨と批判の声が高まっていた。この世論の変化、硬化については、ケネディ米大使も認めるところであった。しかし、大使はチャーチルたちとは違って、この世論の変化を「盲人蛇に怖じず」の類と見て、危険視していた。この日、まだチェコスロヴァキアの受諾回答が出る前の昼のこと、ケネディ夫妻はリンドバーグ夫妻と食事をした。「リンドバーグ日記」によると、そのとき、大使は、次のように、世論の硬化の中でのチェンバレンの平和への外交努力を高く評価した。

「チェンバレン首相は、今この時点でドイツと戦えば、破滅的な結果となることを知っているので、これを避けようとあらゆる努力を行っています。しかるに、イギリス世論はというと、彼を戦争の方へと追い立てているのです。」

日記に大使のこの話を引用した後、リンドバーグ元空軍大佐も、ドイツの空軍力を過大評価している彼らしい視角から、結論として大使に同調する見方を記している。

「イギリス人は全然戦争のできる状態にはない。彼らは自分たちが何に相対しているのか分っていない。これまで彼らはいつも自分たちと敵との間に艦隊を介在させてきたが、彼らは航空機が成し遂げた変化を理解できないでいる。私は、これが大国としてのイギリスの終りの始りとなるのではないかと思う。[20]」

(9) チェンバレン外交への条件付消極的支持

同日の『デーリー・テレグラフ』社説は「損得見積り」という表題の下で、その結論として、英仏共同案について、

「もし平和が保障され、盤石の保障がチェコスロヴァキアにも及ぶならば、英仏案も、やや渋々ながらも、受け容れることができよう。」

と、条件付消極的支持を示したが、問題はその国際保障が「盤石」でありうるかどうかであった。これについて、『マンチェスター・ガーディアン』は、

「国際保障など、ほとんど真面目に考慮するに価しない。なぜなら、ドイツとイタリアを含めれば、蝮と蠍が丸裸の兎の無事安泰を保障するようなものだからだ。」

と、見ていた。後の「ミュンヘン協定」に見られるように、独伊はすぐには保障に加わらなかったが、独伊抜きの英仏の保障も、既に見たチェンバレンの「純抑止効果限定」発言からして、「盤石」でないことは明白であった。しかし、対致国際保障にこれほどの不信感を示した、反ナチズム自由主義の『マンチェスター・ガーディアン』でさえ、この時点ではまだ、イギリスがチェコスロヴァキア問題で戦争に巻込まれることを望んでいなかった。チェコスロヴァキアが英仏案をいやいやながらでも受諾したことによって、チェコスロヴァキア危機は終ったように思えたのであった。[21]

2 ゴーデスベルク会談前の各地の動き

(1) 英の交渉方針(1):波洪領土要求・対致国際保障・ズデーテン移譲方式の三問題

条件付消極的受容論の『デーリー・テレグラフ』は、『マンチェスター・ガーディアン』とは違って、これでチェコスロヴァ

キア危機は終わったとは見ていなかった。同紙の見るところでは、ゴーデスベルク会談こそ、欧州和戦の岐路であった㉒。では、この「岐路」たるゴーデスベルク会談に、イギリス政府はどのような方針で臨もうとしていたのか？　この日ロンドンでは、まだチェコスロヴァキアからの正式回答が届いていない午後三時に、閣議が開かれ、主要三問題につき、次のような大体の方針が決められた。

(1)波と洪の領土要求問題：ヒトラーが新たにこの問題を持ち出してきた場合、首相は、これについての話し合いを拒否し、ヒトラーには、同僚と相談するために帰国すると告げる。

(2)対致国際保障問題：独伊を保障国に含めると、妨害をする恐れがあるので、首相は、英仏ソ三国を合同保障国とし、独は致と不可侵条約を結ぶという方針で交渉する。

なお、「ハーヴェイ日記」によると、ヒトラーがソ連を含むことに反対したとき、首相は帰国して相談すると答えるということになっていた㉓。

(3)ズデーテン移譲方式問題：特にドイツ軍の早期進駐を認めるか否かで、首相と他の閣僚の間で意見の対立が生じた。

この移譲方式について、チェンバレンから、二つの提案があった。

①ドイツ人の圧倒的多数地域については、ドイツ軍による早期占領を認めてよい。

②混合居住地域については、イギリス兵を平和維持部隊として使ってよい。

これに対して、スタンレー商相は、

「占領される地域から立ち去りたいと思っている人たちが、そうできるように、それ相当の猶予期間がなければなりません。私は、チェコ人と更にもっと多くのドイツ人社会民主主義者たちを、ナチスのあの思いやり溢れる慈悲心に遺棄するわけにはいきません。」

と、皮肉を交えた言い方で、首相の早期進駐容認案に強く反対した。続いて、ダフ・クーパー海相は、ヒトラーの狙いはチェコスロヴァキアの解体にあるという確信に近い疑心から、次のように、新国境画定前の進駐に断固たる反対を表明した。

「私の確信しているところですが、もし私たちが、新国境が画定される前にドイツ軍部隊が進駐することに、ひとたび同意してしまえば、彼らは全チェコスロヴァキアを蹂躙するまで進撃を止めはしません。そうする口実は、ごく簡単に見つけるでしょう。」

「ハーヴェイ日記」によると、この結果、閣議は、ドイツ軍進駐問題については、チェコスロヴァキア政府の同意なくして、ドイツ兵の進入は許さないことに決めた㉔。

(2) 英の交渉方針(2)：「我慢の限界」の声

ダフ・クーパー海相は、ズデーテン割譲はやむなし、しかし、新国境画定前のドイツ兵の進駐には断固反対という前提の下で、今やイギリスは我慢と譲歩の限界に達したと、次のような熱弁を振るい続けた。

「私たちはもはや限界に達しました。私たちはこれまで、見返りとして、譲歩の一かけらも善意の一言も受けたことがありません。私は、首相がヒトラー氏に会ったときに、次のように言ってもらいたいと思います。すなわち、『私は、すべてのことをしました、私が企図していた以上のことをしました。私は今、あなたのために、大皿にチェコスロヴァキアの首を載せて持ってきているのです。こうするために、私は、屈服、裏切り、臆病という非難攻撃を引き受けました。私はもうこれ以上のことはなしえません。もし必要ならば、私は戦うことを選びます。そのとき、私の背後には一致団結した国民がいます、アメリカからの全同情もあります。そして、おそらく後から、アメリカは私たちの支援に駆け付けることになりましょう』と。」

海相のこの熱弁に、異論を唱える大臣は誰一人いなかった。彼の驚いたことに、これまで首相のイエスマンであったサムエル・ホーア内相が、彼の耳元で、「実は私も、今朝、首相にまったく同じことを言ったのだよ」と囁いた。[25]

越えられない限界があり、その限界に達したという認識は、クーパーだけでなく、この日、カドガンもここにきて、クーパーに近い認識を持つようになっていた。

「我々は、我々の我慢の限界に達するまで、臆病者であり続けなければならないのだが、しかしその限度は越えない。」[26]

九月二一日、イギリスの世論が硬化しただけでなく、宥和派の「智謀」カドガン次官さえも、抑止派の「総大将」クーパー海相の考えに近づき始めていた。果してこの海相への次官の傾斜が、外相の傾斜でもあったのであろうか？　はたまた、首相の傾斜でもあったのであろうか？　それが、なお、問題であった。

(3) 波・ソの動向

ゴーデスベルク会談で、ヒトラーがポーランドとハンガリーの領土要求問題を持ち出すのか否かが、イギリス側にとって大きな一つの問題、懸念となっていたのだが、この問題に関するポーランドとハンガリーの動きを見ておこう。この日、ポーランド政府は、波系少数民族に対する、ズデーテン・ドイツ人との同一待遇の許与を要求する通牒を、チェコスロヴァキア政府だけでなく、英仏両政府にも提出した。そして、翌二二日、ハンガリー政府もこれに倣うことになる。[27]

ポーランドがハンガリーより強気であることは間違いないが、同国の外交を牛耳っているベック外相は、果して、領土問題の解決のためには、干戈に訴えることも辞さずという決意をしていたのであろうか？　これについては、先のヒトラー＝リプスキー会談のところで検討したが、ここでは、ベック＝ノエル会談と、この会談をハリファックス外相に報告したハワード・ケナード駐波イギリス公使の見解とをもとにして、考察してみよう。

ベック波外相がレオン・ノエル駐波フランス大使と会談したのは、九月二〇日のことであったが、そのとき、外相は、「ポーランド系少数民族がズデーテン・ドイツ人と同様の待遇が受けられない場合には、ポーランドは行動の自由に再帰せざるをえないでしょう」と、彼の不退転の決意を語っていたが、この発言について、ノエルは、ケナードに次のような予測的解釈を加えた。

「ポーランドの要求が考慮されないということになった場合には、彼らは、問題の自主解決を決意して、テッシェン地域を奪い取るかもしれません。」

これに対して、ケナードは、ポーランドの武力行使については「ハイエナ」説のようで、彼自身の予測を、次のように、ハリファックスに伝えた。

「私個人としては、まだポーランドには、単独で軍事行動に出る用意はないと思っていますが、しかし、それでも、もし好機があれば、そうするかもしれません[28]。」

好機があれば武力を行使するかもしれない、という予想を裏付けるかのように、ポーランド軍は、チェコスロヴァキアとの国境に兵力を集中させ始めていた。このことは、先に述べたが、このポーランドの動きに対してソ連も動いた。ソ連は、ポーランドの軍事的な動きを牽制するかのように、また、いざというときには対致武力支援を実行するという意思を表示するかのように、この日、赤軍に部分動員令を発した。そして、二四日までには、三三万もの兵が、波・羅両国との国境に配置されることになる[29]。

(4) 致宣伝相の悲痛な「屈服正当化」演説

プラハでは、この日、朝から屈服かという情報が漏れ始めていた。そして正午ごろには、この情報が一般市民の間にも広がり始め、誰も仕事が手に付かなくなった。職場からブリーフケースを持って駆け付けた男たち、学生たちのグループ、黒い革ジャケットを着た工場労働者たち、子供の手を引く女たち、それに、カフェから出てきた身なりの良い紳士たちも、拡声器の備え付けられているウエンチェスラス広場に、続々と集まって来た。彼らのすべてが、「フランスとの同盟に忠実であった自分たちが、なぜこのようなときに弊履の如く捨てられなければならないのか？自分たちは、こんな仕打ちに遭う何をしたというのか？」という疑問を抱き、この疑問に満足の行く答えを見つけることができないでいた[30]。

そのような雰囲気の中、午後七時、政府声明が発表された。声明は、英仏案を受け容れざるをえなくなった経緯を述べ、「私たちは捨て去られたので、受諾するしかなかった」と釈明した。その後、宣伝相が、国民に対して、ラジオ放送を通じて、悲痛な演説を行った。同相は、チェコスロヴァキア国民がこれまで辿ってきた苦難と栄光の歴史に触れた後、敗戦国に課すような内容の英仏案を受諾せざるをえなかったことを述べ、そして、そうせざるをえなかった理由を、次のように述べた。

「これを受け容れたのは、ただただ、私たちは、我が国民を無益な犠牲から、無用の流血から、無限の苦しみと悲しみから救いたかったからなのです。自殺をするよりも生きることの方が、より大きな力を要するときもあることを、神はご存知です。私たちが、我が外務大臣をして、英仏両国に、私たちは欧州救済のために自己を犠牲にすると告げさせた今日の午後、そのとき、私たちは恐怖に駆られていたのだとか、あるいは臆病風に吹かれていたのだとかと言える正直者は、この世界に誰一人といません、このことも、神はご存知なのです。」

宣伝相は、憤怒と悲嘆を混在させた状態にある自分自身と国民を、慰撫し同時に鼓舞せんとする言葉でもって、この感動的な「屈服正当化」演説を結んだ。

「親愛なる兄弟たち、姉妹たち、父よ、母よ、子供たちよ、私たちは、私たちを支持することなく捨て去った人たちを今は責めないでおきましょう。歴史が最近の出来事に対する判断を下すでしょう。私たちは私たち自身を信じましょう。私たちは我が民族の天性を信じましょう。私たちは屈服しません、私たちは我が祖国の土地を保持します[31]。」

（5）なお治まらぬプラハ市民の憤怒

しかし、このような政府の側からの必死の訴えかけにもかかわらず、プラハ市民の憤怒はこれによって慰撫されることはなかった。午後七時に政府声明が発表されて夜が更けて行くと、市中にあふれ出した群衆の数は数万に膨れ上がった。やがて群集の一部は、暗さの増す中、薄暗い街灯を頼りに、ベネシュ大統領のいるフラジン宮殿へと、行進を始めた。彼らは、「降伏より死を！」「我々は戦うぞ！」「我が国境を手放すな！」「動員だ！」というシュプレヒコールを叫びながら、一〇時過ぎに大統領の居室の窓の下に辿り着くと、「我らに武器を与えよ！　我らに武器を与えよ！」と、何度も何度も大声を張り上げた。真夜中過ぎ、ついに国家警察隊が行動を開始し、彼らに退去を命じた。逮捕されたのは数名だけで、大した混乱もなく、フラジン宮殿に静けさが戻った。

この騒動のさなかに、秘書官が大統領の居室に様子を伺いに行くと、寝室からベネシュ夫人が忍び足で出てきて、そこに集まっていた数名の者たちに、「皆さん、ごめんなさいね。本当に、夫を起こすことができないのです」と告げた。この数日間の不眠不休の疲れが限界に達していたと思われる大統領は、この騒動の間中、深い眠りにあって、目を覚ますことはなかったのである[32]。

（6）ズデーテン・ドイツ人の歓喜

プラハ市民が悲嘆と憤激の声を挙げていたとき、ズデーテン・ドイツ人は息を吹き返した。チェコスロヴァキア政府屈服の報が、その夜ズデーテン各地に伝えられると、それまで指導者を失い、鳴りを潜めていたドイツ人たちは、歓喜乱舞した。その様子を、『東京朝日』のエガー発同盟電は、次のように伝えている。

「中でもズデーテン地方首邑エガー市では、二一日朝以来、家という家にはスワスチカの旗が掲げられ、市民は何れも街頭に溢れ、見知らぬ者同士相擁して喜び合うという有様至る所に感激的情景を現出し、今はただ祖国に帰れる日を待つのみといった気分が窺われる。昨日まで物々しく市内を巡邏したチェコ憲兵、警官、軍隊も全く姿を消し、治安はスワスチカの腕章をつけたズデーテン・ドイツ党員によって維持されている[33]。」

このように、チェコスロヴァキア政府の英仏共同提案受諾回答の報は、プラハ市民とズデーテン・ドイツ人の間に対照的な興奮を引き起こして、いよいよ後は、両者共に、ゴーデスベルクでのチェンバレンとヒトラーの会談を待つばかりとなった。

注

（1）Igor Lukes, *Czechoslovakia between Stalin and Hitler: The Diplomacy of Edvard Benes in the 1930s* (Oxford University Press, 1996), p. 226; Peter Neville, "Nevile Henderson and Basil Newton Two British Envoys in the Czech Crisis 1938," in Igor Lukes and Erick Goldstein (eds.), *The Munich Crisis, 1938: Prelude to World War II* (Frank Cass, 2006), p. 270; John W. Wheeler-Bennet, *Munich: Prologue To Tragedy* (The Viking Press, 1965), p. 123; Josef Korbel,

Twentieth-Century Czechoslovakia: The Meanings of Its History (Columbia University Press, 1977), p. 124; David Faber, *Munich, 1938: Appeasement and World War II* (Simon & Schuster, 2009), pp. 321-2.

（2） *Documents on British Foreign Policy, 1919-39, 3rd series, Volume II* (His Majesty's Stationary Office, 1950), p. 449. 以下、*DBFP-II* と略して表記する。

（3） Lukes, *Czechoslovakia between Stalin and Hitler*, p. 227.

（4） *DBFP-II*, p. 450.

（5） *Ibid.*, pp. 438-9.

（6） Telford Taylor, *Munich: The Price of Peace* (Hodder and Stoughton, 1979), p. 790.

（7） *DBFP-II*, p. 440.

（8） *Ibid.*, p. 440.

（9） Wheeler-Bennet, *Munich*, p. 127; T. Taylor, *Munich*, pp. 790-1.

（10） *DBFP-II*, pp. 440, 444; Yvon Lacaze, *France and Munich: A Study of Decision Making in International Affairs* (Columbia University Press, 1955), p. 146; Winston S. Churchill, *The Second World War volume I: The Gathering Storm* (Mariner Books, 1985), p. 272; John Harvey (ed.), *The Diplomatic Diaries of Oliver Harvey 1937-1940* (Collins, 1970), p. 190.

（11） Wheeler-Bennet, *Munich*, pp. 125-6.

（12） *Ibid.*, p. 128.

（13） *DBFP-II*, pp. 440, 443.

（14） *Ibid.*, p. 443.

（15） *Ibid.*, pp. 444-7.

（16） 明治大正昭和新聞研究会編『新聞集成　昭和編年史　十三年度版』Ⅲ（新聞資料出版、一九九一年）、八一四ページ。

（17） David Dilks (ed.), *The Diaries of Sir Alexander Cadogan O.M. 1938-1945* (Cassell & Company LTD, 1971), p. 102.

（18） Churchill, *The Second World War volume I: The Gathering Storm*, p. 273; Lacaze, *France and Munich*, p. 148.

（19） 明治大正昭和新聞研究会編『新聞集成　昭和編年史　十三年度版』Ⅲ、八一四ページ。

（20） David Nasaw, *The Patriarch: The Remarkable Life and Turbulent Times of Joseph P. Kennedy* (The Penguin Press, 2012), pp. 338-9.

（21） Franklin R. Gannon, *The British Press and Germany 1936-1939* (Oxford University Press, 1971), pp. 194, 202-3.

（22） *Ibid.*, p. 195.

（23） Faber, *Munich, 1938*, pp. 312-3; John Julius Norwich (ed.), *The Duff Cooper Diaries: 1915-1951* (Phoenix, 2006), pp. 262-3; J. Harvey (ed.), *The Diplomatic Diaries of Oliver Harvey 1937-1940*, p. 191.

（24） *Ibid.*, pp. 312-3; *Ibid.*, pp. 262-3; *Ibid.*, p. 191.

（25） Faber, *Munich, 1938*, pp. 312-3; Norwich (ed.), *The Duff Cooper Diaries*, pp. 262-3.

（26） Dilks (ed.), *The Diaries of Sir Alexander Cadogan*, p. 102.

（27） Hubert Ripka, *Munich Before and After* (Howard Fertig, 1969), p. 71; Wheeler-Bennet, *Munich*, pp. 113-4; 赤松祐之『昭和十三年の国際情勢』（日本国際協会、一九三九年）、五〇四ページ。

（28） *DBFP-II*, p. 441.

（29） Zara Steiner, *The Triumph of the Dark: European International History 1933-1939* (Oxford University Press, 2013), p. 619.

（30） Ripka, *Munich Before and After*, pp. 104-5; Faber, *Munich, 1938*, p. 323.

（31） Ripka, *Munich Before and After*, pp. 107-8.

(32) *Ibid.*, pp. 108-9; Faber, *Munich, 1938*, p. 323; Lukes, *Czechoslovakia between Stalin and Hitler*, p. 231.

(33) 明治大正昭和新聞研究会編『新聞集成　昭和編年史　十三年度版』III、八二三ページ。

第Ⅶ部　ゴーデスベルク会談

「常に善良たらんと試みる者は、善良ならざる多数の間にあっては、すべからくその身を亡ぼさざるをえない。*」

ニッコロ・マキャヴェリ

第25章　第一回会談：ヒトラーの法外な新要求

1　プラハの政変

(1) デモ拡大で明けたプラハの朝

九月二二日の早朝、ベネシュが目を覚ますと、彼の寝ている間に、昨夜のデモは更に拡大していた[1]。プラハではゼネ・ストが実施され、労働者たちは各工場で隊列を組み、議事堂前広場へと行進した。広場には、「右」から「左」まで「抵抗派」の市民が集結していた。彼らの怒りの矛先は、専ら英仏案受諾の責任者と見なされたホジャ首相に向けられた。最も過激な分子さえ、ベネシュ大統領に代りうる指導者はいないという認識であった。そのため、正午にはプラハの人口の三分の一にも達する二五万の大抗議集会も、英仏勧告受諾の撤回、国境の死守、ホジャ内閣の退陣を要求したが、ベネシュ大統領の辞職を要求することはなかった。

この反政府大集会の演壇には、呉越同舟よろしく、反共政治団体「国民民主主義者」の若き指導者ラジスラフ・ラシン議員と、共産党総書記クレメント・ゴットワルトが並んで立っていた。一九二三年に父が共産主義者に暗殺されたラシンは、その場の演説の中で、「私、ラシンが、皆さんに今言いたいことは、共和国防衛が問題となっているこの瞬間、私と共産主義者との間には、何の相違点もない、ということであります」と言って、側にいたゴットワルトと抱き合った。

(2) ホジャ内閣倒壊、シロヴィ内閣成立

このようにプラハは、下手をすると、内乱に発展しかねない危機の様相を呈していたが、ベネシュの対応は素早かった。彼は、即断即決、ホジャを解任し、新首相に陸軍監察総監ヤン・シロヴィ将軍を起用することにした。ホジャが辞職要請を容れると、ベネシュは、その「前」首相に対して、シロヴィのところに行って将軍を説得するように、と命じた。

これまで政治に関与した経験のない軍人シロヴィは、使いのホジャに対して、「危機が絶頂に達している今、私には、このような責任ある役割を担うに足る十分な資格があるとは思えません」と、大統領の要請を断った。これに対して、ホジャは、機転を利かせて、「あなたは軍人でしょう。命令を受ければ、従わなければなりません」と諭すと、軍人シロヴィは、大統領の命令には逆らえないと感じて、ベネシュに謁見、就任を承諾した。

新首相は、政治的に無色の生粋の軍人で、「建国の父」トマ

ス・マサリクに次ぐ国民的英雄であった。彼は、第一次世界大戦中、伝説的な「マサリク軍団」を率いる司令官として、オーストリア帝国からの祖国の独立のために戦った。シロヴィ司令官は、初めは東部戦線でロシア軍と共に独墺軍と戦い、ロシア革命後は、ドイツとブレストリトフスク講和条約を結んだレーニンの赤軍と戦いながら、長駆シベリアを横断して、更に海を渡り、チェコスロヴァキア軍団の欧州戦線回帰を成し遂げたのである。この間の戦闘中に失った右目を黒い眼帯で覆う「独眼竜将軍」は、独立後のチェコスロヴァキアにおいて、まさに国民の英雄、共和国の誇りであった。

(3) デモ隊の解散

午前一〇時、議事堂のバルコニーに議員たちが現れた。その内の一人が拡声器で、ホジャ内閣が総辞職し、新首相にシロヴィ将軍が任命されたことを告げると、大群衆は、欣喜雀躍、シロヴィ内閣の誕生を熱烈歓迎した。感激に酔いしれている彼らに、バルコニーから新首相の声明が代読された。

「陸軍が、我々の自由を守るために、最後まで我が国境に踏みとどまることを、そして、今後とも踏みとどまり続けることを、私が保証します。我々は全員もれなく、祖国の防衛に参加したいと願っているわけですが、皆さんには、まもなく、その防衛において積極的な役割を果すよう、お願いすることになるかもしれません。」

演説を聞き終ると、集会の参加者たちは、ナチ・ドイツと死ぬまで戦うことを誓い、国歌を斉唱して、潮の引くように解散し始め、労働者たちは職場へ復帰していった。こうして、ベネシュは、咄嗟の果断によって、内乱の危機を終息させることを得たのである。

(4) シロヴィ内閣の性格

シロヴィ新内閣の性格はどう見たらいいのだろうか? シャイラーCBS特派員は、「プラハに新内閣。チェコはまだ戦うかもしれない」と、「戦う内閣」と見た。チアーノ伊外相は、「軍事内閣」の成立と見た。ヘンケ駐致ドイツ代理公使は、「軍事内閣」ではない、「大統領内閣」と言った方がよい、と見た。確かにシロヴィ新内閣は、ホジャ前内閣と比べると、「強硬」とは言えよう。しかし、主要閣僚はすべて、ベネシュ大統領に忠実な者ばかりで、この政変は、英仏案受諾政策の変更を意味するものでなく、ベネシュがこの政権交代で狙ったものは、対外政策の変更ではなくて、市民への心理的効果であった。(2) そして、彼はその目的をまんまと達成したのである。

この日、ワルシャワとブダペストでも、大規模なデモがあった。ワルシャワのデモは、「テッシェン併合」を要求し、「ヒトラー万歳」、「波洪共通国境万歳」と叫んだ。ブダペストのデモは、「在致ハンガリー少数民族解放」を要求した。(3)

2 ロンドンからゴーデスベルクへ

(1) ロンドン出発

午後のゴーデスベルク会談で、ヒトラーがどう出てくるのか?

ブルム前仏首相が予想したように、チェンバレンにとって受け容れ難いような新要求を突き付けてくるのか、それとも、ルカシェウィッツ駐仏ポーランド大使が予想したように、ヒトラーは「サンタクロース」を撃つようなことはしないのだろうか？[4] そのような明暗交々の予想の中、チェンバレン首相は、九月二二日午前一〇時四八分、ヘストン空港を飛び立ち、ケルンに近い温泉地バート・ゴーデスベルクへ向った。空港で人々の目を引いたのは、同行者の中に、前回、ベルヒテスガーデンに同行したウィルソン政府経済顧問とストラング外務省中欧局長に加えて、今回は外務省法務局長のウィリアム・マルキンが含まれていたことであった。[5]チェンバレンが条約起草の専門家であるマルキンを同行させたのは、今回の会談に臨む首相の自信の表れと見てよかった。首相は、今回、ほぼ「ヒトラー案」丸呑みの「英仏共同案」を携行できることになったのだから、会談では、ほとんど何の支障もなく、即、正式合意の成立となると見込んでいた。[6] 六日後の二八日、イギリス下院において、チェンバレン首相は、会談へ臨む前の彼の期待感を、正直に、次のように告白している。

「私は、ゴーデスベルクへ行ったとき、私が携行する提案を、ヒトラー氏と静かに話し合えば、それで済むと、そう期待していました。[7]」

（2）会談成功の自信と一抹の不安

チェンバレン首相は、ロッキード14「スーパーエレクトラ」に乗り込む前に、空港でBBCのラジオ放送用マイクに向って、短い演説を行った。その演説には、彼の対独宥和外交が描く、今や「フォーミュラ」化、「お念仏」化されていた「シナリオ」の実現に対する、彼の期待感と自信が、表明されていた。

「チェコスロヴァキア問題の平和的解決は、英独両国民間のより一層の理解に必要な前提です。そしてまた、それは、その次に来る欧州平和の不可欠の礎石であります。欧州平和こそ、私が目標としているものです。私は、今回の訪独の旅によって、この目標に到達する道が開かれることを切望している次第です。[8]」

このように、ゴーデスベルクへ旅立つ前のチェンバレンは、今回のヒトラーとの首脳会談を、ズデーテン問題の平和的解決→英独平和友好関係の確立→永続的欧州平和の樹立という平和の連鎖反応の起点と位置付け、その会談の成功を信じていた。

しかし、チェンバレンのその楽観と自信に、一点の翳りもなかったかというと、そうとも言い切れなかった。それは、波・洪両系少数民族問題が投げかける不安の影であった。ヘストン空港に首相を見送りに来たコルト駐英ドイツ代理大使は、首相の表情にその影を認めていた。彼が首相に、「使命のご成功を祈っています」と、挨拶をしたとき、これに対して感謝の挨拶を返した首相の顔つきは、代理大使には、非常に深刻そうに見えた。その後、コルトは、本省へ、チェンバレンの心配の種について、次のような報告をしている。

「チェンバレンとその一行は、大きな不安を懐きながら出発しました。ポーランド・ハンガリー少数民族に関する要求が持ち出されはしないかと、恐れられています。[9]」

このような推測をしたのは、コルトだけではなかった。二二日発『東京朝日』ロンドン特電は、ドイツ紙の次のような会談予想を紹介している。

「チェンバレン首相は、この再度の訪問に当たっては、ヒトラー総統との間に最後的取決めをなしたき意向であるが、再訪問を前にしてドイツ新聞は、新たにポーランド、ハンガリーが新要求を提起したので、事態は一週間前に比し、深刻かつ複雑となった、ヒトラー総統はこの点をさらに強調するであろう、と書き立てている。[10]」

果して、ゴーデスベルクでヒトラーは、これらの推測通り、新たにポーランド・ハンガリー問題を持ち出すのであろうか？ また、チェンバレンの期待通り、ズデーテン割譲実施方法について円滑な合意が成り、マルキン法務局長の出番が回ってくるのであろうか？

(3) ケルン到着

午後一二時三五分、ケルン飛行場に着いた「スーパーエレクトラ」から、チェンバレン首相が、今やそのイメージと切り離せなくなっていた細長い蝙蝠傘を手に、現れた。首相を迎えたのは、イギリス大使館からヘンダーソン大使、カークパトリック一等書記官、そして、ドイツ側からリッベントロップ外相、ワイツゼッカー外務次官、ディルクゼン駐英大使、ケルン市長らであった。

楽団がイギリス国歌「ゴッド・セイヴ・ザ・キング」を演奏する中、首相はSS連隊を閲兵した。空港での儀式が終ると、首相はリッベントロップ外相と黒塗りの大型メルセデスに同乗して、南方二五キロに位置するゴーデスベルクに向った。メルセデスは、そのフードに仲良く並んだドイツ国旗「ハーケンクロイツ」とイギリス国旗「ユニオン・ジャック」をはためかせながら、二五キロの道のりを快走した。両国国旗で飾られた沿道は、心の底から歓呼する群衆で埋め尽くされていた。彼ら一般のドイツ人にとっては、蝙蝠傘を手に飛来したこのイギリス老紳士は、「平和の使徒」であり、「サンタクロース」であった。[11]

空港から首相補佐官ウィルソンは、ディルクゼン大使と同乗した。車中、補佐官が大使に、「チェンバレン首相は、ヒトラー首相を必ず満足させるような提案をすることができます」と、自信満々に請け合った後、続けて、「しかし、チェンバレン首相を急き立ててはいけません。一切の要件を満足な協定に纏め上げるには、首相に余裕を与えなければなりません」と注意した。

首相の最も信頼する代理人と目されている補佐官のこの保証を、思わぬ朗報と、すっかり喜んでしまった大使は、ホテルに着くとすぐに、リッベントロップ外相のもとに急ぎ、この朗報を伝えた。初めの保証の部分を聞いたとき、外相も、大使には、喜んだように見えたが、続いて大使が「しかし」以下のウィルソンの注意を伝えると、外相の表情が「鉄のような」顔つきに変った。そして、外相は、拳を上げてテーブルを叩き、大声で「三日だけ」と叫んだ。[12]「三日だけ」とは、タイムリミットが九月二六日ということか？

(4) ゴーデスベルク到着

午後二時、チェンバレン首相は、ゴーデスベルクの「ホテル・ペテルスベルク」に到着した。ホテルは、ライン川左岸の丘の上に建っていて、チェンバレンたちは、その部屋のテラスから川越しにゴーデスベルクの町全体とその後方に広がる田舎を一望することができた。ケルン（コロン）に近いこの豪華ホテルの所有者は、「オー・デ・コロン帝国」の相続人であった。その「ホテル・ペテルスベルク」からは、対岸のゴーデスベルクの町中に、ヒトラーの本陣であり、会談場でもある「ホテル・ドレーゼン」も見下ろせた。そして、ヒトラーも、彼がお気に入りのホテルの専用室から、対岸にチェンバレンのホテルを見ることができた。このホテルの所有者ドレーゼンは、古参のナチ党員であり、一九三四年六月三〇日の「長剣の夜」に、ヒトラーによってSA隊長エルンスト・レームと側近が暗殺されたのは、このホテルでのことであった⒀。

ヒトラーがベルリンを出て、この「ホテル・ドレーゼン」に入ったのは、午前一〇時ごろであった。ホテルに着いた後のヒトラーを、偶然シャイラー特派員が目撃している。会談の取材のために「ホテル・ドレーゼン」に泊まっていたシャイラーが、ホテルの庭で朝食をとっていたとき、突然ヒトラーが彼のそばを通りすぎた。河岸に繋留してあった総統専用のヨットを見に行ったのである。ヒトラーが戻って来たとき、シャイラーは彼を注意深く観察した。ヒトラーは、目の下に黒い膏薬を張っており、肩を二、三歩毎に神経的に聳やかし、同時に、左脚をぎくっと上げながら通り過ぎた。これを見たシャイラーは、「神経的なチックだ。この男はもう少しで神経が参ってしまう」と思った⒁。

3　会談の前半：英案拒絶から新要求へ

(1) チェンバレン、英案を提示

一方、「ホテル・ペテルスベルク」に着いたチェンバレンたちは、ホテルで軽い昼食をとった後、いよいよホテルを出て、ライン川両岸から数千の人たちが見守る中、フェリーで対岸へ渡った。「ホテル・ドレーゼン」の玄関では、ヒトラーが愛想よくチェンバレンを出迎え、「飛行機はどうでしたか？」と尋ね、階上の会議室に案内した。二階の会議室に入った二人は、そのバルコニーの窓から見えるラインの彼方の素晴らしい眺望に目をやることもなく、直ちに長い会議用テーブルの端に座った。前回、ベルヒテスガーデン会談では、通訳に当ったのはドイツ外務省のパウル・シュミット通訳官だけであったが、今回はイギリス側からも、ドイツ語に堪能なカークパトリック一等書記官が通訳として加わった。前回、会談後に、イギリス側がドイツ側に会談記録を求めたところ、言質をとられることを好まないヒトラーの意を受けたリッベントロップは、口実を設けてなかなかこれを手渡そうとはしなかった。そのような悶着があったために、今回のカークパトリックの参加となったのである⒂。

午後四時一〇分、チェンバレン＝ヒトラー・ゴーデスベルク会談が始った⒃。まずチェンバレンが口を切った。彼は、第一に、ベルヒテスガーデン会談の結果を確認し、それから次に、会談後の英仏ロンドン合意から致政府の受諾に至る経緯を述べた。その上

で、彼は、本会談で解決すべき課題と手順について、「今最も簡単なやり方は、我が方の提案を閣下にお話しした上で、その実施方法について考えることだと思います」と言って、その英案と実施法を示した。その要点は、次のようなものであった。

(1)ズデーテン地方の直接移譲と住民の交換移住。ヒトラーの望む迅速な解決のためには、プレビサイトよりも直接割譲がよい。

(2)混合地域の国境線を画定するための国際委員会の設置。

(3)残部致の中立国化と国際保障の付与。国際保障にはイギリスも参加。

この提案を言い終えた後のチェンバレンの得意げな表情を、通訳のシュミットは後年、次のように描いている。

「これを述べると彼は満足そうに椅子にもたれ、恰も『この五日間自分は何と大したことをやったことか』といわんばかりの顔であった。[17]」

(2) ヒトラー、英案を拒絶

一方、この丸呑み案を聞いたヒトラーの反応について、ヨアヒム・フェストは、「ヒトラーは唖然とした」と言い表している。[18]しかし、ヒトラーにとってチェンバレンの提案が不意打ち的なものであったかは、甚だ疑問である。なぜなら、ザーラ・スタイナーによると、ドイツはチェコスロヴァキア政府と在英・在仏公使館間の電話を傍受しており、英仏共同案を詳しく知っていたからである。[19]ヒトラーがチェンバレン提案にどれほど驚いたのかはともかく、彼は、自分の耳を疑ったかのように、次のように聞き返した。

「貴下の平和的解決へのご努力に感謝したいと思いますが、今、ご説明をお聞きして、私にはもう一つはっきりしなかったのですが、この提案は、チェコスロヴァキア政府にも提示されたのですか?」

「そうです。」

この回答を聞いたヒトラーは、一瞬の躊躇いがあったかのように、暫く間を置いてから、静かに、だがきっぱりと、あたかも用意して来た応答であるかのように、

「実に心苦しいことでありますが、このご提案は、もはや解決の役には立ちません。」

と言明した。[20]

会談冒頭、不意を打たれて我が耳を疑ったのは、実は、ヒトラーではなくてチェンバレンの方であった。彼は、ヒトラーから不意打ちの拒絶を食らったこのときの気持ちを、九月二八日の下院で、

「このまったく予期だにしなかった状況に置かれた私が、このときどれほどの戸惑いを覚えたか、それは、皆さんにもご理解いただけると思います。」

と述べたが、それでも、ヒトラーのことを、チェンバレンの本音なのか、自己弁護の含みを持たせた発言なのかどうか分らないが、続けて次のように庇った。

「しかし、皆さん、そのときヒトラー氏が私をわざと騙していたとは、とってもらいたくないのです。私は、一瞬たりとも、そのように思ったことはありません。」

だが、次に付いて出た言葉は、彼の気持ちの正直な告白であったろう。

「それでも、会談の冒頭で、この提案が受け容れられないと言われたときは、それは私には非常なショックでした[21]。」

ショックのあまり沈黙に陥ったチェンバレンを前に、ヒトラーはいつもの長広舌に入った。その内容の大部分は、いつものように、いかにチェコ人がズデーテン・ドイツ人を虐げてきたか、というチェコ非難の繰り返しであった。

(3) 波・洪系少数民族問題

チェコ人に対するその長々しい誹謗中傷を終えると、やはりヒトラーは、会談前から各方面で取り上げられるのではないかと予想され懸念されていた話題、すなわち、ズデーテン・ドイツ人以外の少数民族問題を、ここで取り上げた。ポーランド人、ハンガリー人だけでなくスロヴァキア人に言及した後、前二者について、彼は、ポーランド政府とハンガリー政府の主張を代弁して、次のように言った。

「両国の代表者が最近私を訪ねて来ました。そのとき彼らは、いかなる状況においても、彼らの同胞をチェコの支配下に留めておくことに同意しないと、申しておりました。勿論、ドイツの総統として、私は、第一番にドイツ人の立場に立って話しますが、それでも、私の義務として言わなければならないことは、私が満腔の同情を抱いている他の人たちから要求がなされているということ、そして、その要求が解決されない限り、中欧における確固たる平和はないということです。」

訪独前の閣議で、この問題が提起されたら帰国するようにと、釘を刺されていたチェンバレンとしては、ここで黙り続けているわけにはいかなかった。

「異論を唱えたいわけではありませんが、前回貴下が、ズデーテン問題が最も緊急を要する問題だとおっしゃられたからこそ、私は特にこの問題に取り組んで来た次第なのです。他の問題は同程度の緊急性はないと思います。」

この解決の時間的緩急、順番についてのチェンバレンの見解について、ヒトラーは、

「勿論、ポーランド人とハンガリー人は、彼らの問題が最も緊急を要する問題だと主張しています。」

と言い返しながらも、

「しかし、問題の緩急については、少し違いはあるように思えます。」

と、チェンバレンの見解を半ば肯定するような答えを付け加えた。そして、彼は、イギリス側が最も心配していた波・洪系少数民族問題には、これ以上の拘りを見せなかった。

(4) 「一〇月一日軍事占領」の新要求

ヒトラーは、ドイツと直接関係のないポーランド・ハンガリー問題で、会談を破裂させることは、局地戦争化の口実になりそうもなく、得策ではないと、判断していたのであろう。そこで彼は、話頭を彼自身にとってもっと重大な論点に転じた。すなわち、軍軍事力の誇示である。ズデーテン地方の即時軍事占領である。この要求に向けて、彼は、まずズデーテン情勢の緊迫とそこでの法と

秩序の維持の必要性を強調しておいて、それから、これを口実に、次のように、リッベントロップの「三日だけ」を想い起させるような、問題の即時解決の必要性を訴える。

「私の見解では、ここ二、三日のうちに何らかの解決を見なければなりません。今の状況をこのまま長く放置するわけにはいきません。何らかの解決策が、何らかの方法で見出されなければなりません。」

そして、次に、いつものように、

「即ち、何らかの方法とは、合意によるか、あるいは、力によるかのどちらかです。」

と、脅しを入れておいて、最後に、彼の要求が即時に近い期限付の軍事占領であることを明らかにする。

「私が断固として申し上げておきたいことは、この問題は、遅くとも一〇月一日までには、明瞭かつ完全に解決されねばならないということです。」

こうして、ヒトラーは、冒頭に受けたショックのため自分の中に引きこもっていたチェンバレンに対して、最初のうちは比較的平静に話していたが、チェコ人への非難攻撃のあたりから、次第に興奮が昂まって、かすれ声と巻き舌のR音でまくし立てるようになり、そして、ついにその極点において、この「一〇月一日軍事占領」という要求を突き付けたのである。このときチェンバレンが示した反応を、シュミットは、次のように描写している。

「たちまちチェンバレンは椅子から立ち上がり、拒絶と彼の努力が報われないことに怒って、顔に血が上がった。善良な褐色の目も、濃い眉の下でギラギラと光っていた。彼の驚きはこの上なく、憤激は最高潮であった。[22]」

(5) 窮状を訴えるチェンバレン

ヒトラーの法外な新要求に憤激したチェンバレンは、

「総統の話に私は失望し、同時に当惑しています。私は、同僚たち、フランス人たち、そしてチェコ人たちを説き伏せて、民族自決の原則に同意させました。総統は、ドイツ人の血を一滴も流さずに、欲するものをすべて、私から手に入れたのです。そう言っても過言ではないでしょう。」

と反撃した後、彼は、彼が払った大きな努力と犠牲と、そしてそのために彼が今置かれている窮状とを、少しは理解してくれと言わんばかりに、次のように訴える。

「これを成し遂げるために、私は敢えて私の全政治生命を賭ける危険をも冒しているのです。第一回目の訪独を企てたときには、私は国民から喝采を博しました。今日、私は、チェコ人を売り飛ばしている、独裁者に屈している、降伏している等々と、指弾されているのです。実際、私は今日出発するときに、ブーイングを受けたのです。」

イギリス世論の変容については、チェンバレンの言う通りであった。「プランZ」発表時にイギリス国民が示した、あの安堵と歓喜は、今や雲散霧消してしまっていた。代って、彼らの間には、濃い不安と不満の影が射していた。首相がベルヒテスガーデンから持ち帰った「成果」が「ヒトラー案」であり、しかも、この屈辱的な「解決」案をほぼそのまま「英仏共同提案」として、両政府がいやがる致政府に押し付けたことを知った国民は、その

「プランZ」熱を急速に冷却させ、チェンバレン株は急落した。

二二日発の『東京朝日』ロンドン特電は、チェンバレン発言を裏付ける、次のような観察をしている。

「英国内では、労働党その他に、ズデーテン分割による解決案は平和を招来するものではないと、チェンバレン政策に反対する意見が台頭しつつあり、一週間前の初訪問が無条件に内外の大歓迎を受けたるに比し、今回は何となく前途一抹の不安を思わしむるものがある。[23]」

この英世論の変移を、この日発表された世論調査が数字で示していた。チェンバレンの政策に「憤慨」している者は、四四％に上り、その政策を「支持」する者は僅か一八％であった。ベルヒテスガーデン直後の「支持者」四〇％が、ここまで落ち込んだのである。なお、当時の世論調査では、国際問題に関しては、普通三〇％以上が「よく分らない」という回答であった。[24]

(6) 冷ややかなヒトラー

だが、「ぶれない政治家」チェンバレンは、自己の良心と信念に反する他者の意見にも、またそのような世論にも、容易に動かされることはなかった。彼が、ヒトラーに言った通り、その窮状にもかかわらず、依然として、自己の政策実現のために政治生命を賭ける決意でいたのである。しかし、そのような真実を吐露して必死に窮状を訴えたチェンバレンに対して、稀代の冒険家ヒトラーは、チェンバレンが冒しているという政治的危険をごく軽く見て、小馬鹿にするように、冷ややかに、「左翼にブーイングされただけでしょ」と口を挟んだ。これにチェンバレンはむきになって反証した。

「私は、左翼がどう考えようと気にしませんが、深刻なのは、私自身の党に所属している人たちから問題が起こされていて、そのうちの何人かは私の政策に反対して、実際に私に抗議の手紙まで寄越していることです。」

4 会談の後半：更なる新要求から停会へ

(1) 国際委員会案の全否定

ヒトラーの英案拒絶からズデーテン即時占領要求へと、チェンバレンにとって思わぬ方向に会談が進み、ショックを受けた彼が国内で自分の置かれている窮状を、ヒトラーに訴えていたそのとき、チェンバレンは、カークパトリックから新情報を手渡された。一瞥後、これをその場で読み上げた。

「軍隊に支援されたズデーテン人の一団が、エガーに入った。」

会談の空気が更に緊張した瞬間であったが、これを聞いたヒトラーは、その真実性について、即座に、「ドイツ兵が越境していないことは、断言できます。そんなことは問題外です」と、きっぱりと否定した。反証を持たないチェンバレンは、それ以上の追求はできず、ズデーテン問題の平和的解決策問題に戻らざるをえず、ヒトラーに何かいい案はないか、と質した。これに対して、ヒトラーは、ここで更に具体的な新要求を突き付けた。

「たった一つだけ可能な方策があります。それは、国境線を即時画定しなければならないということです。コミッティーだのコミッションだのという委員会は、認めるわけにはいきません。今すぐ国境線を画定し、そこから、チェコ人は、軍隊も警察もすべての国家機関を撤退させなければなりません。そしてその地域は、ドイツによって、即時占領されることになります。」

イギリスの最後の面子をかけた「秩序正しい移譲」を保証する国際委員会とその役割に対する、ヒトラーの全否定である。

(2)「プレビサイト」全地域実施要求

そして、ヒトラーの提案した、国際委員会抜きで即時画定すべき国境線とは、彼が言うには、言語に基づくもので、もしチェコ人に異議がある場合には、一九一八年の状況を基礎に、すなわち、それ以後移住したチェコ人には投票権を与えないが、そのとき住んでいたがその後その地を離れたドイツ人には投票権を認めるという条件で、プレビサイトを実施するというものであった。そして、ヒトラーは、その圧倒的にドイツ側に有利な条件の下で実施されることになる、このプレビサイト案について、あたかも公正さ、公平さを保証するかのように、これは国際委員会の下で行ってもいい、と付け加え、彼お得意の「まやかしの寛大さ」を示した。

これに対して、チェンバレンは、プレビサイトが新たに持ち出された場合には、会談を打ち切り、帰国して閣議に相談すべしと釘を刺されていたにもかかわらず、波・洪系少数民族問題のときと同様、ここでも彼は閣議の申し合わせを無視して、ヒトラーの持ち出したプレビサイト案について、「プレビサイトは全域ですか？　疑わしい部分だけでよいのではないですか？」と質問を発した。これに対して、ヒトラーは、「全域がよいでしょう」と答えた。ここにヒトラーから「プレビサイト」全域実施要求が出て、ますます会談決裂の様相が濃くなったのである。

(3) 国際保障参加・不可侵条約締結の回避

国際委員会抜きの即時国境線画定・占領提案、異議ある場合の全域プレビサイト提案と、立て続けに、英仏共同案の根幹と相容れない新要求を突き付けた後、ヒトラーは、次に、英仏共同案のもう一つの根幹である残部チェコスロヴァキアの国際保障と独致不可侵条約について、彼の態度を明らかにした。

「国際保障へのイギリスの参加、これは、イギリス政府の問題でして、私が何もとやかく言うべきことではありません。しかし、そのような保障にドイツが参加するのは、チェコスロヴァキアのすべての隣国と、イタリアを含むすべての大国とが、その保障に参加することに同意した場合に限ります。」

「私はドイツに国際保障への参加を求めませんが、しかし、私は、貴下はチェコスロヴァキアとの不可侵条約の締結には、おそらく同意されることと、考えております。」

「私がこれに同意できるとしたら、それは、チェコスロヴァキアがポーランドとハンガリーとの関係を正常化できた場合に限ります。私は、そのような不可侵条約を結ぶことによって、両国に背後からの一撃を加えるようなことはしたくありません。」

このように、ヒトラーは、民族自決原則がらみの波・洪問題を狡猾に利用して、実質的に国際保障への参加も、不可侵条約の締結をも拒否したのであった。

（4）チェンバレン、条件付でプレビサイトを承認

彼の自信作であった「平和的解決構想」が、こうして次から次へと潰されていったチェンバレンは、ここでまたプレビサイト問題に戻って、「世論」が納得する「正当な」プレビサイトという条件で、プレビサイトを独断的に承認してしまう。

「イギリスの世論は、私が行っている提案に好意的ではなくなっています。この現状に更に困難が加えられれば、世論はますます好意的でなくなります。私は、私の同意する貴提案が正当なものであることを、国内で証明することができなければなりません。それ故に、プレビサイトは、軍事的圧力やその他の圧力のない自由な状態の下で、行われなければなりません。そもそもなぜプレビサイトは全域で行う必要があるのですか？」

「プレビサイトは、疑い深いチェコ人に明白な事実を知らしめることができます。それに、公正な国境を定めることができます。」

「イギリス案でも、貴下の案とほぼ同程度の領土が獲得できるのですよ。」

「私がプレビサイトを望んでいるのは、いかに多くのドイツ人がその意志に反してチェコスロヴァキアに住んでいるかを、世界に知らしめたいからです。」

小うるさく条件を付けようとするチェンバレンに対して、ここで、ヒトラーは、いつものように脅しをかける。

「解決法は二つです。一つは、平和的解決、すなわち、民族的な基礎での国境線の画定、他は、軍事的解決、すなわち、軍事戦略的国境線、この二つです。」

ヒトラーは故意に言及を避けているが、ヒトラー提案の「民族的な基礎での国境線」でも、そこには大きな軍事戦略的意味も含まれており、民族的基礎の名の下に要塞を失う残部チェコスロヴァキアが、ドイツ軍の前にほぼ丸裸同然で置かれることを意味していた。しかし、チェンバレンは、それを知りながらもこのことには触れず、ただ、次のように、「軍事的解決」の危険性を指摘し、それが全体戦争に拡大する可能性のあることを指摘しただけであった。

「しかし、そのようなやり方をとれば、多くの生命が失われることになります。さらに、戦争というものには、常に危険な偶発の要素があります。」

このような生温い警告めいた発言は、ヒトラーに対しては、何の効果もなかったことは言うまでもない。彼の返答は、「私の解決策が最善です。それが最速の案だからです」、これだけであった。

（5）人質射殺情報に激昂するヒトラー

ヒトラー・ペースで進んで来た会談は、ここで、ヒトラー提案の国境線を示す地図を見ることになり、会談に、リッベントロップ、ウィルソン、ヘンダーソンの三人も加わった。地図を見ながら質疑応答が交わされているところに、今度はドイツ側から、「エガーで一二人のドイツ人の人質が、射殺された」という緊急

情報が飛び込んできた。勿論、これは事実無根であり、ドイツ紙にこれが報道されると、ベルリンのチェコスロヴァキア公使館は、ドイツ外務省に、「今に至るまで我が軍事法廷によって、たった一つの死刑判決も下されていない(25)」と抗議を入れている。しかし、ヒトラーは、飛び込んできた情報が事実であるか虚偽であるか、そんなことにはお構いなく、激しく興奮を募らせ、またも綿々たるチェコスロヴァキア非難を続け、そしてついに、こうなったら武力行使だと喚く。

「最も肝心なのはスピードです。プラハがボルシェヴィキの影響下に入ったり、あるいは、人質が射殺され続けたりするならば、私は直ちに軍事的に介入します。」

ヒトラーが「ボルシェヴィキ」と言ったのは、シロヴィ新内閣は、ドイツのプロパガンダでは、「親ソ軍事内閣」ということになっていたからである。この日のナチスの機関紙は、次のように、新首相シロヴィ将軍を「親ソ反独派」、「軍国主義者」、「危険人物」と攻撃していた。

「チェコの新首相シロヴィ将軍は、チェコ国民から親ソ派の巨頭と目されているが、それは理由なきことではない。彼は反独の異端者フスの教えを奉ずる軍国主義者で、戦争の冒険をも恐れぬ人物である。ベネシュ大統領が彼を新首相に任命したことは重大な危険を孕むものである。(26)」

(6) 決裂含みの停会

ヒトラーは、「軍事介入だ」と喚きながらも、一〇月一日まではそれが不可能なことを知っているから、チェンバレンが懸命に彼を抑えにかかると、次第にトーンを落としていった。そして最後には、全域でのプレビサイトという主張も緩和して、議論のある線の両側だけのプレビサイトということでもよいと、「折れた」。この「妥協案」を聞いたチェンバレンは、一二名のドイツ人の射殺の報には半信半疑であったであろうが、それでも人質射殺の報で「半狂人」が興奮のあまり何をしでかすかと恐れていたので、今や、ヒトラーが武力行使に走るのを止めるのが第一だ、と思い込み、咄嗟に、次のような提案を付け加えた。

「ズデーテン人を統御する措置をとっていただけませんか、私の方でも、プラハで同じ措置を講じますので。」

「私は、私の軍隊、私の親衛隊、私の警察に指令を出すことはできます。それに彼らは従うでしょう。しかし、私は、国境地帯の大量の難民とは、連絡をとることも、また、これをコントロールすることもできません。」

「勿論このような事件を全部防止することは、不可能でしょうが、私たちは最善を尽し、プラハに訴えかけることはできます。貴下の方でも、ズデーテンの指導者と組織に訴えかけることはできるでしょう。」

「私の方でも最善を尽しますが、絶え間ないチェコの挑発を見て私が手控えることは、私の神経に耐えがたい緊張を強いることになります。射殺された人質の友人たちは、夜には復讐の叫び声を挙げているでしょう。」

チェンバレンの必死の訴えにも、なかなか「うん」とは言わずに、ヒトラーは、この後も勿体に勿体を付けたが、最後にようやく、「それでは、私から直ちにカイテル将軍に対して、いかなる軍事的行動もとってはならないという指令を出すことに致しましょう」と請け合ったが、その際にも、「ドイツは、今日、命令一下瞬時に行動する用意ができています」と、嘘をつくことを忘れなかった。

こうして、第一回ゴーデスベルク会談は、午後七時一五分、決裂含みのまま停会となり、明日の朝一一時三〇分に、再開することになった[27]。

(7) ヒトラー宛書簡か明日帰国か、迷うチェンバレン

シュミットによると、「チェンバレンは怒りに震えてライン対岸のペテルスベルクのホテルに帰った」ということであったが[28]、そのチェンバレンは、午後一〇時三〇分、ホテルからハリファックス外相に電話をかけ、会談の概要を伝えた。その際、首相は、会談が「すこぶる不満足であった」と感想を述べて、次の一手としてヒトラー宛書簡を書こうかと考慮中だと話した。そして、その書簡を書く動機と目的については、次のように言っている。

「イギリスとフランスの意見からして、ヒトラー氏の提案は受け容れがたいものですが、私は、このことをヒトラー氏にまだちゃんと理解させることができていないのではないかと、思っているのです。ですから、このことをまったく疑いの余地のないようにするために、今夜にでも彼に手紙を書こうかと、考慮しているところなのです。」

また、この日の会談結果について、とりあえず帰国して閣議で相談すべきかどうかという問題についても、事前打合せからすれば、ヒトラーの側からプレビサイト実施と国際委員会ぬきの即時軍事占領という、英仏案の根幹を否定する新要求が加重されたのだから、当然、帰国すべきであった。しかし、チェンバレンは、この点についても迷い、決断しかねているようであった。

「手紙を書いてから、明日帰国しなければならないかもしれません。しかし、私は、この行動方針が賢明なものであるかどうか、まだ思案中です。今の取決めでは、明日の朝一一時にヒトラー氏と会うことになっているのですが……[29]。」

注

* Niccolo Machiavelli, *The Prince*, translated by Robert M. Adams (W.W. Norton & Company, 1977), p. 44.

(1) 以下、プラハで起こったデモの拡大・終息過程については、次の史料に依拠している。Igor Lukes, *Czechoslovakia between Stalin and Hitler: The Diplomacy of Edvard Benes in the 1930s* (Oxford University Press, 1996), pp. 231-2; David Faber, *Munich, 1938: Appeasement and World War II* (Simon & Schuster, 2009), p. 324; *Documents on German Foreign Policy, 1918-45, Series D, Volume II* (Her Majesty's Stationary Office, 1953), p. 883（以下、*DGFP-II* と略して表記する）; Josef Korbel, *Twentieth-Century Czechoslovakia: The Meanings of Its History* (Columbia University Press, 1977), p. 134; G.E.R.Gedye, *Fallen Bastions: The Central European Tragedy* (Faber and Faber, 2009), pp. 466-7; 明治大正昭和新聞研究会編『新聞集成昭和編年史　十三年度版』III（新聞資料出版、一九九一年）、八三六ページ。

(2) ウィリアム・シャイラー著／大久保和郎・大島かおり訳『ベルリン日記　一九三四－一九四〇』（筑摩書房、一九七七年）、一一三－四ページ、Galeazzo Ciano, *Ciano's Diary 1937-1938*, translated by

Andreas Mayor (Methuen & Co., 1952), p. 60; *DGFP-II*, pp. 894-5; Hubert Ripka, *Munich Before and After* (Howard Fertig, 1969), p. 110.

（3） Ripka, *Munich Before and After*, pp. 114-5.

（4） *Foreign Relations of the United States, Diplomatic Papers, 1938, Volume I, General* (United States Government Printing Office, 1955), pp. 632-3, 638.

（5） Faber, *Munich, 1938*, pp. 325-6.

（6） John W. Wheeler-Bennet, *Munich: Prologue To Tragedy* (The Viking Press, 1965), p. 129.

（7） Neville Chamberlain, *In Search of Peace* (G. P. Putnam's Sons, 1939), p. 193.

（8） Faber, *Munich, 1938*, p. 325.

（9） *DGFP-II*, pp. 885-6.

（10） 明治大正昭和新聞研究会編『新聞集成　昭和編年史　十三年度版』Ⅲ、八二二ページ。

（11） Faber, *Munich, 1938*, pp. 325-8; Wheeler-Bennet, *Munich*, pp. 129-30; Telford Taylor, *Munich: The Price of Peace* (Hodder and Stoughton, 1979), p. 805.

（12） ヘルバート・フォン・ディルクセン著／法眼晋作・中川進訳『モスクワ・東京・ロンドン』（読売新聞社、一九五三年）、二四七ページ。

（13） Faber, *Munich, 1938*, pp. 325-8; Wheeler-Bennet, *Munich*, pp. 129-30; T. Taylor, *Munich*, p. 805.

（14） シャイラー『ベルリン日記』、一一三ページ。

（15） Faber, *Munich, 1938*, pp. 329-30; Nevile Henderson, *Failure of a Mission-Berlin 1937-1939* (G. P. Putnam's Sons, 1940), pp. 156-7; パウル・シュミット著／長野明訳『外交舞台の脇役（一九二三-一九四五）―ドイツ外務省首席通訳官の欧州政治家たちとの体験―』（日本国書刊行会、一九九八年）、四四〇ページ。

（16） 以下、会談内容に関する記述で、注を付していない個所については、次の二史料に拠った。*Documents on British Foreign Policy, 1919-39, 3rd series, Volume II* (His Majesty's Stationary Office, 1950), pp. 463-73. 以下、*DBFP-II* と略して表記する。*DGFP-II*, pp. 870-9.

（17） シュミット『外交舞台の脇役（一九二三-一九四五）』、四四〇ページ。

（18） Joachim C. Fest, *Hitler*, translated by Richard and Clara Winston (Penguin Books, 1982), p. 555.

（19） Zara Steiner, *The Triumph of the Dark: European International History 1933-1939* (Oxford University Press, 2013), p. 615.

（20） Henderson, *Failure of a Mission*, p. 158; シュミット『外交舞台の脇役（一九二三-一九四五）』、四四一ページ。

（21） Chamberlain, *In Search of Peace*, p. 193.

（22） シュミット『外交舞台の脇役（一九二三-一九四五）』、四四一ページ。

（23） 明治大正昭和新聞研究会編『新聞集成　昭和編年史　十三年度版』Ⅲ、八二二ページ。

（24） Faber, *Munich, 1938*, p. 332; Yvon Lacaze, *France and Munich: A Study of Decision Making in International Affairs* (Columbia University Press, 1955), p. 153; T. Taylor, *Munich*, pp. 831-2; Frank McDonough, *Neville Chamberlain, Appeasement and the British Road to War* (Manchester University Press, 1998), p. 128.

（25） *DGFP-II*, p. 893.

（26） 赤松祐之『昭和十三年の国際情勢』（日本国際協会、一九三九年）、四八五ページ。

(27) *DBFP-II*, p. 477.

(28) シュミット『外交舞台の脇役(一九二三―一九四五)』、四四一ページ。

(29) *DBFP-II*, p. 477.

第26章　会談外の動向と会談の幕間

1　ズデーテン情勢と英留守政府の対応

(1)ズデーテン自由兵団のアッシュ占領情報

プラハでホジャ内閣が倒れ、シロヴィ将軍の内閣が成立すると、この政変をローマで知ったチアーノ外相は、先に見たように、新内閣を「軍事内閣」と見た。このプラハ情報と同時に、チアーノに入ったズデーテン情報は、ドイツ人が国境の町を占領していると伝えていた。この二情報に基づいて、チアーノは、この日の日記に、「このようなことがすべて、衝突なしに起こりうるものか?」と記している[1]。このイタリアの外相の懸念は、イギリスの外相の懸念でもあった。そこで、この日のズデーテン地方におけるドイツ人の挑発的な活動と、これへのイギリス留守政府の対応策とについて見てみよう。

九月二一日、チェコスロヴァキア政府は、英仏共同提案を受諾した後、要塞外にある国境地帯から撤兵した。これを知ったズデーテン自由兵団とSA(ナチ突撃隊)、SS(ナチ親衛隊)とは、独断専行的に、この間隙をついて、その夜から明け方にかけて国境を越えて巻返しに出た。この不穏な動きについての第一報がロンドンに届いたのは、二二日の午前七時五〇分のことであった。そのプラハからの電報によると、早朝、致外務省は、ニュートン公使に、電話で、「ズデーテン自由兵団が夜のうちに国境を越え、アッシュを占領しました。こちら側からは、今のところ対抗措置をとっていませんが、状況は非常に危険なものとなる可能性があります」と伝えた[2]。

(2)白を切るウェルマン外務副次官

午後一時五〇分、ニュートンは、外務省に、ズデーテン・ドイツ党がアッシュを支配下に収めているだけでなく、エガーにも、夜の間にSAとSSの部隊を侵入させ、同地方を完全な支配下に収めた、と知らせた[3]。この事態を重く見たハリファックス外相は、ベルリンのジョージ・オジルヴィー＝フォーブス参事官に、ドイツ外務省に警告を与えよと、訓令を発した。参事官は外務省にエルンスト・ウェルマン外務副次官を訪ね、警告を発すると同時に、アッシュ、エガーへのドイツ人部隊の越境、占領については、致政府が事実として確認したものであると強調し、アッシュについては、加えて、ドイツ紙も「アッシュに閃くドイツ国旗」という見出しの下で、その事実を確認していることをも指摘した[4]。

このような動かぬ証拠を突き付けられても、また、午前一一時に自国のエガー副領事からも同旨の報告を受けていたにもかかわらず、外務副次官は白を切った。[5]

「私たちは注意深く問い合わせをしてみましたが、自由兵団が国境を越えて、アッシュに進軍したという確認はまったくとれませんでした。それどころか、自由兵団はいかなる地点でも国境を越えていない、また、そうする意図もない、という情報を受け取ったのです。[6]」

（3）動員差止め対致勧告取消問題（1）：英仏留守政府間合意

九月一八日の英仏ロンドン協議のときに、英仏両政府は、致政府の動員実施希望に対して、待ったを掛けていたが、今、ドイツ人部隊による越境、アッシュ、エガー占領という不吉な新事態に直面して、この動員差止め勧告を取り消すべきではないか、と考え始めた。そこで、イギリス留守政府の外交をあずかるハリファックス外相は、この点についてまずフランス政府の意向を聴いてみることにした。午後五時一五分に発せられた、その電訓の末尾で、外相は、フィップス大使に、最終的決定の時期について、次のような考えを示した。

「今晩ゴーデスベルクから報告があるものと期待していますが、その報告に照らして、私たちは、対致勧告を取り下げるべきか、取り下げるべきでないかについて、迅速な決定を下せるものと考えています。[7]」

こうして、ズデーテン新情勢へのイギリス留守政府の対応策としての、対致勧告取消の最終決定は、フランスの意向とゴーデスベルク会談の結果次第ということになった。そして、そのフランス政府の正式回答は、午後七時一五分にあった。

「致陸軍武官は、仏参謀本部に対して、ドイツに攻撃的な動きがあるので、致共和国は力による自衛を決意していると、知らせてきました。今から一時間以内に、反対の意向を聞くことがなければ、致政府には、我々の対致動員自制勧告は撤回されたと、通知したいと思います。[8]」

こうして午後七時過ぎに、勧告取消決定の第一条件としてのフランス政府の賛成が満たされ、第二条件としてのゴーデスベルク会談の結果は、午後九時には届くであろうと見込まれたので、これを踏まえて、ハリファックス外相は、午後八時にフィップスに対して、フランス政府の対応案に同意することを伝え、次のように、イギリス政府の対応を示した。

「従って、駐プラハ英公使に対して、この勧告取消通知を行うよう訓令を発するが、但し、それは今夜九時前に執行してはならない、と告げることにする。」

そして、そのニュートン駐プラハ公使宛訓令は、午後八時二〇分に発せられた。[9]

（4）動員差止め対致勧告取消問題（2）：ウィルソンからの反対電話

この訓令と入れ違いに、午後八時一五分、ゴーデスベルクのウィルソンから電話が入っていた。彼は、ズデーテン地方での挑発防止について、「首相は、ニュートンを通じて、致政府に親書を送り、首相が会談継続に努力中であることを知らせると同時に、このために致政府が最大の助力をしてくれるものと信じている、と付け加えています」と知らせ、「更に、ニュートンだけの心得として、ヒトラーが差し当っては進軍するなという命令を出すことに同意した、と伝えておきました」と付言した。そして、結論として、「こういう次第ですから、致の動員については、我々は、今夜のところは、ただただ現状維持ということで踏ん張っていただきたいと、願っています」と、対致勧告取消に反対の意向を示したのであった。

午後九時前、ハリファックス外相は、このウィルソン情報について主要大臣と相談して、とりあえず対致勧告取消訓令の執行は一旦中止することに決め、直ちにこれを、ニュートンとフィップスに知らせた[10]。

2　この日のチャーチルとこの夜のチェンバレン

(1) 反チェンバレン包囲網形成の可能性

この日の午後、保守党反主流派の領袖チャーチルは、閣内反宥和派の領袖クーパー海相に会いに行っている。「クーパー日記」によると、そのときのチャーチルは非常に興奮しており、首相を激しく非難した。これに対して、クーパーは、彼の情勢判断を示した上で、チャーチルが望んでいる戦争到来の「希望」があると励ました[11]。そんな希望を抱くようになっていたチャーチルに誘われて、ニコルソン国民労働党下院議員は、チャーチルのマンションで開かれた、「トーリー・クラブ」と言ってもよさそうな、保守党の小会合に出てみた。

午後四時三〇分、そのマンションに集合した同志たちに、首相官邸から戻ってきたところだというチャーチルは、「閣議はようやくしっかりした態度をとろうとしています」と言って、その理由として、ゴーデスベルクでチェンバレンが、ヒトラーに対して「早期動員解除」等を要求することになっていることを挙げた。これが誤った情報であることを知らない他の者は、チェンバレンの意外な強硬さに驚き、「しかし、ヒトラーはそんな条件を決して受け容れないでしょう」と、当然の疑問を口にすると、チャーチルは、「その場合は、チェンバレンは今晩帰ってきます。そして、戦争となるでしょう」と、彼の「希望」的観測を述べた[12]。

このようにニコルソンを含んだチャーチル一党が、戦争がほぼ確実かのような話し合いを続けていたとき、労働党党首のアトリーから電話が入った。「野党は、あなた方が望むなら、一緒にやっていく用意があります」ということであった。この後の会合が、「首相がまた逃げを打ったときには、野党と組む」という結論に達したように[13]、たとえチャーチルの希望通り戦争にならなくても、ゴーデスベルクの「平和」がヒトラーから「ディクテートされた平和」と見られるようなものとなれば、チャーチル、イーデン、クーパー、ニコルソン、そして、アトリーら、「右」から「左」までの反チェンバレン包囲網が形成される可能性が出ていたのである。

(2) チャーチルとチェンバレン：対蹠的な一対

チャーチルにとって戦争が「希望」であったかもしれないが、

イギリス東部司令官エドモンド・アイアンサイド将軍にとっては、戦争はイギリスの「自殺行為」であった。将軍のこの日の日記は、次のように言っている。

「私たちは、我が身をドイツからの攻撃に晒すことはできない。もしそうするなら、それはまさに自殺を試みることに他ならない。[14]」

言うまでもなく、チェンバレンの戦争観を代弁していたのは、チャーチルでなく、アイアンサイドの方であった。しかし、そのアイアンサイドの予想の方が、必ずしも正しかったとは言えなかった。この日、ドイツ空軍のヘルムート・フェルミー将軍は、対英空襲についての覚書の中で、「イギリスに対する決定的な戦いは、現在利用可能な手段では、問題外である」と、悲観的な予測をしていたが、それは、ドイツの爆撃機は、その時点での飛行距離能力では、ドイツ国内の基地からイギリスに到達することができず、また、飛行士も渡洋作戦に必要な訓練を受けていなかったからであった。[15]

ただ、ドイツ空軍のこの対英空襲能力不足を、チェンバレンが知っていたとしても、その対独外交方針が、平和のための宥和政策から戦争覚悟の抑止政策に転換することにはならなかったであろう。というのは、スタイナーも言うように、チェンバレンの情況判断の基底を成す主要部分は、英独間の空軍力格差にではなくて、平和手段によるヒトラー説得の可能性に対する、彼の不動の自信にあったと思われるからである。[16]

九月二二日、ロンドンでチャーチルは、ゴーデスベルク会談の決裂、開戦という展開を期待し、ゴーデスベルクのチェンバレンは、会談の決裂回避、平和の維持を希望した。ナチ・ドイツを一刻も早く打倒して「真の平和」を確立せんとするか、それとも、ナチ・ドイツとの「平和共存」体制を確立して、それで満足するか。イギリス外交の目標設定とその達成方策に関する両者の判断は、異なった。この判断の分かれ目となったのは、彼我の軍事的優劣に関する評価、予想される戦争被害の甚大さへの考慮もさることながら、彼らのヒトラー観、ナチ・ドイツ体制観が大きくかかわっていた。そして、それだけでなく、二人の性格の相異も、更に大きくかかわっていた。

戦争となれば元気になるチャーチルと戦争は死ぬほど嫌いなチェンバレン、この両者を比較して、単純に、チャーチルが強く、チェンバレンが弱い、とは言えない。二人は逆方向での強い性格の持ち主であった。チェンバレンはある意味「非常に」強い。彼は「自らかえりみてなおくんば、千万人といえども、われ往かん」の気概と勇気と責任感の持ち主であった。だがこの玉には小さくない瑕があった。彼には、独善的で、「独裁者的」で、人の意見に耳を貸さぬところがあった。しかし、「戦争では何も勝ち取れず、何も治せず、何も終らせられない[17]」という戦争否定論から、たとえ勝てる戦争でも対独戦争には、断固反対だという、彼の頑なとも言える信念は、結果論としてではなく、その時点での視点からすれば、たとえそれがヒトラー相手にしての信念であっても、完全に間違っていたとは言い切れない部分もあった。というのは、次の戦争は、第一次世界大戦の二の舞どころか、それ以上の途方もない死者と大破壊をもたらす一大長期戦となり、たとえそれがイギリスの勝利に終っても、まったく割に合わない勝利、つまり「ピュロスの勝利」に過ぎないという、彼の見通しは、正しかったからである。

(3) この夜のズデーテン情勢とチェンバレンの決断

ゴーデスベルク会談の見通しが暗くなり、ロンドンでチャーチルたちが戦争について語り合っていたころ、チェコスロヴァキアで成立したシロヴィ内閣は、先に駐仏武官をしてフランス参謀本部に「ドイツの攻撃的な動き」に対する「力による自衛」を予告させていたが、この予告通り、この夜、ズデーテン地方の一部から一時撤退していた部隊に、同地方への復帰を命じた。同内閣を「親ソ軍事内閣」だと決めつけていたドイツ紙は、次の日の朝刊で、この動きを次のように報じた。

「二二日夜、新内閣成立と時を同じくして、チェコ軍新部隊のズデーテン地方移動が報道されるのは、偶然のことではない。この情勢の意義は誰の目にも明らかだ[18]。」

こうして、ズデーテン国境地帯の夜は、さらなる軍事衝突の波乱を含みながら、更けて行った。

一方、ゴーデスベルクのチェンバレン首相は、まだ平和を諦めていなかった。午後の会談終了後、ヒトラー宛書簡を書くべきか否か、明日帰国すべきか否かと迷っていた首相は、彼の平和への執念と使命感とその強い性格とから、当然予想されたことだが、結局、手紙を書いて、明朝もう一度会うと決断した。午前二時、彼は、この決断を留守政府に告げると同時に、明日の会見が終るまで対致勧告取消訓令の延期を維持するように依頼し、最後に、あくまでもヒトラーを信用するようにと、次のように付言した。

「ヒトラー氏は、彼の軍隊が越境しないということに関して、私に保証を与えてくれています。私たちはこの保証に頼っていいと、私は考えています[19]。」

まもなく二三日の夜明けである。

3　チェンバレン＝ヒトラー往復書簡

(1) ヒトラー宛チェンバレン書簡

九月二三日の朝がきた。チェンバレンは、朝食後、ヒトラー宛書簡を認め、これをフェリーで対岸の「ホテル・ドレーゼン」に送り届けさせた[20]。「親愛なる帝国宰相」で始る、その書簡の要点は、次のようなものであった。

(1)貴下の提案は、致政府に提示する。

(2)プレビサイトは、全域で実施する必要はない。議論のある地域に限定すべきだ。

(3)貴下の提案の難点は、指定地域の独軍による即時占領にある。

①この提案は、英仏の世論、世界の世論によって認められない、従って、私の受け容れられるものではない、この点を貴下は分っていない。

②独軍による即時占領は、「不必要な力の誇示」として非難されよう。

③この提案通りに独軍が進入すれば、致政府は、軍隊に抵抗を命ずるだろう。

(4)地域移譲が完了するまでの同地域における「法と秩序の維持」については、貴案に代る案がなければならない。例えば、致の兵隊と警察が撤退した後、独兵ではなくて、代りにズデーテン・ドイツ人、あるいは中立的な立場の者が、治安の維持に当る。(21)

このチェンバレン書簡について、通訳官シュミットは、「それは、多かれ少なかれ、ヒトラーの考え方を拒絶するものであった」と評しているが、これが妥当な評価であろう。また、この拒絶類似の書簡を受け取ったときのドイツ側の衝撃と憂慮の念とを、彼は、次のように言っている。

「書簡は、形の上では極めて友好的に、My dear Reichskanzler という言葉で始っていたが、我々には爆弾が落とされたようであった。交渉は、最初の一日にして、既に膠着したように思えた。(22)」

ヒトラーのとりあえずの対応は、午前一一時半に予定されていた会談の延期であった。そうしておいて、その後彼は、リッベントロップと二人でホテルの一室に引き籠って、次の一手を考慮し続けた。その間、チェンバレンは、「ホテル・ペテルスベルク」でヒトラーからの返答を待ち続けた。返事は、昼食時間が過ぎても、一向に届きそうになかった。(23)

(2) シュミット、ヒトラー返書を届ける

午前の会談が延期されたことが明らかになると、これについて、『東京朝日』は、「会談前途に憂色」という見出しの下に、ロンドン特電として、「延期は各方面に多大の衝撃を与え、会談今後の推移は、憂慮の念を以て注目されている(24)」と報じたが、シュミットの回顧録もまた、各方面の緊張したこの日の雰囲気を、次のように伝えている。

「時間が経つにつれ、ヨーロッパの各首都では、交渉の行き詰まりのため神経過敏が昂っていた。『交渉は決裂か?』、『チェコスロヴァキアが原因で戦争か?』、これがその日の新聞の見出しやラジオ解説者の不安げな問いであった。(25)」

このような悲観的な予測とは裏腹に、昼食後のチェンバレンはというと、いかにも彼らしく、ヒトラーからの回答が遅れているのは、提案に何らかの修正が行われている証拠だと、楽観的な予測をしていた。(26)

午後三時になって、ようやく「ホテル・ドレーゼン」で動きがあった。ヒトラーから呼び出されたシュミットが、その部屋に入ると、ヒトラーは、彼の信頼する通訳官に、ドイツ語でタイプされた五枚からなる、チェンバレン宛の返書を手渡し、「英語に翻訳する時間がなかったので、この書簡をチェンバレンに手交し、その際、口頭でこれを翻訳するように」と命じた。シュミットは、総統から預けられたこの重要文書を大きな褐色の封筒に入れ、それを脇にしてホテルを出て、フェリーで川を渡った。「ホテル・ペテルスベルク」の前で車を降りたとき、大勢の記者たちが彼を待ち構えていた。その間を、通り抜けようとしたとき、様々な質問を投げかけられたが、シュミットは、何もしゃべらないぞという顔つきで、ただ、「チェンバレン首相のところへ行きます」とだけ答えていたが、ある知人の記者から思いがけない質問を投げかけられた。

「その封筒の中には、戦争か平和が入っているのですか?」

勿論、シュミットは、これにも答えず、チェンバレンの部屋へ

向った。彼が部屋に入ったとき、チェンバレンもまた、大勢の他の者と同様に、気がかりな対岸の様子を眺めていたのか、部屋の前のテラスに立っていた。しかし、首相は興奮の色を見せることもなく、シュミットを迎え、ゆったりと静かに挨拶をして、ウィルソン、ヘンダーソン、カークパトリックの居る仕事部屋に、シュミットを案内した。そこで、シュミットは一時間ばかりかけて、ヒトラーの返事を翻訳した。

任務を終えたシュミットが、午後五時ごろ、ヒトラーに報告に行くと、ヒトラーは緊張気味に、「彼は何と言ったか？　書簡をどう受け取ったか？」と訊いた。シュミットが、「チェンバレン首相は、外見上決して興奮せず、本日中にも文書で意見を伝えるだろう、と言っただけです」と答えると、シュミットには、ヒトラーは少し落ち着きを取り戻したように見えた。(27)

（3）チェンバレン宛ヒトラー書簡(28)

それでは問題の長文のヒトラー書簡の内容は、どんなものであったのか、以下、その要点を見てみよう。

(1)致政府によるズデーテン・ドイツ人に対する二〇年の虐待に対する非難。

これは、ニュルンベルク演説の繰り返しであり、深い政治思想などではなくプロパガンダに過ぎず、大衆相手には嘘も繰り返せば効果がある、それも大きな嘘ほどその効果があるという彼の信念に基づく宣伝であったが、ヒトラーは、ここでは大衆ならぬ大英帝国の首相にも同じ手法を用いていた。

(2)最近、ズデーテン・ドイツ人の難民が溢れ出ている。この状況下では、最大の緊急問題は、もはや民族自決原則の承認ではなく、その原則の最短時間での実現である。

これもスピードが一番大事という、昨日の会談での彼の主張、要求の繰り返しである。

(3)プレビサイト実施期間中は、議論のある地域から独兵を撤退させる用意がある。

これが、長々しい返書中、唯一の新提案と言えるものである。

(4)法と秩序の維持をズデーテン・ドイツ人に任せるという代案としてのチェンバレン私案は、現実的でないと一蹴。

(5)その他、チェンバレンの議論に逐一反論を加える。

その反論は、彼お得意の相手の弱みを突く巧みな議論である。その一例だけを挙げて置く。

「閣下は、このような計画（独案）をご自身の政府に対して提案することは不可能だと、私に確言されていますが、私の方と致しましては、私がドイツ国民に対して他のいかなる態度も正当化することは不可能だと、閣下に確言致したく存じます。と申しますのも、貴国にとっては、これはせいぜい不可測な政治的重要性という問題でありますが、他方、我が国にとっては、原初的権利の問題でございます、三五〇万以上もの人間の安全保障と偉大なる一民族の国家的名誉の問題だからでございます。」

このように、ここでも、二〇年間ヴェルサイユ条約に虐げられてきたドイツ及びドイツ人を代表する宰相というポーズをとって、彼は、彼の印籠に印された葵の御紋「民族自決の原則」を懐から取り出して、この点で引け目を感じているイギリス人の宰相に向けて、仰々しく振りかざしたのである。そして、彼の長文の書簡の結びは、例によって脅し文句、極薄のヴェールで覆っただけの恫喝である。

「とにかく、ドイツと致しましては、在致ドイツ人の明白なる権利が交渉によって受け容れられる可能性がないと分りましたら、目下そのような様相を呈しているように思われますが、実際にそうなりましたら、そのときにまだドイツに開かれたまま残されている他の可能性を、余すことなく、試みる所存でございます。

アドルフ・ヒトラー」

(4) チェンバレンの返書

チェンバレンの期待が裏切られたことは、明白だった。彼自身、この後でハリファックスに出した電話電報で、そのことを認めている。

「私の手紙へのヒトラー氏の返事は、彼が昨晩提示した要求に何らの修正もなく、その要求を維持しています。[29]」

普通の人ならここで「引き揚げ」ということになるところであろう。ところがチェンバレンは違った。ベルヒテスガーデンでは何の粘り強さも見せずに、ヒトラー案を受け容れた彼は、ゴーデスベルクでは「タフ・ネゴシエーター」ぶりを発揮する。彼にそうさせたのは、今から見れば、的外れの平和への執念であった。彼は、再びヒトラー宛の書簡を認め、これを、ウィルソンとヘンダーソンに託した。使者の二人は、午後六時ごろ、首相の返書を携帯して川を渡った。川を渡ってくる二人を「ホテル・ドレーゼン」から目撃したシャイラー記者は、そのときの彼の予感を、「この二人とも五セントでチェコを売り渡すような気がした」と、その日記に記している。[30] シャイラー記者の予感は的中するのであろうか? 前便同様、「My Dear Reichskanzler」で始るチェンバレン返書の内容は、果してどのようなものであっただろうか? 以下、また、要点のみ掲げてみよう。

(1)私は、仲介者として、貴提案を致政府に提示する。

(2)貴提案を記した「覚書」と関連地図を、私に提出してほしい。

(3)致政府から回答が得られるまで、ズデーテン地方で軍事行動を起こさないという保証を与えて欲しい。

(4)今や私にはこれ以上当地に居てなすべきこともないので、同僚との相談のため帰国したい。[31]

(5) 会談再開へ

二人の使者からこの書簡を受け取ったリッベントロップ外相は、その場に二人を残したまま、別室でヒトラーと相談した。その結果、ヒトラーは彼の要求を「覚書」にすることを認めた。戻ってきたリッベントロップは、二人の使者に対して、チェンバレン首相から要求のあった「覚書」は、ヒトラーから首相に直接手交し、その際、総統からこれについて首相に説明するので、首相には午後一一時に今一度ご足労を願う、と伝えた。[32]

上掲の要点(4)中の「帰国」という言葉が、ヒトラーに対して「脅し」の効果があったのかもしれない。ヒトラーは、このままチェンバレンを帰らせてはまずい、その前に少し「宥和」しておくのが得策だと考えて、このような「直接説明」という形で引き留めにかかったとも考えられる。もしそうなら、四時間後に予定された深夜の会談において、ヒトラーはチェンバレンに対してどのような「土産」を用意しているのか、興味深いところである。

4　致の総動員と仏・ソ・英の軍事措置

(1) 動員差止め対致勧告取消問題の再浮上

深夜に予定された第二回ゴーデスベルク会談について見る前に、ここで、この日のチェコスロヴァキア、フランス、ソ連、イギリスの対抗的軍事措置について見ておこう。まずは、チェコスロヴァキア政府が総動員令を布告するに至る過程から見てみよう。

午前一一時三〇分、ゴーデスベルクのウィルソンからロンドンへ、午前の首脳会談は中止となったという知らせが入り、その後、ヒトラーは、英仏共同案を拒絶して、その代りに、ズデーテン地方の即時占領、プレビサイトを要求し、これが受け容れられなければ、「軍事的解決だ」と言っているという情報も入った(33)。そして午後一時には、ベルリンのオジルヴィー-フォーブスから、フランソワ-ポンセ仏大使が「独致間の戦争は不可避だ。ドイツは九月二四日進撃するだろう」と言った、という電報も入ってきた(34)。これらの新情報と既情報とを合せてみると、この日の午後早くまでに、イギリス留守政府が置かれていた状況は、次のように纏めることができよう。

(1)いつ何時ゴーデスベルクで談判破裂となるかもしれない、(2)その上、ズデーテン情勢も不穏である、(3)ドイツの対致攻撃準備は完了しているようだ、(4)波軍は致国との国境方面へ兵力を集中している、(5)致は、いつ独・波からの攻撃に遭うかもしれない。

このような状況、特にチェコスロヴァキアにとっての危機的状況を前にして、イギリス留守政府がまず迫られた政策決定は、動員差止め対致勧告取消決定の停止を解除するか否かであった。なぜこれが一番の緊急課題であったかというと、このような一触即発の危機的状況を前にしながら、英仏両政府がなおも致政府に動員を控えさせている間に、チェコスロヴァキアがドイツ軍の攻撃を受けた場合、英仏政府の責任は、極めて重大なものになり、自国民から、否、アメリカをはじめとする世界からの、両政府の無為に対する非難は、計り知れないものになる、それは火を見るよりも明らかであったからである。このような危機感を背景に、イギリス留守政府内部でも、対致勧告取消訓令の停止状態に疑問の声が大きくなった(35)。このため、ハリファックス外相は、午後一時四〇分、ゴーデスベルク使節団に対して重大な提案を行った。

「当方では、貴方からの対致勧告取消の停止決定を維持せよとのご意見に、深く困惑しています。私たちは、今やこの決定は転換する必要があると感じています。従いまして、私たちは、今日の午後三時にこの旨の必要なる通知を行うよう提案します(36)。」

(2) 英留守政府のジレンマ

ハリファックスの対致勧告取消停止解除提案に対する、ゴーデスベルク使節団からの返答は、午後二時、ヘンダーソンからの電話で伝えられた。

「ヒトラーの返事がいつ何時くるかもしれない状況ですので、私は、対致通知は今暫く待つべきだと思います。ともかく、通知される場合には、チェコスロヴァキアには、動員措置をとれば、相手方が性急な行動に出て来る可能性が十分にあることを、指摘しておくべきです。[37]」

ヘンダーソンの「暫し待て」の電話と同時に、パリのフィップス大使から電信が入っていた。それによると、ダラディエ首相は大使にメッセージを送り、「今や、私たちが致政府に行った動員差止め勧告を取り消すべき時がきたのではないでしょうか？」と尋ねると同時に、そのメッセージには、チェコスロヴァキアの同盟国の首相として当然と思える見解が述べられていた。

「私としては、ゴーデスベルクでうまく行かなかった場合には、私たちは、この勧告を撤回しないことで、恐ろしい責任をとる羽目になると、感じている次第です。[38]」

当時の通念として、経済制裁は戦争への引き金となると恐れられていたのと同様に、総動員もそのように見られていた。従って、同盟国としての責任を重視するダラディエ見解も十分な説得力があるが、これを容れた決定をすれば、ヘンダーソンが指摘しているように、ドイツやポーランドの「性急な行動」、すなわち、武力行使を誘発する恐れも十分にあると考えられた。このようなジレンマの中で、ハリファックス外相を中心としたイギリス留守政府は、今、重大な決定を迫られていた。

（3）英留守政府の決断

午後三時、ハリファックス外相、ホーア内相、サイモン蔵相の三巨頭にマクドナルド自治領担当相とインスキップ防衛調整相の二大臣を加えた留守政府五相会議が開かれた。対致勧告取消停止を解除すべきか否か、非常に難しい問題を検討していたその会議の途中に、ウィルソンから電話が入った。彼は、先の使節団へのハリファックス外相の電報に関して、

「私たちは、今はまだヒトラー氏からの返事を待っているところですが、先ほど、そちらから、『深く困惑している』などという電報を受け取りました。この電報のために、私たちの昼食はまずいものになりましたよ。」

と、こともあろうに一役人が外務大臣に対して驚くべき傲慢無礼な物の言い方をしたのである。[39]「虎の威を借る狐」のような、首相の「寵臣」からのこのような圧迫にもかかわらず、五大臣は対致動員自制勧告取消を決断した。ただし、同時に、首相の意向も部分的に取り入れて、チェコスロヴァキア政府には、動員は公表しない方がよいと勧告することにした。こうして午後四時、ハリファックスはニュートンに次の訓令を発した。

「貴下は自由に通知を行ってよい。しかし、そうする際には、首相は、次のことを指摘すべきだと考えておられる。すなわち、総動員が他者の行為を突発させるおそれが十分にあるので、致政府は不必要な公表を避けるのが得策だと考えられたし、と。[40]」

取り消すべきか取り消さざるべきか、迷った末のこの決定を、ニュートン宛に打電するために会議室を出てきた外相は、決定やいかにと待ち構えていたハーヴェイ秘書官に対して、「進退これ谷まれり、という気持ちですよ」という表現で、それが苦渋の決断であったことを明かしたのであった。[41]

(4) チェコスロヴァキアの総動員発令

午後四時半にロンドンからの訓令を受け取ったニュートン公使は、午後五時、チェコスロヴァキア外務省に赴き、クルノ政務局長に動員自制勧告の取消を通知すると同時に、公表は差し控えるほうがよいとの、チェンバレン首相の考えを、口頭で付け加えた。そのおよそ一時間後には、フランスのド・ラクロワ公使からも、同旨の対致通知がなされた[42]。

午後七時、ベネシュ大統領の執務室に秘書が入ってきて、クロフタ外相から大統領に宛てられた一通の封筒を差し出した。手紙は短いものであったけれども、大統領は、一心不乱になって、何度も何度も時間をかけて読み返していた。それを見ていた秘書にも、極めて重大なことが書かれていることが、伝わってきた。大統領は、読み終ると、手紙を机の上に置き、放心したような状態で、「なるほど、そうか、そうか」と、あたかも秘書がそこにいないかのように何度もつぶやき、部屋をぐるぐると歩き始めた。ついに緊張に耐えられなくなったかのように、大統領は、秘書に向って尋ねた。

「これは何だか分りますか?」

「いいえ。」

「読んでごらんなさい。これは戦争だということです。」

ベネシュはこう言うと、秘書の返事を待たずに、電話の方へ飛んで行った。大統領からの電話で、午後八時にフラジン宮殿に招集された政軍の指導者たちは、「総動員は戦争だ」という大統領の話に活気づき、全員一致で即時総動員令を発することに決定した[43]。

午後一〇時、チェコスロヴァキアのラジオは、国民に向けて一〇時三〇分から重大放送があると予告した。その一〇時三〇分の放送は、総動員令を布告し、「四〇歳までの服役年齢にあるすべての男性は、六時間以内に本隊に入営すべし」と告げた。これによって、動員された兵士の数は総計一二五万人に達した[44]。

ベネシュが、イギリスから総動員は公表せずに密かに行う方がよいと、注意を受けていたにもかかわらず、公然とラジオ放送による布告に踏み切ったのはなぜだろうか? それは、駐致イギリス武官の見るところでは、切迫した状況からして最も重要だったのはスピードであり、そのスピードのためには、放送による動員が最も効果的な方法であったからだ、ということであった[45]。

総動員令布告放送は、最後に、ベネシュ大統領の国民への檄を伝えた。

「国民諸君よ、重大な時機が到来した。成功は各人の努力にまつのみである。各人はその全力を祖国の方針に捧げよ。勇敢であれ、忠実であれ[46]。」

この放送を聴いた国民の間には、英仏案受諾の屈辱の日以来、垂れこめていた重苦しい暗雲が一気に晴れたかのような開放感と歓喜が広がった。この九月二三日総動員令発布の夜を、プラハの人たちは、後々まで「あの美しい夜」と懐かしく、感慨深く思い出すことなる[47]。

(5) フランスの部分動員追加決定

次に、フランスの追加的部分動員令について見てみよう。チェコスロヴァキアが頼みとする同盟国フランスでも、対独強硬論が高まりつつあった。午後五時、ダラディエ首相が所属する社会急進党の議員五〇名が、首相と会見した。会見後、対独強硬・仏ソ提携論者で前空相のピエール・コー議員は、次のような記者声明を発表した。

「フランスは、譲歩できるぎりぎりの限界にまで達した。フランスはこれ以上の譲歩はできない。ダラディエ氏は、私に、『もしドイツがチェコに対して武力を行使すれば、フランスはその約束を果すであろう、と言ってもよい』と認めてくれた[48]。」

このような強硬論の台頭を背景に、先の動員自制対致勧告の撤回決定となり、更にこの夜には、チェコスロヴァキアの総動員令に続いて、同盟国フランスも、六〇万人の追加動員を決定し、これで動員兵数は総計一五〇万に達した。この追加的部分動員の実施によって、マジノ・ラインに配置された兵数は、戦時配備兵数を満たすことになった[49]。ダラディエ首相がこの決定を下した動機について、ガムラン参謀総長は、駐仏英陸軍武官フレーザー大佐に次のように言った。

「首相は、今、平和を救う唯一の途は、フランスに戦う用意があることをはっきりと示すことだ、という結論に達したのです[50]。」

このダラディエ首相の追加動員決定に影響を与えた内外の環境的要素としては、(1)ヒトラーが前言を翻し、英仏共同案を蹴ったこと、(2)そのため英仏の世論が硬化したこと、(3)同盟国チェコスロヴァキアが総動員を実施したこと、(4)ポーランドの致国境への兵力集中に対して、仏・致両国の同盟国であるソ連が動員を実施し、対波強硬通告を行ったこと、この四点が挙げられよう。中欧の平和秩序維持の主唱者であり、その盟主と自認してきたフランスが、このような環境的変化を目の当りにしながら、何もしないでいるわけにはいかなかった。そのため、ダラディエも部分動員の追加を決意したわけだが、このような雰囲気の激変があったが故に、宥和派のボネ外相さえ、首相の決意に正面から反対することができなかったのである[51]。

(6) ソ連の対波牽制行動

このフランスの決定に影響を与えた四要素の一つ、ソ連の動員と対波通告について、説明を加えておく。この日の午前四時、ポチョムキン外務副人民委員は、駐ソ波代理大使を呼び出し、「波政府が軍隊を致国内へ送る場合には、改めて何らの警告を行うことなく直ちにソ波不可侵条約を廃棄する」と通告した。これより二日前の二一日、既にソ連政府は、波兵の致国境への集中行動を牽制すべく、部分動員を開始しており、二四日までに、約三三万人の兵を波・羅両国境に配置した。そして、そのほとんどが波国境に集中していた[52]。

この部分動員を背景にしたソ連の警告に対して、ポーランド政府は、何らひるむ様子もなく、軍事大国ソ連に対して、「ポーランド領土の安全のため必要と思えるいかなる措置をとろうと、それは争う余地ない我が国の権利である」と回答した[53]。ポーランド政府は、ソ連の警告を宣伝目的のジェスチャーにすぎないと見て、動じなかったのである。このため波致国境、ソ波国境の軍事的緊張は緩和されるどころか、より一層高まることになった[54]。

（7）イギリスの追加的海軍措置

ゴーデスベルクでヒトラーが英仏共同案を拒絶して、またまた要求を吊り上げてきたことが明らかになると、それが各方面に様々に反応を引き起こし、二三日の夜には、対抗的軍事措置として、チェコスロヴァキアの総動員となり、フランスの追加動員となり、そして、イギリスの海軍措置となった。仏致の動員措置よりも早く、英海軍省は、午後八時三〇分、「時局の重大化に鑑み一定の警戒手段を講じた」と発表した[55]。この海軍措置は、実は、閣議決定に基づくものではなく、クーパー海相の独断専行であった。彼の日記は言う。

「夕食前、私は自己責任で思い切って、休暇中の兵員の招集、全乗組定員の充当を認可し、地中海艦隊に常備編成体制をとらせるために、地中海に一九〇〇名の兵を派遣し、スエズ運河防備のための人員を配置した。」

さらに翌日午後一時、イギリス海軍当局は、「本国艦隊の精鋭が、インヴァゴードン軍港から出動した」と発表した。この記事を『東京朝日』に送った『同盟』特派員は、「本国艦隊」の行動、その他の海軍措置について、次のように推測している。

「英本国艦隊行動の詳細は一切厳秘に付され、簡潔な発表以外全然情報はないが、司令長官フォーブス提督の坐乗する旗艦ネルソン号以下約四〇隻の艨艟は、堂々北海を制圧、欧州情勢の重大化に万全の備えを布いたものと見られる。一方、アレキサンドリアに集結した地中海艦隊三三隻の艦船も命令一下に出動しうるよう待機の姿勢にある、と伝えられる[56]。」

英海軍の北海・地中海への「万全の配備」、仏陸軍のマジノ・ラインへの「万全の配備」、致陸軍の小マジノ・ラインへの「万全の配備」、これらすべての対抗的軍事措置、対独抑止政策は、ヒトラーの恫喝的要求吊上げ外交が招いた結果である。ヒトラーは、彼の軍事戦略と外交戦略の跛行によって、自ら「緑作戦」成功の前提条件たる「奇襲性」と「電撃性」を更に毀損し、彼の対致「局地戦争」構想の実現可能性を著しく低下させてしまっていたのである。それでも、依然として彼は、相当高まった対英仏戦争の危険を冒してでも、断固、対致武力行使はやると決めていたのだろうか？

注

（1）Galeazzo Ciano, *Ciano's Diary 1937–1938*, translated by Andreas Mayor (Methuen & Co., 1952), p. 160.

（2）*Documents on British Foreign Policy, 1919–39, 3rd series, Volume II* (His Majesty's Stationary Office, 1950), pp. 454-5. 以下、*DBFP-II* と略して表記する。

（3）*Ibid.*, p. 457.

（4）*Documents on German Foreign Policy, 1918–45, Series D, Volume II* (Her Majesty's Stationary Office, 1953), p. 880. 以下、*DGFP-II* と略して表記する。

（5）*Ibid.*, p. 868.

（6）*Ibid.*, p. 880.

（7）*DBFP-II*, pp. 457-8.

（8）*Ibid.*, p. 459.

（9）*Ibid.*, pp. 460-1

（10）John Harvey (ed.), *The Diplomatic Diaries of Oliver Harvey 1937–1940* (Collins, 1970), pp. 192-193; David Faber, *Munich, 1938:*

Appeasement and World War II (Simon & Schuster, 2009), p. 334; *DBFP-II*, p. 462.

(11) John Julius Norwich (ed.), *The Duff Cooper Diaries: 1915-1951* (Phoenix, 2006), p. 263.

(12) Nigel Nicolson (ed.), *The Harold Nicolson Diaries: 1917-1964* (Phoenix, 2005), pp. 196-7.

(13) *Ibid.*, p. 196.

(14) Robert Self, *Neville Chamberlain-A Biography* (Ashgate, 2006), p. 334.

(15) Zara Steiner, *The Triumph of the Dark: European International History 1933-1939* (Oxford University Press, 2013), pp. 607-8; Wilhelm Deist, *The Wehrmacht and German Rearmament* (Macmillan, 1981), pp. 68-9; Telford Taylor, *Munich: The Price of Peace* (Hodder and Stoughton, 1979), p. 865.

(16) Steiner, *The Triumph of the Dark*, p. 609.

(17) Frank McDonough, *Neville Chamberlain, Appeasement and the British Road to War* (Manchester University Press, 1998), p. 47.

(18) 赤松祐之『昭和十三年の国際情勢』（日本国際協会、一九三九年）、四八五ページ。

(19) *DBFP-II*, p. 474; J. Harvey (ed.), *The Diplomatic Diaries of Oliver Harvey 1937-1940*, p. 193.

(20) Faber, *Munich, 1938*, p. 335.

(21) *DBFP-II*, pp. 482-3; *DGFP-II*, pp. 887-8.

(22) パウル・シュミット著／長野明訳『外交舞台の脇役（一九二三－一九四五）―ドイツ外務省首席通訳官の欧州政治家たちとの体験―』（日本国書刊行会、一九九八年）、四四二ページ。

(23) Faber, *Munich, 1938*, p. 335.

(24) 明治大正昭和新聞研究会編『新聞集成　昭和編年史　十三年度版』Ⅲ（新聞資料出版、一九九一年）、八三五ページ。

(25) シュミット『外交舞台の脇役（一九二三－一九四五）』、四四二－三ページ。

(26) Neville Chamberlain, *In Search of Peace* (G. P. Putnam's Sons, 1939), p. 193.

(27) シュミット『外交舞台の脇役（一九二三－一九四五）』、四四二－四ページ。

(28) *DBFP-II*, pp. 485-7; *DGFP-II*, pp. 889-91.

(29) *DBFP-II*, p. 484.

(30) ウィリアム・シャイラー著／大久保和郎・大島かおり訳『ベルリン日記　1934-1940』（筑摩書房、一九七七年）、一一四ページ。

(31) *DBFP-II*, pp. 489-90; *DGFP-II*, p. 892.

(32) シュミット『外交舞台の脇役（一九二三－一九四五）』、四四四ページ。

(33) J. Harvey (ed.), *The Diplomatic Diaries of Oliver Harvey 1937-1940*, p. 193.

(34) *DBFP-II*, p. 479.

(35) J. Harvey (ed.), *The Diplomatic Diaries of Oliver Harvey 1937-1940*, p. 195.

(36) *DBFP-II*, p. 480.

(37) *Ibid.*, p. 481.

(38) *Ibid.*, p. 481.

(39) T. Taylor, *Munich*, p. 812.

(40) *DBFP-II*, p. 483.

(41) J. Harvey (ed.), *The Diplomatic Diaries of Oliver Harvey 1937-1940*, p. 194.

(42) Hubert Ripka, *Munich Before and After* (Howard Fertig, 1969), p. 129; *DBFP-II*, p. 548.

(43) Igor Lukes, *Czechoslovakia between Stalin and Hitler: The Diplomacy of Edvard Benes in the 1930s* (Oxford University Press, 1996), pp. 235-6; Josef Korbel, *Twentieth-Century Czechoslovakia: The Meanings of Its History* (Columbia University Press, 1977), p. 135.

(44) T. Taylor, *Munich*, p. 813; 明治大正昭和新聞研究会編『新聞集成　昭和編年史　十三年度版』Ⅲ、八四四ページ、Steiner, *The Triumph of the Dark*, p. 619.

(45) *DBFP-II*, p. 511.

(46) 明治大正昭和新聞研究会編『新聞集成　昭和編年史　十三年度版』Ⅲ、八四四ページ。

(47) Ripka, *Munich Before and After*, pp. 133-4; Steiner, *The Triumph of the Dark*, p. 619; Lukes, *Czechoslovakia between Stalin and Hitler*, p. 236.

(48) *DBFP-II*, p. 508.

(49) T. Taylor, *Munich*, p. 854; Steiner, *The Triumph of the Dark*, p. 624; Faber, *Munich, 1938*, p. 352.

(50) *DBFP-II*, p. 509; T. Taylor, *Munich*, p. 854.

(51) Lacaze, *France and Munich*, p. 154.

(52) Steiner, *The Triumph of the Dark*, pp. 619-21; 赤松祐之『昭和十三年の国際情勢』、四五〇ページ、*DGFP-II*, pp. 897-8.

(53) *DGFP-II*, p. 898.

(54) *Ibid*., p. 922; アダム・B・ウラム著／鈴木博信訳『膨脹と共存―ソヴエト外交史―』1（サイマル出版会、一九七八年）、三〇三ページ。

(55) 明治大正昭和新聞研究会編『新聞集成　昭和編年史　十三年度版』Ⅲ、八四八ページ。

(56) 同右、同ページ。

第27章　第二回会談：決裂の危機から穏やかな物別れ

1　談判破裂の危機へ

（1）会談前の英留守政府とウィルソン

致仏ソ英の対独軍事措置が進む中、それでもヒトラーは、英仏戦争を賭しても「緑作戦」を決行するつもりでいたのか？　その決意の程については、追々、検証していくことにして、次に、深夜の第二回ゴーデスベルク会談前の英留守政府の様子を見てみよう。午後九時三〇分、五相会議が開かれた。大臣たちの間には、チェンバレン首相がヒトラーに対して毅然たる態度で話をしていないのではないか、そうだとすると、それは、彼がイギリス世論の硬化を見損なってしまっているからではないか、という不安が募っていた。[1]既に対致勧告取消問題でも見られたように、このころには、ゴーデスベルクの使節団とロンドンの留守政府の間では、状況認識のずれが益々大きくなっていた。そのような不信感が漂う雰囲気の中で進められていた五相会議の途中、またもゴーデスベルクのウィルソンから電話が入った。

「首相は、最後にもう一度渡河してヒトラー氏と会うことになりました。何らかの脱出口が見つかれば、こちらに留まることになりますが、見つからなければ、帰国します。私たちはプラハには、『今晩これから、ドイツから覚書を受け取ることになっているので、それを見るまで決定を延ばしてほしい』と、伝えています。」

このときはまだ、チェコスロヴァキアの総動員令が公表されていなかったので、ウィルソンはこのように言ってきたのであろうが、既に勧告取消訓令を発していたハリファックス外相にとっては、いいかげんにしろ、もうたくさんだという気持ちであったと思われる。しかし、相手の気持ちを忖度することのない傲岸な首相「代理」は、「私たちは今晩はもう電話は致しません。私たちには、することが山ほどあるのです」と言って、電話を切った。[2]

（2）ハリファックスのチェンバレン宛忠告メッセージ

この尊大なウィルソンの電話を聞いた後、普段、温厚なハリファックスが、ヴァンシタートと相談した上で、首相宛に殊の外厳しい電報案を自ら起草した。それをホーア内相に見せると、彼からも強い支持が得られたので、外相は、チェンバレン首相が会談に出かける直前の午後一〇時に、この電報を電話で首相に送り付けた。まずハリファックスは、イギリス世論の硬化について次のように言う。

「当地の新聞その他に表れている圧倒的世論と思われるものの一端を、お示しすれば、貴下のお役に立つかもしれないと存じます。当地の世論の大部分は、私たちの案を疑いの目で見ながらも、それが戦争に代るものであるならば、不本意ながら受け容れざるをえまいと、おそらくそのような気持ちであろうと思われますが、一方では、私たちの譲歩は限界に達した、何らかの貢献をするのは総統の番だ、と感じているという意味で、世論は硬化しつつあるように思えます。(3)」

この世論観察を土台に、外相は、これからヒトラーとの再会談に臨む首相に対して、次のような厳しい注文を付けた。

「貴下の同僚たる私たちにとって極めて重要なことは、貴下が総統に対して、次のことを明白にせずして離独すべきではないということです。すなわち、『致政府が大きな譲歩をした後で、総統が必ず戦争になる解決を好んで、平和的解決の好機会を拒絶するならば、それは人類に対する許されざる犯罪となるであろう』と。(4)」

このように、チェンバレンは、外相から、「ヒトラーに対して、『私は仲介者として貴案を致政府に伝達します』と言い残してくるだけでは駄目ですよ」と、釘を刺されたのであるが、果して彼は、一時間後の会談において宥和策から抑止策に転じて、ヒトラーに面と向って、「戦争を意味する貴案は人類に対する犯罪だ」と、強烈な警告を発することができるであろうか？

(3) 希望を感じさせる冒頭の挨拶

ハリファックスから厳しい注文電報が届いた三〇分後、すなわち、プラハで総動員令発布放送が始った午後一〇時三〇分、チェンバレン一行はホテルを出て、フェリーに乗って夜のライン川を渡った。ホテルのロビーでは、昨日と同様、ヒトラーが一行を出迎えた。新聞記者のために、二人が並んで記念写真を撮らせた後、午後一一時前、第二回ゴーデスベルク会談が始った。(5) 今回の参加者は、イギリス側からチェンバレン、ウィルソン、ヘンダーソン、カークパトリック、ドイツ側からヒトラー、リッベントロップ、ワイツゼッカー、シュミットと増加し、また、地図を検証しなければならなかったこともあって、会場として広いスペースが必要であった。そのため、会談は、ロビーの食堂で行うことになり、参加者は、ヒトラーとチェンバレンを半円で囲む形に着席した。(6)
冒頭、ヒトラーは、チェンバレンの平和的解決への努力に謝辞を述べ、その最後に
「おそらく困難もありましょうが、私は依然として平和的な解決への望みを持ち続けています。もし好結果が達成されたとしたら、それは、主に貴下と私の努力によるものであるということだけは言えると思えます。」
と、希望を持たせるようなことを言った。これに対して、チェンバレンも謝辞を返し、平和的解決の希望が「覚書」に具体化されているものと期待している、と述べた。

(4) 幻想にすぎなかった冒頭の希望

深夜に始った会談の前途に希望の光を感じさせる両者の冒頭の

挨拶が終ったとき、リッベントロップ外相が「覚書」と「地図」を持って入ってきた。これを、ヒトラーはチェンバレンに手渡した。手渡された「覚書」はドイツ語で書かれたものだけであった。これがこれから始る対話の混乱を助長する一つの原因になる。というのは、チェンバレンはドイツ語ができなかったので、ドイツ語のできるヘンダーソンとカークパトリックがこれにざっと目を通しながら、ヘンダーソンが要旨を英語で走り書きにして、これをチェンバレンに手渡し、チェンバレンはこの走り書きをもとに質疑応答しなければならなかったからである。(7) とにかく、こうして深夜の会談が始った。が、その途端に、希望が幻想に過ぎなかったことが明らかになる。

「この覚書は、本質的には、貴下への返書で既にお示しした考えを表したものです。」

「それでは、ドイツはイギリス案を考慮することすら拒絶したということになりますね。」

「いいえ、この覚書はイギリス案を考慮した結果です。イギリス側の皆さんが忘れてならないことは、ドイツでは、チェコスロヴァキアは力でもって片づけてしまって、純戦略的考慮によって国境を定めるのが一番よいという考えが、広く持たれているということです。もし覚書がこの考えを採用していないとすれば、それはイギリス案の結果と見なされてしかるべきです。」

「純戦略的考慮による国境線の画定」、これは、ドイツ国民の名を借りたヒトラー自身の本音である。彼としては、イギリスが余計なお節介を焼いてきたので、致し方なく二段階解決方式に譲歩せざるをえなくなりつつあるのだという、そのような思いであったであろう。その苛立たしい思いが、この発言に表れていると見てよい。ここでチェンバレンは、

「もし覚書にタイムリミットが入れられていれば、衝突は不可避となります。」

と、不吉な予感を言葉にした。

(5) 致総動員の報、会談決裂か?

チェンバレンが衝突を不可避とするという「タイムリミット」が、覚書に含まれているのかどうか、それが明らかになる前に、部屋の扉が開いて、ヒトラーの副官が入ってきた。副官は、一枚の紙をリッベントロップ外相に手渡した。外相からこれを示されたヒトラーは、一読後、シュミットに、「この報告をチェンバレン閣下に読みたまえ」と命じた。シュミットは、重苦しい調子で、英語に翻訳した。

「ベネシュは、たった今ラジオを通じて、致軍の総動員を布告せしめた。」

シュミットによると、そのとき、部屋は死の静けさに支配され、彼の脳裏によぎったのは、「今や戦争は不可避だ」という思いであった。(8) 列席者のすべてに非常に長く感じられた死の沈黙が、暫くの間、続いた後、チェンバレンが、

「私が長い間恐れていたことが、起こりました。」

と漏らすと、ヒトラーは、

「もうこれで、何もかもすっかり決まってしまいましたね。」

と、不吉なことを言った。この後、息詰まるような、緊迫したや

り取りが続く。

「なぜ何もかも決まったと見なさなければならないのですか？　動員は必ずしも攻撃的な措置でありません、防御的なものと見なすことも十分にできるのです。」

「私がこれですっかり決まったと言ったのは、この動員によって、チェコスロヴァキアには領土割譲の意志のないことがはっきりと示された、という意味なのです。」

「そんなことは絶対にありません。」

「もしそうなら、チェコスロヴァキアは動員するはずがないでしょう。」

「誰が先に動員したのですか？」

「チェコです。」

「とんでもない、ドイツが先です。ドイツはチェコ国境に一五〇万の兵を配置し、多数の戦車と航空機を配備しています。今、戦争となれば、たとえそれが局地戦争であっても、今以上に多くの人命が失われます。貴下の目的物が既に完全に貴下の手中にあるそのときに、武力行使はそのような犠牲に価しますか？」

「ドイツにはこんな諺があります。『恐ろしい結末は、結末なき恐怖より好ましい』と。」

「それでは、この覚書は貴下の最後の言葉ですか？」

「この覚書は本当に私の最後の言葉です。しかし、この問題とはまったく無関係に、私は、チェコの動員に見合う適切な軍事措置をとらなければなりません。」

「そういうことになれば、これ以上交渉を続ける目的はなくなります。私は暗澹たる気持ちで帰国の途に就くことになります。欧州平和への私の望みがすべて、最終的に打ち砕かれてしまったと、思うからです。しかし、私は、良心にやましいところはまったくありません。私は平和のためにできるすべてのことをしました。実に残念ながら、貴下の共鳴を得ることができませんでした。」

チェンバレンは、ハリファックスの注文通りに、「対致武力行使は人類に対する犯罪行為だ」とまでは言わなかったが、上のような相当強い応酬をしたため、会談はこれで決裂か、という様相を呈した。

2　和やかな閉幕へ

(1)　緊張融解：ヒトラーの「いいえ」の一言

このように両者の間の緊張が極点に達した中で、チェンバレンは、ヒトラーに向って、質問を発した。

「私にとって非常に重要なことは、総統がチェコスロヴァキア政府の回答を得るまで、抑制されるかどうかを、知ることです。」

「抑制するとはどういう意味ですか？　チェコの動員に直面した今、即座に軍事的措置をとる必要のあることは、勿論です。」

「軍事的措置とはどういう意味ですか？　チェコスロヴァキアへの侵入ですか？」

「はい」と言うのか、「いいえ」と言うのか、次のヒトラーの一言に、戦争か平和かのすべてがかかっていた。その答えはどうだろうか？　シュミットによると、そのとき、ヒトラーは、化石のようにそこに座っているチェンバレンに対して、ほとんど聞き取れないほどの声で、次のように答えた。(9)

「いいえ、勿論、そうではありません。交渉中に侵入することはないと、既に約束しました。この約束は守ります。」

今すぐ「侵入」する準備のできていないヒトラーは、チェンバレンを怒らせたまま帰国させないように、このように「約束を守る男」を演じて、チェンバレンを慰撫しにかかった。そして、このヒトラーの「いいえ」の一言で、即戦争の危機は去った。これで両者の間の緊張が解けはじめ、会談は決裂せずに続行された。

「総統閣下が今改めてなされた保証に、私は注目しています。これに基づいて、私としては、今なお、チェコスロヴァキア政府にこの覚書を送付して、同政府に早期の回答を求めるつもりでいます。私は、平和が最終的に破壊されるまで、平和の希望を捨てはしません。」

(2) 再緊張：チェンバレンの「これは最後通牒だ！」

ところが、危機脱出と思えた瞬間、ここでまた、ほどけた緊張が再びもとに戻ることになる。チェンバレンが衝突不可避となると言った「タイムリミット」である。この間、覚書に目を通していたウィルソンが、ズデーテンからのチェコスロヴァキア人の撤退日程を取り上げ、九月二六日午前八時撤退開始、二八日完了となっていることを指摘したのが、反転のきっかけとなった。チェンバレンは、

「このようなタイムリミットは、イギリスの国内世論だけでなく、おそらく国外の世論にも非常な悪影響を与えることになります。これは私の確固たる意見です。」

と言うと、その後、シュミットによると、チェンバレンは、両手を振り上げて、

「これは最後通牒です！　外交交渉の文書じゃありません！」

と叫ぶと、常日ごろヒトラーを刺激することに臆病なほど慎重であったヘンダーソンまでもが、ヴェルサイユ条約をヒトラーが非難するときに使う決まり文句を借りて、ドイツ語で、「アイン・ディクタート（絶対命令だ）」と口を挟んだ。(10) ヒトラーは、このイギリス側の激しい反駁に一瞬たじろぎ、非常に当惑した顔つきで、文書の一番上の方を指さし、

「ほら、『覚書』と書いていますよ。」

と、言い逃れをしようとしたが、チェンバレンは更に厳しく追い詰めた。

「私の言っているのはタイトルよりも内容です。提案がこんな形でなされたということが分れば、貴下は征服者のように振る舞ったと言われるのは、避けられません。」

「違います、財産所有者のようにです。」

「いえ、敗北した敵に対する勝者の振る舞いです。貴下がもう一刻も猶予がないと言われるのなら、私もそれに同意しましょう。」

(3) ヒトラーの「譲歩」

このように、チェンバレンがヒトラーを凌ぐ強い姿勢を示した

このとき、水入りのような形で、とにかく、シュミットに覚書を英語にして読み上げさせよう、ということになった。シュミットの英訳が、「次の要求はドイツ政府によってなされる」という箇所にきたとき、チェンバレンが「『要求』という攻撃的な言葉が使われるのは遺憾だ」と、批判すると、ヒトラーは、「じゃ、『要求』は『提案』と致しましょう」と、おとなしく応じた。この後も、チェンバレンが、覚書の根幹とは言えない枝葉の部分で、更に修正を求めると、ヒトラーはこれも受け容れた。そして、翻訳が、覚書の根幹部である「タイムリミット」にきたとき、チェンバレンは、再びこれについて不服を申し立てた。そのような短期間の内に撤退を完了させることは無理であるだけでなく、これが公表されれば世論に悪影響があるという見方を繰り返し述べ立てた。これに対して、枝葉ではチェンバレンの言うままに譲歩したヒトラーも、ここでは頑固に一歩も譲ろうとはしなかった。そのために、ついに会議は中断、イギリス側は協議のため別室に移った。しばらくして、それぞれの協議が終り、会議が再開されると、ヒトラーは、

「では、貴下の仕事がやりやすいというのであれば、この二つの日付を削除して、その代りに、地域引渡し日を一〇月一日とすることに致しましょう。」

と言いながら、自ら文書に手を入れて、九月二六日と二八日の日付を削除した。シュミットとヘンダーソンの証言では、そうしながらヒトラーは、

「貴下は、私がこれまでに譲歩した唯一の人です。」

と、お世辞に弱いチェンバレンの自尊心をくすぐるようなことまで、言ったそうである。[11]

(4) 会談閉幕、和やかな別れ

どっちみち、「緑作戦」実施準備の完了日が九月三〇日であったので、「一〇月一日」は、ヒトラーにとっては、譲歩でも何でもなかったのだが、そのことを知らないチェンバレンは、この目眩ましのような、譲歩とも言えぬ変更に、すっかり気をよくしてしまった。そして、「寛大な」ヒトラーに対して、次のような感謝の言葉さえ奉げた。

「私は、勿論、この覚書を受諾することも、拒絶することもできません。できることは伝えることだけですが、この点に関する総統のご配慮には感謝します。世論への影響は良くなるものと思います。できるだけ早くご提案をチェコスロヴァキア政府に提出することに致します。」

チェンバレンの、ヒトラーという人物に対する判断の甘さと、世論の反応についての予想の甘さとには、驚かされるが、このようなイギリスの首相から、感謝と約束の言葉を聞いたヒトラーは、ヘンダーソンには、ほっと一息ついた面持ちのように見えた。[12]

こうして午前一時四五分、三時間に及んだ深夜の英独首脳会談は、チェンバレンの感謝とヒトラーの安堵で終わった。会談を終えてホテルのロビーに出てきた二人を、取材に来ていたシャイラーが目撃している。

「二五フィート（約七・五メートル）ばかり離れた門番の部屋の私の『スタジオ』から見ると、ヒトラーに別れを告げるチェンバレンの鳥みたいな顔には、緊張や特別の不満の色は全然認

められなかったし、ヒトラーのほうも、にこやかで鄭重だった。[13]」

シャイラーの印象は、間違っていなかった。ホテルを出るとき、実際にチェンバレンは、ヒトラーに心のこもった挨拶をしている。

「この数日の会談の結果、私と総統の間には信頼関係が出来上がったと、そう私は感じています。私は、現在の困難な危機が克服されることを願ってやみません。また、まだ残っている他の問題についても、同じような精神で総統と話し合うことができれば、嬉しく思います。」

これに対して、総統も和やかに感謝の意と同感の意を表したのに続けて、

「既に何度か申し上げましたが、チェコ問題は、私が欧州で行わなければならない最後の領土的要求です。」

と、改めて嘘の約束をした。これまでもこれを真に受け、ヒトラーを「約束を守る男」、「商談のできる相手」だと信じて疑っていなかったチェンバレンは、その「欧州平和構想」を念頭に、

「チェコ危機の解決後に話し合うべき問題として、私は、今もなお、さらに遠大な問題を考慮中です。」

と答えてから、心をこめて、「アウフヴィーダーゼーエン」と別れを告げて、「ホテル・ドレーゼン」を後にした。

(5) 楽天家チェンバレンの満足感

この深夜の会談の直前まで、チェンバレンの頭の中は、チェコスロヴァキア問題で一杯であったが、会談が終った後の今は、最早その問題はほとんどどこかへ消し飛んでしまっていた。それに代って彼の頭の大部分を占めるようになっていたのは、次の「遠大な問題」、すなわち、彼の悲願の英独友好関係の確立と、それに基づく欧州恒久平和とであった。一方、ヒトラーの頭を占めていたのは、欧州における次の領土的欲求の充足、すなわち、「中・東欧武力制覇」の一過程としての残部チェコスロヴァキアの併呑であった。まことに、この二人の別れの挨拶は、チェンバレン対独「シャトル外交」を通じての、騙されやすいチェンバレンのお人好しぶりと、狡猾なヒトラーの詐欺師ぶりの対照性を、最も鮮やかに浮彫にしたやりとりであった。

こうして、ベルヒテスガーデンでの「ヒトラー案」同様、ゴーデスベルクでの「ヒトラー案」もまた、今や「チェンバレン案」となったに等しく、このいわば「ヒトラー＝チェンバレン案」とも言える「ゴーデスベルクの覚書」に対してチェンバレンの帰国後に予想される反対の数々、即ち、閣議の反対、ダラディエの反対、ベネシュの反対、そして世論の反対、これらに彼はどう対処するのであろうか？　しかし、自信過剰で、楽天的で、「独裁者的」なチェンバレン首相は、そのようなことはあまり気にもとめずに、今や彼は、後は「ゴーデスベルク覚書」をチェコスロヴァキア政府に伝達するのみ、これで問題はあらかた片付いたという気分で、再び夜のライン川を渡り、午前二時過ぎ、「ホテル・ペテルスベルク」に帰着した。待ち構えていた記者に、首相は、「あー、疲れました」と言うと、記者は、「情勢は絶望的なのでしょうか？」と尋ねた。これに対して、首相は、「そうとは言いたくありません。後はチェコの人たち次第です」と、満足そうに答えたのであった。[14]

(6) 「英仏共同案」と「ゴーデスベルク覚書」の苛酷な相違

「英仏共同案」と「ゴーデスベルク覚書」[15]の最も大きな相違点は、前者の、国際委員会による国境線画定後の領土移譲という手続き的眼目が、後者によって否定されたことであった。すなわち、イギリスの閣議が「ベルヒテスガーデン合意」を原則的に承認するに当って、最も重視したのは、住民移住に十分な猶予期間を設けた「秩序正しい移譲」が実施されることであったが、これを含む「英仏共同案」がヒトラーによって否定され、これに代る「ゴーデスベルク覚書」は、ドイツ側が一方的に指定した地域から致軍隊と致警察の即時撤退と独軍隊による即時占領とを要求していたことであった[16]。

「覚書」の苛酷さは、これだけにとどまらない。例えば、その第二項には、「撤退地域は現状のまま引き渡されなければならない」とあるが、その具体的内容を記した「付属書」は、次の通りである。

(1)「軍事施設」・「運輸施設」は、破壊することなくそのまま引き渡せ。

(2)「一切の経済的運輸材料」特に「鉄道車輌」は損傷することなくそのまま引き渡せ。

(3)「ガス事業、発電所」等の「一切の公益的施設」についても、同じ。

(4)「食料」・「商品」・「原料品」等も持ち去ってはならない。

まさに、「命が惜しくば身ぐるみ脱いで置いて行け」という追い剝ぎ強盗の要求のようである。ポーランドとハンガリーの領土的要求は含まれていなかったが、それでも、ダラディエも言うように、「ロンドン協議案とゴーデスベルク覚書の相異は、明白であった[17]」。

(7) 夜間空襲に備えるプラハ市民

ゴーデスベルクで会談が進行している間にも、チェコスロヴァキアの総動員は円滑に整然と行われていた。総動員令布告放送があった後、プラハの劇場や映画館は上演を打ち切り、レストランとバーからはあっというまに客がいなくなった。このときまだプラハにいたズデーテン・ドイツ党のクント議員は逮捕された。

午前一時、兵士の第一陣を載せた列車がプラハを出発し国境地帯へと向った。戦争は確実視された。特にプラハの市民が恐れていたのは、今すぐ始まることが確実視されていた、ドイツの爆撃機による空襲であった。ベネシュ大統領を含めすべての人は、ガスマスクを手元に置いて、午前一時に布かれた灯火管制の下で、「空襲は今か、空襲は今か」と待ち受けていた。軍も必ずドイツ機が飛来して動員を妨害するはずだと確信して、夜空を見守りつづけていた。そして、午前三時には、空襲警報訓練も実施した。このような万全の防衛態勢を布いた後、ベネシュ大統領は、在外公館へ、「今、チェコスロヴァキアはヒトラーの次の措置を静かに待つことができる」と自信のほどを示した。

しかし、待てども待てども、敵機は一機だに飛来せぬまま、とうとうプラハの夜が明けた。「緑作戦」の準備の未完を知らない市民は、このドイツの消極的な対応が解せなかった。それまで口汚くチェコを罵り続けていたドイツ新聞もラジオも、意外におとなしい。ベルリン駐在のフランソワ-ポンセ仏大使も訝った、

「命令伝達に遅れがあったのかしら、それとも、嵐の前の静けさなのかしら？」と。(18)

注

（1） John Harvey (ed.), *The Diplomatic Diaries of Oliver Harvey 1937–1940* (Collins, 1970), p. 194.

（2） David Faber, *Munich, 1938: Appeasement and World War II* (Simon & Schuster, 2009), p. 339; Telford Taylor, *Munich: The Price of Peace* (Hodder and Stoughton, 1979), p. 813.

（3） *Documents on British Foreign Policy, 1919–39, 3rd series, Volume II* (His Majesty's Stationary Office, 1950), p. 490. 以下、*DBFP-II*と略して表記する。

（4） *Ibid.*, p. 490.

（5） 以下、会談内容に関する記述で、注を付していない個所は、次の二史料に拠った。カークパットリック作成記録の *DBFP-II*, pp. 499–508；シュミット作成記録の *Documents on German Foreign Policy, 1918–45, Series D, Volume II* (Her Majesty's Stationary Office, 1953), pp. 898–908. 以下、*DGFP-II*と略して表記する。

（6） Faber, *Munich, 1938*, pp. 339–40; パウル・シュミット著／長門明訳『外交舞台の脇役（一九二三－一九四五）―ドイツ外務省首席通訳官の欧州政治家たちとの体験―』（日本国書刊行会、一九九八年）、四四四ページ。

（7） T. Taylor, *Munich*, p. 814.

（8） シュミット『外交舞台の脇役（一九二三－一九四五）』、四四六ページ。

（9） 同右、同ページ。

（10） 同右、四四五ページ。

（11） 同右、四四六－七ページ、Nevile Henderson, *Failure of a Mission–Berlin 1937–1939* (G. P. Putnam's Sons, 1940), p. 161; T. Taylor, *Munich*, p. 816.

（12） Henderson, *Failure of a Mission*, p. 161.

（13） ウィリアム・シャイラー著／大久保和郎・大島かおり訳『ベルリン日記　一九三四－一九四〇』（筑摩書房、一九七七年）、一一四ページ。

（14） Faber, *Munich, 1938*, p. 342; 明治大正昭和新聞研究会編『新聞集成　昭和編年史　十三年度版』Ⅲ（新聞資料出版、一九九一年）、八四七ページ。

（15） *DBFP-II*, pp. 495–6; 赤松祐之『昭和十三年の国際情勢』（日本国際協会、一九三九年）、四七六ページ。

（16） Hubert Ripka, *Munich Before and After* (Howard Fertig, 1969), pp. 170–1.

（17） *Ibid.*, p. 168.

（18） Faber, *Munich, 1938*, p. 343; G.E.R.Gedye, *Fallen Bastions: The Central European Tragedy* (Faber and Faber, 2009), pp. 471–3; Igor Lukes, *Czechoslovakia between Stalin and Hitler: The Diplomacy of Edvard Benes in the 1930s* (Oxford University Press, 1996), p. 237; Yvon Lacaze, *France and Munich: A Study of Decision Making in International Affairs* (Columbia University Press, 1955), p. 151.

第28章　帰国後のチェンバレンとフランスの国内情勢

1　首相に抵抗する英閣議

(1) チェンバレンの帰国：前途多難の空気

九月二四日の朝、チェンバレンは、数時間の睡眠後、ゴーデスベルクの「ホテル・ペテルスベルク」を後にして、午前九時四五分、ケルン空港から帰国の途に就いた。午後一時一五分、ヘストン空港に着いたチェンバレンは、群衆に暖かく迎えられ、ご機嫌であった。空港で待ち構えていた記者団に対して、首相は、国民に「我らの時代の欧州平和」への希望を抱かせる短い演説を行った。

「帰国しました今、これからまず最初にしなければならないことは、英仏両政府に私の使命の結果を報告することです。これを終えないうちに、私がこれについて何かを話すことは難しく思います。ただこれだけは言えます。すなわち、私は関係各国がチェコスロヴァキア問題を平和的に解決する努力を続けると信じて疑っていません、と。と言いますのも、ここに我らの時代の欧州平和がかかっているからです。(1)」

だが既にこのころ、首相の前途への楽観は、独りよがりの色を濃くしていた。首相の結果報告を待つまでもなく、イギリス政府内では、ゴーデスベルク会談についての既報をもとに、悲観的な評価がなされつつあったのである。首相がヘストン空港に着く少し前の午後一時前のことであるが、ケネディ米大使がカドガン外務次官と会うと、「ヒトラー返書」を受け取ったところだという次官は、この返答について、次のような厳しい評価を示した。

「両首脳の往復書簡が公表されれば、必ずや世論は完全に激しい反ヒトラーに傾くでしょう。私たちはヒトラー氏にある程度の正気があると信じて対応してきましたが、今回のその回答は、この男には何らの正気も残されていないことを示しています。」

カドガン次官だけではなかった。ケネディ大使は、ダフ・クーパー海相の盟友スタンレー商相やその他の閣僚の評価についても、次のように報告している。

「彼らは、これは世論にとてつもない影響を与えると見ており、彼らは、賽は投げられた、今やこれは数時間の問題だ、と信じています。(2)」

(2) 首相・側近会議(1):「セールスマン」になったチェンバレン

波乱の予想される閣議は、午後五時三〇分に予定されていたが、その前に、午後三時三〇分から、首相・側近会議が開かれた。いつもの四巨頭と三補佐官の七人に加えて、今回は、マクドナルド、インスキップ両大臣とストラング中欧局長の三人も参席した。会議に臨んだチェンバレンは、「ゴーデスベルク覚書」の単なる伝達者ではなく、「セールスマン」となっていた。後の閣議でも、同じくセールスマンとして同じ内容の報告を繰り返しているので、彼の発言の直接的引用は、重複を避けるために、後の閣議について述べるときに回すことにして、ここでは、「ゴーデスベルク覚書」のセールスマンとしての彼の売り込み論法を、批判的に箇条書きにして提示してみよう。

第一点は、彼の誤ったヒトラー像に基づくものである。

(1)ヒトラーは尊敬する人を騙すような男ではない。彼は約束を守る男だ。

第二点は、彼の自信過剰からくるものである。

(2)私はヒトラーから尊敬を勝ち取った。私は彼に対して影響力を持っている。

第三点は、ヒトラーの政策目標に関する彼の誤認に基づくものである。

(3)ヒトラーの欲望は、ドイツ民族の統合である。従って、その領土的欲望は限定的である。彼は英独友好を望んでいる。その限定的な領土的欲望が満たされたら、彼は欧州平和を望むようになる。

第四点は、この誤認から引き出された彼の結論であり、他大臣への勧告、警告である。

(4)この欧州平和への第一歩となるのが、「ゴーデスベルク覚書」であるので、我々はこれを承認すべきである。もしも承認しなければ、戦争となる。ヒトラーは本気だ。[3]

この論法からは、私には、チェンバレンが自分の描いた欧州平和のシナリオのために都合のいいヒトラー像を作り上げたとしか思えないのであるが、政治家としての彼の最大の欠点が人を見る目の無さであったことを考えると、これが彼の本気で信じ込んでいたヒトラー像であったのであろう。

(3) 首相・側近会議(2):首相報告の承認とカドガンの驚愕

一時間かけた首相による「使命の結果報告」が終った。カドガン次官は、これを聞いたときの彼の驚愕を、「身の毛がよだった」と、次のように日記に記している。

「本当にまったく身の毛がよだった。首相はまったく平然と全面降伏を受け容れている。更に、ヒトラーが明らかにある程度首相に催眠術をかけていることが分って、より一層身の毛がよだった。」

だが、その驚愕は他の出席者、特に大臣連の共有するものではなかった。会議は、ほとんど議論らしい議論はなく進んだ。[4] ただホーア内相だけが、それもおずおずと、

「政府としては、取引相手の側に何かを課すことなく、ドイツ案を受け容れさせようとすれば、難儀な目に遭うかもしれま

せん。」

と、これからの閣議や対仏、対致協議において見込まれる困難を指摘してみたが、昨日まであれほど強硬であったハリファックス外相が、

「私の見るところでは、受諾の不利益は、我々が戦争をするのを正当化するほどのものではありません。」

と、首相の肩を持った(5)。直接の上司がこう言うのを聴いたときの驚きを、カドガン次官は、日記にこう記している。

「首相が外相に催眠術をかけ、外相が全面降伏していることが分ったとき、更にもっと身の毛がよだった。」

会議の低調な議論が、外相のこの一言で、更に低調に、首相に有利に傾くと、それまで猫がどっちにジャンプするかと会議の形勢を傍観していたサイモン蔵相は、カドガンがまたまた驚いたことに、「ドイツ人がズデーテンに今入ろうが、後から入ろうが、結局、それは『様式』の問題です」と、法律家らしからぬ乱暴な割り切り方で、旗幟を鮮明にした。一昨日、昨日まで闘志満々であった蔵相でさえ、この調子であった。呆れ返ったカドガンは、自分の考えを紙に書き付けて、これをハリファックスに渡したが、何の効果もなかった(6)。これで首相・側近会議は、五時一〇分に終った。

(4) 閣議でのチェンバレン発言(1):ヒトラー観

午後五時三〇分、閣議が始った。冒頭、チェンバレンからゴーデスベルク会談について一時間にわたる報告があった。首相は、ヒトラーが英仏共同案を拒絶したことにかなりのショックを受けたが、本件については、ヒトラーの新提案(「ゴーデスベルク覚書」)に沿った形で話を進めていきたいと提案し、ドイツ軍が一〇月一日までに全地域を占領するというヒトラーのタイムテーブルをはっきりと擁護した。この結論に対する閣議の反応を見る前に、報告中の注目すべきチェンバレン発言を二、三、引用しておこう。先に私は、チェンバレンの政治家としての最大の欠点は人を見る目がないということだ、と言ったが、その彼が、この閣議報告の中で人物を見抜く要諦を説いている。

「人の行為を理解するためには、その人の動機を正しく認識し、その人の心がどう動いているか見抜くことが必要です。」

と、彼は言い、これをヒトラーに適用して、

「ヒトラー氏は狭量で、いくつかの問題に関して激しい偏見を持っていますが、彼は一定の基準を持っています。」

と見る。そして、彼がその「一定の基準」として挙げたのが、次のような彼の「確信」であった。

「ヒトラー氏は、彼が尊敬し、彼が交渉中にある人を意図的に騙そうとはしません。私は、ヒトラー氏は今や私に対してある程度の尊敬心を抱いています(7)。」

これが彼の対独宥和政策の土台を形成していた彼のヒトラー観であり、そこには、お世辞に弱く、自信過剰で、人を見る目がないという彼の三重の欠点が集中的に表れていたことが、分ろう。

(5) 閣議でのチェンバレンの発言(2):欧州平和構想

この自己に対する過剰な信頼とヒトラーに対する誤った信頼とから、チェンバレンは、ヒトラーの外交目標としての領土的権益

の拡大について、確信的に、

「ヒトラー氏の政策は人種的統合であって、欧州の支配ではありません。ひとたびズデーテン問題が結着すれば、彼にはそれ以上欧州での領土的野望はありません。」

と、その限定性を強調し、またヒトラーの外交目標としての英独関係の改善についても、確信的に、

「彼はイギリスの友情を獲得したいと熱望しています。彼はズデーテン問題の結着が英独関係の転換点になると言っています。」

と言い、またここでも次に、この彼の「確信」の基礎にあるのが、自信過剰、自惚れであったことを示す発言をする。

「私は今ヒトラー氏に対してある程度の影響力を確立したと思います。彼は私を信頼してくれていて、私と積極的に協力していく気になっています。これこそ、現在の懸案中の大事です。」

このようにチェンバレンは、英独友好協力関係を土台にした欧州平和が「大事」で、そのためのチェコスロヴァキアの犠牲は「小事」と見なしていた。そんな彼の「欧州平和構想」を、テルフォード・テーラーは「パックス・ゲルマニア－ブリタニカ・ヴィジョン」と呼んでいるが、「ヴィジョン」が「構想」であれ「幻想」であれ、その根本的欠陥は、たとえ「小の虫」を殺しても「大の虫」を生かす、ということにならずに、それどころか「小の虫」を殺せば「大の虫」も殺すことになる点にあった[8]。

(6) 閣議でのチェンバレン発言(3)：ロンドン空襲か「ゴーデスベルク覚書」か

このようなヒトラー観と欧州平和構想を披露した後、次に、チェンバレンは、閣議に、恐ろしい戦争か、「英仏共同案」と大差のない「ゴーデスベルク覚書」の受諾か、と迫るが、この「欧州平和のセールスマン」の一押しの商品が、ドイツ製の「ゴーデスベルク覚書」であったことは、言うまでもない。

「これ以外の方針で平和的解決を得るチャンスはまったくありません。閣議に列席する皆さん方は、英仏案と本案との相異を注意深く検討して、その相異が私たちが戦争するのを正当化するものであるかどうかを熟慮すべきです[9]。」

そして、このとき彼が持ち出したのは、ロンドン空襲の恐怖と、それとの関連での予防戦争の否定であった。

「今朝私は、ロンドン上空をテムズ川を遡るように飛んでいましたとき、ドイツの爆撃機が同じコースを飛んでいるのを想像してしまいました。そのとき、私は、眼下に広がって見える何千という家庭を、私たちはどの程度守ってやれるのか、と自問しましたが、私たちは、今より後に起こるかもしれない戦争を予防するために、今すぐ戦争に入るのを正当化できる態勢にはない、と感じた次第です[10]。」

ロンドン空襲に関するチェンバレンの、この発言には、客観的事実としての裏付けの有無は別にして、当時のイギリスでは、相当の説得力があった。「ノックアウト・ブロー」恐怖症に取りつかれていたのは、チェンバレンだけでなく、ウッド空相も、その一人であった。防空責任を担う一人として、空相は、イギリスが

ドイツ空軍の空襲を受ければ三週間で五〇万人の死傷者が出ると、予想していた[11]。また、陸軍の英東部司令官アイアンサイド将軍も、九月二二日、「チェコ人のために我々自身を全滅にさらすのは、狂気の沙汰だ」と言ってはばからず、「チェンバレンは正しい、チャーチルは間違っている」と断定し、その理由を、防空責任者の一人でもある司令官は、「イギリスはドイツの空爆に到底立ち向かえないからだ」としていたのであった[12]。

（7）閣議の抵抗：海相の総動員論、陸相の動員論

「ゴーデスベルク覚書」擁護についての、首相の一時間もの説明を聴いた後のダフ・クーパー海相の感想は、「その要求諸条件は、長期戦の後で敗北した国民に対してしか課せられないようなもの」というものであった。そのクーパーが最も驚いたのは、首相の、「私たちはこれらの条件を受け容れて、チェコ人にもそうするように忠告すべきです」という結論であった。このような首相提案を到底受け容れられなかった海相は、思い切った代替案を出す。当時多くの人から、戦争への「引き金」とも見られていた総動員である。

「首相が話されたことから判断しますと、私には、依然としてドイツ人は、私たちがいかなる状態においても戦うことはなかろうと、信じ込んでいるように思えます。しかし、それは逆だと彼らに分らせる方法がまだ一つ残されています。それは唯一の方法ですが、今すぐ総動員を宣言することです。」

そして、首相提案を受け容れた場合にもたらされる結果について、海相は、「不名誉な平和」ですらなく、政府が世論のブーツに蹴られて入る「不名誉な戦争」となる可能性があると指摘した。このクーパー海相の「総動員論」に、スタンレー商相、エリオット保健相の「クーパー派」が賛成した[13]。

ホーア＝ベリーシャ陸相は、次の日の日記に、

「昨日、首相はロンドン上空のドイツ爆撃機やその空襲による災害についての恐怖を、我々に語った。私ほど、我が空軍の劣勢を意識している人はいない。参謀本部の見解では、今ドイツを攻撃することは、銃に装填していないのに虎を攻撃することに似ているというのであった[14]。」

と記しているが、その陸相でさえ、この日の閣議では、「動員がヒトラーの理解する唯一の議論です」と「動員論」を唱えたのであった。そして、この陸相の「動員論」には、ウィンタートン・ランカスター公領相、デ・ラ・ウェア国璽尚書が賛成した。他の者はコミットせず。サイモン蔵相、ホーア内相の大物は、無言であった[15]。

（8）閣議の結果：結論先送り・英仏協議待ち

形勢不利と見たチェンバレンは、総動員・動員論に関しては、「今晩決定しなければならないほど、状況は切迫してはいません」と、先送り戦術に出て、「その前にとるべき決定は、ヒトラー氏の提案に関するものでなければならないと思います」と、「ゴーデスベルク覚書」対応先決論を主張した。

これに対して、動員支持論のウィンタートンが、「防衛措置の問題については、速度も大事ですが、明日に先送りできると思います」と、首相の主張に同意すると、ハリファックス、インス

キップ、サイモン、マクドナルドも、首相を支持した。しかし、クーパーが攻撃を再開したために、首相が急ぐ「ゴーデスベルク覚書」承認問題に関しても、閣議は纏まらず、また、総動員・動員を含めた更なる防衛措置についても、首相提案通り、「覚書」に対する態度を決定してからということで先送りとなった。最後に閣議は、明日フランス代表をロンドンに招いて彼らと協議することを決めて、午後七時三〇分、閣議は明日に順延となった[16]。この閣議の後、ダラディエ首相とボネ外相らフランス代表団は、明日午後早く空路パリを出発して、午後五時から英仏代表協議を開くということに決まった[17]。

(9) クーパーの不満、カドガンの失望

ダフ・クーパー海相は、閣議での首相の発言と閣議の結果に大いに不満であった。

「思うに、ヒトラーはネヴィルに魔法をかけたのだ。ネヴィルは、すべてはヒトラーを信用するかどうかにかかっていると言うが、ヒトラーの何を信用せよというのか？」

と、その日の日記に記し、その最後を「A bad night」で締め括った[18]。

クーパーのこの書き様からすると、閣議はチェンバレンの勝利であったように思えるかもしれないが、そうではなかった。「独裁者的」首相の提案に対して、これまでの閣議以上に異論も多く、かつ、首相に助け舟を出すのを常とするホーアもサイモンも、今回は無言のままであり、全体的に首相擁護論は少なかった。世論の動向だけでなく、確かに閣議の風向きも、大きく変りつつあった。

しかし一つ腑に落ちないのは、動員差止め対致勧告取消問題では、あれほど硬化したハリファックス外相が、この閣議では以前の首相に忠実な外相に戻った感があったことである。閣議から戻ってきた外相について、カドガン次官は、その失望感を日記に次のように記している。

「外相八時に戻る。頭の天辺から足の爪先まで完全に満ち足りた敗北主義的平和主義者として。彼は、閣議はすべて良しと思っているようだ。不可解千万なりだ！」

そして午後一〇時半過ぎ、カドガンは、車でハリファックスを家に送って行く途中、自分の考えの一端を話してみたが、外相の心を「揺さぶる」ことはできなかった[19]。重量級の外相が、果してこのまま首相に忠実な外相であり続けるのであろうか？　それが明日の閣議の行方を左右する鍵となりそうであった。

2　フランスのジレンマ

(1) 追加動員発表の日のパリ

二四日の朝、前夜に動員追加を決定していたフランスでは、六〇万人の予備役の召集が発表され、午後には、パリ東駅は、ストラスブルクやメスへと向う兵士とその家族らで、ごった返した。イギリス国民ほどではないが、フランス国民の態度もヒトラーのやり口に相当に硬化していたので、動員を決定した政府に対する抗議や攻撃はなかった。しかし同時に、二〇数年前にあの悲惨極まりない塹壕戦を経験した国民の間には、熱気も歓呼もなかった。

あったのは、ここに至ったことへの苦々しい思いと、こうなっては動員もやむなしという半ば諦めの気持ちとであった。一九一四年には、同じこの東駅で「ベルリンへ！」という勇ましい掛け声が鳴り響く中、兵士たちは西部戦線へと出征して行ったが、今回は「ベルリンへ！」と叫ぶ者は誰一人としていなかった。但し、人々は陰鬱な気分ではなかった。粛々と義務を果すしかないという厳粛な気分であった。

この日、自己の決断に対する国民の反応に気をよくしたダラディエ首相は、「猛牛」に戻ったかのように、動員について、国民に向って次のように語った。

「今回の措置は、政府が国民に対して期待していました通りに、全国津々浦々で、冷静さと固い決意でもって受け取られ、実施されたのであります。[20]」

一九一四年に動員令が発せられたとき、「動員は戦争ではない」と言われたが、結果は逆になった。今回も、ゴーデスベルクでチェンバレンが、チェコスロヴァキアの総動員について、「動員は戦争ではない」という意味のことを、ヒトラーに言った。また、パリの市民の間でも、今度のフランスの動員で対独戦争は「確実」になったと見たものは、ごく少数であった。ほとんどの人は「五分五分」と見た。[21] 果して、今回のチェコスロヴァキアの総動員とフランスの部分動員とイギリスの海軍措置は、先の大戦の引き金となったロシアの対オーストリア総動員令と同じ役割を果すのか？　そうはならずに、平和となる場合、どちらかが「降りる」必要があった。その場合、今回初めてドイツが降りるのか、またも英仏が更に降りるのか、それが問題であった。ただ一つ、この時点で言えることは、先にも指摘したことだが、この三国の軍事措置によって、ヒトラーの「緑作戦」の実施がますます困難になっていたということである。

（2）二四日夜のダラディエ宛ボネ書簡

ボネ外相は、二三日夜の追加動員の決定に正面を切って反対はしなかったものの、内心は、当然、反対であった。彼の信念、すなわち、「いかなる代償を払っても対独譲歩を」という「平和」への信念は、内外の環境の変化にもかかわらず、微動だにしていなかった。そんな彼であったので、裏面から「闘うダラディエ」を牽制する行動をとった。二四日の夜、すなわち、ダラディエと共に英仏協議のためにロンドンに出発する前日の夜、外相は、この不動の信念を強調する手紙を、首相に送ったのである。

「親愛なる総理

私たちは、めいめいがその気持ちをはっきりと示さなければならない、極めて重要なときに立ち至りました。もしフランスが対独宣戦布告を行えば、事実上フランスは、陸上においては単独で、独伊合同の衝撃を被らなければならないでしょう。日本は当てにならないどころか、極東において、間違いなく仏印を攻撃するでしょう。

ポーランドは当てになりません。小協商のルーマニアもユーゴスラヴィアも当てになりません。ソ連もアメリカも当てになりません。イギリスの援助は、海上では非常に重要ですが、陸上では、最初の数ヶ月の間はほとんど無きも同然でしょう。

私は、フランスはこのような苦しい闘いに自ら進んでコミットする状態にはないと思うのです。フランスは、その力と同盟と空軍を再建するまで待たねばならないと、私は思うのです。

組閣以来の五ヶ月の間、私たちは親愛なる協働のうちに、昼夜を問わず、平和のために闘ってきました。私は総理がこの道を歩み続けられるよう懇願する次第です。それが我が国を救える唯一の道なのです。

心よりの親愛の情をこめて。

ジョルジュ・ボネ[22]」

(3) ズデーテン占領時期へのボネとカドガンの対照的な態度

正午前、ブリット米大使は、ボネ仏外相とフィップス英大使に会った。このとき、ボネは、チェコスロヴァキアの安全と独立、及び、英仏の名誉と威信とにかかわる、ドイツ軍によるズデーテン地方の占領時期の問題について、先のサイモン英蔵相同様、

「ヒトラーがこれらの地域を九月二五日に取るのか、一〇月二五日に取るのかの言い争い事で、欧州大陸を破壊してしまうのは、愚行でしょう。」

と、いとも簡単に言ってのけた。そしてフィップスも、これに同感の意を表した[23]。

ボネ、フィップスの態度とは逆に、既に「英仏共同案」をこれ以上越えられない「我慢の限界」と見ていたカドガン次官は、この日の午前に、「一〇月一日占領」を要求する「ゴーデスベルク覚書」を読んだとき、ヒトラーはこの限界線を越えた、と見なした。

「今、ヒトラーの覚書が入った。酷い代物だ。一週間前、我々は『自治』から割譲へと動いた(あるいは、押し動かされた)が、そのとき、我々の多くは、住民をナチ・ドイツに割き与えることはとても難しい、と思った。そこで我々は、その割譲は『秩序正しい』割譲でなければならないという条件を、明記することによって、我々の良心を慰めた(少なくとも私はそうだった)。今や、ヒトラーは、(秩序維持のために!)全地域に直ちに進駐しなければならん、というのだ。しかも、プレビサイトだ! それもその後で実施できるというのだ! これは、我々の施した最後の安全措置を全部残らず放棄しようとしているのだ[24]。」

(4) フランスの戦略的ジレンマ:対独攻勢の採用とパリ空襲の脅威

九月二三日、アンリ・デンツ仏陸軍参謀次長は、「ジークフリート・ライン」の脆弱さについて、フレーザー英陸軍武官に、次のような正確な情報を提供した。

「ドイツ陸軍のほとんどは、チェコスロヴァキア国境に集中しており、西部国境の配備兵力は、わずか九個師団の『薄い膜』のようなもので、この膜では、フランスがもし本気になったら、到底持ちこたえられません。」

このようなフランスに有利な戦略的状況の下で、もしガムラン参謀総長が攻勢作戦を採用すれば、ヒトラーが、チェコスロヴァキア国境から兵力を割いて西部戦線に急送するか、それとも、未完の脆弱な「ジークフリート・ライン」が突破される危険を放置しておくか、という選択に迫られることは必至であった。そして、

そのいずれを選択しても、「緑作戦」失敗の危機の到来になったことは、間違いなかった。[25]

このようにヒトラーのブラフが通用しがたい状況が濃くなりつつあったのだが、果して、ダラディエ、ボネ、ガムラン、デンツのフランスは、ドイツの爆撃機によるパリ空爆の脅威をものともせず、戦争覚悟でヒトラーに対してコールを掛けることができるかどうか、それが問題であった。しかし、彼らは簡単には抜け出せそうにない深刻な戦略的ジレンマに陥っていた。例えば、上述のように、仏独国境でのフランスに有利な状況を把握していたデンツ次長でさえ、自国空軍の劣悪な状態について、フレーザー大佐に、「防衛手段のないフランスの都市は、廃墟と化するであろう」と、悲観的というより絶望的な見方を伝えていたのである。[26]また、二日後の九月二五日の朝、対独宥和論の代表格の一人であったジョセフ・カイヨー上院財務委員会委員長も、フィップス大使に、

「ドイツとの戦争は、すなわち、ポーランド、ハンガリー、日本との戦争を意味します。航空戦で、私たちの町は消し去られてしまうでしょう。私たちの女、子供は屠殺されるでしょう。フランス陸軍は素晴らしい闘いをしてみせるでしょう。ですが、マジノ・ラインにいる彼らの方が、市民たちよりも安全でしょう。パリ周辺の工場が重爆撃に遭って、『パリ・コミューン』の二の舞となるでしょう。[27]」

と、パリ空襲の脅威だけでなく、その結果としての赤化の脅威までも語っていたのである。

(5) フィップス大使のフランス国内情勢報告

ボネ外相が、ブリット大使に、ドイツ軍によるズデーテン占領時期の問題などで欧州大陸を破壊するのは「愚行」だと、事もなげに言ったことは、先に見たところであるが、そのとき、このボネ発言に同調したフィップス英大使が、この日、本国政府に対して、フランスの国内情勢に関する個人的印象を記した一通の電報を送っている。以下、まず、この大使の印象の内容を見て、その正誤を検討して、次に、この電報に対するハーヴェイ外相付秘書官とカドガン外務次官の反応を見てみよう。電報は次のように言っている。

「私は、私の純然たる個人的印象を、政府に提示したく思います。その印象は以下の通りです。戦争は、今現在、フランスではこの上もなく不人気だ、と思われます。それ故に、私は、政府におかれましては、当地の少数派だけれども、騒々しく、堕落した好戦グループを我々が励ましていると思われるだけでも、危険であるということを、悟られるべきだと存じます。フランスの最優良分子はすべて、戦争反対です。ほとんどいかなる代償を払ってもいいという考えです。

フランスも戦わざるをえない羽目になれば、戦うでしょうが、同国には目（空軍）もありません、真のハートもありません。そのような目もハートもないまま戦うことになる国を我が同盟国として、私たちが彼らと共に史上最大の戦争となると想定されるものに乗り出すのは、私たちにとっては、間違いなく、大いに考えものです。[28]」

(6) フィップス報告への疑問

このフィップス報告への第一の疑問は、戦争は「この上もなく」不人気と言えるかどうかである。この日発表されたフランス政府の追加動員の決定は、国民から歓呼を以って迎えられはしなかった。それは事実であるが、しかしながら、それが、抗議もなく、平静に受け容れられ、粛々と実施されたことは、先に述べた通りである。戦争は人気があるとは言えないが、フランスの対独世論も相当硬化しており、戦争は「この上もなく不人気」とも言えない。

第二の疑問は、「いかなる代償を払っても平和を！」という「宥和派」の代表は、フィップスが親しく交遊し、その主な情報源となっていたボネやカイヨーやフランダンであったが、彼らが、フィップスが言うように、「最優良分子」と言えるかどうかである。

第三の疑問は、「反宥和派」のチャーチルらと親しくしていて、「宥和派」のフィップスが忌避していたレイノーやマンデルらを、「抵抗派」が、フィップスが言うように、「少数派」と言い切れるのか、あるいはまた、「堕落した好戦グループ」と言えるのかどうかである。

これらの疑問点を考慮すれば、このイギリス大使の赴任国フランスの国内情勢に関する彼の「純然たる個人的印象」は、フランス国内の多数派とは言え、一部しか代表していないボネ一派の色眼鏡と自己の対独宥和の信念とを通して得た印象で、実態を正確に反映したものではないと、言わざるをえまい。

(7) フィップスへのハーヴェイとカドガンの反発

「反宥和派」のハーヴェイは、このころフィップスがパリから送って来る電報について、「私がこれまで見たこともない敗北主義的なもの」と言い、「彼はフランスの感情を正直に伝えていないのか、あるいは、政府に耳障りかもしれないと思われる意見については、これをわざわざ見つけ出そうという労をとっていないのか、そのどちらかだ」と見て、そして、「このようなときに、ローマとベルリンとパリの我が三大使（パース、ヘンダーソン、フィップス）が、このように惨めったらしい大使とは、何たる悲劇か」と嘆いていた。(29)

駐仏大使の電報を、ハーヴェイが「敗北主義的」と評したのと、言葉は違うがほぼ同じような意味で、このとき既に「宥和派」から脱退していたカドガンも、「破滅的な電報」と言っている。そして、次官は、弱気の大使に強く反発して、次のように言う。

「私たちと彼らが戦える状態にないことは、私も承知だ。しかし、私としては、不名誉な目に遭うくらいなら、戦って敗れるほうがまだましだ。この後、私たちはどのようにして外国人の顔をまともに見ることができるというのか？　どのようにしてエジプト、インド等々を繋ぎ留めておけるというのか？(30)」

上のカドガンのフィップス批判は、二四日の日記に記されたものであるが、次の日、その憤懣を、カドガンは次官として、直接、大使にぶつけている。大使の「印象」がボネやカイヨーやフランダンら「宥和主義者」だけからの偏った情報に基づいていると見なしていたカドガンは、フィップスの「破滅的な電報」に対して「憤怒の返電」を打ったのである。

それは、フランスの「公人の感情」に関する完全な情報を得るために、もっと広く、各界各層の見解を確かめるように求めていた。そして、カドガンが特に癇に障ったのは、「少数派だが、騒々しく、堕落した好戦グループ」というフィップスの言葉使いであったのであろう、この点に関して、次のように詰問している。

「貴下は前電において『少数派だが、騒々しい、堕落した好戦グループ』と言っておられるが、当方は、貴下のこの言及について理解しかねています。『好戦グループ』の中に、まさか貴下は、フランスは対致条約義務を果さねばならないと感じているすべての人を含めているわけではないでしょうが、もし含めておられるなら、このグループの精確な構成分子は何なのですか、それは何を代表しているのですか、そして、それを『堕落した』と貴下が評するその理由は何なのですか？[31]」

(8) ニュートン公使、「ゴーデスベルク覚書」を致政府に伝達す

午後六時、ニュートン公使は、とりあえず英訳の「ゴーデスベルク覚書」をチェコスロヴァキア政府に提出した。その際、公使は、イギリス政府の役割について、口頭で、

「イギリス政府はただ単に仲介者として行動しているだけです。貴政府にどうせよと忠告しているわけではありません。」

と伝えた後、更に公使は、チェンバレン首相から直接受けていた訓令に従って、

「ただしかし、ヒトラー氏は、チェンバレン首相との会談中に、この提案は氏の最後の言葉だと繰り返して言われました。」

と付け加え、警告的な情報を強調的に伝達した。[32]

(9) 明日からの欧州平和は？

このようにしてチェコスロヴァキアに差し出された、チェンバレンの「ゴーデスベルク土産」に関して、チェンバレンの最も古くからの友達の一人、レオ・アメリーは、次のように、親友を厳しく非難していた。

「チェンバレンが持って帰ってきたものは、絞首刑用の縄にチェコ人の首を入れよ、と要求するヒトラーの途方もない最後通牒です。チェンバレンは、私たちがこれをチェコ人に受け容れるよう告げるべきだ、という考えに傾いているのです！[33]」

こんなチェンバレンに驚愕し、そんな彼に無抵抗なハリファックスに失望し、そんな首相と外相を励ますようなフィップスに憤激したカドガン次官は、

「このような幻滅の日をこれまで経験したことがない。これほど憂鬱になり意気消沈したことはない。後は閣内と議会での反乱に期待するしかない。この日記の残りのページには何が書かれることになろうか？[34]」

と、明日への不安な気持ちで、九月二四日の日記を締め括っているが、この日、大西洋の向こう側から、アメリカのルーズヴェルト大統領は、欧州の明日について、不吉な預言を発していた。

「事態はさらに悪くなっています。一週間で戦争という様相を呈しています。[35]」

FDRのこの預言が的中するかどうか、次部では、その当否を占う鍵となりそうな明日九月二五日の第二回英仏ロンドン協議と、

その後に予定されているイギリス閣議と、そして、その過程から跳び出してくるヒトラー＝ウィルソン・ベルリン会談等について見ていくことにしよう。

注

(1) David Faber, *Munich, 1938: Appeasement and World War II* (Simon & Schuster, 2009), p. 345.

(2) *Foreign Relations of the United States, Diplomatic Papers, 1938, Volume I, General* (United States Government Printing Office, 1955), pp. 642-3. 以下、*FRUS-I* と略して表記する。

(3) Faber, *Munich, 1938*, p. 345; Ian Colvin, *The Chamberlain Cabinet* (Victor Gollancz, 1971), p. 162; Telford Taylor, *Munich: The Price of Peace* (Hodder and Stoughton, 1979), pp. 820-1; Robert Self, *Neville Chamberlain-A Biography* (Ashgate, 2006), p. 318.

(4) David Dilks (ed.), *The Diaries of Sir Alexander Cadogan O.M. 1938-1945* (Cassell & Company LTD, 1971), p. 103.

(5) T. Taylor, *Munich*, p. 821.

(6) Dilks (ed.), *The Diaries of Sir Alexander Cadogan*, p. 103.

(7) T. Taylor, *Munich*, pp. 821-2; Andrew Roberts, *'The Holy Fox'-A Biography of Lord Halifax* (Weidenfeld and Nicolson, 1991), p. 114; Self, *Neville Chamberlain*, p. 318.

(8) *Ibid.*, p. 318.

(9) T. Taylor, *Munich*, p. 837.

(10) Self, *Neville Chamberlain*, p. 318.

(11) T. Taylor, *Munich*, p. 837.

(12) *Ibid.*, p. 835.

(13) John Julius Norwich (ed.), *The Duff Cooper Diaries: 1915-1951* (Phoenix, 2006), p. 264.

(14) 坂井秀夫『近代イギリス政治外交史』Ⅳ（創文社、一九七七年）、九九ページ。

(15) Norwich (ed.), *The Duff Cooper Diaries*, p. 264; Colvin, *The Chamberlain Cabinet*, p. 163; Faber, *Munich, 1938*, pp. 346-7.

(16) T. Taylor, *Munich*, p. 823.

(17) *Documents on British Foreign Policy, 1919-39, 3rd series, Volume II* (His Majesty's Stationary Office, 1950), pp. 511-2. 以下、*DBFP-II* と略して表記する。

(18) Norwich (ed.), *The Duff Cooper Diaries*, p. 265.

(19) Dilks (ed.), *The Diaries of Sir Alexander Cadogan*, p. 103.

(20) Alexander Werth, *France and Munich before and after the Surrender* (Harper and Brothers, 1939), pp. 275-8.

(21) *Ibid.*, pp. 275-8.

(22) Anthony Adamthwaite, *The Making of the Second World War* (Routledge, 1992), pp. 192-3.

(23) *FRUS-I*, p. 641.

(24) Dilks (ed.), *The Diaries of Sir Alexander Cadogan*, p. 103.

(25) T. Taylor, *Munich*, pp. 836-7.

(26) *Ibid.*, p. 839.

(27) *DBFP-II*, p. 513.

(28) *Ibid.*, p. 510.

(29) John Harvey (ed.), *The Diplomatic Diaries of Oliver Harvey 1937-1940* (Collins, 1970), p. 195.

(30) Dilks (ed.), *The Diaries of Sir Alexander Cadogan*, pp. 103-4.

(31) *DBFP-II*, p. 535.

(32) *Ibid.*, pp. 512, 519, 497; Igor Lukes, *Czechoslovakia between Stalin and Hitler: The Diplomacy of Edvard Benes in the 1930s* (Oxford

University Press, 1996), p. 239.

(33) Faber, *Munich, 1938*, p. 347.

(34) Dilks (ed.), *The Diaries of Sir Alexander Cadogan*, pp. 103-4.

(35) Barbara Rearden Farnham, *Roosevelt and the Munich Crisis–A Study of Political Decision-Making* (Princeton University Press, 2000), p. 110.

第Ⅷ部　ヒトラー＝ウィルソン・ベルリン会談

「最終決定の時が近づくにつれ、優柔不断の徴候が見えるのは、ヒトラーの場合、珍しいことではない。*」

ザーラ・スタイナー

一九三八年九月二七日昼過ぎ、「六日で私たちは互いに戦争ということになるのだ。**」

夕方、「こんな国民と共に、戦争はできない。***」

アドルフ・ヒトラー

第29章　英仏ロンドン協議からウィルソン特使派遣へ

1　英閣議：深刻な亀裂の拡大

(1) ハリファックスの「回心」

夜はいつもよく眠れるハリファックスであるが、この夜は違った。午前一時に目を覚ました後、まったく眠れぬ夜を送った。帰宅途中の車中でのカドガンとの会話が、彼の心を疼かせたせいである。暗闇の中で目を覚ましてから、夜を徹して考え続けた。そしてついに彼は、宥和派から抵抗派に劇的な転身を遂げた。それは、パリサイ人パウロが、キリスト教弾圧のためにエルサレムからダマスカスに赴く途上、「パウロ、パウロよ、お前はなぜ私を迫害するのか」という天の声を聞いて、キリスト教の迫害者から伝道者に転向したという、あの「パウロのダマスカスの回心」のような、「ホーリー・フォックスの回心」であった。(1)

九月二五日午前一〇時三〇分、閣議が開かれた。二一名が出席した全体閣議であった。初めに、ハリファックス外相から、「フランスの大臣たちとは、午後五時ごろには会えることになっています。今朝、イーデン氏から、新聞報道のようなドイツ案なら拒絶せよ、と言ってきました。チェコスロヴァキア政府からは、まだ何も言ってきていません」との報告があった。これが終ると、スタンレー商相から、「第一問題は、この提案をチェコスロヴァキア政府に受諾するよう忠告すべきかどうかです」という問題提起があった。

この提案に答えるために立ち上がったのは、チェンバレン首相ではなくて、ハリファックス外相であった。その声は低かったが、感情の高ぶりが感じられた。(2) その発言概要は次の通りである。まず彼は、「ゴーデスベルク覚書」に関して感じ始めていたという、彼の「躊躇」について語る。

「私は、昨日までは先週の『ベルヒテスガーデン案』の原則と、その適用として今出されている『ゴーデスベルク覚書』との間の相違には、新たな原則の受容れは含まれてはいない、と感じていました。しかし、今でもそうかと問われると、そうとは確信をもって言えないのです。(3)」

(2) ハリファックスの首相案反対表明

続けて、ハリファックスは、その「躊躇」の具体的な理由を、「英仏共同案」の命である「秩序正しい移譲」との関連で、「私を躊躇させるのは、秩序正しき移譲と秩序無き移譲との間に原則上の相違がある、と言いうるかもしれないことです」と説明し、そして宗教心の篤い彼らしく、その「秩序無き移譲」の犠牲となるチェコスロヴァキアに対する「道徳的義務」を指摘する。

「チェコスロヴァキアは、イギリスの忠告に従って譲歩することに同意したわけですから、その結果として、私たちには道徳的義務が生じていると、そのように私は感じています。」続けて、外相は、そのチェコスロヴァキアを食い物にしようとしているヒトラーとナチズムへの不信感を露わにする。

「私が私の心から拭い去ることができないのは、ヒトラー氏が、戦争をする必要もない状況であるにもかかわらず、既にまったく自分が戦争に勝ったかのように、私たちに何も与えないで、要求条件をほしいままに命令している事実です。私の究極的な目的として目にしたいのは、ナチズムの破壊なのですが、この目的が成し遂げられるのか、やや不安を感じています。ナチズムが存続するかぎり、平和は不確実であると思うのです。」

このようなチェコスロヴァキアに対する「道徳的義務」と、ヒトラーとナチズムへの「不信感」と、究極目標としての「ナチズムの破壊」とから、次に外相は、結論として、チェンバレンが驚愕したと思われる、「対致圧力の否定」と「対独参戦の覚悟」を説いた。

「このため、私は、チェコスロヴァキアに『覚書』を受諾するよう圧力をかけるのは正しいとは思いません。私たちは、本案については、これを彼らの前に置くだけにすべきです。彼らが拒絶すれば、フランスは戦いに参入するでしょう。フランスが入れば、私たちも彼らと共に参加すべきです。」

と、首相への決別宣言にも等しい告白を行ってから、最後に、彼は、外相としての首相との関係について、その真情を吐露した。

「私は、これまで長い危機の間中ずっと、総理とはこの上もなく緊密な関係を保って仕事をして参りました。私は、私たちの考えが現在もなおまったく一致しているという、十分な確信があるわけではございませんが、それでも、私は、私自身の躊躇をまったく正直にさらけ出すのが正しいと思う次第です。(4)」

(3) 首相・外相間の走り書き交換

以上のように、ハリファックスの態度は、確かに「躊躇」であって、ダフ・クーパーのような断固たる反対ではなかった。外相の立場は、チェコスロヴァキアが「覚書」を「自主的に」受諾することを望むが、受諾を「強制」すべきではないというものであった。

それでも、この外相発言は、チェンバレンにとっては、不意の脳天への一撃と言ってもいいほどの痛打であった。スタンレー商相の批判は軽量級であり、クーパー海相の反対でも中量級程度であったが、ハリファックス外相の首相離れは、チェンバレンにとって重量級の大打撃であった。半年前にイーデン前外相が首相と外交意見が合わずに辞任したのに続き、今また、人望も徳望もあるハリファックス外相の辞任となれば、チェンバレン内閣の屋台骨が大きく揺らぐことは確実であった。そのような痛烈な不意打ちを食った首相が感じた衝撃の大きさを示すように、首相は、その後、閣議ではまったく無言であった。(5)

他の閣僚がそれぞれの見解を述べている間、無言の首相と重大決意の表明を終った外相の間で、密かに紙きれへの走り書きによる問答が行われた。まず首相から対独戦の覚悟について、「昨夜お会いしたときからすっかり変ってしまった、あなたの見方は、私への恐ろしい打撃ですが、勿論、あなたはご自分でご自分の意見を作らなければなりません。しかしまだ、フランス人たちが何と言うか知る必要が残っています。もし彼らが戦いに入ると言って、それによって私たちも引きずり込むというのなら、私はそんな決定に対する責任は負えないと思います。N.C.」と書いて、ネヴィルが「辞職」をちらつかせる「ヴェールで覆った脅し」をかけると、エドワードは、申し訳なさそうに、「私は自分を不人情なやつだと感じています」と書いたが、その結論については、「しかし、昨晩はほとんどベッドで目を覚ましたまま、自分をさいなめていましたが、チェコスロヴァキアを強制する点に関しては、今この瞬間も、他の結論に到達することができる気がしないのです。E.」と譲らなかった。これに対して、首相は、外相の言い訳を容赦せず、「夜中に得た結論で、正しい見通しでなされたものは、滅多にありません。N.C.」と、短くきつく戒めたのであった。[6]

(4) 内閣崩壊の危機

ハリファックスの「回心」で始った閣議が、一時間後の一一時三〇分に昼食休憩に入ったとき、閣議の流れは、これまでとは完全に変っていた。二一名の出席者のうち、首相を支持したのは、僅か六名程度であった。[7] ケネディ大使がスタンレー商相より、間接的に聞いたところでは、今後の閣議次第では、七人の閣僚が辞任する可能性があるということであった。そのうち確実なのは、スタンレー商相、ダフ・クーパー海相ら四人、その可能性があるのは、ホーア＝ベリーシャ陸相ら三人であった。[8] このうち、陸相は、閣議の休憩中、ハーヴェイ外相付秘書官に対して、大気炎を揚げていた。

「ヒトラーの提案は拒絶すべきで、今やヒトラーとは戦うべきときです。閣議の決定の遅さにうんざりです。あの老人連には閉口です。彼らにこの戦争を任せることなど到底できません。首相はヒトラーに影響を与えることができるなどと言う始末なのですから。ヘンダーソンやフィップスなどという我が大使には、ひどく不満です。ゴート帝国参謀総長は、ドイツ西部国境に配備されている兵はわずか七師団なので、現況は戦略的に我が方に大いに有利だと、考えておられます。[9]」

三軍部大臣のうちのウッド空相は、それにインスキップ防衛調整相も、依然、首相を支持していたが、今もしも海相と陸相が辞任するという事態になれば、チェンバレン首相は、外相の支持さえ失いかねなかった。もしもそうなれば、既に「内閣分裂」の危機に直面していた首相は、まさに「内閣倒壊」の危機に直面することになろう。そして、このころ、ヘンダーソン大使などは、チェンバレン内閣が倒れれば、チャーチル＝イーデン「戦争」内閣の成立となろうと恐れていた。[10]

(5) チェンバレン首相の大勢順応

内閣分裂の危機の様相を濃くした閣議が再開されたのは、午後三時であった。冒頭、ハリファックス外相から、フランスは今閣議中なので、五時開催予定だった英仏協議は晩になりそうだ、との報告があった後、各閣僚から、午前のハリファックス意見に対する賛否両論が述べられた[11]。中でもダフ・クーパー海相の議論は強硬、激烈であった。

「私たちは、チェコスロヴァキアがヒトラーの最後通牒を拒絶した場合、チェコ人を支持するのかどうか、この問題を、この閣議の場で決めておくべきです。私が先にベルヒテスガーデンの条件に同意したのは、それによって戦争が先送りされるかもしれないと思ったからです。しかし、このような考えは、ゴーデスベルクの条件に直面した今、もはや私を動かすものではなくなりました。と言いますのは、私たちがこれを受け容れますと、私たちは政府から追い払われることになり、我が国はより劣悪な指導者たちの下で戦争に突入することになると思われるからです。今や問題なのは、民族自決でも、その実施法でもありません。私たちに関する限り、それはイギリスの名誉と魂にかかわる問題なのです[12]。」

最後に、チェンバレン首相は、閣議に生じた深い亀裂に戸惑いながらも、これを矮小化して糊塗すべく、

「予想されたことにすぎませんが、多少の意見の相違がありました。しかし、これを誇張してはいけません。」

と注意を促し、続けて、

「現在、中心部に弱さのあることを示すようなことがあれば、それは大きな過ちを犯すことになります。今こそ内閣は一致団結している姿を示すことが重要です。」

と強調した上で、彼の最も恐れる内閣分裂、崩壊の危機を避けるために、ついに彼もまた、対致加圧反対の大勢に順応することに決め、

「ヒトラーの要求条件の諾否を決めるのはロンドンでなく、プラハです。」

と言明した[13]。

(6) 逃げる首相を追うスタンレー商相

それでもチェンバレン首相は、「ゴーデスベルク覚書」自体への賛否については、反抗派が今すぐこれを拒絶せよと要求する途を、用心深く封じるために、

「この後、私はチェコスロヴァキア公使と会い、また、同僚の何人かと一緒にフランス政府の代表者たちと会うことになっています。ともかく、いかなる決定も、フランス側の意図が分るまでは、不可能です。今すぐ決めるべきことは、このフランスの代表者たちとの協議とチェコスロヴァキア公使との会見とに臨む我が方の態度です。」

と、目前の協議と会見への対応方針の決定が先だとした上で、その対応方針について、

「フランスの代表団及びマサリク公使との話し合いの中で、プラハが要求を拒絶した場合のイギリスの対応に関して、対独宣戦を布告するのかしないのかと、訊かれても、私はどちらとも答えません。」

と、三月二四日の彼の議会演説以来の対独「曖昧の方針」を維持する考えを明らかにした。しかし最早閣議は、このような首相の曖昧な「逃げ」の態度に納得するはずはなく、例によってスタン

レー商相が、イギリスのより強硬な、より明確な対応を強く要求した。

「今や私たちは、私たちの政策を明白かつ誤解の余地なき言葉で定義付けるべきときにきています。フランスには、もしフランスが精力的にチェコスロヴァキアを支持する用意があるなら、私たちもフランスに加わるという保証が与えられるべきです[14]。」

（7）クーパー海相の辞意表明

盟友スタンレーの次に立ったのは、ダフ・クーパー海相であった。チェンバレンは先の発言中にクーパーを名指しで、彼の見解に同意できないと、次のように言っていた。

「チェコ人に対して軍事的な支持を約束することによって、ヒトラー氏の要求を拒絶するよう彼らを励ませという海相の見解に、私としては同意しかねます。」

クーパーは、まず、首相が閣議の深刻な相違を「多少の相違」と誤魔化そうとしたのが気に入らなかった。更に彼は、首相が英仏協議から自分たちを排除し、この協議を「自分と同僚の何人か」すなわち四巨頭だけで都合よく処理してしまおうとしているのに不満であった。その上、首相がこのように自分の意見を真っ向から否定したために、海相も、堪忍袋の緒が切れたかのように、これらの募りに募っていた不満をぶちまけた後、ついに辞意を表明した。

「先ほど首相は、中心部の弱さを曝け出してはいけないと言われましたが、今ここでこうして起こっていることによって、閣議が麻痺するよりも、その弱さを示した方がよいと、私は思います。それ故に、私は、私がこれ以上内閣に留まり続けることは、遅延の原因となり、私と考えを異にする方々の悩みの種となるだけだと思いますので、私は去った方がよいという気が致します。」

だが、勿論、老練な首相は、

「私は、あなたがそのようなことを言い出しはしないかとは思っていましたが、今はどうか性急な行動をとられないようにお願い致します。」

と諭し、その辞意を受け付けなかったので、根が淡泊な海相は、その態度を和らげ、

「性急な行動はとりません。」

と同意したのであった[15]。

この後、閣議は、今後の手順としては、英仏協議終了後に再開して、そこでフランス側の見解を考慮し対応策を決定するということにして、午後六時停会となった[16]。

（8）ハリファックス外相とカドガン次官の和解

閣議終了後、カドガン次官は、ハリファックス外相に呼ばれて行ってみると、外相は、

「アレック、私は君に大変怒っているのですよ。昨晩は、君のおかげで眠れなかったのですから。一時に目を覚ましましてね、それから後は、一睡もできなかったのです。でも、それで、君が正しいという結論に達しました。」

と打ち明けて、閣議での彼の発言内容を話した。これを聞いたカ

ドガンは、心の中で、「この人は、何と正直な、勇気のある人なのか！」と感じ入りながら、外相に対しては、

「申し訳ありませんでした。」

と詫びた。これに対して、ハリファックスは、

「君は私に酷い一夜を与えていたということを知っていましたか？」

と尋ねると、次官は、

「ええ、でも、私はぐっすりとよく眠れました。」

と悪戯っぽく、満足そうに答えた。その安堵感と満足感を、彼は日記に次のように記している。

「とにかくこれで閣議は、これ以上首相に譲歩を許さないと思われる（我が国が許さぬ、と私は確信している）。今や我々は恐ろしい試練を予期しなければならないが、だが我々はこの試練に汚れなき手で対決するのだ。私は安堵している。[17]」

果して、首相がこれ以上譲歩せず、カドガンの覚悟している「恐ろしい試練」、すなわち、「戦争」となるのであろうか？　次に、その行方を占う重要な手がかりとなる、チェコスロヴァキアとフランスの態度を見て行こう。

2　チェンバレン＝マサリク会見と仏閣議

（1）チェンバレン＝マサリク間に飛ぶ火花

閣議の停会後、チェンバレンとハリファックスは、フランス代表団の到着が遅れそうなので、先にマサリク公使と会見することにした。公使は、イギリス側に会見を申し込むに先立って、この日の午前八時三〇分過ぎに、ベネシュ大統領と電話で打ち合わせを行っていた。

「ダラディエがここに来ることになっています。私は、彼とイギリス人たちに、貴下から連絡があったと、次のように言いたいのですが。『私たちは、あなた方への好意の印として、あなた方の提案を受け容れましたが、遺憾ながら、今回のこの文書（「ゴーデスベルク覚書」）は受け容れられません』と。」

「よろしい。詳細は電報します。」

「それでは、受け容れられないと言っていいのですね。」

「そう言ってよろしい。これに関して、あなたは全面的な承認を得ているということです。[18]」

大統領の承認で武装した公使は、自ら筆をとって対英通知書を認めた。そしてこの通知書を携えて、午後六時過ぎに、チェンバレン首相とハリファックス外相との会見に臨み、これを首相に手渡した。その際、首相と公使の間で火花が飛んだ。

「私は、チェコの兵隊が国境の要塞から引き揚げようとしていないのに驚いています。」

「国境への兵の配置は、昨日になって初めて行われたもので、これは、イギリスとフランスの忠告に基づいてのことですので、今撤退することは致しません。」

会見後にベネシュに宛てた報告書の中で、熱血漢マサリクは、チェンバレンの対応に余程腹を据えかねたのであろう、首相を悪しざまに罵倒している。

「不運なことに、こんな間の抜けた男、恐ろしく情報に通じていない小人物が、イギリスの首相なのです。私は、このこと

からも、彼はあまり長くはないと確信しています。」[19]

(2) マサリク対英通知書：「ゴーデスベルク覚書」受諾の拒否

マサリクがチェンバレンに手交した文書の方も、この報告書に劣らぬほど、熱い感情の迸る言葉で書き綴られていた。

「我が政府は、今、ゴーデスベルク文書と地図を検討し終えました。これは、通常、敗戦国に提示される種類の、事実上の最後通牒であって、欧州宥和の犠牲になる最大限の用意を示した主権国家に対する提案ではありません。」

この文章で始まる通知書は、途中、「ゴーデスベルク覚書」の苛酷さを、次のように言う。

「ヒトラー氏の提案を受け容れれば、我々の国民的・経済的独立は、自動的に消滅してしまうでしょう。ドイツのナチ体制を受け容れようとしない人たちは、個人的な所有物を持っていく権利さえ与えられずに、その家庭を去らねばなりません。農民の場合は、彼の所有する牛さえ置いて立ち去らねばならないのです。」

そして、チェコスロヴァキア政府のヒトラー案に対する絶対的な拒絶の意志を表明する。

「我が政府は、私に対して、現在の形のようなヒトラー氏の要求は我が政府には絶対的かつ無条件的に受け容れがたいものであると、厳粛に宣言するよう望んでいます。」

その結びの、固い抵抗意志を示す言葉は、外交文書の言葉とも思われぬ悲壮感が溢れる。

「これらの残酷なる新要求に対して、我が政府は、最大の抵抗をせざるをえないと感じています。また、実際私たちは、神の加護を信じて、そうするでしょう。聖ヴァーツラフ、ヤン・フス、トマス・マサリクの国は奴隷の国とはなりません。」[20]

ちなみに、聖ヴァーツラフは、一〇世紀のボヘミア大公、ボヘミアの守護聖人、その祝日は三日後の九月二八日、ヤン・フスは、一四世紀後半から一五世紀初めのボヘミアの宗教改革者、トマス・マサリクは、ヤン・マサリク公使の父、一九三七年九月に死去した初代チェコスロヴァキア共和国大統領、「建国の父」と呼ばれた人である。

(3) マサリク、「ゴーデスベルク覚書」拒絶を公表

この日の晩、イギリス労働党のヒュー・ダルトンがマサリク公使に電話をかけ、

「英仏両政府もついにより強固な姿勢をとりつつあるということですが、どうなんですか？」

と尋ねると、このときマサリクのチェンバレンに対する怒りは、まだ収まっていなかったらしく、電話の向こう側から、

「強固な、ですって！　七〇歳の老人のエレクションくらいは強固でしょうよ！」

と怒鳴り返したという。[21]

マサリクとの会見後、絶対拒絶の通知書を読んだハリファックス外相は、ストラング中欧局長を通じて、マサリク公使に、

「私たちは、交渉の継続については、今でも絶望はしていないのですが、この書簡が公表されれば、その望みがすべて破壊

されてしまうおそれがあります。」

と、書簡を公表せぬようにと伝えさせた。これに対して、公使は、

「今の段階で、これを公表するつもりはありません。」

と答えたが、その後すぐ、記者会見を開き、付属地図を示しながら、「ゴーデスベルク覚書」を彼の政府が拒絶せざるをえない理由について説明した。この会見内容を、翌日の『デーリー・ヘラルド』朝刊は、「ヒトラーの苛酷なる新要求、チェコに拒絶さる」という見出しを付けて、掲載した。[22]

(4) ボネ外相のイギリスへの期待

予想されたことだが、かくして、今、「ゴーデスベルク覚書」拒絶というチェコスロヴァキア政府の態度が明らかになった。この「覚書」を礎石とした「欧州平和」の構築を望むチェンバレン首相にとって、後はフランスの「小さい肝っ玉」だけが頼りであった。[23] 確かに、ボネの肝っ玉は小さそうであったが、「猛牛」ダラディエは果してどうなのだろうか。それが判明するかもしれない、夜一〇時半からの英仏協議の模様を覗いてみる前に、この日のフランスとそれに関連する動きを見ておこう。

午前一一時前、ボネ外相は、ブリット大使に、「イギリス政府がチェコスロヴァキアのために戦争するなどということはありえない、というのが、私の確信です」と、「ゴーデスベルク覚書」受諾による戦争回避の望みを、イギリスに託していた。また、チェコスロヴァキア政府の最後の決定についても、ボネは、楽観的な予想をしていた。

「チェコスロヴァキア政府は、最初は拒絶せざるをえないでしょうが、一〇月一日前ぎりぎりのところで受諾するでしょう。チェコ人がそうすると私が確信しているのは、最後の時がくれば、仏英両政府は、彼らチェコ人にいかなる援助も期待できないことを知らせることになるからです。」

このボネとの会談後に、ブリットは、ボネとダラディエの間の見解の相異が英仏両政府の最終的決定にどのような影響を及ぼすかについて、国務省に次のような彼の見方を伝えている。

「ダラディエとボネの間にははっきりとした違いがあります。しかし、私の見るところでは、もしまたもやイギリスがいかなる代償を払っても平和は維持されねばならないという態度をとるならば、ダラディエの抵抗も長くは続かないでしょう。最後の決定はロンドンでイギリスの閣議によってなされるでしょう。[24]」

(5) 仏閣議(1):「ゴーデスベルク覚書」拒絶の決定

午後二時三〇分、フランスの閣議が開かれた。冒頭、ダラディエ首相が、「ゴーデスベルク覚書」について付属地図を示しながら説明を行い、「覚書」と「英仏案」との違いを指摘し、結論として「覚書」の受容れは「不可能」との考えを示した。この首相の結論に対して、当然、マンデル植民地相やレイノー法相ら「抵抗派」は、首相を支持した。これに対して、閣議前から既に形勢不利と見ていた「宥和派」ボネは、正面から明確な反対意見を述べて対抗することなく、しかし、賛成もせず、

「この問題に関して、私はまったく何の情報も持ち合わせておりませんが、受け容れがたい箇所もあれば、議論の対象とな

りうる箇所もあると思います。」

と、曖昧な態度をとった。この両派の不一致にもかかわらず、このときまたまた「別人」となっていたダラディエ首相は、強い指導力を発揮して、煮え切らぬ外相を押さえ付けた結果、閣議は「ゴーデスベルク覚書」を拒絶することに決めた、という見方もあるが、[25]この見方は、正確なものとは言えない。後にダラディエ自身が、この両派の対立について、次のように語っているが、これが、この日の閣議決定の実相に近い。

「私は、真の解決は、この二つの傾向の競合にあるのではなくて、その統合にあるのだと感じました。[26]」

(6) 仏閣議(2):中間策としての代替案の採用

すなわち、この日の閣議で両論を聞いた後で、ダラディエは、「ロンドン協議での合意(英仏共同案)が譲歩の限界だというのが、私の見解です」と、「抵抗派」を支持しながらも、つづけて、両派の議論を要約して、

「象徴的な、漸進的な占領過程を可能にするために、国際委員会がなければならない、という点と、また、プレビサイトの対象地域となっている『グリーン・ゾーン』の割譲は認められないという点では、コンセンサスが見られました。」

と結論付けたのである。[27]この閣議の結果について、シャンブル空相が極秘情報として駐仏アメリカ参事官を通じてブリット大使に報告しているが、それによると、「国際委員会」については、遅延に対するヒトラーの憂慮に配慮して、その設置期限と任務完了期限とを定めてもよい、また、一部地域については、ドイツ軍の「象徴的な」即時占領を認めてもよい、というものであった。[28]このように、ダラディエ首相の閣議の結論は、英仏共同案をドイツが拒絶したから、これ以上の交渉を拒絶するというものではなく、「ゴーデスベルク覚書」に二点の修正を求めた代替案による交渉の継続を認めた「中間策」であったと、解されるのである。これによって、「抵抗派」は、「覚書」をそのまま承認しそれをチェコスロヴァキアに押し付けるという結果を避け得た点で、ある程度の満足を得たであろうし、また「宥和派」も、「覚書」の全否定ではなく、対独交渉継続の可能性が残された点で、ある程度の満足を得たと思われるのである。

上のダラディエ発言にある「グリーン・ゾーン」について説明しておく。ドイツ側はドイツ系住民が明らかに多数である地域を付属地図上では赤色で示し、議論の余地がありプレビサイトを実施する地域を緑色で示していたのであるが、後者の「グリーン・ゾーン」中、特にモラヴィア峡谷の部分は、北部ではシュテルンベルクまで南下し、南部ではブルノまで北上しており、地図を見れば一目瞭然であるが、この地域がナチ威嚇下のプレビサイトでドイツのものとなれば、現在の「サンショウウオ」のやや太い首の部分が、五分の一ほどの細い首(約六〇キロメートル)となって、頭部のチェコ地域と胴部のスロヴァキア地域とは、辛うじてこの細い縊れだけで繋がっている状態となる。すなわち、そのような残部チェコスロヴァキアは、ヒトラーの都合の好いときにいつでも、ドイツ軍の「ピンサーズ(やっとこ)」作戦で容易に捕捉できるという、そのようなまったく防衛不可能な状態に置かれることになるのである。[29]

3　夜の英仏ロンドン協議

（1）英仏両首相の突っ張り合い

フランス閣議終了後、中間策的対案を懐にパリを飛び立ったダラディエとボネは、午後七時にクロイドン空港に着き、九時二五分、英首相官邸において四時間半遅れの英仏ロンドン協議がいよいよ始った[30]。ダラディエが、午後の閣議で「ゴーデスベルク覚書」の国際委員会ぬきの直接占領案に反対すると決めたことを明らかにした後、「覚書」によるヒトラーの狙いに関する彼の解釈を述べた。

「この要求から考えますと、私たちが今直面しているのは、ヒトラー氏と彼の体制が三五〇万のドイツ人を引き取る計画というよりも、むしろ彼が力によってチェコスロヴァキアを破壊し、同国を奴隷にして、その後、欧州支配を実現するという、これが彼の目的なのですが、そのような計画なのです。」

これに対して、チェンバレンは、ヒトラーの代理人のように、あるいは、「ゴーデスベルク覚書」のセールスマンのように、ヒトラー製の「覚書」を擁護し、これをダラディエに売り込もうとした。彼は、ドイツ軍によるズデーテン地方の直接占領について、次のように擁護した。

「ドイツ案は力によってこれらの地域を奪取するということではなく、合意によって引き渡されることになった地域を接収するだけのことです。ドイツ軍は、法と秩序を維持する目的のためにだけ、進入を認められることになりましょう。法と秩序はこれ以外の方法で効果的に維持することは不可能だというのが、ドイツ政府の主張です。」

「法と秩序」の維持を、「無法者」ヒトラーのドイツ軍に委ねよう、それでよいというのだから、正気かと疑われる。だが、チェンバレンは本当にこう言ったのである。

この後、国際委員会抜きのドイツ軍による即時占領は、反ナチ住民をヒトラーの「斧」に委ねることになると主張して、一歩も引こうとはしないダラディエと、「法と秩序」の実効的維持に関するダラディエの誤解という観点から、「覚書」を擁護し続けるチェンバレンとの間で、突っ張り合いが続く。業を煮やしたチェンバレンが繰り出す詰問の連発に対して、ダラディエは強く反発し続ける。チェンバレン、問う。

「それではお聞きしますが、今仮に貴下の反対論を受け容れることにした場合に、貴下は、その次に何をしようと提案されるのですか？」

「それは、ヒトラー氏に英仏共同案に戻れということです。」

「ヒトラー氏がそのような回答を受け取った場合、氏は、その回答を氏の提案の拒絶と解釈して、直ちにチェコスロヴァキアに兵を進める、と言うでしょう。私の知りたいのは、そのような事態に至った場合のフランスの態度です。」

「そうなれば、それは、ヒトラー氏がある状況を引き起こし、その状況の下で理由なき攻撃が氏によって行われたということになりましょう。」

「それからどうなります？」

「私たちの銘々がそれぞれに課せられている義務を果すこと

になると、思います。」

「それは、フランスが対独宣戦布告をすることだと、理解してもよろしいか?」

「フランス政府も私自身も繰り返し言ってきましたように、チェコスロヴァキアに対して挑発によらざる侵略があった場合には、フランスはその義務を遂行致します。」

「ではその後の措置についてですが、フランスの参謀本部は何らかの計画をお持ちなのですか? 私は、チェコスロヴァキアへの直接援助は不可能だと、見ているのですが。」

「陸路からの直接援助はできませんが、フランスは、ドイツ軍をチェコ側よりもフランス側により多く引き付けることによって、実質的な援助を行うことができます。」

(2) サイモンの「尋問」(1)：地上軍の攻勢は? 空軍の使用は?

ダラディエも、今回は会議に臨むに当って、閣議の一致と世論の硬化を背に相当肚を固めて来たようで、チェンバレンからの手を替え品を替えの詰問にも、動揺することはなかった。このようなダラディエの対応に、チェンバレンは手を焼き、ここで尋問役のバトンを著名な勅撰弁護士でもあるサイモン蔵相に手渡した。この日と次の日の英仏協議に出た英外務省中欧局長のストラングは、その回顧録で、彼が不運にも列席しなければならなかった数々の会談の中でも、これが「最も苦痛な会談」だったと、振り返っているが[(31)]、この会議が彼にそのような印象を残した大きな原因の一つは、ダラディエに対するサイモンの「冷ややかな尋問」であったと思われる。勅撰弁護士サイモンは、敵対的な証人に質問する弁護士の慇懃無礼さで以て、その尋問を始めた。

「フランスの地上軍に関してですが、貴下はドイツへの侵入をお考えですか?」

「ガムラン将軍に会議に来てもらって、将軍の計画について専門的な説明をしてもらうことはできます。」

「私は普通の公人にすぎませんので、戦略家を気取っていると思われたくないのですが、非常に重要な問題なのでお聞き致します。フランスの軍隊がその義務を果すために召集されたとき、その義務とは、ただマジノ・ラインに兵員を配置して、宣戦はせずに、そこでじっとしているだけですか? それとも、それは、宣戦を布告して、地上軍で以て能動的な措置をとるということですか?」

「それは多くの要素に左右されます。」

「もう一つお聞きしたいのは、貴下が、フランス政府の首相として、フランス空軍をドイツ上空で使用されるお考えなのかどうか、ということです。これは必然的にドイツとの積極的な戦争状態に入ることになると思いますが、いかがでしょうか?」

「確かに空からの攻撃の可能性はあると考えています。しかし、スペインではフランコ将軍は空軍力で優っていながら、今のところ戦争に勝ててはいません。」

「フランス空軍は、どのように使われるのですか? 積極的な戦争状態となる対独使用をお考えなのですか?」

「陸兵を動員して、そのまま何もしないで要塞に止めておくだけというのであれば、こんな馬鹿げたことはありません。空でも何もしないのなら、同じように馬鹿げたことです。ジークフリート・ラインが実際に強固になるのには、後数ヶ月はかかるでしょう。ですから、私としては、フランス軍は地上での対独攻勢を試みるべきだと考えています。空に関しましても、ドイツの軍事的、産業的中枢部を攻撃することは可能だと思います。」

(3) サイモンの尋問(2):フランス譲歩案の提示

以上の質疑応答はかなり簡略化したものであるが、実際には、サイモンの法廷弁論的詰問は、もっと長々としつこいものであったので、ここで、ダラディエは、堪忍袋の緒を切らし、逆襲に転じる。

「一体、私たちはどこで止まる気なのですか、どこまで行くというのですか? もし新たな譲歩が可能だというのなら、そのときには、それをチェコスロヴァキア政府と共に検討すべきです。しかしながら、私には決して譲れないことが一つあります。それは、モラヴィア峡谷地域の『グリーン・ゾーン』です。その目的は一国の破壊とヒトラー氏の世界支配です。フランスは、何があろうとも、これを受け容れることは決してありません。」

それでも、サイモンは、冷静に更に質問を続けた。

「ヒトラー氏の提案はこれを拒絶するという結論に達したとしますと、この結論は、必然的に次の質問を投げかけます。それは、ドイツと戦うということだろうか、もしそうなら、それは、どのような手段と方法で行うのか、という質問です。」

ここでダラディエも冷静さを取り戻し、「独案拒絶後に何をなすべきか?」について、フランス政府の対案を説明した。先に「英仏案に戻れ」と言ったにもかかわらず、今彼は、これを「死者」に喩えて、「ゲーテのバラードにもかかわらず、死者は生者ほど早く動きませんので」と前置きをしてから、フランスの中間策的譲歩案、すなわち、ヒトラーも満足できるような、迅速な国際委員会の設立(三日)とその任務の完了(一週間から一〇日)と、そして、ドイツ系住民が明確に多数を占める地域のドイツ軍による即時占領とから成る対案を示した。

(4) チェンバレンの反対

しかし、このフランスの譲歩案にも、チェンバレンは、ヒトラーの気持ちを忖度して、反対した。

「ご提案は極めて道理のあるもののように聞こえますが、ヒトラー氏には受け容れられないと思います。また、国際委員会は、実際には、数日のうちに設立して任務を完了することなど可能なのか、疑問に思われます。私には、ヒトラー氏がこのような提案を示されても、受け容れるとは信じられません。」

この後も続くチェンバレンのダラディエへの圧迫的な発言、質問は、サイモンに劣らぬほど執拗かつ情け容赦ないものであった。ストラングが、「首相は、ヒトラーから受けた荒っぽい処遇とその後の内閣の反応とによって、明らかに取り乱しており、その腹いせがダラディエ氏に向けられたのであった」と解釈したのも、宜《むべ》なるかなと思われよう。(32) チェンバレンの言い様を見てみよう。

「一、二日中にも十分起こりうるドイツのチェコ侵入という事態に直面した場合、私たちはどうするのですか？　貴下は先ほど陸と空で攻勢に出るというフランスの計画を示されました。まったく正直なところをお話しさせていただきますと、イギリス政府は、フランス空軍の状態と航空機生産能力について、不安を感じずにはいられないという報告を受けています。

それ故に、お聞きしたいのですが、もし宣戦が布告され、パリに、工場地区に、軍事施設に、空港に、雨、霰のごとく爆弾が投下されたら、一体何が起こるのでしょうか？　フランスは自衛できますか？　しっかりした回答のできる立場にありますか？　それに、今日のフランス紙の論調は、それほど戦闘的だとは思えません、フランスには数日で戦争という非常事態に対処する用意がないという印象を与えています。

もし、義務を果すということで、フランスがその友人を援助しようと試みながら、自分自身が抵抗を続けることができなくなり、崩壊してしまうならば、それは何とも哀れな自慰に過ぎません。これらの点につき、私の友人たる皆さん方から正確な情報を賜ることができれば、有難く存じます。」

(5) ダラディエの応酬からガムラン待ちの停会へ

チェンバレンのこのとげとげしい詰問に対して、ダラディエは、

「イギリス政府はもう降参して、ヒトラー氏の提案を受け容れる気でおられるのですか？　チェコスロヴァキアの消滅に繋がる圧力を、同国にかける気でおられるのですか？　私たちは、ヒトラー氏の最後通牒に譲らなければならないのですか？　もしそうなら、私たちは協議をしてみても、無駄です。私の考えでは、今や停止命令を出すときがきています。」

と激しく反発し、そして空軍に関する質問に対しては、対独劣勢を認めながらも、

「フランスは空軍力を動員して、ドイツを攻撃する完璧な能力を有しています。」

と、強気の姿勢を崩さなかった。そして、ダラディエは、それ以上テクニカルな議論を続けることを好まず、逆にイギリス側に三つの質問を提示した。

(1)イギリス政府は、ヒトラー案を受諾するのか？
(2)イギリス政府は、ヒトラー案を受諾するよう致政府に圧力をかけるつもりか？
(3)イギリス政府は、フランス政府は何もすべきでない、と考えているのか？

この三つの質問に対するチェンバレンの回答は次の通りである。

(1)ヒトラー案の諾否は、英仏両政府の問題ではなく、致政府の問題である。
(2)我々は致政府に圧力をかけることはできない。
(3)これはフランス政府自身が決定すべきことである。

こう型通りの答えをした後、チェンバレンは、イギリスの対仏援助保証については一切触れないまま、ダラディエに質問した。

「ガムラン将軍に明日イギリスに来るよう頼むことはできますか？」

「それは十分可能です。」

「それでは、私たちは、これまでの協議の結果について、閣

議に相談しなければなりませんので、三〇分間停会としたいと思います。」

こうして、英仏協議は、午後一一時四〇分、停会となった。

4 深夜のイギリス閣議

(1) ウィルソン特使派遣案の提起

午後一一時四〇分、この日三度目の英閣議が開かれた。首相は、フランスとの協議内容を報告した。ダフ・クーパー海相は、イギリス側がフランスの対案を支持せず、何の代替案も示さなかったことに不満であった。そこでクーパーは、首相の対応に対して「相当攻撃的な」批判を行った。すると、他の「抵抗派」閣僚たちも、彼に続いて次々と、首相の対応に不満の意を述べ立てた。閣議の大勢を察知した首相は、そのとき、さりげない口調で、

「私は、どんな機会でも、戦争回避の可能性が少しでもあるなら、それを探らないままにしておきたくはありませんので、最後の努力を試みたいと提案したいのですが。」

と、一つの提案を行った。その提案は、そのさりげない口調とは裏腹に、その場の誰も予想しなかったほど驚嘆すべき、老首相の大胆な政策的とんぼ返りであった(33)。

「私は、ヒトラー氏に個人的な手紙を書いて、彼に、『私は致政府から独案拒絶の通知を受けたが、私としては今一度あなたに最後の訴えをしたい』と訴えたいのです。」

と、首相が言った、その訴状の内容とは、次のようなものであった。

(1)独・致・英三国代表からなる合同委員会を設置する。

(2)同委員会は、先の英仏共同案を、どのようにすれば秩序正しく、迅速に実施できるか、審議する。

(3)明日ウィルソンをベルリンに派遣し、この手紙をヒトラーに提出させる。

これは「英仏共同案に戻れ」というダラディエ意見をほとんど丸呑みにしたもので、これだけでも驚きだが、更に驚嘆すべきは、大胆な抑止政策への方向転換を示した次の一項であった。

(4)ヒトラーがこれに応じなければ、ウィルソンに次のような首相の個人メッセージをヒトラーに告げさせる。

「もしこの訴えが拒絶されれば、フランスは戦うでしょう、そしてそのような事態が起これば、私たちもその戦いに引き込まれることになるのは、確実だと思われます。」

(2) 「ダフ・クーパー化」したチェンバレン

クーパーは、この提案を聞いたとき、「我が耳を疑った」という。それは、この提案が、首相の政策の「完全な逆転」であったからであるが、彼が更に驚いたのは、これまでずっと首相の宥和政策を支持し続けてきた「イエス・マン」たちが、誰一人として、その大転換に対して、一言の批判の声も上げなかったことであった(34)。確かに、この提案は、これまでの対独参戦に関するイギリスの対応を「推測させておく方針」から、ほぼ参戦するという態度を明示する方針への大転換であり、「宥和政策」から「抑止政策」へチェンバレンの対独政策の重心を大移動させるものであった。その意味で、それは、チェンバレンの「ダフ・クーパー化」と

言ってもよさそうな首相の変身、とんぼ返りであった。

このアイディアは、予め用意されていた、とっておきの一手であったのか、それとも、窮地に陥ってとっさの閃きから生まれた一手であったのか、よく分からないが、チェンバレンという政治家は、いかなる状況になっても、次の一手、好手か悪手かは別として、次の一手を思いつくことができた。

こうして「クーパー化」した首相に、クーパー自身の気持ちは、どうだったかというと、その日記では、勝ち誇ることもなく、却って二一歳年上の「敗者」への同情を示している。

「首相は、このとき初めて、まったく疲れ切った様子を見せた。私は彼に対して、本当にお気の毒にという気持ちが湧いた。[35]」

(3) ルーズヴェルト、大統領声明を作成

海の向こうアメリカでも、この日注目すべき動きがあった。ハル国務長官の下にウィルバー・カー駐致公使からベネシュ大統領の要請を伝える電報が届いた。それは、大統領から英仏両国に対して、チェコスロヴァキアを見捨てて同国の破壊を許し、大戦争を招くようなことをしないように要請して欲しい、というものであったが、ハル自身は、このような勧告では、「その歯まで武装した」ドイツの侵略計画を止めさせる効果は期待できないと、乗り気でなかった。しかし、たとえ不成功に終っても、何か手を打つべきだという意見だった大統領は、ハルに対して、「これで何か害が生じることもないでしょう。最後の最後まで平和を強く促しても、何の危険もありません」と告げた。[36]

この大統領判断に従って、その晩、国務省が作成した大統領声明草案には、アメリカがヴェルサイユ条約改正の「斡旋」に乗り出してもよいという具体的な提案が含まれていたが、ハル長官は、「条約改正に触れるのは危険すぎる」と反対であった。これに対して大統領は、自ら「斡旋」役を買って出たいと思っていたが、結局、ハルの反対を容れて、声明から「斡旋」を削除することに同意した。[37] その修正された大統領声明（ルーズヴェルト・メッセージ）がどのようなものであるのか、また、声明に対する関係各国の反応、特にヒトラーの反応がどのようなものになるのか、注目されるが、これは後に回す。

(4) 慌ただしいパリ、穏やかなベルリン

パリでは、召集された兵士たちが粛々と東駅から前線へと出立して行ったが、市民たちの間では、いつ来るかもしれない空爆への警戒心が高まり、パニックに近い雰囲気の中、パリからの大脱走が始まり、道路は車で、駅舎は人でごった返し、銀行でも貯金を引き下ろす人たちで長蛇の列ができた。[38]

この日のベルリンの様子は、戦争気分のパリの慌ただしい動きとは対照的であった。チェコの総動員、フランスの追加動員、イギリス海軍の追加措置にもかかわらず、ドイツの新聞は、激しく喚きたてることも、扇動的言辞を激化させることもなく、意外と抑制的であった。[39] ベルリンは穏やかな日曜日であった。シャイラー日記は次のように言う。

「この静かな安息日の当地では、戦争への熱狂も反チェコ感情さえも認められない。あたたかく日の光が溢れて、おそらく

これがこの年最後の夏の日曜日となるだろうが、ベルリンの住民の半数は近くの湖やグルーネヴァルトの森でこの日を過ごしたらしい。戦争があるだろうなどとはとても思えない[40]。」この穏やかな日が続くかどうか、それを知る上で、明日のウィルソン特使へのヒトラーの対応と、明晩のシュポルトパラストでのヒトラーの演説が、特に注目される。

注

* Zara Steiner, *The Triumph of the Dark: European International History 1933-1939* (Oxford University Press, 2013), pp. 583.

** *Documents on British Foreign Policy, 1919-39, 3rd series, Volume II* (His Majesty's Stationary Office, 1950), p. 586.

*** David Faber, *Munich, 1938: Appeasement and World War II* (Simon & Schuster, 2009), p. 380.

(1) Andrew Roberts, *'The Holy Fox'–A Biography of Lord Halifax* (Weidenfeld and Nicolson, 1991), p. 114.

(2) John Julius Norwich (ed.), *The Duff Cooper Diaries: 1915–1951* (Phoenix, 2006), p. 265.

(3) Telford Taylor, *Munich: The Price of Peace* (Hodder and Stoughton, 1979), pp. 823-4.

(4) *Ibid.*, p. 4; Roberts, *'The Holy Fox'*, p. 116; Faber, *Munich*, p. 349.

(5) T. Taylor, *Munich*, p. 824.

(6) Roberts, *'The Holy Fox'*, pp. 117-8; David Dilks (ed.), *The Diaries of Sir Alexander Cadogan O. M. 1938-1945* (Cassell & Company LTD, 1971), pp. 105-6; Robert Self, *Neville Chamberlain–A Biography* (Ashgate, 2006), p. 318; Faber, *Munich, 1938*, p. 350; T. Taylor, *Munich*, pp. 824-5.

(7) T. Taylor, *Munich*, p. 825; John Harvey (ed.), *The Diplomatic Diaries of Oliver Harvey 1937-1940* (Collins, 1970), p. 198.

(8) *Foreign Relations of the United States, Diplomatic Papers, 1938, Volume I, General* (United States Government Printing Office, 1955), p. 652. 以下、*FRUS-I* と略して表記する。

(9) J. Harvey (ed.), *The Diplomatic Diaries of Oliver Harvey 1937-1940*, p. 197.

(10) *FRUS-I*, p. 654.

(11) T. Taylor, *Munich*, p. 826.

(12) Norwich (ed.), *The Duff Cooper Diaries*, p. 266.

(13) Roberts, *'The Holy Fox'*, p. 118.

(14) Norwich (ed.), *The Duff Cooper Diaries*, p. 266.

(15) *Ibid.*, p. 266.

(16) T. Taylor, *Munich*, pp. 826-7.

(17) Dilks (ed.), *The Diaries of Sir Alexander Cadogan*, p. 105.

(18) T. Taylor, *Munich*, p. 829.

(19) *Ibid.*, pp. 829, 853.

(20) *Documents on British Foreign Policy, 1919-39, 3rd series, Volume II* (His Majesty's Stationary Office, 1950), pp. 518-9. 以下、*DBFP-II* と略して表記する。

(21) Self, *Neville Chamberlain*, p. 320.

(22) T. Taylor, *Munich*, p. 853; Franklin R. Gannon, *The British Press and Germany 1936-1939* (Oxford University Press, 1971), p. 218.

(23) Zara Steiner, *The Triumph of the Dark: European International History 1933-1939* (Oxford University Press, 2013), p. 623.

(24) *FRUS-I*, pp. 646-8.

(25) John W. Wheeler-Bennet, *Munich: Prologue To Tragedy* (The Viking Press, 1965), p. 141.

(26) Hubert Ripka, *Munich Before and After* (Howard Fertig, 1969), pp. 168-9.
(27) Yvon Lacaze, *France and Munich: A Study of Decision Making in International Affairs* (Columbia University Press, 1955), p. 156; Jean-Baptiste Duroselle, translated by Catherine E. Dop and Robert L. Miller, *France and the Nazi Threat–The Collapse of French Diplomacy 1932–1939* (Enigma Books, 2004), p. 288; Anthony Adamthwaite, *France and the Coming of the Second World War 1936–1939* (Frank Cass, 1977), p. 127.
(28) *FRUS-I*, pp. 656-7.
(29) *Ibid*., pp. 656-7; *DBFP-II*, p. 549.
(30) 以下、一日目の英仏協議の内容は、*DBFP-II*, pp. 520-35 に拠った。
(31) The Earl of Birkenhead, *Halifax, The Life of Lord Halifax* (Hamish Hamilton, 1965), p. 401.
(32) Faber, *Munich, 1938*, p. 353.
(33) Self, *Neville Chamberlain*, p. 320.
(34) Norwich (ed.), *The Duff Cooper Diaries*, p. 267.
(35) *Ibid*., p. 267.
(36) Cordell Hull, *The Memoirs of Cordell Hull VI, Part Two* (Kissinger Legacy Reprints), pp. 590-1.
(37) Barbara Rearden Farnham, *Roosevelt and the Munich Crisis–A Study of Political Decision-Making* (Princeton University Press, 2000), p. 112.
(38) Steiner, *The Triumph of the Dark*, p. 626.
(39) Richard Overy, "Germany and the Munich Crisis: A Mutilated Victory?," in Igor Lukes and Erik Goldstein (eds.), *The Munich Crisis, 1938: Prelude to World War II* (Frank Cass, 2006), p. 207.
(40) ウィリアム・シャイラー著／大久保和郎・大島かおり訳『ベルリン日記　一九三四-一九四〇』(筑摩書房、一九七七年)、一一六ページ。

第30章　第一回会談とシュポルトパラスト演説

1　ガムランの対独「攻勢」計画

(1) ルーズヴェルト・メッセージ

九月二六日、ワシントン時間で午前一時一三分（ロンドンは十五時間＝午前六時一三分）、ルーズヴェルトは、大統領メッセージを直接ヒトラーとベネシュに送り、同時に、ハルを通じて、これをチェンバレンとダラディエに、更にポーランド、ハンガリーにも送った。そこに示された国際政治観は、国際紛争の力による解決を理念的にも、現実的可能性としても否定し、理性と交渉による平和的解決こそが唯一の現実的な解決策と説く、理想主義的、ユートピアニズム的なものであった。しかし後に、皮肉なことに、この力の全否定論者ルーズヴェルト自身が、この国際政治観が現実的でないことを思い知らされ、そのとき、彼が空前の強大な力による解決に乗り出すことになる。そして、周知のように、史上最大のアメリカの力が欧州に投入されて初めて、「ヒトラー問題」が解決されることになる。但し、理想論も現実への影響力がないわけではない。その証拠に、ドイツ政府は、大統領メッセージの国民への悪影響を恐れて、新聞各社に掲載を禁止したのである。[1]

ドイツ政府が恐れた、そのヒトラー宛ルーズヴェルト・メッセージの要旨は、次のごとくであった。

「私は、力によってではなくて、理性によって正しい解決が見出されないほど困難な、あるいは切迫した問題は存在していないと、確信しています。一億三〇〇〇万のアメリカ合衆国国民に代って、また世界中の人類のために、私は、問題の平和的な、公平な、そして建設的な解決を目指す交渉を断絶しないように、貴下に対して衷心より訴えたく思います。

私は、交渉が継続している限り、相異は調和される可能性があるということを繰り返し強調したいと思います。ひとたび交渉が断絶すれば、理性が後退して、力が前面に出てきます。そして、力は人類の将来のためになる解決を何も生み出すことはありません。

フランクリン・ルーズヴェルト[2]」

(2) チェンバレン、ダラディエ、ベネシュとヒトラーからの返事

午後、チェンバレン、ダラディエとベネシュから返事が届いた。チェンバレンもダラディエも、大統領に感謝し、最後まで平和のために努力すると誓っていたが、ダラディエは、慎重に、関係国

家の「威信と死活的利益」と調和できる形で、という条件を付していた。[3]ベネシュは、ルーズヴェルトが自分とヒトラーを同等に扱っていることに不満を感じたが、[4]返書ではその感情を殺して、謝辞を記したあと、チェコスロヴァキアがこれまでの交渉で国家の「死活的利益」に触れる犠牲さえ受け容れたことを強調しながらも、交渉断絶はしない、平和的解決を望んでいると誓った。しかし、最後に、「もし攻撃されれば、チェコ国民は自衛する」と付け加えることを忘れなかった。[5]

ヒトラーからの長文の返事は、ようやく夜になって届いた。ヒトラーは、一応、大統領の「高邁な意図」は十分に理解していると述べながら、しかし、ドイツの平和への努力にかかわらず、もし戦争となっても、それはドイツの責任ではないと強調した。そして、その理由を、長々と並べ立てているが、纏めてみれば、次のようになる。

(1)ウィルソン元米大統領批判を含めたヴェルサイユ条約批判：ドイツは、一九一八年ウィルソン大統領が示された原理と理想を信じて講和に応じた。しかし、この約束は、ヴェルサイユ条約によって裏切られた。ウィルソンが宣言した民族自決権は、チェコスロヴァキアの建国によって踏みにじられた。

(2)チェコスロヴァキア批判：①以来、致政府は、ズデーテン・ドイツ人を迫害し続けている。②それでも私は真摯に平和的解決を求め続け、最後の努力として「ゴーデスベルク覚書」をイギリスに託した。だが、致政府はこれに反対している。③従って、このまま戦争となっても、その責任は致政府のみにある。

「もはや、ズデーテン・ドイツ人がこの問題によって被っている恐ろしい運命の解決については、これ以上の先延ばしは認められません。合意によって正当な解決に到達する可能性は、ドイツの覚書にある提案で以て尽きています。平和を欲するのか、戦争を欲するのかを決めるのは、ドイツ政府の側にあるのではなくて、チェコスロヴァキア政府の側にのみあるのです。

アドルフ・ヒトラー」[6]

こうして、ヒトラーの詭弁によって、真摯に平和を欲しているのはドイツであり、無責任に戦争を欲しているのはチェコスロヴァキアということになった。これを読んだハル長官は、「また次の一手を決めなければならなくなった」という結論に達した。[7]

(3) 二六日付英各紙の論調：「ゴーデスベルク覚書」への強い反感

前夜、マサリク駐英公使が記者団に対して「ゴーデスベルク覚書」内容を暴露し、チェコスロヴァキア政府がこれを拒絶したことを発表すると、この日のイギリスの朝刊各紙は、これを掲載しただけでなく、フランス政府も「覚書」を拒絶したという記事も併載し、一斉に「覚書」受諾反対の論陣を張った。宥和論の代表紙『タイムズ』さえ、その例外ではなかった。[8]その『タイムズ』は、特に「覚書」が一〇月一日をデッドラインとしている点を問題視して、「まったく履行不可能な要求だ」と批判した。また『デーリー・テレグラフ』は、ドイツの要求を、「戦場で敗れた敵への命令」のようで、到底「平和的解決の基礎」とはならないと批判し、「チェコスロヴァキアはまだ敗れてはいない」と付言した。さらに同紙は、ヒトラーが、ズデーテン地方の無秩序を理由に、ドイツ軍による即時占領の必要を主張している点につき、その虚偽を次のように暴いている。

「ヒトラー氏は、ズデーテン地方がご自身の一言で明日にもまったく平穏に戻るということを、よくご存知のはずである。騒擾があるとすればそれはすべて、ドイツの新聞とラジオから注ぎ込まれた扇動的なプロパガンダの絶えざる流れによって、意図的に醸し出されたものだからである。」(9)

このような英紙朝刊の論調がどこまで宥和派に届くのか届かないのか、この点に注意しながら、九月二六日のイギリス政府の動向を追跡していこう。

(4) ガムランの楽観的発言

午前一〇時三〇分、チェンバレン＝ダラディエ私的会談がコルバン大使の通訳で行われた。チェンバレンは、彼のヒトラー宛メッセージとウィルソン派遣とについて打ち明け、そのメッセージ案が容れられない場合に実施する対ヒトラー口頭警告案について、「何かご意見はありませんか、貴下を困らせるような点はありませんか?」と問うと、ダラディエは、「全面的に賛成です、何も付け足すこともありません」と答えた。(10)

この後すぐに呼び入れられたガムラン参謀総長は、チェンバレンに向って、彼の対独「攻勢計画」について、

「チェコスロヴァキアが侵襲されれば、その五日以内に、フランスは陸と空からドイツの弱点を攻撃します。その弱点は既に分っていまして、それは、ドイツ西壁（ジークフリート・ライン）の未完成部分と、空爆目標としての国境に近い産業地帯です。チェコ軍は善戦するでしょう。東部への後退を強いられたとしても、同軍は同地で戦闘力を保持し続けるでしょう。西部戦線ではドイツの僅か八個師団に対して、フランスは二三個師団を配しています。フランス軍はチェコスロヴァキアからドイツ部隊をうまく引き離すことができるでしょう。」

と説明をして、最後に結論として、「我が軍は、その高い士気によって、最後の勝利を収めることになりましょう」と、超楽観的な見方を伝えた。(11)

(5) 初めは脱兎の如く、後は処女の如し

チェンバレンとの会談を終えた後、ガムランは、午前一一時一五分、インスキップ防衛調整相、ホーア＝ベリーシャ陸相、ウッド空相、ゴート陸軍参謀総長、ニューアル空軍参謀総長ら軍関係者と意見を交換した。ガムランは、彼の言う「能動的戦闘行為」について、

「私は、マジノ・ラインの背後でじっと座って、ドイツの攻勢を待つというつもりはありません。直ちにドイツに進撃します。」

と、初めは脱兎の如く勢いよく言い放ったが、その後すぐに処女の如く、

「進撃は、ドイツから本格的な抵抗に遭うまで前進し続けるつもりです。そのような抵抗に遭ったとき、必要ならマジノ・ラインにまで退却して、ドイツ側にこの永久的要塞を攻撃して自滅するかどうかの決定を、任せることになります。」

と、彼の「攻勢」とは「退却」・「籠城」を前提とした探り足程度の試みであることを明かした。そして、チェンバレンに伝えていた「最後の勝利は我が軍にあり」という超楽観的結論についても、将軍は、

「フランスはその役割を果すことができますが、しかし、戦争に勝つためには、フランスは援助を必要とするでしょう。」

と、他国の援助という条件付きのものであることを明かした。

(6) 剝がれた化けの皮

正午になって、三大臣が閣議出席のために抜けた後、残った軍人たちに、ガムランは、彼が援助を期待する、その「他国」について、

「私の計画は、イギリスが空と陸から援助してくれるという見込みと、密接に結び付けられて作られています。」

と明かした。これに対して、対仏軍事的援助の準備がまったくできていなかったイギリスの陸空軍両参謀総長としては、

「私たちは、この点に関しては、政府から命令を受けるまでお答えできる立場にありません。」

と、口を濁さざるをえなかった[12]。また、チェンバレンに対して、ガムランが「善戦する」、「戦い続ける」と評価していたチェコ軍について、イギリス側が、

「チェコスロヴァキアは、ドイツからの攻撃に、どれくらい持ちこたえられますか?」

と質問すると、ガムランは、

「チェコ軍は優良で、国民の士気も素晴らしく、軍司令部も有能です。」

と、高く評価しながらも、この高評価とは裏腹に、その耐久期間については、

「チェコスロヴァキアは、数週間持ちこたえられることは確かですが、おそらく数ヶ月ということはありえないでしょう[13]。」

と、イギリス側にとっては衝撃的な数字を挙げたのであった。

こうして、ガムランの一見強気の「能動的攻勢」話も化けの皮が剝がれ、竜頭蛇尾に終った。その結果、イギリスにとっては、この程度のフランス軍の「攻勢」計画では、チェコ救済は絶望的であり、何よりも不安なことには、フランス側の独断専行によって、イギリス自身の参戦か否かの決定権をフランスに白紙委任することになりかねないという、恐ろしい危険が、浮かび上がってきた[14]。

(7) 英仏ロンドン協議の大団円

二日目のロンドン英仏協議は、午前一一時二〇分から午後一二時七分まで開かれた[15]。冒頭、チェンバレンは、既にダラディエから全幅の同意を得ていたウィルソン派遣について話し、その成功の可能性について、

「私自身は、これに大きな期待を抱いてはいないのですが、それでも、ある程度の成功を収める可能性は少しはあるかと、思っています。」

と控え目に語った。これに対して、ダラディエは、もっと楽観的に、

「私は、首相のイニシアティヴが満足のいく結果をもたらす

可能性は大いにあると、思っています。」

と予測し、その成功への期待感をにじませた[16]。

こうして英仏協議が大団円を迎えた正午過ぎ、閣議に出席するために閣議室に出向いたクーパー海相が、協議を終えたばかりのダラディエに遭ったので、一言、「協議は満足でしたか？」と声を掛けたところ、ダラディエは、「ええ。すべてが大満足です」と答えた[17]。

英仏協議終了直後に、ウィルソン特使は、首相親書を携え渡独し、フランス代表は、昼食後帰国し、午後遅くパリに到着した[18]。

（8）英閣議：「抑止派」チェンバレンの強気

正午過ぎに始った閣議において、チェンバレン首相は、ヒトラー＝ウィルソン会談が失敗に終った場合に発する対ヒトラー警告について、フランス側の同意を得た、と報告し、その際、彼はまた、対仏援助の保証についても、

「午前中のフランス代表は、戦う意志をまったく明瞭に示していましたので、私たちも彼らを支持することをまったく明瞭に保証しました。」

と報告した。彼がこれほど人が変ったように強気であったのは、英仏協議のときも、またこの閣議のときも、まだガムランが彼に語った「攻勢」と「最後の勝利」の真の意味を知らなかったからであるが、ともかくもこのときには、「クーパー化」していたチェンバレンの強気な発言に対して、クーパー自身は、首相に全面的な同意を表明した後、続けて、

「もしも私が、最近の閣議において、あまりにも頻繁に、またあまりにも激しく自分の意見を表明したために、総理に大きな負担をお掛けしていたとすれば、まことに申し訳ないと思っている次第です。」

と、詫びを入れた[19]。このときが、チェンバレン首相とクーパー海相がその政策と心情とにおいて最も接近した瞬間であった。

今やすっかり「抑止派」に転身したように見える首相は、ヒトラー＝ウィルソン会談を一時間後に控えた午後四時一〇分、ベルリンの「宥和派」ウィルソン特使に電話をかけ、対ヒトラー警告について駄目を押した。

「貴下が出発してから、フランス代表は、チェコスロヴァキアが攻撃されれば、攻勢的措置によって同国を支援する意図を明瞭に表明しました。こうなれば、私たちも参戦することになるでしょう。総統には、これが平和的解決に代る不可避の選択であることを、明白にしなければなりません[20]。」

2　第一回会談：ヒトラー、期限付最後通告を発す

（1）興奮するヒトラー、冷静なウィルソン

午後五時、ベルリンの首相官邸執務室にて、ヒトラー＝ウィルソン会談が開かれた[21]。両者の他、イギリス側からヘンダーソン大使とカークパトリック一等書記官、ドイツ側からリッベントロップ外相とシュミット通訳官が同席した。シュミットがチェンバレンのヒトラー宛書簡を読み上げる前に、ウィルソンは、本書簡を出すに至った背景として、「ゴーデスベルク覚書」がイギリス世

論に与えた衝撃について述べると、ヒトラーが割って入って、「そういうことなら、これ以上話しても無駄です」と言い放ったが、ウィルソンは、「私の話を聴いて下さい」と、ヒトラーを制して、話し続けた。

「この書簡の中で、首相が状況は極めて深刻だと言っていますが、それは、首相がイギリスで経験している様々な困難のことを指しています。首相はベルヒテスガーデンから帰国したとき、ドイツの希望を十分に満たした合意が閣下との間でできたと信じていました。その合意に拠って、首相は内閣の同僚たち、フランス政府、チェコスロヴァキア政府を、次々と説得することに成功したのです。イギリス国民も首相を信頼して、首相の提案を受け容れたのです。」

これを聴いたヒトラーは、一語一語、区切りをつけて、

「この問題は、一刻の、遅れなく、今すぐに、解決せねば、ならぬ。」

と怒鳴りつけた。それでもウィルソンは、ひるむことなく冷静に話し続けた。

「首相もそれは十分に承知しています。ただ、問題を難しくしている根源は、その進め方にあるのです。」

これに対して、興奮したヒトラーは、その不快感と苛立ちを身振りと絶叫とで示した。それに構わずウィルソンは、ヒトラー案の受容れを困難にしている根本的理由を、あくまでも冷静に、次のように繰り返し強調した。

「首相は、閣下のお気持ちと閣下がご指摘の速度の重要性については、十分に承知していますが、しかし、本案が履行される、そのやり方について、イギリスの世論が衝撃を受け、憤激したという事実があるのです。」

ウィルソンが何とか話し終えると、シュミットがドイツ語で書簡を読み上げた。彼が「私の親愛なる帝国宰相閣下」と読み始めたチェンバレン書簡は、まず致政府から英政府に今も「英仏案」の受諾を維持していると言ってきたことを告げ、次に、ヒトラーの「致軍の即時撤退・独軍による即時占領」要求に関して、シュミットが、「致政府は、貴下の案をまったく受け容れることができない、と見なしています」と独訳するや、ヒトラーは、衝動的に席を蹴って立ち上がり、「もうこれ以上話しても無駄だ。行動の時がきた」とつぶやきながら、部屋を出ていこうとした。シュミットは、このドイツ政府の代表たるヒトラーがイギリス政府の代表たるウィルソンに対してとった、外交儀礼的にまったく粗暴とも言える行動に吃驚して、彼も反射的に立ち上がった。彼と同時に、リッベントロップも、ヘンダーソンも、カークパトリックも立ち上がった。しかし、ウィルソンだけは、自分はイギリス政府の代表だという矜持から、じっと椅子に坐り続けた。すると、ドアーの手前までいっていたヒトラーは、理性を取り戻したのか、それとも彼一流の演技だったのか、踵を回らして自分の席に戻ってきた。(22)

(2) 猛り狂うヒトラー

再び席についたヒトラーに、ウィルソンは、諭すように懇願した。

「お願いですから、最後まで全部お聴き下さい。そうすれば、

首相が閣下の苛立ちを理解していて、迅速な解決を提供しようとしていることが、はっきりとお分かりいただけますから。」

そして、再びシュミットが読み上げ始めた書簡の要点は、次の通りである。

(1)私は、ゴーデスベルクで貴下に、即時占領は「不必要な力の誇示」と非難される、と指摘した。

(2)また、私は、独軍の侵入は致の抵抗を招く、そうなれば、問題の秩序正しい解決の基礎が破壊され、英仏世論だけでなく世界世論全体に悪影響を与える、と指摘した。

(3)私の帰国後の世論の動向は、この私の見方を裏付けている。

(4)致政府は、「覚書」の受諾は致国の安全と国民的・経済的独立の自動的喪失となる、と言っている。

ここでまたも、ヒトラーは、猛り狂い始め、「毎日二万人もの難民がドイツに流れ込んでいるのだ、こんな状況を、私は許しておけない」と言ったかと思うと、話は飛んで、「マサリクは、チェンバレン氏を潰す、と言っているではないか」などと喚くので、ウィルソンも、必死にヒトラーを宥めようとしたが、ヒトラーの興奮は鎮まるどころか、却ってさらに刺激されたかのように、喚き散らし続ける。

「ドイツはニグロのように扱われているんだ。トルコ人に対してすらこんなに酷い扱いをする人はいなかろう。一〇月一日に私は私の欲するところをチェコから手に入れる。もしフランスとイギリスがやる気なら、やればいいじゃないか。私はちっとも構わん。」

(3) 宥めるウィルソンとヘンダーソン

ここでウィルソンが、「首相には閣下に訴えることがあるのです」と、何とか口を挟み、さらに説得し続けようとしたが、ヒトラーは、これを遮って、

「訴えるなら、ベネシュに訴えた方がいい。奴には一片の土地も手放す気のないことが、明々白々なんだから。」

と、耳を貸そうとしなかったので、ここで、ウィルソンに代って、ヘンダーソンが、

「約束の土地は、チェコが与えるように、イギリス政府が取り計らいますから。私たちは、彼らに十分な圧力をかけることができる立場にあるのです。閣下には安心してチェンバレン氏を信頼していただきたいのです。」

と、猛り狂うヒトラーを宥めようとしたが、ヒトラーは、

「残念ながら、チェンバレン氏は、いつ何時退陣するやもしれません。それはともかく、私が今求めているのは、言葉でなく行動だ。まもなく難民は四〇万にもなるのだ。」

この激しいやり取りの後ようやくヒトラーも、渋々ながらシュミットが独訳を続けることを認めた。そして、シュミットが、書簡の眼目たる、チェンバレンからの具体的提案、すなわち、英仏案を基礎とした独致直接交渉案について、「私から貴下が同意されることを求めたいのは、ドイツの代表が致政府の代表と会って、直ちに話し合って……」と訳したとき、ヒトラーは、この「話し合って」に反応して、「信じられん！　とんでもない！」と叫んだが、シュミットは訳し続けた。その要点は次の通りである。もし両当事

(1)私はこの話合いはすぐに纏まると確信している。

者が望むなら、イギリスの代表も話合いに参加する。
(2)このような話合いによって、割地は秩序だった方法で実施されることになろう。
こうしてシュミットは、断続的であったが、なんとかチェンバレン書簡を最後まで読み通すことができた。

(4) ヒトラーの期限付最後通告

シュミットの訳読が終った途端に、ヒトラーは、またも荒れ狂い、それまでシュミットが聞いたことがないほどの、甲高い大声を上げ続けた。[23]

「私は、『覚書』で、チェコスロヴァキア政府はドイツに代表を送れ、と提案したが、それは、『覚書』修正の話し合いのためなんかじゃない、単に履行法を話し合うためなんだ。こんなことは分り切った話だ。もしズデーテンをこれ以外の方法で獲得できないのなら、私はこれを自分の手でとるだけだ。」

「ズデーテンの移譲は、英仏両政府が保証します。ドイツ人の望みは叶えられます。」

「我慢強い私も、ドイツ国民の手前、もうこれ以上我慢はできん。もうこれ以上、ベネシュに鼻面を取られて引きずり回されるのは、真っ平御免だ。」

「交渉を長引かせるつもりも、それを許すつもりもありません。」

「私にもドイツ国内での立場というものがある。これ以上、プラハの遷延術は許せん。」

「どうか、もう一度よく考え直されて、首相の独致直接交渉案を受諾して下さい。」

「チェコスロヴァキアが代表を派遣するというなら、ドイツの覚書を受諾するという基礎でなければならん。一〇月一日に領土の引渡し、チェコ人の退去、このドイツの決定に変更はない。交渉によろうと、力の行使によろうと、この領土は一〇月一日には解放されるのだ。二日以内、すなわち水曜日までに受諾回答がなければならぬ。」

この期限について、ヘンダーソンが、

「水曜日の夜一二時ですか?」

と尋ねると、咄嗟の判断か、予め考えていたのかよく分らないが、ヒトラーは、

「いや、午後二時までだ。」

と答え、この会談も、いつものように脅しで締め括った。

「とにかく、もうこれ以上、話しても無駄です。今や行動の時がきたのです。」

(5) 次会談回しにされたヒトラー宛警告メッセージ

これで、ヒトラーがチェンバレンの独致直接交渉案を断固拒否したことは、明々白々であった。故にウィルソンはここで、首相の訓令に従って、対ヒトラー警告を発すべきだった。しかるに、首相よりも宥和派的であった彼は、そうしないで代りに、「私としては、明日もう一度お会いしたいと思っているのですが……」と、次の会見に期待を繋ごうとした。これに対して、「もうこれ以上話しても無駄だ」と言っていたヒトラーが、意外にも、あっさりと、「分りました。そうしましょう」と、同意したのであっ

た。こうして五時五〇分に会談を終えたヒトラーは、ウィルソンたちをドアーのところに送って行く途中、またもチェコスロヴァキアを罵り、更にまた、「どんなことがあっても、交渉によろうと力によろうと、ズデーテンのドイツ領は、一〇月一日にドイツの軍事占領下に置かれることになりますから」と、その決意と脅し文句を繰り返した。これに対して、ウィルソンは、別れを告げる際に、「明日の朝、伺います」と、再会について念を押して、退室した。

会談後、ウィルソンは、チェンバレンに、「非常に荒々しい時間」であったと報告し、ヒトラーの態度に、妥協、修正の余地があるとは見られなかったと言いながら、命じられていた警告の実行を控えた理由について、次のように弁明している。

「彼の激した感情と何度も今夜のシュポルトパラストでの演説に言及したことを考慮して、警告メッセージは伝達しない方がよいように思えました。明朝、もう一度会うことになっています。私たちは、彼に演説で退路を断たぬようにと求めておきましたが、退路が残されるかどうかは、疑わしく思われます。もし残されていなければ、私たちは適切な言葉でメッセージを伝えた上で、退去すべきだと考えています(24)。」

3　シュポルトパラスト演説：英仏・致分断の狙い

(1) ゲッベルスの激烈な前座演説

午後八時、ベルリンのシュポルトパラストに集められた二万の聴衆を前に始められたヒトラー演説は、七〇分にも及ぶ大演説となった(25)。そして、それは、ドイツ国民だけでなく、全世界に向けて放送された。ウィルソンとしては、この演説を聴いてから、明朝の会見で対ヒトラー警告を実行すべきかどうか判断すべきである、という考えであったが、さてその演説、ゲッベルスが(26)「心理学的傑作」と褒め称え、バロックが「毒舌の傑作」と評した、その演説は、一体どのようなものであったか、以下やや詳しく見ていくことにしよう。

ゲッベルス宣伝相は、一九三三年ナチスが政権に就いた直後、その日記に、「私自身は、総統が演説する毎にその前に話すことになる。私はこの演説で我々の団体示威の魔力と雰囲気とを聴衆に努めて訴えるつもりだ(27)」と書いているが、五年後のこの夜も、総統演説の前に、彼が起って、短い激烈な演説を行った。

「総統、あなたの国民がまさにあなたを頼りとしているのとまったく同じように、あなたはあなたの国民を頼りにすることができます。あなたの国民は、一人の人間として、あなたの背後にしっかりと立っています。困難な今このときに、私たちは、あなたの前で、全身全霊、力をこめて繰り返します、『総統が命じ、吾ら行く』と。吾が総統、私たちは、吾らが古来の鬨の声を挙げて、あなたをお迎え致します。『アドルフ・ヒトラー、ジーク・フリート！』さあ、総統の演説です。」

(2) 独英不戦・独仏不戦の訴え

こうゲッベルスに紹介されたヒトラーは、その大演説を、「ドイツ民族同胞諸君！」との呼掛けで始め、続いて、ゲッベルスの前置きに応える形で、総統とドイツ国民の一心同体性を、次のように強調する。

「今ここで話しているのは、一総統でも、一個人でもありません。そうではなく、話しているのは、ドイツ国民なのです！」

この後、演説は、まず英仏を威嚇するかのように、

「今日私ははっきり認めましょう、我々の再軍備が、これまで世界が見たこともないような程度に達したということを。」

と宣言し、ドイツの軍事力自慢を続けた。そして次は平和貢献自慢である。独波不可侵条約、独英海軍協定、アルザス・ロレーヌ放棄宣言と列挙して、対英関係については、

「このような協定は、両国民が互いに二度と戦わないと誓い合ったときに初めて、道徳的に持続可能なものになるのです。イギリス国民の間に、その意志を共有する人たちが優勢になることだ！」ドイツにはその意志がある！　我々すべての望むところは、イ

と、独英不戦の願いを強調し、対仏関係についても、

「我々に関する限り、もはやアルザス・ロレーヌ問題は存在しない。我々はフランスと戦うことを望んではいません。我々はフランスに求めるところは、何もありません。」

と、独仏不戦の願いを強調した。このヒトラーの対英、対仏不戦の訴えは、何を意味するか、もうお分りであろう。それは、チェコスロヴァキアを私の好きなように料理させろ、余計な口出しはするな、余計な手出しは止めろ、そうすれば、イギリスよ、フランスよ、私は世界最強の軍事力で、お前たちを攻撃することはしないので、第二次欧州戦争は避けられ、欧州平和は保たれよう、

ということである。

（3）ズデーテンは最後の領土的要求

このような対英、対仏不戦の呼掛けは、ヒトラーの嘘でない、本音の「欧州平和構想」であったが、次にくるのは、ズデーテン割譲要求に関する嘘、彼の領土的欲望に関する嘘である。

「今、我々は、解決されねばならない最後の大問題に直面しています。それは、私が欧州で行う最後の領土的要求です。」

こうヒトラーが世界に向って「これがドイツの最後的領土要求だ」と明言した点について、当時、赤松祐之は、

「約束を重んずるのは独裁者の生命であるから、一旦右の如き言質を与えた以上、ヒトラー総統は必ずこれを護らなければならぬことと思われるが、この約束を厳守すれば、ポーランド回廊、ダンチッヒ、メーメル等の併合はできないことになりはしないか。総統はこれらを今後どうするつもりでおるか、またウクライナ問題に手をつけるとすれば、そこでも右の約束が邪魔になりはしないか。」(28)

と、ヒトラーのために心配してやっているが、「約束を重んずるのは独裁者の生命」という赤松の見方は、ナイーヴにすぎよう。その時々の自分の都合によっていつでも、「約束を反故にするのが独裁者の生命」という方が当たっていよう。反故のための口実など後から何とでも付けられるというのが、独裁者の信念であろう。

(4) 毒々しいベネシュ攻撃

このようにズデーテン地方が「最後の領土的要求だ」などと、平然と大嘘をつくこの男が、ベネシュ大統領を「嘘つき」、チェコスロヴァキア国家を「偽国」と誹謗中傷し続ける。そして、このあたりから、バロックをして「毒舌の傑作」と言わしめた部分が続く。

「チェコ国家は嘘から生まれました。その嘘の父親の名はベネシュでした。チェコスロヴァキア国民というようなものは、存在しません。存在するのはチェコ人とスロヴァク人だけです。ベネシュ氏の努力のおかげで、チェコ人はスロヴァク人を併合し、三五〇万人のドイツ人から自決権を奪ったのです。それだけでなく、一〇〇万のマジャール人の、多くのカルパト－ロシア人の、そして数十万人のポーランド人の自決権をも奪い取って、ベネシュは、テロ体制を作り上げたのだ！」

このように十分過ぎるほど、チェコスロヴァキア国家とベネシュ大統領を悪者に仕立て上げておいてから、ヒトラーは、ベネシュの「英仏案」受諾と「ゴーデスベルク覚書」拒絶の関係を、次のように自己に都合よく歪曲して提示する。

「ズデーテン地方をドイツに割譲しなければ、英仏両国はチェコスロヴァキアの運命と縁を切るという事態に直面して、ベネシュ氏はまたもう一つの抜け道を見つけ出したのです。彼は領土の割譲を命じた。そう宣言したのだ！　しかし、彼は何をしたのか？　今、彼はその領土を割譲しようとしていない、それどころか、その土地からドイツ人を追い出しているのだ！今や彼のゲームを終らせる時がきたのだ！」

こう絶叫してから、次に、ヒトラーは、彼の大衆騙しの常套手段を用いる。すなわち、嘘に信憑性を与えるのは嘘の誇大な数字を示すことだと、そう信じている彼は、ここで次のような出鱈目な数字を並べ立てる。

「ここにおどろおどろしい数字があります。ある日の難民の数は一万くらいだったかもしれませんが、次の日には、二万人、そしてその次の日は、三万七〇〇〇人、さらに次の日は四万一〇〇〇人、六万二〇〇〇人、それから七万八〇〇〇人、そして、今や九万人、一〇万七〇〇〇人、一三万七〇〇〇人に達し、今日で二一万四〇〇〇人になりました。全地域で人口が激減し、村々は焼き払われ、手榴弾とガスでドイツ人たちは追い払われているのです。」

そして、彼が作り出した、このおどろおどろしい「現実」の責任を、ベネシュ一人のせいにして、彼自身の「五月危機」以来募る一方のベネシュへの憎悪、復讐心を、ドイツ国民に吹き込もうとする。

「それでも、ベネシュはプラハでじっとしていて、心地よさそうに、次のように信じているのです。すなわち、『私に何か起こることなどありえない。いつもイギリスとフランスは私を支援してくれるのだから』と。吾が民族同胞諸君、今や、私は、何が何であるかを奴に告げてやる時がきた、と信じています。我が領土たるズデーテン地方は、今直ぐにドイツのものにならねばならぬ、と。」

(5)「寛大な」ヒトラー対「頑固な」ベネシュ

このように、ヒトラーは、即時占領については一歩も譲らぬ姿勢を示したが、その他の点では、自分がいかに公平であり、寛大であるかを示そうとした。

「私は誰にも『これは公平でない』などと言わせないように、プレビサイトを実施しようと決めました。私は、全域でこれを実施するつもりでした。今もそうです。しかし、ベネシュ氏と彼の友人たちが、ある地域だけに限定するように望んだのです。『よかろう、そうしよう』と、私は寛大さを示しました。」

この他にも、彼は、「国際委員会」監視下でのプレビサイトの実施、「国際委員会」による最終的国境線画定調整、プレビサイト期間中のドイツ部隊の撤退、「法と秩序」維持のための「英在郷軍人団」の駐留の承認等々を列挙した。このようにいかに自分が誠実で、気前よいかを示そうとした後、それに反して、いかにベネシュが背信的で、頑固であるかを立証しようとする。

「覚書は、ベネシュ氏が約束したことの履行以外の何物でもないのです。ところが、今、ベネシュ氏は、この覚書によってまったく『新たな状況』に置かれたと文句を付けているのです。『新たな状況』とは何ですか？　それは、ベネシュ氏が自ら約束したことを変えたこと、この一点だけなのです。この男がこれまでに行ってきた約束、その約束の何一つも、この男は守ったことがないのだ！　今こそ生まれて初めて、彼は約束を守らねばならぬことになろう。彼は一〇月一日にその領土を譲渡しなければならないのだ。」

(6) ヒトラー対ベネシュの一騎打ち

ヒトラーは、こうドイツ国民に対して、否、世界に対して、一〇月一日占領を宣言したことによって、チェンバレン、ダラディエ、ベネシュに、和戦の決断を迫っただけでなく、自分自身をものっぴきならぬ立場に追い込んだのである。T・テーラーは、ここに「ヒトラーは彼の威信を賭けた」と言い、シャイラーは、「ヒトラーはとうとう背水の陣を布いた」と記し、ヘンダーソンは「ヒトラーはついに自分の船に火を点けた」と見た。(29)だがしかし、対英仏戦争の準備のないヒトラーにとっては、「戦争」と言っても、どうしても、それは独致単騎戦でなければならなかった。そのためには、ベネシュとチェンバレン、ダラディエとを分断して、チェコスロヴァキアを孤立させなければならない。演説は言う。

「ベネシュ氏とその外交官たちは、『自分たちの唯一の希望は、チェンバレンが打倒され、ダラディエが放逐されることだ』と言明している。奴らがその希望を託しているのはソ連なのだ。」

そして、演説は、問題の本質を、英仏とドイツの対立ではなくて、ヒトラーとベネシュの宿命的な決闘、一騎打ちだという、矮小化した、自己に有利な印象を与えようとする。

「今、互いに睨み合って対峙している二人の男がいる。向こう側に立っているのがベネシュ氏であり、そして、こちら側に立っているのが私だ！」

(7) チェンバレンへの世辞、ベネシュへの挑戦状

このようにチェコスロヴァキアを孤立させるために、ヒトラー

対ベネシュの個人的対決というイメージを強調した後、ヒトラーは、一転、チェンバレンに対して世辞を献じ、宥和にこれ努める。ゲッベルスが「心理学的傑作」と言うのは、特にこのあたりなのだろう。

「私は、チェンバレン氏にはその努力に感謝したい。私は氏には、ドイツ国民は平和以外に何も望んでいない、と保証しました。また、ここでもう一度繰り返しますが、私は、氏の面前で、ドイツには欧州ではこれ以上の領土問題はない！　と保証しました。更にまた、私は、氏に対して、チェコ人が他の少数民族を抑圧手段によらずに、平和的に処遇するに至ったならば、それ以上同国には何の興味もない、と保証しました。今また、私は氏に次のことを保証しましょう！　私たちはチェコ人などまったく一人も欲しくはないのだ、と。」

チェンバレンの歓心を買うための保証の投げ売りが終わると、ヒトラーは、また一転、ベネシュに対して牙を剝き決闘を挑み、一時間を超える怒涛の演説を終結へと盛り上げる。

「ズデーテン問題に関して、私の我慢も限度に達しました！　私は既にベネシュ氏に提案をした。それは、氏の約束の実現以外の何物でもない！　今決定するのは彼なのだ！　それが戦争であれ平和であれ！　ベネシュ氏よ、さあ、今すぐどちらか選んでくれ給え。」

(8) ヒトラーの伝染性自己陶酔

現場でラジオ放送をしていたシャイラーは、この終結部分に向っていたときのヒトラーの様子を、次のように描写している。

「最後にヒトラーはぬけぬけと和解の責任をベネシュ一人に押し付けたものだ！　私はこのシーンを、ちょうどヒトラーの頭上のバルコニーの座席から放送した。彼はまたあの神経的なチックに捉えられていた。演説のあいだじゅう彼は肩をぴょこぴょこさせつづけ、反対側の脚の膝から下は跳ね上がる。聴衆にはそれが見えないが、私には見えた。実際のところ、これまでもう何年も私は彼を見ているが、今夜はじめて彼は自制を完全に失ってしまっているように見えた。(30)」

ヒトラーの自己陶酔は強い伝染性を持っていた。それは、ゲッベルスがベルリンから掻き集めた二万人の聴衆をも、同じ程度に陶酔させ、フューラーの演説が最後の瞬間に向って昂揚の一途を辿っている今、彼らは、フューラーが吐き出す毒を含んだ一節、一節に野獣の唸り声のような狂暴な歓呼で応えた。そして、ついにその演説が尽き果てたとき、狂乱した群衆は、嵐のような耳を聾せんばかりの大喚声を挙げ、最後には、間断なき「総統命じ、吾ら行く」の大シュプレヒコールとなった。

ヒトラーが演説を終えて腰を下ろすと、入れ替わって、ゲッベルスが起ち上がり、ヒトラーへの忠誠を誓う言葉を述べ始めた。そして、その途中で、「一九一八年一一月（休戦協定署名の月）は二度と繰り返されることはない、これを当てにする者は、これまでも皆、見込み違いをして来たのだ！」と絶叫すると、(31)ヒトラーは、シャイラーによると、次のような反応を示した。

「この言葉こそまさに彼がこの夜ずっと求めていながら見つけられなかった言葉であるかのように、狂暴な、貪るような表情を目に浮かべて、ゲッベルスを見上げた。彼は飛び上がり、私には決して忘れられないような熱狂的な光を目にたたえ、右手を大きく振ってからテーブルにたたきつけ、あの強靭な肺の全力をしぼって、『そうだ（ヤー）！』と怒鳴った。それから彼は疲れ切って倒れるように、椅子に坐った。[32]」

4　英外務省プレス・コミュニケと英首相声明案

（1）「ロシア」への言及

ヒトラー演説が惹起した最初のイギリスの反応は、演説終了直後の午後九時一五分に発表されたイギリス外務省のプレス・コミュニケであった。このコミュニケの作成、発表に至る経緯については、謎が残るが、それは、ヒトラーにも相当な影響を与えたと思われる節がある。しかし、彼以上にボネ外相により大きな衝撃を与えることになる。コミュニケの対独警告の部分は、次のようなものであった。

「イギリス首相の努力にもかかわらず、もしもドイツからチェコスロヴァキアに対して攻撃がなされるならば、それが即座に招く必然的な結果として、フランスはチェコスロヴァキアを支援せざるをえなくなり、そして、イギリスとロシアも確実にフランスの側に立つことになろう。[33]」

この部分で注目される点は、「ロシア」の対応にも触れていることである。この種の公式声明で「ソ連」ではなく「ロシア」という呼称が使用されているのも、奇妙なのだが、それはともかくとしても、実は、この声明はソ連政府とは何の相談もなく発せられたのである。[34]しかし、ソ連政府から何のクレームも付かなかったのは、ロシアに触れた部分が、リトヴィノフ外務人民委員が国際連盟などで再三再四表明してきたソ連政府の立場と合致していたからだけでなく、イギリスの対独硬化、英独対立の激化は、同政府の歓迎するところであったからであろう。

また、コミュニケで「ロシア」に言及されたのは、対独・英仏ソ三国提携論者であるチャーチルの影響があった可能性がある。この日の午後三時三〇分、チャーチルは閣議室でチェンバレン、ハリファックスの両相と会見した。これは事実であるが、その場で話され合意された内容については、異論がある。チャーチルの回顧録によると、彼が、二人に、ヒトラーの侵略行為に対する「イギリスとフランス、そしてロシア」間に見解の一致があることを示す声明を出そう、と迫ったところ、外相とだけでなく首相とも意見の一致を見たと、彼は思った。この合意に基づいて、その場にいた外務省の高官が声明草案を作成した。そしてチャーチルは、「満ち足りた、ほっとした気持ちで、彼らと別れた」という。[35]

この点について、一九四七年にチャーチルから確認を求められたハリファックスの証言によると、それはチャーチルの記憶違いであり、そのとき三人で話し合ったのは一般的な問題のみであった、という。さらにハリファックスは、その発表の経緯とチェンバレンの不満について次のように証言している。

「夜になってレックス・リーパー報道局長が、コミュニケ草案を持って私の承認を求めに来たので、私は、それが首相の考えに完全に一致していると信じて、自分の一存で、その発表を認めました。発表したとき、ネヴィルは非常に腹を立てまして、私は、彼から、『なぜ発表前に自分に見せなかったのか』と叱られました。[36]」

（2）パリでの「虚報」騒動

以上のように、イギリス外務省声明に、チャーチルとチェンバレンがどのようにかかわっていたのか確定できないが、その発表に関して、外務省内の「抑止派」リーパー局長に最終的なゴー・サインを出したのは、前日「抑止派」に転向していたハリファックス外相であったことは、間違いなさそうである。この外務省「抑止派」の対独警告は、イギリスにおける英仏ソ提携論者のチャーチルやアトリーを喜ばせ、フランスでも同じ考えのレイノー、マンデルや共産党を喜ばせたであろうが、「宥和派」のボネにとっては、苦々しい限りの、余計なお世話であった。イギリス外務省報道局の発表を知ったパリの議員連が、外務省にボネ外相を訪れ、その真偽を質した。これに対して、ボネは、「私たちは、今のところ、いかなる確認もとれていません[37]」と答えた。フランスの外相は、イギリス外務省の発表を「嘘だ」とは言わなかったが、これを歓迎するどころか、真偽未確認と言うことによって、発表内容に対する熱意のない態度を示した。外相は、このような警告はヒトラーを刺激、挑発して、彼の対独宥和政策の遂行の妨げとなるだけでなく、フランス国内の対独「抵抗派」を鼓舞激励して、対独戦争を招き寄せる効果しかない、と恐れた。このような恐怖心から発した外相の真偽未確認発言から、ボネ派主導の「虚報」騒動が発生し、また親独宥和論の右翼紙などは、このコミュニケについて、ハリファックスを隠れ蓑にし、チャーチルによって励まされたヴァンシタートとリーパーの仕業だ、戦争を欲するソ連の手に乗ったものだ、などと報じた[38]。

（3）英仏「右派」のソ連アレルギー

このように「右派」のソ連アレルギーは、フランスだけでなくイギリスでも、チャーチルなどを除けば、相当強く、チェンバレンの基本方針も、欧州赤化の危険を防止するための用心として、欧州国際政治の舞台からなるべくソ連を「村八分」的に閉め出しておき、重要問題は英独仏伊四大国の協調によって解決するというものであった。例えば、先の英仏ロンドン協議でダラディエが、ドイツ国内のナチ政権打倒計画について説明したとき、チェンバレンは、ソ連共産主義の脅威を念頭に、「その後で、ドイツがボルシェヴィキ化しないと、誰が保証してくれるのですか？」と反問したという[39]。

ロンドンから帰国したダラディエも、この日の午後一一時に、ブリット米大使と会見して、「第二次世界大戦」後の欧州赤化の危険性について、次のように予言していた。

「もはや戦争を回避できる確率は千に一つくらいでしょう。戦争になれば、ドイツが負け、フランスが勝つでしょうが、結果的に、得をするのはボルシェヴィキだけでしょう。欧州のあらゆる国で社会革命が起こり、共産主義政権が生まれるからです。セント・ヘレナでナポレオンは、『コサックが欧州を支配するだろう』と予言しましたが、この予言がまさに実現しようとしているのです[40]。」

（4）チャーチルとチェンバレンの思考的対照性

共に反共保守政治家であるチャーチルとチェンバレンの対ソ政策が、この時点で、まったく対立したのは、前者のパワー・ポリティックス重視思考と後者のイデオロギー重視思考のせいであった。この日、チャーチルがニコルソンたちに話した彼の対ソ・対独観が、チェンバレンの思考との対照性を如実に例証している。

「首相が犯した基本的な過ちは、ロシアを信頼して同国と話し合うということを拒んでいることです。リッベントロップはいつもヒトラーにこう言っています。『イギリスがソ連を同盟国と言い出すまでは、イギリスを恐れる必要はありません。そう言い出したときには、イギリスも本当に戦争をする気になっていると見てよいでしょう』[41]。」

更にこのチャーチルの発言とその前のダグディエの発言とを比べてみると、「第二次世界大戦」後の欧州赤化の危険性に関しては、チャーチルの方が鈍感で、ダグディエの方が敏感であったとも言えようが、その鈍感さに何か自信さえ感じられるのは、そこには、一つの身についた思考法の存在が認められるからかもしれない。すなわち、とりあえずは目前の脅威に、実際的な方策によって対処し、そうしたことによってその後に発生するかもしれない、新たな脅威についてはそのときまた実際的な対処法を考え出そうという、イギリス流の「マドル・スルー」的思考法が、それである。

（5）英首相声明案の作成

ヒトラーのシュポルトパラスト演説が終わった九時過ぎ、英首相・側近会議が開かれた。席上、ウィルソンから届いたヒトラー＝ウィルソン会談報告電報が読み上げられ、これと併せて、ヒトラー演説の評価とイギリスの対応策が話し合われた。その結果、参加者の意見は、演説は激しいものではあったが、平和的解決を絶望的にするものではない、ということで一致した。但し、チェンバレン首相もハリファックス外相も、演説の対致・対ベネシュ非難の激しさから、もはやウィルソン携行案、すなわち、独致直接交渉案の勧めだけでは、まったく不十分であると見た。そこで、両者は、ヒトラーのこの対致不信に鑑み、イギリス政府が「英仏案」の確実な履行を保証するという新方策を提案し、他の賛同を得た。そして、新案の発表を、明日の朝刊と第二回ウィルソン＝ヒトラー会談に間に合せるために、チェンバレンは、午前一時五〇分、次のような首相声明案を書き上げた[42]。

「イギリス政府として、私たちは、英仏案が公正かつ完全に履行されるべく取り計らう道徳責任が私たちにあると見なしています。ドイツ政府が、力によらず話し合いによる領土移譲の条件の確定に同意されるならば、私たちには、私たちがその条件が妥当適切なる迅速さで以て履行されるべく保証する用意があります[43]。」

（6）警告訓令執行をためらうウィルソン

一方、明日ヒトラーと再会することになっていた「宥和派」ウィルソンは、夜、「抑止派的」チェンバレンへ長文の電報を届けた。午後の会談でヒトラーの剣幕に気圧されていた彼は、依然、警告訓令の執行をためらっていたのである。

「ヒトラー氏の演説（シュポルトパラスト演説）は予想されたほど激しいものではなかったと、思います。演説で、彼は貴下のことを褒め、チェコスロヴァキアが彼の欧州での最後の領土的主張だという保証を与えたのです。明日の朝、警告メッセージを伝える必要があるのか、あるいは、そうするのが賢明なのかどうか、私には疑わしく感じられるのですが……。[44]」

デーヴィッド・フェーバーは、このウィルソン電報は、ヘンダーソン大使の助言によるものであっただろうと推測しているが、確かに、これが、「抑止派的」に傾いた首相に対して、在独「宥和派」コンビが相談の上で発した「圧力的」進言であったことは、十分に考えられる。しかし、ヒトラー宛警告メッセージに関する、宥和派からのこの進言に、チェンバレンは、動揺しなかった。午前一時、チェンバレンはウィルソンに再度命じた。

「明日の朝早く首相声明が出されます。その声明に含まれる提案を、貴下は、次の会談で取り上げ、話し合うことが有益だと思われるでしょう。もしそれでも何の進捗もなければ、私たちがフランス側に伝えたことに鑑みて、貴下が警告メッセージを伝えずに退去することはできないと、私たちは考えている次第です。[45]」

5　戦争に備えるパリとロンドン、平和に傾くムッソリーニ

(1) パリ：加速する大脱出

この日のパリは、まだかなり正常のように見えたが、人々が朝刊を読んで、チェコスロヴァキアが「ゴーデスベルク覚書」を蹴ったことを知り、夜のラジオ放送を聴いてヒトラーがベネシュに決闘を申し込んだことを知ると、パリの様相は一変した。防空体制に致命的な欠陥があると察知した市民は、最善の解決策はパリからの脱出だ、という結論に達した。その結果、夜が明けた二七日は、既に二四日から始っていたパリ脱出がピークに達し、パリはタクシーの荒稼ぎ日となった。トランクを売る店以外、店という店は、閑古鳥が鳴き、公園では塹壕が掘られ、ルーブル美術館では、所蔵品の荷造りが行われた。

そんな中、パリからタクシーで、トラックで、列車で、西へ、南へと逃れて行く何十万という市民の中に、パリ防空の責任者の一人であるギー・ラ・シャンブル空相の妻と子供も含まれていた。このウォー・スケアの間に、各地へ脱出した市民の数は、パリの人口の三分の一に上ったという。[46]

(2) ロンドン：ガスマスク・塹壕・対空高射砲

イギリスの新聞は、九月二五日の日曜日を「ガスマスクの日曜日」と名付けた。この日、月曜日も、戦争の切迫を告げる象徴として、ガスマスクが配布され、防空壕が掘り続けられた。[47] ニコルソンは、日記に、この日に見た「一九三八年の戦争」の光景として、ストランド街で目にした、「ウェストミンスター市：空襲警戒：ガスマスク通達」というポスターと、グリーン・パークで目撃した、必死になって塹壕を掘っている労働者を挙げている。[48] 更に一歩も二歩も戦争に近づいたと思われた二七日にも、この二つの光景は見られた。ハーヴェイは、その日記に、「一団が公園で

塹壕を掘り始め、ガスマスク装着付属品を求める市民の列ができている」と記し[49]、ケネディ大使は、ハル宛電報中で、「今朝大使館に出勤する途中、ハイド・パークで対空高射砲が据え付けられているところと、数百人の人たちが塹壕を掘っているところを見ました」と報告していた[50]。

(3) ヴェロナ：ムッソリーニの「平和」演説

チアーノ外相は、アットリコ駐独大使から電話で、ヒトラー＝ウィルソン会談についての報告を受け、ヒトラーがチェンバレン提案を蹴って、「ゴーデスベルク覚書」に対する諾否の回答に関して、その期限を九月二八日の午後二時とする最後通告を行ったことを知った。これについて、外相はその日の日記で、「これは戦争だ。神よ、イタリアとドゥーチェに御加護を」と、神に祈った[51]。

このように開戦不可避の危機的状況に直面すると、それまで好戦的色彩の濃かったドゥーチェの演説に、変化が見られた。この日、彼がヴェロナで行った演説は、チェンバレンの「チェコ問題解決に対する絶大な努力」を評価し、ドイツ側の「終始変ることなき忍耐」に敬意を表しただけでなく、ヒトラーの蛇蝎視するベネシュをさえ、「この人にしてチェコ国を代表する限り、余はなおチェコの善処に期待し、平和的解決もまた絶対に不可能ならずと信ずるものである」と高く持ち上げた。そして、イタリアに戦争準備のないことを知悉しているドゥーチェは、「何人も欧州に自ら火を点けて、その中に身を投ずることを望む者はないと信ずる。今週はじっと我慢して待つべきときだ、そうすれば、公正な平和的解決を見つけることができよう」と、「平和的解決」を強調したのである[52]。

(4) ベルリン：「ヴェロナ演説」のヒトラーへの影響

ヒトラーは、彼が頼りとする盟友、戦闘的であるべき盟友ムッソリーニの「平和」演説を知ったとき、その中で自分の「終始変らぬ忍耐」を賞められても、嬉しいどころか、頼りなさを感じたのではなかろうか？　この日のウィルソンとの会談で、このムッソリーニの自分に対する賞賛に、ヒトラーは次のように反応している。

「ムッソリーニ氏は、今日、私に私の忍耐を賞賛するメッセージを送ってきました。しかし、私はもうこれ以上国民の手前この忍耐を正当化することはできません[53]。」

盟友の敵前逃亡の準備とも受けとられる「ヴェロナ演説」が、ヒトラーの和戦に関する最後の決断にどのような影響を及ぼしたか、判断は難しいが、この日のヒトラーがこれによって「緑作戦」準備の遂行に動揺を来した様子は見られなかった。この日、ヒトラーと会談したゲッベルスは、日記に、次のように、ヒトラーが「五月二八日」に軍首脳に対して「一〇月一日」を決行日とする「緑作戦」を指示したことを踏まえて、総統を「天才的予言者」と称えている。

「九月二七日から二八日に、我が軍の準備は完成しよう。総統には、作戦行動までに五日間の猶予がある。総統は、五月二八日、既にこの日にちを決められていたのだ。そして、万事、まったく総統が予想された通りに、展開したのだ。総統は天才的予言者だ。」

そして、ゲッベルスは、対致攻撃による「抜本的解決が最善だ」と記しているが、[54]「抜本的解決」とは、無論、単なる「ズデーテン併合」ではなくて、「チェコスロヴァキア解体」である。

注

(1) Nevile Henderson, *Failure of a Mission–Berlin 1937–1939* (G. P. Putnam's Sons, 1940), p. 163.

(2) *Foreign Relations of the United States, Diplomatic Papers, 1938, Volume I, General* (United States Government Printing Office, 1955), pp. 657–8. 以下、*FRUS–I* と略して表記する。

(3) *Ibid.*, pp. 663–4; Cordell Hull, *The Memoirs of Cordell Hull V1, Part Two* (Kissinger Legacy Reprints), p. 592.

(4) Igor Lukes, *Czechoslovakia between Stalin and Hitler: The Diplomacy of Edvard Benes in the 1930s* (Oxford University Press, 1996), p. 243.

(5) *FRUS–I*, pp. 663–4.

(6) *Ibid.*, pp. 669–72.

(7) Hull, *The Memoirs of Cordell Hull V1, Part Two*, p. 593.

(8) 明治大正昭和新聞研究会編『新聞集成　昭和編年史　十三年度版』Ⅲ（新聞資料出版、一九九一年）、八五四–七ページ、綱川政則『ヒトラーとミュンヘン協定』（教育社歴史新書、一九八九年）、一三六ページ。

(9) Franklin R. Gannon, *The British Press and Germany 1936–1939* (Oxford University Press, 1971), pp. 186, 195.

(10) *Documents on British Foreign Policy, 1919–39, 3rd series, Volume II* (His Majesty's Stationary Office, 1950), pp. 536–7. 以下、*DBFP–II* と略して表記する。David Dilks (ed.), *The Diaries of Sir Alexander Cadogan O. M. 1938–1945* (Cassell & Company LTD, 1971), p. 106; Telford Taylor, *Munich: The Price of Peace* (Hodder and Stoughton, 1979), p. 859.

(11) Yvon Lacaze, *France and Munich: A Study of Decision Making in International Affairs* (Columbia University Press, 1955), p. 158; David Faber, *Munich, 1938: Appeasement and World War II* (Simon & Schuster, 2009), p. 361; T. Taylor, *Munich*, p. 859; *DBFP–II*, p. 575.

(12) T. Taylor, *Munich*, pp. 859–61; Lacaze, *France and Munich*, p. 158.

(13) *DBFP–II*, p. 575.

(14) T. Taylor, *Munich*, pp. 859–61; Dilks (ed.), *The Diaries of Sir Alexander Cadogan*, p. 107.

(15) 以下、二日目の英仏協議の内容は、*DBFP–II*, pp. 536–41 に拠った。

(16) *Ibid.*, pp. 536–7.

(17) John Julius Norwich (ed.), *The Duff Cooper Diaries: 1915–1951* (Phoenix, 2006), p. 267.

(18) T. Taylor, *Munich*, pp. 861–2.

(19) Norwich (ed.), *The Duff Cooper Diaries*, p. 267.

(20) *DBFP–II*, p. 550.

(21) 以下、第一回ヒトラー＝ウィルソン会談の内容は、*DBFP–II*, pp. 554–7 と *FRUS–I*, p. 673 に拠った。

(22) Faber, *Munich, 1938*, p. 367; *DBFP–II*, p. 553; パウル・シュミット著／長野明訳『外交舞台の脇役（一九二三–一九四五）―ドイツ外務省首席通訳官の欧州政治家たちとの体験―』（日本国書刊行会、一九九八年）、四四七–八ページ。

(23) シュミット『外交舞台の脇役（一九二三–一九四五）』、四四八ページ。

(24) *DBFP–II*, pp. 552–3.

(25) 以下、シュポルトパラスト演説の内容は、Max Domarus, *Hitler, Speeches and proclamations, 1932–1945, The Chronicle of Dictatorship, Volume II 1935–1938* (Dormus Verlag, 1992), pp. 1183–93 に拠った。
(26) Ian Kershaw, *Hitler 1936–45: Nemesis* (Penguin Books, 2001), p. 117; アラン・バロック著／大西尹明訳『アドルフ・ヒトラー』Ⅱ（みすず書房、一九五八年）、八一ページ。
(27) 草森紳一『絶対の宣伝　ナチス・プロパガンダ1　宣伝的人間の研究　ゲッベルス』（文遊社、二〇一五年）、一一四ページ。
(28) 赤松祐之『昭和十三年の国際情勢』（日本国際協会、一九三九年）、四八六ページ。
(29) T. Taylor, *Munich*, p. 875; ウィリアム・シャイラー著／大久保和郎・大島かおり訳『ベルリン日記　一九三四–一九四〇』（筑摩書房、一九七七年）、一一六ページ、Henderson, *Failure of a Mission*, p. 163.
(30) シャイラー『ベルリン日記』、一一六ページ。
(31) Domarus, *Hitler, Speeches and proclamations, 1932–1945*, p. 1193.
(32) シャイラー『ベルリン日記』、一一六–七ページ。
(33) *DBFP–II*, p. 550.
(34) The Earl of Birkenhead, *Halifax, The Life of Lord Halifax* (Hamish Hamilton, 1965), p. 403.
(35) Winston S. Churchill, *The Second World War volume I: The Gathering Storm* (Mariner Books, 1985), pp. 277–8.
(36) Faber, *Munich, 1938*, pp. 482–3.
(37) Alexander Werth, *France and Munich before and after the Surrender* (Harper and Brothers, 1939), p. 289.
(38) T. Taylor, *Munich*, p. 879; Werth, *France and Munich before and after the Surrender*, pp. 288, 290, 299; Lacaze, *France and Munich*, pp. 161–4.
(39) Joachim C. Fest, *Hitler*, translated by Richard and Clara Winston (Penguin Books, 1982), p. 561.
(40) *FRUS–I*, p. 687.
(41) Nigel Nicolson (ed.), *The Harold Nicolson Diaries: 1917–1964* (Phoenix, 2005), p. 198.
(42) Faber, *Munich, 1938*, pp. 369–70; T. Taylor, *Munich*, p. 881; Lacaze, *France and Munich*, p. 167; Neville Chamberlain, *In Search of Peace* (G.P.Putnam's Sons, 1939), p. 196.
(43) *DBFP–II*, p. 559.
(44) Faber, *Munich, 1938*, pp. 370–1.
(45) *DBFP–II*, p. 560.
(46) Werth, *France and Munich before and after the Surrender*, pp. 293–301; Anthony Adamthwaite, *France and the Coming of the Second World War 1936–1939* (Frank Cass, 1977), p. 238; John W. Wheeler-Bennet, *Munich: Prologue To Tragedy* (The Viking Press, 1965), p. 159.
(47) Faber, *Munich, 1938*, p. 357.
(48) N. Nicolson (ed.), *The Harold Nicolson Diaries*, p. 198.
(49) John Harvey (ed.), *The Diplomatic Diaries of Oliver Harvey 1937–1940* (Collins, 1970), p. 199.
(50) *FRUS–I*, p. 673.
(51) Galeazzo Ciano, *Ciano's Diary 1937–1938*, translated by Andreas Mayor (Methuen & Co., 1952), p. 162.
(52) 明治大正昭和新聞研究会編『新聞集成　昭和編年史　十三年度版』Ⅲ、八五八–九ページ、*Documents on German Foreign Policy, 1918–45, Series D, Volume II* (Her Majesty's Stationary Office, 1953), p. 937.
(53) *DBFP–II*, p. 556.
(54) Kershaw, *Hitler 1936–45*, p. 116.

第31章　第二回会談とヒトラーの動揺

1　第二回会談：ウィルソン、対ヒトラー警告を発す

（1）九月二七日朝のイギリス

この日の『タイムズ』の朝刊は、イギリス政府が英仏案の迅速な履行をドイツ政府に保証するという首相声明を掲載すると共に、社説において、ヒトラーと彼の「ゴーデスベルク覚書」を痛烈に論難していた。

「ヒトラー氏は、彼の要求が認められながら、それでもなお、争点を別の局面に強引に引き移し、危険地点にまで押し進んだ。『ゴーデスベルク覚書』はプロシア主義の最悪の形態に回帰している。そこでヒトラー氏は、弱い者いじめをする輩の言葉を使い、僅か数日のタイムリミットを設定しているからである。」(1)

政府系で、宥和論の代表紙と見られていた『タイムズ』さえこうであったから、九月二七日の他の新聞の論調は、推して知るべしであろう。また国民も、塹壕が掘られガスマスクが配布され、戦争の足音が大きくなっていたにもかかわらず、それに怯むことなく、ますます対独姿勢を硬化させていた。政策決定者たちも、このように緊迫した朝を迎えたのであるが、午前中は特になすべきこともなく、ただ第二回ヒトラー＝ウィルソン会談の結果を待ちながら、比較的静かなひとときを過ごした。(2)

（2）対ヒトラー警告訓令の執行

注目のヒトラー＝ウィルソン再会談は(3)、予定より少し遅れて午後一二時一五分に開かれた。冒頭、ウィルソンは、昨夜のヒトラー演説を聞いたと告げ、ヒトラーが聴衆から熱烈な歓迎を受けたことを祝すと、ヒトラーのご機嫌をとるような挨拶から始め、次に、今朝のチェンバレン首相の声明を読んだか、と尋ねた。これに対してヒトラーもリッベントロップも、そっけなく「今読んだところだ」と答えただけであった。ウィルソンが、

「私は今からロンドンに帰りますが、首相声明に照らして、何かメッセージはございませんか？」

と尋ねると、ヒトラーは、この問いをまるで歯牙にも掛けずに、

「ないです。ただ、首相の努力に感謝するだけです。私は覚書の線から離れることはできません。あなた方が恐れる事態を避けるためには、あなた方がチェコ側に圧力をかけるべきです。彼らがとるべき道は二つだけです。覚書を受諾するか、拒絶す

るか、そのどちらかです。」

と答え、これ以上チェンバレン提案に回答する意思のないことを明言したのであった。このようなそっけない態度を示されては、ウィルソンとしても、致し方なく、

「それでは首相にそのように報告致します。」

と答え、最早ここまでと、チェンバレン首相の警告メッセージを伝えることにした。シュミットによると、このとき、それまで怖気付いて坐っていたウィルソンが、「突然ぐっと立ち上がり」、彼は「もう一つ付け加えたいことがございます」と断って、怒りよりも悲しみを含んだ口調で、ゆっくりと一語一語強調しながら、メッセージを読み上げ始めた(4)。

「もしドイツがチェコスロヴァキアを攻撃すれば、フランスは、その条約義務を履行せざるをえないと感じるでしょう。もしこれがフランス軍の対独敵対行動への積極的従事ということを意味するならば、」

と読み上げたとき、ここまで静かに聴いていたヒトラーが、突然、口を挟んだ。

「それは『もしフランスが攻撃すれば』という意味だ。私はフランスを攻撃するつもりはないんだから。」

これにかまわず、ウィルソンは、

「イギリス政府は、フランスを支持せざるをえないと感じるでしょう。」

と続けて、チェンバレンの対ヒトラー警告を読み終えた。

(3) ヒトラーの異論

この警告メッセージを聴き終えたヒトラーは、その内容について、

「ドイツはフランスを攻撃したいと思っていないのだから、イギリスが参戦するケースは、フランスがドイツを攻撃した場合の他に考えられません。」

と、イギリスの参戦は、フランスの対独「侵略」に手を貸す対独「侵略」だという解釈を示した。これに対して、ウィルソンが、

「明らかに、閣下は私の言ったことを理解しておられません。言葉使いが極めて重要なので、もう一度ゆっくり繰り返します。」

と断って、その繰り返しが「フランスはその条約義務を履行せざるをえない」のところに来たとき、ヒトラーは、また口を挟んで、

「それは『フランスがドイツを攻撃せざるをえない』という意味だ。」

と異議を唱えた。今度は、ウィルソンは、これに反論を加えた。

「私は、フランスが使った言葉をそのまま使っているのです。ダラディエ首相は、フランスがドイツを攻撃するとは言っていません。彼はただ単にその義務を履行すると言っただけです。私たちは、フランスがどのようにそれを履行するのかについては、正確には知りませんが、しかし、もしフランスがその条約義務の履行として、その軍が積極的に従事することにならざるをえないと決定すれば、」

と言いかけたとき、ここでヒトラーがまた割って入って、

「それは攻撃するということだ。」

と言ったが、ウィルソンはこれを無視して、

「そのときには、イギリスはフランスを支持せざるをえなくなります。」

と、警告の眼目を言い終えた。

（4）「六日で戦争だ」と叫ぶヒトラー

「それは攻撃を意味する」という政治家ヒトラーの解釈は、常識的に十分に根拠がある「実質的」解釈であるのに対して、官僚ウィルソンの反論は、字面に拘った「形式的」解釈であり、そのような詭弁に近い官僚的答弁は、ヒトラーを納得させないどころか、その怒りを煽る効果しかなかった。激したヒトラーは、ついに、「戦争だ」と口走る。

「要するにこういうことだ。フランスがドイツを攻撃すれば、イギリスはフランスを支持する、そして、我々は皆、六日で戦争となるのだ。チェコ人どもが私の覚書を受け容れなければ、私はチェコスロヴァキアを叩き潰す。そうすると、フランスは、その義務を履行せざるをえないと感じる、そうなると、イギリスもその義務を履行せざるをえないと感じる。その真の意味は、もしフランスがドイツを攻撃すれば、イギリスもドイツを攻撃しなければならなくなる、ということなんだ。」

ウィルソンの反論が詭弁に近いものならば、ヒトラーのこの解釈は、詭弁そのものである。ヒトラーのこの議論は、ドイツから先にチェコを攻撃することと、仏致間に集団的自衛権に基づく相互武力援助同盟のあることとを、都合よく忘れたふりをしてこれには一切触れず、侵略者が侵略に抵抗する者を侵略者だという詭弁である。

ウィルソンは異議を唱えようとしたが、興奮したヒトラーは、これを遮って、

「今や、英仏の支持を頼みにして、チェコスロヴァキアが覚書を拒絶するのは確実だ。そうなれば、私は、チェコスロヴァキアを叩き潰す。そこでフランスがドイツを攻撃し、そこでイギリスもドイツを攻撃するだろう。そして六日で私たちは互いに戦争ということになるのだ。」

と叫んだ。ウィルソンは、宥めるように、

「私たちは戦争を避ける道を見つけねばなりません。」

と言ったが、ヒトラーは、決然たる態度で、

「それには唯一の道しかありません、ごく単純な道です。チェコ人に対して、自ら約束したことを履行せよと、断固たる態度で告げることです。」

と言い、続けて、嫉妬心を滲ませた、苦々しそうな口調で付け加えた。

「私が憤りを感じているのは、イギリス人の目には、ドイツよりもチェコスロヴァキアの方が大事であると見えているように思えることです。」

（5）ウィルソンの宥和的発言

話がチェコ人に及んだことがきっかけとなって、ヒトラーが再び興奮してきたのを見たヘンダーソンは、ウィルソンに、そろそろ話を切り上げた方がよいと助言したので、ウィルソンは、席から立ち上がって、ヒトラーとドアーの方へ歩いて行った。そのと

き、ヒトラーは、次のように言った。

「私はあなた方の努力に関してチェンバレン首相に感謝しています。あなた方とドイツとがこんなことで喧嘩ができるなんて、私には信じられません。チェコ人を受諾に導くようにできる限りのことをしていただきたいものです。」

これに対して、ウィルソンは、

「戦争はどんなことをしてでも避けなければなりません。まだ私は、あのチェコ人たちに分別を弁えさせる努力をするつもりでいます。」

と応じた。この対致加圧を示唆する宥和的発言に、ヒトラーは機嫌をよくしたようで、

「それは私の歓迎するところです。イギリスは、私よりもより良き友人を得たいと願っても、それはありえないでしょう。私の著作と演説のすべての中で、私はいつもイギリスとの友情を願う私の気持ちを表してきました。」

と、身勝手ではあるが強ち嘘とも言えぬ、イギリスへの「熱い思い」を伝えたのである。

以上見てきたように、この会談では、チェンバレンの抑止的効果を狙った対ヒトラー警告以外に、もう一つ、ウィルソンの宥和効果を狙った対致加圧示唆発言のあったことを見逃してはならない。会談中には、前者の警告は、抑止効果よりも挑発効果を発揮して、ヒトラーに「六日で対英仏戦争だ」と叫ばせたが、別れ際に放たれた後者の示唆は、ヒトラーに対英戦争回避の期待を抱かせた。このように、会談直後のヒトラーの心中では、戦争を求める彼の衝動的感情と戦争回避を求める打算的理性とが、鎬を削っていた。果してヒトラーは、最後にどう決断するのか？　感情が勝って、「対英仏戦争もままよ」と全体戦争回避の展望のないまま「緑作戦」の実施に突き進むのか、それとも、最後に理性が勝ちを制して、瀬戸際での大反転を試みるのか？

2　ヒトラーのチェンバレン宛返書

(1)　対致開戦準備加速指令

ヒトラー＝ウィルソン会談の終った後すぐに、ヒトラーが下した一つの決断は、瀬戸際に向けて対致開戦準備のアクセルを踏むという強気の指令であった。午後一時二〇分、ヒトラーは、カイテル国防軍最高司令部長官に、九月三〇日に対致攻撃を開始できるように、七個師団からなる第一次チェコ攻撃部隊を訓練地域から攻撃開始集結地にまで前進させよ、と命じた。命を受けた同部隊は、二九日早くまでには目的地に到達した[5]。

この日まで対致武力行使を止めさせる秘密の努力を続けてきたワイツゼッカー外務次官は、この日の日記に、悲観の極みに達したかのように、「今や平和は奇跡によってしか守られない[6]」と記し、イタリアのアットリコ駐独大使も、「私たちは、欧州戦争へ向う私たちの足取りを速めつつある」と語っていたが、大使のこの見方は、ポーランドのリプスキー駐独大使によると、在ベルリン外交官の大多数が共有していたという[7]。

(2)　チェンバレン宛返書の執筆

ウィルソンとの会談では、ヒトラーは、チェンバレン提案に対

して、何も付け加えるべきメッセージはないと断言して、会談直後には、強気の軍事指令を下達したのであるが、その後、気が変って、返事の筆をとることにした。このチェンバレン宛返書がいつ書かれたのか、正確な時を確定することはできない。シュミットは、回顧録で、その返書を翻訳したのは、「夜」だと言い、それから得た印象については、「それは幾分宥和的な調子のもので、この危機的な日に、ヒトラーがぎりぎりの所でたじろいているという印象を持った」と記し、そして、その「たじろぎ」の原因については、『『来週には戦争だ』という絶叫から宥和的な書簡に至るまで、この日の彼の気持ちの揺れは、彼がこの日の午後遅く目にした光景にも帰因したのではなかろうか」と推定している(8)。その「光景」とは、「プロパガンダ・マーチ」とも呼ばれる、夕暮れ時に行われた機甲師団のベルリン行進に対して、ベルリン市民がほとんど関心を示さなかったという、ヒトラーにとっては当て外れの、我慢ならぬ「光景」のことであった。これについては、後に、詳しく見ることにするが、フェストも、ヒトラーがチェンバレン宛の返書を口述したのは、この行進後の「晩遅く」のことであったとしている(9)。

これに対して、フェーバーとT・テーラーは、ヒトラーが返書を書く決意をしたのは、その前であると推定する(10)。どちらとも確定しがたいが、ヒトラーが決意したのが行軍を見た後だとすると、シュミットのように、そこに執筆動機を求めることには、説得力がある。しかし、行軍前だとすると、ヒトラーの「気持ちの揺れ」の表れとしての返書を書こうという気を、彼に起こさせた要因は何か、という問題が残る。これについては、後に考察することにして、とりあえずは、シュミットから「宥和的」と見られたその返書の内容を見ておこう。

(3) チェンバレン宛返書の要点

チェンバレン宛返書の冒頭で、ヒトラーは、「私の最後の態度」はウィルソンに伝えた、と言っているが、その「態度」の具体的内容を繰り返してはいない。しかし、それが、「ゴーデスベルク覚書」に対するチェコスロヴァキア政府の諾否回答期限を九月二八日とし、ズデーテン地方の占領期限を一〇月一日とするということを、意味していたことは、明白である。この期限付最後通告的性質という基本的性格の不変を前提として、ヒトラー返書は、以下、チェコスロヴァキアの態度をあげつらい、ドイツ案を正当化しながら、チェンバレンの気を引きそうな保証を混ぜ込んで行く。その要点は以下の通りである。

(1)ズデーテン地方の「即時占領」は、「安全対策措置」以外の何物でもない。

(2)「独致交渉」なる貴案は、致政府の遷延策により、「耐え難い現状」を永続化する。

(3)ドイツの占領地域が「一定線」以上を越えることはない。

(4)致国独立に関しては、他の少数民族問題も解決した暁に、「正式な保証」を与える。

(5)致政府の企みは、独案の拒絶によって、英仏に動員を実施させ、大戦争の可能性を高めることである。

そして最後に彼は、チェンバレンのコートに、次のような誘惑的なボールを打ち返した。

⑹「貴下が、上述のような諸事実に鑑みて、このような策略を挫折させ、プラハ政府を最後の最後に正気に戻す努力を継続すべきだと、お考えになるかどうか、この点については、私としては貴下のご判断に任せざるをえません[11]。」

(4) 何がヒトラーに返書を書かせたのか？

このように、ヒトラー返書は、基本線は崩してはいないものの、かなり和解的な、穏やかな調子で書かれており、少なくとも挑発的な、好戦的なところはない。それどころか、最後の一節（要点⑹）では、遠まわしながらも懇願的ですらあった。その内容を端的に言えば、それは、チェンバレンに対して、チェコ人に騙されることなく、我が要求を受け容れさせるよう最後まで努力されたいという、彼の手前勝手な要請であった。その調子と内容は、土壇場に近づいたヒトラーの心の揺れを反映していたと言えよう。

このことから、その狙いが対英仏戦争を回避して、自己に可能な限り有利な形で問題を解決することであったことは、容易に見てとれよう。すなわち、それは、もう一度チェンバレンに働きかけて、彼に交渉の可能性を感じとらせ、更なる対致圧力をかけさせることであった。その結果、もしチェンバレンが対致「説得」に失敗したとしても、それによって英仏・致が分断され、対致局地戦争化の可能性が高まることが期待されたのである。

何が、ヒトラーに、このような狙いを持った、「弱気の」返書を書かせたのか？　考えられる要因を列挙してみる。

⑴致の総動員・仏の部分的動員・英の海軍措置による、「緑作戦」の命たる奇襲性・電撃性の毀損。

⑵英仏世論の硬化を背景としたチェンバレンの対ヒトラー直接警告メッセージと、そして忘れてはならないのは、この抑止的警告と同時にウィルソンがヒトラーに投げかけた宥和的な、誘惑的な示唆。

⑶盟友ムッソリーニの頼りなさと、大国ルーズヴェルトの交渉継続の呼掛け。

⑷対英仏戦争に拡大する恐れのある対致武力行使に対する、独軍首脳の反対。

⑸対英仏戦の準備不足に関する、ヒトラー自身の密かな認識。

以上の諸要因を挙げてみると、ヒトラーが「プロパガンダ・マーチ」とそれへのベルリン市民の冷ややかな反応という「光景」を目の当たりにするまでもなく、これらの要因だけで、ヒトラーにチェンバレン宛返書を書かせるに、十分であったと言えよう。

(5) 元帥ゲーリンク空相の避戦論

諸要因のうち⑷の軍首脳の反対論とヒトラーへのその影響について、今少し考察を加えてみる。九月九日のニュルンベルク軍事作戦会議で、ブラウヒッチュ陸軍最高司令官が、「緑作戦」について、「もし英仏が干渉してくる危険が少しでもあるのなら、作戦は中止すべきだ」との意向を伝えると、ヒトラーが激怒して「君は臆病だ」と罵った[12]。このことは先に述べたが、今、ヒトラーが激怒した理由を考えてみると、彼は、このとき軍部の態度の中に自分にも潜んでいる同じ「臆病」さを見たのかもしれない。将軍連だけでなく自分自身のこの「弱さ」に腹を立てて、その存在を自己欺瞞的に否定したくてこの怒りの爆発となったのであろう。しかし、以後の情勢は、彼にその内なる「臆病」の存在をますます否定しがたくし、それが彼の心の揺れの原因となった。

軍首脳の中でも、ヒトラーに最も大きな影響を与えたのは、元帥ゲーリンク空相の対英仏避戦論であったと思われる。このころ、ヒトラーの側近で好戦論者はリッベントロップ外相とヒムラー親衛隊全国指導者兼全ドイツ警察長官くらいであったが、この日、九月二七日、リッベントロップは、ヒトラー付首席副官シュムントに、「ドイツの最後通告がチェコスロヴァキアに受け容れられるようなことがあれば、それは起こりうる最悪のことになろう」とまで言っていた。次の日、この好戦的な外相を、第一次世界大戦中に英雄的パイロットとして名を馳せた空相が、激しく面罵することになる。

「戦争というものがどんなものか知っているのは、この俺だ。総統が戦いを命じれば、俺は一番機で出撃するが、総統には、隣の席にはお前を乗せるようにと強くお願いするからな。(13)」

3 午後三時の英首相・側近会議：「宥和派」の巻返し

(1)「最悪の午後」の幕開き

ヒトラーの返事がチェンバレンのもとに届くのは、夜の一〇時三〇分であるので、チェンバレンへのその影響について見る前に、主にヒトラー＝ウィルソン会談がイギリスの政策決定過程に与えた影響を見ておこう。会談を終えたウィルソンは、首相にとりあえず簡単な報告電報を打って、英仏案とはかけ離れた、極めて宥和的な譲歩案を進言した。

「致政府がとるべき最善の道は、占領指定地域から撤兵して、後はドイツに任せて無血占領を可能にすることだと思われます。もし致政府がそうと決めたなら、遅くとも明日の朝には、これを公表することが重要です。(14)」

このような武力行使の威嚇の下での無条件降伏とも言うべき、「自主」撤兵という名の「城」の明け渡しを、残された唯一の欧州戦争回避策だとする、ウィルソン電報がロンドンに届いたのは、午後二時四〇分であったが、その前に彼自身はベルリンを出発しており、その際、メーソン－マックファーレン駐在武官を同行させた。宥和的な報告を携えてロンドンに着いた二人は、午後三時、首相・側近会議に招かれた。こうして、同じく会議に呼ばれた「強硬派」カドガン次官にとっての、「恐ろしい午後――私がこれまで過ごした午後のうちの最悪の午後」が始った。(15)

(2) マックファーレン駐独武官の報告

首相・側近会議には、インスキップ防衛調整相、マクドナルド自治領担当相、スタンレー・ブルース在英豪州高等弁務官も加わった。いずれも「宥和派」である。(16) ベルリンから特別参加のマックファーレン武官は、チェコ軍の専門的観察者でもなく、ましてやその権威でもなかった。彼は、二五日にベルリンから「ゴーデスベルク覚書」を携行して長駆国境を越えてプラハに向った際に、チェコ軍そのものでない「国境警備兵」をたまたま一度だけ見る機会があっただけである。(17) そんな彼が、ヘンダーソン＝ウィルソン宥和派コンビによって、あたかもその道の権威であるかのように、ロンドンに送り込まれた。そのマックファーレンは、二人の期待に応えて、首相たちの前で、彼の見た「チェコ兵」の士気は低く、その装備は貧弱であったと、カドガンの表現を借りると、「気の滅入るような暗い絵」を描いてみせた。そして、首相たちに次のような忠告まで行った。

「私は、チェコ人が虎のように闘うという想定の下で政策を形成するのは、非常に軽率なことだと考えます。」[18]

このようなマックファーレンの評価に対して、カドガンが、その日記で、「彼がチェコの士気について何を知っているというのか？」と反発しているが[19]、それは尤もな反発であった。本来、首相たちは、政策形成に当たって、駐独武官の見方だけでなく、チェコ軍に関する真の専門的観察者であった駐致武官ストロングの見解をも、徴して然るべきであった。しかるに、意図的か否か、そうしなかった。午後一一時二三分にニュートン公使から届けられたストロング観察は、マックファーレンの評価を真っ向から否定するものであった。

「ストロング大佐は、チェコ軍の士気が低いとは見なしていません。武官は、彼らは自分たちの大義と指導部と装備とに自信を持っている、と見ています。」[20]

しかし、首相以下の政策決定者が、この遅きに失したストロングの意見に注意を払った形跡は見られない。一般に政策決定者は、往々にして、正確な情報に基づいた政策形成を行おうとはせずに、彼らの既成観念、ときには偏見ですらある既成観念に基づいた政策決定を先行させ、この既成の決定を補強するために情報を取捨選択することがある。チェンバレンらが、マックファーレン情報に耳を傾け、ストロング情報を無視した点について、もしそれが意図的であったとしたら、T・テーラーの次のような解釈も成立しよう。

「彼らがマックファーレンの陰鬱な評価にすぐさま貪欲に飛びついたのは、それがその聴き手の聴きたいものだったからである。彼らは、勢い付けられるような情報は欲しくはなかった、降伏を正当化してくれるような情報が欲しかったのである。だからこそ、マックファーレン本人が首相とその側近連の前に引き出されたのである。」[21]

（3）ヘンダーソン大使の電報

マクドナルドとブルースが、自治領が戦争に反対していることを挙げて、対独宥和策を勧めていたとき、ヘンダーソン大使から、前日のゲーリンクとの会見を報じる電報が入った[22]。こうして、ウィルソン、マックファーレンと協働していた絶対的宥和論者のヘンダーソンも、電報を通して、ベルリンからこの会議に参加したのである。その電報の要点は次の如くであった。

⑴元帥の話から、今やズデーテン占領準備が完了していることは、明白である。

⑵致国全権代表が、「致国にとって可能な最善の条件である独案」を受け容れるために、二八日午後二時までにベルリンにこなければ、即時ズデーテン地方占領が始る。

⑶元帥は、独軍による致軍の「短期」粉砕に「絶対的な自信」を持っている。

このような観察から、大使は、本国政府に、「人類とチェコ人自身のため」として、更なる対致加圧を勧める。

(4)今、イギリスが彼らに独案受諾を「忠告」しなければ、我々は同国を「アビシニア（エチオピア）」と同じ運命にさらすことになる。

そしてヒトラーの要求が容れられなかった場合の中欧の運命に関して、悲観的な予言を行う。

(5)「イギリスが、もしヒトラー氏のシュポルトパラストでの最後の領土要求声明に、彼を縛り付ける最後のチャンスをとらえなければ、イギリスは、中欧を将来において更にもっと悪い状況にさらすことになるでしょう。[23]」

このヘンダーソンの「超宥和的」進言を、「抵抗派」の代表格であるクーパーは、その日記に、「信じられないコメント」と記した。[24]

（4）艦隊動員と「タイムテーブル案」の同時決定

前日のガムラン将軍の発言を精査した結果、フランス軍の攻勢能力とチェコ軍の耐久力に不信感を抱くようになったイギリスの陸海空三参謀総長が、この日の首相・側近会議に招致されて開陳した見解は、当然、対仏不信と対独戦への懸念に満ちたものであった。イタリアと日本は敵対行為に出る可能性がある、ドイツは陸と空で優勢であり、対致攻撃中でも「西壁」（ジークフリート・ライン）に、フランスの攻勢を無効にするに足る兵員を配置できる、という彼らの評価に基づいて、首相・側近会議は、フランス政府に対して、対独攻勢に出る場合には、必ずその前にまずイギリスと協議するよう求めることに決し、警告電報を発した。[25]

この後、チェンバレンは、バックハウス軍令部総長に対して、「貴官は、すべての必要措置がとられたと満足されていますか？」と尋ねた。これに対して、総長が、「総理は、艦隊動員のご用意はございますか？」と、逆に質問を投げ返すと、首相は、暫く躊躇した後、うなずいた。これを見るや、バックハウスは彼の書類を掻き集めて、海軍省へ急いだ。[26] これまで艦隊動員の抑止効果より挑発効果を恐れていたチェンバレンが、ここに至ってついに、ためらいながらも艦隊動員を認めたのは、文字通り明日にも戦争となるかもしれないという緊急事態に直面した今、挑発効果よりも抑止効果よりも何よりも、艦隊動員が戦争勃発に備えた必要措置だと認識するに至ったからであろう。これより前から即時艦隊動員せよと首相に対して、再三再四、チャーチルと共に圧力をかけていたクーパー海相は、バックハウスから首相が艦隊動員を承認したことを知らされると、「少なくともこれは満足できることだ」と感じた。[27]

首相が艦隊動員という「抑止的」な意味をも持つ防衛的軍事措置を認めたとき、同時に、ハリファックス外相は、おそらく首相の承認を得た上で、カドガン次官に新たな「宥和的」な外交措置の実施を承認した。カドガンは日記に次のように記している。

「私は、私の『タイムテーブル』を提案する電報を出す許可をHから得た。[28]」

「タイムテーブル」なるイギリスの妥協的新案の内容については、後に見ることにする。

(5)「タイムテーブル案」の発電

この妥協的新英案、すなわち、「タイムテーブル案」がベネシュに通知される前、午後五時四五分、チェンバレン首相はベネシュ大統領に個人的メッセージを送り、ヒトラー＝ウィルソン会談の結果を報告した。首相は、ヒトラーが明日午後二時までという期限付最後通告を突き付けたことを告げ、この期限が切れると、ほぼ同時にドイツ軍の越境侵入となるが、そうなれば、それを誰も阻止できない、という見方を示した。この悲観的な見方を提示した上で、彼は、先の閣議合意の手前、対致圧力を避けるという体裁を繕いながらも、独案受諾が身のためだという、彼の考えを圧力的に示唆した。

「我が政府は貴下に何をなすべきかを忠告して、その責任をとることはできませんが、しかし、この情報が遅滞なく貴下の注目するところとなるよう取り計らうべきであると、確信している次第です[29]。」

このチェンバレンのメッセージへどう回答すべきか、苦慮していたベネシュのところに、更にイギリスからその回答を不要にする通知が届いた[30]。「タイムテーブル案」である。それは、午後六時にハリファックスからニュートン公使に、そして、四五分後にはドイツ政府に提出すべくヘンダーソン大使に発電された。その要点は以下の通りである。

(1)一〇月一日、独軍は要塞外のエガーラントとアッシュを占領する。

(2)一〇月三日、独致両全権代表と英代表が会合する。任務：①致軍と国家警察の即時撤退に関する取り決め、②占領地域少数住民の安全措置の制定、③国際国境委員会への国境線画定方針の指示。

(3)同日、国際国境委員会の会合。

(4)同日、監視団員の到着。

(5)一〇月一〇日、全権代表に承認された地域へのドイツ部隊の進入。

(6)一〇月三一日までに最終国境決定、及び、独軍による残部地域の占領。

(7)できるだけ早い時期に、英独仏致による対致新国際保障体制の策定[31]。

(6)対致加圧執行命令

前電ベネシュ宛チェンバレン・メッセージは、イギリス政府は責任がとれないので「忠告」はしないと言っていたが、本電は、ニュートンに対して、「忠告」どころか、次のような脅し混じりの「警告」をするよう命じていた。

「貴政府がはっきりと悟らねばならないことは、本案に代る唯一の選択は独軍の貴国への侵入と貴国の解体であり、そして、その結果として、無数の生命の喪失を伴う全体戦争となるかもしれないが、その戦争が終ったときに、その結果が何であれ、貴国が今日の国境線に復される可能性はない、ということである[32]」。

こうして、「パウロの回心」よろしく、一時、対致圧力に断固反対の決意を示したハリファックス外相も、ヒトラーの明日午後二時までという最後通牒を前に、腰が砕けたかのように、更なる対致加圧に踏み切ったのである。尤も彼に言わせれば、対致加圧に反対したのは、「ゴーデスベルク覚書」に関してであり、「英仏案」を具体化したにすぎない「タイムテーブル案」に関してではない、ということになるかもしれない。しかし、この「新英案」が「英仏案」から離れ、「独案」に相当近づいたものであることは否めなかろう[33]。

注

（1） Franklin R. Gannon, *The British Press and Germany 1936–1939* (Oxford University Press, 1971), pp. 186–7.

（2） Telford Taylor, *Munich: The Price of Peace* (Hodder and Stoughton, 1979), p. 881.

（3） 第二回ヒトラー＝ウィルソン会談の内容は、カークパトリック記録、*Documents on British Foreign Policy, 1919–39, 3rd series, Volume II* (His Majesty's Stationary Office, 1950), pp. 564–7（以下、*DBFP–II* と略して表記する。）とシュミット記録、*Documents on German Foreign Policy, 1918–45, Series D, Volume II* (Her Majesty's Stationary Office, 1953), pp. 963–5（以下、*DGFP–II* と略記する。）とウィルソン報告、*DBFP–II*, pp. 563–4 に拠った。

（4） パウル・シュミット著／長野明訳『外交舞台の脇役（一九二三–一九四五）—ドイツ外務省首席通訳官の欧州政治家たちとの体験—』（日本国書刊行会、一九九八年）、四五〇ページ。

（5） *DGFP–II*, p. 985; T. Taylor, *Munich*, p. 875.

（6） Richard Overy, "Germany and the Munich Crisis: A Mutilated Victory?," in Igor Lukes and Erik Goldstein (eds.), *The Munich Crisis, 1938: Prelude to World War II* (Frank Cass, 2006), p. 206.

（7） Hubert Ripka, *Munich Before and After* (Howard Fertig, 1969), p. 432.

（8） シュミット『外交舞台の脇役（一九二三–一九四五）』、四五〇–一ページ。

（9） Joachim C. Fest, *Hitler*, translated by Richard and Clara Winston (Penguin Books, 1982), p. 558.

（10） David Faber, *Munich, 1938: Appeasement and World War II* (Simon & Schuster, 2009), pp. 380, 484; T. Taylor, *Munich*, p. 877.

（11） *DBFP–II*, pp. 576–8.

（12） J・ウィーラー・ベネット著／山口定訳『国防軍とヒトラー』Ⅱ（みすず書房、一九六一年）、三五ページ。

（13） Ian Kershaw, *Hitler 1936–45: Nemesis* (Penguin Books, 2001), pp. 119–20.

（14） *DBFP–II*, pp. 563–4.

（15） Peter Neville, *Appeasing Hitler: The Diplomacy of Sir Nevile Henderson 1937–39* (Palgrave, 2000), p. 113; David Dilks (ed.), *The Diaries of Sir Alexander Cadogan O. M. 1938–1945* (Cassell & Company LTD, 1971), p. 107.

（16） Faber, *Munich, 1938*, p. 373.

（17） *DBFP–II*, pp. 552, 581.

（18） Faber, *Munich, 1938*, p. 373.

（19） Dilks (ed.), *The Diaries of Sir Alexander Cadogan*, p. 107.

（20） *DBFP–II*, p. 581.

（21） T. Taylor, *Munich*, p. 889.

（22） Faber, *Munich, 1938*, p. 373.

（23） *DBFP–II*, pp. 561–3.

（24） John Julius Norwich (ed.), *The Duff Cooper Diaries: 1915–1951* (Phoenix, 2006), p. 268.

（25） Dilks (ed.), *The Diaries of Sir Alexander Cadogan*, p. 108; T.

Taylor, *Munich*, p. 882.

(26) Dilks (ed.), *The Diaries of Sir Alexander Cadogan*, pp. 107-8.

(27) Norwich (ed.), *The Duff Cooper Diaries*, p. 268; Winston S. Churchill, *The Second World War volume I: The Gathering Storm* (Mariner Books, 1985), p. 278; Nigel Nicolson (ed.), *The Harold Nicolson Diaries: 1917-1964* (Phoenix, 2005), p. 198.

(28) Dilks (ed.), *The Diaries of Sir Alexander Cadogan*, pp. 107.

(29) *DBFP-II*, p. 570.

(30) John W. Wheeler-Bennet, *Munich: Prologue To Tragedy* (The Viking Press, 1965), p. 154.

(31) *DBFP-II*, pp. 72-3.

(32) *Ibid.*, p. 571.

(33) Ripka, *Munich Before and After*, pp. 196-7; Wheeler-Bennet, *Munich*, pp. 155-6; Faber, *Munich, 1938*, p. 382.

第32章　英独歩み寄りの兆し

1　「プロパガンダ・マーチ」とチェンバレンのラジオ演説

（1）ベルリン市民の冷ややかな反応

ロンドンで首相・側近会議が、ウィルソン、マックファーレン報告、マクドナルド、ブルース陳述、ヘンダーソン電報、三参謀総長見解を聞いて、すっかり怖気付き[1]、再び対致加圧と対独宥和という二重政策に揺れ戻り、新英案と対致警告とからなるニュートン公使宛至急電報が発せられたころ、すなわち、午後六時ごろ、ベルリンでは、一個機械化師団の行進、「プロパガンダ・マーチ」[2]の真っ最中であった。

この日の朝、ヒトラーは、ドイツ国民の戦争熱を内外に誇示するために、国防軍最高司令部に命じて、午後に第二機械化師団がベルリンを通過してザクセンに向かう、と発表させた。出征軍と見なされてもよい、その機械化師団の行進コースには、当然、宰相官邸前のウィルヘルムシュトラッセが含まれていた。

この発表を聞いたシャイラーは、その日の仕事を終えた無数の市民が集まっているだろうと予想しながら、ウンター・デン・リンデンの角に出かけた。隊列はその角を曲がってウィルヘルムシュトラッセに入り、宰相官邸前に向うことになっていた。ところが、シャイラーがその角に着いてみると、仕事帰りの市民のほとんどは軍隊を見送ろうともせずに地下鉄構内に入っていき、見守っていたわずかの人たちも、まったく押し黙って立っているだけであった。シャイラーが「これは最も鮮明な反戦の意思表示だ」と思いながら、この光景を見ていると、一人の警官がやってきて、彼らに向って、「総統は官邸のバルコニーで閲兵されています」と叫んだ。しかし、これに応じて動き出す者はほとんどいなかった。

（2）ヒトラーの幻滅

宰相官邸のバルコニーに、チュニックを着たヒトラーが現れたとき、官邸前広場に集まっていたのは、わずか二〇〇人ほどに過ぎなかった。昨晩、ゲッベルスによってシュポルトパラストに掻き集められた二万人の群衆の熱狂と絶叫とは対照的に、その二〇〇人の市民は、総統が現れるのを見ても、冷ややかに押し黙ったままであった。そして、彼らは、目の前を延々と途切れなく通り過ぎてゆく兵隊たちに対しても、陰鬱な面持ちで石の沈黙で迎えた。黄昏のバルコニーに立っているヒトラーの耳に届くのは、通過して行く戦車の轟音ばかりであった。この光景を近くのイギリス大使館の窓から見ていたヘンダーソン大使は、「それは、あたかも敵軍が征服した都市を通り抜けていくような光景であった」と回想している。

この市民の冷ややかな反応に幻滅したヒトラーは、行進の途中であったにもかかわらず、とうとう業を煮やしてバルコニーから室内に消えた。そして室内に入ると、総統は、「こんな国民と共に、戦争はできない」と嘆いたのであった。

二三日にゴーデスベルク会談が終ったとき、ドイツ国民には、英独両首脳は友好裡に会談を終えたように思われ、彼らは根拠の不確かな楽観を抱き、二五日には穏やかな日曜日を過ごした。しかし二五日と二六日にロンドンで開かれた英仏協議が思わしくなかったという情報が伝わり始めると、彼らは震撼し、失望した。この日二七日の「プロパガンダ・マーチ」に対するベルリン市民の冷たい拒絶反応は、その国民の気持ちの表れであった。無数の犠牲者を出した先の大戦の記憶に根ざした「戦争はもう嫌だ」という、イギリスやフランスで見られた「ネヴァー・アゲイン・シンドローム」は、ナチ体制下のドイツ国民の間でも潜伏していて、今、このような反応として表出したのである。[3]

(3) ふらつくチェンバレン

ベルリンでヒトラーが市民の反応に衝撃を受けて、「こんな国民と共に、戦争はできない」と嘆いていたころ、ロンドンでは、まだ閣議室で首相・側近会議が続けられていたが、午後七時三〇分、首相が八時からこの部屋で行うことになっていたBBCラジオ放送演説のために、放送機材を据え付ける時間となった。そのため、チェンバレン、ハリファックス、カドガン、ウィルソンは、隣のウィルソン執務室に移って協議を続けた。そこで、ウィルソンは、用意していたベネシュ宛チェンバレン・メッセージ案を提示した。その内容は、彼が先にベルリンから打電していた進言と同旨の「無血占領のための自主撤兵」勧告であった。[4] このとき既に「新英譲歩案」を発電していた外相と次官は、これを「完全降伏案」と見て、強く反対した。首相に最も近い補佐同士が鋭く対立する中、放送開始時間を迎えた首相は、疲れ果てた様子で、「私はあちこち至る所でふらついています」[5]と言い残して、部屋を出ていった。このとき、ふらついていたのは、彼の脚だけでなく、彼の心とその政策もそうであった。その揺れがその放送に現れる。閣議室に入ったチェンバレン首相は、午後八時、準備不足のまま、また、疲労の極みでマイクに向った。そのため、その揺れ動く話の内容[6]は、それだけ一層、彼の本音と真情がそのまま吐露されているものとなった。彼はゆっくりと話し始めたが、その声はか細く弱々しく、聴き手に老首相は憔悴しきっているという印象を与えた。[7]

(4) 「遥か彼方の遠い国」

「私たちがまったく何も知らない人たちの間の、遥か彼方の遠い国での諍いのために、私たちが塹壕を掘り、ガスマスクを付けるとは、なんて恐ろしい、途方もない、信じられないことではないでしょうか？」

この「遥か彼方の遠い国」は後々まで引用される有名な言葉になる。ある人は、チェンバレンの放送を聞いた後、「島国根性的」だと批判したが、(8)その批判は主にこのような部分に向けられたのであろう。しかし、スタイナーが指摘しているように、チェンバレンがこう言ったとき、彼はイギリスのほとんどの男女の気持ちを代弁していた。(9)九月九日ニュルンベルクに滞在していたヘンダーソン大使などは、あるドイツ人に、ヴェルサイユ条約を作った指導者たちは、地理的状態にまったく無知であった、最近のイギリス人はチェコスロヴァキアのことなど何も知らない、と言い、その証拠として、次のような例を挙げていたほどである。

「最近、私がイギリスで話しかけた人たちは、チェコスロヴァキアのことを、何か新しい花の変種かと思っていたくらいなのですから。(10)」

（5）前向きの決意から悲観的見解へ

次に、チェンバレンは、ヒトラーの言うことは信じてよいと、国民に保証する。

「ヒトラー氏が個人的に私に言い、また、昨晩は公に繰り返したことですが、氏は『このズデーテン・ドイツ問題が解決すれば、それは欧州におけるドイツの領土的欲求の終りとなります』と言われました。」

放送後、「島国根性的だ」という批判の他に、「ナイーヴだ」という批判もあったが、それはこの辺りを指してのことであろう。しかし当然、チェンバレン自身は、ナイーヴとも思わず、このヒトラーの約束を根拠に、国民に対して前向きな決意を披露する。

「私は平和的解決の望みを捨てはしません。いくらかでも平和のチャンスが残っている限り、私は平和への努力を諦めはしません。私は、もし何らかの益があると考えれば、平和のために三度目のドイツ行きさえも厭いはしません。」

こう国民に希望を抱かせるようなことを言ったかと思うと、やはり内心の不安は抑えられなかったのか、その直後に、万策尽きたかのように、悲観的な見解を語る。

「しかし、現時点において、私には、仲介という形で私が有効にできることは、これ以上何も思い浮かびません。」

この個所について、ワースは、チェンバレンはまるで死刑宣告のような絶望的な調子で話したと言っているが、(11)放送を聞き終った後、チアーノも、その印象を、「その調子は沈んでいた。平和の望みをすっかり諦めてしまった者の声だ、実際、奇跡でも起こらなければ……(12)」と記している。

（6）「同情で戦争ができるか？」：陸奥宗光の場合（1）

右に見たように、多くのイギリス人がチェコスロヴァキアを「遥か彼方の遠い国」と見なしていたとしても、あるいは、ヘンダーソンが言うように、「花の一品種」かと誤解していたとしても、英仏案が理不尽にもヒトラーによって一蹴された今、彼らが、チェコ人に同情していることは確かであった。しかし、より重大な問題は、「同情で戦争ができるか？」である。この点につき、チェンバレンは次のように言う。

「私たちが、強大な隣国に対決を迫られている小国に対して、どれほど大きな同情を寄せたとしても、ただ単にそれだけの理由で、イギリス帝国全体を戦争に巻込むことは、私たちにはいかなる事情の下でもなしえないことであります。もし私たちが戦わなければならないとしたら、それよりももっと大きな問題でなければなりません。」

同情だけで戦争はすべきでない、戦争事由としては「もっと大きな問題」が必要であるというが、チェンバレンが言うこの「もっと大きな問題」とは、具体的には何なのか？　彼の言うところを見る前に、戦争事由としての「同情」と「もっと大きな問題」に関する陸奥宗光の考察を取り上げてみよう。陸奥は日清開戦外交を指導した外務大臣である。

一八九四年（明治二七年）、日清戦争勃発の前、朝鮮内政改革問題で日清両国の対立が深まると、日本国内では、日本は戦争覚悟で単独内政改革に着手せよ、という対清強硬世論が高まった。そして、彼らが戦争を正当化した理由は、陸奥に言わせれば、たとえそれで戦争となっても、それは日本が「強を抑え弱を扶け、仁義の師を起こす」ことになるという「義侠論」であった。陸奥は、この議論を、朝鮮内政改革問題という外交問題をただ単に弱小国への同情という「道義的必要」から見る態度として採用せず、この程度の問題で「義侠を精神として十字軍を興すの必要」を見ずとした。外交問題を「道徳的必要」から見るだけでは駄目というなら、どのような視角から見るべきだというのか。彼は、「政治的必要」すなわち「我が国の利益」であるといい、その視角から見て、朝鮮内政問題だけでは戦争事由とはならず、と判断したのである。[13]

（7）他国の安全と戦争事由の関係：陸奥宗光の場合（2）

それでは「政治的必要」＝「国益」から見て、戦争事由になる条件とは何か？　それは、一般的に言えば、係争問題が一国の「死活的利益」・「核心的利益」のかかっている問題であるということである。特に「国民の安全」と「国家の独立」にかかわる問題では、ウルティマ・ラティオとしての戦争も目的達成の手段として正当化されうる。その最も明瞭なケースは、他国からの自国への直接的な武力攻撃に対する自衛行為としての戦争である。しかし、難問として残るのは、自国が直接攻撃されたわけではないのに、その国が他国の防衛のために戦争を始める場合の正当化理由である。このような集団的自衛権に基づく戦争を「道徳的必要」からではなくて「政治的必要」から正当化するには、少なくとも、その他国の安全は自国の「死活的利益」と、なかんずく、「自国の安全」と分割できないという戦略的考慮に根拠付けられた理由が必要となろう。

対清戦争も辞さずとの決意をしたときの陸奥外相の、この点に関する認識、判断はどうであったのか？　彼は、清国が朝鮮に派兵したときに、これを日本が拱手傍観すれば、朝鮮は強大な隣国に併呑されてしまう恐れがあると認識した。そして、彼は、朝鮮におけるそのような事態を自国の安全への脅威と見なし、戦争覚悟で「権力平均の維持」策を採用すべきだと判断し、閣議において対抗措置としての朝鮮派兵を提議したのである。[14]

（8）「同情よりももっと大きな問題」とは？

陸奥同様チェンバレンも、「ズデーテン割譲問題」なる「外交問題」を「道義的必要」＝「チェコ人への同情」から見るべきではないとし、この問題は、イギリスの「政治的必要」＝「帝国的利益」からして、戦争に価しないと判断した。これは一見リアリズムの立場からする政治的判断であるかのように見えた。しかし、彼は、もう一歩踏み込んだ「死活的利益」の観点、すなわち、チェコスロヴァキアという「他国の安全」とイギリスという「自国の安全」との関連という観点から、この問題をどう見たのであろうか？

その場合、陸奥が朝鮮半島の戦略的意味合い、すなわち、「小国」朝鮮が日本に敵対的な「大国」清国に併呑された場合の日本の安全への危険度を考慮したように、チェンバレンもチェコスロヴァキアの地政学的意味合い、戦略的価値と、それと合わせて、ヒトラーが率いるナチ・ドイツの対外的膨張政策の本質とを考慮しなければならなかった。これらを考慮せずして、単に義侠心で戦争はできない、単に遠くの知らない小国のために戦争に巻き込まれたくないというのであれば、それは真のリアリズムに基づく政策判断ではない。ナイーヴな、島国的な視野狭窄的ユートピアニズムにすぎない。このような戦略的思考と、チェンバレンが先に言った「同情よりもっと大きな問題」とは、どのようにかかわっているのだろうか？　この点につき、チェンバレンは放送演説では、「私自身は心の底の底まで平和の人です。国家間の武力闘争は、私にとって悪夢です」とその真情を吐露しながらも、その疑いようのない平和主義者である彼が戦争を決意する条件、すなわち、「同情よりももっと大きな問題」については、具体的に、次のように言う。

「しかし私は、ある国家がその武力の恐怖によって世界支配を決意していると確信すれば、私はそれには抵抗しなければならないと思っています。そのような支配の下では、自由を信念とする人々にとっての生活は、生きる価値のないものとなるでしょう。しかし、戦争は恐ろしいものです。ですから、私たちは、自分たちが戦争に乗り出す前には、かかっているのは真に大問題であることを明確にしなければなりません。」

(9) 平和追求努力継続の決意表明

自国が直接攻撃される場合以外の戦争事由として、こうチェンバレンは一般論を述べはしたが、この一般論にヒトラーのドイツが当てはまるのかどうか、すなわち、「ズデーテン問題」がそれだけにとどまらず、イギリスが戦争に乗り出す覚悟をすべき「真の大問題」なのかどうなのかという点について、彼は、彼自身の認識と判断を明確にはしなかった。

しかし、チェンバレンは、「最後の領土的要求」というヒトラーの保証を信じると言っていたのだから、彼は、ヒトラーは残部チェコスロヴァキアの武力支配も、中・東欧の武力支配も、ましてや世界の武力支配など決意してはいないと、言ったも同然であった。確かに、ヒトラーは武力による「世界支配」とは言ってはいない。しかし、少なくとも、武力による中・東欧支配を決意していたことは、歴然としていた。それにもかかわらず、チェンバレンは、ヒトラーのご都合主義的な約束を信じ、ヒトラーの「真の意図」を見損なった。ナチズムとヒトラーの「悪魔的側面」を見逃してしまった(15)。このため彼の思考は目先のズデーテン問題の線で停止してしまった。彼は、チェコスロヴァキアの戦略的価値についても、それと自国の安全との関係についても、熟慮することはなかった。このような致命的な誤認が、彼をして、砂上に楼閣を建てるような、更なる平和への努力を続ける決意を固めさせたのである。この夜の放送の締め括りに、彼は、イギリス国民に向って、その決意を次のように表明する。

「今のところ、私は、皆さま方に、次の数日の出来事をできるだけ冷静に待つようにお願いしたいと思います。戦争が始まらないうちは、それを防ぐ希望が必ずあります。私が最後の瞬間まで平和のために働くつもりであることは、皆さま方にもお分りいただけていると思います。皆さま、おやすみなさい。」

(10) 反宥和派の怒り

首相の放送を聴いたダフ・クーパー海相は激怒した。

「放送はこの上もなく憂鬱な内容だった。フランスについてまったく言及せず、チェコスロヴァキアへの同情を示す一言もなく、唯一示された同情は、ヒトラーに対してなのだ。そして艦隊動員についても、一言も触れなかった。まったく怒り心頭に発すだ[16]。」

チャーチルも「怒りのあまり口がきけないほど」怒った。クーパーに電話をかけて、「この演説は、逃げ出す準備です」と断言した。アメリーも怒り、年来の友人「ネヴィル」に痛烈な批判を投げかけた。

「これまでに内閣に列した重要人物で、力、戦略、外交という観点から物事をまったく考える能力のない人がいたとしたら、それはネヴィルだ[17]。」

このようにチェンバレンの放送演説は、反宥和論者の怒りと批判を買った。首相の認識と判断には、それに価する重大な誤りがあった。しかしそれでも、ワースも認めていたように[18]、チェンバレンの演説が真摯な、人間味のあるものであったことは、誰も否定できない。それは、前夜のシュポルトパラストにおけるヒトラーの身の毛もよだつような、獣的な咆哮との著しい対蹠性と、政治体制としての民主主義と全体主義の本質的な相違を浮き彫りにしていた。この違いの恐ろしさを、ベネシュは頭と肌で認識していたが、チェンバレンは、このいずれの点においても、鈍感であった。

演説の最後の言葉として、チェンバレンは「おやすみなさい」、すなわち「良い夜を」と言ったが、彼の放送を聴いた多くのイギリス人にとっては、明日にもロンドン空襲かという不安を拭い去れずにベッドに就く「悪い夜」となったのではないか[19]。

2 避戦への様々な動き

(1) チェンバレン＝ウィルソン対ダフ・クーパー

チェンバレンは、放送を終えると、午後九時三〇分に緊急閣議[20]を招集した。冒頭、首相は、午後三時からの首相・側近会議で検討した暗い情報を、すなわちヘンダーソン電報、マックファーレン報告、マクドナルド、ブルース報告などを、次々に並べ立てた。首相の悲観的な報告が終ると、代って、ウィルソン顧問は、先に彼の執務室で提示して、ハリファックスとカドガンから「完全降伏案」として反対された案を蒸し返し、次のようなベネシュ宛電報草案を提示した。

「貴国が蹂躙されるのを防止できる唯一の方案は、貴政府がレッド地域（ドイツ人多数地域）から撤兵し、生命の喪失なしにドイツに同地域の占領を許すことであろう。」

これに真っ先に反対の声を挙げたのは、ダフ・クーパー海相であった。海相は、四巨頭が自分より先に発言すれば、「イエス・マン」の多い閣議の大勢が決まってしまうことを恐れて、機先を制せんとしたのである。

「私たちは、首相が集められんかぎりの最も陰鬱なる事実ばかりを次々に列挙されるのをお聴きしたわけですが、もっと明るい側面があるにもかかわらず、それには一言も触れられませんでした。」

と決めつけ、その明るい側面を示す事実として、ルーズヴェルト電報、フランス世論と世界世論の対独硬化等を挙げ、マックファーレンについては、「敗北主義者」ヘンダーソン大使の影響下にあるとして、その報告の価値を否定し、自治領の反戦論に関しても、その重要度を否定した。そして、ウィルソン提案については、イギリスの名誉という観点から、

「もし私たちが今チェコの人たちを見捨てるようなことがあれば、あるいは、彼らに降伏を忠告するということであっても、そのようなことをすれば、私たちは、歴史上最も卑劣な裏切り行為の一つを犯すことになるでしょう。」

と、断固その受容れを拒否する意思を表明した。

海相の非難の矛先は、ウィルソン提案から転じてチェンバレン放送演説に向けられ、その反致親独的な内容を難じた後、クーパーは、宥和論に戻ったかに見える首相への威嚇的な警告として、辞職の覚悟を仄めかした。

「もし私たちが今ここで屈服するならば、それはイギリスの終り、民主主義の終りとなると言いたいのですが、実際のところ、私はそうなるとは信じてはいません。しかし、私が本当に信じているのは、それはこの政府の終り、そして、確実に私のこの政府との関係の終りとなるということです。」

(2) ウィルソン対ハリファックス

海相に続いて口を開いたハリファックス外相は、彼の新案としての「タイムテーブル案」について説明し、事後報告の形で、これを既にヘンダーソン、フィップス、ニュートン宛に打電したと話した。そして、ウィルソン電報草案に対しては、

「私はウィルソン草案を打電するのは、極めて困難だと感じます。これは、ドイツへの完全降伏同然です。英仏案と独案の間には大きな違いがあります。私たちは、自らが間違っていると信じているものを、チェコ政府に押し付けるわけにはいきません。」

と、断固たる反対の意思を表示した。

このような海相の剣幕と外相の強硬姿勢に気圧されたチェンバレン首相は、自分自身のウィルソン案へのかかわりを否定した上で、「外相は、ウィルソン案に反対する力強く、かつ多分説得力のある理由を提示されました。もしこれが皆さんの一般的な見解であるならば、私はこれで打ち切りとすることにやぶさかではあ

りません」と、渋々ながらも反対論を受け容れる用意のあることを示した。こうして、対独宥和・対致加圧策としてウィルソン電報案は葬られた。このとき、午後一〇時三〇分、ヒトラーのチェンバレン宛返書が届けられ、直ちに読み上げられたのであるが、この返書が特にチェンバレン首相に与えた影響については、この後すぐに項を改めて検討することにする。

閣議の方は、この後、明日の議会で首相が何を言うべきかについて話し合われ、最後に、首相から海軍動員の決定が告知され、それでもって終了した。

(3) ヒトラー返書へのチェンバレンの反応

ヒトラー返書へのチェンバレンの反応は、非常に積極的なものであった。翌日、招集された議会での彼の陳述からすると、それまで真っ暗闇に置かれていた彼は、この返書によって、前途に一筋の平和の光明を見出したかのようであった。

「この書簡を注意深く読んでみると、ヒトラー氏の意図に関して、覚書には含まれていなかったいくつかの制限が示されており、また、いくつかの保証が付け加えられていることが分ります。」

そして彼は、それらの保証を信頼できるヒトラーからの「元気付けられる言明」と評価した。この誤った評価から彼が引き出した明るい結論は、次のようなものであった。

「私がこの書簡を読んだときに、私の心に生じた最も顕著な反響は、相異と曖昧さがまたもや更に縮減され、これらが交渉によって解決されないとは、とても考えられないことだ、というものでした。」

こうして、ヒトラー返書に鼓舞されて、ますますチェンバレンは、平和的解決への最後の努力を試みる決意を固めたのである。[21]

このヒトラー返書について、オルブライトは、三つの嘘があったと言う。一つは、ドイツはズデーテン地方以上には進まないという嘘、二つ目は、自由なプレビサイトを実施するという嘘、そして、三つ目は、ドイツも国際保障に参加するという嘘である。

そして、この返書に対するチェンバレンの反応について、次のように評した。

「チェンバレンを引っ掛けるには、三つの嘘を含む一通の電報で十分であった。[22]」

(4) 英艦隊動員令公表のヒトラーへの衝撃

クーパーは、首相が艦隊動員を決めていたのにもかかわらず、放送でこれについて明言しなかったことに不満であった。閣議が終って退室する際に、彼は首相に問い質した。

「放送で艦隊動員について発表されるものと理解していたのですが……。」

「初めはそのつもりだったのですが、後からしないことにしたのです。」

「秘密にしておいても、何の意味もないと思いますが……。」

「そうですね。」

この同意の答えを引き出して内心ほくそ笑んだ海相は、ここでプレス発表してもよいかと訊けば、首相は躊躇するかもしれないと危ぶみ、それ以上は何も言わずに別れを告げ、その後、海軍省報道課に行き、明日の朝刊に間に合うように艦隊動員令が下ったと発表せよ、と命じたのであった。この大きな対独抑止政策的要素を含んだ海軍大臣命令は、午後一一時三八分、実行された[23]。

このころベルリンでは、午後一〇時に、ヒトラーは、レーダー海軍司令長官から電話で、イギリス海軍は動員を実施しつつあると知らされていたが、午前零時には、ロンドンでの海軍動員令降下発表のニュースがヒトラーのもとに届けられ、先のレーダー情報の正しさが裏付けられた[24]。それまでのヒトラーについては、彼が書くつもりのなかったチェンバレン宛返書を書いたことや、その「宥和的」ともとれる文面から、彼の対致武力行使の決意に微かな揺れが感じられた。しかし、返書を出した後の彼は、表面的には、依然強硬な姿勢を崩さず、リッベントロップとワイツゼッカーに対して、「戦争でチェコスロヴァキアを破壊してやる」とその決意を語っていた[25]。

しかし、ヒトラーが最も恐れていたと思われる、このイギリスからの艦隊動員という強烈な「行動による対独警告」は、既に微動していた彼の決意を大きく動揺させた。外を見れば、既にチェコスロヴァキア軍が総動員態勢を布き、フランス軍も大規模な部分動員態勢を布いており、そして今、イギリス海軍に動員令が下った。彼自身の恫喝外交が馴致した、この不都合な情勢は、英仏不介入を前提とした、彼の「緑作戦」の破綻を証明していた。内を見れば、対英仏戦争には軍部も国民も反対していることが明瞭になっていただけでなく、自分自身もその準備ができていないことを知っていた。進めば、対英仏戦争、退けば、自己の威信の失墜、ここにヒトラーは、まさに進退これ谷まる状況に立たされた。

（5）対ムッソリーニ工作の始動

そのころ、ヒトラーの知らぬ所で、彼を対英仏戦争の崖っぷちから引き戻してくれることになる動きが始っていた。この日の午後一時二〇分、駐伊イギリス大使パース卿から外務省に一通の電報が届いていた。

「今朝の首相声明についてですが、私がこれを直ちにチアーノ伯に伝え、その際同時に伯には、ムッソリーニ氏がヒトラー氏に対する影響力を行使して、その声明に含まれている提案を受け容れるように勧めてもらいたいという希望を、私が政府に代って表明することをご承認下されば、おそらく有益であると思います。この線で行動してよろしいでしょうか？[26]」

このパースの請訓が対ムッソリーニ工作の発端となるのだが、本国政府の反応は、遅かった。その返答は、チェンバレンが平和への微光を見出すことになるヒトラー返書が届いた三〇分後の午後一一時であった。ハリファックス外相は、パースに「提案の線にてチアーノに話してよい」と「ゴーサイン」を発したのである[27]。

そのころ、平和の微光が射し始めたと感じていたチェンバレン首相は、議会陳述用の草稿を午前二時までかけて書き上げ、その後少しの睡眠をとってから、朝早くには、ヒトラー宛返書とムッソリーニ宛書簡を書き上げた[28]。既に疲労が極致に達していた六九歳の老宰相は、多くの国民がもはや戦争もやむなしという気持ちに傾き、不安な夜を過ごしていたときに、乾坤一擲の巻返しのために最後の力を振り絞っていたのである。まさにここに、老宰相の凄まじい避戦平和への執念と、首相としての彼の面目躍如たる責任感と行動力とを見る思いがする。彼のヒトラー宛、ムッソリーニ宛両書簡は、午前一一時三〇分に打電された。その内容は次部で見ることになる。

(6)「タイムテーブル案」へのヘンダーソンの否定的評価

午後六時四五分にハリファックス外相からヘンダーソン大使宛に発電された新英案としての「タイムテーブル案」は、午後一一時、大使からワイツゼッカー次官に手交された。受け取った次官の意見は、ヘンダーソン報告によれば、悲観的であった。

「本案が二週間前に差し出されていたなら、いやせめて一週間前であったら、役に立ったかもしれませんが、今では最早手遅れです。私は、今残された唯一のチャンスは、チェコスロヴァキア政府が今すぐドイツ案を呑むこと以外にないと思います。」

「タイムテーブル案」に対する、ワイツゼッカーのこの見方は、ワイツゼッカーの名を借りてヘンダーソンがハリファックスに警告したものかと疑いたくなるほど、大使自身の見解そのものであった。実際、ヘンダーソンが外相に報告したワイツゼッカー発言を、ワイツゼッカー自身は、リッベントロップのために書いた覚書の中で、ヘンダーソンが個人的見解として述べたものとして書き留めている。どちらの報告が真実なのかはともかく、外相案に対して否定的であった大使は、「ゴーデスベルク覚書」をチェコスロヴァキア政府に強制することはしないという、閣議の合意を知ってか知らずにか、彼の避戦平和の信念に基づく確固たる持論に基づいて、外相に対して対致加圧の必要性を強調した。

「私たちとチェコスロヴァキア自身に降りかかる大災害への道に代る唯一の選択肢は、私たちが九月二八日の正午前にチェコスロヴァキアに対してきっぱりと、『貴国が譲歩しないのなら、私たちは貴国を支持しない』と通知することによって、彼らを譲歩へと強制することです。」[29]

「大義、親を滅す」というが、ヘンダーソンの場合、何ら悩み、迷うことなく、「大義」のために小国にこれほど冷酷、非情になれた。彼の大義たる平和主義的理想主義に基づく「道義外交」を、神から賦与された使命と信じて実践していた彼は、「目的は手段を聖化する」という教えの実践者であったという意味において、一般に超現実主義者、反道義主義者と見なされてきた、あのマキャヴェリの弟子であった、と言えよう。

(7) ボネの仏妥協案提出準備

夜、フィップス大使からイギリス政府の「タイムテーブル案」を示されたボネ外相は、ヘンダーソン大使ほどの拒絶反応を示しはしなかったが、それでも同案では不十分だと見て、彼の「いかなる代償を払っても平和を」という揺るぎなき信念から、自らフランス独自の更なる譲歩案を作る決心を固めた。ボネ案は、イギリス案よりも広い地域の即時占領を認め、ドイツ政府に相当大きな「外交的勝利」を与えることを狙いとしたものであった。[30] ボネは、フィップスに、新英案に対するこのような疑問を伝え、続けて、「我が政府としましては、貴政府案が功を奏さなかったと分った場合には、フランソワ＝ポンセ大使から我が方の案を提出させるつもりです」と付け加えた[31]。そしてその執行に備えて、ボネ外相は、午前一時、フランス妥協案をポンセ大使に打電した[32]。

こうして英仏は、先に最後の対独譲歩だとチェコスロヴァキア政府に無理矢理呑ませた「英仏合意案」から、新英案によって一歩も二歩も離れ、同政府が断固拒否した「ゴーデスベルク覚書」へと、今、新仏案によって更に接近しようとしていたのである。

(8) ルーズヴェルトの国際会議開催提案

ワシントン時間の午後一〇時過ぎ（ロンドン時間の午前三時過ぎ）、ルーズヴェルト大統領は、ヒトラーに親書を送り、前回同様に交渉継続の必要性を説くと共に、今回は関係国による国際会議を提案した。しかし、アメリカ自身の関与については、国内の孤立主義的世論を考慮して、今回も慎重にこれを避けていた。

「合衆国政府は欧州において何らの政治的な関与を持つものではありません、また、現在行われている交渉にいかなる義務を引受けるつもりもありません[33]。」

この大統領の国際会議開催提案が、ヒトラーにどれほどの影響を与えたかは分らないが、前回のメッセージさえ、ドイツ国民への悪影響を恐れて新聞発表を抑えたくらいであるから、今回のメッセージもヒトラーにとっては余計なお節介であっただろう。ヒトラーにとってアメリカ大統領の提案が不都合なものであったのに対して、この日のポーランドの動きは、彼にとって好都合であった。ポーランド政府は、チェコスロヴァキアに対してテッシェンの割譲を要求し[34]、また、ベック外相は、対ソ政策について、モルトケ駐波ドイツ大使に対して、「ソ連が欧州問題に介入する限り、ポーランド政府にとって、いかなる形のソ連との協力もまったく問題にはなりません。それはポーランドにとって議論の余地のない政策原則なのです」と請け合っていた[35]。

このように二七日のヒトラーのもとには、不都合な情報だけでなく好都合な情報も入ってきてはいたが、何といってもイギリス海軍の艦隊動員実施の情報の衝撃は大きく、「緑作戦」を基準として差引勘定すれば大きな赤字であったことは否定できず、彼にとっては実に「暗い一日」となった。

次部では、いよいよ大詰め、「ミュンヘン会談」の追跡、考察となる。

注

（1） David Dilks (ed.), *The Diaries of Sir Alexander Cadogan O.M. 1938-1945* (Cassell & Company LTD, 1971), p. 107.

（2） 以下、「プロパガンダ・マーチ」については、David Faber, *Munich, 1938: Appeasement and World War II* (Simon & Schuster, 2009), pp. 379-80; Telford Taylor, *Munich: The Price of Peace* (Hodder and Stoughton, 1979), p. 877; Max Domarus, *Hitler, Speeches and proclamations, 1932-1945, The Chronicle of Dictatorship, Volume II 1935-1938* (Dormus Verlag, 1992), pp. 1200-1; ウィリアム・シャイラー著／大久保和郎・大島かおり訳『ベルリン日記 一九三四-一九四〇』（筑摩書房、一九七七年）、一一七ページ、Nevile Henderson, *Failure of a Mission-Berlin 1937-1939* (G. P. Putnam's Sons, 1940), pp. 165-6; パウル・シュミット著／長野明訳『外交舞台の脇役（一九二三-一九四五）―ドイツ外務省首席通訳官の欧州政治家たちとの体験―』（日本国書刊行会、一九九八年）、四五一ページ、

Documents on British Foreign Policy, 1919–39, 3rd series, Volume II (His Majesty's Stationary Office, 1950), p. 620（以下、*DBFP–II* と略して表記する）に拠った。

（3） Yvon Lacaze, *France and Munich: A Study of Decision Making in International Affairs* (Columbia University Press, 1955), p. 160; Zara Steiner, *The Triumph of the Dark: European International History 1933–1939* (Oxford University Press, 2013), p. 2.

（4） Faber, *Munich, 1938*, p. 375.

（5） Dilks (ed.), *The Diaries of Sir Alexander Cadogan*, p. 107.

（6） 以下、チェンバレンのラジオ演説の内容は、Neville Chamberlain, *In Search of Peace* (G. P. Putnam's Sons, 1939), pp. 173–4 に拠った。

（7） The Earl of Birkenhead, *Halifax, The Life of Lord Halifax* (Hamish Hamilton, 1965), p. 404; Faber, *Munich, 1938*, p. 375; John W. Wheeler-Bennet, *Munich: Prologue To Tragedy* (The Viking Press, 1965), p. 157.

（8） Faber, *Munich, 1938*, p. 376.

（9） Steiner, *The Triumph of the Dark*, p. 650.

（10） *Documents on German Foreign Policy, 1918–45, Series D, Volume II* (Her Majesty's Stationary Office, 1953), p. 776. 以下、*DGFP–II* と略して表記する。

（11） Alexander Werth, *France and Munich before and after the Surrender* (Harper and Brothers, 1939), p. 304.

（12） Galeazzo Ciano, *Ciano's Diary 1937–1938*, translated by Andreas Mayor (Methuen & Co., 1952), p. 63.

（13） 陸奥宗光『蹇蹇録』（岩波文庫、一九八三年）、六一–二ページ。

（14） 同右、一三ページ。

（15） Werth, *France and Munich before and after the Surrender*, p. 305.

（16） John Julius Norwich (ed.), *The Duff Cooper Diaries: 1915–1951* (Phoenix, 2006), p. 268.

（17） Faber, *Munich, 1938*, p. 377.

（18） Werth, *France and Munich before and after the Surrender*, p. 305.

（19） Wheeler-Bennet, *Munich*, p. 158.

（20） 以下、英緊急会議については、T. Taylor, *Munich*, pp. 887–8; Faber, *Munich, 1938*, pp. 377–8; Andrew Roberts, *'The Holy Fox'–A Biography of Lord Halifax* (Weidenfeld and Nicolson, 1991), p. 120; Robert Self (ed.), *The Neville Chamberlain Diary Letters, Volume Four, The Downing Street Years, 1934–1940* (Ashgate, 2005), pp. 321–2; Norwich (ed.), *The Duff Cooper Diaries*, p. 269; John Harvey (ed.), *The Diplomatic Diaries of Oliver Harvey 1937–1940* (Collins, 1970), p. 200 に拠った。

（21） Chamberlain, *In Search of Peace*, p. 197.

（22） Madeleine Albright, *Prague Winter–A Personal Story of Remembrance and War, 1937–1948* (Harper Perennial, 2012), p. 97.

（23） Norwich (ed.), *The Duff Cooper Diaries*, p. 269; Winston S. Churchill, *The Second World War volume I: The Gathering Storm* (Mariner Books, 1985), p. 279.

（24） Churchill, *The Second World War volume I: The Gathering Storm*, p. 282; 綱川政則『ヒトラーとミュンヘン協定』（ニュートンプレス、一九七九年）、一四九ページ、角田順『ボールドウィン・チェイムバリンとヒトラー』（お茶の水書房、一九五八年）、二六三ページ。

（25） Gerhard L. Weinberg, *Hitler's Foreign Policy 1933–1939–The Road to World War II* (Enigma Books, 2010), p. 613; Faber, *Munich, 1938*, p. 628.

（26） *DBFP–II*, p. 561.

（27） *Ibid.*, p. 561.

(28) Keith Feiling, *The Life of Neville Chamberlain* (Macmillan, 1946), pp. 372-3.
(29) *DBFP-II*, pp. 585-6; *DGFP-II*, pp. 985-6.
(30) Lacaze, *France and Munich*, p. 169.
(31) *DBFP-II*, pp. 582-328.
(32) Lacaze, *France and Munich*, p. 169.
(33) *Foreign Relations of the United States, Diplomatic Papers, 1938, Volume I, General* (United States Government Printing Office, 1955), pp. 684-5.
(34) Anita Prazmowska, *Britain, Poland and the Eastern Front* (Cambridge University Press, 1939), p. 16.
(35) *DGFP-II*, p. 982.

第Ⅸ部　ミュンヘン会談

「ヒトラーは、彼の究極的目的に関して、それを心の内ではっきりと見据えていたかもしれない。しかし、それがどれほど明確なものであったとしても、彼は、それを達成する手段に関する決定については、事件の流れに任せて、決して最後の瞬間まで決断することはなかった。*」

ネヴィル・ヘンダーソン

「多分チェンバレンの最も致命的な誤りは、『最初はうまくいかなくても、何度もやって、やって、やってみろ』ということを信じたことであった。ヒトラーを平和に向わせようとやってみたことによって、彼は実現しそうにもない夢を追っていたのだ。**」

フランク・マクドノー

第33章　ミュンヘン会談開催へ

1　ムッソリーニの仲介奏功

(1) ポンセ大使、新仏案訓令受信

九月二八日「暗黒の水曜日」、ロンドンの朝刊に三つの記事が並んだ。昨晩のチェンバレン首相のラジオ演説と、英艦隊の動員と、ルーズヴェルト大統領の国際会議案である。[1] ラジオ演説中に首相がもらした、「現時点において、私には、仲介という形で私が有効にできることは、これ以上何も思い浮かびません」という告白は、いよいよ戦争は避けられないかという国民の思いを強めたであろうし、また、イギリス帝国の伝家の宝刀と言うべき艦隊動員の発令は、いよいよチェンバレン政権も本気で戦う腹を固めたと受け取られたであろう。この二つの記事が象徴するこの日の「暗黒」を、ルーズヴェルトが大西洋の向こうから投げかけた微光だけで、光明へと転じさせることは、まったく不可能のように思えたであろう。

早朝、ベルリンのフランス大使館でフランソワ‐ポンセ大使は、午前四時に届いていたボネ外相からの新フランス妥協案提出訓令を読むと、午前八時に真っ先にヘンダーソン大使に電話でこのことを話した。これに対して、ヘンダーソンは、昨晩自分が提出した新英案は成功の見込みがないと見ていたので、新英案より更に妥協的な新仏案の内容を聞いて、独断的に、「私は我が政府もこの修正を受け容れると確信しています」とポンセを励ました。[2]

(2) ヒトラー＝ポンセ会見へ

イギリスの「タイムテーブル案」へのドイツ側の回答がまだなされていなかったにもかかわらず、フランソワ‐ポンセは、イギリス大使の激励に後押しされて、午前八時三〇分、ワイツゼッカー次官に電話でヒトラー首相との会見を申し込むと共に、フランスの「タイムテーブル案」の内容を説明して、次のように大使自身の考えを伝えた。

「本案の新要素は、従来のどの案よりも更に踏み込んだものであるばかりでなく、この案がまだチェコ人には知らされていない点です。私たちは、まず第一にあなた方と相談したいのです。あなた方が同意されれば、我が政府はチェコスロヴァキア政府に受諾を要求致します。もしチェコスロヴァキア政府がこれを拒めば、どのような結論が引き出されることになるのか、

これについては、今はもっと詳しくはっきりとさせる必要はなかろうかと思います。」

こう言ったあとポンセは、昨夜ヘンダーソンからリッベントロップに手交された新英案について、「この計画はまったく役に立ちません」と付け加えた。[3] この最後のポンセの付言はワイツゼッカーのリッベントロップへの報告によったものであるが、ポンセの覚書では、「ワイツゼッカーは会見の段取りを付けましょうと約束し、イギリス案については、役に立たないということを私に隠そうともしなかった」ということになっている。[4]

ワイツゼッカーからこの知らせを受けたリッベントロップのサボタージュのせいか、午前一〇時になっても、ポンセのところにドイツ側の回答はこなかった。痺れを切らしたポンセは、再びヘンダーソンに電話して、「まだ返事がこない。ヒトラーは私の伝言を受け取っていないのではないか」と不安を語ると、ヘンダーソンは、彼が何事につけても頼りにしているゲーリンクに早速電話をかけて、事情を話し、イギリス案とフランス案の内容を説明していると、ゲーリンクはこれを途中で遮って、「もうそれ以上話す必要はありません。私は今からすぐ総統に会いに行ってきます」と答えて電話を切った。この後、ヘンダーソンは、フランス大使館に出向いて、ポンセに結果を報告していたときに、ドイツ側から、ヒトラーは一一時一五分にポンセと会うという連絡が入った。[5]

(3) ヒトラー宛チェンバレン返書

ロンドンでは、チェンバレンは、午前二時に議会演説草稿を書き上げた後、少し睡眠をとっただけでまた朝早く起きて、ヒトラー宛返書とムッソリーニ宛書簡とを書き上げた。両書簡は、ベルリン、ローマ各大使館に午前一一時に打電された。[6] ヒトラーに「英独致仏伊」五国会議を提案したチェンバレン書簡は次の通りである。

「私は貴下のお手紙を拝読後、貴下が戦争もなく遅延もなく貴下の基本的な要求のすべてを手に入れることができるのは、確実だと感じています。私は、貴下と致政府代表、それに御希望なら仏伊の代表も加えて、割譲についての取決めを話し合うために、私自らベルリンに行く用意があります。合意は一週間で達成されると確信しています。貴下がいかに致政府の意図を信用されていなくても、英仏両政府が約束されたことを公平に、完全に、そして即座に履行されるように取り計らえる力について、疑われてはいけません。ご承知のように、私は公の場で、私たちには約束がそのように履行されることを保証する用意があると表明致しました。この長年にわたる問題の解決が、数日遅れるというがために、文明の終りをもたらすおそれのある世界戦争を始める責任を、貴下が負われるとは、私には信じられないことです。[7]」

(4) ムッソリーニ宛チェンバレン書簡

ムッソリーニに「五国会議」案を示し、ヒトラーへの影響力の行使を依頼したチェンバレン書簡は、次の通りである。

「私は今日ヒトラー氏に、ズデーテン問題を解決するために武力を行使することのないようにと、最後の訴えを行いました。

私は、この問題は短い話し合いで解決できると確信していました、ヒトラー氏には枢要な領土と住民を与えるつもりです。また、譲渡期間中はズデーテン人とチェコ人の両方を保護することになります。ドイツとチェコスロヴァキアの代表、それに総統が望むのであれば、イタリアとフランスの代表も加えて、協議のためにただちに私自身がドイツに行くことを提案しました。

私は、閣下が進んでイタリア代表を送る用意があるとドイツ宰相に通知され、また、我々とすべての諸国民を戦争から守ることになる私の提案に同意するよう、宰相に強く要請していただけるものと信じています。私は既にチェコ側の約束を必ず実行させることを保証しました。完全な協定が一週間で達成されると確信しています。(8)」

両書簡の内容については、チェンバレン首相は、ハリファックス外相にも、内閣にも、フランスにもチェコスロヴァキアにも相談しなかった。(9)

(5) パース、外相訓令をチアーノに伝達

まだチェンバレンのムッソリーニ宛書簡がローマに着く前の早朝に、昨夜ハリファックスがパースに出した電報、すなわち、ムッソリーニにヒトラーへの影響力行使を依頼してはという請訓に対する「ゴーサイン」回訓が、パース大使のもとに届いた。大使は、この訓令に従って、一〇時三〇分から、すなわち、ヒトラーが設定したタイムリミットまであと二時間三〇分と切羽詰まった状況下で、イタリア外務省でチアーノと会った。(10) 非常に深刻な表情で現れた外相に、パースは、首相声明の抜粋を手交して言った。

「私は今政府より訓令を受けました。それは、シニョール・ムッソリーニがヘル・ヒトラーに対して影響力を行使され、我が首相が与えた保証を受け容れるように説得していただきたいという、我が政府の衷心よりの希望を示すように、というものです。」

続けてパースは、「これで訓令は終りですが」と断りを入れたあと、次のような個人的見解を付け足した。

「私の感じでは、おそらくシニョール・ムッソリーニが今ヘル・ヒトラーに平和的解決を受け容れる気を起こさせうる唯一の人です。今戦争となれば、その結果はどんなものになるでしょうか？　それはただ一つしかないでしょう。ヘル・ヒトラーが我が首相の提案を受け容れなければ、欧州戦争は不可避だと、私は思います。」

このときチアーノは、パースが使用した「欧州戦争」という語を訂正して、これを「世界戦争」と言い換えてから、非常に深刻な面持ちで尋ねた。

「あなたの申し出は、ドゥーチェに仲介役をしてほしいという貴政府の正式な要請と見なしてよろしいですか？」

「ええ、その通りです。」

「それでは、一刻の猶予もなりません。これは何日の問題でなく、何時間の問題です。それでは、私は今からすぐにドゥーチェに会いに行ってきますから、あなたは私が戻るのをここで待っていて下さい。」

こうチアーノは言い残して、外務省からほど近い首相官邸に

向った。

(6) ムッソリーニの電話訓令：タイムリミット延期勧告

チアーノから話を聞いたムッソリーニは、直ちに、チェンバレンの要請を断ることは不可能だということに同意し、早速、ベルリンのアットリコ大使に電話を掛けた。

「ドゥーチェだ。聞こえるか？」

「はい、聞こえます。」

「すぐに宰相との謁見を求めよ。そして言え、イギリス政府がパース卿を通じて私にズデーテン問題の仲介を依頼してきた、そして、問題に関する相違点は非常に小さい、と。それからまた宰相に伝えよ、いかなることになっても、私ムッソリーニとファシスト・イタリアは、閣下の側にいます、私は戦闘開始を二四時間遅らせることをお勧めします、私はその間に問題解決のために何ができるか考究してみます、決めるのは閣下だが、しかし、私の考えでは、私たちはこの提案は受け容れられるべきだと思います、と。聞こえるか？　急げ！[11]」

パースのところに一五分ほどで戻ってきたチアーノが、その結果を話すと、感極まった大使は、泣きじゃくりながら笑い声を挙げて、大使館へ飛んで帰っていった、という。

(7) ヒトラー＝ポンセ会見(1)：荒れ狂うヒトラー

ローマでパースが嬉し泣きしながらチアーノに別れを告げていたころ、ベルリンでは、午前一一時一五分にヒトラー＝フランソワ＝ポンセ会見が始っていた。[12] リッベントロップ外相と共にシュミット翻訳官も同席したが、ポンセ大使はドイツ語に堪能であったので、シュミットの出る幕はなく、彼は二人のやり取りを聴くことに集中することができた。大使は、ズデーテン占領の段階的進行を一目で分るようにした地図をヒトラーに示しながら、フランスの「タイムテーブル案」を説明して、誘うように諭すようにして言った。

「貴下は勝利を手に入れつつあります。もはや二、三日辛抱すればいいだけの話です。私たちが貴下にお願いしたいことは、文民を先頭にズデーテン地方に入るようにされたいということです。その文民とは、国際委員会のメンバーです。彼らは『この地方は紛れもなくドイツ人のものだ』と宣言することになりましょう。勿論、ドイツは最初に兵と銃を送り込んでこれを我が物にすることもできますが、そうすれば貴下は侵略者ということになりましょう。」

こう諭されてもヒトラーは、大使の言うことに耳を貸そうともせず、荒れ狂い、いつものようにチェコ人の悪口を長々と言い続け、人種的偏見を丸出しにして、

「私は、チェコスロヴァキアとマルキスト一味によって狩り立てられ、虐殺されている同胞を守らねばならぬ。奴らはスラブ人でなくモンゴル人だ。」

などと言ったりした。

(8) ヒトラー＝ポンセ会見(2)：鎮静化するヒトラー

荒れるヒトラー対して、ポンセはあくまでも冷静に、ドイツにとっての利害を説いた。

「閣下、紛争をチェコスロヴァキアに局地化できるとでもお考えなら、それは錯覚です。貴下がこの国を攻撃すれば、数日でイギリスとフランスを含む欧州全体戦争となり、ついにはアメリカも参戦することになるでしょう。」

このとき、ポンセにはヒトラーの側の「棘」に見えたリッベントロップが、反発して口を挟んだ。

「ドイツは、どんな組合せの列強にも対峙できる、それほど強いのだ。」

ポンセはこれを相手にせず、ただヒトラーに向って説き続けた。

「貴下は、戦争に訴えなくても本来の要求が満たされるのに、なぜこの危険を冒そうとされるのですか？　我が案で合意ができれば、私たちが保証人になりますから。」

ヒトラーは再度ベネシュを罵り、これ以上待てないと反発したが、大使は、まさにベルリンっ子が「彼は病める老馬に話しかけるようにしきりに話す」というように、そのように粘り強く諄々と言い聞かせ続けた。そうしているうちに、ヒトラーの反応に好ましい変化が見られた。部屋の隅で二人を観察していたシュミットは、次のように回想している。

「私は、ヒトラーが反応して、秤の重りが次第に平和の方に傾くのを確認した。彼はもはや怒号することなく、大使の論議になお何か苦心して反論しようとしているだけであった。彼は目に見えて考え込んでしまった。」

後にヒトラーがズデーテン危機の回想話をするときに、「フランソワ＝ポンセは分別に富んだ提案をした唯一の人物であった」と度々言うようになるが、確かにこのとき、会談中のヒトラーがついにポンセの説得で仏案の受諾に傾きかけたのであった。

(9) ヒトラー＝アットリコ会見：タイムリミット延長受諾

ポンセの説得が功を奏しかけていたちょうどそのとき、部屋のドアが開いて副官が入ってきた。アットリコ大使が総統に緊急に会いたいということであった。そのため、ヒトラーは、ポンセとの会談を中断して、シュミットを伴って部屋を出ていった。そのとき、ヒトラーの設定したタイムリミットまであと二時間二〇分の午前一一時四〇分であった。

帽子も被らずイタリア大使館から宰相官邸に大急ぎで飛び込んだアットリコ大使は、ヒトラーの待つ会見室に入ったとき、大汗をかき、息を切らし、興奮のために顔を紅潮させていた。ヒトラーの面前まで足を運ぶ時間も惜しむかのように、大使は、通常の礼儀作法を破って、相当離れた所から総統に向って、

「総統閣下、私はドゥーチェの貴下宛の緊急のメッセージを持参しました。」

と呼びかけて、ムッソリーニのタイムリミット二四時間延長勧告メッセージを伝えた。これを聞き終えたヒトラーは、短く、

「ドゥーチェにご提案を受諾すると伝えて下さい。」

とだけ答えた。これを通訳したシュミットは、「この瞬間平和の決定が下された」と感じたという[13]。

ポンセとリッベントロップが待つ執務室に戻ってきたヒトラーの態度は、部屋を出て行ったときよりもはっきりと和らいでいた。ヒトラーは、「たった今ムッソリーニがイギリスの仲介案を受諾するよう要請して来ました」と言って、大使との会談を続けたが、

シュミットには、彼は最早ポンセとの話よりもムッソリーニのメッセージに心を奪われているように見受けられた。

ポンセが、「我が政府へは、総統は我が提案を拒否されようとしていると報告しましょうか?」と尋ねると、ヒトラーは、「今すぐお答えすることはできませんが、ノーとは言えません。今日の午後に書き物にして回答致しましょう」と答え、「それまでは行動を起こさないことをお約束します」と付け加えた。この約束で以て、ヒトラー＝フランソワ－ポンセ会見は正午過ぎに終わり、ポンセは「ごくわずかな希望」を感じながら退室した。⑭

(10) ムッソリーニ、チェンバレンの依頼を容れる

再びローマに目を転じると、チアーノに別れを告げ大使館に戻ってきたパースを待っていたのは、チェンバレンのムッソリーニ宛親書であった。これを読んだ大使は、新たな希望が湧いてきたのを感じながら、すぐにイタリア外務省に取って返した。大使から親書を受け取り、一読したチアーノは、チェンバレンの努力を賞賛したあと直ちに、またドゥーチェのもとへと急いだ。これまで出番のなかった自分に突然大舞台での主役を約束してくれているように見える国際会議案を示されて、ドゥーチェも「これは断れないな」と直ぐに同意したので、チアーノは、アットリコに電話を入れ、「ヒトラーに面会せよ」と指示した。

およそ二〇分後にパースのところに、見るからに嬉しそうな表情で戻ってきたチアーノは、開口一番、「大変いい知らせです。大変、大変いい知らせです」と告げ、ヒトラーがタイムリミットを二四時間延長することに同意したことと、ムッソリーニがチェンバレン提案をヒトラーに伝えるよう手を打ったことを知らせた。この嬉しい報告を終えると、チアーノはパースのところに歩み寄り、握手をしながら、「私たちは大変いい朝の仕事をやり遂げたと思いますよ」と言って、二人の協働の成果を喜び合った。⑮

(11) ヒトラー＝ヘンダーソン会見:新英案への好反応

ここでまたベルリンに戻ると、微かな希望を抱いてポンセ大使がヒトラーの執務室から立ち去るのとほぼ入れ違いに、ヘンダーソン大使がチェンバレンのヒトラー宛親書を持って執務室に入った。親書をシュミットが訳し終えると、ヒトラーは、国際会議案について、

「明確な回答をする前に、私はムッソリーニ氏と相談しなければなりません。」

とだけ答え、続けて、

「ついでながら、私は私の最大の友人であるムッソリーニ氏の要望を容れて、ドイツの総動員を二四時間だけ延期しました。」

と付け加えた。その後二人は、かなり友好的な雰囲気の中で、英仏両「タイムテーブル案」について話し合った。その途中で、ヒトラーは、

「チェコ兵が一〇月一〇日までに全地域から引き揚げることを、あなた方が保証されるなら、貴案に同意する用意があります。」

とまで言ったが、結局、思い直して、

「しかし、私のこの意向も、盟友たるムッソリーニ氏と私が

相談しないうちには、決定的なものと見なさないようにして下さい。」
と断りを入れた。[16]

(12) ヒトラー、英仏独伊四国ミュンヘン会談招請へ

このようにヒトラーが、英仏妥協案について前向きな反応を示していたときに、彼は他用で一五分ほど席を外した。その「他用」とは、チェンバレンの国際会議案に賛成だというムッソリーニのメッセージを持ってきたアットリコ大使との、この日二度目の会見であった。ヒトラーは、ヘンダーソンのところに戻ってきた後、ムッソリーニのメッセージには何も触れなかったが、暫く大使と話し合った後、今日中に正式な回答をすると約束して、和やかに会談を終えた。会談を終えたヘンダーソンの感想は、先にヒトラーと会見し終えていたフランスの大使と同様に、「わずかによりよい印象を得た」というものであった。[17]

ヘンダーソンとの会談後、ヒトラーは、アットリコとこの日三度目の会見を行い、チェンバレンの国際会議案に、ムッソリーニが出席すること、場所はミュンヘンかフランクフルトにすることという条件を付けて、原則的に賛成であることを告げた。アットリコは午後三時にこれを電話でチアーノに知らせた。その後、ヒトラーとムッソリーニは電話で、ヒトラーが明日開くミュンヘンでの国際会議にムッソリーニとチェンバレンとダラディエを招くことにし、二人の間では当然のこととして、チェンバレンのチェコスロヴァキア政府代表参加案については無視した。この決定は、ヘンダーソン大使にはリッベントロップ外相からすぐに通知された。[18]

2 ヒトラーの安堵と後悔

(1) ヒトラーは降りたか?

ヒトラーがミュンヘン会談に英仏伊の首相を招請するという電報を、イギリス外務省が受けとったとき、ハーヴェイ外相付秘書官は、「これはヒトラーが降りたということなのか?」と思った。この質問に答えるかのように、歴史家ウィーラー-ベネットは、ヒトラーはこの決定によって「降りる」ことも「面子を失う」こともなかった、と言い、そして、その理由として、「ヒトラーは彼が欲しかったものすべてを銀の大皿に盛られて差し出されたからだ」と言っている。[19] 以下、ベネットのこの答えの正否について検証してみよう。

第Ⅷ部第31章第2節の「何がヒトラーに返書を書かせたのか?」の項で既に見たように、二七日にヒトラーがその返書を出そうとした時点で、彼の武力解決の決意は微妙に揺れ始めていた。その動揺原因を一つに絞ることは難しく、既にそのときには、様々な要因が彼に対してボディー・ブローのように効き始めていた。このようにふらつき始めていたヒトラーを、その直後に見舞った強烈なパンチが、イギリスが本気であることを行動で以て示した艦隊動員令であった。これによってヒトラーは、このまま進めば、九月二八日午後二時に対英仏戦争に突入することになり、ここで退けば、独裁者としての面子を失うことになるという、一大ジレンマに陥った。そして、進んだ場合の対英仏戦争の準備に

ついては、今のドイツにはまだできていなかったことを、誰よりもよく知っていたのは、彼自身であった。

(2)「ホスバッハ覚書」と一九三八年九月の状況

これとの関連事として、一九三七年一一月五日にヒトラーが開いた秘密会議を取り上げてみよう。そこで彼は具体的な戦争計画を説明しているが、それを記録した「ホスバッハ覚書」によると、彼は、「生存圏」問題を解決するための武力行使に最も有利な状況は、ドイツの軍事力が相対的に頂点に達する一九四三～四五年であるとし、その武力解決に着手する前提条件としてオーストリア問題とチェコスロヴァキア問題の武力解決を挙げた。そして、チェコスロヴァキア問題に関しては、英仏の介入を招くことなく対致武力攻撃に乗り出せる条件として、彼は、フランスが内争のために麻痺状態に陥っているか、あるいは、地中海問題で英仏がイタリアと戦争状態に陥っているか、この二つを挙げ、そのチャンスは一九三八年にもくるかもしれないと期待していた。[20] しかし実際の一九三八年九月の状況はというと、これまで見てきたように、フランス国内に相当激しい左右の対立はあったけれども、とても「麻痺状態」と言えるものではなかった。それどころか、フランス軍は大規模な動員態勢を布いていた。また、英仏とイタリアの関係は、「戦争状態」にあったどころか、イタリアはイギリスと避戦のための「共同戦線」を張るに至っていたのである。

(3) ヒトラーを救出したチェンバレンとムッソリーニ

このようにドイツがとても英仏を相手に戦える状態にないことを知っていたヒトラーは、九月二七日までにはいくつものボディー・ブローと英艦隊動員という強烈なパンチとで既にグロッギー気味であった。そこへ二八日には彼に武力解決を「ギヴ・アップ」させる決定打が浴びせられた。それはチェンバレン案の受容れを勧めた盟友ムッソリーニの「敵前逃亡」であった。これが「とどめの一撃」となって、ヒトラーは、ついに武力行使を諦め「ミュンヘン会談」の開催を決めた。すなわち、彼が「ゴーデスベルク覚書」で要求していたもののほぼすべてを銀の大皿に載せて差し出すことを保証していた英仏の「タイムテーブル案」を、受け容れる道を選んだのである。

この「新英仏案」の受容れは、「旧英仏案」を基準にして言えば、英仏の方が先に「降りた」ことになり、「ゴーデスベルク覚書」を基準にして言えば、それは、確かにヒトラーも少し「降りた」ことにはなるが、英仏が先に降りたことに応じた、ほんの形ばかりの歩み寄りということになり、それによって彼の「面子」が保たれる体裁が確保されていた。また、ヒトラーがチェンバレンのチェコスロヴァキア代表を含む国際会議案を蹴って、彼の宿敵ベネシュを外した「ミュンヘン会談」案を英仏に受け容れさせたことによって、二重に「面子」が保たれることになった。

この二点よりも、ヒトラーにとってもっと重要だったことは、ムッソリーニの斡旋であった。ヒトラーにとっては、敵前逃亡の裏切り行為をとったムッソリーニであったが、衆人からヒトラーの「最大の親友、盟友」と認められているムッソリーニからの平和解決の勧めは、ヒトラーに面目を失わずに少しだけ「降りる」絶好の口実を提供してくれていたのであった。このように、英艦隊動員を頂点とするチェンバレンの「抑止」政策と、英「タイムテーブル案」と「国際会議案」を頂点とする「宥和」政策と、それにムッソリーニの「真実の時」における「友人としてのお為ごかし」的「裏切り」が加わって、ヒトラーは、「面子を失わず」に「ゴーデスベルク覚書」からごくわずかだけ「降りる」ことができたのである。

（4）ヒトラーの後悔：ミュンヘンの逸機

以上の検証結果からは、ウィーラー－ベネットの答えはほぼ正しく、九〇点以上はもらえるということになるが、しかし、それはヒトラーにとっての次善策、「ゴーデスベルク覚書」を基準に検証した結果であって、彼の最善策としての「緑作戦」を基準にとると、話は変ってくる。「ゴーデスベルク覚書」を基準にした、やや妥協的な平和的解決の道を選んだときには、これで負け戦の危険を含む対英仏戦争を避けることができたと、ヒトラーも一息ついたに違いないが、一方、「緑作戦」を基準としてこの「ミュンヘン的結着」を振り返ったとき、ヒトラーとしては、ズデーテンを得て面目も何とか保てたが、彼念願の武力誇示ができなかった、チェコスロヴァキア問題の一挙解決を見送りその解体を先送りにしてしまったという、無念な思いが胸底に残っていることに気付いたであろう。更に、いざというときに自分の決心が揺らいだという事実も否定できなかったであろう。これらのことは、彼の「プライド」にとって我慢ならない、悔しい事実として残った。

ときが経つにつれて、最初の安堵感は忘れ去られ、武力行使に踏み切れなかったことへの不満感と後悔の念に駆られ、自分はミュンヘンで「降りた」、自分は「面子を失った」という思いを深めてゆく。その結果、彼は、当時の絶体絶命の窮地から自分を救出してくれた「恩人」の一人がチェンバレンであったにもかかわらず、後にはその「恩人」に騙されたとチェンバレンを恨み始める。ベルリン陥落三ヶ月ほど前に、ヒトラーが宰相官邸の地下壕で補佐官マルティン・ボルマンに書き取らせていた『ヒトラーの遺言』なる独白において、ヒトラーは、次のように武力解決に関する「ミュンヘンの逸機」を後悔し、チェンバレンの狡猾な宥和政策の罠に嵌ったことを悔やんでいる。

「チェンバレンが突然、ミュンヘンへの旅行を思い立った目的はただ一つ、時間をかせぐことであった。あの瞬間われわれは、われわれの方から即座に戦争をはじめるべきであった。すでに一九三八年に、われわれは行動を開始すべきであった。あのときこそ、限定戦争を決行するための、最後のチャンスであった。しかしながら、彼らはすべてを受諾した。精神薄弱者のように、彼らは私の要求にことごとく応じたのである。このような前提のもとでは、実のところ、こちらから戦争をしかけることはむずかしかった。われわれは、不可避の戦争の機会を目の前にして、この戦争にやすやすと、しかも早急に勝利が得られる一回だけのチャンスを、あたらミュンヘンで逸してしまったのである。[21]」

（5）『ヒトラーの遺言』に見る「真の意図」

そしてヒトラーは、ミュンヘン危機の間中チェンバレンが見損ない続けていたヒトラーの「真の意図」を、ここで次のように包み隠さず語っている。

「ミュンヘン会談には、それでなくても一時的な効力しかなかった。なぜならば、我々としてはドイツの心臓部に、たとえ小さくてもチェコという独立国を腫瘍のように存続させておくことはできなかったからである。我々はこの腫瘍をやがて、一九三九年に切開した[22]。」

ヒトラーのこのような後悔について言えば、それは、「後悔先に立たず」というより、過去の事実を自分の都合のよいように自己欺瞞的に歪曲してゆき、その歪曲された像を「過去の事実」として信じ込んでしまうという、彼独特の妄想症状の一例と言った方がよかろう。また、上に引用した「ヒトラーの遺言」を一読すれば、ヒトラーによる残部チェコスロヴァキアの「独立」の保証などいかに当てにならなかったか、誰の目にも明らかであろう。

その残部チェコスロヴァキアの独立を、ドイツもイギリスも加わった国際保障体制下に置くという構想が、チェンバレンのチェコスロヴァキア問題での対独宥和政策と対致加圧政策の大きな拠り所となり、この二重政策の正当化理由として位置付けられていたのであるが、これとは真逆のヒトラーのチェコスロヴァキア解体政策こそが、彼の「真の意図」であった。そしてその「真の意図」は、これまでも本書で何度か指摘してきた通り、「ミュンヘン」より一〇年以上も前に書かれていた『わが闘争』のメイン・テーマである人種主義的「生存圏構想」から容易に読み取れるはずのものであった。

3　ミュンヘン四国会議への招待

(1) 英下院の開会

ロンドンでは、七月末に休会となっていた下院が間もなく再開されようとしていた。開院二時間ほど前の午後一時、パース駐伊大使からイギリス外務省に電話電報が入った。ヒトラーがタイムリミットの二四時間延長を受け容れたという知らせであった[23]。これでチェンバレンも一安心というところであったが、彼の国際会議案についての回答は、彼が登院する前にはまだ、ヒトラーからもムッソリーニからも入っておらず、首相は、まだまだ大きな不安を抱えたまま議会演説に臨むことになった。

二ヶ月ぶりの登院となった議員たちは、直近の「タイムテーブル案」のことも、チェンバレンのヒトラー宛親書のことも、ムッソリーニ宛親書のことも、何も聞かされていなかったので、「首相は演説の最後に対独最後通牒を発するのだろうか?」という、首相以上に大きな不安を抱きながら議場に向った[24]。

そのような重い気分でニコルソン議員が、友人と共に、午後二時四五分開会の本会議に出席するために、午後二時一五分、トラファルガー広場を過ぎて外務省前に通りかかったとき、そこの噴水の周りには鳩が群がり、子供達がその鳩に餌をやっていた。そのとき、同行者がニコルソンに、「この子たちは直ぐに避難させるべきだ。鳩もね」と言った[25]。

このような今にも開戦、空襲かという重苦しい雰囲気の中で、いよいよ午後二時四五分下院本会議が始った。議員席は勿論、傍聴席も満員であった。記者席は内外の記者で満員、婦人席にはチェンバレン夫人らが、貴族席にはハリファックス外相やボールドウィン前首相らが詰め掛け、外交官席はコルバン、ディルクゼン、二一歳の息子ジョンを連れたケネディ、マイスキー、マサリク等々呉越同舟の観を呈していた。間もなくチェンバレン首相が演壇の後方から入場し席に着こうとしたとき、与党の議員たちは一斉に椅子から立ち上がって大歓声を挙げ議事進行表を振り回すなどして、首相を迎えた。首相が着席した横にはサイモン蔵相が、そして首相の後ろには、ダングラス首相付議会担当秘書官（後のダグラス－ヒューム首相）が坐っていた。開会の儀式が終って、この日の主役チェンバレン首相が演壇に立ったのは、午後三時五分前であった[26]。

（2）招請電報届く

チェンバレン首相が演説を始めた二〇分後の三時一五分に、ヘンダーソン駐独大使から外務省に電話が入った。ヒトラーがミュンヘン会談に三首相を招請したという、チェンバレン待望の大朗報であった[27]。勿論、そんなことが起ころうとしていることを予知していなかった演壇上の首相が、演説草稿を前に置いて鼻眼鏡をかけると、議場は緊張感で静まり返った[28]。

冒頭、チェンバレン首相は、現在の危機について、「今日、私たちは、一九一四年以来の比類なき状況に直面しています」と述べ、ここに至った経緯を淡々と時系列的に説明し始めた。しかし彼は、チェコスロヴァキア危機について述べながら、その中で、イギリスが「英仏案」を呑ませるために加えた対致強圧についても、「英仏案」から離れ「ゴーデスベルク覚書」に近づいた「タイムテーブル案」についても、無論、一切触れなかった。このように自己の政策追求に都合よく計算された経緯説明であった。

それでも、首相の演説を聴き終えた後、アメリー議員は、「ヒトラーに対しては非常な低姿勢であったが、全体としてチェコ人への同情に欠けていた」と感じた。そのような親独反致的な色合いを含んだ首相の経過説明は、ランシマン・ミッションから、ベルヒテスガーデン、ゴーデスベルクへと進んだ。そして、演説開始から八〇分が経ち、その長い経過説明も終りに近づいた午後四時二〇分、一枚の外務省用紙がダングラス秘書官からサイモン蔵相に手渡された。外務省が三時一五分に受け取ったヘンダーソン電報が、カドガン、ハリファックスの手を経て今議場内に届いたのである。この外務省用紙を受け取ったサイモンは、食い入るようにして黙読したあと、これを首相の演説の流れを邪魔せずに、いつ渡すのが適当だろうかと、暫くそのタイミングを見計らうことにした。

（3）沸き立つ下院

演壇の首相は、この背後の動きにまったく気づくことなく、その経過説明を最後のトピック、すなわち、今朝書き上げたヒトラー宛親書とムッソリーニ宛親書へと進め、「ヒトラー氏は、これに応えて、動員を二四時間先に延ばすことに同意されました」と明かすと、大きな喝采が沸き上がった。サイモンは、このチャンスをとらえて首相の上着の裾を引っ張り、「ヒトラーから返事が届きました」と囁きながら、用紙を手渡した。手渡された首相は鼻眼鏡を調整して、これを読み始めた。読み終えて、顔を上げたとき、ニコルソン議員には、首相が一〇歳も若返ったかのように見えた。「私から皆さんに今話しましょうか?」と問う首相に、蔵相はうなずいた。そこで首相は、微かな笑みを浮かべながら咳払いをして、話を再開した。

「これで全部ではありません。皆さまにまだもう少しお話ししたいことがあります。今ヒトラー氏から招待状が届きました。明日の朝、私とミュンヘンで会おうと言ってきたのです。ムッソリーニ氏もダラディエ氏も招待されました。ムッソリーニ氏はその招待を受け容れました。ダラディエ氏も受け容れることは間違いないと思います。私の返事がどうなるかは、言う必要もないでしょう。」

これを聴いた議員たちは、呆気にとられたせいか、あるいは、突然のことでその意味をすぐに解しかねたせいか、一瞬、議場はシーンと静まり返った。そのとき、ある議員が、「神様、首相のお陰です!」と叫んだ、この一声が合図の号砲となって、我に返った議員たちから、たちまち轟音のような歓声が巻き上がって、議員総立ちとなった。椅子の上に立つ者、手を振り上げる者、議事進行紙を空中に放り上げる者、涙を流す者さえいて、場内騒然となった。傍聴席でも、傍聴規則など忘れて、大歓声を挙げた。外交官席も例外ではなかった。彼らのほとんどは、ヒトラーの招待状にベネシュの名がなかったことを気にも留めず、また、マサリク公使が彼らの側にいることなど忘れて、共に喜びを分ち合った。後にダングラスは、「あの日の議場は『宥和論者』だらけだった」と回想した。その俄か宥和論者を含めた歓喜の大騒ぎは五分間も続いたが、その間中、チェンバレンは、必死で喜びを抑える努力をしているかのように、身動きをせずに立ち続けていた。「議員総立ち」と言ったが、よく見れば、何人かは坐ったままだった。その内の一人であったイーデンは、次のように回想している。

「私はこの大騒ぎに加わる気にはなれなかった。チャーチルも加わらず、アメリー氏もそうだった。」

彼ら三人だけでなく、ヒトラーに根強い不信感を持っていたニコルソン議員もそうだった。周りの議員が総立ちの中、独り坐り続けていると、後ろの議員から、小声できつく、「立つんだよ、この野郎」と咎められたという。

すべての議事が終了すると、多くの議員たちが涙を流しながらチェンバレンのところへ駆け寄った。席に坐ったままであったというチャーチルも、このとき、涙こそ流してはいなかったであろうが、チェンバレンのところに行き、「ご好運を祝します。あなたは大変ラッキーでしたね」と、厭味ともとれる祝辞を述べたという。

(4) チェンバレン賛辞の行列

サイモン蔵相は次の日の日記に「それは現実に起こったドラマの比類なき最高の一齣だった」と記しているが、チェンバレン自身もそのように感じていた。ミュンヘン会談が終った二日後の一〇月二日に妹宛の手紙で次のように言っている。

「私の下院演説のまさに結びの段のところで、あの瀬戸際からの救済の報が私のところに届きましたが、それは、これを越えるフィクションもなかったろうと思われる一個のドラマでした。[29]」

チェンバレンへの賛辞は枚挙に遑がないほどであった。例えば、ランシマンは「ネヴィルは英雄だ」と言い、アスキス元首相の夫人マーゴー・アスキスは「これまでで最も偉大なイギリス人」と言い、廃帝ウィルヘルム二世は「チェンバレンは天からインスピレーションを得、神に導かれた」と言った。[30] この賛辞の行列にブリットもルーズヴェルトも加わった。ミュンヘン会談開催決定の報を知ったブリットは、まさに欣喜雀躍、その興奮が抑えられなかったようで、その喜びを親友の大統領と分かち合おうと、その日手紙を出した。

「今晩、私は本当にほっとしていますので、誰彼なくすべての人を抱擁したい気持ちになっています。今私がホワイト・ハウスにいたら、あなたの禿げた個所に大きな接吻ができるのにと、残念でなりません。[31]」

そのような手紙をもらうことになるルーズヴェルトはというと、彼の国際会議案がヒトラーのミュンヘン会談開催の決定にどれほど影響を与えたのか確信が持てなかったようだが、[32] とにかくその決定の知らせをワシントン時間の午前一〇時三〇分に受け取ったときは、ブリット同様、大喜びであった。早速、いとこに書いた手紙の中で、彼はその最大級の歓喜を、次のように表現している。

「このニュースほど完璧な朝を届けてくれるものは他にありえません。断定するには早すぎますが、戦争はないように思えます。」

そして大統領は、互いにそれほど反りが合っているとは言えぬチェンバレン首相に対して、あの有名な二語電報を送った、「Good man（好漢）」と。[33]

（5）艦隊動員の抑止効果を見落とした宥和論者

このように朝の「暗黒の水曜日」は、午後には、チェンバレンにとって、「最も素晴らしき時」に一変したのである。しかし、彼は、この変転がなぜ起こったのか、その原因について深く検証せず、自己満足に浸ってしまった。そのため、「ミュンヘン」後の対独政策を誤ってしまう。私は先に、この変転をもたらした最大の要因は、ムッソリーニの仲介以外には、イギリスの艦隊動員を頂点とする対独「抑止」政策と「タイムテーブル案」を頂点とする対独「宥和」政策の「宥和・抑止混合政策」であるという解釈を示したが、「抑止論者」ダフ・クーパー海相は、勿論、その第一要因を、彼の持論の実行結果、すなわち、艦隊動員措置であると見なした。

「私はこの戦争回避の情勢と艦隊動員との間に何らかの関係があったと信じている。なぜなら、この行動によって、私たちに戦う用意があることをヒトラーに分らせることに、ついに成功したからである。[34]」

これに対してチェンバレンら「宥和論者」たちは、「ミュンヘン」後に、この艦隊動員に対するドイツの反応を検証することとすらせず、この結果に至ったのは、ヒトラーが正気に戻ったためと信じようとした。そして、彼らは、「ミュンヘン」後も平和的交渉が問題解決の最善手段という結論だけを引き出して満足した。[35]

(6) ハリファックスの対致圧力とチェンバレンの対致弁明

ミュンヘン会談と決まった今、「ダマスカスの回心」はどこへやら、今「ミュンヘンの再回心」を遂げたハリファックスは、新英案を致政府に呑ませるためにその手を捩じ上げる仕事にとりかかった。そして、午後五時までには、外相は、ヘンダーソン大使の進言もあって、ニュートン公使に対して、致政府に「タイムテーブル案」を受け容れるように促し、その即答を求めよ、という訓令を出していた(36)。さらに六時四五分には、チェンバレン首相は、ベネシュ大統領に親電を送り、彼が致代表抜きの四国首脳ミュンヘン会談の招請に応じたことを知らせると同時に、弁明的に、致国のためにできる限りのことをすると、次のように誓った。

「私は貴下に貴国の利益に十分に留意することを保証します。私また既に貴下は割譲の原則については同意されていますが、私は、今ミュンヘンに行くに当って、独致両政府の立場の調和を図るようにして、それによってこの原則の秩序正しく、かつ、衡平な適用のための取決めがなされるよう努力する所存であることを保証致します(37)。」

当事国である小国の頭越しで、その死活的問題を処理する大国会議を受け容れたチェンバレンのこの「保証」に、ベネシュが信頼を置くとは、イギリス政府自身も信じていなかったであろうから、同時に対致圧力を強める必要性も忘れていなかった。午後八時、ハリファックスは、撒き餌と圧力を組み合わせた訓令をニュートンに送った。

「致政府が直ちに我が計画とタイムテーブルに対して原則的な受諾の意思を示すこと、これが今絶対に必要です。是非これを遅滞なく獲得すべく努力されたい。そして、獲得されたら、最速手段によってベルリンに通知されたい。また致政府には、同政府のために話す権限を認められた適当な代表を、明日知らせがあればすぐにでもミュンヘンに行けるように用意しておくように忠告されたい(38)。」

(7) 新英案受容れに難色を示す致政府

このハリファックス訓令がプラハに着く前に、ミュンヘン会談のニュースを聞いたベネシュはニュートンに電話をして、公使に次のようなチェンバレン首相宛メッセージを託した。

「私がチェンバレン氏に懇請したいことは、我が国を先の英仏案より更に悪化した状況に置くことになるようなことは、何もなされないようにしていただきたいということです。またミュンヘンでは、我が方が何も知らせられないままに何かがなされるということが、決してないようにお願い致します。」

独立国の大統領として、この尤もな懇願が終ると、ニュートン公使は、これには何も答えることなく、ただ先のハリファックス訓令に従って、この日それまでもずっと致政府に迫っていた新英案への即答の緊要性を、またも強く繰り返したのであった。これに対して、ベネシュは、回答は今作成中であるが、新英案は旧英仏案を超えた点もあるので、いくつかの留保条件を含んだ回答になるだろう、と答えた(39)。

結局、致政府の正式回答は、午前三時四五分になされたが、それは新英案を原則的に受け容れるとしながらも、同案の根幹をなす点、すなわち、アッシュとエガーの即時占領と、最終国境線画定前に始まるチェコ官憲と住民の退去という二点に関する同意を、旧英仏案と異なるものとして留保した。すなわち、独政府は、「原則同意」という名の下で、イギリスの「タイムテーブル案」の受容れに強い難色を示し、抵抗の姿勢を示したのであった。[40]

(8) ムッソリーニの大気炎

英独間で、このようなぎくしゃくしたやり取りが行われている間にも、ベルリンとローマでは、明日の会談に向けて迅速に準備が進められていた。夕刻、ヒトラーは、カイテル、リッベントロップらと共に特別列車でミュンヘンに向い、ムッソリーニも、午後六時に、イタリア国民すべてが一致して会談の成功を祈る中、チアーノらと共にミュンヘン行きの列車に乗り込んだ。「英雄」ムッソリーニの信条は、「羊のように千日生きるよりも、ライオンのように一日生きる方がよい」というものであった。確かに、戦争の危険がまだ遠くにあった間は、彼は「ライオン」であったが、戦争が切迫すると「羊」になってしまった。しかし今、戦争の危険が遠ざかって、平和のための会談に出発しようとしていたときのドゥーチェは、再び「ライオン」の如く、チアーノに次のように強がっていた。

「お前にも分るだろう、俺の嬉しさも中位のものにすぎないことが。だって、おそらく大きな代償は払うことになっただろうが、それでも、俺たちはフランスとイギリスを永久に清算してしまえたんだから。今その圧倒的な証拠があるじゃないか。」[41]

この日、シャイラーは、「ミュンヘンで、この三人（ムッソリーニ、チェンバレン、ダラディエ）はヒトラーを窮地から救い出すだろう」[42]と、未来形で記したが、これまで見てきたことから言えば、「この日ヒトラーは危ういところでこの三人によって窮地から救い出された」と、現在完了形で記した方が正確であっただろう。

注

* Nevile Henderson, *Failure of a Mission–Berlin 1937–1939* (G. P. Putnam's Sons, 1940), p. 122.

** Frank McDonough, *Neville Chamberlain, Appeasement and the British Road to War* (Manchester University Press, 1998), p. 128.

（1） Telford Taylor, *Munich: The Price of Peace* (Hodder and Stoughton, 1979), p. 890; Zara Steiner, *The Triumph of the Dark: European International History 1933–1939* (Oxford University Press, 2013), p. 636.

（2） David Faber, *Munich, 1938: Appeasement and World War II* (Simon & Schuster, 2009), p. 381; *Documents on British Foreign Policy, 1919–39, 3rd series, Volume II* (His Majesty's Stationary Office, 1950), p. 586. 以下、*DBFP-II* と略して表記する。

（3） *Documents on German Foreign Policy, 1918–45, Series D, Volume II* (Her Majesty's Stationary Office, 1953), pp. 988-9. 以下、*DGFP-II* と略して表記する。

（4） Anthony Adamthwaite, *France and the Coming of the Second World War 1936–1939* (Frank Cass, 1977), p. 223.

（5） Nevile Henderson, *Failure of a Mission–Berlin 1937–1939* (G. P. Putnam's Sons, 1940), p. 167; *DBFP-II*, p. 589.

（6） Faber, *Munich, 1938*, p. 382.

（7） *DBFP-II*, p. 587.

（8） *Ibid*., pp. 587-8.

（9） David Dilks (ed.), *The Diaries of Sir Alexander Cadogan O.M. 1938-1945* (Cassell & Company LTD, 1971), p. 109; Robert Self, *Neville Chamberlain-A Biography* (Ashgate, 2006), p. 322.

（10） 以下、パース＝チアーノ会見については、次の史料に依拠した。*DBFP-II*, pp. 588-9, 601-3, 641-5; Galeazzo Ciano, *Ciano's Diary 1937-1938*, translated by Andreas Mayor (Methuen & Co., 1952), p. 165; *Foreign Relations of the United States, Diplomatic Papers, 1938, Volume I, General* (United States Government Printing Office, 1955), p. 694. 以下、*FRUS-I* と略して表記する。

（11） Faber, *Munich, 1938*, p. 385.

（12） 以下、ヒトラー＝フランソワ－ポンセ会見については、次の史料に依拠した。*DBFP-II*, pp. 588-9; パウル・シュミット著／長野明訳『外交舞台の脇役（一九二三－一九四五）―ドイツ外務省首席通訳官の欧州政治家たちとの体験―』（日本国書刊行会、一九九八年）、四五一－三ページ、*FRUS-I*, p. 698; Anthony Adamthwaite, *France and the Coming of the Second World War 1936-1939*, p. 223; Yvon Lacaze, *France and Munich: A Study of Decision Making in International Affairs* (Columbia University Press, 1955), p. 171.

（13） シュミット『外交舞台の脇役（一九二三－一九四五）』、四五三－四ページ、アラン・バロック著／大西尹明訳『アドルフ・ヒトラー』II（みすず書房、一九五八年）、八六ページ、Henderson, *Failure of a Mission*, p. 168.

（14） *DBFP-II*, pp. 596, 601; Lacaze, *France and Munich*, p. 171; John W. Wheeler-Bennet, *Munich: Prologue To Tragedy* (The Viking Press, 1965), p. 165; シュミット『外交舞台の脇役（一九二三－一九四五）』、四五四ページ。

（15） *DBFP-II*, p. 644; Ciano, *Ciano's Diary 1937-1938*, p. 165.

（16） シュミット『外交舞台の脇役（一九二三－一九四五）』、四五四ページ、*DBFP-II*, pp. 592-3, 597-9; Henderson, *Failure of a Mission*, pp. 168-9.

（17） *DBFP-II*, p. 599.

（18） Faber, *Munich, 1938*, p. 389; Ciano, *Ciano's Diary 1937-1938*, p. 165; *DBFP-II*, pp. 593-4.

（19） John Harvey (ed.), *The Diplomatic Diaries of Oliver Harvey 1937-1940* (Collins, 1970), p. 201; John W. Wheeler-Bennet, *Munich: Prologue To Tragedy* (The Viking Press, 1965), p. 107.

（20） 堀内直哉「一九三七年一一月五日の『総統官邸』における秘密会議―ヒトラー政権下の軍備問題をめぐって―」『目白大学・人文学研究』第三号（二〇〇六年）、四七－六三ページ。

（21） マルティン・ボルマン記録／篠原正瑛訳『ヒトラーの遺言』（原書房、二〇一一年）、九三－九四ページ。

（22） 同上、九四－五ページ。

（23） *DBFP-II*, p. 590.

（24） Wheeler-Bennet, *Munich*, p. 168.

（25） Nigel Nicolson (ed.), *The Harold Nicolson Diaries: 1917-1964* (Phoenix, 2005), p. 198.

（26） Wheeler-Bennet, *Munich*, p. 168; N. Nicolson (ed.), *The Harold Nicolson Diaries: 1917-1964*, p. 199.

（27） *DBFP-II*, pp. 593-4.

（28） 以下、チェンバレンの議会演説については、次の史料に依拠した。Neville Chamberlain, *In Search of Peace* (G. P. Putnam's Sons, 1939), pp. 179-99; Faber, *Munich, 1938*, pp. 392-8; Wheeler-Bennet, *Munich*, pp. 168-71; N. Nicolson (ed.), *The Harold Nicolson Diaries: 1917-1964*, pp. 199-201; Harold Nicolson, *Why Britain is at War* (Penguin Books, 2010), pp. 88-90; Andrew Roberts, *'The Holy Fox'-A Biography of Lord Halifax* (Weidenfeld and Nicolson, 1991), p. 121;

Dilks (ed.), *The Diaries of Sir Alexander Cadogan*, p. 109; Self, *Neville Chamberlain*, p. 323; Steiner, *The Triumph of the Dark*, p. 639; Lord Home, *The Way the Wind Blows–An Autobiography* (Collins, 1976), p. 65; Anthony Eden, *The Eden Memoirs, The Reckoning* (Cassel, 1965), p. 28.

(29) Robert Self (ed.), *The Neville Chamberlain Diary Letters, Volume Four, The Downing Street Years, 1934–1940* (Ashgate, 2005), p. 349.

(30) Self, *Neville Chamberlain*, p. 328.

(31) Will Brownell and Richard N. Billings, *So Close to Greatness–A Biography of William C. Bullitt* (Macmillan Publishing Company, 1987), p. 222.

(32) Cordell Hull, *The Memoirs of Cordell Hull V1, Part Two* (Kissinger Legacy Reprints, 2010), p. 595; Barbara Rearden Farnham, *Roosevelt and the Munich Crisis–A Study of Political Decision-Making* (Princeton University Press, 2000), p. 129.

(33) Farnham, *Roosevelt and the Munich Crisis*, p. 119; *FRUS-I*, p. 688.

(34) John Julius Norwich (ed.), *The Duff Cooper Diaries: 1915–1951* (Phoenix, 2006), p. 270.

(35) Wesley K. Wark, *The Ultimate Enemy–British Intelligence and Nazi Germany, 1933–1939* (Cornel Paperbacks, 2010), p. 146.

(36) *DBFP-II*, p. 597.

(37) *Ibid.*, p. 599.

(38) *Ibid.*, p. 601.

(39) *Ibid.*, pp. 604-5.

(40) *Ibid.*, pp. 610–2.

(41) Ciano, *Ciano's Diary 1937–1938*, pp. 165–6.

(42) ウィリアム・シャイラー著／大久保和郎・大島かおり訳『ベルリン日記 一九三四－一九四〇』（筑摩書房、一九七七年）、一一八ページ。

第34章　ミュンヘン四国首脳会談

1　第一回会談：「ムッソリーニ私案」に沿った進行

(1) 三首相、ミュンヘンへ

九月二九日午前七時三〇分、チェンバレン首相は、官邸を出て車に乗り込んだ。霧雨が降り続けていたにもかかわらず、ヘストン空港までの沿道には大勢の市民が首相を見送りに出ていた。首相がその大歓声に送られて空港に着くと、まったく予期しなかったことだが、閣僚たち全員が勢ぞろいで首相を出迎えた。首相にとって嬉しいこのサプライズを仕組んだのは、サイモン蔵相であった。ご機嫌この上ない首相は、八時三〇分、搭乗前に国民に短い挨拶を送った。

「私は、子供のころ、よく言ったものです。『最初はうまくいかなくても、何度もやって、やって、やってみろ』とね。今私がやっているのもこれなのです。」

首相は、それから、シェイクスピアの『ヘンリー四世』に出てくるホットスパーの言葉を引用して、会談成功への期待感を表現した。

「私は、帰国したときに、『イラクサのとげに刺される危険を冒さずんば、安全なる花を摘むことを得ず』と言えたらいいが、と思っています。」

この決意と希望の言葉を残して、チェンバレン首相は、ウィルソン政府経済顧問、ダングラス首相付議会担当秘書官、外務省のマルキン法務局長、グァトキン経済局長、ストラング中欧局長らと共にミュンヘンへの三時間の空の旅に飛び立った。その少し前にダラディエ首相も、レジェ外務次官らと共に、パリから空路ミュンヘンに向って出発していた。(1)

一方、ムッソリーニ首相は、前述したように、英仏首相よりも先に、前日午後六時の列車でチアーノ外相らとローマを出発していた。欧州戦争の危険が遠ざかり、自分に晴れ舞台の主役が回って来たドゥーチェは、車中、娘婿に向って、前述のように強がりを言ったり、あるいは、次のような持論のイギリス人デカダン説を披露したりと、大気炎を吐き続け、頗る上機嫌であった。

「動物のために墓や病院や家が作られるほど動物が崇め奉られ、遺産をオウムに相続させるような国では、デカダンスが流行っていると見て間違いない。(2)」

(2) ヒトラー＝ムッソリーニ車中会談

そうこうするうちに日が改まり、午前六時、ムッソリーニを乗せた列車は、独伊国境のブレナー峠を越えてドイツ国内に入り、九時三〇分に旧独墺国境クフシュタイン駅に到着した。駅頭にはベルリンより急行したヒトラー総統が一行を出迎え、ドゥーチェらと握手を交わした。イタリア人たちはこの駅でフューラーの車輌に乗り換え、一路ミュンヘンへと向った。車中約一時間、独伊両首脳は、シュミットの通訳で、種々打ち合わせを行った。ヒトラーは、次のように「チェコスロヴァキアの清算」と「対英仏戦争」について語った。

「現状では我が軍はチェコスロヴァキアのために四〇個師団を釘付けにされ、フランスに対する私の両手が縛られた状態になっています。私はこのようなチェコスロヴァキアは清算するつもりでいます。今後のプログラムはもう決まっています。今回の会議が短時間で成功するか、それとも、武力解決となるかのどちらかです。私たちが隊伍を組んで英仏と闘わねばならないときがくるでしょう。ドゥーチェと私がそれぞれの国のトップの地位にあって、なお若く精力旺盛の間に、そのときがくれば、なおいいでしょう。[3]」

チアーノによると、このような将来の対英仏戦争の話もヒトラーから出たようだが、目前に迫ったミュンヘン会談については、特にムッソリーニは、ヒトラーに平和的解決を力強く訴えた。それを聞いていたシュミットは、会談で平和が保証されるだろうという彼の推測を確認したという。このように両独裁者は、とりあえずはミュンヘンの「平和」、その次にはチェコスロヴァキアの「解体」、そして最後には英仏との「決戦」というプログラムについて話し合いながら、午前一〇時五〇分、アットリコ大使やゲーリンク空相らが出迎えるミュンヘン駅に着き、駅から車でケーニッヒスプラーツの「総統の家」に赴いた。[4]

(3) 会議の開幕：順調な滑り出し

一方、チェンバレン一行は、正午少し前に、ヘンダーソン大使やリッベントロップ外相が出迎える、ミュンヘン市郊外のオーバーヴィーゼンフェルト空港に着き、直ちに車に乗り込んで、歓迎の大群衆が列をなす沿道を通って「総統の家」に向った。「総統の家」は、前年建てられたばかりのドーリア式新古典様式の大建造物であった。そのヒトラー好みの新建築内に英仏独伊四首脳が揃うと、それぞれが簡単な挨拶を交わし、主人役のヒトラーは、客人たちを、この日の会議室として使用されることになっていた彼の執務室へ案内した。そして、午後一二時四五分、いよいよ歴史的なミュンヘン会談の幕が開いた。この歴史的国際会議は、下準備をする猶予もなく急遽開かれたために、端から通常の整然たる国際会議とは程遠い様相を呈した。まず四首脳が非常に低い円卓を囲んで坐ったのは、会議用の椅子ではなく安楽椅子であり、議事項目は決まっておらず、議長も決まっておらず、議事録担当書記もいなかった。低い円卓には四首脳用の筆記用具さえ用意されていなかった。同行のストラングは、後にこの会議を「しっちゃかめっちゃか」と形容することになる。[5]

こうして始った第一回会談[6]に出席したのは、ドイツ側はヒトラー、リッベントロップ、ワイツゼッカー、イギリス側は、チェンバレン、ウィルソン、フランス側はダラディエ、レジェ、そして、イタリア側はムッソリーニ、チアーノであった。そして、いつものように、シュミットが通訳として臨席した。最初にヒトラーは、短い謝辞を述べた後、続けてチェコスロヴァキア問題の危機的な現状を要約しながら、「私は、ムッソリーニ氏の願いによって、動員を二四時間延長しましたが、これ以上の遅れは犯罪となります」と、欧州平和のために最速の解決が必要なことを強調した。

チェンバレンは、先に別室でヒトラーがとっておきのダブル・ハンドシェイクで出迎えてくれたものの、その表情と態度から会談の前途は荒れ模様になりそうだという予感を抱いて席に着いたのであったが、この冒頭のヒトラーの口調が非常に穏やかで、内容も分別のあるものであったので、最初の心配が消え一安心した。(7) 安心を得たチェンバレンは、主人の挨拶に対して謝辞を返した後、自分も迅速な解決の必要を承知している、その結果は得られると確信している、と応じた。

（4）叩き台としての「ムッソリーニ私案」

ここで、ムッソリーニが、既に領土割譲については原則的な合意ができており、今やこれを実行に移す問題にすぎないが、今最も重要なのは迅速な行動であり、そのために、自分は、議論を進行させるための叩き台を出すのが最善と思う、と言って、彼が予め用意していた「覚書」を読み上げた。

この「ムッソリーニ私案」は、実は、ドイツ製であった。前日、ミュンヘン会談開催が決まるや、上司リッベントロップの妨害行為を恐れたワイツゼッカー次官は、この厄病神のような外相を忌避して、「穏健避戦派」のゲーリンク空相とノイラート前外相を相談相手に選び、三人でドイツの要求原案を作成した。そして、出来上がった草案を、ゲーリンクがヒトラーに見せたところ、ヒトラーは、一読後、「そうだね、これでよいかもしれないね」と認めた。これを知ったワイツゼッカーは、早速、シュミットに、「外相が異議を挟む機会のないうちに、この文書をムッソリーニ氏の手に入るようにイタリア大使に手交したいので、できるだけ早くこれをフランス語に翻訳して欲しい」と依頼した。こうして出来上がった仏語訳のドイツ製「イタリア案」を託されたアットリコ大使は、これを出発前のムッソリーニに至急電報で知らせたのである。(8)

「新英案と新仏案の合成案」(9)とも言える「ムッソリーニ私案」が読み上げられるのを聞いたダラディエもチェンバレンも、これをリーゾナブルなものと見て、即、議論の叩き台として受け容れた。その第一項と第二項は次の通りであった。

(1)一〇月一日、明渡し開始。

(2)英仏伊は保証国として、現存の施設が何ら毀損されることなく、一〇月一〇日までには当該領土の明渡しが完了されることを、ドイツに保証する。

（5）「保証付与」・「致代表臨席」両問題（1）：論争の激発

(1)の「明渡し開始日」については、何らの異議もなく承認されたが、(2)の「保証」については、チェンバレンは、これは慎重な検討を必要とすると、承認を留保し、その理由を次のように述べた。

「一〇月一〇日という期限についても、また、施設の現状保存に関しても、チェコスロヴァキア政府の同意がなければ、イギリスとしては保証を与えることは困難です。よって、この第二項の保証に関しましては、チェコスロヴァキア政府の代表の意見を必要なときに聴けるようにすれば、私にとっては有難いのですが。」

と、チェコスロヴァキア代表の招致、臨席を提案した。だが、このチェンバレン発言は、それまでずっとおとなしくしていたヒトラーを興奮させ、その長広舌の引き金となり、首脳者間の激しい問答を引き起こした。

ヒトラー：「私は、チェコスロヴァキアの保証取付には興味はありません。真の問題はチェコスロヴァキアに提案をどう受け容れさせるかです。イギリスがチェコスロヴァキアの同意を取り付ける責任を引き受ける用意がないと言うのなら、私のやりたいようにさせてもらいたい！」

ダラディエ：「フランス政府はこの問題で決してチェコスロヴァキア政府の遷延を許しません。しかしながら、私の意見も、大体においては、チェンバレン氏同様、必要な場合に協議できるチェコスロヴァキア代表の出席が役に立つだろうというものです。」

ヒトラー：「いちいちチェコスロヴァキア政府の同意がまず必要とするなら、二週間経っても解決は期待できません。私が最も関心があるのは、大国による保証です。大国が、チェコスロヴァキア政府が迫害と施設解体を続けるのを阻止するために、その権威を発揮すべきなのです。」

チェンバレン：「私は、保証を引き受ける前に、その保証を履行できるかどうか知っておく必要があります。だから、私は、プラハ代表から保証を得られるように、代表が隣室で待機していることを望む次第です。」

ヒトラー：「チェコスロヴァキア政府の権威を体現して話すことができるチェコ代表なんてありえません。私の関心事は、チェコスロヴァキア政府が大国の提案を受け容れなければ、何が起こることになるのかです。現在に至るまでに益々多くの施設が破壊されています。」

ムッソリーニ：「私もチェコ代表を待つことはできないと思います。大国が撤退と破壊阻止に関する道徳的保証を引き受けなければなりません。」

チェンバレン：「私はチェコ代表を出席させたい。それ以外はドゥーチェ案のタイムテーブルはまったく妥当だと思います。私はそれに同意して、チェコスロヴァキア政府にそれを受け容れるように伝える用意があります。しかし、どの程度履行できるか分るまでいかなる保証も引き受けることはできません。」

(6)「保証付与」・「致代表臨席」両問題(2)：妥協の成立

このようにチェンバレンは、三〇分以上ヒトラーを宥めつつ、チェコスロヴァキア政府の事前同意なき事項への「保証」は、イギリスにとってその言葉の意味が重すぎることを説得し続けた。その結果、結論としては、四首脳が問題決定の責任をとらねばならないが、第二項に関しては、イギリスが修正案を文書化して提出することになった。後述の第二回会談にその修正案が提出された後も、あーでもないこーでもないと長い議論が続いたが、最終合意文書では「保証」の語を削除して、単に「英・仏・伊は大国として……完了されることに同意する」という文言で、妥協が成立した。[10]

このように「保証」問題は、チェンバレンの言い分が通った形に落ち着いたが、プラハ代表臨席問題は、「保証」削除との取引だったのかもしれないが、実質的にヒトラーの言い分が通る結果となった。この結果に「貢献」したのは、チェコスロヴァキアの同盟国の首相であった。見たように、ダラディエは、最初彼はチェンバレンの提案を支持したが、それがヒトラーの頑強な抵抗に遭うと、「毒を食らわば皿まで」と、たちまちその支持を撤回した。

「私は先にロンドンで、チェコ政府に相談することなく領土割譲を原則的に受け容れたそのときに、既にその責任を引き受けています。フランスにチェコスロヴァキアとの同盟条約があるにもかかわらず、領土割譲に関するこの原則的見解を採用したのです。問題の迅速な解決が重要ですから、今もしプラハ代表を含めることがその障害となるということでしたら、私はこれなしですませてよいと考えています。」

結局、プラハ代表として、一応、ベルリンからグォイテック・マストニー公使とプラハからフーベルト・マサリク外相付秘書官が呼び寄せられることになったが、彼らは会議への臨席は許されず、イギリス代表団にあてがわれていた「レギーナ・パラスト・ホテル」で待機ということになった。二人の代表は、それぞれが午後二時と四時過ぎにホテルに着いたが、以後会談が終るまで一度も意見を聴取されることなく、ホテルの一室に「軟禁」されることになる。[11]

実質的なチェコ代表外しに「貢献」したダラディエは、会談の「円満」終了後、ベネシュに電報を打って、「チェコ代表を出席させなかったのは、私が好んで選択した結果ではありません」と言い訳をしながら、その一方では、ド・ラクロワ駐プラハ公使に対して、「大統領の同意を確保せよ」と命じていたのである。[12]その命令を執行したド・ラクロワ仏公使に、クロフタ外相は、「今日は私たちの番だが、明日はだれかの番となるでしょう」と、フランスの明日の運命に不吉な預言をした。[13]

(7) 家畜引渡問題

「保証付与」問題と「致代表臨席」問題以外にも、チェンバレンとヒトラーの間でちょっとした諍いがあった。チェンバレンが、「細かな点で二、三明確にしておく必要があります」と断って、チェコスロヴァキア財産の現状引渡に関して補償問題を持ち出すと、ヒトラーの怒りが爆発した。

「これらの施設はズデーテン・ドイツ人の税金でできたものです。従って、補償など問題になりません。」

それでもチェンバレンが更に「家畜引渡問題」を取り上げ、

「いかなる家畜も割譲地域外に連れ出してはいけないという規制についてですが、これは、飼育農家は退去させられるが、彼らの家畜はそのままにしておけということですか？」

天下国家を論ずる「大政治家」ヒトラーにとっては、事務的些事と思える問題を持ち出した「実務家」チェンバレンに我慢がならなかったようで、シュミットによると、ヒトラーは、「こんな些細なことに時間を費やすとは情けない」と、チェンバレンに噛みついたという。ヒトラーのこの発言はドイツの外交文書に記録されてはいないものの、同文書によると、この家畜問題に関して、ヒトラーは、

「割譲地域にドイツの法律が適用されるのは当然のことです。今、また、実際起こっていることは、まったく逆のことです。今、ドイツ人農家の家畜を追い払っているのがチェコ人であって、その逆ではないのです。」

と反発し、更に、今重要なのは、「家畜」問題ではなく「和戦」問題であることを、イギリスの宰相に言い聞かせるように強調した。

「今、決定的に重要に思えることは、問題を、二週間で片の付く独致間の闘争と見なすべきか、それとも、欧州全体にかかわる問題と見なすべきかです。もしチェコ政府が、今ここに集まっている四人の政治家の署名によって具体化された、最大の道徳的権威を持った諸提案を受け容れないのであれば、そのときには、問題の解決を可能にするのは、力の適用のみです。」

以上のような衝突もあったが、会談は、大体において、「チェコスロヴァキア問題」を「ムッソリーニ私案」を基礎に大国だけの責任で解決するという方向に進んでいたので、ここでチェンバレンは、次のように休会を提案した。

「チェコスロヴァキア問題は欧州問題です。ですから、大国にはこれを解決する権利のみならず義務もあります。私の願うところは、その大国の権威が正しく適用されることです。そこで私が提案したいのですが、まずドゥーチェの覚書を文書として配布され、これを研究できるように会談を一時休会としてはどうでしょうか。」

2　第二回会談：「ムッソリーニ私案」に沿った合意

(1) 合意書草案の作成

午後四時三〇分に始った第二回ミュンヘン会談[14]では、ムッソリーニ私案を逐条的に検討することになったが、このときも第二項の「保証」について、イギリスと大陸とではその言葉の意味に違いがあるなどと長々と話し合われたが、結局、文言については起草委員会に任せることになり、先述のような形となった。こうして議論が曲りなりにも進んでいくうちに、室外に待機していたフランソワ－ポンセ大使が、招かれてもいないのに会議室に入ると、彼に倣ってヘンダーソンも、アットリコも、ワイツゼッカーも、そしてゲーリンクら将軍連も、副官たちも、マルキンら法律顧問たちも続々と入室し、部屋の中央に坐っている四首脳の丸いテーブルの周りに立ってその話に聴き入った[15]。

そのうち四首脳も椅子から立ち上がり、会議はいくつかの小グループに分かれてしまい、議論はてんでバラバラに行われ、それぞれのグループが色々な合意案文の作成を試み始めた。このような雑然たる雰囲気の中で、首脳たちも打ち解けた様子でそれぞれに私的な会話を始めた。チアーノによると、このときダラディエ

は、「今日こんなことになっているのは、ひとえにあのベネシュの石頭のせいなのです。フランスの戦争屋たちは困ったものです」などとこぼしたという。[16]

このような混沌の中からも次第に合意素案が形成されていき、午後六時過ぎには、起草委員会が正式文書の作成にとりかかり始めた。そして、遅い夕食が終った午後一〇時ごろに初めて、起草委員会作成の合意書草案が首脳会談に提出された。

(2) 致代表への経過説明

このように最終案の目鼻がついたときに、ウィルソンはこの日初めて二人のチェコスロヴァキア代表を呼び寄せ、出来上がりつつあった新協定の概要を説明して、段階的占領案の関連地図を手渡したが、二人が質問をすると、彼は「説明したことに何も付け加えることはありません」と繰り返しただけで、後は同席していたグァトキンに任せて立ち去った。残されたグァトキンも、二人に、

「イギリスはこの案に賛成です。もしあなた方が受け容れないなら、あなた方はまったく単独でドイツ側と事の処理に当らなければなりません。おそらくフランスの方たちはあなた方にもっとやさしい言い方をされるでしょうが、彼らも私たちの見解を共有していることは間違いありません。」

と突き放したような宣告を残して、その場を去った。[17]

(3) 明朝、チェンバレン＝ヒトラー対談

そのころには、起草委員会が種々の最終文書の仕上げにとりかかっており、四首脳は、その完成を待つだけとなっていた。その手持無沙汰の長い待ち時間に、チェンバレンは、ムッソリーニ、チアーノの両名とスペイン問題などについて友好的に話し合い、また、ダラディエとは会議の結果をどのようにチェコ側に伝えようかと相談し、その結果、二人でプラハ代表に話そうということにした。

さらにチェンバレンは、ダラディエに相談することなく、ヒトラーに、「明日の朝、二人だけでもう一度話をしたい」と持ち掛け、その同意を取り付けることに成功した。[18]

(4) ミュンヘン協定：国際委員会の構成と権限

そうこうしているうちに、最終文書が出来上がってきた。その要点は次の通りである。[19]

(1) 致側の撤退は一〇月一日より開始する。

(2) 当該地域からの撤退は、現存の施設を破壊することなく一〇月一〇日までには完了され、致政府が同施設を毀損することなく撤退を実行するように、英・仏・伊は大国としてその責任を負うことに同意する。

(3) 撤退を規定する諸条件は、独・伊・仏・英、及び致の代表から構成される国際委員会によって定められる。

(4) 一〇月一日よりドイツ軍隊は、圧倒的多数のドイツ人居住者を含む地域の段階的占拠を開始する。

この地域は四区分され、一〇月一日から七日までに段階的に占拠されることになっており、その面積は、「ゴーデスベルク覚書」で指定されていた地域の半分足らずであった。[20]

⑷の続き、残余の地域中「圧倒的にドイツ的性格を有する地域」は、前述国際委員会によって決定され、一〇月一〇日までにドイツ軍によって占拠される。

A・J・P・テーラーは、「合意を見た協定は、ズデーテン地方が一〇月一日に占領される代りに、一〇月一〇日に完了する段階的な占領になったという意味でのみ、妥協であった。譲渡さるべき範囲については誰も尋ねなかった」[21]と言っているが、これは正確な評価ではなかった。正確には、第四項から明らかなように、「譲渡さるべき範囲」のうち第四地域までは本会議で決められ、第五地域に関しては、国際委員会の審議・決定に委ねられたと言うべきであった。よって、本会議で確定された四つの地域よりも広い「残余の地域」、すなわち「第五地域」がどうなるか、これが決定的に重要であった。換言すれば、「ミュンヘン協定」が「ゴーデスベルク覚書」化するか否かは、この地域に関する国際委員会の決定次第であったとも言えよう。そして、その国際委員会にはチェコスロヴァキア代表も参加するので、一見すれば、英・仏・致対独・伊、すなわち三対二でチェコスロヴァキア側に有利な決定が期待できそうであった。[22]

⑸第三項の国際委員会は、プレビサイトを行うべき地域を決定し、またこれらの地域はプレビサイトの完了まで国際軍隊によって占拠される。

⑹、⑺、⑻は省略。

(5) 付属協定対致国際保障への独伊参加条件

イギリス政府が、「ミュンヘン」が「ゴーデスベルク」と本質的に異なる点として、イギリス議会とイギリス国民に特に売り込みたかったのは、一つは、「秩序正しい移譲」・「衡平な国境線の画定」を保証したと思われるこの「国際委員会の設置」と、もう一つは、「チェコスロヴァキアの犠牲で贖った平和」ではないことを保証したと思われる「対致国際保障の付与」であった。すなわちチェンバレンとしては、「ミュンヘンの平和」は「名誉ある平和」であったことを「売り」にしたかったのであるが、[23]後者に関しては、「協定付属書」で次のように規定された。

「英仏両政府は、挑発せられざる侵略に対して致国新国境を国際的に保証することに関する致政府の申し出を尊重するとの基礎の上に、上記協定を締結した。

致国におけるポーランド人ならびにハンガリー人少数民族問題が解決せられたるときは、独伊は致に対してその保証を与うべし。[24]」

こうして出来上がった諸文書に、四首脳は、午前二時前、署名を終えた。[25]その後、ヒトラーから閉会の辞として満足と感謝の言葉があり、これに応えてチェンバレンも同感の意を表して、本会意が将来の欧州政治の発展に重要な意味を持つことを強調した。

(6) 英仏両首相から致代表への言い渡し

会議終了後にもまだ、チェンバレンとダラディエには、いやな仕事が残っていた。それは、会議場のホールに呼び出してあったマストニー、マサリク両致代表に会議の結果を言い渡す仕事であった。重苦しい雰囲気の中で、チェンバレンから合意に至った経緯について説明があった後、ダラディエが彼らに合意文書のコピーと関連地図を渡すと、マストニーがこれを読んで質問し始めた。マサリクの本国政府への報告書によると、その間、チェンバレンは、何の戸惑いを見せることもなく立て続けに欠伸を繰り返し、その疲れを隠そうともしなかった。後にチェンバレンは、「疲れていたが、心地よい疲れだった」と語った。

マサリクが、同盟国の代表たるダラディエとレジェに、

「チェコスロヴァキア政府の回答を期待されていますか?」

と尋ねた。困惑して即答できずにいた首相に代って、レジェが答えた。

「四首脳にはあまり時間的余裕はありませんので、回答は必要ありません。私たちはこの提案は受け容れられたものと見なしています。」

この非情な答弁を聞いたとき、マストニーはわっと泣き出した。その彼を、同席していたポンセ大使は必死に慰めようとして言った。

「私の言うことを信じて下さい。これですべてが最終的に決まったというわけではないのです。これは、今始ったばかりの話の一齣にすぎないのです。」

このポンセの慰めの言葉は、今後の国際委員会の決定と対致国際保障の発効に期待せよ、と言わんとしたものと思われるが……。(26)

(7) 会議終了直後のヒトラーとチェンバレン

こうして最後の嫌な仕事も終えたチェンバレンたちは、「総統の家」を去った。玄関先で彼らの最後の車を見送った後、ヒトラーは、その場で彼の側に立っていたリッベントロップに、

「たまらんね。私はいつも取るに足りない奴らを相手にしなければならないのだから。」

とこぼした。(27) また彼は、後に次のようにも言った。

「私にとって、今回が最初の国際会議だったが、言っておくが、これが最後だ。あの馬鹿な老人が蝙蝠傘を持ってまたここに口出しに来たら、奴を階下に蹴り落して、写真家たちの前で奴の腹に飛び乗ってやるから。(28)」

ヒトラーの「真の意図」がこのようなものとも知らずに、チェンバレンの方は、チェコスロヴァキアに「名誉ある平和」を「押し付ける」仕事を続けていた。午前四時ごろ、彼は、プラハのニュートン公使に、「ミュンヘン合意をマストニー公使に伝えた。公使は午前六時に空路プラハに向う」と告げた後、次のように命じた。

「貴下は直ちに大統領と会って、我が政府の代表として本案の受諾を促されたい。貴下も承知であろうが、議論の時間はなく、明瞭な受諾でなければならない。(29)」

マストニーを乗せた午前六時発の飛行機に、グァトキンも同乗したが、彼は、そのときのことを次のように回顧して、「ミュンヘンの平和」が決して、少なくともチェコ人にとっては、「名誉ある平和」ではなかったことを暗に認めている。

「これは、私がこれまでにしなければならなかったことで、最も残酷なことの一つであった。プラハまで機内では一言の会話も交わされなかった。(30)」

3　チェンバレン＝ヒトラー共同声明：「ア・ピース・オブ・ペーパー」

（1）チェンバレン＝ヒトラー対談（1）：不機嫌なヒトラー？

九月三〇日の朝、チェンバレンは、約束通り、ヒトラーの私宅を訪問した。そこは、ヒトラーが一九二九年以来使用していたアパートの一階で、他の階には一般市民が住んでいた[31]。対談は昨日の会談の結果を喜ぶチェンバレン首相の挨拶から始った[32]。これに対して、ヒトラーも、満足と感謝の意を表した。

「私も殊の外嬉しく思っています。特に、何千万人ものドイツ人の願いが今叶い、三五〇万人のズデーテン・ドイツ人は再び安心感を得つつあります。実際、彼らの苦難は酷いものでしたが、今彼らは誰よりも会談の結果を嬉しく思っているでしょう。この点に関して、私は、閣下が平和的解決のために尽された深甚なるご努力に改めて感謝したいと思います。最も困難な問題が今解決され、私に課せられていた任務も満足のいく形で遂行されました。」

これは、対談後にドイツ側からイギリス側に渡された「シュミット記録」からの引用であるが、これからすると、ヒトラーは上機嫌で、ミュンヘン会談の結果に心から満足しているように思えるが、実際は、そうではなかったらしい。「シュミット回顧録」[33]では、この日のヒトラーは青ざめて不機嫌であったというから、この満足そうな応接の辞も、内容とは裏腹にぼそぼそと無表情で機械的に述べられたのかもしれない。

チェンバレンは、そんなことにはお構いなく、色々な問題を次々に取り上げていった。彼が、もしチェコスロヴァキア政府が「ミュンヘン協定」を拒絶しても、プラハを空爆して女性や子供を殺すようなことをしないようにと、ヒトラーに頼むと、ヒトラーは、次のように「人間らしい」応答をした。

「たとえチェコ人が協定条件を拒むほど錯乱して、その結果として、私の方でも強制的行為に出ざるをえなくなったとしても、私は常に市民を救うように配慮し、攻撃は軍事的目標に限定するつもりです。私はいたいけな赤ん坊がガス爆弾で殺されるのは嫌です。」

（2）チェンバレン＝ヒトラー対談（2）：「非友好的でない」進行

この後、チェンバレンは、スペイン問題、ドイツと東南欧州の関係、軍縮問題を取り上げた。シュミットの回顧録によると、ヒトラーは、「心ここにあらずの感で、いつもの彼と違って殆ど喋らなかった」そうであるが[34]、チェンバレンが帰国後妹に出した手紙によると、チェンバレンとしては「非常に友好的で愉快な会談を持った」ということであった[35]。当時のシュミット記録から得られる印象では、確かに、チェンバレンの方が長く話し、ヒトラーがいつもと違って受け身的であるが、しかし、決して不機嫌ではなくむしろ「快活」という感じがする。以下、シュミット記録でその辺りのヒトラーの対応を見てみよう。

チェンバレンが、昨晩の会議の合間にムッソリーニとスペイン問題について話したことをヒトラーに伝え、そのとき「ドゥーチェがスペインにはうんざりだと言っていた」と言うと、ヒトラーは「心の底から笑い声を上げた」。

また、チェンバレンが、「私たちが将来の英独関係について話を始めたときには、これまではいつも総統は必ずいくつかの要望をお持ちでしたが、今度は順番で、私の方から総統に何かお頼みしても、驚かれはしないと思います」と言うと、ヒトラーは「にっこりとほほ笑んだ」。そして、チェンバレンが、軍縮問題、特に非人道的な兵器としての爆撃機の廃止を提案すると、この対英最強の脅し道具を手放す気など毛頭ないヒトラーは、「ご提案は、これを一国でも受け容れなければ、成立しません」と暗にソ連が同意するはずもないので、無理だろうという見解を述べた。

次に、チェンバレンがドイツ及びイギリスと東南欧州との関係を取り上げ、ヒトラーの見解を質すと、ヒトラーはそつなく、ドイツと東南欧州の関係は経済的なものであり、政治的なものではないと、答えた。このように、ヒトラーは、チェンバレンのどの主張に対しても正面から露骨に否定することなく、「婉曲的な否定」か「友好的な嘘」で以て対応したので、対談は決して非友好的ではない雰囲気で話が進んでいった。

(3) チェンバレン＝ヒトラー対談(3)：共同声明書への署名

そのような、少なくともチェンバレンにとっては、「友好的」と思える雰囲気の中で、彼は、この会談を昨日合意に達したチェコスロヴァキア問題の解決だけで終らせてしまうなら、残念なことだと思えますので、よりよい英独関係のために一つ提案があるのですが、と言って、一枚の文書を取り出し、シュミットにドイツ語に訳すように依頼した。それは、今朝会談に臨む前に、チェンバレンがストラングに作らせたチェンバレン＝ヒトラー共同声明案であり、「ア・ピース・オブ・ペーパー」として有名になる文書であった[36]。その内容は次のようなものであった。

「ドイツの総統兼首相とイギリスの首相である私たちは、本日更に会談を重ねた結果、英仏関係という問題が両国と欧州のために第一級の重要性を持つという認識で一致しました。私たちは、昨夜署名した協定と英独海軍協定を、二度と相互に戦争を行わないとの両国民の願いの象徴と見なします。私たちは、協議方式が両国に関する他のいかなる問題を扱う際にも採用されるべき方式であると決意し、また、意見の相違の根源となりうるものを除去する私たちの努力を継続し、そうすることによって、欧州平和を保証することに寄与する覚悟です。

(署名) A・ヒトラー

(署名) ネヴィル・チェンバレン

一九三八年九月三〇日」

シュミットが翻訳している間に、ヒトラーは、ここかしこで「ヤー！　ヤー！（なるほど！　なるほど！）」と相槌の声を挙げ、翻訳が終ると、ヒトラーが、

「よろしい、署名しましょう。首相はいつがいいとお望みですか？」

と言うと、チェンバレンは、待っていましたとばかりに、

「今すぐです。」

と答えると、ヒトラーも、

「じゃあ、署名しましょう。」

と応じた。

そして、二人は立ち上がって、書き物用のテーブルへ向い、そこでそれ以上何も言わずに二部の同文声明書に署名をし、それぞれが一部ずつ持ちあった。

(4) 署名時のヒトラーの印象

以上は「シュミット記録」によって叙述したが、チェンバレンが妹宛に書いた手紙にもほぼ同じように、ヒトラーの積極的な様子が描かれている。(37) ところが、後にこのチェンバレン書簡を読んだシュミットは、その「回顧録」で、そのような印象ではなかったと異議を唱え、彼自身の印象を次のように記している。

「私は、今日公表されている私信の中でチェンバレンが述べているように、この提案にヒトラーが熱烈に賛同したという印象は持っていない。私の感じでは、彼はなんのためらいもなくこの声明に同意したのではなく、これに署名することによってただチェンバレンに好意を示そうとしただけであり、この声明の効果について自身それほど期待していなかった、と思った。(38)」

ヒトラーがどんな心理状態でこれに署名したのか、「シュミット記録」⇔「チェンバレン書簡」と「シュミット回顧録」のどちらが真実に近いのか、それは判定しがたいが、この「二〇世紀で最も有名な文書の一つ(39)」の運命について、結果論的に言えば、それは、「一枚の平和の紙切れ」として、多くの人たちにとってチェンバレンの人物とその宥和政策を嘲笑するのに格好の材料となってしまう。

(5) チェンバレンの得意、ヒトラーの憤怒

しかし、それは後の話で、このヒトラーの署名入り保証書を手に入れた直後のチェンバレンは、得意の絶頂にあった。この対独宥和外交の「戦利品」を手に「レギーナ・パラスト・ホテル」に戻ってきた彼は、声明案作成者のストラングに向って、大層満足げに胸ポケットを叩いて、「これを手に入れたよ」と言った。一方、ヒトラーはというと、周りの者に、「そうだね、彼はあんなに素晴らしい老紳士なもんだから、お土産に私のサインでも上げようという気になったんだよ」と言ったという。またリッベントロップが、あんな文書に署名したのはよくなかったのではないかと懸念を示すと、ヒトラーは、「なあに、あんなもの、そんなに真面目にとっちゃいかんよ。あの一枚の紙切れはそれ以上の意味をまったく持たないのだからね」とまったく意に介していないようであった。(40)

ヒトラーとの対談が終った後、チェンバレンはシュミットとオープンカーに乗ってミュンヘンの街を回覧した。ゆっくりと通って行く車に乗っている人物を、あの「平和の使徒」だと認めた市民たちは、歓呼して車に押し寄せた。群がる市民の握手攻めにあっているチェンバレンを見て、シュミットは、これは「ヒトラーに対する批判の色合い」を持っていると感じた。(41) このようにチェンバレンがミュンヘン市民から大歓迎を受けたという知らせを聞いたヒトラーは、二七日夕暮れのベルリン・プロパガンダ・

マーチを思い合わせて、市民に戦争の心構えができていないことを再び思い知らされた。彼は、ベルリンに戻ると、側近の親衛隊員に、腹立たしげに、「あのチェンバレンのやつ、私がプラハに乗り込むのを台無しにしちまいやがった」と怒鳴ったという[42]。

注

（1） David Faber, *Munich, 1938: Appeasement and World War II* (Simon & Schuster, 2009), pp. 401-2; John Julius Norwich (ed.), *The Duff Cooper Diaries: 1915-1951* (Phoenix, 2006), p. 270; Neville Chamberlain, *In Search of Peace* (G. P. Putnam's Sons, 1939), p. 199.

（2） Galeazzo Ciano, *Ciano's Diary 1937-1938*, translated by Andreas Mayor (Methuen & Co., 1952), p. 166.

（3） *Ibid.*, p. 166.

（4） *Ibid.*, p. 166; パウル・シュミット著／長野明訳『外交舞台の脇役（一九二三－一九四五）―ドイツ外務省首席通訳官の欧州政治家たちとの体験―』（日本国書刊行会、一九九八年）、四五五ページ、読売新聞社編『昭和史の天皇』第二一巻（読売新聞社、一九七四年）、三九一ページ。

（5） Faber, *Munich, 1938*, pp. 403-5; シュミット『外交舞台の脇役（一九二三－一九四五）』、四五五ページ。

（6） 以下、第一回ミュンヘン会談については、次の史料に依拠した。*Documents on German Foreign Policy, 1918-45, Series D, Volume II* (Her Majesty's Stationary Office, 1953), pp. 988-9, 1003-8.（以下、*DGFP-II* と略して表記する。）*Documents on British Foreign Policy, 1919-39, 3rd series, Volume II* (His Majesty's Stationary Office, 1950), pp. 586, 630-3.（以下、*DBFP-II* と略して表記する。）シュミット『外交舞台の脇役（一九二三－一九四五）』、四五五－七ページ。

（7） Robert Self (ed.), *The Neville Chamberlain Diary Letters, Volume Four, The Downing Street Years, 1934-1940* (Ashgate, 2005), p. 350.

（8） *DGFP-II*, p. 1005; Faber, *Munich, 1938*, p. 399; アラン・バロック著／大西尹明訳『アドルフ・ヒトラー』Ⅱ（みすず書房、一九五八年）、八八ページ、Ciano, *Ciano's Diary 1937-1938*, p. 167; シュミット『外交舞台の脇役（一九二三－一九四五）』、四五五ページ。

（9） John W. Wheeler-Bennet, *Munich: Prologue To Tragedy* (The Viking Press, 1965), p. 173.

（10） *DBFP-II*, p. 634.

（11） Faber, *Munich, 1938*, p. 409; Hubert Ripka, *Munich Before and After* (Howard Fertig, 1969), p. 224.

（12） Wheeler-Bennet, *Munich*, p. 175.

（13） William L. Shirer, *The Rise and Fall of the Third Reich* (Simon & Schuster, 2011), p. 421.

（14） 以下、第二回ミュンヘン会談については、次の史料に依拠した。*DGFP-II*, pp. 1011-4; *DBFP-II*, p. 632-4; シュミット『外交舞台の脇役（一九二三－一九四五）』、四五七－八ページ。

（15） Faber, *Munich, 1938*, p. 408.

（16） Ciano, *Ciano's Diary 1937-1938*, p. 167.

（17） Ripka, *Munich Before and After*, p. 225; Wheeler-Bennet, *Munich*, p. 174; *DBFP-II*, pp. 632-3.

（18） Ciano, *Ciano's Diary 1937-1938*, p. 168; *DBFP-II*, p. 633; シュミット『外交舞台の脇役（一九二三－一九四五）』、四五八ページ、Self (ed.), *The Neville Chamberlain Diary Letters, Volume Four*, p. 350.

（19） *DBFP-II*, p. 627-8.

（20） Telford Taylor, *Munich: The Price of Peace* (Hodder and

Stoughton, 1979), p. 899.

(21) A.J.P. Taylor, *The Origins of the Second World War* (Penguin Books, 1963), p. 229.

(22) T. Taylor, *Munich*, pp. 899, 901.

(23) *Ibid.*, p. 902.

(24) *DBFP-II*, pp. 628-9.

(25) *Ibid.*, p. 633.

(26) Wheeler-Bennet, *Munich*, p. 174; Ripka, *Munich Before and After*, p. 226; Faber, *Munich, 1938*, pp. 412-3; *DBFP-II*, p. 634.

(27) Wheeler-Bennet, *Munich*, p. 172.

(28) Faber, *Munich, 1938*, p. 428.

(29) *DBFP-II*, pp. 629-30.

(30) Faber, *Munich, 1938*, p. 413.

(31) Self (ed.), *The Neville Chamberlain Diary Letters, Volume Four*, p. 350.

(32) 以下、チェンバレン＝ヒトラー対談については、*DBFP-II*, pp. 635-40 の「シュミット記録」に依拠した。

(33) シュミット『外交舞台の脇役（一九二三－一九四五）』、四五九ページ。

(34) 同上、同ページ。

(35) Self (ed.), *The Neville Chamberlain Diary Letters, Volume Four*, p. 350.

(36) Faber, *Munich, 1938*, p. 415.

(37) Self (ed.), *The Neville Chamberlain Diary Letters, Volume Four*, p. 350.

(38) シュミット『外交舞台の脇役（一九二三－一九四五）』、四五九ページ。

(39) Faber, *Munich, 1938*, p. 414.

(40) *Ibid.*, pp. 416-7.

(41) シュミット『外交舞台の脇役（一九二三－一九四五）』、四五九－六〇ページ。

(42) バロック『アドルフ・ヒトラー』II、九〇ページ。

第35章　チェンバレン、ダラディエの「平和の凱旋」

1　英仏の歓喜、致の悲哀

（1）ヘストン空港での大歓迎

不機嫌な様子でベルリンに戻ったヒトラーとは対照的に、チェンバレンは、上機嫌で、九月三〇日午後五時三〇分、ヘストン空港に帰着した。首相は、飛行機から降りると、大勢の人に囲まれて放送用のマイクに向って短い挨拶をした。まず彼は、彼と妻がこれまで非常に多くの支持と感謝の手紙を受け取ったことへの謝意を表し、次に、チェコスロヴァキア問題の解決と欧州平和の関係について、

「私の見解では、今回のこの問題の解決は、より大きな問題、すなわち、そこに全欧州が平和を見出す可能性のある問題への序曲にすぎません。今朝、ヒトラー首相ともう一度話し合いました。ここに首相と私が署名した一枚の紙があります。」

と言って、周りの群衆とニューズ・リール用のカメラに向ってその「一枚の紙」を振り回して、チェンバレン＝ヒトラー共同声明を読み上げ始めた。そして、「私たちは、これを二度と相互に戦争を行わないとの両国民の願いの象徴と見なします」という箇所に来たとき、彼の声は大歓声の中にほとんど埋没してしまった(1)。

国民への帰国挨拶を終えた首相は、国王ジョージ六世からの御召しにより、国王差し回しの車でバッキンガム宮殿に向った。その沿道に集まっていた市民の物凄い歓迎ぶりを首相自身は、妹への手紙の中で、次のように述べている。

「私がヘストン空港から宮殿に車で向ったときの通りの様子は、新聞各紙がよく描写していますが、その描写からでも、その実際の光景を思い浮かべることはとてもできないでしょう。あらゆる階級の人たちから成る群衆は端から端まで列をなし、声が嗄れるほど叫び、私の車の踏み板に跳び乗り、窓をどんどんと叩き、車の中に両手を突っ込み握手を求めてきました(2)。」

このような「凱旋将軍」さながらの大歓迎ぶりを受けたチェンバレンであったが、その心の片隅にやや冷めたところを残していたようで、空港からの車の中で、同乗していたハリファックス外相に、沿道で大歓声を挙げる群衆を見ながら、「こんなことは全部、三ヶ月経てばお終いですよ」と漏らした(3)。

（2）歓喜溢れるパリとローマ

九月三〇日に「平和の凱旋首相」として帰国したのは、チェン

バレンだけではなかった。パリのダラディエも、ローマのムッソリーニもそうであった。午後一時、ダラディエを乗せた飛行機がミュンヘンを飛び立ち、午後三時半ごろにパリのル・ブルージェ飛行場の上空を旋回したとき、ダラディエは、眼下の飛行場に人々が密集しているのを見て、「彼らは私をリンチしようと待っているのか？　あの暴徒たちに八つ裂きにされるのだろうか？」と思ったという。これは大袈裟にしても、少なくとも「卵やトマトを投げつけられるのではないか」と覚悟して、外套の襟を立てて飛行機から降り立ったが、待ち構えていたのは、暴徒ではなく歓呼する民衆であった。彼は、「愚かな人たちだ。私に歓声を挙げているが、一体何のために？」と思った。

そのとき、両手を広げて、上着を翻して、彼に抱き着いた者がいた。首相の腕に飛び込んできたのは、ボネ外相だった。首相と外相は空港からパリ市内まで同じ車に乗ったが、その沿道に押し掛け歓声を挙げた市民が目にしたのは、うつむき加減の浮かぬ顔をした首相と、満面に笑みを浮かべた外相という、対照的な二人の表情であった。三日後、ダラディエは、彼を憂鬱にしていた理由を、友人のブリット米大使に打ち明けている。「六ヶ月以内に、フランスとイギリスは新たなドイツの要求に直面させられることになるでしょう」と。[4]

他方、パリ市民は、六ヶ月先の「遠い」将来のことなど気にも留めず、パリ空襲が避けられ「我々の時代の平和」がきたと確信して、それはダラディエだけでなくチェンバレン英首相のおかげだと感謝した。『パリ・ソワール』紙は、「平和の人」チェンバレン首相の労をねぎらうために、フランスの田舎に「平和荘」という名の別荘を建てようと、資金の募集を始め、そして集まった一五〇〇ポンドをチェンバレンに送った。さすがにチェンバレンもこの募金で「平和荘」を建てて、そこでマス釣りを楽しむわけにもいかず、全額を退役軍人協会に寄付した。[5]

この他にも「平和の英雄たち」を顕彰しようと、フランス各地の議会では、街の通りの名前を「チェンバレン通り」にしよう、「ダラディエ通り」にしようという提案があり、中には「ムッソリーニ通り」という提案もあったが、さすが「ヒトラー通り」はなかったという。このように手放しで平和を喜び、「ミュンヘン」に感謝していたフランス国民も、依然、ヒトラーのドイツへの不信感は払拭されてはいなかったようである。[6]

ローマに「平和の天使」として「凱旋」したムッソリーニも、ブレナー峠からローマに至るまで、国王から農民に至るまであらゆる階層の人々から大歓迎を受けた。チアーノは「このような歓迎ぶりを、私は見たことがない」と言い、ドゥーチェは「この熱狂に匹敵するのは、東アフリカ帝国成立宣言（エチオピア植民地化宣言）のあの晩だけだ」と言った。[7]

（3）大統領としてのベネシュの決意

プラハでは午前六時過ぎにヘンケ駐致ドイツ代理公使が、クロフタ外相に「ミュンヘン協定」のテキストを手交して、「遅くとも正午までに受諾されたし」と付言した。クロフタから届けられたこの文書を読んだとき、ベネシュ大統領は、「万事休すだ！これは裏切りだ！」と叫び、「彼らは私たちの犠牲で戦争や革命から免れたと思っているが、それは間違いだ！」と言った。[8]この後、午前中に、政党指導者との会合、閣議、軍部首脳との協議が続いたが、受諾か拒絶か、既に大統領の決意は固まっていた。大統領に外交政策を決定する憲法上の権限はなかったが、彼自身は今回の和戦に関する最終決定の責任を自らとることを躊躇わなかった。また、各界の指導者の誰もが、大統領以外にこの問題での最終決定を下せる者はいない、彼以外にその実質的決定権を有する者はいない、と信じて疑わなかった。(9)

その彼の決心は、前日までミュンヘン会談が続いていたころに固まっていた。二九日、シロヴィ首相、クレジェッチ参謀総長と三地区司令官が大統領を訪問して、それぞれ異口同音に、そして涙ながらに徹底抗戦を訴えた。

「結果がどうなろうと、私たちは戦わねばなりません。私たちが戦えば、西欧の大国もこれに従わざるをえなくなります。国民は完全に団結しています。我が軍は堅固です、戦うことを望んでいます。」

この将軍たちの必死の嘆願に対して、文官の大統領は、彼らの、軍人としての愛国的な立場を称賛したが、国家の最高指導者としての自分の立場を次のように開陳した。

「私は国民と軍の感情だけを考慮するわけにはいきません。全体の状況を見て、結果がどうなるかを考慮しなければなりません。皆さんは英仏に期待をかけていますが、それは間違っています。孤立無援の戦争の中で、国民を屠殺場へ連れて行くようなことは、無責任なことで、私としてはできないことです。(10)」

(4) 遅すぎたソ連の対致「肯定的」回答

翌日の各会合も、単独抗戦は不可能、受諾やむなしという大統領の「聖断」を受け容れざるをえないという結論に傾いたが、今回も念のために、ソ連の意向を訊いてみようということになった。そこで、午前九時三〇分、ベネシュは、ソ連公使館にアレクサンドロフスキー公使を訪うて、「ミュンヘン協定」を拒否した場合、ソ連はフランス抜きでもチェコスロヴァキアを支持してくれるかどうか、クレムリンに尋ねて欲しいと依頼した。クレムリンの回答は、「ソ連はいかなる状況の下でも貴国を援助する用意がある」であったが、この「肯定的」回答は十日の菊、六日の菖蒲どころか、十二日の菊、八日の菖蒲であった。すなわち、これがやっと届いたのは六〇時間後の一〇月三日であった。そのとき既にチェコスロヴァキア政府は「ミュンヘン協定」を受諾し、ズデーテン地域からチェコ軍を撤退させ、代りにドイツ軍が進駐していた。このような状況下の回答がいかに肯定的なものであっても、出し遅れの証文にすぎず、何の役にも立たないことは明らかであったが、勿論、スターリンはそのことを承知の上でこの回答を送ったのであった。

戦後直ぐ、ベネシュはミュンヘンではダラディエに裏切られ、チェンバレンに裏切られ、そして、スターリンにも裏切られたことを振り返って、「ソ連は私たちを助ける意図はまったくなかった。その意志があるというふりをしただけだ。これは共産主義者の常套的詐術だ」と憤激している。そのベネシュは、戦後、ナチ・ドイツから解放された新生の民主主義国チェコスロヴァキアの大統領に返り咲いたのも束の間、一九四八年の共産主義クーデターの後に辞職に追い込まれた。それからソ連による前大統領誹謗キャンペーンが始った。その誹謗の中に、「ベネシュは一九三八年九月、ソ連の軍事援助の申し出を断った」というものがあった。それを聞いたとき、死に至る病の床にあったが、ベネシュは蘇生したかのように、側の者に、「その申し出は、いつ、誰によって、誰に対してなされたのか、私は知りたい」と言い残し、その数週間後に死去した。[11]

(5) 英仏は頼れるか?

一九三八年九月三〇日午前のプラハに戻ると、チェコスロヴァキアの政策決定者たちは、正午までには、大統領の「万事休す、受諾やむなし」の「聖断」を容れる他に選択肢がないことを認めざるをえなくなっていた。正午、ついに閣議は「ミュンヘン協定」の受諾を決定して、一二時三〇分、クロフタ外相は、英仏伊三公使を呼び、その決定を伝えた。

「勇断」とも言える苦渋の決断を下したベネシュ大統領は、この後も「強硬派」から「不名誉な決断」、「軟弱な政策」と糾弾され、その苦しい試練に耐え抜かねばならなかった。午後二時、国民統一党のラシンから共産党のゴットワルトを含む「右」から「左」まで総出の「抵抗派」の政党代表たちが、大統領と面会した。[12] ベネシュは不眠不休のため赤い眼をして心身ともに憔悴し切った様子であったが、議員の一人が、その大統領に向って糾問的嘆願の口火を切った。

「我が国民は規律と自己犠牲の精神に富んでいます。軍隊は堂々たるものです。そのような国民と軍隊を擁する国家が自ら進んで降伏するとは、我々には信じられないことです。我々は自己防衛のために立ち上がるべきです。おそらく無駄には終らないでしょう。世界中の他の国々は傍観しているわけにはいかなくなるでしょう。」

「独立した国家、民族がこのように取り扱われた例は、歴史上いまだかつて一度もありません。この数日、私がどんなことを体験してきたか、皆さんには分らないでしょう。それはもう言葉で言い表せるようなものではありません。私たちは捨てられ、裏切られたのです。彼らは臆病者です。まったく卑劣にも私たちに動員せよ、戦いとなるだろう、と言ったのです。そんな彼らの条件を受け容れて国民を救うか、それとも、戦争に向って大量虐殺に遭うのか、これは苦渋の決定でした。」

この大統領の弁明に対して、ゴットワルトが反論を試み、抗戦を熱く訴えかけた。

「大統領、私はあなたに賛成することはできません。裸足のエチオピア人は武器もなく自己防衛に立ち上がりました。それなのに、私たちは屈服するのですか! スペインの人たちを見て下さい。彼らがどのように自己防衛しているか! 私たちには偉大な軍隊があるのですよ、国民は団結しているのですよ! 他の国々が我々をたった一人で戦わせておくことはありえません。今からでも、私たちは私たちの強さを示すべきです。まだ遅すぎるということはありません。ミュンヘンの要求は許容されるべきものではないのです。」

「フランスやイギリスが我々を助けてくれるとは、私には信じられません。」

(6) 民族の生か死か？

次に、ある議員が大統領の愛国心に訴えようとした。

「我が国の解放の父、マサリク大統領は、国民に『死は隷従にまさる』と教えられました。国民は、何故戦わずして我が領土の一部を放棄するのか理解できないでしょう。」

「私たちは孤立しています。四面楚歌の状況にあります。戦えば民族の死ということになりますが、民族は生きなければなりません！」

他の議員が更に厳しく詰問する。

「それではあなたは、今国民にどんな理想を示すつもりなのですか？」

大統領は、これには直接答えず、時機を見て辞職することを仄めかした。しかし、ラシンは、辞職は民族の名誉の失墜という問題の解決にはなりませんとばかりに、次のように糾弾の手を緩めなかった。

「申し訳ありませんが、大統領、私はあなたの考えに賛成しかねます。この城において、歴代のチェコの王たちは独立国家の王として君臨し、これまで、この城の主の誰一人、撤退命令を出したものはいません！　我々も自己防衛に立ち上がるべきでした。なのに、我々は自ら撤退してしまいました。子孫たちは、我々は戦わずして我が領土を手放したと、我々を非難するでしょう。他の国々が我々を裏切ったということは事実でしょうが、今我々は自分で自分自身を裏切ろうとしているのです。」

ベネシュは、暫くの沈黙ののち、次のように言った。

「私の考えでは、これは民族全体の絶滅ということになります。このようなことは我々の良心の耐えうるところではありません。我々は一度も裏切ったことはありません。我々は裏切られたのです。我々を負かしたのはヒトラーではありません。我々の友たちなのです。彼らは当座の戦争を避けたわけですが、それがどれほど長く続くことでしょうか？」

(7) 平行線に終る

この大統領の見方に対して、ゴットワルトが反論を繰り返した。

「私はあなたの考え方には納得が行きません。私たちは自己防衛すべきでした。そうすれば多分彼らもまた正気に返って、私たちを助けに来ることになったと思われます。」

しかし、これにも、ベネシュは、次のように、英仏は信用できないと繰り返し、大国への恨み節を絞り出すばかりであった。

「英仏は戦争を恐れています。また我が軍部は戦いになれば四週間から六週間は持つと言っていますが、その後どうなるのでしょう？　国民の未来は民主主義の再生にかかっています。国民の生命はいかなる犠牲を払っても維持しなければなりません。これこそが未来に対する信念でなければなりません。色々なことがありましたが、それにもかかわらず、私は生き抜いてきました、そして、今も生き抜こうとしています。私は民主主義と人道という理想を信じています。確かに、失望したことや、過ちを犯したことも多々ありました。そういうこともあって、今や私は、大国、大国民というものは、現代においてもなお、小国、小国民というものを思いやるということはない、と思い知るようになったのです。彼らはその瞬間々々に自分たちに都合のいいように小国を扱います。」

それでも納得しない一議員は、不戦は国民の道徳的崩壊を招くと指摘する。

「国民が自衛しようとしないならば、道徳的崩壊が起こります。人々は誰をも、何をも信じなくなります。このようなことを防ぐために、あらゆることをしなければなりません。」

「私は、士気が傾き、不信感が広まることになることに気付いています。しかし、このような危機でさえも、堪え忍ばねばならないのです。」

このように懸命、真摯に真情と信念を吐露し、説得を続ける大統領の苦衷を察してか、ある議員が、辞職を思いとどまらせようと、大統領を慰めるように言った。

「大統領、全国民が苦難に喘いでいるまさにこの時局において、私たちは私たちの満腔の忠誠を大統領にお誓い致します。このような結末に至ったことについては、あなたの責任ではありません。あなたが他国を信頼しすぎたことは、おそらく間違いだったのでしょうが、しかし、歴史はあなたを非難しないでしょう。あなたは辞職すべきではありません。私たちはあくまでもあなたを支えて行きます。」

しかし、この議員以外に、大統領にこのような忠誠を誓う者はでてこなかった。五日後、ベネシュは、ズデーテン地方に進駐したドイツの圧力もあって、大統領の職を辞し、その後まもなくイギリスに、そしてそれからアメリカに亡命した。

（8）国民の安全か民族の名誉か？

強硬派議員が言うように、このときチェコスロヴァキアが徹底抗戦の道を選んでいたら、フランスが、イギリスが、そして、ソ連も後に続いたのであろうか？　この点については、スタイナー女史が言うように、その可能性はあったとしても、それはせいぜい「一か八かの賭け」であったので、現実には、英仏両首相の署名のある「ミュンヘン協定」を拒絶して、抗戦の道を選ぶことは、「ギャンブラー」ではない「理知の人」ベネシュ大統領にあってはありえないことであったであろう[13]。

しかし、ここで「もし」の話だが、チェコスロヴァキアがこのとき、ベネシュの「軟弱政策」でなく、「強硬派」の右派や左派や軍部の「単独抗戦策」を採用していたとしても、チェコスロヴァキア解体は、一九三九年三月でなく一九三八年一〇月中には現実のものとなっていたであろう。しかもその場合には、国民の大虐殺と国土の大破壊を伴った国家の解体も免れなかったであろう。しかし、それでも「抵抗策」を採用すべきだったという見解もありうる。その見解からすれば、ベネシュの屈服策によって、確かに国民の生命だけは保たれたが、しかし、それは民族の名誉も威信も理念もすべてを捨てた選択であり、このような命あっての物種という姑息かつ怯懦の選択ではなく、敗北と分っていてもせめて一戦交えて敵に一太刀でも浴びせていれば、それは敗戦国民にとっても民族的名誉、道徳的支柱になり、これが将来の独立回復の礎になったであろう、ということになる。

(9) 個人の道徳的権利と国家の道徳的権利

どちらの見解にも一理も二理もあり、煎じ詰めて言えば、「見解の相異」としか言いようがないが、私としては、現実主義の国際政治学者ハンス・モーゲンソーの次の見解に与したい。

「個人においては、自分に対して、『たとえ世界が亡びても、正義を行わしめよ』というような場合もあるかもしれないが、国家には、その保護の下にある国民の名においてそのようなことを言う権利はない。個人も国家もどちらも、普遍的な道徳諸原理、例えば自由という原理によって、政治的行為を判定しなければならない。しかしそれでも、個人にはそのような道徳的行為の防衛のために自己を犠牲にする道徳的権利があるのに対して、国家には、自由の侵害を道徳的に否認しても、そのために、それ自体が国民的生き残りという道徳原理によって動機付けられている政治的行為の成功を邪魔できるという権利はないのである。[14]」

つまり、モーゲンソーは、名誉や正義や理念のために死ぬことは、個人の場合、道徳的でありえても、国民的自殺に近い政治的行為は、国家の道徳に反している、政策決定者が国民の生か死かという切羽詰まった選択に迫られたとき、それがいかに屈辱的であっても国民の生き残りの道を選ぶことが国家の道徳に合致している、というのである。

結局、ベネシュは、「敵を恐れるな、その数は無視せよ」という師トマス・マサリクの遺訓に従わず、一九世紀中頃のジャーナリストで、オーストリア帝国からのチェコ民族の独立という理想を追求しながらも、モーゲンソー流現実主義者でもあったカレル・ハヴェリチェクの遺訓に従った。その遺訓は、「時に人々は、名誉のために、祖国の幸福のために、死んだけれども、全体としての国民は、まさに同じ理由のために、生きて働かなければならない」という教えであった。[15]

(10) プラハの「悲しい夕べ」

「ミュンヘン協定」成立の報がプラハに伝わるや、市民たちは、受諾か拒絶か、大統領の決定を待っていた。そのような重苦しい雰囲気の中、午後五時、ラジオを通じて「市民、兵士の諸君」と国民に語りかける独眼竜将軍シロヴィ首相の沈痛な声が流れ始めた。

「ミュンヘンで四大国が集まり、彼らは、私たちに我が国からズデーテン地方を分離する新国境の受諾を要求することを決めました。彼らは、私たちに対して、自暴自棄の絶望的な防衛行動に出るか、すなわち、そうしていれば、成人男子全体とその妻と子を犠牲にすることになったであろう、そのような行動に出るか、それとも、その苛酷さにおいて史上比類なき要求条件を、戦わずして圧力に屈して、受け容れるかどうかという選択を突き付けました。

私たちは捨てられました。私たちは孤立しています。あなた方の指導者たちは、軍首脳と共和国大統領と共に、ありとあらゆる可能性を考慮致しました。我が辺境の喪失か我が国民の死かという選択において、私たちは国民の生命を保全することが私たちの神聖なる義務だと感じたのです。

四つの大国と圧倒的に優越している軍事力に譲歩したからといって、それは不名誉なことではありません。皆さん、これからは、我が国が新しい国境内で安寧を取り戻し、国民に平和な新生活と実りある労働が確保されるように、努めていこうではありませんか[16]。」

プラハの広場や目抜き通りの近くで、拡声器から流れる首相の声に黙然と聴き入っていた群衆は、建国の英雄である軍人首相がその「無条件降伏」演説を終えるや、だれともなく国歌を歌い始めた。その国歌斉唱は、あたかも挽歌のように、プラハの秋の夕べに響き渡り、ちょうど一週間前に彼らが総動員令発布を聴いたときの「あの美しい夜」が、今、「この悲しい夕べ」に変ってしまった。挽歌が終ると、首都プラハは、ラジオは止まり、劇場は閉じられ、歌舞音曲は慎まれ、沈黙の都と化した[17]。

2 ダフ・クーパー海相とチェンバレン首相の訣別

(1)「我々の時代の平和」

そのころチェンバレン首相は、ヘストン空港から、沿道の群衆の歓声を浴びながらバッキンガム宮殿に向っていたが、その首相も群衆も、「遠く離れた」小国の悲しみに沈む市民とは対照的に、喜びに満ち溢れていた。「凱旋首相」は、バッキンガム宮殿でもジョージ国王夫妻から歓迎され、首相夫妻は国王夫妻と共に灯りに照らされた宮殿バルコニーに立って、眼下で喝采する群衆に応えるという異例の栄誉を賜った。この後、首相は、再び車に乗り込んだ。愛国歌を歌ったり、大歓声を挙げたりしている大群衆をかき分けるかのようにゆっくりと進む騎馬警官に先導されて、車は、ダウニング街の首相官邸へと向った[18]。

午後七時も過ぎて辺りがすっかり暗くなったころ、首相の車は首相官邸前に着いた。寒い悪天候にもかかわらず、そこには「凱旋首相」を一目見ようと二万人とも言われる物凄い数の市民が待っていた。入口の階段では閣僚たちが勢揃いしていた。その中の誰かが首相に向って、「ネヴィル、二階の窓から『我々の時代の平和』と宣言して、歴史を繰り返そう」と言葉を掛けた。「歴史を繰り返そう」とは、一八七八年ベルリン会議から帰ってきたディズレーリ首相が首相官邸のその窓から「我々の時代の平和」と報告したことを念頭に、それに倣おうというのである。しかし、どちらかというと、芝居がかったことを好まない首相は、「いや、そんなことはしないよ」と、その誘いには乗らなかった。ところが、二階に上がると、群衆の大歓声に応えるために、チェンバレンは窓辺に進み出た。彼の姿を認めた群衆は、首相に「グッド・オールド・ネヴィル」と大声で呼び掛け、続いて「なんたって奴は快男児」なる壮快な歌を合唱し始めた。その歌が終ると、チェンバレンは群衆に、

「私の善良なる友人諸君! ドイツから名誉ある平和がダウニング街に持ち帰られたのは、我が国の歴史で、これが二度目です。」

と話し掛けた。このとき群衆の歓声は一段と大きくなり、暫くの間、首相は演説を続けることができなかった。歓声が静まった後、首相は続けて、

「私は、これは我々の時代の平和だと信じています。私たちは心の底からあなた方に感謝しています。」

と言うと、群衆はすぐさまこれに応えて、

「私たちはあなたに感謝している。有難う。」

と返した。このとき、チェンバレンは一瞬の間を置いて、結びの言葉を告げた。

「それでは皆さん、そろそろ家に帰ってベッドで静かに寝た方がいいですよ。」

翌朝、『タイムズ』は「平和の凱旋首相」を褒め称えた。

「これまで戦場における勝利から戻ってきたいかなる征服者であっても、昨日ミュンヘンから戻ってきたチェンバレン氏ほど、気高い月桂冠に飾られて帰国した者はない。」

まさしく九月三〇日の夜は、ドイツから首相官邸に二度目の平和を持ち帰ったチェンバレン首相にとって、「最も素晴らしき時」であった。まさしくその夜は、チェンバレンの星が天頂に達して、最も輝いた瞬間であった。しかし一年も経たぬうちにこの星は輝きを失い、天底に墜ちる。一九四〇年に彼が死ぬ三週間前、なおバトル・オブ・ブリテンが続く中で、彼は、ある友人に出した手紙の中で次のように嘆いている。

「これほど短い期間にこれほど凄まじい運命の逆転を味わった者も稀ではないでしょうか。[19]」

(2) カドガンとクーパーの対照的な感想

チェンバレン帰国前のこの日の朝、「ミュンヘン協定」の大体の内容は、既に『タイムズ』紙に掲載されていた。これを読んだカドガン次官は、「まったく申し分がなさそうだ。我々の『タイムテーブル』とあまり変らない」と思いつつ、外務省に行き、そこでミュンヘンからの電報を読んで、明渡し地域の詳細を知ったが、「私が思ったよりはるかにいい」と感じたのであった。[20] しかし、同じ記事も、読む人が違えば、解釈がまるで違ってくる。ダフ・クーパー海相は、朝刊を読んだときの感想を、次のように記している。

「一見して、私は賛成できないと感じた。国際委員会は権限を増すことになるだろう。しかし、委員会の我が代表になるのはネヴィル・ヘンダーソンだ。彼は今回の仕事全体の中で情けない役割を果してきたというのが私の意見であり、彼はまた激しい反致親独派だ。今朝私は服を着ながら、辞職しなければならないと決めた。[21]」

(3) ニコルソンの「ミュンヘン協定」反対論拠

この「ミュンヘン協定」に関する二人の受け止め方の相異は、「ゴーデスベルク覚書」と「ミュンヘン協定」との差異に関する評価の違いから派生している。その差異の実態がどのようなものとして現れるかは、先に指摘したように、協定上の「国際委員会」と「国際保障」が実際上どのように機能するか、しないかにかかっていた。その機能の鍵を握るのは、ヘンダーソン以上にヒトラーであった。「国際保障」の機能性に関して、この点を鋭く指摘したのはニコルソンであった。

「ミュンヘン協定の価値についてのチェンバレン首相の解釈に同意しなかった私たちは、その文書に基づいて判断を下そうとしたのではなくて、ヒトラー氏の性格に基づいてそうしたのであった。」

またニコルソンは、当時よく言われた「宥和派」と「好戦家」の闘争ということについても、次のように言っている。

「そのような闘争は存在しなかった。イギリスには戦争を好む政党も集団も個人も存在しなかった。存在したのは、ヒトラーを信頼する人たちとヒトラーを信頼しない人たちの間の意見の相違だけだった。」

このニコルソンの発言にも、「宥和論者」と「反宥和論者」とを分かつ主線が、ナチ・ドイツの政治体制と独裁者ヒトラーという人物に関する評価、判断であったことが見てとれる。[22]

(4) 英臨時閣議(1):蔵相の大賛辞と首相の「勝利」報告

午後七時三〇分、首相から「もう寝ましょう」と告げられた群衆が解散した後、臨時閣議が始った。閣議は、市民の興奮、歓喜に影響されたかのような、サイモン蔵相の首相に対する大仰なお世辞で始った。

「全閣僚を代表しまして私は、総理が尽されました比類なきご努力と、また総理が成し遂げられました成功の数々に対して、私たちの深甚なる称賛の念を表明したく存じます。今一つ私が申し上げたいことは、私たちが今このときに総理の同僚として総理と結びついていることをいかに誇らしく思っているかということであります。」

このような過剰なまでの賛辞に、首相も一瞬たじろいだ様子を見せたが、口ごもりながら謝辞を述べた後、本題のミュンヘン会談の報告を始めた。勿論、そこでチェンバレンは「ゴーデスベルク覚書」と「ミュンヘン協定」の差異を強調して、協定を「大々的な改善」、「外交の勝利」と擁護した。[23]

(5) 英臨時閣議(2):海相の辞意から辞任へ

閣議はこの首相の説明に満足したが、一人だけ異論を唱えた者がいた。ダフ・クーパー海相である。先ほど首相官邸前で大喜びする市民たちを見たとき、「自分が共有できないそのような大きな幸福感の真っ只中で、非常な孤独を感じた」という彼は、今また閣議でも孤独な立場にあることを知った。[24] 彼は、「ゴーデスベルク」と「ミュンヘン」の差異についての首相の説明を聴いて、自分が理解していたよりもその差がかなり大きいと思ったものの、また、同僚たちが皆、首相に祝意を示すのを見たものの、それでもなお、辞職するのが自分の義務だと感じずにはいられなかった。そして、自分のその気持ちと信念とに忠実に、彼は、次のように辞職理由としての反ミュンヘン協定論を開陳した。

「協定条件が十分に良くなっているとは言えないだけでなく、私はこれでは将来のことが不安でならないのです。私たちのすべてが必ず認めるところだと思いますが、我々の防衛力がもっと強ければ、ドイツの要求に応じてここまで譲ることはなかったでしょう。このコーナーを曲がった後には、私たちは軍備の拡張をもっと急いでやらなければならないとは、閣議でも一度ならず言われてきました。しかし、総理はたった今群衆に向って、私たちは『我々の時代の平和』を手に入れたと申されました。また、私たちはドイツと二度と戦争をしないという合意に達したとも言われました。そのようなときに、どうして軍備の増強を急ぐことができましょうか?」

このような海相の辞意表明に対して、チェンバレンは、まったく愛想よく微笑みを浮かべて、「これはあなたと私の二人の間で決める問題でしょう」と言い、海相の辞職は持ち越しとなった(25)。

しかし翌日、短かったが友好的な二人の間だけの会見で、海相の辞任が決まった。海相と共に辞職する閣僚は一人もいなかった。今や、国民、閣僚、議会の圧倒的な支持を当てにすることができたチェンバレン首相にとって、海相一人の辞任くらいで内閣の存立が脅かされる危険は微塵もなかった。そのような盤石な立場にあった首相が、これまで彼の政策に常に盾突いてきた海相の辞意を勿怪の幸いと受け容れた可能性がある。というのは、すっかり首相に密着した宥和論者に戻っていたカドガン次官は、その日記に露骨すぎるほど正直に、「ダフ・クーパーが辞任した。好都合な厄介者払い」と記しているからである(26)。

注

(1) Neville Chamberlain, *In Search of Peace* (G.P. Putnam's Sons, 1939), pp. 199-200; Robert Self, *Neville Chamberlain–A Biography* (Ashgate, 2006), p. 1.

(2) Robert Self (ed.), *The Neville Chamberlain Diary Letters, Volume Four, The Downing Street Years, 1934–1940* (Ashgate, 2005), pp. 350–1.

(3) John W. Wheeler-Bennet, *Munich: Prologue To Tragedy* (The Viking Press, 1965), p. 180; Keith Feiling, *The Life of Neville Chamberlain* (Macmillan, 1946), p. 382.

(4) Wheeler-Bennet, *Munich*, p. 178; Zara Steiner, *The Triumph of the Dark: European International History 1933–1939* (Oxford University Press, 2013), p. 644.

(5) 赤松祐之『昭和十三年の国際情勢』(日本国際協会、一九三九年)、四八九ページ。

(6) Alexander Werth, *France and Munich before and after the Surrender* (Harper and Brothers, 1939), p. 321.

(7) Steiner, *The Triumph of the Dark*, p. 644; Galeazzo Ciano, *Ciano's Diary 1937–1938*, translated by Andreas Mayor (Methuen & Co., 1952), p. 168.

(8) Josef Korbel, *Twentieth-Century Czechoslovakia: The Meanings of Its History* (Columbia University Press, 1977), p. 137; Hubert Ripka, *Munich Before and After* (Howard Fertig, 1969), p. 229.

(9) Korbel, *Twentieth-Century Czechoslovakia*, pp. 128–9.

(10) *Ibid.*, p. 139.

(11) Gerhard L. Weinberg, "Reflections on Munich after 60 years," in Igor Lukes and Erick Goldstein (eds.), *The Munich Crisis, 1938: Prelude to World War II* (Frank Cass, 2006), pp. 20–3.

(12) 以下、政党代表とベネシュ大統領との会見は、Korbel, *Twentieth-Century Czechoslovakia*, pp. 140–3 に依拠した。

(13) Steiner, *The Triumph of the Dark*, p. 643.

(14) Hans J. Morgenthau, *Politics among Nations: The Struggle for Power and Peace* (Alfred A. Knopf, 1966), p. 10.

(15) Korbel, *Twentieth-Century Czechoslovakia*, p. 149.

(16) Ripka, *Munich Before and After*, pp. 232–3; G.E.R. Gedye, *Fallen Bastions: The Central European Tragedy* (Faber and Faber, 2009), pp. 488–9.

(17) 読売新聞社編『昭和史の天皇』第二一巻(読売新聞社、一九七四年)、四一一ページ、赤松祐之『昭和十三年の国際情勢』、四九二ページ、明治大正昭和新聞研究会編『新聞集成　昭和編年史　十三年度版』IV（新聞資料出版、一九九一年）、一二三ページ。

（18） Self, *Neville Chamberlain*, p. 1.

（19） Lord Home, *The Way the Wind Blows–An Autobiography* (Collins, 1976), p. 67; William L. Shirer, *The Rise and Fall of the Third Reich* (Simon & Schuster, 2011), p. 420; Self (ed.), *The Neville Chamberlain Diary Letters, Volume Four*, p. 351; Self, *Neville Chamberlain*, p. 1; Chamberlain, *In Search of Peace*, p. 200; David Faber, *Munich, 1938: Appeasement and World War II* (Simon & Schuster, 2009), p. 421.

（20） David Dilks (ed.), *The Diaries of Sir Alexander Cadogan O.M. 1938–1945* (Cassell & Company LTD, 1971), p. 110.

（21） John Julius Norwich (ed.), *The Duff Cooper Diaries: 1915–1951* (Phoenix, 2006), p. 270.

（22） Nigel Nicolson (ed.), *The Harold Nicolson Diaries: 1917–1964* (Phoenix, 2005), pp. 95, 97.

（23） Faber, *Munich, 1938*, p. 419; Ian Colvin, *The Chamberlain Cabinet* (Victor Gollancz, 1971), p. 169; Telford Taylor, *Munich: The Price of Peace* (Hodder and Stoughton, 1979), p. 900.

（24） Faber, *Munich, 1938*, p. 419.

（25） Norwich (ed.), *The Duff Cooper Diaries*, p. 271.

（26） Alfred Duff Cooper, *Old Men Forget* (Century Publishing, 1986), p. 243; Dilks (ed.), *The Diaries of Sir Alexander Cadogan*, p. 111.

第36章　ポスト・ミュンヘン会談期へ

1　英下院の「ミュンヘン」論争

(1) チェンバレン対ダフ・クーパー(1)：チェンバレンの宥和論

一〇月三日から六日までの四日間英臨時議会が開かれ、「ミュンヘン協定」についての討論があった。下院での論争は、ダフ・クーパー議員の海相辞任演説から始まった。筆も弁も立つ才人クーパーは、メモなしで四〇分間所信を話し続けた[1]。その内容は、本書でこれまで指摘してきたチェンバレンの宥和論とクーパーの抑止論の対照的特質を明快に提示してくれているので、その視点からクーパー演説の要点を纏めてみよう。繰り返しになるが、まずチェンバレンの対独宥和論の特質を三点に纏めておく。

(1)ヒトラーの領土的要求は限定的である。ドイツに関しては、ズデーテン地方の併合で以てチェコスロヴァキア問題は最終的に解決され、この解決は英独関係の改善、延いては欧州一般平和の基礎となる。

(2)ヒトラー相手であっても、彼の信用を獲得した自分なら、外交交渉を通じて彼の要求に対して一定の譲歩をすることによって、問題の平和的な解決は可能である。

これに関連するチェンバレンの自信過剰ぶりを示すエピソードを一つ紹介しておこう。ある閣僚が、ミュンヘンから帰った首相に、ヒトラーが過去に何度も約束をして、それらを破って来たと指摘すると、首相は、「君ね、分るだろう、今度は違うんだよ、今度は彼はこの私に約束をしたんだから」と言ったという[2]。

(3)ヒトラーの言うことは信用できる。彼は私に対して行った約束は守る男だ。

(2) チェンバレン対ダフ・クーパー(2)：クーパーの抑止論

この三点に関して、ダフ・クーパーは、演説の中で、それぞれに次のような見方を示す[3]。

(1)問題をチェコスロヴァキアのみの問題として見てはいけない。一強大国の力による欧州覇権を阻止するという視点から見るべきである。

これまでイギリスは、この視点からナポレオンと戦い、ルイ一四世と戦い、フィリッペ二世と戦った。一九一四年にイギリスが対独参戦をしたのは、ベルギーとセルビアのためだったわけではない。

(2)ヒトラーの理解できる言葉は外交辞令でなくて、艦隊動員など力の示威という「言葉」である。

「私は何日もの間艦隊の動員を強く要請続けていました。私は、修辞を凝らした外交用語よりも、この方がヒトラー氏の理解しやすい言葉だと思っていました。私はウィルソン氏のベルリン派遣と同時に艦隊動員も実施すべきだと提案致しました。私は、そのとき総理が、それはウィルソン氏の使命を台無しにしてしまう唯一のことだ、と述べられたことを覚えています。これに対して私は、それが使命を成功に導く唯一のことだ、と申しました。これこそが、ここ数日間を通じて、総理と私の間に存在した深い相異です。総理は、心地よい道理のある言葉によってヒトラー氏に話しかけるのがよい、と信じてこられました。私は、ヒトラー氏には鉄拳という言葉の方がより受け容れやすい、と信じてきました。」

(3) チェンバレン対ダフ・クーパー(3)：クーパーのヒトラー観

チェンバレンがヒトラーの領土的要求は限定的であり、ズデーテン地方のみの割譲によってチェコスロヴァキア問題の平和的解決は可能だと論じたその基礎には、ヒトラーは信用できるという彼のヒトラー観、人物判断があったからであるが、クーパーの上記二点の見解の基礎になっていたものも、彼のヒトラー観、人物判断であった。

(3)これまでの行状によりヒトラーは信用できない。チェンバレンとヒトラーの署名入り共同声明書などは無意味である。

「総理はヒトラー氏の善意と言葉に信を置かれています。しかし、これまでにヒトラー氏は、ヴェルサイユ条約を破ったときに、ロカルノ条約は守ると約束しました。そして、ロカルノ条約を破ったとき（ラインラント進駐のとき）には、これ以上に対外干渉はしない、これ以上に欧州における領土的要求はないと約束しました。それから力づくでオーストリアに入ったときには、氏は、腹心の者たちに、『総統にはチェコスロヴァキアに干渉する意志はないと、対外的に保証してもよい』と認めました。これは六ヶ月足らず前のことです。それでもなお、総理はヒトラー氏の誠実さを信頼してよいと信じておられるのです。」

そして、クーパーは、首相とのこのような外交政策の根本的な相異が辞任理由であると、その演説を締め括った。

「総理が正しいかもしれません。総理が正しいことを私は望み、そう祈っていますが、しかし私には総理が信じておられることを信じることはできないのです。できるものなら信じたいのですが、信じられないのです。それ故に、私は現内閣にいて総理を補佐することはできないのです。」

なお、イギリス国民が、ヒトラーが信用できるか、できないかに関する、チェンバレンとクーパーの判断のどちらに軍配を上げていたかというと、ちょうどこのころ行われた世論調査の、「欧州においてこれ以上の領土的欲求はない」とのヒトラー発言は信じられるか、という質問に対して、「何と」と言うべきか、「やはり」と言うべきか、八六％の人が「信じられない」と答えていた。(4)

(4) クーパー演説への賛辞

クーパー辞職演説が終ると、チャーチルから一枚の紙片がクーパーに渡された。そこには、「あなたの演説は、私がこれまでに議会で聞いた最も素晴らしいパフォーマンスの一つです」と書かれていた。この他にも、その日、クーパーに、反宥和派のマクミラン議員からチャーチルと同趣旨の称賛の手紙があっただけでなく、宥和派のマクドナルド自治領担当相も、意見は異にするも「敵ながら天晴れ」と、その信念に基づいた出処進退の見事さに賛辞を送った。

「正直に言って、私はこの危機の間貴兄とは意見を異にしてきました。また内閣全体としても、貴兄の方針とは異なった方針を採用しましたので、貴兄の辞任に関しましては、貴兄は正しい、名誉ある行動をとられたものと、私は確信しています。そう確信するはものの、個人的な立場から言いますと、私は、貴兄がもはや同僚でないことを非常に残念に思います。貴兄は信念を持ってご自分の見解を堅持され、それを見事に表現され、そしてその見解を擁護するためには何物をも犠牲にする覚悟があるという勇気をお持ちでした。私はいつも貴兄のこのような信念と見事な表現力と勇気には感心していました。[5]」

(5) チェンバレン首相演説(1)：「ミュンヘン」擁護

海相の辞職演説が終った後、三時三〇分からチェンバレン首相のミュンヘン会談に関する報告演説が始った。[6] 彼は、「ミュンヘン協定」を次のような観点から正当化した。

(1)ズデーテン地方割譲の原則は、独致両政府にも既に承認されていた。ミュンヘンで考慮すべきは、その履行方法だけであった。

(2)切迫していた戦争の勃発を防ぐには、割譲原則の迅速な履行が不可欠であった。

(3)「ゴーデスベルク覚書」と「ミュンヘン合意」の間には、評価すべき大差がある。

その改善された点を、彼は次々に列挙していくが、その主要点は、先述の二点、すなわち、致代表も参加する国際委員会の設置であり、英独も参加する対致国際保障であった。

この首相のミュンヘン協定擁護演説の途中で、彼が、「私たちは今回の戦争の大きな危機を免れてほっとしていますが、私は、我が国には至るところで、この解放感と深い同情とが混じり合っていると思います」と、チェコ人への「深い同情」に触れると、ある議員が「恥かしさだ！」と野次を飛ばした。これに対して、首相は、本心からであろう、強気に、「私には何も恥じるところはありません。恥だと思う人たちには、頭をうな垂れさせておきましょう」とやり返した。

(6) チェンバレン首相演説(2)：ヒトラー擁護・「共同声明」擁護

また、ヒトラー観については、クーパーの演説がチェンバレンに何の影響も与えなかったようで、首相は、ヒトラーの立場を慮って、次のように訴えた。

「ドイツの首相については、今日も、またこれまでにも、あらゆることが言われてきました。しかし、その後でも私が強く感じることは、本院は彼が直面した困難をも認識すべきだということです。その困難にもかかわらず、彼のような立場にある人が、その支持者からの熱烈な喝采の中で既に発したあのような断乎たる声明を引っ込めたのです。また本院は、彼が、最後の最後になってからであるにしても、他国の代表たちと話し合うことに同意した点においても、彼の側からの真の、実のある貢献があったことを認めるべきだと、私は強く感じるのです。」もともとヒトラーの善意と約束を信用し、今もこのようにヒトラーの立場に理解を示すチェンバレンであったから、彼とヒトラーが署名した共同声明書に対するクーパーの「無意味」との批判についても、彼は一向に意に介さない。

「我が国と他の国々の関係におきましては、すべては両側に誠意と善意があるかどうかにかかっているわけですが、この宣言文の中には両側の誠意と善意が存在していると、私は信じています。こういう理由から、これが持つ意義がその実際に使われた言葉をはるかに越えていると言えるのです。私が安易な楽観主義という過ちを犯しているという多くの批判を受けることは間違いないと思いますが、私は現実主義者的な部分を多すぎるほど持ち合わせていますので、私たちの楽園が一日にして成るとはとても信じられないのです。私たちは、今、平和の礎を築いただけなのです。」

(7) ニコルソン議員の批判:「ミュンヘン」は「戦争の礎」

「ミュンヘン協定」と「チェンバレン=ヒトラー共同声明」が、「平和の礎」だったのか「戦争の礎」だったのか、「成功」だったのか「失敗」だったのか、この点については、当時、見解の分かれる最大のポイントであったが、勿論、「反宥和派」のニコルソンもチャーチルも、本議場でチェンバレンの「ミュンヘン」外交を欧州大戦を招く「戦争の礎」であり、「大失敗」であったと批判する。この点について、まずニコルソン演説から見てみよう。

「ヒトラー氏には三つの狙いがあります。ズデーテン・ドイツ人を併呑すること、チェコスロヴァキアを破壊すること、そして欧州を支配することです。私たちはこれら三つのものをすべて彼に与えてしまいました。総理は、第一点において降伏したことによって、不可避的に全体戦争へと導くことになる破滅的な連鎖反応にスイッチを入れてしまいました。最も大事なことで、私たちが抵抗すべきだったことですが、私には今となっては抵抗するには遅すぎると思われることがあります。それは、ドイツによる欧州支配です。トラは牙を剝いていますが、檻の扉は開けられたまま、見張りの飼育係はどこかへ行ってしまいました。」[7]

(8) チャーチル議員の批判(1):「ミュンヘン」は「大失敗」

また「反宥和派」の大御所チャーチルは、まず「ミュンヘン協定」を「大失敗」と断定する。

「誰もが無視したい、あるいは、忘れてしまいたいと思っていることですが、それにもかかわらず、はっきりと述べておかなければならないことがあります。私はそれについて話すことから始めたいと思います。すなわち、それは私たちが文字通りの完敗を喫したということです。」

この断定は議場に大きな怒号と喝采を巻き起こし、そのためチャーチルは演説を暫く続けられなかった。[8]再開した彼は、首相が、「ミュンヘン協定」が「大成功」であった主な理由として挙げた「ゴーデスベルク覚書」と「ミュンヘン協定」の大きな違いについて、次のような喩え話で異論を唱えた。

「ベルヒテスガーデンでは、拳銃を突き付けられ、一ポンド要求されました。ゴーデスベルクでそれを与えると、また拳銃を突き付けられて、二ポンド要求されました。最後にミュンヘンで、その威嚇者は一ポンド一七シリング六ペンスで手を打つことに同意しました。そしてその残りは、将来に向けてなされた善意の約束に委ねられました。[9]」

(9) チャーチル議員の批判(2):「チェコスロヴァキア解体」預言

このようなイギリスの首相のドイツの独裁者に対する恐怖と誤った信用とに帰せられる「ミュンヘンの大敗」から導き出される帰結として、チャーチルは、ドイツによる「チェコスロヴァキアの解体」と「中・東欧支配」を預言した。前者については次のように言う。

「ミュンヘンは総決算の始まりにすぎません。これは最初の一口にすぎません。将来、チェコスロヴァキア国家は独立体として維持することはできません。皆さんは、ある時期に、それは何年後、いや、何ヶ月後かもしれませんが、チェコスロヴァキアがナチ体制に呑み込まれるのを見ることになるでしょう。[10]」

そしてナチ・ドイツの「中・東欧支配」については、次のように言う。

「フランスはこれまでその安全を中欧における同盟体系に頼ってきましたが、今やその同盟体系は一掃されてしまいました。私にはそれを再構築する術を見出すことはできません。ダニューブ峡谷を下って黒海に至る道、穀物と石油という資源、はるかトルコに至る道は、今や開け放たれたのです。[11]」

(10) 下院、「ミュンヘン外交」承認

一〇月六日、下院「ミュンヘン論争」の最終日、再び、チェンバレン首相は演壇に立って、「ミュンヘン」を擁護して、下院議員に対して政府の政策の承認を求めた。[12]

「私のような歳となり、私のような立場に置かれると、人は、自分の行為が良心に照らして恥じるところがなければ、批判、いや悪口さえも、ほとんど問題にはならないものだと、私は思います。最近の出来事を振り返ってみて、私は、私の行為によって戦争を避けた、これは確かなことだ、と感じています。私は、私がそうしたことにおいて正しかったのだと、心の底から確信している次第です。」

確かに彼は、彼の考える「良心」に恥じる行為はしなかった「良心の政治家」であった。確かに彼は、目前に迫っていた戦争を避けた「平和の政治家」であった。しかし、ポスト・ミュンヘン会談期の展開を考慮に入れた場合、政治家としての彼の「行為」とそれがもたらした「結果」とが、果して「正しかった」と言えるのかどうか、これについての「後世の歴史家の判断」は、

勿論、彼のこの時点での自己評価とは別個のものである。その「判断」はしばらく脇に置いて、今は議場の首相演説に戻ると、彼は、議員たちには、延いては国民にも、対致「強制」とも「威圧」とも言わずに、英仏政府の「助言」を受け容れたベネシュ大統領の「知恵と勇気」を称え、その「助言」によって、自分たちはチェコスロヴァキアを「裏切った」のではなく、「救った」のだと主張し、政府の政策への承認を求めた。

「私たちがしたことは、同国を破滅から救い、同国に新国家として新生活を送るチャンスを与えたのです。新国家は領土の一部と要塞を失いますが、しかし、同国はおそらく、将来には、今日のスイスのような中立と安全の下で国民的生存を享受し、発展させる可能性を有しています。それ故に、私は、政府は最近の危機におけるその行動に対して本院の承認を得る資格があると考える次第です。政府のその行動によって、チェコスロヴァキアは危機から救われ、欧州はハルマゲドンから救われたわけでございます。」

この結果、「本院は最近の危機において戦争を回避させた政府の政策を承認し、かつ、永続的平和を確保せんとする政府の努力を支持する」という決議案は、三六六対一四四という圧倒的多数で可決された(13)。前日、フランス議会は五四三対七五（内、共産党議員七二）という、イギリスよりも圧倒的な多数で、ダラディエ内閣の政策を承認していた(14)。

イギリスでかくも多数の下院議員がチェンバレンの「ミュンヘン外交」を承認した理由としては、彼らの間に次のような感情と判断があったからだと考えられる。

(1)明日にも起こると覚悟していた破滅的な一九三八年九月の戦争が突如「ミュンヘン」によって避けられ、大いに安心した。
(2)うまくいけば、首相が言うように、「ミュンヘン」が「我らの時代の平和」の礎になるかもしれないという期待感を抱いた。
(3)たとえそうならなくても、「ミュンヘン」による「時間稼ぎ」は軍備不十分なイギリス側に有利に働くであろう、と期待した。
(4)「ミュンヘン協定」は、民族自決原則に基づいた領土の平和的変更で、チェンバレン首相の「道義外交」、「平和外交」のおかげだ、「勝利」だと、感謝し評価した。

このような多数派議員の感情と判断はイギリス国民の過半数とも一致していた。しかし、世論調査による国民の多数派と少数派の差は、下院の票数の差ほど大きくはなく、チェンバレンのミュンヘン外交に「満足している」者が五一％であったのに対して、「満足していない」者が三九％もいた(15)。

(11) 棄権した保守党議員たち：政策通の面々

確かに、一九三八年九月三〇日から一〇月六日の瞬間的とも言える短期間においては、このようなチェンバレンのミュンヘン外交に対する多数派の感情的評価は、間違ったものとは言えなかった。特に(1)については全面的に事実である。その事実からくる感情は複雑ではあったが、戦争回避の一点から「ミュンヘン協定」を肯定する典型的な判断は、首相と共に対独宥和外交を推進してきたハリファックス外相の首相帰国直後の感想に見ることができる。

「この結果は、本当にひどいものだ、屈辱的だ、事実に目をつぶっても無駄だ、しかし、それでも欧州戦争よりはまだましだ。」[16]

(4)については部分的な事実に基づく評価である。確かにチェンバレン外交はそのような要素から大きな影響を受けていた。(2)と(3)については、この時点においても、希望的観測に終る可能性が多分にあった。すなわち、(2)については、この時点においても、「ミュンヘン」は「我らの時代の戦争」の礎になるおそれが感じられたし、また(3)については、一九三八年九月の戦争よりも一年後の戦争の方が民主主義国にとって不利な戦争となるおそれがあるとの見方も、十分に可能であった。主にこの(2)と(3)に関するおそれから、保守党反主流派下院議員は、一〇月六日の決議案の採決に当たって、彼らの首相が推進してきたミュンヘン外交とその「成果」を支持せずに、棄権を選んだ。その顔ぶれを見ると、賛成した多数派の感情に基づいた判断が正しくて、その多数派の感情にではなくてもその判断に批判的であった少数派の政策的判断が間違っていたとは、一概には言えなかった。棄権した少数派には、チャーチル、イーデン、クーパー、アメリー、クランボーン、マクミランという外交政策通、安全保障政策通の錚々たる面々が含まれていた。[17]

2　国際委員会と対致国際保障の運命

(1)　国際委員会始末(1)：「第五地域」画定基準をめぐる独致の対立

チェンバレンが、「ミュンヘンの勝利」を裏付ける証拠の一つとして国際委員会の設置を挙げ、これによってズデーテン地方の「秩序正しい移譲」、「衡平な国境線の画定」が保証されたと、好いこと尽くめであるかのように言って、「ミュンヘン」を議会に売り込もうとしたが、これを眉に唾して聞いていたイーデン議員は、正しくも、「国際委員会については、これがどのように機能するか見るまで、その価値を判断するのは尚早である」と指摘した。[18] その国際委員会は、イギリス議会が開催される二日前、すなわち、一〇月一日の午後五時半からヒトラーのお膝元のベルリンで始まっていた。その注目すべき始末を簡単に見ておこう。

本委員会とその下部組織である「プレビサイト・境界地域」小委員会は、「ゴーデスベルク覚書」と「ミュンヘン協定」の違いの程度が決まることになる「第五地域」の画定のために、どのような基準を適用するかをめぐって、独致代表間で激しい対立が生じた。すなわち、ミュンヘン合意文書の「圧倒的にドイツ的性格を帯びた地域」の解釈に関して、チェコスロヴァキア側が一九三〇年の人口調査に基づいて七五%以上ドイツ人が居住する地域と主張したのに対して、ドイツ側は、「ゴーデスベルク国境線」を絶対要求とせよというヒトラーの命令に従って、一九一八年以後のズデーテン地方は不法状態にあったのだから、大戦前のオーストリア＝ハンガリー帝国の下で一九一〇年に行われた言語基準人口調査に基づいて、母国語でなく生活用語としてドイツ語を使用していた者をドイツ人として参入するという基準を適用して、チェコ人を含めたドイツ語を話す住民五一％以上の地域と主張した。[19]

（2）国際委員会始末（2）：ヒトラーの恫喝に屈した英仏

この対立を解消したのは、ヒトラーの脅しであった。一〇月四日、リッベントロップ独代表がヘンダーソン英代表とフランソワ－ポンセ仏代表に、「総統は、もしチェコスロヴァキアがドイツ案を明日の正午までに受け容れなければ、ドイツ軍に『ゴーデスベルク線』まで進軍するように命じることになる」と最後通牒的脅しをかけると、英仏両政府は脅しに屈し、それぞれ、その代表に独案受諾を命じた。その結果、一〇月五日、国際委員会は、四対一の多数で、民族自決原則に反するドイツ案を丸呑みにし、ヒトラーの「ゴーデスベルクの要求」に等しい「第五地域」をドイツのものと認め、プレビサイトの実施を無意味、不要のものにしたのである。[20]

この日、フランス議会が、そして次の日、イギリス議会が、「ミュンヘン協定」を承認し、その翌日には、「ヒトラーの宿敵」ベネシュ大統領が、ドイツの圧力に抗しきれず辞職した。彼は間もなく国外に亡命し、第二次世界大戦が終るまで祖国の地を踏むことはなかった。

ミュンヘンとベルリンで英・仏に見捨てられた後成立した新チェコスロヴァキア政府は、エミル・ハーハ新大統領の下で、やむをえず親独政策に転換することによって、独立国家としての生き残りを図ることになり、ドイツの意向に沿った形でスロヴァキア人に自治政府の樹立を認めた。これによって、チェコスロヴァキアの国名はハイフン付きの「チェコ－スロヴァキア」となった。「残部チェコスロヴァキア解体」への第一歩である。[21]

（3）対致国際保障始末（1）：反古にされた独伊参加規定

「ゴーデスベルク覚書」と「ミュンヘン協定」の「大きな違い」を特徴付ける一枚看板として、チェンバレンが下院で大々的に掲げた国際委員会は、こうしてイーデンの懸念の方が的中して、一〇月五日には、期待された機能をまったく発揮できずに終ってしまった。それでは、チェンバレン自慢のもう一つの目玉商品、「対致国際保障」はどうなったのか、以下に、それが辿った運命を簡単に見て、本章「ポスト・ミュンヘン会談期へ」の締め括りとしよう。

「ミュンヘン付属協定」によれば、ポーランドとハンガリーの少数民族問題が片付けば、英仏に加えてドイツもイタリアと共に残部チェコスロヴァキアの独立維持のための国際保障に参加するはずであった。そのうちのポーランド少数民族問題については、波政府は、九月三〇日、ドイツのズデーテンに関する要求がミュンヘンで通ったと知るや否や、同夜一一時に致政府に対して一〇月一日正午を期限とする最後通牒を発して、テッシェン割譲を要求した。これに対して、英仏に裏切られたチェコスロヴァキアとしては、今や抵抗のすべもなく、このポーランドのハイエナ的な要求を受諾せざるをえなかった。この受諾を受けて、ポーランド軍は、一〇月二日テッシェンに進軍した。またハンガリー少数民族問題についても、一一月二日に、独伊の裁定によるウィーン協定によって一応の結着がついた。[22]

しかし、ヒトラーには、規定に従って対致国際保障に参加する気など毛頭なく、既に一〇月二一日には、彼は、国防軍に対して「残部チェコスロヴァキア国の清算」準備秘密命令を出していた。[23]そんなこととは知らないチェンバレン首相は、一〇月三一日の閣議において、「ミュンヘン勝利」の美酒の酔いからまだ醒めていないかのように、閣僚たちに次のような外交方針を語っていた。

「私たちは、欧州における問題の結着に繋がるような、独裁諸国家との関係の構築を目指さなければならない。[24]」

(4) 対致国際保障始末(2):残部チェコスロヴァキア解体

一方で、ヒトラーが「ミュンヘン協定」も「付属協定」も「チェンバレン=ヒトラー共同声明」もすべて反古にせんと、残部チェコスロヴァキアの解体の準備を着々と進め、他方で、チェンバレンが永続的な欧州一般平和に繋がる独伊独裁国との関係改善を目指して努力を続けていた、そのさ中に、ドイツに使嗾、強要されたスロヴァキア議会は、一九三九年三月一四日、スロヴァキアはチェコ-スロヴァキアから分離して「独立」国家となることを宣言した。

この緊急事態に対応せんがために、この日の夕方、ハーハ大統領は、フヴァルコフスキー外相を伴って、ヒトラーと会見するためにベルリンに向った。大統領になるまでまったく政治経験のなかった六七歳の元行政裁判所長は、飛行機に乗れないほど心配な心臓病を抱えていたので、看護役の娘もつれて列車でプラハを発った。三人は、五時間後の午後一〇時四〇分にベルリンのホテルに着いたが、この病弱な老人を待っていたのは、ヒトラーが仕掛けた神経戦であった。ヒトラーは大統領を午前一時までホテルで待たせておき、その間、彼自身は宰相官邸で『絶望的なケース』という映画を見て楽しんでいた。こうしてようやくヒトラーから呼び出されたときには、ハーハは心身共に疲れ切った状態にあったが、その老人に対して、ヒトラーは、情け容赦のない脅しをかけた。

「今朝の六時に、ドイツ陸軍は全線にわたってチェコスロヴァキアに侵入するであろうし、ドイツ空軍は、チェコの全飛行場を占領するであろう。一つの見通しは、貴国がその侵入を食い止めようと抵抗したら、武力で打ち破ってやろうというもので、もう一つの見通しは、ドイツ軍の侵入が、平和裡に行われるかもしれないという見通しだ。いざ戦闘となれば、チェコ軍は二日目に滅亡するだろう。私はあなたが、フヴァルコフスキーと一緒に別室にさがって、どういう処置をとったらいいかという点をよく検討なさるよう忠告したい。」

午前二時を回ったころに別室に案内されたハーハは、今度はゲーリンクから、「ドイツの言う通りにしないと、プラハを爆撃して破壊してやるぞ」と脅かされて卒倒してしまった。心臓病のある老大統領のために用意周到に別室に待機させていたヒトラーの侍医モレルが呼ばれて、ハーハに注射を打つと、彼は息を吹き返した。その後、午前四時前に再び総統の書斎に呼び出された大統領は、用意されていた「独致共同声明」に署名させられた。同声明の要旨は次のようなものであった。

「ハーハ大統領は、『チェコ国民ならびにチェコ国の運命をドイツ総統の手中に委ねるのを可とする』旨を宣言した。ヒトラー総統はこの宣言を受諾し『総統はチェコ国民をドイツの保護下に置き、かつ、その特殊性に応じ、チェコの民族生活の自治発展を保証することに決した』旨を表明した。(25)」


こうして、恫喝による「残部チェコスロヴァキア解体」に成功したヒトラーは、喜びのあまり部屋を飛び出して、夜間勤務の二人の女性秘書のいる部屋に入り、彼女たちに両頬を指さして、

「さあ、お前たち、こことここにキスしておくれ。今日は私の生涯で最も幸せな日なんだから。何世紀も追い求めて来て失敗に終わっていたものを、幸運にも私が手に入れることに成功したんだ。私はドイツ・ライヒとチェコの統合を成し遂げたのだ。ハーハが合意書に署名したんだ。私は最も偉大なドイツ人として歴史に記録されることになるだろう。(26)」

と、はしゃいだ。

注

(1) Winston S. Churchill, *The Second World War volume I: The Gathering Storm* (Mariner Books, 1985), p. 291.
(2) John W. Wheeler-Bennet, *Munich: Prologue To Tragedy* (The Viking Press, 1965), p. 182.
(3) 以下、ダフ・クーパーの演説については、次の史料に依拠した。Alfred Duff Cooper, *Old Men Forget* (Century Publishing, 1986), pp. 246-8; John Charmley, *Duff Cooper-The Authorized Biography* (Weidenfelt and Nicoldon, 1986), pp. 127-130; Churchill, *The Second World War volume I: The Gathering Storm*, pp. 291-2.
(4) Frank McDonough, *Neville Chamberlain, Appeasement and the British Road to War* (Manchester University Press, 1998), p. 128.
(5) Duff Cooper, *Old Men Forget*, p. 249.
(6) 以下、チェンバレンの演説については、Neville Chamberlain, *In Search of Peace* (G. P. Putnam's Sons, 1939), pp. 203-12 に依拠した。
(7) Norman Rose, *Vansittart: Study of a Diplomat* (Heinemann, 1978), pp. 219-20.
(8) Churchill, *The Second World War volume I: The Gathering Storm*, p. 292.
(9) *Ibid.*, p. 293.
(10) Zara Steiner, *The Triumph of the Dark: European International History 1933-1939* (Oxford University Press, 2013), pp. 683-4.
(11) Wheeler-Bennet, *Munich*, p. 187.
(12) 以下、チェンバレンの演説については、Chamberlain, *In Search of Peace*, pp. 212-8 に依拠した。
(13) Telford Taylor, *Munich: The Price of Peace* (Hodder and Stoughton, 1979), p. 903.
(14) *Ibid.*, p. 903; Alexander Werth, *France and Munich before and after the Surrender* (Harper and Brothers, 1939), p. 324.
(15) McDonough, *Neville Chamberlain*, p. 128.
(16) John Harvey (ed.), *The Diplomatic Diaries of Oliver Harvey 1937-1940* (Collins, 1970), p. 208.
(17) Churchill, *The Second World War volume I: The Gathering Storm*, p. 293; Duff Cooper, *Old Men Forget*, p. 243; David Faber, *Munich, 1938: Appeasement and World War II* (Simon & Schuster, 2009), p. 425.
(18) T. Taylor, *Munich*, p. 903.

(19) *Ibid.*, pp. 908–9.

(20) *Ibid.*, pp. 907–9; Wheeler-Bennet, *Munich*, pp. 192–6.

(21) T. Taylor, *Munich*, p. 910; 関静雄「ミュンヘン後の独波関係―一九三九年一月のヒトラー・ベック会談まで―」『帝塚山法学』第二四号（二〇一三年六月）、七七ページ。

(22) 関「ミュンヘン後の独波関係」、七九-八二ページ。

(23) Wheeler-Bennet, *Munich*, p. 196; Faber, *Munich, 1938*, p. 431.

(24) Faber, *Munich, 1938*, p. 432.

(25) 以上、ハーハの訪独については、次の史料に依拠した。Ian Kershaw, *Hitler 1936–45: Nemesis* (Penguin Books, 2001), pp. 170–2; アラン・バロック著／大西尹明訳『アドルフ・ヒトラー』II（みすず書房、一九五八年）、一〇四-五ページ、William L. Shirer, *The Rise and Fall of the Third Reich* (Simon & Schuster, 2011), pp. 444–8; *Documents on German Foreign Policy, 1918–1945, Series D, Volume IV* (His Majesty's Stationary Office, 1951), pp. 263–71; 赤松祐之『昭和十三年の国際情勢』（日本国際協会、一九三九年）、七二一ページ、Max Domarus, *Hitler, Speeches and proclamations, 1932–1945, The Chronicle of Dictatorship, Volume II 1935–1938* (Dormus Verlag, 1992), p. 1191.

(26) Kershaw, *Hitler 1936–45: Nemesis*, p. 171.

むすびに

「政治家にとっては、情熱、責任感、判断力の三つの資質がとくに重要であるといえよう。」マックス・ウェーバー(1)

「チェンバレンは、ときに、他者の動機を誤って判断したり、他者の意中を掴めなかったりした。」キース・フィーリング(2)

「チェンバレンは平和を維持することに取り憑かれていた。これが彼の判断を狂わせた。」ザーラ・スタイナー(3)

「悪魔の力は情け容赦のないものである。もし行為者にこれが見抜けないなら、その行為だけでなく、内面的には行為者自身の上にも、当人を無惨に滅ぼしてしまうような結果を招いてしまう。」マックス・ウェーバー(4)

本書『ミュンヘン会談への道』を閉じるに当って、「ミュンヘン九月危機」中の「チェンバレン避戦・平和外交」を総括してみる。まず彼が一九三八年九月の時点で対独戦を何としても避けようとした理由を列挙してみる。

(1)イギリスは、民族自決原則の適用に反対して戦争はできない。

(2)イギリスにとって、チェコスロヴァキアは遠い国で、同国が位置する中欧は戦争に値するイギリスの死活的利益の直接かかわらない地域である。

(3)イギリスにはドイツとの戦争に確実に勝てる軍備がない、特に、ドイツ爆撃機によるロンドン空襲に対する防備が不十分なので、イギリスは「ノックアウト・ブロー」を喰らう恐れがある。

(4)たとえイギリス側が勝てたとしても、第一次世界大戦以上の、途方もない大被害をもたらす長期戦争となる。

(5)フランスは頼りにならないので、イギリスが参戦しても、チェコスロヴァキア救済は軍事能力的に不可能である。

(6)欧州全体戦争の勃発で得をするのは、共産主義国家ソ連だけである。

(7)イギリスの国論が分裂する恐れがある。国論の帰一が見込まれない現在の状況で、戦争、特に長期戦争に入るのは、愚行である。
(8)そして何よりも、一九三八年九月の戦争を回避できれば、そこから欧州永遠平和への展望が開ける。

これらの理由の内、イギリスの軍部は、政府に対して(3)の対独軍備不足を強調した。空軍は、特に防空体制が未整備であるので、ノックアウト・ブローを免れえないと危惧しており、また陸軍は、大陸派遣軍二個師団しか有しておらず、これではドイツと戦えないと見ており、更にドイツに対して優勢な海軍も、対独伊日同時三海戦遂行能力はない、と判断していた。この悲観的な軍事的観点から、三軍参謀総長会議(COS)は、チェンバレンの対独宥和的避戦外交を強力に支持していた。また、軍部は、一、二年後の戦争の方がイギリス側に有利だという時間稼ぎ的見地からも、三八年の戦争を回避することを望んでいた。

しかし、今日でははっきりしていることだが、当時、最も恐れられていたノックアウト・ブローは神話にすぎなかった。また、一九三八年九月にイタリアと日本がドイツ側に立って参戦したかは、甚だ疑問であり、おそらく参戦しなかったと思われる。この点に関するイギリス軍部の情勢判断は、例のワースト・ケース・シナリオ思考に基づくものと言えよう。このイギリス軍部の誤断についての「後知恵」を根拠にして、チェンバレン対独宥和外交を裁けば、「大失敗」という結論になろう。

しかし、政策は、当たり前のことだが、その時点の政策決定者の知らない「客観的事実」から形成することは不可能であり、政策決定者が事実と信じた、いわば「主観的事実」が政策形成に決定的な影響を与える。その意味で、イギリス軍部が入手した誤った情報と、その誤った情報に基づく彼我の現在の軍事力比較と将来のそれとに関する、軍事専門家の誤った分析・評価・判断があるかぎり、国益として「国家の名誉」より「国民の安全」を重視するチェンバレン首相としては、「ミュンヘン」以外に他策選択の余地はほとんどなかった。このような議論は、チェンバレン外交の擁護論として充分に成り立つであろう。

他方、少し視点を変えて見てみると、この擁護論の限界が明らかになる。即ち、彼は、屈辱的ではあっても武力衝突を避けたズデーテン問題の「平和的」解決が、欧州一般平和の出発点になるであろうと信じていたが、実際は、彼のほとんど確信と言ってもよいこの予想とは反対に、「ミュンヘンの平和」が欧州一般戦争へのステッピング・ストーンになったという「客観的事実」が存在する。そこから否定しがたい光景として、チェンバレン外交の観察者の視界に入ってくるのが、ヒトラーの人物もヒトラーの政策的意図(「真の意図」)も見抜けなかった彼の判断力の欠如である。この致命的な欠陥を考慮すれば、彼の宥和に偏した対独外交を失敗と判定せざるをえない。

だが、この失敗の責任のすべてを、彼一人に帰すことはできない。イギリスは、第一次世界大戦後の「軍縮は平和、軍拡は戦争」という反戦平和のムードの中で、一九一九年に「一〇年ルール」(5)を制定し、大きな戦争は今後一〇年のうちには起こらないという前提で、一方的に軍備を縮小し続けた。この「ルール」が改められた一二年後の一九三一年になってようやく、軍備充実が試みられるようになったが、その速度は、ドイツにナチ政権が出現してからも、遅々たるものであった。その結果、イギリスは、特に対独空軍力劣勢のまま「ミュンヘン危機」に直面することになった。なぜイギリスは、国際環境の変化を無視して、このように国民の安全を危うくするほどまでに、軍備縮小政策、あるいは、過度に消極的な軍備漸増政策をとり続けたのであろうか？　それは、単に「大砲」より「バター」、「軍事費」より「社会保障費」という政策分野間の優先順位付や予算配分上の考慮からだけでなく、「平和のための危険」を冒すという、もっと理想主義的な平和主義的観念と覚悟からでもあった。(6)

このように「良き意図」から「悪しき結果」を招いてしまったイギリスの対独軍備政策の過ちの結果責任は、一九三七年に成立したチェンバレン内閣だけのものではない。この間、このような軍備政策を支持し推進してきた労働党内閣を含めた歴代内閣とイギリス国民も、その責任を免れえない。労働党は、「九月危機」に直面して俄かに対独強硬論でチェンバレン宥和外交を激しく批判し始めるまでは、イギリスの一方的軍縮の旗振り役として、また保守党内閣の軍備漸増策へのブレーキ役として「大貢献」してきた。また多くの国民は、そのような一方的軍備縮小論、軍拡抑制論を支持してきた。そして、ボールドウィン保守党内閣は、そのような国民の票を獲得するための選挙戦術として、国民に対して軍備充実の必要性に関する説得を意図的に避けた。このような過去を持つ彼らのうちの誰一人として、チェンバレンの最終的な対独伊外交、対ヒトラー＝ムッソリーニ外交の失敗、すなわち、残部チェコスロヴァキアの独立維持の失敗、第二次欧州戦争の回避の失敗に対して、自分にはまったく責任がないと言い切れる者はいまい。

一九三八年九月の「対決＝抑止」よりも「避戦＝宥和」に重点を置いた「宥和・抑止混合」政策を、強力にかつ根気よく推進して、「ミュンヘン」というその一応の結果を得たチェンバレン「避戦」外交は、上述のような事情から見て、やむをえない選択であったと見なさざるをえない部分も多々ある。しかし、チェンバレン外交の全体的な評価には、その一応の帰結を見た「ミュンヘン」の後の一年間、即ち、チェンバレンのミュンヘン外交によって結果的に、一時的に引き延ばされた欧州全体戦争の勃発までの一年間を、彼がどう使ったか、これが、今の私には、より一層重要な意味を持つように思えてきている。本書第Ⅸ部の結末部において概観した残部チェコスロヴァキア解体過程についての、より詳細な省察を含めて、「ミュンヘン」後の彼がどのような対独観、対ヒトラー観、和戦の展望を持って外交政策と軍備政策とを組み合わせて、その一年間をどのように使ったか、私には、それが大問題であったように思える。

このように、彼のその「ポスト・ミュンヘン外交」にこそ、全体としてのチェンバレン外交の決定的な評価対象が存在すると、今、私は考えている。勿論、この点については、主に欧米の史家の間で既に様々な検討がなされてきている。それでもなお、私としては、これらの著作を参考にしつつも、外交文書など一次史料の読解という楽しい面もあるが根気を要する基本的作業を通じて、「自分の目で」この期の歴史を検討してみたい。このような作業を通じて、自分の中にどのような見方が生まれ育ち、どのような最終的結論に辿り着くのか、その過程と結果を知りたい。この欲求こそが、歴史家を歴史研究に駆り立てる原動力の一つなのである。

二〇一七年七月七日

関　静雄

注

（1）マックス・ウェーバー著／脇圭平訳『職業としての政治』（岩波文庫、一九八〇年）、七七ページ。

（2）Keith Feiling, *The Life of Neville Chamberlain* (Macmillan, 1946), p. 353.

（3）Zara Steiner, *The Triumph of the Dark: European International History 1933-1939* (Oxford University Press, 2013), p. 651.

（4）ウェーバー『職業としての政治』、一〇一ページ。

（5）「一〇年ルール」については、Wesley K. Wark, *The Ultimate Enemy–British Intelligence and Nazi Germany, 1933–1939* (Cornel Paperbacks, 2010), p. 24; Stephen Roskill, *Hankey–Man of Secrets, Volume II 1919–1931* (Collins, 1972), p. 107; John F. Kennedy, *Why England Slept*, reprinted in 1981 (Greenwood Press), pp. 15–19, を見よ。

（6）Kennedy, *Why England Slept*, p. 19.

《著者紹介》

関　静雄（せき・しずお）

1947年　9月生まれ
京都大学大学院法学研究科博士課程修了
京都大学法学部助手，帝塚山大学教養学部教授，法政策学部教授，法学部教授を経て，
現　在　帝塚山大学名誉教授（近代政治外交史専攻）
単　著　『日本外交の基軸と展開』ミネルヴァ書房，1990年
『大正外交――人物に見る外交戦略論』ミネルヴァ書房，2001年
『ロンドン海軍条約成立史――昭和動乱の序曲』ミネルヴァ書房，2007年
共　著　『近代日本政治思想の座標――思想家・政治家たちの対外観』有斐閣，1987年
『現代政治を解読する』ミネルヴァ書房，1990年
『近代日本政治思想史発掘――平和・キリスト教・国家』風行社，1993年
『近代日本のアジア観』ミネルヴァ書房，1998年
『近代日本政治思想史入門――原典で学ぶ19の思想』ミネルヴァ書房，1999年
『夏目漱石――思想の比較と未知の探究』ミネルヴァ書房，2000年
編　著　『近代日本外交思想史入門――原典で学ぶ17の思想』ミネルヴァ書房，1999年
『「大正」再考――希望と不安の時代』ミネルヴァ書房，2007年
単　訳　I・ニッシュ『戦間期の日本外交――パリ講和会議から大東亜会議まで』ミネルヴァ書房，2004年
共　訳　B・S・シルバーマン，T・ナジタ，P・ドウス『アメリカ人の吉野作造論』風行社，1992年
マーク・R・ピーティ『「日米対決」と石原莞爾』たまいらぼ，1993年
I・ニッシュ『日本の外交政策　1869-1942――霞が関から三宅坂へ』ミネルヴァ書房，1994年
A・E・バーシェイ『南原繁と長谷川如是閑――国家と知識人・丸山眞男の二人の師』ミネルヴァ書房，1995年
共監訳　D・ロング，P・ウィルソン編著『危機の20年と思想家たち――戦間期理想主義の再評価』ミネルヴァ書房，2002年
その他

MINERVA 西洋史ライブラリー⑫

ミュンヘン会談への道
――ヒトラー対チェンバレン　外交対決30日の記録――

2017年11月10日　初版第1刷発行　〈検印省略〉

定価はカバーに
表示しています

著　者　関　静　雄
発行者　杉　田　啓　三
印刷者　坂　本　喜　杏

発行所　株式会社　ミネルヴァ書房
607-8494　京都市山科区日ノ岡堤谷町1
電話代表　(075)581-5191
振替口座　01020-0-8076

冨山房インターナショナル・新生製本

ISBN 978-4-623-08089-2
Printed in Japan

人名索引

あ 行

か 行

さ　行

た　行

な　行

は　行

ま　行

や　行

ら　行

わ　行

事項索引

た　行

な　行

は　行

ま　行

や　行

ら・わ　行